2023
최·신·판

최신 출제경향을 반영한 핵심이론과
기출문제를 담은 **효율적인 수험서!**

VOCATIONAL COUNSELOR

직업상담사

2급 필기 II권

스마트폰
수강가능
주경야독 동영상강의
yadoc.co.kr

이 책의 구성

PART 04 노동시장론   PART 05 노동관계법규   PART 06 과년도 기출문제

예문사

CONTENTS

2권

PART 4
노동시장론

PART 5
노동관계법규

PART 6
과년도 기출문제

4

노동시장론

노동시장의 이해

■ 노동시장

(1) 노동시장의 정의

노동력 상품이 거래되고 임금이 결정되는 추상적인 영역으로, 즉 노동력의 수요와 공급이 결합하는 장을 말한다.

(2) 노동력 상품의 특수성

① 근로자와 사용자는 노동시장에서 거래를 통해 노동력과 임금을 교환한다.
② 근로자와 사용자 간의 관계는 노동이 이루어지는 기간 동안 지속된다.
③ 노동의 양과 질을 사전에 구체적으로 규정하기란 매우 어렵다.
④ 노동력은 사용하지 않아도 시간이 지남에 따라 소모되어 저장하거나 보관할 수 없는 재화이다.
⑤ 노동력은 소비(경험)됨에 따라 그 질이 향상되는 재화이다.
⑥ 노동력은 지역 간 이동 시 가족의 이동을 수반하기 때문에 이동이 곤란한 재화이다.
⑦ 노동시장에서 거래되는 노동력 상품은 노동자와 분리될 수 없기 때문에 노동시장에서는 노동조건을 둘러싼 노사관계 등 사회적 관계가 개입된다.
⑧ 노동은 사용자의 입장에서 보면 생산요소이며 노동자의 입장에서 보면 소득의 원천이 되는 한편, 국민경제적 관점에서는 인적자원이 된다.

(3) 노동시장의 특수성

① 계약기간의 장기성
② 계약내용의 불명확성(정신적, 육체적 에너지에 관한 것들은 정하지 않음)
③ 제도 및 관습적 요소의 강한 영향

1-1 노동의 수요(Labor Demand)

노동에 대한 수요는 일정기간 동안 기업에서 고용하고자 하는 노동의 양을 말한다. 따라서 노동수요량은 일정시점에서가 아닌 일정기간 동안의 수요를 의미하므로 유량(Flow)의 개념이다.

| 쌤의 핵심포인트 |

노동력의 질은 근로자의 정신적, 지적, 교육수준, 육체적인 조건에 따라 각각 다르며 표준화되어 있지 않아 동질적이지 않다.

(1) 노동수요의 특수성

| 쌤의 핵심포인트 |
노동수요는 가수요가 아니라 진수요이다.

① 파생수요 또는 유발수요(Derived Demand) : 노동의 수요가 기업의 생산량과 판매량, 즉 소비자들의 상품에 대한 수요에 의해 파생된다는 의미이다.

② 노동에 대한 수요를 결정짓는 요인은 재화시장에 있어서 재화의 가격과 재화생산에 필요한 노동의 생산력이다.

③ 결합수요(Joint Demand) : 노동은 다른 생산요소와 공동으로 사용되므로 비용을 최소화할 수 있는 자본재와의 결합률, 대체율, 기술과 자동화 수준, 노동조합의 역할 등에 의해 영향을 받는다.

(2) 노동수요의 결정요인

노동수요에 영향을 끼치는 요인 5가지를 쓰시오. 2차

① 노동의 가격(임금) : 임금이 상승하면 수요는 줄고, 임금이 하락하면 수요가 증가한다.

② 상품(서비스)에 대한 소비자의 수요 : 해당 노동을 이용하여 생산하는 상품(서비스)에 대한 수요가 클수록 노동수요도 증가한다.

③ 다른 생산요소(토지, 자본)의 가격 변화 : 다른 생산요소가 노동과 대체 관계인 경우, 예를 들면 자본의 가격이 오르면 기업은 자본을 노동으로 대체하고자 할 것이므로 노동의 수요는 증가할 것이다.

| 쌤의 핵심포인트 |
노동생산성의 변화
장기적인 측면에서는 물가 하락, 소득 증가 등에 따른 생산물 수요 증가로 인해 노동수요가 증가할 수 있다.

④ 노동생산성의 변화 : 노동생산성이 우수해지면 적은 생산요소의 투입으로 가능하도록 노동수요는 감소한다.

⑤ 생산기술의 진보 : 노동을 자본설비로 대체하면 노동수요가 감소한다.

(3) 노동수요곡선의 변화

① 노동수요의 결정요인 중 임금의 변화에 의해 나타나는 노동수요곡선상의 수요점 이동을 말한다.

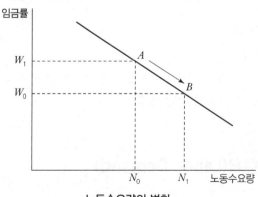

노동수요량의 변화

② 노동수요의 결정요인 중 임금을 제외한 요인이 변화하여 나타나는 노동수요곡선 자체의 이동을 말한다.

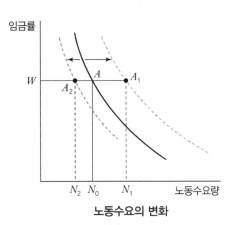

노동수요의 변화

| 쌤의 핵심포인트 |
노동수요곡선이 이동하는 이유는 상품에 대한 소비자의 수요, 다른 생산요소의 가격변화, 생산기술의 진보 때문이다. 노동의 가격(임금)은 곡선이 이동하는 것이 아니라 곡선상 안에서 움직인다.

③ 생산요소의 관계에 따른 노동수요곡선의 변화 : 한 생산요소의 공급량이 부족하면 한계생산량도 감소해서 노동수요 또한 감소할 수 있다.

   ㉠ 대체재 : 커피 vs. 녹차 ▷ 커피가격↓, 커피수요↑, 녹차수요↓

   ㉡ 보완재 : 커피 vs. 설탕 ▷ 커피가격↓, 커피수요↑, 설탕수요↑

     • 만일 노동과 자본이 대체관계라면 자본가격↓, 자본수요↑, 노동수요↓ 노동수요곡선이 왼쪽으로 이동함(노동력 대신 기계를 선택해서)

     • 노동과 자본이 보완관계라면 자본가격↓, 자본수요↑, 노동수요↑ 노동수요곡선이 오른쪽으로 이동함(기계를 다루는 인력 추가 고용)

(4) 기업의 이윤극대화와 노동의 한계생산 체감의 법칙

○ 기업의 이윤을 극대화하기 위한 최적 고용량을 구하고 그 이유를 설명하시오. 2차

구분	내용						
노동투입량	0	1	2	3	4	5	6
총 생산량 (Productivity)	0	2	4	7	8.5	9	9
한계생산량 (MPL)	0	2	2	3	1.5	0.5	0
한계생산물가치 (VMPL)	0원	200원	200원	300원	150원	50원	0원

※제품의 단가 : @100, 노동 1단위 : ₩150

① 노동의 한계생산물가치(VMPL)와 노동의 1단위 가격이 일치하는 선까지 고용하면 된다.

② 노동 4단위 투입 시 한계생산성(MPL)이 1.5 증가하고 생산물 1단위 가격이 100원이므로 한계생산물가치(VMPL)는 150원이다.

③ 이와 같이 노동 4단위에서 한계생산물가치 150원과 노동의 1단위 가격 150원이 일치하므로 노동 4단위가 최적고용 단위이다.

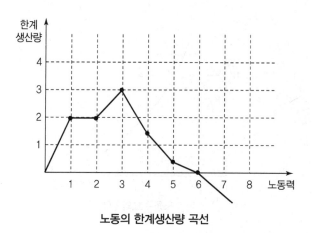

노동의 한계생산량 곡선

※ 자본과 노동이라는 두 생산요소 중 자본을 고정한 채, 노동의 투입만 증가시키기 때문에 노동의 한계생산량은 증가하다가 궁극적으로는 감소하게 된다.

| 쌤의 핵심포인트 |
노동의 수요곡선은 한계생산물체감의 법칙에 의해서 우하향한다.

노동의 한계생산물체감의 법칙

① 노동의 한계생산물(량)(MPL ; Marginal Product of Labor)
노동을 1단위씩 추가로 늘릴 때마다 증가되는 총 생산물의 증가분을 의미한다.
② 노동의 한계생산물가치(VMPL ; Value of the Marginal Product of Labor)
$$VMPL = MPL \times P \text{ (가격)}$$
노동을 1단위 추가 투입해서 생산된 생산물의 사회적 가치로서 한계생산물×시장에서의 생산물 가격
③ 노동의 한계수입생산물(MRPL ; Marginal Revenue Product of Labor)
노동을 1단위 추가 투입해서 기업이 얻을 수 있는 총수입의 증가분을 의미한다.
④ 한계생산물체감의 법칙 : 한계생산량이 증가하다 궁극에는 체감하는 법칙(우하향)

(5) 단기노동수요(임금↑, 노동력↓)

① 임금이 상승하면 노동수요량은 감소하게 된다.
② 노동의 한계생산물체감의 법칙에 따라 VMPL곡선은 노동수요곡선과 같다.
③ 임금과 노동관계만 분석, 노동력만 가변적으로 본다.

(6) 장기노동수요(임금↑, 노동량↓, 자본·기술 영입 ⇨ 대체효과)

노동량뿐만 아니라 토지, 자본, 기술 등도 조정할 수 있다. 기술이나 기계 등 노동량 외에 다른 요소를 변화시켜서 노동수요를 감소시킨다.

① 대체효과 : 임금이 하락할 경우 상대적으로 값이 싼 노동을 생산에 더 많이 투입하는 효과(노동수요 증가)

② 산출량효과(규모효과) : 임금의 하락으로 생산비가 낮아져 해당 기업의 생산량이 증가하는 효과(노동수요 증가)

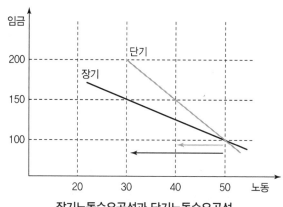

장기노동수요곡선과 단기노동수요곡선

※ 임금이 100에서 150으로 상승할 때 장기와 단기의 노동수요가 감소하는 폭에 차이가 난다. 장기노동수요가 더 탄력적인 이유는 노동 이외에도 자본 등을 투입할 수 있기 때문이다.

(7) 노동수요의 (임금)탄력성

① 노동수요의 탄력성은 임금의 변화에 대한 노동수요의 변화를 변화율로 나타낸 것. 즉, 임금 1%의 변화에 의해 유발되는 노동수요량을 변화율로 나타낸 것이다.

○ 노동수요의 탄력성 및 노동공급의 탄력성 산출공식을 쓰시오. 2차

$$노동수요의\ 탄력성 = \frac{노동수요량의\ 변화율(\%)}{임금의\ 변화율(\%)}$$

만약 임금이 10,000원에서 12,000원으로 증가할 때, 고용량이 120명에서 108명으로 감소한 경우 노동수요의 임금탄력성은?

- 노동수요량의 변화율 $= \dfrac{(120-108)}{120} \times 100 = 10\%$

- 임금의 변화율 $= \dfrac{(12,000-10,000)}{10,000} \times 100 = 20\%$

- 노동수요의 임금탄력성 $= \dfrac{10}{20} = 0.5$

○ 시간당 임금이 500원일 때 1,000명을 고용하던 기업에서 시간당 임금이 400원으로 감소하였을 때 1,100명을 고용할 경우 이 기업의 노동수요 탄력성을 계산하시오. 2차

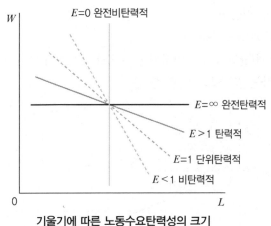

기울기에 따른 노동수요탄력성의 크기

② 노동수요의 탄력성에 영향을 미치는 요인(힉스－마셜법칙)

- ㉠ 생산물 수요가 탄력적일수록 노동수요는 탄력적이다.
- ㉡ 총 생산비에서 임금의 비중이 클수록 노동수요는 탄력적이다. 생산비 중에서 노동 비용의 비중이 큰 경우(노동집약적 산업) 임금이 상승하면 상품가격과 노동수요의 감소에도 영향을 준다.
- ㉢ 노동의 대체가능성이 높을수록 노동수요는 탄력적이다. 임금이 올랐을 때 다른 생산요소로 대체가능성이 크다면 그 생산요소의 수요를 늘리고 노동에 대한 수요를 줄일 것이다. ⇨ 노동과 다른 생산요소 간의 대체가 용이할수록 노동수요는 더 탄력적이 된다.
- ㉣ 노동 이외의 다른 생산요소의 공급탄력성이 클수록 노동수요는 탄력적이다. 노동 이외의 생산요소의 공급탄력성이 클수록 더 탄력적이 된다(도입시키려는 기계의 가격이 근로자 고용 수에 영향을 준다).

노동수요의 탄력성 결정요인 4가지를 쓰시오. **2차**

| 쌤의 핵심포인트 |

다른 생산요소의 수요탄력성이 아니라 공급탄력성에 노동수요의 탄력성이 영향을 받는다.

(8) 노동조합 교섭력에 따른 노동수요탄력성

노동조합의 존재는 임금수준을 향상시키지만 임금인상은 노동수요 감소를 초래한다. 노동조합의 교섭력 강도는 임금인상을 시작할 때 기업의 노동수요탄력성을 얼마나 비탄력적으로 할 수 있느냐에 의존할 수 있다. 이에 노동조합은 단체교섭, 단체협약 등을 통해 노동수요 감소를 최소로 하는 전략을 추구하고 비탄력적으로 조정하여 노동조합의 교섭력을 증대시키는 것이다.

노동조합 교섭력 증대에 따른 노동수요탄력성에 대해 설명하시오. **2차**

(9) 준고정비용(Qusasi－fixed Cost)과 기업의 선택

① 사용자는 근로자의 근로시간이 아닌 다른 수(數)와 관련된 비용을 부담하게 되며, 이는 근로시간의 단축 등으로 쉽게 삭감할 수 있는 가변비용과 달리 삭감이 어려운 준고정적 비용과 연관된다.

② 준고정비용은 크게 근로자에 대한 투자와 부가급여로 구분된다. 근로자에 대한 투자에는 근로자의 채용 및 훈련비용, 고용관계 종결에 따른 비용 등이 있으며, 부가급여에는 직접적인 임금 및 급여근로소득 이외의 건강보험, 퇴직연금, 휴가, 사회보장지급 등이 있다.

③ 비임금노동비용으로서 준고정비용은 노동자의 신규채용 및 초과근로에 대한 사용자들의 의사결정에 상당한 영향을 미친다.

④ 준고정비용이 증가하는 경우 사용자는 비용을 절감하기 위해 고용을 감소하며, 그로 인해 1인당 근로시간은 증가할 수 있다.

1-2 노동의 공급

노동공급이란 일정기간 동안 노동자가 팔기 원하는 노동의 양을 말한다.

(1) 노동공급의 결정요인

① **인구의 크기와 구성** : 인구의 크기가 클수록, 15세 이상 인구의 비율이 클수록, 고령자의 비율이 낮을수록 노동력의 공급은 커진다.

② **경제활동참가율** : 생산가능인구 중 경제활동인구의 비율이 클수록 노동공급은 커진다.

③ **노동시간** : 노동자의 수가 같더라도 노동시간이 길어지면 노동공급은 커진다.

④ **노동력의 질(노동인구의 교육 및 숙련 정도)** : 노동자의 지식, 기술, 숙련도 등 노동자의 질이 우수해지면 노동공급은 커진다.

⑤ **노동강도(일에 대한 노력의 강도)** : 일에 대한 노력의 강도가 높을수록 노동공급은 증가한다.

⑥ **임금** : 노동자가 많은 임금을 원할수록 노동공급이 증가한다.

> ○ 노동공급의 결정요인 4~5가지를 쓰시오.
> **2차**

(2) 소득 – 여가 선호관계에 의한 노동공급 곡선

① 후방굴절형 곡선

근로자들의 임금이 일정한 수준 이상으로 상승하면 고소득으로 인한 여가의 증가로 노동시간의 감소를 나타내는데, 이 경우 개인의 노동공급곡선은 일정 수준 이상의 높은 임금에서 뒤쪽으로 굽는 형태를 보인다. 이를 후방굴절형 곡선이라 한다. 다만 여가가 열등재일 경우는 후방굴절하는 것이 아니고 임금수준과 무관하게 우상향한다.

> **| 쌤의 핵심포인트 |**
> 열등재란 소득이 증가(감소)함에 따라 수요가 감소(증가)하는 재화를 말한다. 반면에, 소득이 증가(감소)할 때 수요가 증가(감소)하는 재화를 정상재라고 한다.

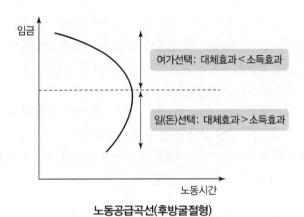

노동공급곡선(후방굴절형)

② 대체효과와 소득효과

> 노동공급과 여가의 선호에 대해 소득효과와 대체효과의 의미를 쓰고, 여가가 열등재일 때 소득 증대에 따른 노동공급의 변화를 설명하시오. **2차**

       ㉠ <u>대체효과</u> : 임금이 상승하게 되면 여가에 활용하는 시간이 상대적으로 비싸게 됨(기회비용)으로써 노동자는 비싸진 여가를 활용하려는 대신 노동공급 시간을 증가시키게 된다. 따라서 <u>노동공급이 증가하는 것을 말한다.</u>

       ㉡ <u>소득효과</u> : 임금이 상승하게 되면 노동자의 소득이 증가하게 됨으로써 여가 및 기타 소비재를 더 구입하려는 경향을 가지고 있다. 즉, <u>임금상승으로 부유해진 노동자는 노동에 투입하려는 시간보다는 여가를 더 선호하려는 경향을 가지고 있으므로 노동공급은 줄어들게 된다.</u> 이러한 현상은 주로 선진국에서 일어나고 있다.

③ 개인의 가용시간이 일정할 때 작업장까지의 통근시간이 증가하면 경제활동 참가율은 감소하고, 총 근로시간도 감소한다.

④ 출근비용, 근로세 상승 시에는 경제활동 참가율은 증가하고, 총 근로시간도 증가한다.

(3) 기혼여성의 경제활동 참가율을 결정하는 요인

> 기혼여성의 경제활동 참가율에 영향을 미치는 요인과 결과를 기술하시오. **2차**

① <u>법적, 제도적 장치의 확충(유아교육시설의 증설)</u>
② <u>시장임금(소득효과가 대체효과를 압도하면 임금은 오르고, 공급이 줄어든다)</u>
③ <u>남편의 소득(배우자의 경제활동)</u>
④ <u>자녀 수</u>
⑤ 가계 생산기술(요리나 세탁환경이 열악하면 경제활동이 줄어든다)
⑥ 고용시장의 유연화(시간제 근무자에 대한 기업의 수요가 올라간다)
⑦ 여성의 교육수준(교육수준이 높을수록 참가율이 올라간다)
⑧ 보상요구임금(근로자의 의중임금, 높을수록 참가율이 내려간다)
⑨ <u>도시화의 진전은 시간집약적 산업에서 재화집약적 산업으로 바뀌며 여가활동을 추가하게 되어 여성의 경제활동을 높일 수 있다.</u>

(4) 노동의 공급탄력성

노동공급의 탄력성은 임금의 변화에 대한 노동공급의 변화를 변화율로 나타낸 것이다. 즉, 임금 1%의 변화에 의해 유발되는 노동공급량을 변화율로 나타낸 것이다.

$$\text{노동공급의 탄력성} = \frac{\text{노동공급량의 변화율(\%)}}{\text{임금의 변화율(\%)}}$$

임금이 3,000원에서 5,000원으로 증가할 때 고용량이 270명에서 540명으로 증가한 경우 노동공급의 임금탄력성은?

- 노동공급량의 변화율 $= \dfrac{(540-270)}{270} \times 100 = 100\%$

- 임금의 변화율 $= \dfrac{(5,000-3,000)}{3,000} \times 100 = 66.7\%$

- 노동공급의 임금탄력성 $= \dfrac{100}{66.7} = 1.5$

---

① 노동공급의 증가율이 임금상승률보다 높은 경우 노동공급은 "탄력적", 임금상승률보다 낮으면 "비탄력적"이 된다.

② 완전 탄력적이면 그래프는 수평이 된다. 이때 임금의 작은 변화에 노동공급량은 매우 민감하게 반응, 저개발국에는 노동력이 과잉이라 고용이 이뤄지면 무제한의 노동공급이 이뤄진다.

③ 완전 비탄력적이면 그래프는 수직이 되는데 특수전문직은 임금과 무관하게 특수한 자격이 있어야 노동공급을 받을 수 있으므로 비탄력적이다. 또한 클로즈드숍 형태의 항운노조처럼 노동조합의 힘이 강한 경우도 그렇다.

④ 개인의 여가-소득 간의 무차별 곡선이 수직에 가까울 때 노동공급을 포기할 가능성이 높다.

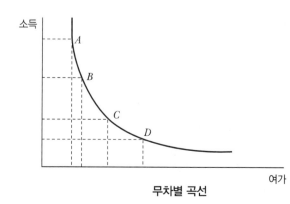

무차별 곡선

무차별 곡선이란 노동공급자에게 동일한 효용을 주는 소득과 여가시간의 조합을 연결한 선으로, A, B, C, D는 다 같은 효용을 준다.

(5) 노동공급의 임금탄력성 결정요인

① 노동조합의 존재 여부에 따라

② 파트타임에 존재 여부에 따라(비노동 소득)

③ 여성의 취업기회의 창출가능성 여부

④ 인구수

⑤ 노동시장의 용이성 정도

⑥ 산업구조의 변화

1-3 노동시장의 균형과 최적의 인적자원배분

(1) 노동시장의 균형

① 수요곡선과 공급곡선이 만나는 균형점 E에서 임금과 고용량이 결정된다.

② 초과수요가 발생하면 사용자들은 부족한 노동력을 보충하기 위해 **치열한 경쟁**을 하게 된다. 이에 임금은 높아지고 초과수요는 감소한다. 균형점 E는 시장임금 최적의 상태로서, 균형임금을 나타낸다.

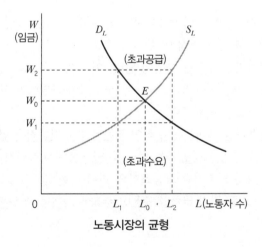

노동시장의 균형

(2) 최적의 인적자원배분

① 노동시장에서는 경쟁의 힘에 의해 동일 노동에 대한 동일 임금이 확립되는 경향이 있다.

② 배분의 효율성 → 파레토 최적상태 → 생산의 효율성과 교환의 효율성이 동시에 일정조건 충족된다.

③ 자유경쟁시장에서 근로자는 각자 자신들의 한계생산성에 따라 보수가 지급된다. 근로자에겐 노동이 창조하는 만큼의 보상, 자본가에겐 자본이 창조하는 만큼의 이익이 돌아가는 구조로 볼 수 있다.

| 쌤의 핵심포인트 |

파레토 최적(효율성)이란 사회총체적 만족도의 크기가 극대화됨으로써 경제주체들 간 자원 배분을 달리해도 더 이상 사회총체적 만족도가 커질 수 없다는 것이다.

1-4 노동시장의 유연성

(1) 노동 유연성의 개념

노동시장 유연성이란 일반적으로 외부환경변화에 인적자본이 신속하고 효율적으로 재분배되는 노동시장의 능력을 말한다.

(2) 노동 유연성의 확보방안

① 외부노동시장에서의 노동의 수량적 유연성 확보(사회에서 보는)

유연한 정리해고 절차, 단기근로나 임시근로 등에 의한 계약근로, 일일고용, 직무분할 등과 같은 다양한 시간제 근로 등의 방법으로 수량적 유연성을 확보할 수 있다.

② 내부노동시장에서의 노동의 수량적 유연성 확보(기업에서 보는)

내부노동시장에서의 수량적 유연성은 기업이 근로자 수의 변경 없이 근로시간을 조절하는 정도를 말하는 것으로 유연노동시간의 형태를 취하는 방법을 들 수 있다.

㉠ 변형근로시간 제도 : 일정기간 동안의 총 근로시간만 정하고 매일의 근로시간을 자유롭게 조절

㉡ 변형근무일 제도 : 휴가, 공휴일을 유연하게 사용하는 것 등

㉢ 다양한 교대근무제도 : 3조 2교대, 4조 3교대, 주말교대 등

③ 작업의 외부화에 의한 노동의 유연성 확보

작업의 외부화란 기존 노동자의 권리를 우선하는 노동법상의 고용계약을 쌍방이 동등한 권리가 보장되는 상법상의 계약으로 대체하려는 것이다. 이러한 작업의 외부화, 즉 하청, 공장 내 하청, 인력파견회사의 파견근로자 사용, 자영업자의 사용 등을 통해 노동의 유연성을 확보할 수 있다.

④ 기능적 유연성에 의한 노동의 유연성 확보

생산방식의 변화, 즉 소품종 대량생산에서 다품종 소량생산의 전환과 고기능 고부가가치적 산업의 발달로 작업과정에서 근로자의 자발성과 다양성이 요구됨에 따라 작업장 내 배치전환 또는 작업장 간의 이동이 필요하게 되는데 이러한 변화에 노동이 유연하게 대처하기 위해서는 근로자의 다기능공화와 변화과정에 필요한 직업훈련이 요구된다.

⑤ 임금의 유연성 확보에 따른 노동의 유연성 확보

과거 연공급이나 직무급이 단체협약에 의하여 결정되면서 산업구조의 변화나 기술의 변화에 따라 비생산적인 인건비의 부담 요소가 많으므로 임금구조를 개인이나 집단의 능력, 성과에 따라 지급되는 개별성과급제, 집단성과급제,

| 쌤의 핵심포인트 |
정규직 중심의 인력채용은 해고의 제한에 따라 유연성이 저하된다.

| 쌤의 핵심포인트 |
숙련 정도에 따라 임금격차가 확대되고, 비숙련인력의 실업을 늘릴 가능성이 있다.

직능급제 등으로 차등지급하는 기본급의 임금체계를 개선하는 방안이 필요하다.

1-5 인적자본(Human Capital) 투자와 노동의 질

(1) 인적자본이론의 의의

① 인간을 투자에 의하여 그 경제가치 또는 생산력을 증가시킬 수 있는 일종의 자본으로 보는 개념이다.

② 인적자원에 대한 투자 수익과 비용 차이가 개인 간의 인적자원에 대한 투자량의 차이를 발생시키고, 이는 다시 인적자본의 질적 차이를 유발하여 생산성의 격차를 초래함으로써 노동시장에서의 임금수준 결정에 영향을 미친다.

③ 임금격차를 완화하기 위한 노동시장 정책은 교육이나 훈련과 같은 인적자본에 대한 투자는 물론 기회를 확대해야 한다.

(2) 인적자본에 대한 주요 투자범위

인적자본에 대한 투자의 대상을 3가지만 쓰고 각각에 대해 설명하시오. 2차

① 정규교육 : 가장 일반적인 형태의 인적자본투자 대상으로 체계적이고 정규적으로 이루어지고 있다.

② 현장훈련 : 취업현장에서 작업 등을 통하여 전수되는 기술훈련을 의미한다.

③ 이주(이동) : 자신의 능력을 보다 더 발휘할 수 있는 근무환경으로의 이동을 의미한다.

④ 건강 : 근로자의 양호한 건강은 자신의 노동공급을 일정수준 이상으로 유지할 수 있다.

⑤ 정보 : 노동시장 관련 정보를 얻기 위한 투자는 더 많은 경제적인 편익을 확보할 수 있다.

| 쌤의 핵심포인트 |
직업에 관련된 정보를 얻는 데 소요한 지출도 인적자본투자이다.

(3) 인적자본론의 노동이동

① 사직률과 해고율은 경기변동에 따라 상반된다.

② 사직률과 해고율은 기업특수적 인적자본과 음(−)의 상관관계를 갖는다.

③ 인적자본론에서는 장기 근속자일수록 기업특수적 인적자본량이 많아져 해고율이 낮아진다고 주장한다.

④ 기업특수적 인적자본량이 많은 고임금 근로자는 기업의 입장에서 보면 생상성 향상에 중요한 요인이므로 쉽게 해고되지 않는다.

1-6 선별가설(Screening Hypothesis)

(1) 선별가설의 의의

선별가설(選別假說)에서는 교육이 생산성을 높이고 그것이 보다 높은 소득을 가져 온다는 인적자본론의 주장을 부정한다. <u>선별가설이란 교육은 근로자의 생산성을 높이는 데는 아무런 직접적 영향을 미치지 않으며, 단지 고용주가 적은 채용비용으로 채용 후 훈련비용이 적게 들 능력 있는 근로자를 선택할 수 있게 해 주는 선별장치로서만 작용할 뿐이라는 이론이다.</u> 신호가설이라고도 한다.

(2) 정부의 교육투자 방향

정부는 학력 우선주의에서 실력, 능력 우선으로 갈 수 있도록 하고 교육 이외의 사회적 이동기회를 제공하여야 한다. 기업 및 공공기관에서 학력이 아닌 생산성 위주로 근로자를 선발하도록 계몽 · 권장 · 지도하여야 한다.

> ○ 선별가설의 의미를 쓰고, 선별가설이론을 적용할 경우 정부의 교육투자 방향은 어떻게 나아가야 할지 쓰시오. **2차**

1-7 노동시장의 구조

■1 노동시장의 가정에 의한 분류(완전 경쟁 vs. 불완전 경쟁)

(1) 경쟁노동시장[단일노동시장(근대), 완전경쟁]

① 의의

기술 및 숙련이나 지역적인 고려를 제외하면 모든 근로자들은 직업의 선택이나 임금의 결정에 있어서 아무런 제약도 받지 않으며 <u>자유롭게 이동할 수 있는 하나의 연속적인 노동시장이다.</u>

② 특성과 가정

ㄱ 다수의 노동 수요 · 공급자가 존재하며 양 당사자는 자유롭게 근로계약을 체결한다.

ㄴ <u>노동시장 간의 자유로운 이동(진입과 탈퇴)도 가능하다.</u>

ㄷ <u>노동 수요 · 공급자는 완전 정보하에서 의사결정을 한다.</u>

ㄹ <u>기술 숙련, 지역적 차이를 제외하고는 노동력의 질적 차이는 없다(동질성).</u> (A가 하던 업무를 B가 해도 문제없다.)

ㅁ <u>동일한 노동에는 동일한 임금이 지급된다.</u>

ㅂ 노동자의 단결조직과 사용자의 단결조직은 없다.

| 쌤의 핵심포인트 |

경쟁노동시장에서는 직무의 공석이 발생하면 외부노동시장을 통해서 채워질 수 있다.

(2) 분단노동시장

① 의의

노동시장을 하나의 연속적이고 경쟁적인 시장으로 보지 않고 상당히 다른 속성을 지닌 노동자가 분단된 상태의 노동시장에서 상호 간에 이동이나 교류가 거의 단절된 상태에 있고, 임금이나 근로조건에도 서로 차이가 현저한 시장이다.

② 특성과 가정

㉠ 노동력에 질적 차이가 존재하고, 완전대체가 불가능하다(케인즈, 밀).

㉡ 이동이 불가능한 건 아니지만 곤란하고, 정보가 부족하다.

㉢ 기술적, 제도적 규제가 존재한다.

  • 기술적 : 고어텍스, 반도체 등의 기술력은 얻기 어렵다.

  • 제도적 : 담배, 인삼 등과 같이 국가사업이라 민간기업에서 뛰어들 수 없는 전매사업

③ 출현배경

㉠ 능력분포와 소득분포의 상이

㉡ 교육개선에 의한 빈곤퇴치 실패

㉢ 소수인종에 대한 현실적 차별

2 노동시장의 결론에 의한 분류

(1) 근로조건의 우열기준(1차 vs. 2차)

구분	고용의 안정성	임금	승진기회	기술	노조
1차 노동시장	높다.	높다.	O	자본집약	강력
2차 노동시장	낮다.	낮다.	X	노동집약	없거나 약함

이중노동시장에서 1차 노동시장 직무나 근로자의 특징을 쓰시오. 2차

① 이중노동시장에서 1차 노동시장 직무나 근로자의 특징

㉠ 내부노동시장으로 형성되고 있으며 고임금의 혜택이 있다.

㉡ 합리적인 노무관리와 근로조건이 양호하며 승진과 승급이 좋다.

㉢ 숙련의 특수성을 가지고 있으며 현장훈련이 좋다.

㉣ 장기 근속할 가능성이 높아 이직률이 낮다.

㉤ 충성심이 높아 근무 중에 태만하시 않고 열심히 일을 한다.

2차 노동시장(저임금)의 특징을 기술하시오. 2차

② 2차 노동시장(저임금)의 특징

㉠ 단기적인 고용관계에 있다.

㉡ 직무의 진출입이 매우 쉽다.

㉢ 지각 및 결근율이 높다.

ㄹ 더욱 빈번한 불복종을 보인다.

ㅁ 상대적으로 높은 실업률을 보인다.

ㅂ 훈련기회의 결여

(2) 노동력의 확보방법 기준(내부 vs. 외부)

노동시장을 내부노동시장과 외부노동시장으로 구분한 이후, 기업 내에서의 숙련의 특수성, 직장 내 훈련, 관습에 따라 기업의 내부노동시장이 형성된다.

① 내부노동시장이론

ㄱ 의의 : 던롭(Dunlop)에 의하면 내부노동시장은 제조업의 공장 또는 사업장과 같이 그 안에서 노동의 가격결정과 배치가 일련의 관리적인 규칙과 절차에 의해 움직여지는 하나의 관리단위로 외부노동시장과의 통로는 <u>신규 채용자에 대한 입직문과 이직의 퇴직문만으로 연결된다.</u> 이러한 내부노동시장은 주로 대기업과 같이 일정 수준의 임금 및 근로조건을 갖춘 사업장에서 발전하게 된다.

○ 내부노동시장의 형성 요인과 장점을 각각 3가지씩 쓰시오. 2차

ㄴ 형성요인

• <u>숙련의 특수성</u> : 근로자의 기능이 기업특수적인 것일수록 기업은 필요한 숙련공을 자체 내 훈련을 통해 양성해야 하며, 한 번 양성된 숙련공을 장기간 기업에 근속하도록 해야 하므로 내부노동시장을 강화해야 할 필요가 있다.

• <u>현장훈련</u> : 현장 담당자의 고유한 지식을 후임자에게 생산현장에서 직접 전수함으로써 내부노동시장을 발전시킨다.

• <u>관습</u> : 기업문화의 확립이 체계적인 곳일수록 내부노동시장 형성이 유리하다.

• <u>장기근속 가능성</u> : 장기근속근로자들이 많을수록 내부노동시장 형성이 유리하다.

• <u>기업의 규모</u> : 기업의 규모가 클수록 내부노동시장 형성이 유리하다.

ㄷ 장점

• 내부 승진이 많다.

• 장기고용관계의 성립이 가능하다.

• 노동자의 사기가 증진된다.

• 기업의 생산성이 향상된다.

• 특수한 인적자본 형성에 유리하다.

ㄹ 단점

• 인력의 경직성이 있다.

• 관리비용이 증대된다.

| 쌤의 핵심포인트 |

숙련의 특수성이란 특정기업에만 한정된 특수한 기능과 기술훈련을 의미한다. 원인으로는 기업 간 차별화된 제품생산, 생산공정의 특유성, 생산장비의 특유성이 있다.

| 쌤의 핵심포인트 |

내부노동시장의 형성요인에 '교육수준'이나 '임금수준'을 틀린 지문으로 제시하고 있다.

- 높은 노동비용을 지불해야 한다.
- 재훈련비용이 증대된다.
- 근로자에 대한 의존성이 증대된다.

② 외부노동시장이론

㉠ 기업 내부의 명문화된 규칙, 절차와 무관한 노동시장 거래에 의해 임금과 고용이 결정되는 시장이다.

㉡ 기업에서 새로운 직무를 수행할 대상자를 파악할 때 기업 내부의 인력을 고려하기보다는 기업 외부의 구직자를 대상으로 채용한다는 것이다.

3 분단노동시장의 정책적 시사점

① 공급촉진에 대한 개입·지원을 지나치게 강요하는 것에 부정적
② 수요 측면에 관심을 가진다(임금보조, 차별철폐).
③ 내부노동시장의 중요성 강조
④ 완전 고용을 보장할 수 있는 확장적 거시경제정책 요구
⑤ 노동소외극복, 노동의 인간화 도모

4 노동의 이동

(1) 의의

노동의 이동이란 노동자들의 지역 간 이주나 산업 간·직종 간 및 기업 간의 이동을 말한다. 노동의 이동에는 노동자가 임금이나 노동조건이 더 좋은 직장을 찾아가는 자발적 이동과 기업에서 노동자를 더 이상 원하지 않음으로 해서 발생하는 비자발적 이동이 있다.

(2) 노동 이동 가능성

① 장래의 기대되는 수익과 현 직장에서의 수익의 차를 현재가치로 할인해 주는 할인율을 비교하여 새 직장에서 얻을 수 있는 수익성이 클수록 크다.
② 새 직장에서의 예상 근속 연수가 길수록 크다.
③ 이동에 부수되어 발생되는 직접 및 심리적 비용이 적을수록 크다.
④ 현재 직장과 장래 직장의 임금격차가 클수록 크다.

(3) 이직의 경로

구분	내용
사직 (Quits)	근로자가 자신의 희망에 따라 스스로의 주도하에 이직하는 경우를 말하는 것으로 '자진사퇴' 또는 '자진이직'이라고도 한다.
일시해고 (Layoffs)	기업이 경영부진으로 인원을 삭감하여야 할 때에, 나중에 재고용할 것을 약속하고 종업원을 일시적으로 해고하는 제도이다.
해고 (Discharges)	회사의 규칙을 위반한 근로자 등을 고용주가 정당한 사유(Just Cause)로 내보내는 제도이다.
이직 (Separations)	직장을 옮기거나 직업을 바꾸는 지칭하는 것으로서, 군복무, 정년퇴직, 신체장애, 사망 등 다양한 사유에 의해 이루어진다.

| 쌤의 핵심포인트 |

일시해고
근로자의 귀책사유 없이 기업의 가동률 저하로 인하여 근로자가 기업으로부터 떠나는 것으로 미국 등에서 잘 발달되어 있는 제도이다.

5 노동시장의 변화

최근 노동시장은 글로벌화, 인공지능, 자동화 로봇, 독과점에 따른 노동시장 수요독점, 저출산, 고령화, 이민자 유입 등 변수에 의해 크게 변하고 있으며, 임금 불평등과 노동시장 양극화가 문제로 지적되고 있다.

(1) 수요 측면의 노동 구조의 변화

① 실질임금 정체, 임금 불평등 증가, 노동시장 참여율 감소 등을 꼽을 수 있다.

② 2000년 이후 노동자들의 실질임금은 거의 상승하지 않았고, 고숙련과 저숙련 노동자 간 임금 격차는 증가하고 있다.

③ 노동시장 수요 측면에서 설명할 수 있는데 인공지능, 자동화 기술이 발달할수록 저숙련 및 중간숙련 일자리는 대체되는 반면, 고숙련 일자리 수요가 대폭 증가하면서 이들에 대한 보상이 커지게 된다.

④ 기업들은 급속한 고령화로 일할 수 있는 사람이 적어질수록 자동화 기술을 더 많이 도입하는 경향을 보이고, 기술이 발달할수록 로봇 비용은 더 저렴해지기 때문에 수요가 적어도 기꺼이 로봇을 도입하고 있다.

기업은 충분한 수요가 발생한다는 보장이 없어 비싼 인간 노동자보다 저렴한 로봇을 우선 도입할 것이며, 로봇은 날이 갈수록 더 저렴해지기 때문에 고령화 사회는 수요가 다소 부족해도 손익분기점 달성이 가능할 것이다. 기업들은 저출산, 고령화가 더 빨리 진행되는 상황에서 로봇 도입을 더 크게 늘릴 수밖에 없다.

⑤ 새로운 기술이 발달할수록 생산비에서 노동비가 차지하는 비율이 높은 노동집약적 산업이 전체 산업에서 차지하는 비중은 줄어드는 반면, 자본집약적 산업은 더 크게 성장해 노동소득 분배율이 감소될 것이다. 만약 인공지능과 로봇이 인간보다 생산성이 높다면 자본집약적 산업과 노동집약적 산업 간 격차는 커질 것이다.

(2) 공급 측면의 노동력 구조의 변화

① 인구의 고학력화 현상이 뚜렷이 나타나고 있다. 그러나 교육에 투자할 처지가 되지 않는 사람은 저임금을 받아들이거나 일자리를 구하지 못해 악순환은 지속될 것이다.

② 중·장년층 및 청년층 노동력이 감소하고 있으며, 이를 충족시키기 위해 노령층 및 여성의 경제활동참가율이 증가할 것으로 전망된다.

③ 반면 남성, 청년, 저학력 등에서 노동시장 참여율이 저조해지고 있다.

④ 프로그래밍 등 고숙련 기술을 가진 노동자는 한정적이기 때문에 이들은 더 많은 임금을 지급받고 있으며, 이와 달리 저숙련 및 중간숙련 노동자들은 10년 전에는 가질 수 있었던 일자리들이 현재는 새로운 기술들에 사라지고 있고, 새롭게 창출된 일자리가 요구하는 숙련도를 갖추지 못해 노동시장에서 점차 배제되고 있다.

우리나라 여성의 연령대별 경제활동참가율

우리나라 여성의 고용지표가 10년간 꾸준히 개선되고 있으나 35~44세 여성의 고용률은 30~50 클럽 7개국 중 최하위 수준으로 나타났다. 여성의 경력단절 문제가 장기간 이어진 결과로 풀이된다. 한국경제연구원이 2008년부터 지난해 10년간 30~50 클럽 7개국 여성의 생산가능인구수, 경제활동참가율, 취업자 수, 고용률, 실업률 및 연령대별 고용률 등 6개의 고용지표를 분석한 결과다. 30~50 클럽은 1인당 국민소득 3만 달러 이상, 인구 5,000만 명 이상의 조건을 만족하는 국가로, 미국, 일본, 독일, 프랑스, 영국, 이탈리아, 한국 등이 속한다.

보고서에 따르면 실업률은 독일, 일본, 영국 등 4개국에서 개선된 반면, 한국, 프랑스, 이탈리아 등 3개국에서는 악화됐다. 연령대별 고용률 분포에서 7개국 중 5개국에서 ∩자형 포물선 형태를 띠고 있었으나, 한국과 일본에서는 30~40대 여성의 경제활동이 감소해 M자형 곡선 형태를 띠고 있는 것으로 집계됐다.

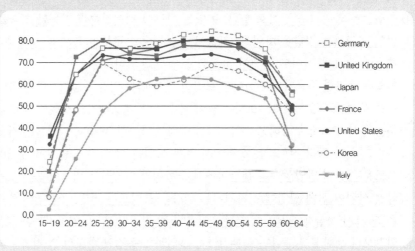

30~50 클럽 15~64세 여성 연령대별 고용률 변화(2018)

CHAPTER 1
출제예상문제

1-1 노동의 수요

01 생산요소에 대한 수요를 파생수요(Derived Demand)라 부르는 이유로 가장 적합한 것은?

① 생산요소의 수요곡선은 이윤극대화에서 파생되기 때문이다.
② 정부의 요소수요는 민간의 수요를 보완하기 때문이다.
③ 생산요소에 대한 수요는 그들이 생산한 생산물에 대한 수요에 의존하기 때문이다.
④ 생산자들은 저렴한 생산요소로 늘 대체하기 때문이다.

해설

노동수요는 기업이 생산하는 상품이 시장에서 수요 되는 것에서 유발 또는 파생되는 수요이다.

02 최종생산물이 수요자에 의하여 수요되기 때문에 그 최종생산물을 생산하는 데 투입되는 노동이 수요된다고 할 때 이러한 수요를 무엇이라고 하는가?

① 유효수요　　　　② 잠재수요
③ 파생수요　　　　④ 실질수요

03 다음 중 노동수요의 결정요인으로 옳은 것은?

① 노동과 관련된 타 생산요소의 가격 변화
② 인구의 규모와 구조
③ 노동에 대한 노력의 강도
④ 임금지불방식

해설

노동수요는 노동의 가격(임금), 다른 생산요소의 가격, 생산되는 상품에 대한 소비자의 크기(소비량), 노동생산성의 변화, 생산기술방식의 변화에 영향을 받는다.

04 경쟁시장에서 아이스크림 가게를 운영하는 A씨는 5명을 고용하여 1개당 2,000원에 판매하고 있다. 시간당 12,000원을 임금으로 지급하면서 이윤을 극대화하고 있다. 만일 아이스크림 가격이 3,000원으로 오른다면 현재의 고용수준에서 노동의 한계생산물가치는 시간당 얼마이며, 이때 A씨는 노동의 투입량을 어떻게 변화시킬까?

① 9,000원, 증가시킨다.
② 18,000원, 증가시킨다.
③ 9,000원, 감소시킨다.
④ 18,000원, 감소시킨다.

해설

이윤극대화는 임금과 한계생산물가치가 같은 지점이다.

• 임금＝한계생산물의 가치(한계생산량×시장가격)
$12,000 = 2,000 \times x$(한계생산량)
x(한계생산량)＝6
$6 \times 3,000$원(시장가격)＝18,000원

정답 01 ③　02 ③　03 ①　04 ②

• 한계생산의 가치(18,000원) > 임금(12,000원)이므로 6,000원만큼 고용을 늘린다.

따라서 임금보다 한계생산물의 가치가 높으므로 1,500원만큼 근로자 고용을 증가시킨다.

05 생산요소인 노동의 수요곡선을 이동(Shift)시키는 요인이 아닌 것은?

① 임금의 변화
② 노동을 투입하여 생산한 생산물의 가격 변화
③ 노동생산성의 변화
④ 자본의 생산성 변화

🔖 해설
임금의 변화는 노동수요곡선상의 이동이다.

06 다음 (   ) 안에 알맞은 것은?

> 우하향하는 기울기를 갖는 등량곡선이 근본적으로 보여주는 비는 (   )의 원리이다. 이는 일정 산출량 수준을 유지하는 데 있어서 한 투입요소를 더 이용하면 기업은 다른 투입요소를 줄여야 함을 의미한다.

① 대체   ② 상쇄
③ 보완   ④ 교차

🔖 해설
등량선이라고도 하며 노동과 자본의 여러 가지 결합방식에 의하여 동일한 양의 산출물을 생산할 수 있는 점의 자취이다. 즉, 어떤 제품을 생산할 때 노동과 자본재의 두 요소를 가지고 생산한다면 노동을 더 많이 사용할 수도 있고 자본재를 더 많이 사용할 수도 있는데, 이것은 각 생산요소는 대체 가능성을 가지고 있기 때문이다.

07 생산물시장과 노동시장이 완전경쟁일 때 노동의 한계생산량이 10개이고 생산물 가격이 500원이며 시간당 임금이 4,000원이라면 이윤을 극대화하기 위한 기업의 반응으로 옳은 것은?

① 임금을 올린다.
② 노동을 자본으로 대체한다.
③ 노동의 고용량을 증대시킨다.
④ 고용량을 줄이고 생산을 감축한다.

🔖 해설
기업의 이윤극대화는 임금＝한계생산물의 가치(한계생산량×시장가격)에서 이루어진다.

• 임금＝4,000원
• 한계생산물의 가치＝10개×500원＝5,000원

따라서 임금보다 한계생산물의 가치가 높으므로 1,000원만큼 근로자 고용을 증가시킨다.

08 완전 경쟁하에서 노동의 수요곡선을 우하향하게 하는 주된 요인은 무엇인가?

① 노동의 한계생산력
② 노동의 가격
③ 생산물의 가격
④ 한계비용

🔖 해설
노동수요곡선이 우하향하게 되는 주된 요인은 한계생산이 체감하기 때문이다.

09 노동수요에 대한 탄력성에 관한 설명으로 옳은 것은?

① 노동수요의 변화율에 대한 임금의 변화율이다.
② 노동수요의 변화율에 대한 제품수요의 변화율이다.
③ 임금의 변화율에 대한 노동수요량의 변화율이다.
④ 임금의 변화율에 대한 제품수요량의 변화율이다.

> **해설**
>
> 노동수요의 탄력성 $= \dfrac{\text{노동수요량의 변화율(\%)}}{\text{임금의 변화율(\%)}}$

10 임금이 10% 상승할 때 노동수요량이 20% 하락했다면 노동수요의 탄력성 값은?

① 0.5   ② 1.0
③ 1.5   ④ 2.0

> **해설**
>
> 노동수요의 탄력성 $= \dfrac{\text{노동수요량의 변화율(\%)}}{\text{임금의 변화율(\%)}}$
> $= \dfrac{20\%}{10\%} = 2$

11 다음 중 노동수요가 상대적으로 탄력적인 경우는?

① 기업의 이윤이 극대화하는 경우
② 기업의 생산비용 중 노동비용이 증가하는 경우
③ 노동 이외 생산요소의 공급곡선이 비탄력적인 경우
④ 노동의 공급곡선이 수직인 경우

> **해설**
>
> 기업 이윤이 극대화된 경우, 노동 이외의 다른 생산요소의 공급이 비탄력적인 경우, 노동의 공급곡선이 수직인 경우는 상대적으로 비탄력적이다.

12 다음 중 노동조합이 임금협상에 가장 유리한 경우의 노동수요의 탄력성은?

① 0   ② 1
③ 5   ④ 10

> **해설**
>
> 노동수요가 비탄력적일수록 노동조합의 조직력을 강화시킬 수 있으며 임금협상에서 노동조합이 유리하게 된다.

13 힉스 – 마샬에 관한 설명으로 틀린 것은?

① 최종생산물에 대한 수요가 탄력적일수록, 노동에 대한 수요는 탄력적이 된다.
② 다른 요소와의 대체가능성이 높을수록 노동에 대한 탄력성은 작게 된다.
③ 다른 생산요소의 공급탄력성이 작을수록 노동을 다른 생산요소(자본)로 대체하기가 어렵게 되기 때문에 노동수요의 탄력성은 작아진다.
④ 총 생산비에서 차지하는 노동비용의 비중이 높을수록 노동에 대한 수요탄력성은 크게 된다.

> **해설**
>
> 다른 생산요소와의 대체가능성이 높을수록 노동에 대한 탄력성은 크게 된다.

1-2 노동의 공급

14 다음 중 노동공급의 결정요인이 아닌 것은?

① 인구의 규모와 구조
② 노동생산성의 변화
③ 임금지불방식
④ 동기부여와 사기

> **해설**
>
> 노동생산성의 변화는 노동수요의 결정요인이다.

15 경제활동 참가 또는 노동공급을 결정하는 요인에 대한 설명으로 사실과 가장 거리가 먼 것은?

① 비근로소득이 클수록 경제활동 참가는 낮아진다.
② 자녀수가 많을수록 경제활동 참가는 낮아진다.
③ 교육수준이 높아질수록 경제활동 참가는 증가한다.
④ 기업의 노동시간이 신축적일수록 노동공급이 감소한다.

정답   10 ④   11 ②   12 ①   13 ②   14 ②   15 ④

🔖 **해설**

기업의 노동시간이 신축적일수록 노동공급은 증가한다.

🔖 **해설**

후방굴절형 노동공급곡선은 소득효과가 대체효과보다 클 때 임금과 노동시간 사이에 부의 관계가 나타난다.

16 노동의 공급곡선에 대한 설명 중 틀린 것은?

① 일정 임금수준 이상이 될 때 노동의 공급곡선은 후방굴절부분을 가진다.
② 임금과 노동시간 사이에 음(−)의 관계가 존재할 경우 임금률의 변화 시 소득효과가 대체효과보다 작다.
③ 임금과 노동시간의 관계이다.
④ 노동공급의 증가율이 임금상승률보다 높다면 노동공급은 탄력적이다.

🔖 **해설**

음(−)의 관계란 임금과 노동시간이 반비례한 것을 의미한다. 즉, 임금이 높아지면 노동시간이 감소하며, 이때 소득효과는 대체효과보다 크다.

18 근로소득세의 인상이 노동공급에 미치는 효과에 대한 설명으로 가장 적합한 것은?

① 소득이 감소하므로 노동공급이 증가한다.
② 소득효과와 대체효과의 크기를 알 수 없으므로 노동공급의 증감을 알 수 없다.
③ 일반적으로 소득효과가 크므로 노동공급은 증가한다.
④ 여가의 상대적 가격이 상승하므로 노동공급이 감소한다.

🔖 **해설**

근로소득세의 인상은 근로자들의 소득감소 효과를 가져온다. 그러나 소득효과와 대체효과의 크기를 알 수 없으므로 노동공급의 증감을 알 수 없다.

17 후방굴절형 노동공급곡선에 대한 설명으로 옳은 것은?

① 임금이 일정 수준 이상으로 오르면 임금이 오를수록 노동공급이 감소하게 된다.
② 임금 변화의 대체효과가 소득효과보다 클 때 임금과 노동시간 사이에 부의 관계가 나타나는 것을 말한다.
③ 노동공급의 변화율을 노동가격 변화율로 나눈 값이 점차 감소하는 현상을 그래프로 나타낸 것을 말한다.
④ 인구가 일정 규모 이상이 되면 임금이 오를수록 노동공급이 감소하는 것을 그래프로 나타낸 것을 말한다.

19 임금상승에 따라 후방굴절하는 구간에서의 노동공급곡선에 대한 설명으로 옳은 것은?(단, 여가는 소득효과가 양(+)인 정상재이다.)

① 여가가 정상재이기 때문에 항상 후방굴절한다.
② 여가에 대한 대체효과의 크기가 소득효과의 크기보다 크다.
③ 여가에 대한 대체효과의 크기가 소득효과의 크기와 같다.
④ 여가에 대한 대체효과의 크기가 소득효과의 크기보다 작다.

🔖 **해설**

후방굴절하는 구간에서는 소득효과의 크기가 대체효과의 크기보다 크다.

20 만일 여가가 열등재라면, 임금이 증가할 때 노동 공급은 어떻게 변하는가?

① 임금수준에 상관없이 임금이 증가할 때 노동 공급은 감소한다.

② 임금수준에 상관없이 임금이 증가할 때 노동 공급은 증가한다.

③ 낮은 임금수준에서 임금이 증가할 때는 노동 공급이 증가하다가 임금수준이 높아지면 임금증가는 노동공급을 감소시킨다.

④ 낮은 임금수준에서 임금이 증가할 때는 노동 공급이 감소하다가 임금수준이 높아지면 임금증가는 노동공급을 증가시킨다.

🖋 해설
─────────────────────
근로자들의 임금이 일정한 수준 이상으로 상승하면 고소득으로 인한 여가의 증가로 노동시간의 감소를 나타내는데, 이 경우 개인의 노동공급곡선은 일정수준 이상의 높은 임금에서 뒤쪽으로 굽어지는 형태를 보인다. 이를 후방굴절형 곡선이라 한다. 다만 여가가 열등재일 경우는 후방굴절하는 것이 아니고 임금수준과 무관하게 우상향한다.

21 여성의 경제활동참가에 관한 설명으로 옳은 것만을 바르게 짝지은 것은?

> A. 최근 여성의 경제활동참가율의 상승은 많은 부분 기혼 여성의 경제활동참가가 크게 늘어난 데에 기인한다.
> B. 여성의 경제활동참가율은 20대 후반에 크게 낮아지는 M자형의 모양을 갖는다.
> C. 여성의 경제활동참가율이 높아지면서 남성 근로자의 임금수준에 대한 여성 근로자의 임금수준 비율은 더욱 낮아졌다.

① A, B   ② A, C
③ B, C   ④ A, B, C

🖋 해설
─────────────────────
여성과 남성의 임금격차가 점차 감소하고 있다.

22 다음 중 여성의 경제활동참가를 결정하는 요인에 관한 설명으로 틀린 것은?

① 여타 조건이 일정불변일 때 시간의 경과에 따라 시장 임금이 증가할수록 여성의 경제활동참가율은 높아진다.

② 도시화의 진전은 여성으로 하여금 가정재 생산에 있어 시장구입상품에 보다 의존하게 만들어 시장노동의 가능성을 넓혀준다.

③ 단시간 근로자에 대한 기업의 수요가 증가하면 기혼여성의 경제활동 참가를 낮추는 요인으로 작용한다.

④ 탁아시설의 미비는 여성의 보상요구임금 수준을 높여 기혼여성의 경제활동참가를 낮추는 요인으로 작용한다.

🖋 해설
─────────────────────
단시간 근로자에 대한 수요 증가는 기혼여성의 경제활동 참가율을 높이는 요인으로 작용한다.

23 보상요구임금(Reservation Wage)에 관한 설명으로 틀린 것은?

① 노동을 시장에 공급하기 위해 노동자가 요구하는 최소한의 주관적 요구 임금수준이다.

② 의중임금 또는 눈높이 임금으로 불린다.

③ 시장에 참가하여 효용극대화를 달성하는 근로자의 의중임금은 실제임금과 일치한다.

④ 전업주부의 의중임금은 실제임금보다 낮다.

🖋 해설
─────────────────────
일반적으로 전업주부의 의중임금은 실제임금보다 높다.

24 경기가 나빠져 노동의 수요가 줄어들었을 때 노동의 공급이 임금에 대해 탄력적이면 탄력적일수록 임금의 변화로 옳은 것은?

① 수요의 감소율에 비해 임금의 하락률이 작아진다.
② 수요의 감소율에 비해 임금의 하락률이 커진다.
③ 수요의 감소율과 임금의 하락률이 같아진다.
④ 수요의 감소율과 임금의 하락률 사이에는 아무런 관계가 없다.

해설

노동공급의 탄력성 = $\dfrac{\text{노동공급량의 변화율}(\%)}{\text{임금의 변화율}(\%)}$

노동의 공급이 임금에 대해 탄력적이므로 임금의 변화율보다 노동공급량의 변화율이 크다. 노동수요가 줄어든다면 임금 또한 하락하게 되는데, 이때 임금의 변화에 대해 노동공급이 탄력적이므로 임금의 변화에 민감한 노동공급으로 인해 임금의 하락률이 작아지게 된다.

25 노동공급의 탄력성 값이 0인 경우 노동공급곡선의 형태는?

① 수평이다.　　　② 수직이다.
③ 우상향이다.　　④ 후방굴절형이다.

해설

노동공급의 탄력성 값이 0인 경우는 완전 비탄력적인 경우이며, 노동공급곡선은 수직이다.

26 다음 중 노동공급의 탄력성 결정요인이 아닌 것은?

① 노동조합의 결성과 교섭력의 정도
② 노동이동의 용이성 정도
③ 여성의 취업기회의 창출 가능성 여부
④ 다른 생산요소로의 노동의 대체 가능성

해설

다른 생산요소와의 대체가능성은 노동수요탄력성의 결정요인이다.

1-4 노동시장의 유연성

27 다음 중 노동시장 유연성(Labor Market Flexibility)에 관한 설명으로 틀린 것은?

① 노동시장 유연성이란 일반적으로 외부환경변화에 인적자원이 신속하고 효율적으로 재배분되는 노동시장의 능력을 지칭한다.
② 외부적 수량적 유연성이란 해고를 좀 더 자유롭게 하고 다양한 형태의 파트타임직을 확장시키는 것을 포함한다.
③ 외부적 수량적 유연성의 예로는 변형시간근로제, 탄력적 근무시간제 등이 있다.
④ 기능적 유연성이란 생산과정 변화에 대한 근로자의 적응력을 높이는 것을 의미한다.

해설

내부노동시장에서의 수량적 유연성은 기업이 근로자 수의 변경 없이 근로시간을 조절하는 정도를 말하는 것으로 변형근로시간 제도, 변형근무일 제도, 다양한 교대근무제도 등이 있다.

28 다음 중 노동시장의 유연화(Flexible Labor Market)와 관련 있는 제도는?

① 변형근로시간제　　② 주5일 근무제
③ 연공서열제　　　　④ 생산성임금제

해설

산업구조나 기술의 변화에 따라 노동이 탄력적으로 대처하기 위하여 노동의 유연성을 확보해야 한다.

정답　24 ①　25 ②　26 ④　27 ③　28 ①

1-5 인적자본 투자와 노동의 질

29 인적자본이론에서 연령이 적은 근로자일수록 이동경향이 높게 나타나는 이유와 가장 거리가 먼 것은?

① 연령이 적을수록 위험선호형이기 때문이다.
② 연령이 적을수록 새로운 직장에서 받는 임금이 높을 가능성이 크기 때문이다.
③ 연령이 적을수록 새로운 직장에서 임금을 회수할 기간이 길기 때문이다.
④ 연령이 적을수록 이동비용이 적게 들기 때문이다.

🔖 **해설**

연령이 낮은 근로자는 숙련도가 낮으므로 높은 임금을 받을 가능성이 적다. 또한 젊은 사람들은 실패해도 재기 가능성이 높기 때문에 위험을 두려워하지 않으며, 앞으로 임금을 받을 기간이 길고 높은 임금을 받는 근로자에 비하여 임금이 낮기 때문에 상대적으로 이동비용이 적다고 할 것이다.

30 인적자본이론의 노동이동에 대한 설명으로 틀린 것은?

① 사직률과 해고율은 기업특수적 인적자본과 부(−)의 상관관계를 갖는다.
② 인적자본이론에서는 장기근속자일수록 기업특수적 인적자본량이 많아져 해고율이 낮아진다고 주장한다.
③ 임금률이 높을수록 해고율은 높다.
④ 사직률과 해고율은 경기변동에 따라 상반되는 관련성을 갖고 있다.

🔖 **해설**

고임금은 상대적으로 우수한 양질의 노동력 확보가 가능하며, 기업의 해고율은 낮아진다.

31 다음 중 기업특수적 인적자본 형성의 원인이 아닌 것은?

① 기업 간 차별화된 제품생산
② 생산공정의 특유성
③ 생산장비의 특유성
④ 일반적 직업훈련의 차이

🔖 **해설**

일반적 직업훈련의 차이보다 기업특수적인 훈련의 차이에 의해 발생한다.

1-7 노동시장의 구조

32 분단노동시장(Segmented Labor Market)가설의 출현배경과 가장 거리가 먼 것은?

① 능력분포와 소득분포의 상이
② 교육개선에 의한 빈곤퇴치 실패
③ 소수인종에 대한 현실적 차별
④ 동질의 노동에 동일한 임금

🔖 **해설**

동일 노동에의 동일 임금 지급은 단일노동시장(완전경쟁노동시장)에 해당한다.

33 다음 중 경쟁노동시장모형의 가정으로 틀린 것은?

① 노동자 개인이나 개별 고용주는 시장임금에 아무런 영향력을 행사할 수 없다.
② 노동자의 단결조직과 사용자의 단결조직은 없다.
③ 모든 직무의 공석은 내부노동시장을 통해서 채워진다.
④ 노동자와 고용주는 완전정보를 갖는다.

🔖 **해설**

직무의 공석 발생 시 내부노동시장에서 채워지는 것은 분단노동시장이다.

정답 29 ② 30 ③ 31 ④ 32 ④ 33 ③

34 다음 중 2차 노동시장의 특징에 해당되는 것은?

① 높은 임금　　② 높은 안정성
③ 높은 이직률　④ 높은 승진률

해설

2차 노동시장은 저임금, 열악한 노동조건, 높은 노동 이동률, 승진 기회의 부재, 낮은 현장 훈련기회, 특히 고용의 불안정성이 심한 노동시장이다.

35 기업 내부노동시장의 형성요인이 아닌 것은?

① 노동조합의 존재
② 기업 특수적 숙련기능
③ 직장 내 훈련
④ 노동 관련 관습

해설

노동시장을 내부노동시장과 외부노동시장으로 구분한 이후, 기업 내에서의 숙련의 특수성, 직장 내 훈련(현장훈련), 관습에 따라 기업의 내부노동시장이 형성된다.

36 다음 중 내부노동시장이 강화될 가능성이 가장 높은 상황은?

① 고용형태가 다양화되고 있다.
② 구조조정이 급속히 이루어지고 있다.
③ 기업 특수인적자본의 형성이 중시된다.
④ 급속한 기술변화로 제품의 수명이 단축되고 수요가 안정적이지 않다.

해설

기업 내에서의 숙련의 특수성, 직장 내 훈련(현장훈련), 관습에 따라 기업의 내부노동시장이 형성되며, 이러한 기업 내의 고유한 숙련은 특수한 인적자본을 형성한다.

37 다음 중 내부노동시장의 특징과 가장 거리가 먼 것은?

① 제1차 노동자로 구성된다.
② 장기근로자로 구성된다.
③ 승진제도가 중요한 역할을 한다.
④ 고용계약 형태가 다양하다.

해설

고용계약의 형태가 다양한 것은 외부노동시장이다.

38 다음 중 분단노동시장가설이 암시하는 정책적 시사점과 가장 거리가 먼 것은?

① 노동시장의 공급 측면에 대한 정부 개입 또는 지원을 지나치게 강조하는 것에 대해 부정적이다.
② 공공적인 고용기회의 확대나 임금보조, 차별대우 철폐를 주장한다.
③ 외부노동시장의 중요성을 강조한다.
④ 노동의 인간화를 도모하기 위한 의식적인 정책노력이 필요하다.

해설

내부노동시장의 중요성을 강조한다.

39 다음 중 자발적 노동이동에 따른 순수익의 현재가치를 결정해주는 요인이 아닌 것은?

① 새로운 직장의 고용규모
② 새 직장에서의 예상 근속 연수
③ 장래의 기대되는 수익과 현 직장에서의 수익의 차를 현재가치로 할인해 주는 할인율
④ 노동이동에 따른 직간접 비용

해설

직장의 고용규모와 순수익은 관련이 없다.

정답 　34 ③　35 ①　36 ③　37 ④　38 ③　39 ①

40 노동수요 측면에서 비정규직 증가의 원인과 가장 거리가 먼 것은?

① 세계화에 따른 기업 간 경쟁 환경의 변화
② 노동조합운동에 대한 기업의 대항
③ 고학력 취업자의 증가
④ 정규노동자 고용비용의 증가

> **해설**
> 고학력은 정규직 증가의 원인이 된다.

41 숙련 노동시장과 비숙련 노동시장이 완전히 단절되어 있다고 할 때 비숙련 외국 근로자의 유입에 따라 가장 큰 피해를 입는 집단은?

① 국내 소비자
② 국내 비숙련공
③ 노동집약적 기업주
④ 기술집약적 기업주

> **해설**
> 임금이 저렴한 외국 노동자가 국내에 유입됨에 따라 국내 비숙련 근로에 대한 고용이 감소되고 이들에 대한 임금도 낮아질 것이다.

42 내국인들이 취업하기를 기피하는 3D 직종에 대한 외국인력의 수입 또는 불법이민이 국내 내국인 노동시장에 미치는 영향으로 맞는 것은?

① 임금과 고용이 높아진다.
② 임금과 고용이 낮아진다.
③ 임금은 높아지고 고용은 낮아진다.
④ 임금과 고용의 변화가 없다.

2 임금의 제개념

2-1 임금의 의의와 결정이론

1 임금의 의의

① 노동을 제공하여 얻은 소득으로 사용자의 입장에서 보면 기업에 제공된 노동에 대하여 지불하는 대가이며, 근로자의 입장에서 보면 생활의 원천을 이루는 소득이다.
② 근로기준법에서는 "사용자가 근로의 대가로 근로자에게 임금, 봉급, 그 밖에 어떠한 명칭으로든지 지급하는 일체의 금품을 말한다."고 규정하고 있다.
③ 각종 수당, 상여금 등 임시적 지급을 제외한 경상적 지급만을 의미하는 협의의 임금과 정기적으로 지급되는 통상의 임금 또는 봉급 등의 경상적 지급은 물론 수당, 상여금 등 각종 임시적 지급을 모두 포함하는 광의의 임금을 의미한다.
④ 임금은 기본적으로 노동의 보수로서, 기업에 대한 노동의 공헌에 따라서 지급되는 일체의 대가를 의미하는 것으로 해석된다.

2 임금의 법적 성격

(1) 노동대가설

근로계약을 근로와 임금의 등가적 교환계약으로 파악하고 근로자가 현실적으로 제공한 근로에 대한 대가가 임금이라고 한다.
예 직무수당과 직능급과 같이 노동이 직접적으로 제공되는 임금

(2) 노동력대가설

종속노동의 특질에서 그 근거를 구하는 이론으로 근로계약의 성질을 일정한 조건 하에 노동력의 처분권한을 사용자에게 부여하는 계약으로 파악하고 임금을 구체적 근로의 대가가 아니라 자신의 노동력을 일정시간 사용자의 처분에 맡기는 것에 대한 대가로 보는 견해이다.
예 휴업수당, 가족수당, 물가수당 등 구체적인 근로의 제공과 관련이 없는 각종 수당 등

(3) 임금이분설

근로계약은 종업원 지위를 취득하게 하는 신분계약의 성격과 근로의 제공에 대한 대가로서 일정한 보수의 지급을 약정하는 교환계약의 성격을 동시에 지니고 있기 때문에 임금은 이원적으로 파악되어야 한다고 하는 입장이다. 즉, 임금은 종업원의 지위에 대한 대가로서 지급되는 부분(보장적 임금)과 구체적 근로에 대한 대가로서 지급되는 부분(교환적 부분)으로 구성된다는 것이다.

3 임금결정에 관한 주요 이론

(1) 임금생존비설

① 맬서스(Malthus)의 인구법칙에 따르면, 임금이 생존비 이상으로 상승하는 경우 노동공급의 증가로 인해 임금이 생존비 이하로 하락하는 반면, 임금이 생존비 이하로 하락하는 경우 노동공급의 감소로 인해 임금이 다시 생존비 수준으로 상승한다.

② 임금이 일시적으로 노동력을 유지하는 데 필요한 생존비 이상으로 상승한다면 노동자는 가족을 늘려서 인구를 증가시키고 노동공급이 증가되어 결국 임금을 생존비 수준으로 인하시킨다.

③ 자본주의 사회에서 임금이 장기적으로 근로자의 최저생존비 수준에 머무를 수밖에 없다는 의미에서 임금의 철과 같은 잔혹한 법칙, 즉 '임금철칙설(The Iron Law of Wages)'이라고도 한다.

④ 산업화 초기단계의 후진국에서의 무제한적인 노동공급하에서는 타당성을 가진다(루이스 → 노동력 공급이 무제한일 때 설득력이 있다).

(2) 임금기금설(지불능력설)

① 어느 한 시점에서 노동자의 임금으로 지불될 수 있는 부의 총액 또는 기금은 이미 정해져 있고, 이 기금을 노동자들이 분배할 수밖에 없으므로 임금은 임금기금을 노동자 수로 나눈 것과 같다.

② 노동조합의 노력으로 임금을 변화시킬 수 없으며, 일부에서 임금을 올리면 다른 일부에서는 임금이 하락하거나 실업하게 된다는 이론이다.

③ 임금기금설은 고임금이 고실업률을 야기한다고 하여 고용이론에 영향을 주었다.

④ 임금기금설에 따라 노동조합의 교섭력을 통한 임금의 인상이 불가능하다는 노동조합 무용론이 제기되었다.

| 쌤의 핵심포인트 |
임금생존비설은 임금이 노동자 및 그 가족의 생활을 유지할 수 있을 정도의 수준에서 결정되어야 한다는 것이다. 또한 노동공급 측면의 역할을 중시한 노동의 장기적인 자연가격 결정론에 해당된다.

(3) 노동가치설(잉여가치착취설)

① 노동력의 가치는 노동자 계급의 유지와 재생산에 필요한 생존수단을 생산하는 데 필요한 노동시간(사회적 필요노동시간)에 의하여 결정된다는 이론이다.

② 노동자는 필요노동시간과 잉여노동시간을 합친 만큼의 노동을 하는데, 이 중 필요노동시간에 대하여만 임금을 지급받고 나머지 잉여가치는 자본가가 착취한다.

③ 임금 상승이 노동절약적 기계도입에 따른 기술적 실업의 발생으로 산업예비군(Industrial Reserve Army of Labor)을 증가시켜 다시 임금을 생존비 수준으로 저하시킨다.

(4) 한계생산력설

① 최종 단위의 노동이 생산해내는 생산물의 가치인 노동의 한계생산물가치에 의해 임금이 결정된다.

② 임금은 노동이라는 하나의 생산요소의 가격으로서, 결국 노동의 수요와 공급의 균형점에서 결정되며, 이 경우에 노동의 수요를 결정하는 것은 노동의 한계생산력이다.

    ㉠ 개별 기업은 그들이 이윤을 얻을 수 있을 때까지 고용량을 늘린다.

    ㉡ 이윤극대화를 위한 기업 간 경쟁으로 그 기업의 생산물에 기여한 노동자의 한계생산물의 가치와 임금이 같아진다.

    ㉢ 생산요소 간에 대체가 가능해 비효율적인 생산요소는 더욱 효율적인 생산요소로 대체한다.

(5) 임금교섭력설(세력설)

① 고용기회나 노동공급량에 불리한 영향을 미치지 않으면서도 일정한 범위 내에서 임금이 교섭력에 의하여 변경될 수 있다.

② 개별 노동자들은 지식의 부족과 교섭력의 부족으로 인하여 불리한 위치에 서게 되면 불리한 임금을 받고 노동조합을 결성하여 조합의 교섭력이 강해지면 임금이 교섭력 상승에 의하여 인상될 수 있다.

■4 임금수준의 결정

(1) 지불능력

① 노동수요 측면에서 본 임금수준 결정의 마지노선이다.

② 기업의 지불능력을 파악하는 기준으로서 생산성과 수익성 두 가지를 삼을 수 있다.

㉠ 생산성은 투입량에 대한 산출량의 대비이다.
㉡ 수익성은 지출에 대한 수익의 비율이다.

(2) 생계비

① 노동공급 측면에서 본 임금수준 결정의 마지노선이다.
② 정확한 생계비 측정과 노동자의 라이프 사이클을 고려하는 것이 중요하다.

(3) 사회적 균형

① 노동시장의 측면에서 본 임금 결정의 기준이다.
② 임금수준은 동종 업종이나 동일 지역에 형성된 시장임금 수준과 균형을 맞춰야
노동력 확보가 용이하며 사회제도에 부합하여야 인정될 수 있다.

5 임금의 범위

(1) 평균임금과 통상임금

① 평균임금
㉠ 평균임금을 산정할 사유가 발생한 날 이전 3개월간에 그 근로자에 대하여
지급한 임금의 총액을 그 기간의 총 일수로 나눈 금액을 말한다.
㉡ 평균임금은 퇴직금, 재해보상, 휴업수당 등의 산출기준으로 활용되고 있다.

② 통상임금
㉠ 근로자에게 정기적, 일률적으로 소정근로 또는 총 근로에 대하여 지급하기
로 정하여진 시간급금액, 주급액, 월급금액 또는 도급금액을 말한다.
㉡ 통상임금은 시간 외 수당, 연·월차수당, 주휴수당 등 일상적인 업무와 관
련된 수당의 산출기준

• 고정적 임금(총액임금) : 기본급, 통상적 수당, 기타 수당 → 정액급여와 고정적 상여금으로
구성
• 변동적 임금 : 상여금, 초과근무수당(연장근무), 야간근로 → 초과급여, 변동적 상여금

(2) 명목임금과 실질임금

① 명목임금 : 노동자가 지불받은 임금을 단순히 화폐액으로 표시한 것이다.
② 실질임금 : 명목임금으로 실제 구입할 수 있는 상품의 수량을 나타낸 것이다.
즉, 명목임금의 구매력을 나타내는 것으로 지급된 임금으로 구입 가능한 생활
물자의 양으로 표시되는 임금수준은 임금의 실제의 높이를 나타내며, 이 실질
임금이 노동자 생활에 직접적인 영향을 끼치게 된다.

| 쌤의 핵심포인트 |
특별급여는 정기 또는
부정기적으로 근로자
에게 지급되는 특별한
급여로 상여금, 기말수
당 등이 있다.
초과급여는 정상근로
시간 이외의 근무로
인하여 추가로 지급되
는 급여로, 연장근로수
당, 야간근로수당, 휴
일근로수당, 일직수당
으로 지급되는 수당 등
이 있다.

| 쌤의 핵심포인트 |
생산성 임금제를 따를
때 물가상승률이 3%
이고, 실질생산성 증가
율이 5%라고 하면, 명
목임금은 8%이다.

> **명목임금과 실질임금의 상승률 계산**
>
> ① 명목임금 : 현재통화 가치로 파악하는 임금
> ② 명목임금 상승률 = 물가 상승률 + 실질 생산성 증가율
> ③ 실질임금 : 통화가치(물가수준)의 변동을 반영한 임금
> ④ 실질임금 상승률 = $\dfrac{\text{명목임금 상승률}}{\text{소비자물가 상승률}}$

(3) 요구임금과 제시임금

① 요구임금(Reservation Wage)

ㄱ 요구임금은 <u>노동자가 시장에 노동을 공급하기 위해 받기를 희망하는 최소한의 임금수준을 의미한다.</u>

ㄴ 요구임금은 유보임금, 희망임금, 의중임금, 눈높이임금 등으로 불린다.

ㄷ 개인이 경제활동 참가를 결정할 때 기본이 되는 주관적 임금수준이다.

② 제시임금(제안임금)

노동자를 채용하려는 기업이 구직자에게 제시하는 임금을 의미한다.

③ 의중임금 충족률

ㄱ 의중임금 충족률은 워크넷 통계에서 사용하는 지표의 하나이다.

ㄴ 의중임금에 대한 제시임금의 비율을 의미한다.

$$희망임금충족률(\%) = \frac{\text{제시임금}}{\text{희망임금}} \times 100$$

ㄷ 의중임금 충족률이 낮을수록 구인기업과 구직자 간의 임금에 관한 견해 차이가 크기 때문에 구직자의 취업이 어려워진다.

(4) 임금 패리티(Parity) 지수

① 국민총생산(GNP) 수준을 고려하여 한국을 100으로 하였을 때 각국의 임금수준이 한국의 임금수준에서 차지하는 비율을 표시한 것이다.

② 임금 패리티 지수는 전체 국민경제에서 근로자들의 상대적 지위 혹은 처우를 나타내는 지표로 사용된다.

예 한국의 임금 패리티 지수가 100이고 일본의 임금 패리티 지수가 80이라면 국민소득을 감안한 한국의 임금수준이 일본보다 높다는 것을 의미한다.

| 쌤의 핵심포인트 |
유보임금의 상승은 실업기간을 연장시킨다.

6 최저임금제도

최저임금제도란 <u>국가가 법적 강제력을 가지고 임금의 최저한도를 정하여 이보다 낮은 수준으로는 사용자가 근로자를 고용하지 못하도록 함으로써 상대적으로 불리한 위치에 있는 근로자를 보호하고자 하는 제도를 말한다.</u>

(1) 목적

① 저임금 피고용인(근로자)의 소득을 증대시켜 빈곤을 퇴치하고 교섭력이 미약한 미숙련, 비조직 피고용인의 노동력 착취를 방지하려는 사회정책적 목적이다.

② <u>소비성향이 높은 저임금 피고용인의 구매력을 증대시켜 유효수요를 확대하고 불황에 발생하기 쉬운 임금절하로 인한 유효수요의 축소를 방지하려는 경제정책적 목적이다.</u>

③ 임금의 최저한도를 규정함으로써 저임금에 의존하는 경쟁을 지양하고, 장기적으로 기술개발 및 생산성 향상을 통한 기업 간의 공정한 경쟁이 이루어지도록 하려는 산업 정책적 목적이다.

(2) 적용사업장

근로자를 사용하는 모든 사업 또는 사업장. 단, 동거의 친족만을 사용하는 사업, 가사사용인, 정신 또는 신체의 장애로 근로 능력이 현저히 낮은 자, 그리고 선원법의 적용을 받는 선원 및 선박의 소유자는 적용 제외 대상이다.

(3) 최저임금의 기대효과

① 지나친 저임금, 산업 간, 직종 간 <u>임금격차를 개선</u>한다.

② 2차 노동시장 근로자, 즉 청소년, 여성근로자, 고령자 등을 보호한다.

③ 저임금에 의존하는 기업에 충격을 주어 경영개선, 경영합리화 및 효율화를 기하여 <u>기업근대화를</u> 촉진한다.

④ 기업의 지나친 저임금에 의존한 값싼 제품의 제조, 판매로 인한 공정거래 질서를 해하는 기업의 정리로 <u>공정한 경쟁의 확보가 가능</u>하다.

⑤ 노동력의 질적 향상과 근로자의 근로의욕 향상으로 인한 생산성 향상으로 고임금 경제를 가져온다.

⑥ <u>산업구조의 고도화</u>에 기여한다.

⑦ 노사분규를 방지한다.

⑧ <u>유효수요의 확보가 가능</u>하다.

⑨ 근대 복지국가의 사회복지제도의 기초가 된다.

○ 최저임금제의 긍정적 기대효과 6가지를 기술하시오. 2차

| 쌤의 핵심포인트 |
최저임금제의 도입이 근로자에게 유리하게 될 가능성은 노동시장이 수요 독점 상태일 때이다.

(4) 최저임금의 부정적 효과

① 고용에 대한 부정적 효과 : 최저임금 도입으로 인하여 타 생산요소에 비해 노동력의 상대가격이 상승함에 따라 노동에 대한 수요를 줄이게 되어 고용량 감소 및 실업이 늘어난다.

② 지역 간 경제활동의 배분을 왜곡시키고 전반적인 생산을 감소시킨다.

③ 소득분배에 역진적인 효과 : 최저임금 이하로 임금을 받고 있던 근로자들이 실직함으로써 그 사람들의 소득과 부를 상대적으로 높은 임금을 받는 사람들에게 재분배하는 역진적인 효과를 가져온다.

(5) 최저임금제도와 근로장려세제(EITC)

① 근로장려세제(EITC)는 사회보험이나 국민기초생활보장제도의 혜택을 받지 못하는 저소득 근로자에게 정부가 생계비 등을 보조해주는 세금 제도이다.

② 세금을 걷는 것이 아니라 반대로 지원해주기 때문에 마이너스 소득세라고도 한다.

③ 일은 하지만 소득이 낮아 생활이 어려운 근로자와 가족에게 장려금을 지급함으로써 근로를 장려하고 실질소득을 지원하는 근로연계형 소득지원제도이다.

④ 최저임금제와 근로장려세제는 저임금노동자의 생활수준을 보장하기 위한 것이라는 공통점이 있다.

⑤ 정부의 인위적인 개입인 최저임금제는 고용감소와 실업의 증가를, 근로장려세제는 근로의욕 감퇴 등의 부작용을 발생시킨다. 즉, 시장에서의 자유로운 경쟁을 정부가 제한함으로써 발생하는 경제적 비효율(즉, 역효과 또는 부작용)을 가리켜 사중손실이라 한다.

| 쌤의 핵심포인트 |
최저임금제는 사중손실을 발생시키나 근로장려세제는 소득구간에 따라 사중손실이 발생할 수도 발생하지 않을 수도 있다.

2-2 임금체계

■1 임금체계의 의의

임금체계란 근로자의 개별적인 임금을 결정하는 기준이 된다. 전체 구성원 개개인에게 어떤 임금구성 항목과 각 항목이 임금액의 결정에서 차지하는 비중이 어느 정도인지 그리고 어떤 기준에 의하여 공평하게 배분하느냐의 문제를 다룬 것으로 구성원 개인 간의 임금격차를 결정하는 개별 인건비 관리에 해당한다.

| 쌤의 핵심포인트 |
임금체계의 공평성이란 근로자의 공헌노에 비례하여 임금을 지급한다는 것이다.

2 임금체계의 유형

(1) 연공급(속인급)

개개인의 학력·자격·연령 등을 감안하여 근속 연수에 따라 임금수준을 결정하는 임금체계이다. 주로 종신고용을 전제로 하는 기업에서 채택한다.

① 연공급의 장점

    ㉠ 정기승급에 의한 생활안정으로 생계비 충족기능

    ㉡ 높은 귀속의식(이직률 낮음), 충성심, 장래의 기대를 갖게 함

    ㉢ 조직안정화로 인한 위계질서 확립 용이

    ㉣ 배치전환, 인력관리 용이

    ㉤ 평가의 용이

② 연공급의 단점

    ㉠ 동일 노동, 동일 임금원칙 실현 곤란

    ㉡ 직무성과와 관련 없는 비합리적 인건비 지출

    ㉢ 무사안일주의, 적당주의 초래(소극적인 태도, 보수성이 강함)

    ㉣ 전문 인력 확보의 어려움, 젊은층 사기 저하

③ 연공급의 형태

    ㉠ 정기승급형 : 근속 연수에 따라 승급액이 일정하며, 승급률은 체감하는 형태

    ㉡ 체증승급형 : 근속 연수에 따라 승급액이 증가하고, 승급률은 일정한 형태

    ㉢ 체감승급형 : 근속 연수에 따라 승급액이 감소하는 형태

    ㉣ S자형 승급형 : 근속 연수에 따라 승급액이 증가하다가 일정시점을 지나면 승급액이 감소하는 형으로 체증승급과 체감승급을 일정시점에서 결합시킨 형태

(2) 직무급(업무급)

직무의 중요성과 곤란도 등에 따라서 각 직무의 상대적 가치를 평가하고 그 결과에 의거하여 임금액을 결정한다.

① 직무급의 장점

    ㉠ 직무에 상응하는 급여지급(종업원 납득 용이)

    ㉡ 개인별 임금격차에 대한 불만해소

    ㉢ 인건비 효율의 증대

    ㉣ 노동시장 적용이 용이함(탄력적 대응기능)

    ㉤ 직무분석과정에서 작업조직의 개선 가능

    ㉥ 하위직에 적용이 용이함

② 직무급의 단점

㉠ 절차가 복잡함(직무분석 평가 복잡)

㉡ 인사관리의 융통성 결여(배치전환의 어려움)

㉢ 직무평가 불신에 따른 노조의 저항

③ 직무급 도입 시 전제조건

㉠ 최저 임금 수준의 생계비 수준 이상 요구

㉡ 직무 표준을 정하고 전문화가 필요

㉢ 직무 중심의 채용과 평가제도의 확립이 전제

㉣ 노동시장에서 직종별 임금 형성

㉤ 직종 간 고용의 유동성 가능

㉥ 적정배치가 충분히 이루어져야 함

(3) 직능급(업무급)

근로자가 직무를 수행하는 데 요구되는 능력을 기준으로 하여 임금을 결정하는 제도로 직무수행 능력의 발전단계에 대응한 임금결정방식이다. 직무급과 연공급의 혼합형태, 직무수행능력에 역점을 둔다.

① 직능급의 장점

㉠ 종업원의 자기개발욕구에 대한 높은 동기를 부여할 수 있다.

㉡ 능력에 따라 임금이 결정되므로 종업원의 불평을 해소할 수 있다.

㉢ 완전한 직무급 도입이 어려운 동양적 풍토에 적합하다.

② 직능급의 단점

㉠ 직무에 대한 수행능력의 평가방법과 평가가 어렵다.

㉡ 연공주의로 변질될 우려가 있다.

2-3 임금형태

■1 시간급제(고정급제)

시간급제란 직무성과의 양이나 질에 상관없이 단순히 근로시간을 기준으로 임금을 지급하는 제도로 시급제, 일급제, 주급제, 월급제, 연봉제를 말한다.

(1) 시간급제의 장점

① 받는 임금이 일정액으로 확정적이다.

② 근로일수나 근로시간수가 산출되면 임금계산이 간단하다.

③ 제품생산에 시간적 제약을 받지 않으므로 품질 향상에 기여한다.

| 쌤의 핵심포인트 |
고정급제 임금형태가 아닌 것으로 성과급제를 제시하기도 한다.

(2) 시간급제의 단점

작업수행의 양과 질에 상관없이 시간만 채우면 임금이 보장되므로 작업능률이 저하된다.

2 성과급제(능률급제)

개별근로자나 작업집단이 수행한 노동성과를 측정하여 그 성과에 따라 임금을 산정, 지급하는 제도를 말한다.

(1) 성과급제의 장점

① 생산성 향상, 종업원 소득이 증대된다(작업능률 자극).
② 감독의 필요성이 감소한다.
③ 인건비 측정이 용이하다.

(2) 성과급제의 단점

① 품질 관련 문제 발생 가능성이 있다.
② 종업원의 신기술 도입에 대한 저항이 있을 수 있다.
③ 생산기계의 고장에 종업원 불만이 고조될 수 있다.
④ 작업장 내 인간관계문제가 발생할 수 있다.
⑤ 장기적으로는 회사에 좋지 않은 결과를 가져올 수 있다.

3 연봉제

(1) 정의

① 업무 성과에 대한 평가를 바탕으로 임금을 1년 단위로 계약하는 실적 중심형의 임금형태로서 미국에서는 보편화된 형태이다.
② 종업원이 수행한 실적(성과)결과에 의하여 임금이 결정되는 방식으로 기업과 개인 간의 개별적 고용계약에 의한 개별 성과급을 특징으로 한다.
③ 생산량이나 매출액에 따라 급여가 결정되는 인센티브 제도와 구별되며, 직무급이나 연공급처럼 일정한 기준에 따라 고정적으로 임금이 결정되는 것이 아닌 노력한 만큼 대가가 주어지는 동기부여형 임금체계이다.

(2) 연봉제의 장점

① 능력과 실적이 임금과 직결되어 있으므로 능력주의나 실적주의를 통하여 종업원에게 동기를 부여하고 근로의욕을 높여 사기를 앙양시킬 수 있다.

| 쌤의 핵심포인트 |
최근 우리나라 기업에서 경향이 강화되고 있는 것은 연봉제이다.

② 국제적 감각을 지닌 인재 확보가 쉽다.

③ 연공급의 복잡한 임금체계와 임금지급구조를 단순화하여 임금관리의 효율성을 증대시킬 수 있다.

(3) 연봉제의 단점

① 성과의 평가에서 객관성과 공정성 문제가 제기될 수 있다.

② 실적의 저조로 연봉액이 삭감될 경우 사기가 저하될 수 있다.

③ <u>종업원 상호 간의 불필요한 경쟁심, 위화감 조성, 불안감 증대 등의 문제가 발생할 수 있다.</u>

4 생산성 임금제

(1) 의의

생산성 임금제란 실질임금 상승률을 노동생산성 상승률과 일치시키거나 연계시키는 임금제도이다.

(2) 생산성 임금제의 문제점

① 물가상승률이 생산물 가격의 상승률보다 높다면 노동자의 실질적인 생활수준 향상을 의미하지 않는다.

② 산업별 또는 기업별로 생산성 증가율에 차이가 난다면 개별기업의 임금상승률 결정에서 기준을 설정하기가 어렵다.

③ 부가가치생산성 증가율이 반드시 기업의 지불능력과 같은 율의 증가를 의미하지는 않으므로 기업의 반대에 직면할 것이다.

5 부가급여

부가급여란 무엇인지 예를 들어 설명하고 사용자가 부가급여를 선호하는 이유를 각각 2가지만 쓰시오. 2차

(1) 의의

<u>종업원을 위하여 사용자가 개별적 또는 단체적으로 지불하는 것으로 종업원에게 경상화폐가 아닌 형태로 지불하는 모든 보상을 의미한다.</u>

(2) 종류

유급휴일, 경조휴일, <u>퇴직금</u>, 상여금, 의료비지원, 주택자금대출, 생리휴가, 학자금지급, 산전산후 유급휴가, <u>교육훈련</u>, 정기승급, 사내복지기금, 복리후생시설, 출퇴근 재해 등

(3) 선호 이유

① 사용자가 부가급여를 선호하는 이유

㉠ 사회 보험료 등을 감면받을 수 있다.

㉡ 정부의 임금 규제 등으로부터 회피할 수 있다.

㉢ 근로자가 원하는 양질의 인재를 채용할 수 있다(기본급보다 인센티브 성과 등을 선호하는 인재).

㉣ 근로자의 장기 근속을 유도할 수 있다.

② 근로자가 부가급여를 선호하는 이유

㉠ 사회보험료를 감면받을 수 있다.

㉡ 근로소득세의 부담이 감소한다.

㉢ 연금 또는 퇴직금의 노령기 수령은 세율이 낮다.

㉣ 현물급여에 대한 공동구매 할인 혜택을 받을 수 있다.

2-4 임금격차

1 임금격차이론

(1) 임금격차의 경쟁적 요인

① 인적자본량의 차이 : 근로자의 인적자본에 대한 투자량의 차이가 생산성의 격차를 초래함으로써 임금격차를 발생시킨다.

② 생산성 차이(보이지 않는 질적 차이) : 산업·기업에 소속된 노동자의 학력, 경력, 근속 연수, 성별 등 선천적 능력, 도덕성, 규율에의 복종성, 협동성 등에 따른 생산성 격차가 산업·기업 간 임금격차를 낳는다.

③ 보상임금격차 : 임금 외적인 불리한 측면을 상쇄하여 근로자에게 돌아가는 순이익을 다른 직업과 같게 해주기 위한 것으로 균등화 임금격차라고도 한다.

> **균등화 임금격차의 원인**
>
> ① **고용의 안정성 여부** : 고용이 불안정하면 실업의 가능성도 높아지므로 그로 인한 소득상실을 보상해 주어야 한다.
> ② **직업의 쾌적함 정도** : 다른 직업에 비해 고위험한 환경이라면 그에 따른 불이익을 보상해 주어야 한다.
> ③ **교육훈련비용** : 어떤 직업에 취업하기 위한 교육 훈련 비용이 들어간다면 임금으로 회수되어야 한다.
> ④ **책임의 정도** : 의사나 변호사처럼 막중한 책임이 따르는 일을 할 경우 보상해 주어야 한다.
> ⑤ **성공 또는 실패의 가능성** : 성공의 가능성이 불확실한 직종에 종사하면 보상해 주어야 한다.

○ 노동수요 특성별 임금격차를 발생하게 하는 경쟁적 요인 5가지를 쓰시오. **2차**

○ 보상적 임금격차가 발생하는 원인 3가지를 쓰고 간략히 설명하시오. **2차**

④ 시장의 단기적 불균형 : 어떤 직종에서 노동수요가 증가하게 될 때 단기노동공급곡선으로 발생하는 임금인상폭과 장기노동공급곡선으로 발생하는 임금인상폭 간의 차액을 과도한 임금격차라 한다.

⑤ 기업의 합리적 선택으로서의 효율임금정책(고임금 정책) : 감독이 어렵고 근로자 태만이 심각한 부문에서 개인의 작업노력을 높여 생산성 향상을 꾀하고자 하는 정책이다. 비교적 유사한 노동자에 대해서도 대단히 상이한 임금이 지급된다. 기업의 효율성 임금정책 때문에 산업·기업 간 임금격차 및 이중노동시장이 성립되며, 이는 <u>기업의 이윤 극대화와 부합하는 현상이다.</u>

    ㉠ <u>고임금은 노동자의 직장상실 비용을 증대시켜 노동자의 작업 중 태만을 방지한다.</u>

    ㉡ 대규모 사업장에서 통제 상실을 미연에 방지하기 위하여 고임금을 지불함으로써 노동자들이 열심히 일할 수 있도록 한다.

    ㉢ <u>고임금은 노동자의 사직을 감소시켜 신규노동자의 채용 및 훈련비용을 감소시킨다.</u>

    ㉣ <u>고임금 지급에 따라 상대적으로 우수한 노동자의 지원을 유도하여 지원노동자의 평균적인 질이 높아져 보다 높은 질의 노동자를 고용할 수 있게 된다.</u>

    ㉤ <u>고임금은 노동자의 기업에 대한 충성심과 귀속감을 증대시킨다.</u>

    ㉥ 고임금의 경제적 효과가 있을 때 노동수요곡선은 비탄력적으로 된다.

| 쌤의 핵심포인트 |
기업이 시장임금보다 높은 임금을 유지하여 노동생산성을 도모하는 고임금정책은 기업의 이윤극대화와 부합한다.

(2) 임금격차의 경쟁 외적 요인

① <u>비효율적 연공급 제도의 영향</u> : 근로자의 지적능력이나 기술적 숙련도 향상과 관계없이 단순히 연령 증가에 따라 임금 상승이 이루어지는 연공급 제도는 임금격차를 유발한다.

② <u>노동조합의 효과</u> : 일반적으로 노동조합이 조직되어 있는 기업의 임금이 높다.

③ <u>차별화 및 노동시장의 분단(분단노동시장)</u> : 제도가 모든 노동자에게 동등한 기회를 부여하지 않는다면 노동자 사이에는 생산성과 직접 관련이 없는 임금격차가 발생할 수 있다.

④ <u>근로자의 독점지대의 배당</u> : 독과점적인 대기업에 취업하고 있는 노동자가 기업의 독점적 지대(초과이윤)의 일부를 배당받기 때문에 발생한다.

(3) 기타 임금격차의 유형

① 산업별 임금격차

    많은 나라에서 장기에 걸쳐 안정적이며 변화가 적게 유지되고 있다.

    ㉠ 원인

노동시장에 존재하는 임금격차의 유형 5가지를 쓰시오. 2차

        • 노동생산성의 차이 : 노동생산성 차이가 클수록 임금격차도 커진다.

        • 노동조합의 존재 : 노동조합 교섭력이 강할수록 임금격차도 커진다.

- 산업별 집중도 차이 : 상품시장에서 독과점 정도가 클수록 임금격차는 커진다.
  ⓛ 대책
  - 산업구조의 변화와 예측에 따른 인력수급정책
  - 산업체 요구조사에 따른 훈련시장 확대
  - 협력적 노사관계 구축

② 성별 임금격차
  ㉠ 원인
  - 여성들은 학력 · 연령 · 경력 등의 차이에서 오는 노동생산성의 차이로 인해 임금의 격차가 발생하는데 낮은 생산성 역시 남성과 비교해 불리한 교육기회, 여성에 배타적인 고용관행 등으로 인해 유발된다.
    ⓔ 채용 시의 직종 차별(혼잡효과) : 저임금직종에의 집중화현상으로 여성경쟁이 심해지고 임금은 더 낮아지고 있다.
  - 채용 시 직종 차별, 편견에 기인한 순수한 임금차별도 성별 임금격차를 유발한다.
  ㉡ 대책 : 인적자본의 투자개념에 따라 여성에 대한 교육 · 훈련 기회를 확대하여 여성노동력의 생산성을 높이는 한편, 사회에 만연된 성차별적 제도들의 철폐를 병행하여야 한다.

③ 학력별 임금격차
  ㉠ 원인
  - 학력 간 노동자의 질적 차이 또는 생산성 차이
  - 노동시장의 학력별 분단 및 차별적 제도와 관행
  ㉡ 대책 : 제도적 차별을 제거, 채용 · 배치 · 승진 · 임금 결정에 학력을 기준으로 하는 관행의 철폐

④ 지역별 임금격차
  ㉠ 원인
  - 지역별 산업배치의 차이
  - 노동력 이동의 곤란함
  - 노동력의 수요 독점적 착취
  ㉡ 대책 : 지역별 산업구성의 재배치 및 노동력의 이동 촉진

⑤ 기업규모별 임금격차
  동일 산업, 동일 지역 내에서 서로 다른 기업 간에 발생하는 임금격차를 말한다.

○ 산업별로 임금격차가 발생하는 원인 3가지를 쓰시오. 2차

ⓐ 원인
- 부가가치 생산성의 차이
- 독과점의 차이
- 노동조합의 존재

ⓑ 대책 : 기업 간 이동 촉진, 노동조합의 확대를 통한 교섭력 강화, 임금인상에 대한 행정지도(임금상승률)

⑥ 직종별 임금격차

ⓐ 원인
- 직종에 따른 근로환경의 차이
- 노동조합 조직률의 차이
- 노동자들의 특정 직종에 대한 회피와 선호의 차이
- 원활하지 않은 정보의 흐름

ⓑ 대책
- 노동시장 정보시스템의 효율적인 구축과 정보제공
- 근로환경 개선에 대한 계몽 및 근무환경 개선 보조금 지급
- 적절한 직업훈련 기회 제공

(4) 통계적 차별가설

근로자의 생산성에 관한 충분한 정보를 갖고 있지 못한 상황에서 고용주가 생산성과 상관관계가 있다고 통계적으로 밝혀진 특성을 근거로 임금 수준이나 채용 여부를 결정하게 된다.

통계적 차별가설이 이루어지는 경우

① 개인적 특성이 달라 고용해보지 않고서는 모르는 경우
② 근로자의 생산성과 능력을 일일이 확인하는 채용, 선별비용이 상당히 높은 경우
③ 잘못 판단되어 채용된 근로자 때문에 생산의 손실이 있거나 현장훈련비용이 추가로 많이 드는 경우

(5) 헤도닉 임금(Hedonic Wage)

① 의미

ⓐ 고통스럽고 불유쾌한 직무에 대해서 노동자의 고통과 불유쾌한 직무특성에 대한 보상요구를 반영한 시장의 임금수준, 혹은 편하고 쾌적한 직무에 대해서 노동자가 누리는 편함과 쾌적함이라는 직무특성에 대한 대가지불을 반영한 시장임금을 의미한다.

ⓛ 스미스의 보상적 임금격차이론과 함께 보상적 임금격차를 설명하고 있는 대표적인 이론이다.

② 헤도닉 임금이론의 기본 가정

 ㉠ 직장의 다른 특성은 모두 동일하나, 산업재해의 위험도만 다르다.

 ㉡ 노동자는 효용을 극대화하고 노동자 사이에는 산업재해 또는 산업안전에 관한 선호의 차이가 존재한다.

 ㉢ 노동자는 각종 직업들에 대해서 정확한 정보를 갖고 있고 각종 직업 사이에 자유롭게 이동할 수 있다.

 ㉣ 기업은 이윤극대화를 추구하고 좋은 노동조건인 산업안전에 투자해야 한다.

| 쌤의 핵심포인트 |
기업의 산재 위험에 관한 도덕적 해이는 산재보험에 의해 감소되는 것이 아니다. 오히려 산재보험은 기업의 산재보험에 관한 보상이므로 기업주에게 도덕적 해이를 유발할 수 있다.

CHAPTER 2

출제예상문제

2-1 임금의 의의와 결정이론

01 다음 중 임금의 법적 성격에 관한 학설의 하나인 노동대가설로 설명할 수 있는 임금은?

① 직무수당   ② 휴업수당
③ 휴직수당   ④ 가족수당

해설

① 노동대가설 : 근로자의 구체적 노동에 대해서만 지급되는 대가를 임금으로 본다. 즉, 실제로 근로자가 노동한 부분에 대해서만 임금으로 인정한다.
② 노동관계설 : 근로자가 사용자에게 노동력을 맡김으로써 자신의 생존을 걸고 있다는 점을 강조하여 임금은 구체적 노동의 대가가 아니라 근로관계에서 발생되는 모든 대가를 의미한다고 본다.
③ 노동력대가설 : 임금은 근로자가 그의 노동력을 일정시간 사용자의 지휘·처분에 맡기는 데 대한 대가로서 사용자가 이 노동력을 구체적으로 사용했는지 여부는 문제되지 않는다.

02 임금 – 물가 악순환론, 지불능력설, 한계생산력설 등에 영향을 미친 임금결정이론은?

① 임금생존비설   ② 임금철칙설
③ 노동가치설   ④ 임금기금설

해설

노동조합의 임금인상은 일부 노동자의 임금을 하락시켜 회사의 지불능력에 영향을 준다.

임금기금설은 임금인상이 물가상승을 야기한다는 임금 – 물가 악순환설, 임금기금이 기업의 지불 능력에 따라 정해진다는 지불능력설, 임금기금은 노동자가 만든 생산량에 따라 결정된다는 한계생산력설에 영향을 미친다.

03 다음 중 임금 학설에 관한 설명으로 틀린 것은?

① 임금생존비설은 임금상승이 노동절약적 기계 도입에 따른 기술적 발생으로 산업예비군을 증가시켜 다시 임금을 생존비 수준으로 저하시킨다는 학설이다.
② 임금기금설은 어느 한 시점에 근로자의 임금으로 지불될 수 있는 부의 총액 또는 기금은 정해져 있고, 이 기금은 시간이 지남에 따라 변화될 수 있다는 학설이다.
③ 임금교섭력설은 고용기회나 노동공급량에 불리한 영향을 미치지 않으면서도 일정한 범위 내에서 임금이 교섭력 강도에 따라 변화할 수 있다는 학설이다.
④ 임금철칙설은 노동자의 임금이 생활비에 귀착되며, 생활비를 중심으로 약간 변동이 있더라도 궁극적으로는 임금이 생활비에 일치된다는 학설이다.

해설

임금생존비설
임금은 생존비 수준에서 결정된다. 임금이 일시적으로 노동력을 유지하는 데 필요한 생존비 이상으로 상승한다면 노동자는 가족을 늘려서 인구를 증가시키고 노동공급이 증가되어 결국 임금을 생존비 수준으로 인하시킨다.

정답 01 ①   02 ④   03 ①

04 임금기금설(Wage - fund Theory)에 관한 설명으로 틀린 것은?

① 임금기금의 규모는 일정하므로 시장임금의 크기는 임금기금을 노동자의 수로 나눈 값이 된다.

② 임금기금설은 노동공급 측면의 역할을 중시한 노동의 장기적인 자연가격결정론에 해당된다.

③ 임금기금설은 고임금이 고실업률을 야기시킨다고 하여 고용이론에 영향을 주었다.

④ 임금기금설에 따라 노동조합의 교섭력을 통한 임금의 인상이 불가능하다는 노동조합무용론이 제기되었다.

해설
노동공급 측면의 역할을 중시한 노동의 장기적인 자연가격결정론은 임금생존비설에 해당된다.

05 다음 중 임금 수준의 결정원칙이 아닌 것은?

① 사회적 균형의 원칙

② 생계비 보장의 원칙

③ 소비욕구 반영의 원칙

④ 기업의 지불 능력의 원칙

06 다음 중 통상임금에 관한 설명으로 틀린 것은?

① 근로자에게 정기적, 일률적으로 지급해야 한다.

② 근로의 대가로서 지급해야 한다.

③ 시간 외 수당의 산정기준으로 활용된다.

④ 각종 재해보상금의 산정기준이 된다.

해설
재해보상금은 평균임금으로 산정한다.

07 노동자가 기꺼이 일하려고 하는 최저한의 주관적 요구 임금수준은?

① 의중임금　　② 실질임금

③ 최소임금　　④ 최저임금

해설
노동을 시장에 공급하기 위해 노동자가 요구하는 최소한의 주관적 요구임금수준을 보상요구임금 또는 의중임금, 눈높이임금이라 하며, 전업주부의 의중임금은 실제임금보다 높다.

08 최저임금제도의 기본 목적과 가장 거리가 먼 것은?

① 소득분배의 개선

② 공정경쟁의 확보

③ 산업평화의 유지

④ 실업의 해소

해설
최저임금제도의 시행은 노동수요를 감소시켜 실업을 증가시킬 수 있다.

09 최저임금제도의 기본 취지 및 효과에 대한 설명으로 틀린 것은?

① 저임금 노동자의 생활보호

② 산업평화의 유지

③ 유효수요의 억제

④ 산업 간·직업 간 임금격차의 축소

해설
유효수요의 확보가 가능하다.

10 다음 중 최저임금법이 근로자에게 유리하게 될 가능성이 높은 경우는?

① 노동시장이 수요독점 상태일 경우
② 최저임금과 한계요소비용이 일치할 경우
③ 최저임금이 시장균형 임금수준보다 낮을 경우
④ 노동시장이 완전경쟁상태일 경우

해설

노동시장이 수요독점 상태일 경우 최저임금제가 도입되면 임금의 상승에도 불구하고 고용량은 이전보다 증가하게 된다.

11 최저임금제가 노동시장에 미치는 효과로 볼 수 없는 것은?

① 잉여인력 발생
② 부가급여 축소
③ 숙련직의 임금 하락
④ 노동수요량 감소

해설

최저임금제도란 국가가 법적 강제력을 가지고 임금의 최저한도를 정하여 이보다 낮은 수준으로는 사용자가 근로자를 고용하지 못하도록 함으로써 상대적으로 불리한 위치에 있는 근로자를 보호하고자 하는 제도를 말한다.
그러나 최저임금제도의 부정적인 효과로 최저임금 이하로 임금을 받고 있던 근로자의 실직을 통해 그의 소득을 상대적으로 높은 임금을 받는 근로자에게 재분배하는 역진적 효과가 있다. 즉, 숙련직의 임금은 오히려 상승된다.

2-2 임금체계

12 다음 중 기본급 임금체계의 유형으로 볼 수 없는 것은?

① 연공급   ② 부가급
③ 직능급   ④ 직무급

해설

부가급은 기준 외 보수로서 기본급을 보완해 주며 각종 수당과 상여금이 포함된다.

13 임금체계와 공평성(Equity)에 대한 설명으로 맞는 것은?

① 최저생활을 보장해 주는 임금원칙을 말한다.
② 근로자의 공헌도에 비례하여 임금을 지급한다.
③ 1등이 다 가져가는 승자일체 취득의 원칙을 말한다.
④ 연령, 근속 연수가 같으면 동일한 임금을 지급한다.

해설

공평성은 근로자의 공헌도에 비례하여 임금을 지급하는 것이며, 균등성은 투입된 노력과는 상관없이 임금이 같아야 한다는 개념이다.

14 임금체계의 유형 중 연공급의 단점에 대한 설명으로 틀린 것은?

① 위계질서의 확립이 어렵다.
② 동기부여효과가 미약하다
③ 비합리적인 인건비 지출을 하게 된다.
④ 능력 · 업무와의 연계성이 미약하다.

해설

개개인의 학력 · 자격 · 연령 등을 감안하여 근속 연수에 따라 임금수준을 결정하는 임금체계로서 위계질서의 확립이 용이하다.

15 직무분석과 직무평가를 기초로 하여 직무의 중요성과 난이도 등 직무의 상대적 가치에 따라 개별임금을 결정하는 것은?

① 연공급   ② 직무급
③ 직능급   ④ 기본급

정답   10 ①   11 ③   12 ②   13 ②   14 ①   15 ②

16 다음 중 직무급 임금체계에 관한 설명으로 맞는 것은?

① 정기승급에 의한 생활안정으로 근로자의 기업에 대한 귀속의식을 고양시킨다.
② 기업풍토, 업무내용 등에서 보수성이 강한 기업에 적합하다.
③ 근로자의 능력을 직능고과의 평가결과에 따라 임금을 결정한다.
④ 노동의 양뿐만 아니라 노동의 질을 동시에 평가하는 임금결정방식이다.

> **해설**
> 직무평가에 의하여 평정된 각 직무의 상대적 가치에 따라 개별임금이 결정되는 임금제도이다.

17 직능급 임금체계의 특징에 관한 설명으로 옳은 것은?

① 조직의 안정화에 따른 위계질서 확립이 용이하다.
② 직무에 상응하는 임금을 지급한다.
③ 학력·직종에 관계없이 능력에 따라 임금을 지급한다.
④ 무사안일주의 및 적당주의를 초래할 수 있다.

> **해설**
> ①, ④는 연공급, ②는 직무급에 관한 설명이다.

18 다음 중 직능급에 관한 설명으로 틀린 것은?

① 동기부여의 효과가 미약하다.
② 근속에 따른 동일한 직능자격 등급을 부여받을 수 있어 노사공동체 형성에 기여할 수 있다.
③ 직능파악과 평가방법에 어려움이 많다.
④ 제도운용에 미숙할 경우 연공본위가 될 우려가 있다.

> **해설**
> 근로자가 직무를 수행하는 데 요구되는 능력을 기준으로 하여 임금을 결정하는 제도로 직무수행 능력의 발전단계에 대응한 임금결정방식이다. 종업원의 자기개발욕구에 대한 높은 동기부여가 형성된다.

2-3 임금형태

19 다음 중 성과급제도의 장점으로 옳은 것은?

① 직원 간 화합이 용이하다.
② 근로의 능률을 자극할 수 있다.
③ 임금의 계산이 간편하다.
④ 확정적 임금이 보장된다.

> **해설**
> 개별근로자나 작업집단이 수행한 노동성과를 측정하여 그 성과에 따라 임금을 산정, 지급하는 제도로서 생산성 향상, 종업원 소득이 증대된다(작업능률 자극).

20 다음은 능률급의 어떤 형태에 해당하는가?

- 1886년 미국의 토웬(Henry R. Towen)이 제창
- 경영활동에 의해 발생한 이익을 그 이익에 관여한 정도에 따라 배분하는 제도
- 기본취지는 작업비용으로 달성된 이익을 노동자에게 환원하자는 것

① 표준시간제   ② 이익분배제
③ 할시제   ④ 테일러제

해설

일정기간 동안 발생한 기업 이익을 사전에 정해진 분배공식에 따라 종업원에게 나누어주는 제도로서 종업원에게 배분되는 금액의 크기는 이익달성 정도와 사전에 정해진 배분비율에 따라 결정되며 개인이 지급받게 되는 몫은 임금에 비례하여 결정되기도 하고 업무 성과에 따라 차등적으로 지급하기도 한다.

21 다음 중 연봉제의 장점과 가장 거리가 먼 것은?

① 능력주의, 성과주의를 실현할 수 있다.
② 과감한 인재기용에 용이하다.
③ 종업원 상호 간의 협조성이 높아진다.
④ 종업원의 경영감각을 배양할 수 있다.

해설

① 연봉제의 장점
  • 능력과 실적이 임금과 직결되어 있으므로 능력주의나 실적주의를 통하여 종업원에게 동기를 부여하고 근로의욕을 높여 사기를 앙양시킬 수 있다.
  • 국제적 감각을 지닌 인재확보가 쉽다.
  • 연공급의 복잡한 임금체계와 임금지급구조를 단순화하여 임금관리의 효율성을 증대시킬 수 있다.
② 연봉제의 단점
  • 성과의 평가에서 객관성과 공정성 문제가 제기될 수 있다.
  • 실적의 저조로 연봉액이 삭감될 경우 사기가 저하될 수 있다.
  • 종업원 상호 간의 불필요한 경쟁심, 위화감 조성, 불안감 증대 등의 문제가 있을 수 있다.

22 생산성 임금제를 따를 때 물가상승률이 3%이고, 실질생산성 증가율이 5%라고 하면 명목임금은 몇 % 인상되어야 하는가?

① 2%   ② 4%
③ 8%   ④ 15%

해설

명목임금 상승률
물가상승률+노동생산성 증가율=3%+5%=8%

23 노동수요특성별 임금격차의 원인 중 경쟁적 요인이 아닌 것은?

① 인적자본량
② 보상적 임금격차
③ 비효율적 연공급 제도의 영향
④ 기업의 합리적 선택으로서 효율적 임금정책

해설

임금격차의 경쟁적 요인은 노동시장이 기본적으로 경쟁적이며, 시장의 경쟁력이 임금결정에 궁극적인 힘으로 작용한다고 전제한 이론이다. 그러나 연공급은 근속 연수에 비례하여 자동적으로 증액되는 임금부분을 의미한다.

24 다음 (   ) 안에 알맞은 것은?

아담 스미스(A. Smith)는 노동조건의 차이, 소득안정성의 차이, 직업훈련비용의 차이 등 각종 직업상의 비금전적 불이익을 견딜 수 있기에 필요한 정도의 임금 프리미엄을 (   )(이)라고 하였다.

① 직종별 임금격차   ② 균등화 임금격차
③ 생산성 임금   ④ 헤도닉 임금

해설

보상임금격차(균등화 임금격차)에 대한 설명이다.

25 다음 중 보상적 임금격차를 발생시키는 요인이 아닌 것은?

① 작업환경의 쾌적성 여부
② 성별 간의 소득 차이
③ 교육훈련 기회의 차이
④ 고용의 안정성 여부

🔖 해설

균등화 임금격차의 원인
① 고용의 안정성 여부 : 고용이 불안정하면 실업의 가능성도 높아지므로 그로 인한 소득상실을 보상해 주어야 한다.
② 직업의 쾌적함 정도 : 다른 직업에 비해 고위험한 환경이라면 그에 따른 불이익을 보상해 주어야 한다.
③ 교육훈련비용 : 어떤 직업에 취업하기 위한 교육훈련 비용이 들어간다면 임금으로 회수되어야 한다.
④ 책임의 정도 : 의사나 변호사처럼 막중한 책임이 따르는 일을 할 경우 보상해 주어야 한다.
⑤ 성공 또는 실패의 가능성 : 성공의 가능성이 불확실한 직종에 종사하면 보상해 주어야 한다.

26 보상적인 임금격차이론에 대한 설명으로 틀린 것은?

① 위험한 직업에는 높은 임금이 지급되는 것이 일반적이다.
② 정부의 안전에 관한 규제가 항상 근로자에게 이익이 되는 것은 아니다.
③ 보상적인 임금격차가 적절하게 기능한다면 위험하고 더럽고 어려운(3D) 업종의 구인난은 해소될 수 있다.
④ 기업의 산재위험에 관한 도덕적 해이는 산재보험에 의해 치유될 수 있다.

🔖 해설

기업의 산재보험은 산재위험에 대한 보상이므로 기업주에게 도덕적 해이를 유발시킬 수 있다.

27 다음 중 보상임금격차의 예로서 적합한 것은?

① 사회적으로 명예로운 직업의 보수가 높다.
② 대기업의 임금이 중소기업의 임금보다 높다.
③ 정규직 근로자의 임금이 일용직 근로자의 임금보다 높다.
④ 상대적으로 열악한 작업환경과 위험한 업무를 수행하는 광부의 임금은 일반 공장 근로자의 임금보다 높다.

🔖 해설

어떤 직업의 작업내용이 다른 직업에 비해 위험하고 작업환경이 열악하다면 더 많은 임금을 주어 보상해 주어야 한다.

28 효율임금이론에서 고임금이 고생산성을 가져오는 원인에 관한 설명으로 틀린 것은?

① 고임금은 노동자의 직장상실 비용을 증대시켜 노동자로 하여금 열심히 일하게 한다.
② 대규모 사업장에서는 통제상실을 사전에 방지하는 차원에서 고임금을 지불하여 노동자를 열심히 일하도록 유도할 수 있다.
③ 고임금은 노동자의 사직을 감소시켜 신규노동자의 채용 및 훈련비용을 감소시킨다.
④ 균형임금을 지불하여 경제 전반적으로 동일노동, 동일 임금이 달성되도록 한다.

🔖 해설

효율임금정책은 노동자에게 고임금을 지불하며 이는 기업에 대한 충성심과 귀속감을 증대시키고 신규노동자의 채용 및 훈련비용을 감소시킨다. 기업의 효율성 임금정책 때문에 산업·기업 간 임금격차 및 이중노동시장이 성립되며, 이는 기업의 이윤극대화와 부합하는 현상이다.

29 효율임금(Efficiency Wage) 가설이란?

① 기업이 생산의 효율성을 달성하기 위해 적정 임금을 책정한다는 것

② 기업이 시장임금보다 높은 임금을 유지해 노동생산성 증가를 도모한다는 것

③ 기업이 노동생산성에 맞춰 임금을 책정한다는 것

④ 기업이 생산비 최소화 원리에 따라 임금을 책정한다는 것

해설

고임금 정책으로서 감독이 어렵고 근로자 태만이 심각한 부문에서 개인의 작업노력을 높이거나 노동생산성 향상을 꾀하려는 경우에 비교적 유사한 노동자에 대해서도 대단히 상이한 임금이 지급된다.

30 노동시장에서 존재하는 임금격차에 대한 설명으로 틀린 것은?

① 노동생산성의 차이, 근로자의 공헌도 차이 등에 의해서 임금격차가 발생하며, 직종 간 노동이동이 자유롭지 못할수록 직종별 임금격차는 크게 발생할 것이다.

② 최근 들어 성별·직종별 임금격차는 점점 축소되는 경향을 보이고 있으며, 대학졸업자들이 양산됨에 따라 학력별 임금격차 역시 축소되는 경향을 보일 것이다.

③ 노동시장에서 노동공급이 노동수요를 초과하는 정도가 클수록 임금격차는 확대될 것이며, 반대일 경우에는 임금격차가 축소될 것이다.

④ 요즘과 같은 대졸자 취업난 시대에도 많은 기업들이 대졸자에게 고임금을 지급하는 이유는 임금격차를 설명하는 효율임금이론과 관련된 깃으로서 기업의 이윤극대화 목표와는 무관하다.

해설

감독이 어렵고 근로자 태만이 심각한 부문에서 개인의 작업노력을 높이거나 노동생산성 향상을 꾀하려는 경우에 비교적 유사한 노동자에 대해서도 대단히 상이한 임금이 지급된다. 기업의 효율성 임금정책 때문에 산업·기업 간 임금격차 및 이중 노동시장이 성립되며, 이는 기업의 이윤극대화와 부합하는 현상이다.

31 시장경제를 채택하고 있는 국가의 노동시장에서 직종별 임금격차가 존재하는 이유로 적절하지 않은 것은?

① 직종에 따라 근로환경의 차이가 존재하기 때문이다.

② 직종에 따라 노동조합 조직률의 차이가 존재하기 때문이다.

③ 직종 간 정보의 흐름이 원활하기 때문이다.

④ 노동자들의 특정 직종에 대한 회피와 선호가 다르기 때문이다.

해설

직종 간 정보의 흐름이 원활하지 않기 때문이다.

32 다음 중 임금격차의 원인으로서 통계적 차별(Statistical Discrimination)이 일어나는 경우는?

① 비숙련 외국인노동자에게 낮은 임금을 설정할 때

② 임금이 개별 노동자의 한계생산성에 근거하여 설정될 때

③ 사용자 자신의 개인적 편견에 따라 근로자의 임금을 결정할 때

④ 사용자가 근로자의 생산성에 대해 불완전한 정보를 갖고 있어 평균적인 인식을 근거로 임금을 결정할 때

고용주가 기존생산성에 근거하여 특정집단을 범주화하고 집단의 평균적 생산성에 근거하여 개인을 판단하는 것

33 헤도닉(Hedonic) 임금이론과 관계있는 것은?

① 생산성 임금　　② 보상임금격차
③ 생계비 임금　　④ 최저임금

헤도닉 임금이란 고통스럽고 불유쾌한 직무에 대해서 그에 상응하는 보상요구를 반영한 시장임금 또는 쾌적한 직무에 대해서 근로자가 누리는 대가를 반영한 시장임금수준을 의미한다.

34 다음 중 헤도닉 임금이론의 가정으로 틀린 것은?

① 직장의 다른 특성은 동일하며 산업재해의 위험도도 동일하다.
② 노동자는 효용을 극대화하며 노동자 간에는 산업안정에 관한 선호의 차이가 존재한다.
③ 기업은 좋은 노동조건을 위해 산업안정에 투자를 해야 한다.
④ 노동자는 정확한 직업정보를 갖고 있으며 직업 간 자유롭게 이동할 수 있다.

직장의 특성은 산업재해의 위험도를 제외하고는 모두 동일하다.

정답　33 ②　34 ①

CHAPTER **3 실업의 제개념**

3-1 실업에 관한 이론

실업은 노동할 의사와 능력을 가지고 있음에도 노동자의 기능이나 숙련에 적합한 고용가치가 산업사회에서 객관적으로 주어지지 않는 상태이다.

1 케인즈(Keynes) 실업이론

(1) 케인즈 실업이론의 의의

① 신고전학파 경제학자들은 실업의 원인을 노동시장의 불완전성이나 노동시장이 균형을 이루는 데 걸리는 시간이 장기간이라는 데 있다고 보고 실업을 정책적으로 대처해야 할 중대한 사회문제라고는 생각하지 않았다.

② 케인즈는 실업을 사회의 유효수요(총 수요) 부족과 관련하여 설명함으로써 실업에 대한 인식과 정부의 대응자세에 일대 전환을 가져왔다.

(2) 케인즈 실업이론의 내용

① 실업은 노동시장에서 노동에 대한 수요보다 공급이 많기 때문에 발생하는 현상이다.

② 노동공급곡선이 수평인 구간은 노동자들이 화폐환상을 갖고 있어 명목임금(화폐임금)의 하락에 저항하며, 이로 인해 시장의 명목임금이 하방경직성을 갖기 때문이라고 본다.

이와 같이 케인즈가 중시한 실업은 유효수요 부족 때문에 나타나는 실업이었다. 따라서 실업에 대한 정부의 대책도 재정 투자나 융자의 확대, 통화량의 증대와 같은 유효수요를 늘릴 수 있는 거시적인 정책이 되어야 한다는 것이다.

(3) 임금의 하방경직성

① 의의

㉠ 노동자들은 물가에 대한 정보가 불완전하기 때문에 화폐임금(명목임금)의 변화에 반응한다는 것이다.

| 쌤의 핵심포인트 |
신고전학파는 실업자들은 모두 자발적 실업이므로 시장기능에 의해 다시 완전고용상태로 복귀한다고 주장한다. 반면, 케인즈의 실업이론은 유효수요 부족에 따른 비자발적 실업이므로 거시경제정책을 주장하였다.

임금의 하방경직성의 의미를 설명하고 임금의 하방경직성의 이유 4가지를 쓰시오. **2차**

ⓛ 한번 오른 임금은 경제 여건이 변하더라도 떨어지지 않고 그 수준을 유지하려고 하는 경향을 말한다.

ⓒ 고전학파는 완전한 정보를 전제로 하기 때문에 화폐환상을 인정하지 않았다.

② **명목임금이 하방경직적인 이유**

  ㄱ **장기 노동계약** : 노동자와 사용자 간의 장기 근로계약이 있을 시 그 기간 동안에는 임금이 경직적이다.

  ㄴ **화폐환상** : 물가가 떨어졌을 때에도 명목임금의 하락에 저항하는 노동자들의 화폐환상으로 복지나 부가급여 수준의 상향조정 등의 더 좋아진 근로조건을 선택하지 않는 노동자들의 역선택 발생 가능성이 생길 수 있다.

  ㄷ **강력한 노동조합의 존재** : 강력한 노동조합이 존재하면 명목임금은 하락하지 않는다.

  ㄹ **최저임금제** : 최저임금제가 시행되는 경우에는 그 아래로 임금이 하락하지 않는다.

  ㅁ **연공급 임금제도** : 연공급 임금제도하에서는 명목임금이 하락하는 경우가 없다.

2 필립스 곡선(Phillips Curve)

① 영국의 경제학자 필립스(Alban William Phillips)는 약 100년간의 통계자료를 수집하여 실업률과 명목임금 상승률 간의 관계를 알아보고자 했다. 정확히 말하자면, 실업률을 횡축, 명목임금 상승률을 종축으로 하는 좌표축에 연도별 실업률과 명목임금 상승률을 좌푯값으로 하는 100여 개의 점을 표시해 본 것이다.

② 명목임금 상승률(물가)과 실업률 간에는 일정한 상충관계가 있다(역의 상충관계).

  ㄱ 실업률을 낮추기 위해서는 더 높은 물가상승률을 감수할 수밖에 없다는 의미이다.

  ㄴ 명목임금 인상분이 제품가격에 반영된다고 할 때, 명목임금 상승률이 높아질수록 물가상승률도 높아질 수밖에 없다. 이러한 논리하에서 필립스가 당초 발견한 실업률과 명목임금 상승률 간의 부(−)의 상관관계는 자연스럽게 실업률과 물가상승률 간 부(−)의 상관관계를 나타내는 것으로 바꾸어 해석할 수 있다.

  ㄷ 실업률과 물가상승률은 경제정책 당국이 최우선적으로 관리해야 할 국가경제의 두 마리 토끼이다. 이러한 점에서 필립스 곡선은 경제정책 당국에게 중요한 메시지를 알려준다. 경기변화의 원인이 수요 충격에서 올 경우, 두 마리 토끼를 다 잡으려는 것은 과욕이라는 것이다.

| 쌤의 핵심포인트 |

간혹 시험에 명목임금 상승률을 '물가상승률' 또는 '인플레이션율'로 표현하기도 한다.

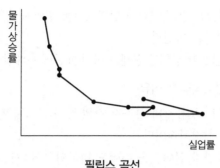

필립스 곡선

3 완전고용 및 자연실업률

(1) 완전고용

① M. 프리드먼의 가설로서 장기균형 실업률의 크기가 인플레이션율의 크기에 영향을 받지 않는다는 것이다.

② 자연실업률 이하의 고용상태로, 학술적인 개념으로서 절대적인 수치를 기준으로 하지 않으나, 실업률 4~5%대를 완전고용으로 보는 경제학들이 많다.

(2) 자연실업률

① 노동시장이 정상적으로 기능하는 상태에서 노동에 대한 수요와 노동의 공급을 일치시키는 균형실업률을 말한다. 고용정책의 목표가 영(零)의 실업률이 아니라 완전고용과 부합하는 적정한 수준의 정(正)의 실업률이며 이 적정한 수준이 자연실업률이 된다.

② 장기적으로는 통화공급량의 증가가 인플레이션을 불러일으키고, 실업은 자연실업률 이하로는 떨어지지 않기 때문에 어떠한 정책도 소용이 없고, 일정한 실업의 존재는 어쩔 수 없다(정책 니힐리즘)는 결론에 도달한다.

③ 실업률이 0인 상태는 현실적으로 달성되기 어려우며 또한 바람직한 것도 아니라는 것이다. 다시 말하면, 실업률을 더 낮추기 위해서는 경제를 잠재성장률 이상으로 성장시켜야 하며, 이 과정에서 물가 상승 등 부작용이 발생한다.

3-2 실업의 유형과 발생원인

실업은 그 발생원인에 따라 경기적 실업, 마찰적 실업, 구조적 실업, 계절적 실업으로 나뉜다. 각 실업의 구체적인 대책을 설명하시오. 2차

1 마찰적 실업(Frictional Unemployment)

① 신규·전직자가 노동시장에 진입하는 과정에서 직업정보의 부족에 의하여 일시적으로 발생하는 실업의 유형이다. 다른 실업에 비해 사회적 비용이 적게 드는 실업이다.

② 대책 : 직업 정보의 효율적 제공을 통하여 해결할 수 있다.
  ㉠ 직업안정기관의 기능 강화
  ㉡ 직업정보제공 시설의 확충
  ㉢ 구인구직 전산망 확충
  ㉣ 기업의 퇴직예고제
  ㉤ 구직자 세일즈

2 구조적 실업(Structural Unemployment)

① 경제성장에 따른 산업구조의 변화, 기술력의 변화 등에 노동력의 구조가 적절하게 대응하지 못하여 생기는 실업, 즉 노동력 수급 구조상 불균형으로 발생하는 실업현상이다. 다른 실업보다는 장기적으로 지속되기 쉽다.
② 대책
  ㉠ 교육 훈련 프로그램, 직업전환 훈련 프로그램의 적절한 공급
  ㉡ 이주에 대한 보조금
  ㉢ 산업구조 변화 예측에 따른 인력수급정책
    예 디지털 카메라의 등장으로 기존의 필름산업 쇠퇴

| 쌤의 핵심포인트 |
이윤극대화를 추구하는 기업이 이직률을 낮추기 위해 효율성임금을 지불할 경우 구조적 실업이 발생할 수 있다. 기업의 고임금 정책은 노동의 초과공급을 유발할 수 있기 때문이다.

3 경기적 실업(Cyclical Unemployment)

① 불경기(경기침체)에 기업의 고용감소로 인한 유효수요 부족으로 발생하는 실업현상이다.
② 대책
  ㉠ 재정금융정책을 통한 총 유효 수요 증대 정책
  ㉡ 공공사업 등의 고용창출 사업
  ㉢ 교대 근무제도, 연장근무, 휴일근무 등 근무제도 변경방법

| 쌤의 핵심포인트 |
경기활성화 정책이 필요한 것은 경기적 실업이다.

4 계절적 실업(Seasonal Unemployment)

① 주로 관광업, 건설업, 농업, 수산업 등에서 발생하는 실업현상이다.
② 기후 또는 계절적 편차에 따라, 노동력 수급의 변화 요인에 의하여 발생하는 실업의 유형이다.
③ 대책
  ㉠ 휴경지 경작 등 유휴 노동력을 활용
  ㉡ 비수기에 근로할 수 있는 대체 구인처 확보
    예 여름－해수욕장, 겨울－스키장

5 기술적 실업(Technical Unemployment)

① 노동절약형 기술진보의 영향을 집중적으로 받는 산업에서 발생하는 고용의 감퇴로 인한 실업을 말한다.
② 대책
　㉠ 직업전환
　㉡ 교육훈련

6 잠재적 실업(Disguised Unemployment)

① 노동의 한계생산물이 거의 0에 가까운 실업을 말한다.
② 표면적으로 취업상태에 있지만 실질적으로 실업상태에 있는 농촌의 과잉인구 등이 해당된다.
③ 구직의 가능성이 높았더라면 노동시장에 참가하여 적어도 구직활동을 했을 사람이 그와 같은 전망이 없거나 낮다고 판단하여 비경제활동인구화 되어 있는 경우를 말한다.

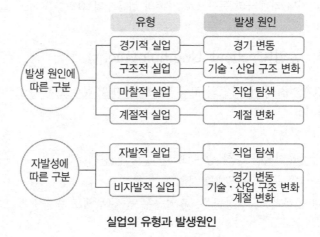

실업의 유형과 발생원인

| 쌤의 핵심포인트 |
해고에 대한 사전예고와 통보가 실업을 감소시킬 수 있는 실업의 유형은 마찰적 실업과 구조적 실업이다.

7 실망노동자 효과와 부가노동자 효과

(1) 실망노동자

실망노동자 효과와 부가노동자 효과에 대하여 설명하시오. 2차

① 실업자들이 경기침체로 취업이 어려워지면 구직활동을 포기하게 되어 경제활동 인구가 줄어들게 된다.
② 실망노동자는 실업자가 아니므로 경제활동인구가 아닌 비경제활동인구이다.
③ 실망노동자 효과 : 실업률과 경제활동인구가 과소평가된다.

(2) 부가노동자

① 가구주 소득이 낮아지면 가구원 일부가 취업활동을 하게 되어 경제활동인구가 늘어난다.

② 구직활동을 하기 위한 구직자인구가 증가한다.

③ 부가노동자 효과 : 실업자와 경제활동인구가 과대평가된다.

3-3 실업 관련 정책

▌1 소득정책

(1) 소득정책의 의의와 효과

① 소득정책은 물가나 임금의 지나친 상승을 억제할 목적으로 정부가 동원하는 강제적, 반강제적 또는 설득적인 모든 조치를 의미한다.

② 제2차 세계대전 이후부터 경기침체와 함께 물가가 상승하는 현상이 나타나기 시작하였는데 이를 스태그플레이션이라 하며 이를 개선하려고 시도되었다.

③ 물가를 안정시키면서 경제성장을 이루기 위하여 임금상승률을 조정하는 정책이다.

(2) 소득정책의 문제점

① 임금이 동결되면 성장산업의 경우 노동력의 수요 증대로 임금이 인상되어야 하지만 노동력의 재배분이 이루어지지 않아 성장산업의 성장이 위축될 것이다.

② 정부가 제시하는 가이드라인을 잘 지키고 있는지를 감시하는 공권력을 투입함으로 인한 행정적 관리비용이 지나치게 높아지게 된다.

③ 정부의 직접적인 개입에 따른 임금억제로 소득분배의 불평등을 초래할 수 있다.

▌2 인력정책

① 노동력의 이용을 양에서 질로 전환하기 위한 여러 훈련방법으로서 인적 능률의 개발을 목적으로 하고 있다. 경제의 변화에 따라 이에 소요되는 인적 자원도 그 양상을 달리하게 되는데, 바로 이러한 경제적 필요를 충족시켜 주기 위한 정책이다.

② 경제가 필요로 하는 인적 자원을 양성하여 이들의 유동성과 질적인 향상을 도모, 잠재적인 노동능력을 최대한으로 신장시켜, 양적 노동공급부족을 조정함은 물론, 질적인 면으로도 우수한 노동력을 확보, 기술혁신 · 경제발전 등에 대응하자는데 그 주안점을 두고 있다.

③ 인력정책은 또한 잠재적 노동력의 개발에 중점을 둔 재정정책 · 금융정책 · 문교정책 · 보건복지정책 등과 관련된 종합적인 정책이다.

■3 OECD 분류법에 따른 노동시장 프로그램의 항목별 분류

(1) 적극적 노동시장정책(ALMP ; Active Labor Market Policy)

실업 전 소득에 대한 노동시장정책으로 수요지향적 사업과 공급지향적 사업으로 나눌 수 있다.

① 수요지향적 사업 : 일자리 창출과 유지를 목적으로 하며 공공근로, 장애인 고용보조금 지급, 고용유지보조금, 재훈련보조금, 채용보조금, 청년실업층 프로그램 등을 포함한다.

② 공급지향적 사업 : 기업의 인력수용에 부합할 수 있는 자격을 갖춘 노동인력 양성을 목적으로 하며, 다양한 형태의 교육과 직업훈련, 고용 관련 정보 및 서비스 제공, 취업알선, 고용보조 등을 통하여 추진된다.

(2) 소극적 노동시장정책(PLMP ; Passive Labor Market Policy)

실업자에게 사후적으로 소득을 지원해주는 정책이다.

① 실업자 대부
② 실업급여
③ 실업보험
④ 실직 자녀 학자금 지원

CHAPTER 3
출제예상문제

3-1 실업에 관한 이론

01 실업에 대한 설명으로 가장 적합한 것은?

① 사이버 뱅킹, 폰 뱅킹과 같은 은행 업무의 변화로 인하여 은행원의 공급과잉이 발생하는 반면, 정보통신(IT)산업의 경우 노동공급 부족이 발생하고 있는 현상은 경기적 실업과 밀접한 관련이 있다.
② 자발적 실업은 노동시장의 정보 부족과 같은 노동시장의 불완전성에 의해 발생하는 것으로서 임금의 경직성과도 매우 밀접한 관련이 있다.
③ 사람들이 더 좋은 직장을 찾기 위하여 잠시 쉬고 있다거나 학교를 졸업하고 직장을 찾는 과정에서 발생하는 실업을 마찰적 실업이라고 하며, 이는 완전고용상태에서도 존재한다.
④ 일반적으로 정부 고용정책의 주된 대상이 되는 비자발적 실업으로는 경기적 실업, 계절적 실업, 구조적 실업, 마찰적 실업 등이 있다.

해설

②의 임금의 경직성은 임금의 하방경직성으로 이해하면 쉽게 구분된다. 자발적 실업은 임금의 하방경직성(한 번 오른 임금은 여건이 변하여도 쉽게 내려가지 않는다는 성질)과는 관계가 없다.

02 다음 중 실업률에 관한 설명으로 틀린 것은?

① 다른 조건이 일정한 경우 실망노동자 효과가 발생하면 실업률은 줄어든다.
② 다른 조건이 일정한 경우 부가노동자 효과가 발생하면 실업률은 늘어난다.
③ 실망노동자 효과는 실업률이 낮은 경우에 더 크게 나타난다.
④ 실업률은 실업자 수를 경제활동인구로 나눈 후 이에 100을 곱하여 구한다.

해설

실망노동자 효과는 실업률이 높은 경우에 더 크게 나타난다.

03 필립스 곡선은 어떤 변수 간의 관계를 설명하는 것인가?

① 임금상승률과 노동참여율
② 경제성장률과 실업률
③ 환율과 실업률
④ 임금상승률과 실업률

해설

필립스 곡선은 명목임금 상승률과 실업률 간 역의 관계를 1861~1957년의 실제 자료를 이용해서 나타낸 것이다.

04 실업에 관한 설명으로 옳은 것은?

① 경기후퇴 시에는 실망노동자 효과는 실업률을 감소시키고 부가노동자 효과는 실업률을 증가시킨다.
② 잠재실업자는 통계청의 경제활동인구조사에서 실업자의 일부로 집계된다.
③ 완전고용이란 실업률이 영(0)인 상태를 말한다.
④ 밀튼 프리드만(M. Freedman)에 의하면 자연실업률은 국가별로 예측될 수 있다.

🔖 **해설**

실망노동자 효과와 부가노동자 효과의 관계
① 일반적으로 실망노동자 효과가 부가노동자 효과보다 크다.
② 부가노동자들의 노동 증가율은 실업률과 반비례한다.

3-2 실업의 유형과 발생원인

05 다음은 무엇에 관한 설명인가?

> 실업과 미충원상태에 있는 공석이 공존하는 경우의 실업, 즉 노동시장의 정보가 불완전하여 구직자와 구인처가 적절히 대응되지 못하기 때문에 발생하는 실업을 말한다.

① 경기적 실업
② 마찰적 실업
③ 구조적 실업
④ 계절적 실업

🔖 **해설**

신규 · 전직자가 노동시장에 진입하는 과정에서 직업정보의 부족에 의하여 일시적으로 발생하는 실업의 유형

06 실업의 유형 중 고용정보 효율화 정책으로 효과를 가장 많이 볼 수 있는 것은?

① 마찰적 실업
② 구조적 실업
③ 경기적 실업
④ 수요부족 실업

🔖 **해설**

마찰적 실업
신규 · 전직자가 노동시장에 진입하는 과정에서 직업정보의 부족에 의하여 일시적으로 발생하는 자발적 실업의 유형으로 직업정보의 효율적 제공을 통하여 해결할 수 있다.

07 마찰적 실업을 해소하기 위한 정책이 아닌 것은?

① 구인 · 구직에 대한 전국적인 전산망 연결
② 직업안내와 직업상담 등 직업알선기관에 의한 효과적인 알선
③ 고용실태 및 전망에 관한 자료 제공
④ 노동자의 전직과 관련된 재훈련을 실시하고 지역 간 이동을 촉진시키는 지역이주금 보조

🔖 **해설**

재훈련, 이주에 대한 보조금, 산업구조 변화 예측에 따른 인력수급정책은 구조적 실업의 대책이다.

08 다음의 현상을 설명하는 실업의 종류와 대책을 연결한 것으로 옳은 것은?

> 성장산업에서는 노동에 대한 초과수요로 인하여 노동력의 부족현상이 야기되고 사양산업에서는 노동에 대한 초과공급으로 인하여 노동력의 과잉현상이 야기되고 있다.

① 마찰적 실업-구인, 구직정보망 구축
② 경기적 실업-유효수요의 증대
③ 구조적 실업-인력정책
④ 기술적 실업-기술혁신

해설

경제성장에 따른 산업구조의 변화, 기술력의 변화 등에 노동력의 구조가 적절하게 대응하지 못하여 생기는 실업, 즉 노동력 수급 구조상 불균형으로 발생하는 실업현상이다.

09 다음 중 구조적 실업에 대한 대책과 가장 거리가 먼 것은?

① 경기 활성화
② 직업전환교육
③ 이주에 대한 보조금
④ 산업구조변화 예측에 따른 인력수급정책

해설

경기활성화는 불경기(경기침체)에 기업의 고용감소로 인한 유효수요 부족을 해결하기 위한 경기적 실업에 대한 대책이다.

10 다음 중 경기적 실업에 대한 대책으로 가장 적합한 것은?

① 지역 간 이동 촉진
② 유효수요의 확대
③ 기업의 퇴직자 취업알선
④ 구인 · 구직에 대한 전산망 확대

해설

① 재정금융정책을 통한 총 수요 증대 정책
② 공공사업 등의 고용창출 사업
③ 교대 근무제도, 연장근무, 휴일근무 등 근무제도 변경 방법

11 다음 중 수요부족 실업에 해당하는 것은?

① 마찰적 실업   ② 경기적 실업
③ 구조적 실업   ④ 자발적 실업

12 다음 중 실업에 관한 설명으로 틀린 것은?

① 자발적 실업에는 마찰적 실업과 탐색적 실업이 해당한다.
② 경기적 실업은 구조적 실업보다 장기적으로 지속되기 쉽다.
③ 마찰적 실업과 탐색적 실업은 자발적 실업이고 항상 존재하기 때문에 인위적으로 줄일 수 없다.
④ 잠재적 실업은 노동의 한계생산물이 거의 0에 가까운 실업을 의미한다.

해설

경기적 실업은 총 수요 증대 정책, 경기의 호전으로 인하여 해결될 수 있지만 구조적 실업은 산업구조의 변화, 기술력의 변화에 대응하지 못하여 발생하므로 장기적으로 지속될 수 있다.

13 다음 중 자본의 유기적 구성도의 고도화에 의하여 창출되는 K. Marx의 상대적 과잉인구에 해당되는 실업은?

① 마찰적 실업   ② 구조적 실업
③ 기술적 실업   ④ 경기적 실업

3-3 실업 관련 정책

14 1960년대 선진국에서 실업률과 물가상승률 간의 상충관계를 개선하고자 실시했던 정책은?

① 재정정책   ② 금융정책
③ 인력정책   ④ 소득정책

해설

1960년대 선진국에서 실업률과 물가상승률 간의 상충관계를 개선하고자 실시했던 것은 소득정책이다. 실업률을 낮추려 하면 물가가 상승하고 물가를 낮추려 하면 실업률이 상승하는 문제를 극복하기 위한 것으로 정부가 개입하여 물가나 임금의 과도한 상승을 억제하기 위하여 실시하는 모든 조치를 포함한다.

정답   09 ①   10 ②   11 ②   12 ②   13 ③   14 ④

15 다음 중 사회정책이나 제도에 관한 설명으로 틀린 것은?

① 인력정책(Manpower Policy)은 주로 구조적 실업문제를 해결하기 위한 정책이다.
② 소득정책(Incomes Policy)은 근로자들의 소득을 증진시키기 위한 정책이다.
③ 우리나라의 고용평등법은 남녀고용평등을 주된 목적으로 하고 있다.
④ 알선은 노사자율적 해결을 강조하는 노동쟁의조정제도이다.

　해설

완전고용의 실현을 추구하면 물가가 상승하고, 물가안정을 추구하면 다수의 실업자가 발생하므로, 이를 개선하기 위해 완전고용과 물가안정의 양립(兩立)을 추구하는 정책이 소득정책이다.

16 실업정책을 크게 고용안정정책, 고용창출정책, 사회안전망정책으로 구분할 때 사회안전망정책에 해당하는 것은?

① 실업급여
② 취업알선 등 고용서비스
③ 창업을 위한 인프라 구축
④ 직업훈련의 효율성 제고

　해설

②, ④는 고용안정정책이고, ③은 고용창출정책이다.

17 다음 중 적극적 노동시장정책(Active Labor Market Policy)이 아닌 것은?

① 실업보험
② 직업계속 및 전환교육
③ 고용보조
④ 장애자 대책

　해설

실업보험은 사후적/소극적 사회보장 정책이며, 고용안정사업/직업능력개발사업은 사전적/적극적 노동시장 정책이다.

4-1 노사관계의 이해

노사관계란 산업활동에서 결합되는 개인 · 집단조직 간의 관계 가운데 가장 기본적인 관계인 노동자와 사용자 사이에서 발생되는 사회관계 일반을 말한다.

■1 노사관계의 발전과정

① **전제적 노사관계**(절대적, 억압적 노사관계) : 사용자 측의 일방적 의사에 의해 결정되었으며, 절대적인 명령과 복종만이 있을 뿐이었다.
② **온정적 노사관계**(친권적, 가부장적 노사관계) : 가부장적 온정주의에 입각한 복지후생시설과 제도를 제공한다.
③ **근대적 노사관계**(완화적 노사관계) : 19세기 말에 나타난 형태로서, 이 시기에 는 근대적 노동시장이 형성되고 기업규모가 확대되었으며, 관리의 합리화가 추진되었다.
④ **정치적 노사관계**(계급투쟁적 노사관계) : 주도권 항쟁적 노사관계라고도 하며, 근로조건의 결정이 전적으로 노사의 실력항쟁에 의해 결정되며, 노사의 주도 권 획득을 위한 대립적, 정치적 성격을 가진 노사관계가 형성되었다.
⑤ **산업민주적 노사관계**(경쟁적 노사관계) : 노사 간의 모든 문제를 대등한 관계에 서 임금 및 노동조건을 공동으로 결정하게 되었다.

■2 뉴딜정책(New Deal Policy)

1930년대 미국의 루스벨트(Franklin Delano Roosevelt) 대통령이 대공황을 극복하 기 위하여 추진한 일련의 경제 정책으로 3R 정책, 즉 Relief(구제), Recovery(부흥), Reform(개혁)을 슬로건으로 내세우고 의회로부터 비상대권을 인정받아 공황 타개 정 책을 마련하였다. 주요 내용은 다음과 같다.

① 은행 및 통화를 국가가 통제하여 은행을 정부의 감독하에 두며 금은화 및 금은 괴를 회수하고 그 대신 정부의 통화를 발행하는 것
② 파산 직전에 있는 회사 및 개인에게 크레디트(신용대출)와 보조금을 교부하여 구제하는 것

| 쌤의 핵심포인트 |
미국에서 1935년에 제 정된 전국노사관계법 (NLRA, 와그너법) 이 후에 확립된 노사관계 정책이다.

③ 농업조정법(A.A.A)을 통과시켜서 농민들의 생산을 조정·절감하면서 생산의 감소로 나타나는 농민의 불이익을 메워 나가는 여러 가지 방법을 사용하는 것

④ 전국산업부흥법(NIRA)을 통과시켜 기업을 조성하며 한편으로는 T.V.A(Tennessee Valley Authority, 테네시 계곡 개발공사)를 세워 테네시 계곡에 댐을 건설하는 대규모의 토목공사를 일으켜 실업자 문제를 해결하는 것

⑤ 사회복지정책으로 노동자의 단결권과 단체교섭권을 인정하고 실업보험과 최저임금제를 실시하여 사회복지를 도모하는 것

3 노동조합 운동의 이념

(1) 정치적 조합주의(정치주의)

① 노사관계를 적대적 대립관계, 이해대립의 조정이 불가능한 관계로 인식
② 자본주의 체제의 타파와 사회주의 실현 목표
③ 노동조합운동을 정치에 종속

(2) 경제적 조합주의(경제주의)

경제적 조합주의의 특징 3가지를 쓰시오. 2차

① 노사관계를 이해대립의 관계로 보나 이해조정이 가능한 비적대적 관계로 이해
② 노동자들의 생활조건의 개선과 유지 목표
③ 가장 중요한 것이 단체교섭
④ 민주주의의 실현이 중요하며 정치적으로 독립되어야 한다고 강조

(3) 국민적 조합주의

① 노사관계를 이해공동의 관계로 보는 입장
② 노동조합의 목적, 기업의 목적을 같은 것으로 봄
③ 거시적으로 분배와 성장의 문제를 같은 것으로 봄
④ 노사는 공동협력자·사회적 동반자
⑤ 노동운동과 정치의 관계는 사회적 협동주의 성격

4 노사관계의 이원론

① 경영 내 종업원 관계 : 직장의 규율, 능률 증진 등 이해협력관계, 개별관계, 종속관계
② 경영 대 노동조합 관계 : 임금, 노동시간, 노동조건 등과 이해대립관계, 집단관계, 대등관계

5 던롭의 노사관계체제(시스템이론)

1958년 미국 하버드 대학교 던롭(J. T. Dunlop) 교수가 최초로 제기한 '노사관계국제이론'이다. 던롭은 노사관계의 3주체가 직접 · 간접적으로 영향을 주고받으면서 행동을 하게 되는 환경조건 내지 노사관계를 규제하는 3여건이 노 · 사 · 정 행위 주체의 전략과 선택을 결정한다고 하였다.

○ 던롭의 시스템 이론에서 노사관계를 규제하는 노사의 3주체와 3여건을 쓰고 설명하시오. **2차**

(1) 노사관계의 3주체

　① 근로자 및 그 조직
　② 경영자 및 그 조직
　③ 노동문제 관련 정부기구

(2) 노사관계를 규제하는 여건

　① <u>기술적 특성</u> : 경영관리 형태나 근로자들의 조직형태, 고용된 노동력의 특성 등 사업장의 기술적 특성에 따라 경영자, 근로자 및 정부기관에 여러 문제가 발생하기도 하고, 문제를 해결하는 데도 영향이 미친다고 한다.
　② <u>시장 또는 예산 제약</u> : 시장 또는 예산 제약은 일차적으로 경영자에 대하여 직접 영향을 미치며, 곧 다른 주체들에게도 영향을 미치게 된다. 경쟁적 시장일수록 낮은 이윤, 즉 낮은 지불능력으로 인하여 노사관계도 긴장상태에 들어가기 쉬운 반면 독점적 시장일수록 시장이나 예산제약에서 오는 압박은 상대적으로 적다고 한다. 이러한 제품시장이나 예산제약은 노사관계에 관한 규제의 내용을 결정할 때 매우 중요한 요인으로 작용하게 된다.
　③ <u>각 주체의 세력관계</u> : 던롭은 노사관계의 3주체 간의 영역을 넘어선 광범위한 사회 안에서의 세력관계가 이들 주체의 행동결정에 영향을 미치는 여건으로 작용한다고 보고 있다. 즉, 이들의 사회적 지위, 최고 권력자에 대한 접근 가능성, 정당 또는 일반여론 등이 노사관계체제의 구조를 형성시키는 하나의 여건으로 작용한다는 것이다.

| 쌤의 핵심포인트 |

시드니 웹(Sidney Webb)과 베아트리스 웹(Beatrice Webb)이 주장한 노동조합이란 임금근로자들이 그들의 근로조건을 유지하고 개선할 목적으로 조직한 영속적 단체이며, 그와 같은 목적을 실현하기 위한 수단으로는 노동시장의 조절, 표준근로조건의 설정 및 유지와 공제제도 등이 있다.

4-2 노동조합의 이해

1 노동조합의 의의

임금근로자들이 근로생활의 조건을 유지 또는 개선할 것을 목적으로 자주적으로 조직한 항구적인 단체이다.

2 노동조합의 전통적 기능

(1) 공제적 기능

① <u>조합원들이 질병·재해·노령·사망·실업 등으로 노동능력이 일시적 또는 영구적으로 상실되는 경우에 대비하여 노동조합이 기금을 설치해 그것을 가지고 공제활동을 전개하는 것이다.</u>

② 노동운동 초기에는 조합원 경조사에 부조가 주된 기능이었으나 오늘날 여러 공제적·복지후생적 활동을 광범위하게 전개하고 있다.

③ 국가적인 사회보험이나 사회보장제도의 발전과 그 수준이 노동조합의 공제적 기능과 밀접한 관계가 있고 대치가 가능하다.

(2) 경제적 기능

① 노동조합이 조합원의 경제적 권리와 이익을 신장하고 유지하는 기능이다.

② 노동조합이 사용자에 대해 직접적으로 발휘하는 노동력 판매자로서의 교섭기능이다.

③ <u>임금, 근로시간 등의 근로조건에 관한 요구를 교섭과 단체행동을 통해 관철하는 것으로 수행된다.</u>

(3) 정치적 기능

① 노동조합이 임금이나 노동조건의 개선을 둘러싼 노사 간의 교섭과 분쟁을 조정하고 해결하는 것은 물론, 노동관계법을 비롯한 모든 법령의 제정 및 개정, 물가정책, 사회보험제도, 기타 사회복지정책 등 정부의 경제정책 수립과 집행에 영향을 주는 기능이다.

② 다만, 정치적 기능은 노동조합의 부수적 기능이다.

3 노동조합의 형태

(1) 직종(직업)별 노동조합(Craft Union)

① 인쇄공조합이나 선반공조합과 같이 동일한 직종에 종사하는 노동자들이 기업과 산업을 초월하여 결합한 노동조합이다.

② 역시적으로 <u>숙련노동자를 중심으로 가장 먼저 조직된 형태이며, 숙련노동자가 노동시장을 배타적으로 독점하기 위해 조직된 것이다.</u>

③ 장단점
  ㉠ 단결력이 강하고, 어용화의 위험이 적다는 점, 근로조건에 대해 통일된 요구를 할 수 있다는 점, 직장단위가 조직의 중심이 아니므로 실업 노동자도 가입할 수 있다는 점이 장점이다.

| 쌤의 핵심포인트 |
산업혁명 이후 영국에서 가장 일찍 발달한 노동조합으로 가장 역사가 오래된 노동조합은 직종(직업)별 노동조합이다.

ⓛ 배타적이고 독점적인 성격을 갖고 있어 노동자 전체의 지위 향상에 적합하
지 않으며 조합원과 사용자의 관련성이 약하다는 것이 단점이다.

(2) 기업별 노동조합(Company Union)

① 하나의 사업 또는 사업장에 종사하는 노동자들이 직종에 관계없이 결합한 노동
조합이다.
② 우리나라와 일본에서 일반적인 노조의 형태이다.
③ 장단점
㉠ 조합원의 참여의식이 높고 기업의 특수성을 반영할 수 있다는 장점이 있다.
ⓛ 어용화의 가능성이 크고 조합이기주의가 나타날 수 있다는 단점이 있다.
㉢ 기업별 노동조합은 각 직종 간의 구체적 요구조건을 공평하게 처리하기 곤
란하여 직종 간에 반목과 대립이 발생할 수 있다.

(3) 산업별 노동조합(Industrial Union)

① 기업·직종을 초월해서 동종의 산업에 종사하는 노동자들로 조직된 노동조합
이다.
② 오늘날 외국에서는 가장 일반화된 노조의 형태로 최근 우리나라도 기업별 노조
에서 산업별 노조로 전환하는 사례가 늘고 있다.
③ 노동시장이 개방적이고 숙련·미숙련 노동자를 포함하고 있다.
④ 장단점
㉠ 동종 산업에 종사하는 노동자의 지위를 통일적으로 개선할 수 있으며 조직
력이 강하고 어용화의 위험이 적다는 장점이 있다.
ⓛ 개별기업의 특수성을 반영할 수 없다는 단점이 있다.

(4) 일반노동조합(General Union)

① 직업이나 산업의 구별 없이 모든 노동자를 조직대상으로 한다.
② 영국에서 1879년 공황 이후 직종별 노동조합에서 산업별 노동조합으로 전환되
는 과도기에 출현, 노동조합 운동사상 신조합주의로 불리기도 한다.
③ 장단점
㉠ 광범위한 노동자들의 최저생활에 필요한 조건을 확보했다는 장점이 있다.
ⓛ 노동시장의 통제 곤란, 중앙집권적 관료체제에 의한 조합 민주주의의 저해,
의견 조정 및 통일 곤란, 단체 교섭 기능의 약화라는 단점이 있다.

4 숍 제도

(1) 의의

숍 제도란 노동조합에의 가입 및 유지의 측면에서 사용자와 조합원의 고용관계를 규율하는 제도를 말한다.

(2) 종류

① 오픈 숍(Open Shop)

㉠ 사용자가 노동조합에 가입한 조합원이나 가입하지 않은 비조합원이나 모두 고용할 수 있는 제도이다.

㉡ 노동자는 채용조건 또는 고용유지조건으로서 노동조합에 가입할 의무가 없다.

㉢ 노동조합은 노동력을 독점할 수도 없고 조합원을 확대하기 어렵기 때문에 사용자와의 교섭에서 불리하다.

② 클로즈드 숍(Closed Shop)

㉠ 조합원만을 종업원으로 신규 채용할 수 있고, 일단 고용된 노동자라도 조합원 자격을 상실하면 종업원이 될 수 없는 제도이다.

㉡ 우리나라 항운노동조합이 이에 해당한다.

③ 유니언 숍(Union Shop)

㉠ 조합원 여부에 관계없이 종업원으로 채용될 수 있으나, 일단 채용된 후에는 일정기간 이내에 조합원이 되어야 하는 제도이다.

㉡ 노동조합이 제명하거나 본인이 노동조합에 가입을 거부하면 해고된다.

㉢ 우리나라는 유니언 숍을 인정하면서도 조합으로부터 제명된 조합원에 대한 사용자의 불이익 조치를 금지하여 그 내용을 제한하고 있다.

④ 에이전시 숍(Agency Shop)

㉠ 조합원이 아니더라도, 모든 종업원에게 단체교섭의 당사자인 노동조합이 조합비를 징수하는 제도로 대리기관숍 제도라고도 한다.

㉡ 조합에 가입하지 않고 노조가 체결한 단체협약의 수혜를 받는 것을 방지하기 위한 것이다.

⑤ 프리퍼렌셜 숍(Preferential Shop)

조합원 우대제도라고도 하며 사용자의 조합원 여부에 관계없이 종업원을 채용할 수 있으나, 인사·해고 및 승진 등에 있어서 조합원에게 우선적 특권을 부여하는 제도를 말한다.

노동조합의 숍(Shop) 제도의 종류 4가지를 쓰고 설명하시오. 2차

| 쌤의 핵심포인트 |

클로즈드 숍에서는 노동조합이 공급을 독점할 수 있는 반면 오픈 숍에서는 노동조합이 공급을 독점할 수 없다.

| 쌤의 핵심포인트 |

비조합원은 노력 없이 노조원들의 조합활동에 따른 혜택을 보게 된다. 따라서, 노동조합은 혜택에 대한 대가로 비노조원들에게 노동조합비에 상당하는 금액을 징수하는 것이다.

⑥ 메인터넌스 숍(Maintenance Shop)

조합원 자격유지제도라고도 하며 사용자가 조합원 여부에 관계없이 종업원을 채용할 수 있으나 단체협약의 효력기간 중에는 조합원 자격을 유지하여야 하는 제도이다.

4-3 노동조합의 경제적 효과

■1 노동조합과 사회적 비용

노동조합과 사회적 비용에 대한 신고전학파의 전통적 견해는 다음과 같다.

(1) 비노조와의 임금격차와 고용저하에 따른 배분적 비효율

고임금 부문과 저임금 부문 간 임금격차를 조장하고 저임금 부문에서 고임금 부문으로 노동이동을 초래하여 노동자원의 비효율적 배분을 초래한다.

(2) 경직적 인사제도에 의한 기술적 비효율

경직적 인사제도 등 근로자의 작업권 보호 규정으로 노동의 가동률을 저하시키고, 자본과 노동 간의 대체성을 저해하며 새로운 기술도입을 지연시켜 기술적 비효율을 야기한다.

(3) 파업으로 인한 생산 중단에 따른 생산적 비효율

① 파업의 전방효과 : 파업 중인 사업장으로부터 원자재 및 부자재를 공급받는 기업의 경우 파업을 하지 않더라도 생산에 차질이 일어난다.

② 파업의 후방효과 : 파업 중인 사업장에 원자재 및 부자재를 납품해오던 기업이 제품을 팔 수 없게 되어 생산활동이 위축된다.

③ 전·후방 효과와 함께 고려할 경우 노조의 파업에 따른 사회적 비용은 더 커진다.

④ 해당 사업장은 대개의 경우 파업 이후에 생산성이 크게 향상되므로 파업에 따른 사회적 비용은 실제보다 과다하게 추정될 우려가 있다.

■2 노동조합의 임금효과

(1) 파급효과(Spillover Effect)

노동조합이 조직됨으로써 노동조합 조직부문에서의 상대적 노동수요가 감소하고 그 결과 일자리를 잃은 노동자들이 비조직부문의 임금을 하락시키는 효과이다.

○ 노동조합의 경제효과 중 이전효과와 위협효과를 각각 설명하시오 **2차**

파급효과가 매우 강한 경우에 노동조합의 이중노동시장을 형성한다. 이전효과, 해고효과라고도 한다.

(2) 위협효과(Threat Effect)

<u>노동조합의 잠재적 조직 위협에 의해서 비조직부문의 노동자의 임금이 인상되는 효과</u>, 즉 노조가 없는 기업들은 노동조합의 결성을 미리 막기 위해 미리 조직부문의 임금수준 정도의 혹은 그보다 더 높은 수준의 임금을 지불할 수도 있다.

(3) 대기실업효과(Wait Unemployment Effect)

비조직부문의 노동자들이 임금이 향상된 조직부문에 취업하기 위해 비조직 기업을 사직하고 실업상태로 취업을 대기하게 되어 그 결과 비조직부문의 임금이 상승하는 효과이다.

노동조합의 두 얼굴

프리만(Freeman)과 메도프(Medoff)는 노동조합이 부정적 기능과 긍정적 기능을 모두 갖는다고 지적하였다.

① **독점(부정적 기능)** : 노동공급 독점자로서의 노동조합이 시장임금보다 높은 임금 수준을 성취함으로써 노조 조직부문에서는 경쟁상태보다 더 적은 고용이 이루어지며, 노조 비조직부문에서는 경쟁상태보다 더 많은 고용이 이루어지는 인적자원배분의 왜곡을 가져온다. 인적자원배분의 왜곡은 일국(一國)의 총생산량 감소를 초래한다.
② **집단적 목소리(긍정적 기능)** : 노동자의 이직률을 감소시키고, 노동자의 사기를 높이며, 작업현장의 문제에 대한 정확한 정보를 제공하고, 기업 내의 임금격차를 줄임으로써 생산성을 향상시킬 수 있다.

■3 파업의 경제적 비용

(1) 사적 비용

① <u>노동조합 측은 생산활동의 중단에 따라 임금을 받지 못하므로 노동소득이 줄어들며, 기업 측은 생산중단에 따른 이윤이 감소한다.</u>
② 노동조합 측은 파업수당을 적립하는 방법으로, 사용자 측은 재고를 통해 충당할 수 있다.
③ 사적 비용은 노동자 측 비용과 기업 측 비용의 합이다.
④ 사용자의 사적 비용은 직접적인 생산중단에서 오는 이윤의 소감소분보다 적을 수 있다. 이유는 파업에 대비하여 재고량을 비축하거나 무노동 무임금 원칙에 따라 임금비용을 줄일 수 있기 때문이다.

⑤ 노동자의 사적 비용은 생산활동을 중단함으로써 오는 임금소득의 상실분보다는 적을 수 있다. 이유는 노동조합이 자체적으로 적립한 파업수당을 수령하거나 타 기업체에 파트타임이나 임시직 등으로 취업하여 소득활동을 할 수 있기 때문이다.

(2) 사회적 비용

① 상품 및 서비스의 생산량 감소로 사회적으로 소비 내지는 투자수준이 저하됨으로써 나타나는 손실이다.
② 사회적 비용이 가장 큰 분야는 서비스 업종이다. 전력·통신·운수·의료 등에서는 재고의 조절이 있을 수 없으므로 파업이 발생하면 그만큼 경제 전체의 서비스 소비수준은 떨어진다.

4 노동조합의 조직률 하락 요인

① 비정규직, 여성근로자, 외국인 근로자의 비율 증가
② 제조업, 광공업, 건설업, 운수업 등에서 도소매업, 금융업, 보험업, 부동산업, 기타 서비스 산업으로의 산업구조상의 변화
③ 노동자의 기호와 가치관의 변화(개인 중심적 경향으로의 변화)
④ 국제경쟁의 격화에 따른 기업의 경영여건 악화 등

| 쌤의 핵심포인트 |
서비스산업의 확대 및 화이트 칼라의 구성이 높아지면 노조 조직률은 점차 감소할 것이다.

5 힉스의 교섭모형과 기대파업

파업이 지속됨에 따라 노조의 요구가 줄어들고 사용자의 양보가 커지게 되면 파업 기간이 어느 기점에서 타협이 이루어지고 이때 임금률이 결정된다.
즉, 임금과 기대파업 사이에 교섭이 이루어진다. 이때 정보가 불확실하다는 것을 가정하고 있다.

① 힉스(J. R. Hicks)는 단체교섭이 결렬되어 파업이 개시되면 파업의 기간에 따라 노사 양측의 요구임금과 제의임금이 달라진다 생각했다. 즉, 수락하는 임금수준은 파업 기간 함수로 생각하였다.
② A점은 노조가 없거나 파업이 없으면 사용자가 지불하려는 임금이다. 파업이 계속되면 비용이 발생하기 때문에 사용자 양보 곡선(제의임금선)은 우상향한다.
③ B점은 노동조합이 처음으로 요구하는 임금이다. 기간이 경과하면 비용이 발생하므로 저항곡선(요구임금선)은 우하향한다.
④ 이러한 두 선이 만나는 점 W_0와 파업기간 S_0가 결정된다는 것이다.
⑤ 단체교섭 이론이라기보다 파업 시 상황 설명이라는 비판을 받았다.

| 쌤의 핵심포인트 |
힉스는 단체교섭에서 임금 등이 결정되는 과정을 파업기간이라는 개념으로 설명한다.
임금 등이 결정되는 과정을 교섭력이라는 개념으로 설명한 학자는 카터-챔벌린이다.

⑥ 이 행태 곡선은 미리 파악할 수가 있어 균형 임금이 미리 결정된다 하여 비현실적이라는 비판을 받았다.

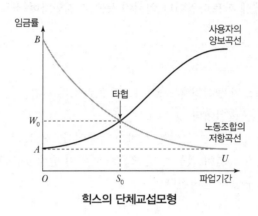

힉스의 단체교섭모형

4-4 단체교섭 및 쟁의행위

1 단체교섭

(1) 단체교섭의 의의
단체교섭이란 노동조합과 사용자 또는 사용자단체 간에 근로조건 기타 노사관계의 제반사항에 대하여 집단적으로 교섭하는 것을 말한다.

(2) 단체교섭의 대상
① 근로조건 : 임금, 근로시간, 휴가 등과 같은 근로조건에 관한 사항은 단체교섭의 의무적 교섭대상이다. 따라서 사용자는 이에 관한 교섭에는 반드시 응하여야 할 법적 의무를 부담한다.
② 집단적 노사관계에 관한 사항 : 숍 제도, 쟁의절차에 관한 사항, 단체교섭 절차에 관한 사항 등 집단적 노사관계에 관한 사항도 의무적 교섭대상이다.
③ 경영에 관한 사항 : 사업의 양도·인수·합병, 부서의 폐지 등 경영에 관한 사항이 교섭대상이 될 수 있는가에 대하여는 논란이 있다. 경영권에 관한 것이므로 교섭대상이 될 수 없다는 견해와 근로조건과 밀접한 관련이 있거나 근로조건에 중대한 영향을 미치는 사항이라면 교섭대상이 될 수 있다는 견해가 대립하고 있다.
④ 인사에 관한 사항 : 전직·징계·해고 등 인사의 기준이나 절차에 관한 사항은 교섭대상이 되지만, 개별적인 인사처분은 집단성이 없으므로 교섭대상이 될 수 없다고 해석하는 것이 일반적이다.

(3) 단체교섭의 유형

① **기업별 교섭** : 기업별 수준에서 행해지는 단체교섭으로 기업별로 조직된 노동 조합과 사용자가 교섭하는 것으로 <u>우리나라의 주된 교섭유형이다.</u>

② **통일교섭** : <u>산업별 노조나 하부단위 노조로부터 교섭권을 위임받은 연합체 노 조와 이에 대응하는 산업별 혹은 지역별 사용자단체 간의 단체교섭이다.</u>

③ **집단교섭** : 여러 개의 단위노조와 사용자가 집단으로 연합전선을 형성해 교섭 하므로 연합교섭이라고도 한다.

④ **대각선교섭** : <u>산업별 상부단체가 하부노조로부터 교섭권을 위임받아 노동조합 에 대응하는 개별기업과 교섭하는 형태이다. 사용자단체가 조직되어 있지 않 은 경우 또는 사용자단체가 있더라도 각 기업별로 특수한 사정이 있는 경우에 산업별 노동조합이 개별기업과 단체교섭을 행한다.</u>

⑤ **공동교섭** : 기업별 노동조합 또는 지역－기업단위 지부가 상부단위의 노조와 공동으로 참가하여 기업별 사용자 측과 교섭하는 방식이다.

⑥ **패턴교섭** : 산업별 · 지역별 · 업종별로 대표기업이 먼저 모델케이스로 교섭을 행하고, 다른 관련 기업은 그 교섭결과에 준거하여 수용하는 교섭방식으로 미 국의 패턴교섭과 일본의 춘투양상이 있다.

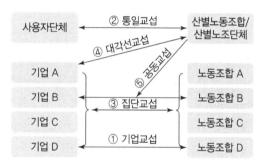

단체교섭의 주요 유형별 교섭방식

2 노동쟁의와 쟁의행의

(1) 노동쟁의

노동쟁의란 노동조합과 사용자 또는 사용자단체 간에 임금 · 근로시간 · 복지 · 해 고 기타 대우 등 근로조건의 결정에 관한 주장의 불일치로 발생한 분쟁상태를 뜻 한다.

(2) 노동쟁의 조정방법

① 조정

㉠ 쟁의 발생 즉시 노동위원회에 보고하고 조정위원회(노·사·공익위원으로 구성)가 양측의 주장을 듣고 조정을 실시하는 제도, 쟁의행위 전에 조정절차를 거치도록 한다.

㉡ 조정위원회의 조정안 자체는 법적 구속력이 없으나, 관계당사자에 의하여 수락된 조정서의 내용은 단체협약과 동일한 효력을 가진다.

② 중재

노사 간의 교섭이 진전되지 않을 경우, 해당 노동위원회에 사태의 해결을 요청하는 제도이다. 노사가 함께 신청할 수도 있고 단체협약에 의해 노사 어느 일방이 중재를 신청할 수 있다. 중재회부 결정이 내려지면 15일간 모든 쟁의행위가 금지된다. 가장 강제적 구속력을 지닌다.

③ 긴급조정

긴급조정은 쟁의행위가 공익사업에 관한 것이거나, 그 규모가 크거나, 그 성질이 특별한 것으로서 현저히 국민경제를 해하거나 국민의 일상생활을 위태롭게 할 위험이 존재하는 때에 한한다.

(3) 쟁의행위

① 의의

쟁의행위란 파업·태업·직장폐쇄 기타 노동관계 당사자가 그 주장을 관철할 목적으로 행하는 행위와 이에 대응하는 행위로서 업무의 정상적인 운영을 저해하는 것을 말한다.

② 노동자 측의 쟁의행위

㉠ 파업 : 근로자들이 단결하여 집단적으로 노무제공을 거부하는 것

㉡ 태업 : 노조의 통제하에 작업은 계속하면서 집단적으로 작업능률을 저하시키는 행위

㉢ 피케팅 : 파업을 파괴하고자 하는 일체의 행위를 방지하는 행위로 근로희망자들의 파업동참을 호소하는 한편, 노조의 요구에 대한 공중의 이해를 얻고자 하는 쟁의행위

㉣ 보이콧 : 사용자 또는 그와 거래관계에 있는 제3자의 제품구입이나 시설 이용을 거절, 사용자 또는 그와 거래관계에 있는 제3자와 근로계약의 체결을 거절할 것을 호소하는 행위

㉤ 생산관리 : 사용자의 지휘명령을 배제, 노조가 사업장 일체 운영을 접수해서 자기들 의사대로 기업경영을 하는 행위

ⓑ 직장점거 : 공장, 사업장 등 회사 내에서 장시간 체류하거나 점거하는 행위
로 파업의 실효성을 확보하기 위한 행위

③ <u>사용자 측의 쟁의행위</u>

㉠ 직장 폐쇄

- <u>사용자가 자기의 주장을 관철하기 위하여 근로자 집단에 대하여 노무의 수령을 집단적으로 거부하는 행위를 말한다.</u>
- 일단 쟁의행위가 종료하면 노무의 수령이 거부되었던 근로자들을 다시 취업시킨다는 것이 전제되어 있으므로 '집단적 해고'와는 다르며, 노사 간 분쟁상태를 전제로 한 것이므로 경영운영상 이유에서 하는 휴업과도 다른 개념이다.

㉡ 대체근로

- <u>노동조합의 파업 기간 중 사용자가 조업을 계속하기 위해 다른 근로자를 대신 일하게 하는 행위이다.</u>
- 현재 우리나라는 1953년 노동관계법이 제정될 때부터 필수공익사업장을 제외하고 대체근로를 원칙적으로 금지하고 있다.
- 영국, 독일, 프랑스, 미국, 일본에서는 우리나라와 달리 부당한 요구를 관철하려는 파업을 줄이기 위해 일정 요건에 따라 대체근로를 허용하는 등 노사 간 동등한 대응수단을 보장하고 있다.

| 쌤의 핵심포인트 |
사용자는 쟁의행위 기간 중 쟁의행위로 중단된 업무를 원칙적으로 도급 또는 하도급 줄 수 없다.

3 경영참가제도

경영참가란 노동자 또는 노동자 대표가 경영의사결정에 참여하는 것을 의미한다.

(1) 경영참가의 종류

① 자본참가

자본참가는 종업원을 출자자로서 기업경영에 참여시키는 것이다.
<u>종업원지주제도(우리사주제)는</u> 자사 주식을 소유하게 하여 자본 출자자로서 발언권을 갖게 하는 제도이다. 애사정신함양 및 노동자의 재산형성, <u>노동력의 안정적인 정착과 함께 기업의 안정,</u> 공격적 기업인수 및 합병에 대한 효과적 방어수단으로 활용할 수 있다.

② 성과참가

㉠ 이익분배제

- 근대적인 능률급의 선구이자 능률운동의 출발점이며, 미국의 토웬(H. R. Towen)이 주장하였다.

- 경영활동에 의해 발생한 이익을 그 이익에 관여한 정도에 따라 배분하는 제도이다. 예를 들어 생산설비의 취급방법, 원재료나 비품의 사용상의 절약, 노동능력과 같은 제요인과 관련된 종업원의 대응에 따라 이익을 배분한다.
- 작업비용으로 달성된 이익 내지는 절약액 일부를 사용자로부터 노동자에게 환원하자는 취지이다.
ⓛ 이익참가 : 노사 간이 사전에 합의하여 결정해 놓은 표준목표와 실직을 비교하여 표준목표를 초과하는 부분을 근로자와 사용자가 일정한 비율로 배분하는 제도이다.
- 스캔론플랜 : 판매금액에 대한 인건비의 비율을 일정하게 정해놓고 판매금액이 증가하거나 인건비가 절약되었을 때 그 차액을 상여금의 형태로 지급함으로써 생산물의 판매가치를 경영성과의 기준으로 삼는다.
- 러커플랜 : 기업이 창출한 부가가치(생산)에서 인건비가 차지하는 비율이 성과배분의 기준이 된다.

③ 노사협의제
ㄱ 노동자와 사용자 모두에게 공통적으로 관련되는 문제가 발생하였지만 단체교섭만으로 해결하기 힘든 경우 노사가 협력을 통해 문제를 해결하는 제도적 장치이다.
ㄴ 노사협의제 노동자의 경영참가 중 가장 대표적인 형태이다.
ㄷ 노사협의회의 의결사항
- 복지시설의 설치와 관리
- 근로자의 교육훈련 및 능력개발 기본계획 수립
- 사내 근로복지 기금의 설치
ㄹ 노사협의회의 협의사항
- 생산성 향상 및 성과배분
- 근로자의 채용 · 배치 · 교육훈련
- 노동쟁의의 예방
- 안전 · 보건 · 기타 작업환경 개선과 근로자의 건강증진
- 인사 · 노무관리의 제도개선
- 인력의 배치전환 · 재훈련 해고 등 고용조정의 일반원칙
- 종업원 지주제
- 근로자의 복지 증진

④ 근로자 중역 · 감사역제에 의한 참가
근로자가 기업경영에 관한 의사결정에 직접 참가한다는 점에서 근로자의 경영참가 방식 중 가장 적극적인 것이라고 할 수 있다. 즉, 근로자가 중역이나 감사

| 쌤의 핵심포인트 |
노사협의회에서는 임금 및 근로조건의 교섭은 하지 않는다.

역을 역임하며 중역회의나 감사역회의에 참가하여 의견을 반영시킴으로써 경영에 참여하는 제도이다.

⑤ 노사공동결정

노동자·종업원 또는 노동조합의 대표가 기업의 의사결정기관에 직접 참가하여 기업경영의 여러 문제를 노사공동으로 결정하는 제도를 의미한다.
공동결정은 '경영참가제도' 또는 '노사협의제'의 한 형태라고 할 수 있다.

⑥ 노동자자주관리(Workers' Self-management)

㉠ 기업 등의 경영권이 자본이나 국가에 있지 않고 근로자집단에 귀속되어 있는 사회상태를 뜻하는 것으로, 노동자 경영참여 방식 중 산업민주화 정도가 가장 높은 형태로서, 산업민주주의에 입각한 민주적 의사결정을 강조하는 방식이다.

㉡ 넓은 뜻으로는 경제·정치·문화 등 제반 인간활동에서 근로자나 시민 모두가 재산의 유무, 관직의 고하를 막론하고 각자의 생활과 운명에 관련되는 제반 문제를 직접 또는 대표를 통해 간접적으로 결정하는 사회상태를 말한다. 이때는 자주관리 사회주의와 그 개념이 같다.

⑦ 생산자 협동조합(Workers' Coop)

㉠ 자본구성체가 아니고 인적 구성체이기 때문에 진정한 민주적 운영을 의도하는 데 있다. 이는 영리를 목적으로 하는 것이 아니므로 조합의 운영은 실비주의를 원칙으로 한다.

㉡ 종업원의 의사결정참여가 가장 적극적인 기업 형태로서, 조합원이 사용자이자 노동자이므로 일종의 노동자 자주관리 방식으로 볼 수 있다.

(2) 여러 나라의 경영 참가 방식

근로자 경영 참가는 각 국가의 법제도에 따라서 다양한 유형으로 전개될 수 있다. 또한 각 국가가 취하고 있는 시장경제질서의 특성도 근로자 경영참가제도의 성격과 내용에 결정적인 영향을 미친다.

① 우리나라 : 우리나라에서 근로자참가는 근로자참여 및 협력증진에 관한 법률에 의한 노사협의회를 통해서 이루어지고 있다. 즉, 우리나라의 근로자참가는 정부의 입법화에 의해 강제적으로 실시되고 있는 것이 특징이라고 할 수 있다.

② 독일 : 독일의 노사관계는 약 150년 이상의 사회적 갈등과 극복의 경험 속에서 축적되어 나온 산물이지만 그중에서도 법체계로 정립된 공동결정제도라는 광범위한 합의관행이 존재한다.

③ 미국 : 미국은 자유자본주의 사상을 배경으로 노사관계를 전개해왔다. 따라서 노사 간에 서로의 한계를 분명히 인식하고 상호 대립과 타협의 전통을 세워왔

다. 즉, 노사는 함께 생산에 관여하고 있으나 서로 상이한 사회적 기능을 가지고 있다고 생각하여 근로자는 노동을 지배하여 이를 사용자에게 제공하며, 사용자는 생산수단을 지배하고 노동을 관리한다.

④ **영국** : 영국에서 근로자참가는 독일과 달리 법률에 의하여 강제적으로 이루어지는 것이 아니라 자연발생적으로 또는 정부의 장려정책에 의한 노사의 자주적 협정으로 이루어지는 것이 특징이다.

⑤ **일본** : 일본은 사용자와 노동자 간 공동체적인 사고방식이 형성되어 있으므로 기업 내 노사협의기구가 비교적 잘 발달되어 있다. 이와 같이 노사관계에 있어서 단체교섭보다는 기업 내 노사협의기구를 중시하는 것이 '마이크로 코포라티즘(Micro-corporatism)'이다.

CHAPTER 4
출제예상문제

4-1 노사관계의 이해

01 다음 중 고용조건의 결정은 전적으로 노사의 실력 항쟁에 의해서 결정되고 모든 노사의 주도권 획득을 위한 대립적 성격을 가진 노사관계 유형은?

① 산업민주적 노사관계
② 정치적 노사관계
③ 가부장적 노사관계
④ 억압적 노사관계

🔧 **해설**

주도권 항쟁적 노사관계라고도 하며, 근로조건의 결정이 전적으로 노사의 실력항쟁에 의해 결정된다. 노사의 주도권 획득을 위한 대립적, 정치적 성격을 가진 노사관계이다.

02 이원적 노사관계론의 구조를 바르게 나타낸 것은?

① 제1차 관계 : 경영 대 노동조합관계
제2차 관계 : 경영 대 정부기관관계
② 제1차 관계 : 경영 대 노동조합관계
제2차 관계 : 정부기관 대 노동조합관계
③ 제1차 관계 : 경영 대 종업원관계
제2차 관계 : 경영 대 노동조합관계
④ 제1차 관계 : 경영 대 종업원관계
제2차 관계 : 정부기관 대 노동조합관계

🔧 **해설**

① 경영 대 종업원관계 : 직장의 규율, 능률 증진 등 이해협력관계, 개별관계, 종속관계

② 경영 대 노동조합관계 : 임금, 노동시간, 노동조건 등과 이해대립관계, 집단관계, 대등관계

03 다음은 노사관계의 유형 중 무엇에 관한 설명인가?

> 경영자가 종업원의 주택시설 등과 같은 각종의 복리후생시설을 설치하는 것만 아니라 종업원대표제 등을 설치하고 노동자 측과 의사소통을 통하여 가능한 한 불만을 제거하여 생산성의 증대 및 노동조합의 조직화를 방지시키는 경영자 측의 의도와 그에 대응한 노동자 측과의 관계 속에서 보이는 경우로서, 친권적 노사관계와 비슷한 유형

① 억압적 노사관계
② 가부장적 노사관계
③ 노사협동적 노사관계
④ 산업민주적 노사관계

04 "노사관계의 주체를 사용자 및 단체, 노동자 및 단체, 정부로 규정하고 이들 간의 관계는 기술, 시장 또는 예산상의 제약, 권력구조에 의해 결정된다."는 노사관계의 국제비교이론은?

① 시스템이론   ② 수렴이론
③ 분산이론   ④ 단체교섭이론

🔧 **해설**

던롭(J. T. Dunlop)의 노사관계 시스템 이론

05 던롭(Dunlop)이 노사관계를 규제하는 여건 혹은 환경으로 지적한 사항이 아닌 것은?

① 시민의식
② 기술적 특성
③ 시장 또는 예산 제약
④ 각 주체의 세력관계

> **해설**
> 노사관계의 3주체(Tripartite)는 노동자–사용자–정부이며 노사관계를 규제하는 여건 혹은 환경은 기술적 특성, 시장 또는 예산 제약, 각 주체의 세력관계이다.

4-2 노동조합의 이해

06 다음 중 노사관계의 3주체(Tripartite)를 바르게 짝지은 것은?

① 노동자–사용자–정부
② 노동자–사용자–국회
③ 노동자–사용자–정당
④ 노동자–사용자–사회단체

> **해설**
> 던롭(J.T. Dunlop)의 노사관계 시스템 이론에서는 노사관계의 주체를 사용자 및 단체, 노동자 및 단체, 정부로 규정하고 이들 간의 관계는 기술, 시장 또는 예산상의 제약, 권력구조에 의해 결정된다고 보았다.

07 직업이나 직종의 여하를 불문하고 동일 산업에 종사하는 노동자가 조직하는 노동조합의 형태는?

① 직업별 노동조합   ② 산업별 노동조합
③ 기업별 노동조합   ④ 일반 노동조합

> **해설**
> 기업·직종을 초월해서 동종의 산업에 종사하는 노동자들로 조직된 노동조합이다. 오늘날 외국에서는 가장 일반화된 노조의 형태이다.

08 직업별 노동조합(Craft Union)에 관한 설명으로 틀린 것은?

① 동일 직업의 노동자들이 소속 기업이나 공장에 관계없이 가입한 횡적 조직이었다.
② 저임금의 미숙련노동자, 여성, 연소노동자들도 조합에 가입할 수 있다.
③ 조합원 간의 연대를 강화하기 위해 공제활동에 의한 조합원 간의 상호부조에 주력했다.
④ 산업혁명 초기 숙련노동자가 노동시장을 독점하기 위한 조직으로 결성하였다.

> **해설**
> 직종(직업)별 노동조합은 역사적으로 가장 오래된 노동조합의 형태로서 특별한 기능이나 직업 또는 숙련도에 따라 노동시장을 배타적으로 독점하기 위해 숙련노동자를 중심으로 조직된 것이다.

09 다음 중 기업별 노동조합에 관한 설명으로 틀린 것은?

① 기업별 노동조합은 노동자들의 횡단적 연대가 뚜렷하지 않고, 동종·동일 산업이라도 기업 간의 시설규모, 지불능력의 차이가 큰 곳에서 조직된다.
② 기업별 노동조합은 노동조합이 회사의 사정에 정통하여 무리한 요구로 인한 노사분규의 가능성이 적다.
③ 기업별 노동조합은 사용자와의 밀접한 관계로 공동체의식을 통한 노사협력 관계를 유지할 수 있어 어용화의 가능성이 작다.
④ 기업별 노동조합은 각 직종 간의 구체적 요구조건을 공평하게 처리하기 곤란하여 직종 간에 반목과 대립이 발생할 수 있다.

> **해설**
> 어용화의 가능성이 크고 조합이기주의가 나타날 수 있다는 단점이 있다.

10 다음은 어떤 숍(Shop) 제도를 설명한 것인가?

> • 조합원신분과는 무관하게 종업원이 될 수 있는 제도이다.
> • 노동조합은 노동력의 공급을 독점할 수 없다.
> • 이 제도에서는 노동조합은 자본가와의 교섭에서 상대적으로 불리한 위치에 서게 된다.

① 오픈 숍(Open Shop) 제도
② 클로즈드 숍(Closed Shop) 제도
③ 유니언 숍(Union Shop) 제도
④ 에이전시 숍(Agency Shop) 제도

11 다음 중 노동조합의 조직력을 가장 강화시킬 수 있는 Shop 제도는?

① 클로즈드 숍(Closed Shop)
② 에이전시 숍(Agency Shop)
③ 오픈 숍(Open Shop)
④ 메인트넌스 숍(Maintenance Shop)

해설

조합에 가입하고 있는 노동자만을 채용하고 일단 고용된 노동자라도 조합원 자격을 상실하면 종업원이 될 수 없는 숍 제도로서 노동수요가 비탄력적이며, 임금협상에서 노동조합이 유리하다.

12 고용되기 전에는 노동조합원일 필요가 없으나 일단 고용된 후에는 노동조합원이 되어야 고용이 유지되는 제도는?

① 클로즈드 숍(Closed Shop)
② 오픈 숍(Open Shop)
③ 유니언 숍(Union Shop)
④ 오픈클로즈드 숍(Open-Closed Shop)

13 클로즈드 숍(Closed Shop) 제도하에서의 노동공급곡선 형태는?

① 우상향한다.
② 우하향한다.
③ 수직이다.
④ 수평이다.

해설

클로즈드 숍의 노동수요곡선은 완전비탄력적이다.

14 노동조합 조직률 변동의 결정요인에 대한 설명으로 틀린 것은?

① 근로조건 열악 등에서 오는 불만과 분노의 양이 클수록 노조의 집단적 발언효과로 인하여 노조가입의 예상 순이익이 증가할 수 있다.
② 노조의 정치활동으로 근로자의 간접임금이 높아질 가능성이 높아지면 예상순이익이 증가하여 노조가입에 대한 수요가 증가할 것이다.
③ 여성의 경제적 지위 향상에 대한 노조의 관심과 노력이 있으면 전체 노동력에서 여성고용의 비중이 증가함에 따라 노조가입은 증가한다.
④ 산업구조가 서비스업 중심으로 바뀜에 따라 화이트칼라의 구성이 높아지면 노조가입은 증가한다.

해설

산업구조가 서비스업 중심으로 바뀌고 화이트칼라의 구성이 높아지면서 노조가입은 점차 감소하고 있다.

4-3 노동조합의 경제적 효과

15 다음 중 노동조합의 경제적 효과 중 파급효과에 대한 설명으로 틀린 것은?

① 파급효과는 노동조합이 조직됨으로써 노동조합 조직부문에서의 상대적 노동수요가 감소하고 그 결과 일자리를 잃은 노동자들이 비조직부문의 임금을 하락시키는 효과이다.

② 파급효과는 노동조합의 잠재적인 조직위협에 의해서 비조직부문의 노동자의 임금이 인상되는 효과이다.

③ 파급효과가 매우 강한 경우에는 노동조합이 이중노동시장을 형성시키게 한다.

④ 파급효과가 강한 경우 조직부문의 임금인상이 비조합원을 저임금의 불안정한 직무로 몰아내는 간접효과를 가진다.

해설

노동조합의 잠재적인 조직위협에 의해서 비조직부문의 노동자의 임금이 인상되는 위협효과에 대한 설명이다.

16 노동조합 조직부문과 비조직부문 간의 임금격차를 축소시키는 효과를 바르게 짝지은 것은?

A. 이전효과	B. 위협효과
C. 대기실업효과	D. 해고효과

① A, B
② B, C
③ C, D
④ A, D

해설

이전효과(파급효과, Spilover Effect)
조직부문에서 임금이 상승하면 기업은 고용량을 줄이고, 해고자들은 비조직부문으로 유입되어 비조직 부문의 공급량을 늘리게 되어 비조직부문의 임금을 감소시키므로 임금격차를 크게 한다.

① 해고효과(Displacement Effect) : 이전효과와 같은 맥락으로 보면 될 것 같고 해고효과 이전효과의 개념을 통틀어서 파급효과라고도 한다.

② 위협효과(Threat Effect) : 비조직부문의 임금이 현저히 낮은 경우 노조결성요구가 커지고 기업은 노조결성 방지 차원에서 사전에 임금인상 등 보상을 하게 된다. 따라서 조직부문과 비조직부문의 임금격차를 축소시킨다.

③ 대기실업효과(Wait Unemployment Effect) : 비조직부문을 이직하여 노조가 조직된 부문에서 실업상태로 취업을 대기하는 경우이다. 이로 인하여 비조직부문의 노동공급곡선은 좌측으로 이동(노동공급이 감소)하며 그 부문의 임금을 인상시키는 효과를 가져 온다. 따라서 임금격차를 축소시킨다.

17 파업의 경제적 비용과 기능에 대한 설명으로 틀린 것은?

① 사적 비용은 노동자 측의 비용과 기업 측의 비용의 합이 된다.

② 사용자의 사적 비용은 직접적인 생산중단에서 오는 이윤의 순감소분보다 적을 수도 있다.

③ 사회적 비용이란 경제의 한 부분에서 발생한 파업으로 인한 타 부분에서의 생산 및 소비의 감소를 의미한다.

④ 파업에 따른 사회적 비용이 가장 작은 분야는 서비스 산업부문이다.

해설

전력·통신·운수·의료 등의 서비스업종은 재고의 조절이 있을 수 없으므로 파업이 발생하면 그만큼 경제 전체의 서비스 소비수준은 떨어진다고 할 수 있다.

정답 15 ② 16 ② 17 ④

18 힉스의 노동쟁의 분석모형에 따를 때, 파업이 발생하지 않는 경우는?

① 장래의 교섭력을 높일 필요가 있을 때
② 노동자의 저항곡선이 사용자의 양보곡선보다 위에 위치할 때
③ 정보의 불확실성으로 상대방의 곡선을 모를 때
④ 노동조합의 저항곡선과 사용자의 양보곡선이 만날 때

해설

노동조합의 저항곡선과 사용자의 양보곡선이 만나는 점에서 타협이 이루어진다.

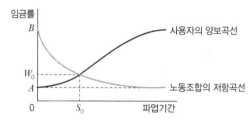

19 다음 중 힉스의 교섭모형과 기대파업기간에 관한 설명으로 틀린 것은?

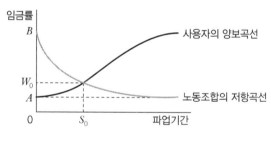

① B에서의 우하향 곡선이 노동조합의 저항곡선이다.
② S_0 기간의 파업을 통해 교차점에 도달했으며 이때 결정된 임금률이 W_0로 됨을 보여준다.
③ 사용자는 노동조합이 W_0보다 더 높은 임금을 요구하면 파업을 두려워하여 그 요구를 수용할 것이다.

④ 노사가 S_0에서 파업을 중단하는 것이 이익이 된다는 것을 안다면 W_0 임금수준에서 교섭을 타결할 것이다.

해설

① 임금률 A점은 노동조합이 없거나 노동조합이 파업을 하기 이전 사용자들이 지불하려고 하는 임금수준이다.
② 힉스의 모형은 단체교섭과정에서의 불확실성을 지나치게 경시하였다는 비판을 받게 되었다.
③ 사용자는 W_0 수준이나 혹은 더 낮은 임금 수준에서 그 요구를 수용하려고 할 것이다.

4-4 단체교섭 및 쟁의행위

20 노동쟁의 조정방법 중에서 강제성을 띠는 것은?

① 알선, 조정   ② 중재, 긴급조정
③ 조정, 긴급조정   ④ 조정, 중재

해설

노동쟁의 조정방법 중 중재와 긴급조정은 강제성을 가지고 있다.

21 다음이 설명하고 있는 단체교섭의 구조는?

전국적, 지역적인 산업별·직업별 노동조합과 이에 대응하는 전국적 또는 지역별 사용자 단체와의 교섭방식이며, 복수사용자 교섭이라고도 한다.

① 기업별 교섭   ② 통일교섭
③ 대각선교섭   ④ 집단교섭

해설

통일교섭은 산업별 노조나 하부단위 노조로부터 교섭권을 위임받은 연합체 노조와 이에 대응하는 산업별 혹은 지역별 사용자단체 간의 단체교섭이다.

22 산업별 노동조합에 대응할 만한 사용자단체가 없거나, 이러한 사용자단체가 있더라도 각 기업별로 특수한 사정이 있을 경우 산업별 노동조합이 개별기업과 개별적으로 교섭하는 단체교섭의 유형은?

① 대각선교섭   ② 집단교섭
③ 통일교섭   ④ 기업별 교섭

🔧 **해설**

대각선교섭의 예로 어떤 방직회사 대표가 연합단체인 섬유노련과 임금 및 노동조건에 대해 교섭하는 형태를 들 수 있다.

23 단체교섭 시 사용자의 교섭력 원천이 아닌 것은?

① 파업근로자 대신 다른 근로자로 대체할 수 있는 능력
② 기업의 재정능력
③ 소비자들에게 호소하는 불매운동
④ 직장폐쇄 권리

🔧 **해설**

① 노동조합의 교섭력 원천
  • 파업 : 근로자들이 단결하여 집단적으로 노무제공을 거부하는 것
  • 태업 : 노조의 통제하에 작업은 계속하면서 집단적으로 작업능률을 저하시키는 행위
  • 피케팅 : 파업을 파괴하고자 하는 일체의 행위를 방지하는 행위로 근로희망자들의 파업 동참을 호소하는 한편, 노조의 요구에 대한 공중의 이해를 얻고자 하는 쟁의행위
  • 보이콧 : 사용자 또는 그와 거래관계에 있는 제3자의 제품구입이나 시설 이용을 거절, 사용자 또는 그와 거래관계에 있는 제3자와 근로계약의 체결을 거절할 것을 호소하는 행위
  • 생산관리 : 사용자의 지휘명령을 배제, 노조가 사업상 일체 운영을 접수해서 자기들 의사대로 기업경영을 하는 행위
  • 직장점거 : 공장, 사업장 등 회사 내에서 장시간 체류하거나 점거하는 행위로 파업의 실효성을 확보하기 위한 행위

② 사용자의 교섭력 원천
  • 파업노동자 대신 다른 노동자로 대체할 수 있는 능력
  • 파업기간 중 관리직이나 사무직 등의 노동자가 통상업무를 벗어나 생산활동을 계속할 수 있는 능력
  • 기업의 재정능력
  • 사용자의 직장폐쇄 권리

24 다음 중 기업의 종업원주식소유제 혹은 종업원지주제 도입에 따른 효과로 틀린 것은?

① 노사관계 악화
② 기업금융 및 재무구조의 건전화 수단
③ 종업원의 기업인수 지원을 통한 고용안정 도모
④ 공격적 기업인수 및 합병에 대한 효과적 방어 수단

🔧 **해설**

기업이 자사 종업원에게 특별한 조건과 방법으로 자사 주식을 분양·소유하게 함으로써 종업원들의 근로의욕과 애사심을 증진시키며 노사협력의 분위기를 조성한다.

25 스캔론 플랜(Scanlon Plan)에 관한 설명으로 틀린 것은?

① 근로자 경영참가 중에서 이익참가의 대표적 유형이다.
② 노사협력에 의한 생산성 향상을 목적으로 한다.
③ 종업원 개개인의 능률을 자극하는 것이 아니라 집단적 능률을 자극하는 제도이다.
④ 생산(부가)가치를 성과배분의 기준으로 삼는다.

🔧 **해설**

러커 플랜(Rucker Plan)
기업이 창출한 부가가치(생산)에서 인건비가 차지하는 비율이 성과배분의 기준이 된다.

정답 22 ① 23 ③ 24 ① 25 ④

26 다음 중 산업민주화 정도가 가장 높은 형태의 기업은?

① 노동자 자주관리 기업
② 노동자 경영참여 기업
③ 전문경영인 경영 기업
④ 중앙집권적 기업

 해설

산업민주화의 정도
자주관리 기업 > 경영참여 기업 > 전문경영인 경영기업 > 중앙집권적 기업

27 사회민주주의형 정치조직이 무력하여 국가차원보다 개별 기업단위의 복지제도가 광범위하게 시행되고 있는 마이크로 코포라티즘(Micro – corporatism)이 특징인 국가는?

① 스페인　　② 핀란드
③ 일본　　④ 독일

해설

코포라티즘(Corporatism)
마이크로 코포라티즘은 기업 단위에서 노사 파트너 관계와 노동자 참여가 관행적으로 이루어지고, 국가제도 수준의 복지제도는 취약한 반면에 기업의 각종 복지제도(사원주택, 회사 탁아제, 회사 지급 교육수당제 등)가 광범위하게 시행된다.

28 노사 간에 공동결정(Co – determination)이라는 광범위한 합의관행이 존재하고 있는 나라는?

① 영국　　② 프랑스
③ 미국　　④ 독일

해설

독일의 공동결정은 1916년 최초로 도입되어 1920년 법적으로 의무화되었다.

정답　26 ①　27 ③　28 ④

5

노동관계법규

1-1 노동기본권

■1 노동법

(1) 노동법의 의의

① 노동법이란 헌법과 국제법상의 인권에 근거하여 <u>인간의 존엄성을 보장하기 위한 근로자의 고용, 근로조건 및 노동단체에 관한 법이다.</u>

② 사회 경제적 양자인 근로자의 생존권을 보장하는 동시에 생산활동을 촉진하여 기업의 발전에 이바지하는 것을 목표로 한다.

(2) 노동법의 특징

① 근대시민법 원리의 수정이다.

② <u>실질적 대등성 확보를 위한 노사자치주의 실현을 위해 노동법이 등장하였다.</u>

근대시민법	노동법
• 소유권 절대의 원칙 • 계약자유의 원칙 • 과실책임의 원칙	• <u>소유권 상대의 원칙</u> • <u>계약공정의 원칙</u> • <u>무과실책임의 원칙</u>

(3) 노동법의 특징

노동법	내용	
개별적 근로관계법	근로자 개인과 사용자의 근로관계를 정해 놓고 있는 법	
집단적 노사관계법	노동조합 또는 근로자 대표 등의 근로자 집단과 사용자 간의 노사관계를 규율하는 법	
고용관계법	• 노동시장의 인력수급 균형과 고용안정을 통하여 근로자의 생활안정에 도움을 주기 위한 법 　* '근로의 권리', '인간다운 생활을 할 권리'라는 헌법정신을 구체적으로 구현하는 법 • 능력개발, 고용안정, 한계근로자 보호의 3가지 영역	
	기본 정책	• 고용정책 기본법(위 3가지 영역) • 고용보험법(3가지 분야에 대한 구체적 실현수단)

| 쌤의 핵심포인트 |
노동법은 근대시민법의 원리를 수정하기 위해 생겨났다.

노동법		내용
고용관계법	고용안정	직업안정법
	능력개발	• 국민 평생 직업능력 개발법 • 국가기술자격법 • 숙련기술장려법
	한계근로자 보호	• 장애인 고용촉진 • 고령자 고용촉진
	기타 관련 법률	• 근로기준법 • 남녀고용평등과 일 · 가정 양립 지원에 관한 법률

(4) 노동법의 법원과 효력관계

① 노동법의 법원

근로자와 사용자 간에 임금, 해고 등의 문제로 다툼이 생겼을 때 그 해석과 판단의 기준이 되는 것을 법원이라고 한다.

② 노동법의 효력관계

㉠ 상위법 및 유리조건 우선의 원칙

㉡ 신법 및 특별법 우선의 원칙

※ 구법보다 신법이 불리하더라도 신법이 적용된다.

2 노동기본권

노동기본권이란 근로자의 생존권 확보를 위하여 헌법이 규정하고 있는 근로권과 근로3권(단결권, 단체교섭권, 단체행동권)을 말한다.

(1) 근로권과 근로 3권

① 근로권 : 모든 국민은 근로의 권리를 가진다(헌법 제32조 제1항).

② 근로 3권 : 근로자는 근로조건의 향상을 위하여 자주적인 단결권 · 단체교섭권 · 단체행동권을 가진다(헌법 제33조 제1항).

(2) 노동기본권의 특징

① 노동기본권은 헌법에 규정된 기본권으로 사회권적 기본권이다.

② 근로 3권은 근로자의 근로조건을 개선하여 그들의 경제적, 사회적 지위의 향상을 기하기 위한 것이다.

③ 노동기본권은 경제적 민주주의 사회 실현에 사상적 배경을 두고 있다.

④ 자유권적 성격과 생존권적 성격을 동시에 가지고 있으나, 생존권적 기본권의 성격이 보다 강하다.

⑤ 외국인에 대한 판례의 입장 : 다수설 판례에 따라 국민의 권리에 대하여 외국인이 그 주체가 될 수 없음이 원칙이다. 다만, 외국인도 제한적으로 '일한 환경에 관한 권리'는 인간의 존엄성에 대한 침해를 방어하기 위한 권리로서 이는 외국인에게도 인정된다.

구분		내용
근로권	주체	• 모든 국민(외국인은 불가능) • 근로자를 개인적 차원에서 보호
근로 3권	주체	근로자 개인 및 노동조합을 비롯한 근로자단체 근로자의 집단적 활동을 보장
	단결권	주체 : 근로자 및 노동조합

3 근로권의 내용

(1) 본원적 내용

① 근로기회 청구권(취업청구권) : 국민은 누구나 노동의사와 노동능력이 있는 한 국가에 대하여 노동의 기회를 요구할 수 있는 권리이다. 이는 실업 중에 있는 근로자가 취업할 수 있는 권리뿐만 아니라 취업 중에 있는 근로자가 부당하게 해고되지 않는 권리, 즉 '해고의 제한'까지 포함된다.

② 생활비 청구권 : 국가가 근로의 기회를 제공할 수 없는 경우에 이에 대신하여 국가에 대하여 상당한 생활비의 지급을 요구할 수 있는 권리이다.

(2) 파생적 내용

① 모든 국민은 근로의 권리를 가진다. 국가는 사회적 · 경제적 방법으로 근로자의 고용증진과 적정임금 보장에 노력하여야 하며, 법률이 정하는 바에 의하여 최저임금제를 시행하여야 한다.

② 모든 국민은 근로의 의무를 진다. 국가는 근로의 의무 내용과 조건을 민주주의 원칙에 따라 법률로 정한다.

③ 근로조건의 기준은 인간의 존엄성을 보장하도록 법률로 정한다.

④ 여자의 근로는 특별한 보호를 받으며, 고용 · 임금 및 근로조건에 있어서 부당한 차별을 받지 아니한다.

⑤ 연소자의 근로는 특별한 보호를 받는다.

⑥ 국가 유공자 · 상이군경 및 전몰군경의 유가족은 법률이 정하는 바에 의하여 우선적으로 근로의 기회를 부여받는다.

| 쌤의 핵심포인트 |
근로기회의 제공을 통하여 생활무능력자에 대한 국가적 보호 의무를 감소시킨다.

| 쌤의 핵심포인트 |
적정임금
근로자와 그 가족이 인간의 존엄성에 상응하는 건강하고 문화적인 생활을 유지하는 데 필요한 정도의 임금수준

| 쌤의 핵심포인트 |
헌법에서 특별히 보호받는 대상자는 여자, 연소자로 국한되어 있다. '장애인', '실업자', '재해근로자'는 대상자가 아니다.

4 근로 3권

(1) 근로 3권의 내용

구분	내용
단결권	• 개인적 단결권 : 근로자 개인이 단체에 참여할 수 있는 권리 • 근로자단체의 단결권 : 조직을 유지 확대하고 상급단체에 가입, 탈퇴할 수 있는 권리 • 적극적 단결권 : 노동조합 구성원으로서 활동할 수 있는 권리 • 소극적 단결권 : 단결하지 않을 자유 또는 단체불가입의 자유
단체교섭권	• 주체 : 노동조합 • 사용자는 단체교섭권을 가지지 않으며, 노동조합의 단체교섭에 응해야 할 의무가 있다.
단체행동권	• 노동조합은 단결권, 단체교섭권 및 단체행동권 보유의 주체는 물론 행사의 주체도 될 수 있다. • 근로자 개인이 보유 주체는 될 수 있으나 행사 주체는 될 수 없다. • 사용자는 단체행동권의 주체는 될 수 있다(직장폐쇄 : 노동조합 및 노동관계조정법).

(2) 근로 3권의 제한

① <u>공무원인 근로자는 법률이 정하는 자에 한하여 단결권 · 단체교섭권 · 단체행동권을 가진다(헌법 제33조 제2항).</u>

㉠ 산업통상자원부 소속의 현업기관과 국립의료원의 작업현장에서 사실상 노무에 종사하는 기능직 공무원 가운데 일정한 자에 대하여 근로 3권을 인정하고 있다.

㉡ 6급 이하의 공무원은 단결권, 단체교섭권만 인정하며 단체행동권은 인정되지 않는다.

② <u>사립학교 교원 및 국 · 공립학교 교원은 단결권, 단체교섭권만을 가진다. 단체행동권은 인정되지 않는다.</u>

③ <u>법률이 정하는 주요 방위산업체에 종사하는 근로자의 단체행동권은 법률이 정하는 바에 의하여 이를 제한하거나 인정하지 아니할 수 있다(헌법 제33조 제3항).</u>

㉠ 방위산업에 관한 특별조치법에 의하여 지정된 주요 방위산업체에 종사하는 근로자 중 전력, 용수 및 주로 방산물자를 생산하는 업무에 종사하는 자는 쟁의행위를 할 수 없으며 주로 방산물자를 생산하는 업무에 종사하는 자의 범위는 대통령령으로 정한다(노동조합법).

㉡ 주요 방위산업체 종사근로자 중 민수물자 생산에 종사하는 자 및 방산물자 생산과 직접 관련 없는 시험, 관리업무 등 간접지원부서 종사근로자는 쟁의행위에 참여할 수 있다.

| 쌤의 핵심포인트 |

단체행동권은 단체교섭이 결렬되어 노동쟁의가 발생하는 경우 쟁의행위를 할 수 있는 헌법상 보장된 근로자의 권리로, 파업, 태업, 보이콧 등이 있다. 직장폐쇄는 사용자의 쟁의행위로서 헌법에서 보장하고 있지는 않다.

| 쌤의 핵심포인트 |

공공의 이익을 도모하기 위한 사업, 즉 공익사업에 종사하는 근로자에 대한 규정은 없다.

CHAPTER 1
출제예상문제

1-1 노동기본권

01 다음 중 노동법의 성격에 가장 적합한 원칙은?

① 계약자유의 원칙
② 자기책임의 원칙
③ 소유권 절대의 원칙
④ 당사자의 실질적 대등의 원칙

해설

노동법은 실질적 대등성 확보를 위한 노사자치주의를 실현하고, 근대시민법의 원리를 수정하기 위해 생겨났다.

근대시민법	노동법
• 소유권 절대의 원칙	• 소유권 상대의 원칙
• 계약자유의 원칙	• 계약공정의 원칙
• 과실책임의 원칙	• 무과실책임의 원칙

02 헌법에 규정되어 있는 내용이 아닌 것은?

① 국가는 법률이 정하는 바에 의하여 최저임금제를 시행하여야 한다.
② 근로조건의 기준은 인간의 존엄성을 보장하도록 법률로 정한다.
③ 여자의 근로는 특별한 보호를 받으며, 고용, 임금 및 근로조건에 있어서 부당한 차별을 받지 아니한다.
④ 장애인은 법률이 정하는 바에 의하여 우선적으로 근로의 기회를 부여받는다.

해설

국가 유공자 · 상이군경 및 전몰군경의 유가족은 법률이 정하는 바에 의하여 우선적으로 근로의 기회를 부여받는다.

03 다음 중 헌법상 보장될 수 있는 쟁의행위로 볼 수 없는 것은?

① 파업　　　　② 태업
③ 직장폐쇄　　④ 보이콧

해설

직장폐쇄는 사용자의 쟁의행위로, 헌법에서 보장된 쟁의행위가 아니다.

04 헌법에 규정된 노동기본권에 관한 설명으로 옳은 것은?

① 근로의 권리와 근로 3권을 포함한다.
② 외국인도 근로의 권리 주체가 될 수 있다.
③ 근로의 권리는 생존권적 성격보다 자유권적 성격이 강하다.
④ 근로의 권리는 국가의 적극적인 입법 형성에 의해 구체화된다.

해설

②항 외국인이나 법인은 주체가 될 수 없다.
③항 근로의 권리는 자유권적 성격보다 생존권적 성격이 강하다.
④항 근로의 권리는 입법 형성이 아닌 당연한 권리로 인식되고 있다.

05 다음 ( ) 안에 알맞은 것은?

> 헌법상 국가는 ( )으로 근로자의 고용의 증진과 적정임금의 보장에 노력하여야 한다.

① 법률적 방법
② 사회적 방법
③ 경제적 방법
④ 사회적 · 경제적 방법

해설

모든 국민은 근로의 권리를 가진다. 국가는 사회적 · 경제적 방법으로 근로자의 고용 증진과 적정임금 보장에 노력하여야 하며, 법률이 정하는 바에 의하여 최저임금제를 시행하여야 한다.

06 헌법상 근로 3권에 관한 설명으로 가장 적합한 것은?

① 단결권, 단체교섭권, 단체행동권은 일체를 이루는 기본권이므로, 단결권이 인정되는 근로자에게는 예외 없이 단체교섭권 및 단체행동권까지 인정되어야 한다.
② 근로 3권은 자유권적 성격과 생존권적 성격을 동시에 갖고 있다.
③ 근로 3권에 대해서는, 헌법에 명시된 제한 이상으로 기본권에 대한 일반적인 제한은 허용되지 아니한다.
④ 오늘날 대부분의 문명국가에서는 단결권, 단체교섭권, 단체행동권을 헌법상 명문으로 보장하고 있다.

해설

근로자가 근로 3권을 행사하는 것을 국가가 방해해서는 안 된다는 자유권적 측면과 근로자의 생활 향상을 위하여 국가가 그러한 행동을 할 수 있도록 적극적으로 법률을 제정한다고 하는 생존권적인 면이 병존하고 있다.

07 헌법상 근로의 권리에 관한 내용으로 틀린 것은?

① 국가의 고용증진의무
② 근로조건기준의 법정주의
③ 여자와 연소자의 근로의 특별보호
④ 국가유공자 등에 대한 근로기회의 평등보장

해설

국가유공자 · 상이군경 및 전몰군경의 유가족은 법률이 정하는 바에 의하여 우선적으로 근로의 기회를 부여받는다.

08 근로 3권에 관한 설명으로 옳은 것은?

① 근로자는 근로조건의 향상을 위하여 자주적인 단결권, 단체교섭권, 단체행동권을 가진다.
② 공무원인 근로자도 원칙적으로 근로 3권을 가지며, 공공복리를 위해 권리가 제약되는 경우가 있다.
③ 주요 방위산업체의 근로자는 국가안보를 위해 당연히 단체행동권이 인정되지 않는다.
④ 미취업근로자 개개인에게 주어지는 구체적 권리이다.

해설

① 공무원인 근로자는 법률이 정하는 자에 한하여 단결권 · 단체교섭권 · 단체행동권을 가진다.
② 사립학교 교원 및 국 · 공립학교 교원은 단결권, 단체교섭권만을 가진다. 단체행동권은 인정되지 않는다.
③ 법률이 정하는 주요 방위산업체에 종사하는 근로자의 단체행동권은 법률이 정하는 바에 의하여 이를 제한하거나 인정하지 아니할 수 있다.

09 근로의 권리에 관한 내용과 가장 거리가 먼 것은?

① 해고의 제한
② 취업청구권
③ 쟁의권
④ 생활비지급청구권

정답 05 ④ 06 ② 07 ④ 08 ① 09 ③

노동기본권이라 함은 근로자의 생존권 확보를 위하여 헌법이 규정하고 있는 근로권과 근로 3권, 즉 단결권, 단체교섭권, 단체행동권을 말한다. 쟁의권은 근로 3권에 해당된다.

10 다음 중 헌법의 노동관계조항과 부합하지 않는 것은?

① 국가는 근로의 의무의 내용과 조건을 민주주의 원칙에 따라 법률로 정한다.
② 국가는 사회적 · 경제적 방법으로 근로자의 고용 증진과 적정임금의 보장에 노력하여야 한다.
③ 공무원인 근로자는 법률이 정하는 자에 한하여 단결권 · 단체교섭권 및 단체행동권을 가진다.
④ 법률이 정하는 주요 방위산업체에 종사하는 근로자의 단결권은 법률이 정하는 바에 의하여 이를 제한하거나 인정하지 아니할 수 있다.

법률이 정하는 주요 방위산업체에 종사하는 근로자의 단체행동권은 법률이 정하는 바에 의하여 이를 제한하거나 인정하지 아니할 수 있다(헌법 제33조 제3항).

11 헌법상 근로자의 노동 3권에 속하지 않는 것은?

① 단결권 　　　　② 단체교섭권
③ 단체행동권 　　④ 이익균점권

12 헌법상 근로의 특별한 보호 또는 우선적인 근로기회보장의 대상자로서 명시되어 있지 않은 것은?

① 여자 　　　　② 연소자
③ 실업자 　　　④ 국가유공자

①항 여자의 근로는 특별한 보호를 받으며, 고용 · 임금 및 근로조건에 있어서 부당한 차별을 받지 아니한다.
②항 연소자의 근로는 특별한 보호를 받는다.
④항 국가 유공자 · 상이군경 및 전몰군경의 유가족은 법률이 정하는 바에 의하여 우선적으로 근로의 기회를 부여받는다.

13 헌법상 근로의 권리의 기능이 아닌 것은?

① 근로를 통하여 개성과 자주적 인간성을 제고하고 함양하게 한다.
② 근로의 상품화를 허용함으로써 자본주의경제의 이념적 기초를 제공한다.
③ 국민으로 하여금 근로를 통하여 생활의 기본적 수요를 스스로 충족하게 한다.
④ 근로기회의 제공을 통하여 생활무능력자에 대한 국가적 보호 의무를 증가시킨다.

생활무능력자에게 근로의 기회를 제공하여 수입이 발생케 함으로써 국가의 부담은 감소한다.

14 헌법이 보장하는 근로 3권의 설명으로 틀린 것은?

① 단결권은 근로조건의 향상을 도모하기 위하여 근로자와 그 단체에게 부여된 단결체 조직 및 활동, 단결체의 가입, 단결체의 존립보호 등을 위한 포괄적 개념이다.
② 단결권이 근로자 집단의 근로조건의 향상을 추구하는 주체라면, 단체교섭권은 그 목적 활동이고, 단체협약은 그 결실이라고 본다.
③ 단체교섭의 범위는 근로자들의 경제적 · 사회적 지위 향상에 관한 것으로 단체교섭의 주체는 원칙적으로 근로자 개인이 된다.
④ 단체행동권의 보장은 개개 근로자와 노동조합의 민사상 내지 형사상의 책임을 면제시키는 것이므로 시민법에 대한 중대한 수정을 의미한다.

정답　10 ④　11 ④　12 ③　13 ④　14 ③

🔖 해설 ------------------------------------
근로자 개인이 아닌 근로자의 단결체가 행사할 수
있는 권리이다.

🔖 해설 ------------------------------------
모든 국민은 근로의 권리를 가지며 근로의 의무
도 가진다고 하여 권리와 의무를 함께 규정하고
있다.

15 단결권에 관한 설명으로 틀린 것은?

① 단결권은 근로조건의 유지·개선과 근로자의
사회적·경제적·정치적 지위의 향상을 직접
적인 목적으로 한다.

② 근로자 개인의 단결권과 노동조합의 단결권
은 서로 불가분의 관계에 있으나 때로는 대립
하는 경우도 있다.

③ 독일의 기본법은 단결권만 명시하고 있으나
여기에 단체교섭권과 단체행동권까지 포함
되는 것으로 해석된다.

④ 단결권은 시민법하의 형식적 평등관계를 시
정하고 실질적인 노사대등관계의 형성을 목
적으로 한다.

🔖 해설 ------------------------------------
단결은 그 자체가 목적이 아니라 단체교섭을 통한
근로자의 사회적·경제적 지위 향상을 목적으로
한다.

16 노동기본권에 대한 설명으로 틀린 것은?

① 노동기본권은 헌법에서 근로자에게 보장된
기본적 권리이다.

② 공무원인 근로자는 법률에 정하는 자에 한하
여 노동 3권을 가진다.

③ 주요 방위산업체에 종사하는 근로자의 단체
행동권은 법률이 정하는 바에 의하여 제한하
거나 인정하시 아니할 수 있다.

④ 우리나라 헌법상 모든 국민의 근로의 권리와
의무는 별개 개념이다.

개별근로관계 법규의 이해

2-1 근로기준법

1 총칙

(1) 목적(법 제1조)

헌법에 따라 근로조건의 기준을 정함으로써 근로자의 기본적 생활을 보장, 향상시키며 균형 있는 국민경제의 발전을 꾀하는 것을 목적으로 한다.

(2) 용어의 정의(법 제2조)

① "근로자"란 직업의 종류와 관계없이 임금을 목적으로 사업이나 사업장에 근로를 제공하는 자를 말한다.

② "사용자"란 사업주 또는 사업 경영 담당자, 그 밖에 근로자에 관한 사항에 대하여 사업주를 위하여 행위하는 자를 말한다.

③ "근로"란 정신노동과 육체노동을 말한다.

④ "근로계약"이란 근로자가 사용자에게 근로를 제공하고 사용자는 이에 대하여 임금을 지급하는 것을 목적으로 체결된 계약을 말한다.

⑤ "임금"이란 사용자가 근로의 대가로 근로자에게 임금, 봉급, 그 밖에 어떠한 명칭으로든지 지급하는 일체의 금품을 말한다.

⑥ "평균임금"이란 이를 산정하여야 할 사유가 발생한 날 이전 3개월 동안에 그 근로자에게 지급된 임금의 총액을 그 기간의 총일수로 나눈 금액을 말한다. 근로자가 취업한 후 3개월 미만인 경우도 이에 준한다.

⑥-1 평균임금의 계산에서 제외되는 기간과 임금(시행령 제2조)

평균임금 산정기간 중에 다음에 해당하는 기간이 있는 경우에는 그 기간과 그 기간 중에 지급된 임금은 평균임금 산정기준이 되는 기간과 임금의 총액에서 각각 뺀다.

㉠ 근로계약을 체결하고 수습 중에 있는 근로자가 수습을 시작한 날부터 3개월 이내의 기간

㉡ 사용자의 귀책사유로 휴업한 기간

㉢ 출산 전후 휴가 기간

㉣ 업무상 부상 또는 질병으로 요양하기 위하여 휴업한 기간

| 쌤의 핵심포인트 |

일용근로자의 평균임금은 고용노동부장관이 사업이나 직업에 따라 정하는 금액으로 한다.

⑩ 육아휴직 기간

ⓑ 쟁의행위 기간

ⓢ 「병역법」, 「예비군법」 또는 「민방위기본법」에 따른 의무를 이행하기 위하여 휴직하거나 근로하지 못한 기간. 다만, 그 기간 중 임금을 지급받은 경우에는 그러하지 아니하다.

ⓞ 업무 외 부상이나 질병, 그 밖의 사유로 사용자의 승인을 받아 휴업한 기간

※ 산출된 금액이 그 근로자의 통상임금보다 적으면 그 통상임금액을 평균임금으로 한다.

⑥-2 ⑥에 따른 임금의 총액을 계산할 때에는 임시로 지급된 임금 및 수당과 통화 외의 것으로 지급된 임금을 포함하지 아니한다.

⑥-3 "통상임금"이란 근로자에게 정기적이고 일률적으로 소정(所定)근로 또는 총 근로에 대하여 지급하기로 정한 시간급 금액, 일급 금액, 주급 금액, 월급 금액 또는 도급 금액을 말한다.(시행령 제6조)

⑦ "1주"란 휴일을 포함한 7일을 말한다.

⑧ "소정(所定)근로시간"이란 근로시간의 범위에서 근로자와 사용자 사이에 정한 근로시간을 말한다.

⑨ "단시간 근로자"란 1주 동안의 소정근로시간이 그 사업장에서 같은 종류의 업무에 종사하는 통상 근로자의 1주 동안의 소정근로시간에 비하여 짧은 근로자를 말한다.

근로자의 정의 비교

해당 법률	근로자 정의
근로기준법, 고용상 연령차별금지 및 고령자 고용촉진에 관한 법률 외	직업의 종류에 관계없이 사업 또는 사업장에서 임금을 목적으로 근로를 제공하는 자
남녀평등과 일 · 가정 양립 법률, 고용정책기본법, 국민 평생 직업능력 개발법	사업주에게 고용된 자와 취업할 의사를 가진 자

(3) 근로조건의 기준(법 제3조)

이 법에서 정하는 근로조건은 최저기준이므로 근로관계 당사자는 이 기준을 이유로 근로조건을 낮출 수 없다.

(4) 근로조건의 결정(법 제4조)

근로조건은 근로자와 사용자가 동등한 지위에서 자유의사에 따라 결정하여야 한다.

(5) 균등한 처우(법 제6조)

<u>사용자는 근로자에 대하여 남녀의 성(性)을 이유로 차별적 대우를 하지 못하고, 국적 · 신앙 또는 사회적 신분을 이유로 근로조건에 대한 차별적 처우를 하지 못한다.</u>

| 쌤의 핵심포인트 |
법마다 균등처우 사항이 다르므로 꼭 숙지해야 한다.

각 법에서의 균등처우조항 비교

구분	균등처우조항 내용
근로기준법	사용자는 근로자에 대하여 남녀의 성(性)을 이유로 차별적 대우를 하지 못하고, 국적 · 신앙 또는 사회적 신분을 이유로 근로조건에 대한 차별적 처우를 하지 못한다.
고용정책기본법	사업주는 근로자를 모집 · 채용할 때에 합리적인 이유 없이 성별, 신앙, 연령, 신체조건, 사회적 신분, 출신지역, 출신학교, 혼인 · 임신 또는 병력(病歷) 등을 이유로 차별을 하여서는 안 되며, 균등한 취업 기회를 보장하여야 한다.
남녀고용평등과 일 · 가정 양립 지원에 관한 법률	사업주는 여성근로자를 모집과 채용할 때 그 직무의 수행에 필요하지 아니한 용모, 키, 체중 등의 신체적 조건, 미혼조건, 그 밖에 고용노동부령으로 정하는 조건을 제시하거나 요구하여서는 아니 된다.
고용상 연령차별금지 및 고령자 고용촉진에 관한 법률	사업주는 다음의 분야에서 합리적인 이유 없이 연령을 이유로 근로자 또는 근로자가 되려는 자를 차별해서는 안 된다. • 모집 · 채용 • 임금, 임금 외의 금품 지급 및 복리후생 • 교육 · 훈련 • 배치 · 전보 · 승진 • 퇴직 · 해고
직업안정법	누구든지 성별, 연령, 종교, 신체적 조건, 사회적 신분 또는 혼인 여부 등을 이유로 직업소개 또는 직업지도를 받거나 고용관계를 결정할 때 차별대우를 받지 아니한다.
국민 평생 직업능력 개발법	직업능력개발훈련은 근로자의 성별, 연령, 신체적 조건, 고용 형태, 신앙 또는 사회적 신분 등에 따라 차별하여 실시되어서는 아니 되며, 모든 근로자에게 균등한 기회가 보장되도록 하여야 한다.

(6) 강제 근로의 금지(법 제7조), 폭행의 금지(법 제8조)

① 사용자는 폭행, 협박, 감금, 그 밖에 정신상 또는 신체상의 자유를 부당하게 구속하는 수단으로써 근로자의 자유의사에 어긋나는 근로를 강요하지 못한다.

② 사용자는 사고의 발생이나 그 밖의 어떠한 이유로도 근로자에게 폭행을 하지 못한다.

(7) 중간착취의 배제(법 제9조)

누구든지 법률에 따르지 아니하고는 영리로 다른 사람의 취업에 개입하거나 중간인으로서 이익을 취득하지 못한다.

(8) 공민권 행사의 보장(법 제10조)

사용자는 근로자가 근로시간 중에 선거권, 그 밖의 공민권(公民權) 행사 또는 공(公)의 직무를 집행하기 위하여 필요한 시간을 청구하면 거부하지 못한다. 다만, 그 권리 행사나 공(公)의 직무를 수행하는 데에 지장이 없으면 청구한 시간을 변경할 수 있다.

(9) 적용범위(법 제11조)

① 이 법은 <u>상시 5명 이상의 근로자를 사용하는 모든 사업 또는 사업장에 적용한다.</u> 다만, 동거하는 친족만을 사용하는 사업 또는 사업장과 가사(家事) 사용인에 대하여는 적용하지 아니한다.

② <u>상시 4명 이하의 근로자를 사용하는 사업 또는 사업장에 대하여는 대통령령으로 정하는 바에 따라 이 법의 일부 규정을 적용할 수 있다.</u>

※ 상시 4명 이하의 근로자를 사용하는 사업 또는 사업장에 적용하지 않는 주요 규정
- 정당한 이유 없는 해고금지, 경영상 해고제한, 휴업수당지급, 근로시간 제한, <u>연차휴가, 연장 · 야간 · 휴일 근로 시 가산임금지급, 생리휴가, 취업규칙 작성 신고 등</u>
- <u>다만, 주휴일, 출산전후휴가, 해고 예고 등은 적용</u>

■ 2 근로계약

(1) 이 법을 위반한 근로계약(법 제15조)

① <u>이 법에서 정하는 기준에 미치지 못하는 근로조건을 정한 근로계약은 그 부분에 한하여 무효로 한다.</u>

② ①에 따라 무효로 된 부분은 이 법에서 정한 기준에 따른다.

(2) 근로조건의 명시(법 제17조)

① 사용자는 근로계약을 체결할 때에 근로자에게 다음의 사항을 명시하여야 한다. 근로계약 체결 후 다음의 사항을 변경하는 경우에도 또한 같다.
  ㉠ <u>임금(구성항목, 계산방법, 지급방법)</u>
  ㉡ <u>소정근로시간</u>
  ㉢ <u>휴일(주휴일)</u>
  ㉣ <u>연차 유급휴가</u>
  ㉤ <u>취업의 장소와 종사하여야 할 업무에 관한 사항</u>
  ㉥ 취업규칙에서 정한 사항

| 쌤의 핵심포인트 |

무효란 당연히 법률행위가 성립한 때부터 효력이 없는 것으로 보는 것을 말한다.

| 쌤의 핵심포인트 |

취업의 장소는 명시사항이기는 하나 서면교부 대상은 아니다. 또한 휴게장소를 틀린 지문으로 출제하고 있다.

     ◈ 사업장의 부속 기숙사에 근로자를 기숙하게 하는 경우에는 기숙사 규칙에
     서 정한 사항

② 사용자는 임금의 구성항목 · 계산방법 · 지급방법 및 소정근로시간, 휴일(주휴
   일), 연차 유급휴가의 사항이 명시된 서면을 근로자에게 교부하여야 한다.

(3) 단시간 근로자의 근로조건(법 제18조)

① 단시간 근로자의 근로조건은 그 사업장의 같은 종류의 업무에 종사하는 통상
   근로자의 근로시간을 기준으로 산정한 비율에 따라 결정되어야 한다.

② 4주 동안(4주 미만으로 근로하는 경우에는 그 기간)을 평균하여 1주 동안의 소
   정근로시간이 15시간 미만인 근로자에 대하여는 주휴일과 연차 유급휴가를 적
   용하지 아니한다.

(4) 근로조건의 위반(법 제19조)

① 명시된 근로조건이 사실과 다를 경우에 근로자는 근로조건 위반을 이유로 손해
   의 배상을 청구할 수 있으며 즉시 근로계약을 해제할 수 있다.

② 근로자가 손해배상을 청구할 경우에는 노동위원회에 신청할 수 있으며, 근로
   계약이 해제되었을 경우에는 사용자는 취업을 목적으로 거주를 변경하는 근로
   자에게 귀향 여비를 지급하여야 한다.

(5) 근로계약 체결 시 근로자 보호규정

근로자 보호규정	내용
위약예정의 금지	사용자는 근로계약 불이행에 대한 위약금 또는 손해배상액을 예정하는 계약을 체결하지 못한다.
전차금 상계의 금지	사용자는 전차금(前借金)이나 그 밖에 근로할 것을 조건으로 하는 전대(前貸)채권과 임금을 상계하지 못한다. • 전차금 : 취업 후에 임금에서 변제할 것을 예정하여 근로계약 체결 시에 사용자가 근로자 또는 친권자에게 대부하는 금전 • 전대채권 : 전차금 이외에 전차금에 추가해서 지급되는 금전
강제 저금의 금지	사용자는 근로계약에 덧붙여 강제 저축 또는 저축금의 관리를 규정하는 계약을 체결하지 못한다.
해고 등의 제한	사용자는 근로자에게 정당한 이유 없이 해고, 휴직, 정직, 전직, 감봉, 그 밖의 징벌(懲罰)(이하 "부당해고 등"이라 한다)을 하지 못한다.

(6) 경영상 이유에 의한 해고의 제한(법 제24조)

① 사용자가 경영상 이유에 의하여 근로자를 해고하려면 긴박한 경영상의 필요가
   있어야 한다. 이 경우 경영 악화를 방지하기 위한 사업의 양도 · 인수 · 합병은
   긴박한 경영상의 필요가 있는 것으로 본다.

② 사용자는 해고를 피하기 위한 노력을 다하여야 하며, 합리적이고 공정한 해고의 기준을 정하고 이에 따라 그 대상자를 선정하여야 한다. 이 경우 남녀의 성을 이유로 차별하여서는 아니 된다.

③ 사용자는 해고를 피하기 위한 방법과 해고의 기준 등에 관하여 그 사업 또는 사업장에 근로자의 과반수로 조직된 노동조합이 있는 경우에는 그 노동조합(근로자의 과반수로 조직된 노동조합이 없는 경우에는 근로자의 과반수를 대표하는 자를 말한다. 이하 "근로자대표"라 한다)에 해고를 하려는 날의 50일 전까지 통보하고 성실하게 협의하여야 한다.

④ 사용자는 1개월 동안에 다음에 해당하는 인원을 해고하려면 최초로 해고하려는 날의 30일 전까지 고용노동부장관에게 신고하여야 한다.

상시 근로자 수	해고 인원
99명 이하인 사업 또는 사업장	10명 이상
100명 이상 999명 이하인 사업 또는 사업장	10% 이상
1,000명 이상 사업 또는 사업장	100명 이상

신고를 할 때에는 다음의 사항을 포함하여야 한다.
㉠ 해고 사유
㉡ 해고 예정 인원
㉢ 근로자대표와 협의한 내용
㉣ 해고 일정

⑤ 사용자가 위의 규정에 따른 요건을 갖추어 근로자를 해고한 경우에는 정당한 이유가 있는 해고를 한 것으로 본다.

(7) 우선 재고용 등(법 제25조)

사용자는 근로자를 해고한 날부터 3년 이내에 해고된 근로자가 해고 당시 담당하였던 업무와 같은 업무를 할 근로자를 채용하려고 할 경우 해고된 근로자가 원하면 그 근로자를 우선적으로 고용하여야 한다.

(8) 해고의 예고(법 제26조)

사용자는 근로자를 해고(경영상 이유에 의한 해고를 포함한다)하려면 적어도 30일 전에 예고를 하여야 하고, 30일 전에 예고를 하지 아니하였을 때에는 30일분 이상의 통상임금을 지급하여야 한다. 다만, 다음에 해당하는 경우에는 그러하지 아니하다.
① 근로자가 계속 근로한 기간이 3개월 미만인 경우
② 천재 · 사변, 그 밖의 부득이한 사유로 사업을 계속하는 것이 불가능한 경우

③ 근로자가 고의로 사업에 막대한 지장을 초래하거나 재산상 손해를 끼친 경우로서 고용노동부령으로 정하는 사유에 해당하는 경우

(9) 해고사유 등의 서면통지(법 제27조)

① 사용자는 근로자를 해고하려면 해고사유와 해고시기를 서면으로 통지하여야 한다.

② 근로자에 대한 해고는 서면으로 통지하여야 효력이 있다.

③ 해고의 예고를 해고사유와 해고시기를 명시하여 서면으로 한 경우에는 해고의 통지를 한 것으로 본다.

(10) 부당해고 등의 구제신청(법 제28조)

① 사용자가 근로자에게 부당해고 등을 하면 근로자는 노동위원회에 구제를 신청할 수 있다.

② 구제신청은 부당해고 등이 있었던 날부터 3개월 이내에 하여야 한다.

(11) 조사 등(법 제29조)

① 노동위원회는 구제신청을 받으면 지체 없이 필요한 조사를 하여야 하며 관계 당사자를 심문하여야 한다.

② 노동위원회는 심문을 할 때에는 관계 당사자의 신청이나 직권으로 증인을 출석하게 하여 필요한 사항을 질문할 수 있다.

③ 노동위원회는 심문을 할 때에는 관계 당사자에게 증거 제출과 증인에 대한 반대심문을 할 수 있는 충분한 기회를 주어야 한다.

(12) 구제명령 등(법 제30조~제32조)

① 노동위원회는 심문을 끝내고 부당해고 등이 성립한다고 판정하면 사용자에게 구제명령을 하여야 하며, 부당해고 등이 성립하지 아니한다고 판정하면 구제신청을 기각하는 결정을 하여야 한다.

② 판정, 구제명령 및 기각결정은 사용자와 근로자에게 각각 서면으로 통지하여야 한다.

③ 「노동위원회법」에 따른 지방노동위원회의 구제명령이나 기각결정에 불복하는 사용자나 근로자는 구제명령서나 기각결정서를 통지받은 날부터 10일 이내에 중앙노동위원회에 재심을 신청할 수 있다.

④ 사용자나 근로자는 재심판정서를 송달받은 날부터 15일 이내에 「행정소송법」의 규정에 따라 소(訴)를 제기할 수 있다.

⑤ 노동위원회의 구제명령, 기각결정 또는 재심판정은 중앙노동위원회에 대한 재심 신청이나 행정소송 제기에 의하여 그 효력이 정지되지 아니한다.

⑥ 노동위원회는 근로계약기간의 만료, 정년의 도래 등으로 근로자가 원직복직 (해고 이외의 경우는 원상회복을 말한다)이 불가능한 경우에도 구제명령이나 기각결정을 하여야 한다. 이 경우 노동위원회는 부당해고 등이 성립한다고 판정하면 근로자가 해고기간 동안 근로를 제공하였더라면 받을 수 있었던 임금 상당액에 해당하는 금품(해고 이외의 경우에는 원상회복에 준하는 금품을 말한다)을 사업주가 근로자에게 지급하도록 명할 수 있다.

(13) 이행강제금(법 제33조)

① 노동위원회는 사용자에게 구제명령을 하는 때에는 이행기한을 정하여야 한다. 이 경우 이행기한은 사용자가 구제명령을 <u>서면으로 통지받은 날로부터 30일 이내로 한다</u>(시행령 제11조).

② <u>노동위원회는 구제명령을 받은 후 이행기한까지 구제명령을 이행하지 아니한 사용자에게 3천만 원 이하의 이행강제금을 부과한다.</u>

③ 노동위원회는 이행강제금을 부과하기 30일 전까지 이행강제금을 부과·징수한다는 뜻을 사용자에게 미리 문서로써 알려 주어야 한다.

④ 이행강제금을 부과할 때에는 이행강제금의 액수, 부과 사유, 납부기한, 수납기관, 이의제기방법 및 이의제기기관 등을 명시한 문서로써 하여야 한다.

⑤ <u>노동위원회는 최초의 구제명령을 한 날을 기준으로 매년 2회의 범위에서 구제명령이 이행될 때까지 반복하여 이행강제금을 부과·징수할 수 있다. 이 경우 이행강제금은 2년을 초과하여 부과·징수하지 못한다.</u>

⑥ <u>노동위원회는 구제명령을 받은 자가 구제명령을 이행하면 새로운 이행강제금을 부과하지 아니하되, 구제명령을 이행하기 전에 이미 부과된 이행강제금은 징수하여야 한다.</u>

⑦ <u>노동위원회는 이행강제금 납부의무자가 납부기한까지 이행강제금을 내지 아니하면 기간을 정하여 독촉을 하고 지정된 기간에 이행강제금을 내지 아니하면 국세 체납처분의 예에 따라 징수할 수 있다.</u>

⑧ 근로자는 구제명령을 받은 사용자가 이행기한까지 구제명령을 이행하지 아니하면 이행기한이 지난 때부터 15일 이내에 그 사실을 노동위원회에 <u>알려줄 수 있다.</u>

(14) 금품 청산(법 제36조)

사용자는 근로자가 사망 또는 퇴직한 경우에는 그 <u>지급 사유가</u> 발생한 때부터 <u>14 일 이내에</u> 임금, 그 밖에 일체의 금품을 지급하여야 한다. 다만, 특별한 사정이 있을 경우에는 <u>당사자 합의에</u> 의하여 기일을 <u>연장할 수 있다.</u>

(15) 임금채권의 우선변제(법 제38조)

① 임금, 재해보상금, 그 밖에 근로 관계로 인한 채권은 사용자의 총 재산에 대하여 질권(質權) · 저당권 또는 담보권에 따라 담보된 채권 외에는 조세 · 공과금 및 다른 채권에 우선하여 변제되어야 한다. 다만, 질권 · 저당권 또는 담보권에 우선하는 조세 · 공과금에 대하여는 그러하지 아니하다.

② ①에도 불구하고 ㉠ 최종 3개월분의 임금, ㉡ 재해보상금을 최우선하여 변제되어야 한다.

우선변제순위	① 최종 3월분의 임금, 최종 3년간의 퇴직금 및 재해보상금(최우선변제) ② 질권, 저당권에 우선하는 조세 및 공과금 ③ 질권, 저당권에 의하여 담보된 채권 ④ 임금 기타 근로관계 채권(우선변제) ⑤ 일반 조세 및 공과금 ⑥ 기타 채권(일반채권) ※ 사용자의 총 재산 : 개인의 경우 사유재산 포함, 법인의 경우 대표이사의 개인재산은 포함되지 않음

(16) 사용증명서(법 제39조)

① 사용자는 근로자가 퇴직한 후라도 사용 기간, 업무 종류, 지위와 임금, 그 밖에 필요한 사항에 관한 증명서를 청구하면 사실대로 적은 증명서를 즉시 내주어야 한다.

② 증명서에는 근로자가 요구한 사항만을 적어야 한다.

③ 사용증명서를 청구할 수 있는 자는 계속하여 30일 이상 근무한 근로자로 하되, 청구할 수 있는 기한은 퇴직 후 3년 이내로 한다.

(17) 계약 서류의 보존(법 제42조)

사용자는 근로자 명부와 대통령령으로 정하는 근로계약에 관한 중요한 서류를 3년간 보존하여야 한다.

3 임금

(1) 임금지급(법 제43조)

① 임금은 통화(通貨)로 직접 근로자에게 그 전액을 지급하여야 한다. 다만, 법령 또는 단체협약에 특별한 규정이 있는 경우에는 임금의 일부를 공제하거나 통화 이외의 것으로 지급할 수 있다.

② 임금은 매월 1회 이상 일정한 날짜를 정하여 지급하여야 한다. 다만, 임시로 지급하는 임금, 수당, 그 밖에 이에 준하는 것 또는 대통령령으로 정하는 임금에 대하여는 그러하지 아니하다.

| 쌤의 핵심포인트 |
사용증명서는 근로자가 재취업을 할 때 근로자에게 유리한 자료가 되는 사항을 기재하는 데 목적이 있다. 따라서 근로자가 자신에게 불리하다고 판단하여 청구하지 아니한 사항을 사용자가 임의로 기재해서는 안 된다.

| 쌤의 핵심포인트 |
전액불을 정액불로 바꾸어 출제하고 있다.

(2) 도급사업에 대한 임금지급(법 제44조)

① 건설업에서 사업이 2차례 이상 「건설산업기본법」에 따른 도급(이하 "공사도급"이라 한다)이 이루어진 경우에 하수급인이 그가 사용한 근로자에게 임금을 지급하지 못한 경우에는 그 직상 수급인은 하수급인과 연대하여 하수급인이 사용한 근로자의 임금을 지급할 책임을 진다.

② 직상 수급인이 「건설산업기본법」에 따른 건설사업자가 아닌 때에는 그 상위 수급인 중에서 최하위의 건설사업자를 직상 수급인으로 본다.

(3) 비상시 지급(법 제45조)

사용자는 근로자가 출산, 질병, 재해, 그 밖에 대통령령으로 정하는 비상(非常)한 경우의 비용에 충당하기 위하여 임금 지급을 청구하면 지급기일 전이라도 이미 제공한 근로에 대한 임금을 지급하여야 한다.

비상(非常)한 경우는 다음과 같다.

① 출산하거나 질병에 걸리거나 재해를 당한 경우
② 혼인 또는 사망한 경우
③ 부득이한 사유로 1주 이상 귀향하게 되는 경우

| 쌤의 핵심포인트 |
'이미 제공한 근로에 대한 임금'을 '향후 제공할 근로에 대한 임금'으로 바꾸어 출제한다.

(4) 휴업수당(법 제46조)

사용자의 귀책사유로 휴업하는 경우에 사용자는 휴업기간 동안 그 근로자에게 평균임금의 100분의 70 이상의 수당을 지급하여야 한다. 다만, 평균임금의 100분의 70에 해당하는 금액이 통상임금을 초과하는 경우에는 통상임금을 휴업수당으로 지급할 수 있다.

(5) 임금대장 및 임금명세서(법 제48조)

① 사용자는 각 사업장별로 임금대장을 작성하고 임금과 가족수당 계산의 기초가 되는 사항, 임금액, 그 밖에 대통령령으로 정하는 사항을 임금을 지급할 때마다 적어야 한다.

② 사용자는 임금을 지급하는 때에는 근로자에게 임금의 구성항목·계산방법, 법령 또는 단체협약에 특별한 규정이 있는 경우에는 임금의 일부를 공제한 경우의 내역 등 대통령령으로 정하는 사항을 적은 임금명세서를 서면(전자문서를 포함)으로 교부하여야 한다.

| 쌤의 핵심포인트 |
5인 미만의 사업장은 물론이고 단 1명만 고용해도 임금명세서를 교부하여야 한다. 교부의무 위반 시 최대 500만 원 이하의 과태료를 부과한다.
• 1차 위반 : 30만 원
• 2차 위반 : 50만 원
• 3차 위반 : 100만 원

(6) 임금의 시효(법 제49조)

이 법에 따른 임금채권은 3년간 행사하지 아니하면 시효로 소멸한다.

4 근로시간과 휴식

(1) 근로시간(법 제50조)

① <u>1주간의 근로시간은 휴게시간을 제외하고 40시간을 초과할 수 없다.</u>

② <u>1일의 근로시간은 휴게시간을 제외하고 8시간을 초과할 수 없다.</u>

③ 근로시간을 산정함에 있어 작업을 위하여 근로자가 사용자의 지휘 · 감독 아래에 있는 대기시간 등은 근로시간으로 본다.

(2) 탄력적 근로시간제(법 제51조)

① 사용자는 취업규칙에서 정하는 바에 따라 2주 이내의 일정한 단위기간을 평균하여 1주간의 근로시간이 40시간을 초과하지 아니하는 범위에서 특정한 주에 40시간을, 특정한 날에 8시간을 초과하여 근로하게 할 수 있다. 다만, 특정한 주의 근로시간은 48시간을 초과할 수 없다.

② 사용자는 근로자대표와의 서면 합의에 따라 다음의 사항을 정하면 3개월 이내의 단위기간을 평균하여 1주간의 근로시간이 40시간을 초과하지 아니하는 범위에서 특정한 주에 40시간을, 특정한 날에 8시간을 초과하여 근로하게 할 수 있다. 다만, 특정한 주의 근로시간은 52시간을, 특정한 날의 근로시간은 12시간을 초과할 수 없다.

ⓐ 대상 근로자의 범위

ⓑ 단위기간(3개월 이내의 탄력적 근로시간제에서는 3개월 이내의 일정한 기간으로 정하여야 한다. 3개월을 초과하는 탄력적 근로시간제는 3개월을 초과하고 6개월 이내의 일정한 기간으로 정하여야 한다)

ⓒ 단위기간의 근로일과 그 근로일별 근로시간

ⓓ 서면 합의의 유효기간

③ <u>15세 이상 18세 미만의 근로자와 임신 중인 여성 근로자에 대하여는 적용하지 아니한다.</u>

④ 사용자는 탄력적 근로시간제에 따라 근로자를 근로시킬 경우에는 기존의 임금수준이 낮아지지 아니하도록 임금보전방안(賃金補塡方案)을 강구하여야 한다.

⑤ 사용자는 3개월을 초과하여 탄력적으로 근로자를 근로시킬 경우에는 근로일 종료 후 다음 근로일 개시 전까지 근로자에게 연속하여 11시간 이상의 휴식 시간을 주어야 한다. 다만, 천재지변 등 대통령령으로 정하는 불가피한 경우에는 근로자대표와의 서면 합의가 있으면 이에 따른다.

(3) 선택적 근로시간제(법 제52조)

사용자는 취업규칙에 따라 업무의 시작 및 종료 시각을 근로자의 결정에 맡기기로 한 근로자에 대하여 근로자대표와의 서면 합의에 따라 다음의 사항을 정하면 1개월(신상품 또는 신기술의 연구개발 업무의 경우에는 3개월로 한다) 이내의 정산기간을 평균하여 1주간의 근로시간이 40시간을 초과하지 아니하는 범위에서 1주간에 40시간을, 1일에 8시간을 초과하여 근로하게 할 수 있다.

① 대상 근로자의 범위(15세 이상 18세 미만의 근로자는 제외한다)

② 정산기간(1개월 이내의 일정한 기간으로 정하여야 한다)

③ 정산기간의 총 근로시간

④ 반드시 근로하여야 할 시간대를 정하는 경우에는 그 시작 및 종료 시각

⑤ 근로자가 그의 결정에 따라 근로할 수 있는 시간대를 정하는 경우에는 그 시작 및 종료 시각

⑥ 사용자는 1개월을 초과하는 정산기간을 정하는 경우에는 다음의 조치를 하여야 한다.

 ㉠ 근로일 종료 후 다음 근로일 시작 전까지 근로자에게 연속하여 11시간 이상의 휴식 시간을 줄 것. 다만, 천재지변 등 대통령령으로 정하는 불가피한 경우에는 근로자대표와의 서면 합의가 있으면 이에 따른다.

 ㉡ 매 1개월마다 평균하여 1주간의 근로시간이 40시간을 초과한 시간에 대해서는 통상임금의 100분의 50 이상을 가산하여 근로자에게 지급할 것

(4) 연장 근로의 제한(법 제53조)

① 당사자 간에 합의하면 1주간에 12시간을 한도로 제50조의 근로시간을 연장할 수 있다.

② 당사자 간에 합의하면 1주간에 12시간을 한도로 제51조의 근로시간을 연장할 수 있고, 정산기간을 평균하여 1주간에 12시간을 초과하지 아니하는 범위에서 근로시간을 연장할 수 있다.

③ 상시 30명 미만의 근로자를 사용하는 사용자는 근로자대표와 서면으로 합의한 경우 연장된 근로시간에 더하여 1주간에 8시간을 초과하지 아니하는 범위에서 근로시간을 연장할 수 있다(15세 이상 18세 미만의 근로자에 대하여는 적용하지 아니한다).

④ 사용자는 특별한 사정이 있으면 고용노동부장관의 인가와 근로자의 동의를 받아 근로시간을 연장할 수 있다. 다만, 사태가 급박하여 고용노동부장관의 인가를 받을 시간이 없는 경우에는 사후에 지체 없이 승인을 받아야 한다.

⑤ 고용노동부장관은 근로시간의 연장이 부적당하다고 인정하면 그 후 연장시간에 상당하는 휴게시간이나 휴일을 줄 것을 명할 수 있다.

(5) 휴게(법 제54조), 휴일(법 제55조)

① 사용자는 근로시간이 4시간인 경우에는 30분 이상, 8시간인 경우에는 1시간 이상의 휴게시간을 근로시간 도중에 주어야 한다.

② 휴게시간은 근로자가 자유롭게 이용할 수 있다.

③ 사용자는 근로자에게 1주에 평균 1회 이상의 유급휴일을 보장하여야 한다.

④ 사용자는 근로자에게 대통령령으로 정하는 휴일을 유급으로 보장하여야 한다. 다만, 근로자대표와 서면으로 합의한 경우 특정한 근로일로 대체할 수 있다.

(6) 연장·야간 및 휴일 근로(법 제56조), 보상휴가제(법 제57조)

① 사용자는 연장근로에 대하여는 통상임금의 100분의 50 이상을 가산하여 근로자에게 지급하여야 한다.

② 사용자는 휴일근로에 대하여는 다음의 기준에 따른 금액 이상을 가산하여 근로자에게 지급하여야 한다.

㉠ 8시간 이내의 휴일근로 : 통상임금의 100분의 50

㉡ 8시간을 초과한 휴일근로 : 통상임금의 100분의 100

③ 사용자는 야간근로(오후 10시부터 다음 날 오전 6시 사이의 근로를 말한다)에 대하여는 통상임금의 100분의 50 이상을 가산하여 근로자에게 지급하여야 한다.

④ 사용자는 근로자대표와의 서면 합의에 따라 따른 연장근로·야간근로 및 휴일근로에 대하여 임금을 지급하는 것을 갈음하여 휴가를 줄 수 있다.

(7) 근로시간 계산의 특례(제58조)

① 근로자가 출장이나 그 밖의 사유로 근로시간의 전부 또는 일부를 사업장 밖에서 근로하여 근로시간을 산정하기 어려운 경우에는 소정근로시간을 근로한 것으로 본다. 다만, 그 업무를 수행하기 위하여 통상적으로 소정근로시간을 초과하여 근로할 필요가 있는 경우에는 그 업무의 수행에 통상 필요한 시간을 근로한 것으로 본다.

② 재량근로의 대상업무는 다음과 같다.

㉠ 신상품 또는 신기술의 연구개발이나 인문사회과학 또는 자연과학분야의 연구 업무

㉡ 정보처리시스템의 설계 또는 분석 업무

㉢ 신문, 방송 또는 출판 사업에서의 기사의 취재, 편성 또는 편집 업무

㉣ 의복·실내장식·공업제품·광고 등의 디자인 또는 고안 업무

㉤ 방송 프로그램·영화 등의 제작 사업에서의 프로듀서나 감독 업무

㉥ 회계·법률사건·납세·법무·노무관리·특허·감정평가 등의 사무에 있어 타인의 위임·위촉을 받아 상담·조언·감정 또는 대행을 하는 업무

(8) 근로시간 및 휴게시간의 특례(법 제59조)

① 다음과 같은 사업에 대하여 사용자가 근로자대표와 서면으로 합의한 경우에는 주(週) 12시간을 초과하여 연장근로를 하게 하거나 휴게시간을 변경할 수 있다.

　㉠ 육상운송 및 파이프라인 운송업. 다만, 「여객자동차 운수사업법」에 따른 노선(路線) 여객자동차운송사업은 제외한다.

　㉡ 수상운송업

　㉢ 항공운송업

　㉣ 기타 운송 관련 서비스업

　㉤ 보건업

② 사용자는 근로일 종료 후 다음 근로일 개시 전까지 근로자에게 연속하여 11시간 이상의 휴식 시간을 주어야 한다.

(9) 연차 유급휴가(법 제60조)

① 사용자는 1년간 80퍼센트 이상 출근한 근로자에게 15일의 유급휴가를 주어야 한다.

② 사용자는 계속하여 근로한 기간이 1년 미만인 근로자 또는 1년간 80퍼센트 미만 출근한 근로자에게 1개월 개근 시 1일의 유급휴가를 주어야 한다.

③ 사용자는 3년 이상 계속하여 근로한 근로자에게는 최초 1년을 초과하는 계속근로 연수 매 2년에 대하여 1일을 가산한 유급휴가를 주어야 한다. 이 경우 가산휴가를 포함한 총 휴가 일수는 25일을 한도로 한다.

④ 사용자는 휴가를 근로자가 청구한 시기에 주어야 하고, 그 기간에 대하여는 취업규칙 등에서 정하는 통상임금 또는 평균임금을 지급하여야 한다. 다만, 근로자가 청구한 시기에 휴가를 주는 것이 사업 운영에 막대한 지장이 있는 경우에는 그 시기를 변경할 수 있다.

⑤ 다음에 해당하는 기간은 출근한 것으로 본다.

　㉠ 근로자가 업무상의 부상 또는 질병으로 휴업한 기간

　㉡ 임신 중의 여성이 휴가로 휴업한 기간

　㉢ 육아휴직으로 휴업한 기간

⑥ 휴가는 1년간 행사하지 아니하면 소멸된다. 다만, 사용자의 귀책사유로 사용하지 못한 경우에는 그러하시 아니하다.

(10) 유급휴가의 대체(법 제62조)

사용자는 근로자대표와의 서면 합의에 따라 연차 유급휴가일을 갈음하여 특정한 근로일에 근로자를 휴무시킬 수 있다.

| 쌤의 핵심포인트 |

2017년 11월 28일 법 개정에 따라 2018년 5월 29일부터 최초 1년간의 근로에 대한 유급휴가를 다음 유급휴가에서 빼는 규정을 삭제함으로써 1년차에 최대 11일, 2년차에 15일의 유급휴가를 받게 되었다.

(11) 적용의 제외(법 제63조)

근로시간, 휴게와 휴일에 관한 규정은 다음에 해당하는 근로자에 대하여는 적용하지 아니한다.

① 토지의 경작 · 개간, 식물의 재식(栽植) · 재배 · 채취 사업, 그 밖의 농림 사업
② 동물의 사육, 수산 동식물의 채포(採捕) · 양식 사업, 그 밖의 축산, 양잠, 수산 사업
③ 감시(監視) 또는 단속적(斷續的)으로 근로에 종사하는 자로서 사용자가 고용노동부장관의 승인을 받은 자
④ 사업의 종류에 관계없이 관리 · 감독 업무 또는 기밀을 취급하는 업무에 종사하는 근로자

5 여성과 소년

(1) 최저 연령과 취직인허증(법 제64조)

① 15세 미만인 자(「초 · 중등교육법」에 따른 중학교에 재학 중인 18세 미만인 자를 포함한다)는 근로자로 사용하지 못한다. 다만, 13세 이상 15세 미만인 자도 취직인허증을 받을 수 있으며, 예술공연 참가를 위한 경우에는 13세 미만인 자도 취직인허증(就職認許證)을 받을 수 있다.
② 취직인허증은 본인의 신청에 따라 의무교육에 지장이 없는 경우에는 직종(職種)을 지정하여서만 발행할 수 있다.
③ 고용노동부장관은 거짓이나 그 밖의 부정한 방법으로 취직인허증을 발급받은 자에게는 그 인허를 취소하여야 한다.

| 쌤의 핵심포인트 |
취직인허증
만 15세 미만인 자에 대하여 고용노동부장관이 취직을 인허하는 증명서

(2) 사용 금지(법 제65조)

① 사용자는 임신 중이거나 산후 1년이 지나지 아니한 여성(이하 "임산부"라 한다)과 18세 미만인 자를 도덕상 또는 보건상 유해 · 위험한 사업에 사용하지 못한다.
② 사용자는 임산부가 아닌 18세 이상의 여성을 ①에 따른 보건상 유해 · 위험한 사업 중 임신 또는 출산에 관한 기능에 유해 · 위험한 사업에 사용하지 못한다.

(3) 연소자 증명서(법 제66조)

사용자는 18세 미만인 자에 대하여는 그 연령을 증명하는 가족관계기록사항에 관한 증명서와 친권자 또는 후견인의 동의서를 사업장에 갖추어 두어야 한다.

(4) 연소자의 근로계약(법 제67조), 임금의 청구(법 제68조)

① 친권자나 후견인은 미성년자의 근로계약을 대리할 수 없다.

② 친권자, 후견인 또는 고용노동부장관은 근로계약이 미성년자에게 불리하다고 인정하는 경우에는 이를 해지할 수 있다.

③ 사용자는 18세 미만인 자와 근로계약을 체결하는 경우에는 근로조건을 서면으로 명시하여 교부하여야 한다.

④ 미성년자는 독자적으로 임금을 청구할 수 있다.

(5) 근로시간(법 제69조), 야간근로와 휴일근로의 제한(법 제70조)

① 15세 이상 18세 미만인 자의 근로시간은 1일에 7시간, 1주에 35시간을 초과하지 못한다. 다만, 당사자 사이의 합의에 따라 1일에 1시간, 1주에 5시간을 한도로 연장할 수 있다.

② 사용자는 18세 이상의 여성을 오후 10시부터 오전 6시까지의 시간 및 휴일에 근로시키려면 그 근로자의 동의를 받아야 한다.

③ 사용자는 임산부와 18세 미만인 자를 오후 10시부터 오전 6시까지의 시간 및 휴일에 근로시키지 못한다. 다만, 다음에 해당하는 경우로서 고용노동부장관의 인가를 받으면 그러하지 아니하다.

    ㉠ 18세 미만인 자의 동의가 있는 경우

    ㉡ 산후 1년이 지나지 아니한 여성의 동의가 있는 경우

    ㉢ 임신 중의 여성이 명시적으로 청구하는 경우

| 쌤의 핵심포인트 |

'인가'는 '허가'와 다르다. '인가'는 법률적 행위를 보충하여 법률상의 효력을 완성시키는 것이고, '허가'는 금지되어 있는 행위를 행정기관이 특정한 경우에 해제하고 이를 적법하게 행할 수 있게 하는 것이다.

(6) 시간 외 근로(법 제71조)

사용자는 산후 1년이 지나지 아니한 여성에 대하여는 단체협약이 있는 경우라도 1일에 2시간, 1주에 6시간, 1년에 150시간을 초과하는 시간 외 근로를 시키지 못한다.

(7) 갱내 근로의 금지(법 제72조)

사용자는 여성과 18세 미만인 자를 갱내(坑內)에서 근로시키지 못한다. 다만, 보건 · 의료, 보도 · 취재 등 대통령령으로 정하는 업무를 수행하기 위하여 일시적으로 필요한 경우에는 그러하지 아니하다.

(8) 생리휴가(법 제73조)

사용자는 여성 근로자가 청구하면 월 1일의 생리휴가를 주어야 한다.

(9) 임산부의 보호(법 제74조)

① 사용자는 임신 중의 여성에게 출산 전과 출산 후를 통하여 90일(한 번에 둘 이상 자녀를 임신한 경우에는 120일)의 출산전후휴가를 주어야 한다. 이 경우 휴가 기간의 배정은 출산 후에 45일(한 번에 둘 이상 자녀를 임신한 경우에는 60

일) 이상이 되어야 한다.

② 사용자는 임신 중인 여성 근로자가 유산의 경험 등 대통령령으로 정하는 사유로 휴가를 청구하는 경우 출산 전 어느 때라도 휴가를 나누어 사용할 수 있도록 하여야 한다. 이 경우 출산 후의 휴가 기간은 연속하여 45일(한 번에 둘 이상 자녀를 임신한 경우에는 60일) 이상이 되어야 한다.

③ 사용자는 임신 중인 여성이 유산 또는 사산한 경우로서 그 근로자가 청구하면 대통령령으로 정하는 바에 따라 유산·사산 휴가를 주어야 한다. 다만, 인공임신중절 수술에 따른 유산의 경우는 그러하지 아니하다.

④ 휴가 중 최초 60일(한 번에 둘 이상 자녀를 임신한 경우에는 75일)은 유급으로 한다. 다만, 「남녀고용평등과 일·가정 양립 지원에 관한 법률」에 따라 출산전후휴가급여 등이 지급된 경우에는 그 금액의 한도에서 지급의 책임을 면한다.

⑤ 사용자는 임신 중의 여성 근로자에게 시간 외 근로를 하게 하여서는 아니 되며, 그 근로자의 요구가 있는 경우에는 쉬운 종류의 근로로 전환하여야 한다.

⑥ 사업주는 출산전후휴가 종료 후에는 휴가 전과 동일한 업무 또는 동등한 수준의 임금을 지급하는 직무에 복귀시켜야 한다.

⑦ 사용자는 임신 후 12주 이내 또는 36주 이후에 있는 여성 근로자가 1일 2시간의 근로시간 단축을 신청하는 경우 이를 허용하여야 한다. 다만, 1일 근로시간이 8시간 미만인 근로자에 대하여는 1일 근로시간이 6시간이 되도록 근로시간 단축을 허용할 수 있다.

⑧ 사용자는 근로시간 단축을 이유로 해당 근로자의 임금을 삭감하여서는 아니 된다.

⑨ 사용자는 임신 중인 여성 근로자가 1일 소정근로시간을 유지하면서 업무의 시작 및 종료 시각의 변경을 신청하는 경우 이를 허용하여야 한다. 다만, 정상적인 사업 운영에 중대한 지장을 초래하는 경우 등 대통령령으로 정하는 경우에는 그러하지 아니하다.

⑩ 근로시간 단축의 신청방법 및 절차, 업무의 시작 및 종료 시각 변경의 신청방법 및 절차 등에 관하여 필요한 사항은 대통령령으로 정한다.

(10) 태아검진 시간의 허용 등(법 제74조의2)

① 사용자는 임신한 여성근로자가 「모자보건법」에 따른 임산부 정기건강진단을 받는 데 필요한 시간을 청구하는 경우 이를 허용하여 주어야 한다.

② 사용자는 건강진단 시간을 이유로 그 근로자의 임금을 삭감하여서는 아니 된다.

(11) 육아시간(법 제75조)

생후 1년 미만의 유아(乳兒)를 가진 여성 근로자가 청구하면 1일 2회 각각 30분 이상의 유급 수유 시간을 주어야 한다.

6 재해보상

(1) 요양보상(법 제78조)

근로자가 업무상 부상 또는 질병에 걸리면 사용자는 그 비용으로 필요한 요양을 행하거나 필요한 요양비를 부담하여야 한다.

(2) 휴업보상(법 제79조)

① 사용자는 요양 중에 있는 근로자에게 그 근로자의 요양 중 평균임금의 100분의 60의 휴업보상을 하여야 한다.

② 휴업보상을 받을 기간에 그 보상을 받을 자가 임금의 일부를 지급받은 경우에는 사용자는 평균임금에서 그 지급받은 금액을 뺀 금액의 100분의 60의 휴업보상을 하여야 한다.

(3) 유족보상(법 제82조)

근로자가 업무상 사망한 경우에는 사용자는 근로자가 사망한 후 지체 없이 그 유족에게 평균임금 1,000일분의 유족보상을 하여야 한다.

(4) 장의비(법 제83조)

근로자가 업무상 사망한 경우에는 사용자는 근로자가 사망한 후 지체 없이 평균임금 90일분의 장의비를 지급하여야 한다.

(5) 일시보상(법 제84조)

보상을 받는 근로자가 요양을 시작한 지 2년이 지나도 부상 또는 질병이 완치되지 아니하는 경우에는 사용자는 그 근로자에게 평균임금 1,340일분의 일시보상을 하여 그 후의 이 법에 따른 모든 보상책임을 면할 수 있다.

(6) 분할보상과 보상 청구권(법 제85조~제86조)

① 사용자는 지급 능력이 있는 것을 증명하고 보상을 받는 자의 동의를 받으면 보상금을 1년에 걸쳐 분할보상을 할 수 있다.

② 보상을 받을 권리는 퇴직으로 인하여 변경되지 아니하고, 양도나 압류하지 못한다.

(7) 다른 손해배상과의 관계(법 제87조)

보상을 받게 될 자가 동일한 사유에 대하여 「민법」이나 그 밖의 법령에 따라 이 법의 재해보상에 상당한 금품을 받으면 그 가액(價額)의 한도에서 사용자는 보상의 책임을 면한다.

(8) 시효(법 제92조)

이 법의 규정에 따른 재해보상 청구권은 3년간 행사하지 아니하면 시효로 소멸한다.

7 취업규칙

(1) 취업규칙의 작성 · 신고(법 제93조)

상시 10명 이상의 근로자를 사용하는 사용자는 다음의 사항에 관한 취업규칙을 작성하여 고용노동부장관에게 신고하여야 한다. 이를 변경하는 경우에도 또한 같다.

① 업무의 시작과 종료 시각, 휴게시간, 휴일, 휴가 및 교대 근로에 관한 사항
② 임금의 결정 · 계산 · 지급 방법, 임금의 산정기간 · 지급시기 및 승급(昇給)에 관한 사항
③ 가족수당의 계산 · 지급 방법에 관한 사항
④ 퇴직에 관한 사항
⑤ 「근로자퇴직급여 보장법」 제4조에 따라 설정된 퇴직급여, 상여 및 최저임금에 관한 사항
⑥ 근로자의 식비, 작업 용품 등의 부담에 관한 사항
⑦ 근로자를 위한 교육시설에 관한 사항
⑧ 출산전후휴가 · 육아휴직 등 근로자의 모성 보호 및 일 · 가정 양립 지원에 관한 사항
⑨ 안전과 보건에 관한 사항, 근로자의 성별 · 연령 또는 신체적 조건 등의 특성에 따른 사업장 환경의 개선에 관한 사항
⑩ 업무상과 업무 외의 재해부조(災害扶助)에 관한 사항
⑪ 직장 내 괴롭힘의 예방 및 발생 시 조치 등에 관한 사항
⑫ 표창과 제재에 관한 사항
⑬ 그 밖에 해당 사업 또는 사업장의 근로자 전체에 적용될 사항

| 쌤의 핵심포인트 |
취업규칙에 반드시 기재하여야 하는 사항에 근로계약기간을 틀린 지문으로 출제하고 있는데, 근로계약기간은 근로자마다 다르므로 취업규칙에 기재될 수 없다.

(2) 규칙의 작성, 변경 절차(법 제94조)

① 사용자는 취업규칙의 작성 또는 변경에 관하여 해당 사업 또는 사업장에 근로자의 과반수로 조직된 노동조합이 있는 경우에는 그 노동조합, 근로자의 과반

수로 조직된 노동조합이 없는 경우에는 근로자의 과반수의 <u>의견</u>을 들어야 한다. 다만, <u>취업규칙을 근로자에게 불리하게 변경하는 경우에는 그 동의를 받아야 한다.</u>

② 사용자는 <u>취업규칙을 신고할 때에는 ①의 의견을 적은 서면을 첨부하여야</u> <u>한다.</u>

(3) 제재 규정의 제한(법 제95조)

취업규칙에서 근로자에 대하여 감급(減給)의 제재를 정할 경우에 그 감액은 1회의 금액이 평균임금의 1일분의 2분의 1을, 총액이 1임금지급기의 임금 총액의 10분의 1을 초과하지 못한다.

(4) 위반의 효력(법 제97조)

<u>취업규칙에서 정한 기준에 미달하는 근로조건을 정한 근로계약은 그 부분에 관하여는 무효로 한다.</u> 이 경우 무효로 된 부분은 취업규칙에 정한 기준에 따른다.

8 근로감독관

(1) 감독기관(법 제101조)

<u>근로조건의 기준을 확보하기 위하여 고용노동부와 그 소속 기관에 근로감독관을 둔다.</u>

(2) 근로감독관의 권한(법 제102조)

① <u>근로감독관은 사업장, 기숙사, 그 밖의 부속 건물을 현장조사하고 장부와 서류의 제출을 요구할 수 있으며 사용자와 근로자에 대하여 심문(尋問)할 수 있다.</u>

② <u>의사인 근로감독관이나 근로감독관의 위촉을 받은 의사는 취업을 금지하여야 할 질병에 걸릴 의심이 있는 근로자에 대하여 검진할 수 있다.</u>

③ <u>근로감독관은 이 법이나 그 밖의 노동 관계 법령 위반의 죄에 관하여 「사법경찰관리의 직무를 행할 자와 그 직무범위에 관한 법률」에서 정하는 바에 따라 사법경찰관의 직무를 수행한다.</u>

| 쌤의 핵심포인트 |
검사의 직무가 아니라 사법경찰관의 직무수행이다.

(3) 사법경찰권 행사자의 제한(법 제105조)

이 법이나 그 밖의 노동 관계 법령에 따른 현장조사, 서류의 제출, 심문 등의 수사는 검사와 근로감독관이 전담하여 수행한다. 다만, <u>근로감독관의 직무에 관한 범죄의 수사는 그러하지 아니하다.</u>

CHAPTER 2

출제예상문제

2-1 근로기준법

01 근로기준법상 근로계약 체결 시 반드시 서면으로 명시해야 하는 근로조건은?

① 퇴직에 관한 사항
② 소정근로시간에 관한 사항
③ 취업의 장소와 종사하여야 할 업무에 관한 사항
④ 사업장의 부속 기숙사에 근로자를 기숙하게 하는 경우에는 기숙사 규칙에서 정한 사항

> **해설**
> 임금의 구성항목·계산방법·지급방법, 소정근로시간, 휴일 및 연차 유급 휴가에 관한 사항이 명시된 서면을 근로자에게 교부하여야 한다.

02 근로기준법상 근로시간과 휴게기간에 관한 설명으로 틀린 것은?

① 1주간의 근로시간은 휴게시간을 제외하고 40시간을 초과할 수 없다.
② 1일의 근로시간은 휴게시간을 제외하고 8시간을 초과할 수 없다.
③ 사용자는 근로시간이 4시간인 경우에는 30분이상, 8시간인 경우에는 1시간 이상의 휴게시간을 근로시간 이후에 주어야 한다.
④ 휴게시간은 근로자가 자유롭게 이용할 수 있다.

> **해설**
> 사용자는 근로시간이 4시간인 경우에는 30분 이상, 8시간인 경우에는 1시간 이상의 휴게시간을 근로시간 도중에 주어야 한다.

03 근로기준법상 임금 지급 원칙이 아닌 것은?

① 통화불의 원칙　　② 정액불의 원칙
③ 직접불의 원칙　　④ 정기불의 원칙

> **해설**
> ① 임금은 통화(通貨)로 직접 근로자에게 그 전액을 지급하여야 한다. 다만, 법령 또는 단체협약에 특별한 규정이 있는 경우에는 임금의 일부를 공제하거나 통화 이외의 것으로 지급할 수 있다.
> ② 임금은 매월 1회 이상 일정한 날짜를 정하여 지급하여야 한다. 다만, 임시로 지급하는 임금, 수당, 그 밖에 이에 준하는 것 또는 대통령령으로 정하는 임금에 대하여는 그러하지 아니하다.

04 근로기준법상 취업규칙에 관한 설명으로 틀린 것은?

① 상시 10명 이상의 근로자를 사용하는 사용자는 취업규칙을 작성하여 고용노동부장관에게 허가받아야 하며, 이를 변경하는 경우에는 또한 같다.
② 취업규칙에서 근로자에 대하여 감급의 제재를 정할 경우에 그 감액은 1회의 금액이 평균임금의 1일분의 2분의 1을, 총액이 1임금지급기의 임금 총액의 10분의 1을 초과하지 못한다.
③ 취업규칙은 법령이나 해당 사업 또는 사업장에 대하여 적용되는 단체협약과 어긋나서는 아니 된다.
④ 취업규칙에서 정한 기준에 미달하는 근로조건을 정한 근로계약은 그 부분에 관하여는 무효로 한다. 이 경우 무효로 된 부분은 취업규칙에 정한 기준에 따른다.

정답 01 ② 　02 ③ 　03 ② 　04 ①

> **해설**
> 상시 10명 이상의 근로자를 사용하는 사용자는 취업규칙을 작성하여 고용노동부장관에게 신고하여야 한다.

05 근로기준법상 경영상 이유에 의한 해고 요건에 관한 설명으로 틀린 것은?

① 모든 사업의 양도, 인수, 합병은 긴박한 경영상의 필요가 있는 것으로 본다.
② 사용자는 해고를 피하기 위한 노력을 다하여야 한다.
③ 사용자는 합리적이고 공정한 해고의 기준을 정하고 이에 따라 그 대상자를 선정하여야 한다.
④ 사용자는 근로자의 해고를 피하기 위한 방법과 해고의 기준 등에 관하여 근로자의 과반수를 대표하는 근로자 대표에게 해고를 하려는 날의 50일 전까지 통보하고 성실하게 협의하여야 한다.

> **해설**
> ① 사용자가 경영상 이유에 의하여 근로자를 해고하려면 긴박한 경영상의 필요가 있어야 한다. 이 경우 경영 악화를 방지하기 위한 사업의 양도·인수·합병은 긴박한 경영상의 필요가 있는 것으로 본다.
> ② ①의 경우에 사용자는 해고를 피하기 위한 노력을 다하여야 하며, 합리적이고 공정한 해고의 기준을 정하고 이에 따라 그 대상자를 선정하여야 한다. 이 경우 남녀의 성을 이유로 차별하여서는 아니 된다.
> ③ 사용자는 ②에 따른 해고를 피하기 위한 방법과 해고의 기준 등에 관하여 그 사업 또는 사업장에 근로자의 과반수로 조직된 노동조합이 있는 경우에는 그 노동조합(근로자의 과반수로 조직된 노동조합이 없는 경우에는 근로자의 과반수를 대표하는 자를 말한다. 이하 "근로자대표"라 한다)에 해고를 하려는 날의 50일 전까지 통보하고 성실하게 협의하여야 한다.

06 근로기준법에서 사용하는 용어에 관한 설명으로 틀린 것은?

① 근로란 정신노동과 육체노동을 말한다.
② 근로자란 직업의 종류와 관계없이 임금을 목적으로 사업이나 사업장에 근로를 제공하는 자를 말한다.
③ 평균임금이란 이를 산정하여야 할 사유가 발생한 날 이전 6개월 동안에 그 근로자에게 지급된 임금의 총액을 그 기간의 총일수로 나눈 금액을 말한다.
④ 단시간 근로자란 1주 동안의 소정근로시간이 그 사업장에서 같은 종류의 업무에 종사하는 통상 근로자의 1주 동안의 소정근로시간에 비하여 짧은 근로자를 말한다.

> **해설**
> "평균임금"이란 이를 산정하여야 할 사유가 발생한 날 이전 3개월 동안에 그 근로자에게 지급된 임금의 총액을 그 기간의 총일수로 나눈 금액을 말한다. 근로자가 취업한 후 3개월 미만인 경우도 이에 준한다.

07 근로기준법상 경영상 이유에 의한 해고에 관한 설명으로 옳은 것은?

① 근로자의 직접적인 귀책사유를 필요로 한다.
② 경영 악화를 방지하기 위한 사업의 양도·인수·합병은 긴박한 경영상의 필요가 있는 것으로 본다.
③ 인원삭감의 필요성이 인정되면 해고회피 노력을 할 필요는 없다.
④ 고용노동부장관에의 신고는 정리해고의 유효요건 중의 하나이다.

08 근로기준법상 근로계약에 관한 설명으로 틀린 것은?

① 사용자는 근로계약을 체결할 때에 임금의 구성항목·계산방법·지급방법, 소정근로시간, 연차 유급휴가에 관한 사항은 서면으로 명시하고 근로자의 요구가 있으면 그 근로자에게 교부하여야 한다.

② 단시간 근로자의 근로조건은 그 사업장의 같은 종류의 업무에 종사하는 통상 근로자의 근로시간과 동일하게 결정되어야 한다.

③ 사용자는 4주 동안(4주 미만으로 근로하는 경우에는 그 기간)을 평균하여 1주 동안의 소정근로시간이 15시간 미만인 근로자에 대하여 1주일에 평균 1회 이상의 유급휴일을 주지 않아도 된다.

④ 사용자는 근로계약 불이행에 대한 위약금 또는 손해배상액을 예정하는 계약을 체결하지 못한다.

해설

단시간 근로자의 근로조건은 그 사업장의 같은 종류의 업무에 종사하는 통상 근로자의 근로시간을 기준으로 산정한 비율에 따라 결정되어야 한다.

09 근로기준법상 취업규칙에 관한 설명으로 옳은 것은?

① 상시 5명 이상의 근로자를 사용하는 사용자는 취업규칙을 작성하여 고용노동부장관에게 신고하여야 한다.

② 사용자는 모든 취업규칙의 작성 또는 변경에 관하여 해당 사업 또는 사업장에 근로자의 과반수로 조직된 노동조합이 있는 경우에는 그 노동조합의 동의를 받아야 한다.

③ 취업규칙에서 정한 기준에 미달하는 근로조건을 정한 근로계약은 그 부분에 관하여는 무효로 한다. 이 경우 무효로 된 부분은 취업규칙에 정한 기준에 따른다.

④ 취업규칙에서 근로자에 대하여 감급(減給)의 제재를 정할 경우에 그 감액은 1회의 금액이 평균임금의 1일분의 10분의 3을, 총액이 1임금지급기의 임금 총액의 10분의 1을 초과하지 못한다.

해설

①항 상시 10명 이상의 근로자를 사용하는 사용자는 취업규칙을 작성하여 고용노동부장관에게 신고하여야 한다.

②항 사용자는 취업규칙의 작성 또는 변경에 관하여 해당 사업 또는 사업장에 근로자의 과반수로 조직된 노동조합이 있는 경우에는 그 노동조합, 근로자의 과반수로 조직된 노동조합이 없는 경우에는 근로자의 과반수의 의견을 들어야 한다. 다만, 취업규칙을 근로자에게 불리하게 변경하는 경우에는 그 동의를 받아야 한다.

④항 취업규칙에서 근로자에 대하여 감급(減給)의 제재를 정할 경우에 그 감액은 1회의 금액이 평균임금의 1일분의 2분의 1을, 총액이 1임금지급기의 임금 총액의 10분의 1을 초과하지 못한다.

10 근로기준법상 임산부의 보호에 관한 설명으로 틀린 것은?

① 사용자는 임신 중의 여성에게 출산 전과 출산 후를 통하여 90일(한 번에 둘 이상 자녀를 임신한 경우에는 120일)의 출산전후휴가를 주어야 한다.

② 휴가 기간의 배정은 출산 후에 30일(한 번에 둘 이상 자녀를 임신한 경우에는 45일) 이상이 되어야 한다.

③ 사용자는 임신 중의 여성 근로자에게 시간 외 근로를 하게 하여서는 아니 되며, 그 근로자의 요구가 있는 경우에는 쉬운 종류의 근로로 전환하여야 한다.

④ 사업주는 보호휴가 종료 후에는 휴가 전과 동일한 업무 또는 동등한 수준의 임금을 지급하는 직무에 복귀시켜야 한다.

11 근로기준법상 사용증명서에 관한 설명으로 틀린 것은?

① 사용증명서를 청구할 수 있는 자는 계속하여 30일 이상 근무한 근로자이다.

② 사용증명서를 청구할 수 있는 기한은 퇴직 후 3년 이내로 한다.

③ 사용자는 근로자가 퇴직한 후라도 사용증명서를 청구하면 사실대로 적은 증명서를 즉시 내주어야 한다.

④ 사용증명서의 법적 기재사항은 청구 여부에 관계없이 기재해야 한다.

🔖 **해설**
----

① 사용증명서

　• 사용자는 근로자가 퇴직한 후라도 사용 기간, 업무 종류, 지위와 임금, 그 밖에 필요한 사항에 관한 증명서를 청구하면 사실대로 적은 증명서를 즉시 내주어야 한다.

　• ①의 증명서에는 근로자가 요구한 사항만을 적어야 한다.

② 사용증명서의 청구 : 사용증명서를 청구할 수 있는 자는 계속하여 30일 이상 근무한 근로자로 하되, 청구할 수 있는 기한은 퇴직 후 3년 이내로 한다.

12 근로기준법상 단시간 근로자의 정의로 옳은 것은?

① 2주 동안의 소정근로시간이 그 사업장에서 같은 종류의 업무에 종사하는 통상 근로자의 2주 동안의 소정근로 시간에 비하여 짧은 근로자를 말한다.

② 1주 동안의 소정근로시간이 그 사업장에서 같은 종류의 업무에 종사하는 통상 근로자의 1주 동안의 소정근로 시간에 비하여 짧은 근로자를 말한다.

③ 2주 동안의 법정근로시간이 그 사업장에서 같은 종류의 업무에 종사하는 통상 근로자의 2주 동안의 법정근로 시간에 비하여 짧은 근로자를 말한다.

④ 4주 동안의 법정근로시간이 그 사업장에서 같은 종류의 업무에 종사하는 통상 근로자의 4주 동안의 법정근로시간에 비하여 짧은 근로자를 말한다.

13 근로기준법상 취업규칙에 관한 설명으로 틀린 것은?

① 취업규칙에서 정한 기준에 미달하는 근로조건을 정한 근로계약은 그 부분에 관하여는 무효로 한다. 이 경우 무효로 된 부분은 취업규칙에 정한 기준에 따른다.

② 상시 10명 이상의 근로자를 사용하는 사용자는 동법이 정하는 사항에 관한 취업규칙을 작성하여 고용노동부장관으로부터 승인을 받아야 한다.

③ 취업규칙에서 근로자에 대하여 감급의 제재를 정할 경우에 그 감액은 1회의 금액이 평균임금의 1일분의 2분의 1을, 총액이 1임금지급기의 임금 총액의 10분의 1을 초과하지 못한다.

④ 사용자는 취업규칙의 작성 또는 변경에 관하여 해당 사업 또는 사업장에 근로자의 과반수로 조직된 노동조합이 있는 경우에는 그 노동조합, 근로자의 과반수로 조직된 노동조합이 없는 경우에는 근로자의 과반수의 의견을 들어야 한다. 다만, 취업규칙을 근로자에게 불리하게 변경하는 경우에는 그 동의를 받아야 한다.

🔖 **해설**

상시 10명 이상의 근로자를 사용하는 사용자는 취업규칙을 작성하여 고용노동부장관에게 신고하여야 한다.

14 근로기준법상 근로시간에 관한 설명으로 틀린 것은?

① 1주간의 근로시간을 휴게시간을 제외하고 40시간을 초과할 수 없다.

② 1일의 근로시간을 휴게시간을 제외하고 8시간을 초과할 수 없다.

③ 선택적 근로시간제 대상 범위는 15세 이상 18세 미만의 근로자이다.

④ 당사자 간에 합의하면 1주간에 12시간을 한도로 근로 시간을 연장할 수 있다.

해설

선택적 근로시간제는 15세 이상 18세 미만의 근로자는 제외한다.

15 다음 사용자의 조치 중 근로기준법을 위반한 것으로 볼 수 있는 것은?

① 근로자가 퇴직 후 경력증명서를 청구한 경우 근로자가 원하지 않는 사항을 기재하지 않는 것

② 근로자명부와 근로계약에 관한 중요한 서류를 3년이 지나서 파기하는 것

③ 4주 동안을 평균하여 1주 동안의 소정근로시간이 15시간 미만인 근로자에 유급휴일을 부여하지 않는 것

④ 대통령이 정하는 기준에 따라 고용노동부장관이 발급한 취직인허증을 소지하지 않은 15세 미만인 자를 채용하는 것

해설

15세 미만인 자(「초·중등교육법」에 따른 중학교에 재학 중인 18세 미만인 자를 포함한다)는 근로자로 사용하지 못한다. 다만, 대통령령으로 정하는 기준에 따라 고용노동부장관이 발급한 취직인허증(就職認許證)을 지닌 자는 근로자로 사용할 수 있다.

16 근로기준법상 임금의 비상시 지급사유가 아닌 것은?

① 장남의 대학입학

② 장녀의 결혼

③ 배우자의 교통사고

④ 남편의 사망

해설

사용자는 근로자가 출산, 질병, 재해, 그 밖에 대통령령으로 정하는 비상(非常)한 경우의 비용에 충당하기 위하여 임금 지급을 청구하면 지급기일 전이라도 이미 제공한 근로에 대한 임금을 지급하여야 한다. "그 밖에 대통령령으로 정한 비상(非常)한 경우"란 근로자나 그의 수입으로 생계를 유지하는 자가 다음에 해당하게 되는 경우를 말한다.
① 출산하거나 질병에 걸리거나 재해를 당한 경우
② 혼인 또는 사망한 경우
③ 부득이한 사유로 1주일 이상 귀향하게 되는 경우

17 근로기준법상 취업규칙에 관한 설명으로 틀린 것은?

① 취업규칙은 근로자에게 불이익하게 변경하는 경우에는 그 동의를 얻어야 한다.

② 취업규칙은 법령이나 해당 사업 또는 사업장에 대하여 적용되는 단체협약과 어긋나서는 아니 된다.

③ 취업규칙에 정한 기준에 미달하는 근로조건을 정한 근로계약은 그 자체로서 유효하다.

④ 상시 10인 이상의 근로자를 사용하는 사용자는 취업규칙을 작성하여 고용노동부장관에게 신고하여야 한다.

해설

취업규칙에서 정한 기준에 미달하는 근로조건을 정한 근로계약은 그 부분에 관하여는 무효로 한다. 이 경우 무효로 된 부분은 취업규칙에 정한 기준에 따른다.

정답 14 ③ 15 ④ 16 ① 17 ③

18 근로기준법의 기본 원리와 가장 거리가 먼 것은?

① 강제 근로의 금지　② 근로자단결의 보장
③ 균등한 처우　　　④ 공민권 행사의 보장

🔖 **해설**

근로자의 생존권 확보를 위하여 헌법이 규정하고 있는 근로권과 근로 3권, 즉 단결권, 단체교섭권, 단체행동권은 노동기본권이다.

19 근로기준법상 근로계약 체결 시 반드시 서면으로 명시해야 하는 근로조건은?

① 작업안전조치　　② 취업장소와 종사업무
③ 임금의 지급방법　④ 당사자의 인적 사항

🔖 **해설**

사용자는 근로계약을 체결할 때에 근로자에게 임금, 소정근로시간, 휴일, 연차 유급휴가, 그 밖에 대통령령으로 정하는 근로조건을 명시하여야 한다. 근로계약 체결 후 변경하는 경우에도 또한 같다. 이 경우 임금의 구성항목·계산방법·지급방법, 소정근로시간, 제55조에 따른 휴일 및 제60조에 따른 연차 유급 휴가에 관한 사항이 명시된 서면을 근로자에게 교부하여야 한다. 다만 본문에 따른 사항이 단체협약 또는 취업규칙의 변경 등 대통령령으로 정하는 사유로 인하여 변경되는 경우에는 근로자의 요구가 있으면 그 근로자에게 교부하여야 한다.

20 근로기준법상 임금채권의 소멸시효기간은?

① 6개월　② 1년　③ 2년　④ 3년

🔖 **해설**

임금채권은 3년간 행사하지 아니하면 시효로 소멸한다.

21 근로기준법상 연소자보호에 관한 설명으로 틀린 것은?

① 미성년자는 독자적으로 임금을 청구할 수 있다.

② 미성년자의 동의가 있으며 친권자 또는 후견인은 미성년자를 대리하여 근로계약을 체결할 수 있다.
③ 근로계약이 미성년자에게 불리하다고 인정되는 경우에는 친권자, 후견인 또는 고용노동부장관은 이를 해지할 수 있다.
④ 사용자는 18세 미만인 자에 대하여는 그 연령을 증명하는 증명서와 친권자 또는 후견인의 동의서를 사업장에 갖추어 두어야 한다.

🔖 **해설**

친권자나 후견인은 미성년자의 근로계약을 대리할 수 없다.

22 노동관계법규 중 근로기준법상 근로자 개념을 사용하지 않고 별도의 개념규정을 두고 있는 것은?

① 고령자 고용촉진법
② 최저임금법
③ 산업안전보건법
④ 남녀고용평등과 일·가정 양립 지원에 관한 법률

🔖 **해설**
----
① 근로기준법 : "근로자"란 직업의 종류와 관계없이 임금을 목적으로 사업이나 사업장에 근로를 제공하는 자를 말한다.
② 남녀고용평등과 일·가정 양립 지원에 관한 법률 : "근로자"란 사업주에게 고용된 자와 취업할 의사를 가진 자를 말한다.

23 사용자가 취업규칙을 근로자에게 불이익하게 변경하려고 할 때 필요한 요건은?(단, 당해 사업 또는 사업장에는 근로자의 과반수로 조직된 노동조합이 없다.)

① 근로자대표와의 협의
② 근로자 과반수와의 협의
③ 근로자대표의 동의
④ 근로자 과반수의 동의

정답　18 ②　19 ③　20 ④　21 ②　22 ④　23 ④

해설

사용자는 취업규칙의 작성 또는 변경에 관하여 해당 사업 또는 사업장에 근로자의 과반수로 조직된 노동조합이 있는 경우에는 그 노동조합, 근로자의 과반수로 조직된 노동조합이 없는 경우에는 근로자의 과반수의 의견을 들어야 한다. 다만, 취업규칙을 근로자에게 불리하게 변경하는 경우에는 그 동의를 받아야 한다.

24 근로기준법상 경영상 이유로 인한 해고에 대한 설명 중 틀린 것은?

① 경영상 이유로 인한 해고를 하는 경우에는 해고예고에 대한 규정이 적용되지 않는다.

② 사용자는 30일 전에 근로자에게 해고예고를 하지 않았을 때는 30일분 이상의 통상임금을 지급하여야 한다.

③ 3년 이내에 해고된 근로자가 해고 당시 담당하였던 업무를 한 근로자를 채용하려고 할 경우 해고된 근로자가 원하면 그 근로자를 우선적으로 고용하여야 한다.

④ 경영상 이유에 의한 해고에 있어서 해고회피 노력을 다하고, 합리적이고 공정한 해고기준을 정하여 그 대상자를 선정해야 한다.

해설

사용자는 근로자를 해고(경영상 이유에 의한 해고를 포함한다)하려면 적어도 30일 전에 예고를 하여야 하고, 30일 전에 예고를 하지 아니하였을 때에는 30일분 이상의 통상임금을 지급하여야 한다.

25 근로기준법의 총칙 규정에 관한 설명으로 틀린 것은?

① 누구든지 법률에 따르지 아니하고는 영리로 다른 사람의 취업에 개입하거나 중간인으로서 이익을 취득하지 못한다.

② 사용자는 국적·신앙 또는 사회적 신분을 이유로 근로조건에 대한 차별적 처우를 하지 못한다.

③ 사용자는 사고의 발생이나 그 밖의 어떠한 이유로도 근로자에게 폭행을 하지 못한다.

④ 사용자는 근로자가 근로시간 중에 공민권의 행사를 위하여 필요한 시간을 청구하면 거부할 수 있다.

해설

사용자는 근로자가 근로시간 중에 선거권, 그 밖의 공민권(公民權) 행사 또는 공(公)의 직무를 집행하기 위하여 필요한 시간을 청구하면 거부하지 못한다. 다만, 그 권리 행사나 공(公)의 직무를 수행하는 데에 지장이 없으면 청구한 시간을 변경할 수 있다.

26 근로기준법상 근로자 개념에 관한 설명으로 맞는 것은?

① 근로기준법과 노동조합 및 노동관계조법상의 근로자의 개념은 동일하다.

② 근로기준법상 사업에 근로를 제공하기 위하여 체결한 고용계약이 불법이면 사실상 사업장에 근로를 제공하더라도 근로자가 아니다.

③ 실업자는 "사업 또는 사업장에 근로를 제공하는 자"가 아니므로 근로기준법상의 근로자에 해당하지 않는다.

④ 사무직, 관리직, 위탁실습생, 수련의는 근로기준법상 근로자가 아니다.

해설

"근로자"란 직업의 종류와 관계없이 임금을 목적으로 사업이나 사업장에 근로를 제공하는 자를 말한다.

27 근로기준법상 근로자로 볼 수 없는 자는?

① 정당에 고용되어 있는 사무원

② 일용 근로자

③ 휴직 중인 근로자

④ 실업 중인 근로자

해설

"근로자"란 직업의 종류와 관계없이 임금을 목적으로 사업이나 사업장에 근로를 제공하는 자를 말한다.

28 근로기준법상 취업규칙의 작성과 변경에 관한 설명으로 맞는 것은?

① 취업규칙의 작성·변경에는 반드시 노동조합의 동의를 필요로 한다.
② 취업규칙의 변경으로 근로자가 불리하게 되는 경우에는 노동조합(근로자 과반수로 조직된 노동조합이 있을 경우) 또는 근로자 과반수의 동의를 필요로 한다.
③ 취업규칙은 사용자와 근로자가 합의로 작성한다.
④ 취업규칙에서 근로자에 대하여 감급의 제재를 정할 경우에는 그 감액은 1회의 금액이 통상임금의 1일분의 2분의 1을 초과하지 못한다.

해설

①항 상시 10명 이상의 근로자를 사용하는 사용자는 취업규칙을 작성하여 고용노동부장관에게 신고하여야 한다.
③항 사용자는 취업규칙의 작성 또는 변경에 관하여 해당 사업 또는 사업장에 근로자의 과반수로 조직된 노동조합이 있는 경우에는 그 노동조합, 근로자의 과반수로 조직된 노동조합이 없는 경우에는 근로자의 과반수의 의견을 들어야 한다. 다만, 취업규칙을 근로자에게 불리하게 변경하는 경우에는 그 동의를 받아야 한다.
④항 취업규칙에서 근로자에 대하여 감급(減給)의 제재를 정할 경우에 그 감액은 1회의 금액이 평균임금의 1일분의 2분의 1을, 총액이 1임금지급기의 임금 총액의 10분의 1을 초과하지 못한다.

29 근로기준법상 임금의 지급방법에 관한 설명으로 틀린 것은?

① 임금은 근로자 본인에게 지급해야 하나, 단체협약으로 예외를 둘 수 있다.
② 사용자는 단체협약에 따라 노동조합비를 공제하여 임금을 지급할 수 있다.
③ 임금은 강제통화력이 있는 통화로 지급하는 것이 원칙이나, 법령 또는 단체협약에 특별한 규정이 있는 경우에는 통화 이외의 것으로 지급할 수 있다.
④ 매월 1회 이상 일정한 기일을 정하여 지급하여야 한다.

해설

임금은 통화(通貨)로 직접 근로자에게 그 전액을 지급하여야 한다.

30 평균임금에 대한 설명으로 틀린 것은?

① 산정할 사유가 발생한 날 이전 3월간에 그 근로자에 대하여 지급된 임금의 총액을 그 기간의 총일수로 나눈 금액을 의미한다.
② 시간급으로 산정함이 원칙이다.
③ 퇴직금, 휴업수당, 재해보상금, 감급한도액 등에 이용되는 임금이다.
④ "지급된 임금의 총액"이란 명목 여하를 불문하고 근로자에게 근로의 대상으로서 지급된 모든 임금의 총액을 말한다.

해설

"통상임금"이란 근로자에게 정기적이고 일률적으로 소정(所定)근로 또는 총 근로에 대하여 지급하기로 정한 시간급 금액, 일급 금액, 주급 금액, 월급 금액 또는 도급 금액을 말한다.

31 근로기준법상 근로감독관에 관한 설명으로 틀린 것은?

① 근로조건의 기준을 확보하기 위하여 고용노동부와 그 소속 기관에 근로감독관을 둔다.

② 근로감독관의 직무에 관한 범죄의 수사는 검사와 근로감독관이 전담하여 수행한다.

③ 근로감독관은 사업장, 기숙사, 그 밖의 부속 건물을 현장조사하고 장부와 서류의 제출을 요구할 수 있다.

④ 의사인 근로감독관이나 근로감독관의 위촉을 받은 의사는 취업을 금지하여야 할 질병에 걸릴 의심이 있는 근로자에 대하여 검진할 수 있다.

해설

노동관계법령에 따른 현장조사, 서류의 제출, 심문 등의 수사는 검사와 근로감독관이 전담하여 수행한다. 다만, 근로감독관의 직무에 관한 범죄의 수사는 그러하지 아니하다.

32 근로기준법상 취업규칙에 반드시 기재하여야 하는 사항이 아닌 것은?

① 업무의 시작시간   ② 임금의 산정기간
③ 근로자의 식비 부담   ④ 근로계약기간

해설

상시 10명 이상의 근로자를 사용하는 사용자는 다음의 사항에 관한 취업규칙을 작성하여 고용노동부장관에게 신고하여야 한다. 이를 변경하는 경우에도 또한 같다.
① 업무의 시작과 종료 시각, 휴게시간, 휴일, 휴가 및 교대 근로에 관한 사항
② 임금의 결정 · 계산 · 지급 방법, 임금의 산정기간 · 지급시기 및 승급(昇給)에 관한 사항
③ 가족수당의 계산 · 지급 방법에 관한 사항
④ 퇴직에 관한 사항
⑤ 「근로자퇴직급여 보장법」 제8조에 따른 퇴직금, 상여 및 최저임금에 관한 사항
⑥ 근로자의 식비, 작업 용품 등의 부담에 관한 사항
⑦ 근로자를 위한 교육시설에 관한 사항
⑧ 산전후휴가 · 육아휴직 등 여성 근로자의 모성보호에 관한 사항
⑨ 안전과 보건에 관한 사항
⑩ 업무상과 업무 외의 재해부조(災害扶助)에 관한 사항
⑪ 표창과 제재에 관한 사항

⑫ 그 밖에 해당 사업 또는 사업장의 근로자 전체에 적용될 사항

33 근로기준법상 재해보상에 관한 설명으로 옳은 것은?

① 근로자가 업무상 사망한 경우에는 사용자는 근로자가 사망한 후 30일 이내에 그 유족에게 평균임금 1,000일분의 유족보상을 하여야 한다.

② 근로자가 업무상 사망한 경우에는 사용자는 근로자가 사망한 후 30일 이내에 평균임금 90일분의 장의비를 지급하여야 한다.

③ 보상을 받을 권리는 퇴직으로 인하여 변경되지 아니하고, 양도할 수 있다.

④ 보상을 받게 될 자가 동일한 사유에 대하여 「민법」이나 그 밖의 법령에 따라 이 법의 재해보상에 상당한 금품을 받으면 그 가액(價額)의 한도에서 사용자는 보상의 책임을 면한다.

해설

①항 근로자가 업무상 사망한 경우에는 사용자는 근로자가 사망한 후 지체 없이 그 유족에게 평균임금 1,000일분의 유족보상을 하여야 한다.
②항 근로자가 업무상 사망한 경우에는 사용자는 근로자가 사망한 후 지체 없이 평균임금 90일분의 장의비를 지급하여야 한다.
③항 보상을 받을 권리는 퇴직으로 인하여 변경되지 아니하고, 양도나 압류하지 못한다.

34 근로기준법의 기준에 미달한 근로계약의 효력은?

① 사용자는 근로기준법에 따라 처벌받지만, 근로계약의 효력은 영향이 없이 그대로 유효하다.

② 근로계약 자체가 무효가 된다.

③ 근로계약 중 근로기준법의 기준에 미달한 부분만이 무효이다.

④ 근로자가 근로기준법 위반을 이유로 근로계약을 취소하지 않는 한 근로계약 전체가 그대로 유효하다.

2-2 남녀고용평등과 일·가정 양립 지원에 관한 법률

■1 총칙

(1) 목적(법 제1조)

「대한민국헌법」의 평등이념에 따라 고용에서 남녀의 평등한 기회와 대우를 보장하고 모성 보호와 여성 고용을 촉진하여 남녀고용평등을 실현함과 아울러 근로자의 일과 가정의 양립을 지원함으로써 모든 국민의 삶의 질 향상에 이바지하는 것을 목적으로 한다.

(2) 용어의 정의(법 제2조)

① 차별

ㄱ 사업주가 근로자에게 성별, 혼인, 가족 안에서의 지위, 임신 또는 출산 등의 사유로 합리적인 이유 없이 채용 또는 근로의 조건을 다르게 하거나 그 밖의 불리한 조치를 하는 경우를 말한다.

ㄴ 사업주가 채용조건이나 근로조건은 동일하게 적용하더라도 그 조건을 충족할 수 있는 남성 또는 여성이 다른 한 성(性)에 비하여 현저히 적고 그에 따라 특정 성에게 불리한 결과를 초래하며 그 조건이 정당한 것임을 증명할 수 없는 경우를 포함한다.

ㄷ 다음에 해당하는 경우는 제외한다.

• 직무의 성격에 비추어 특정 성이 불가피하게 요구되는 경우
• 여성 근로자의 임신·출산·수유 등 모성보호를 위한 조치를 하는 경우
• 그 밖에 이 법 또는 다른 법률에 따라 적극적 고용개선조치를 하는 경우

② 직장 내 성희롱

사업주·상급자 또는 근로자가 직장 내의 지위를 이용하거나 업무와 관련하여 다른 근로자에게 성적 언동 등으로 성적 굴욕감 또는 혐오감을 느끼게 하거나 성적 언동 또는 그 밖의 요구 등에 따르지 아니하였다는 이유로 근로조건 및 고용에서 불이익을 주는 것을 말한다.

③ 적극적 고용개선조치

현존하는 남녀 간의 고용차별을 없애거나 고용평등을 촉진하기 위하여 잠정적으로 특정 성을 우대하는 조치를 말한다.

④ 근로자

사업주에게 고용된 자와 취업할 의사를 가진 자를 말한다.

| 쌤의 핵심포인트 |
이 법의 목적에 해당하지 않는 것을 고르는 문제가 출제되는데, 여성가장에 대한 지원, 근로여성의 보호, 가사노동 가치의 존중 등이 틀린 지문으로 제시된다.

| 쌤의 핵심포인트 |
2018년 5월 29일부터 성희롱 관련 불이익의 내용에 '고용에서 불이익'은 물론 '근로조건에서 불이익'도 포함되었다.

| 쌤의 핵심포인트 |
적극적 고용개선조치는 차별이 아니다.

(3) 적용 범위(법 제3조)

① 이 법은 근로자를 사용하는 모든 사업 또는 사업장(이하 "사업"이라 한다)에 적용한다. 다만, 동거하는 친족만으로 이루어지는 사업 또는 사업장과 가사사용인에 대하여는 법의 전부를 적용하지 아니한다.

② 남녀고용평등의 실현과 일·가정의 양립에 관하여 다른 법률에 특별한 규정이 있는 경우 외에는 이 법에 따른다.

(4) 국가와 지방자치단체의 책무(법 제4조)

① 국가와 지방자치단체는 이 법의 목적을 실현하기 위하여 국민의 관심과 이해를 증진시키고 여성의 직업능력 개발 및 고용 촉진을 지원하여야 하며, 남녀고용평등의 실현에 방해가 되는 모든 요인을 없애기 위하여 필요한 노력을 하여야 한다.

② 국가와 지방자치단체는 일·가정의 양립을 위한 근로자와 사업주의 노력을 지원하여야 하며 일·가정의 양립 지원에 필요한 재원을 조성하고 여건을 마련하기 위하여 노력하여야 한다.

(5) 근로자 및 사업주의 책무(법 제5조)

① 근로자는 상호 이해를 바탕으로 남녀가 동등하게 존중받는 직장문화를 조성하기 위하여 노력하여야 한다.

② 사업주는 해당 사업장의 남녀고용평등의 실현에 방해가 되는 관행과 제도를 개선하여 남녀근로자가 동등한 여건에서 자신의 능력을 발휘할 수 있는 근로환경을 조성하기 위하여 노력하여야 한다.

③ 사업주는 일·가정의 양립을 방해하는 사업장 내의 관행과 제도를 개선하고 일·가정의 양립을 지원할 수 있는 근무환경을 조성하기 위하여 노력하여야 한다.

| 쌤의 핵심포인트 |

국가는 재원을 조성하고, 근로자는 직장문화를 조성하고 사업주는 근무환경을 조성하기 위해 노력해야 한다.

(6) 기본계획 수립(법 제6조의2)

① 고용노동부장관은 남녀고용평등 실현과 일·가정의 양립에 관한 기본계획(이하 "기본계획"이라 한다)을 5년마다 수립하여야 한다.

② 기본계획에는 다음의 사항이 포함되어야 한다.

  ㉠ 여성취업의 촉진에 관한 사항

  ㉡ 남녀의 평등한 기회보장 및 대우에 관한 사항

  ㉢ 동일 가치 노동에 대한 동일 임금 지급의 정착에 관한 사항

  ㉣ 여성의 직업능력 개발에 관한 사항

  ㉤ 여성 근로자의 모성 보호에 관한 사항

  ㉥ 일·가정의 양립 지원에 관한 사항

ⓐ 여성 근로자를 위한 복지시설의 설치 및 운영에 관한 사항

ⓞ 직전 기본계획에 대한 평가

ⓩ 그 밖에 남녀고용평등의 실현과 일·가정의 양립 지원을 위하여 고용노동부장관이 필요하다고 인정하는 사항

2 고용에 있어서 남녀의 평등한 기회보장 및 대우 등

(1) 모집과 채용(법 제7조)

① 사업주는 근로자를 모집하거나 채용할 때 남녀를 차별하여서는 아니 된다.

② 사업주는 여성 근로자를 모집·채용할 때 그 직무의 수행에 필요하지 아니한 용모·키·체중 등의 신체적 조건, 미혼 조건, 그 밖에 고용노동부령으로 정하는 조건을 제시하거나 요구하여서는 아니 된다.

(2) 임금(법 제8조)

① 사업주는 동일한 사업 내의 동일 가치 노동에 대하여는 동일한 임금을 지급하여야 한다.

② 동일 가치 노동의 기준은 직무 수행에서 요구되는 기술, 노력, 책임 및 작업 조건 등으로 하고, 사업주가 그 기준을 정할 때에는 노사협의회의 근로자를 대표하는 위원의 의견을 들어야 한다.

③ 사업주가 임금차별을 목적으로 설립한 별개의 사업은 동일한 사업으로 본다.

(3) 임금 외의 금품 등(법 제9조)

사업주는 임금 외에 근로자의 생활을 보조하기 위한 금품의 지급 또는 자금의 융자 등 복리후생에서 남녀를 차별하여서는 아니 된다.

(4) 교육·배치 및 승진(법 제10조)

사업주는 근로자의 교육·배치 및 승진에서 남녀를 차별하여서는 아니 된다.

(5) 정년·퇴직 및 해고(법 제11조)

① 사업주는 근로자의 정년·퇴직 및 해고에서 남녀를 차별하여서는 아니 된다.

② 사업주는 여성 근로자의 혼인, 임신 또는 출산을 퇴직 사유로 예정하는 근로계약을 체결하여서는 아니 된다.

| 쌤의 핵심포인트 |
상시 5명 미만 근로자를 고용하는 사업장도 모집과 채용에 있어서는 남녀차별을 금지해야 한다.

| 쌤의 핵심포인트 |
기회보장 및 대우 등에 근로시간에 대하여는 명시되어 있지 않다.

3 직장 내 성희롱의 금지 및 예방

(1) 직장 내 성희롱의 금지(법 제12조)

사업주, 상급자 또는 근로자는 직장 내 성희롱을 하여서는 아니 된다.

(2) 직장 내 성희롱 예방 교육(법 제13조)

① 사업주는 직장 내 성희롱을 예방하고 근로자가 안전한 근로환경에서 일할 수 있는 여건을 조성하기 위하여 직장 내 성희롱의 예방을 위한 교육(이하 "성희롱 예방 교육"이라 한다)을 매년 실시하여야 한다.

② 사업주 및 근로자는 성희롱 예방 교육을 받아야 한다.

③ 사업주는 성희롱 예방 교육의 내용을 근로자가 자유롭게 열람할 수 있는 장소에 항상 게시하거나 갖추어 두어 근로자에게 널리 알려야 한다.

④ 사업주는 고용노동부령으로 정하는 기준에 따라 직장 내 성희롱 예방 및 금지를 위한 조치를 하여야 한다.

⑤ 성희롱 예방 교육의 내용·방법 및 횟수 등에 관하여 필요한 사항은 대통령령으로 정한다.

(3) 직장 내 성희롱 예방 교육(시행령 제3조)

① 사업주는 직장 내 성희롱 예방을 위한 교육을 연 1회 이상 하여야 한다.

② 예방 교육에는 다음의 내용이 포함되어야 한다.

ㄱ 직장 내 성희롱에 관한 법령

ㄴ 해당 사업장의 직장 내 성희롱 발생 시의 처리절차와 조치기준

ㄷ 해당 사업장의 직장 내 성희롱 피해 근로자의 고충상담 및 구제절차

ㄹ 그 밖에 직장 내 성희롱 예방에 필요한 사항

③ 예방 교육은 사업의 규모나 특성 등을 고려하여 직원연수·조회·회의, 인터넷 등 정보통신망을 이용한 사이버 교육 등을 통하여 실시할 수 있다. 다만, 단순히 교육자료 등을 배포·게시하거나 전자우편을 보내거나 게시판에 공지하는 데 그치는 등 근로자에게 교육 내용이 제대로 전달되었는지 확인하기 곤란한 경우에는 예방 교육을 한 것으로 보지 아니한다.

④ 다음에 해당하는 사업의 사업주는 근로자가 알 수 있도록 교육자료 또는 홍보물을 게시하거나 배포하는 방법으로 직장 내 성희롱 예방 교육을 할 수 있다.

ㄱ 상시 10명 미만의 근로자를 고용하는 사업

ㄴ 사업주 및 근로자 모두가 남성 또는 여성 중 어느 한 성(性)으로 구성된 사업

| 쌤의 핵심포인트 |
예방 교육을 아니한 경우 500만 원의 과태료를 부과한다.

(4) 성희롱 예방 교육의 위탁(법 제13조의2)

① 사업주는 성희롱 예방 교육을 고용노동부장관이 지정하는 기관(이하 "성희롱 예방 교육기관"이라 한다)에 위탁하여 실시할 수 있다.

② 사업주가 성희롱 예방 교육기관에 위탁하여 성희롱 예방 교육을 하려는 경우에는 대통령령으로 정하는 내용을 성희롱 예방 교육기관에 미리 알려 그 사항이 포함되도록 하여야 한다.

③ 성희롱 예방 교육기관은 고용노동부령으로 정하는 기관 중에서 지정하되, 고용노동부령으로 정하는 강사를 1명 이상 두어야 한다.

④ 성희롱 예방 교육기관은 고용노동부령으로 정하는 바에 따라 교육을 실시하고 교육이수증이나 이수자 명단 등 교육 실시 관련 자료를 보관하며 사업주나 피교육자에게 그 자료를 내주어야 한다.

⑤ 고용노동부장관은 성희롱 예방 교육기관이 다음에 해당하면 그 지정을 취소할 수 있다.

    ㉠ 거짓이나 그 밖의 부정한 방법으로 지정을 받은 경우

    ㉡ 정당한 사유 없이 강사를 3개월 이상 계속하여 두지 아니한 경우

    ㉢ 2년 동안 직장 내 성희롱 예방 교육 실적이 없는 경우

⑥ 고용노동부장관은 성희롱 예방 교육기관의 지정을 취소하려면 청문을 하여야 한다.

(5) 직장 내 성희롱 발생 시 조치(법 제14조)

① 누구든지 직장 내 성희롱 발생 사실을 알게 된 경우 그 사실을 해당 사업주에게 신고할 수 있다.

② 사업주는 신고를 받거나 직장 내 성희롱 발생 사실을 알게 된 경우에는 지체 없이 그 사실 확인을 위한 조사를 하여야 한다.

③ 사업주는 피해근로자 등을 보호하기 위하여 필요한 경우 해당 피해근로자 등에 대하여 근무장소의 변경, 유급휴가 명령 등 적절한 조치를 하여야 한다.

④ 사업주는 조사 결과 직장 내 성희롱 발생 사실이 확인된 때에는 피해근로자가 요청하면 근무장소의 변경, 배치전환, 유급휴가 명령 등 적절한 조치를 하여야 한다.

⑤ 사업주는 조사 결과 직장 내 성희롱 발생 사실이 확인된 때에는 지체 없이 직장 내 성희롱 행위를 한 사람에 대하여 징계, 근무장소의 변경 등 필요한 조치를 하여야 한다.

| 쌤의 핵심포인트 |

직장 내 성희롱이 사업주에 의해서 이루어진 경우에는 1,000만 원의 과태료를, 고객 등에 의한 성추행을 주장하거나 성적 요구 등에 응하지 않아서 해고나 불이익한 조치를 한 경우에는 500만 원 이하의 과태료에 처할 수 있다.

(6) 고객 등에 의한 성희롱 방지(법 제14조의2)

① <u>사업주는 고객 등 업무와 밀접한 관련이 있는 자가 업무수행 과정에서 성적인 언동 등을 통하여 근로자에게 성적 굴욕감 또는 혐오감 등을 느끼게 하여 해당 근로자가 그로 인한 고충 해소를 요청할 경우 근무 장소 변경, 배치전환, 유급휴가의 명령 등 적절한 조치를 하여야 한다.</u>

② 사업주는 근로자가 피해를 주장하거나 고객 등으로부터의 성적 요구 등에 불응한 것을 이유로 해고나 그 밖의 불이익한 조치를 하여서는 아니 된다.

4 적극적 고용개선조치

(1) 적극적 고용개선조치 시행계획의 수립 · 제출 등(법 제17조의3)

① 고용노동부장관은 다음에 해당하는 사업주로서 고용하고 있는 직종별 여성 근로자의 비율이 산업별 · 규모별로 고용노동부령으로 정하는 고용 기준에 미달하는 사업주에 대하여는 차별적 고용관행 및 제도 개선을 위한 <u>적극적 고용개선조치 시행계획(이하 "시행계획"이라 한다)을 수립하여 제출할 것을 요구할 수 있다.</u> 이 경우 해당 사업주는 시행계획을 제출하여야 한다.

공공기관 · 단체의 장	'공공기관의 운영에 관한 법률'에 따른 공공기관, '지방공기업법'에 따른 지방공사 및 지방공단
일정규모 이상의 근로자를 고용하는 사업의 사업주	• '독점규제 및 공정거래에 관한 법률'에 따라 지정된 공시대상기업집단의 사업 : 상시 300명 이상의 근로자를 고용하는 사업 • 그 외의 사업 : <u>상시 500명 이상의 근로자를 고용하는 사업</u>

② 해당하는 사업주는 직종별 · 직급별 남녀 근로자 현황과 남녀 근로자 임금 현황을 고용노동부장관에게 제출하여야 한다.

③ 해당하지 아니하는 사업주로서 적극적 고용개선조치를 하려는 사업주는 직종별 · 직급별 남녀 근로자 현황, 남녀 근로자 임금 현황과 시행계획을 작성하여 고용노동부장관에게 제출할 수 있다.

(2) 이행실적의 평가 및 지원 등(법 제17조의4)

① 시행계획을 제출한 자는 그 이행실적을 고용노동부장관에게 제출하여야 한다.

② 고용노동부장관은 제출된 이행실적을 평가하고, 그 결과를 사업주에게 통보하여야 한다.

③ 고용노동부장관은 평가 결과 이행실적이 우수한 기업에 표창을 할 수 있다.

④ <u>국가와 지방자치단체는 적극적 고용개선조치 우수기업에 행정적 · 재정적 지원을 할 수 있다.</u>

⑤ 고용노동부장관은 적극적 고용개선조치 이행실적이 부진한 사업주에게 시행계획의 이행을 촉구할 수 있다.

(3) 적극적 고용개선조치에 관한 중요 사항 심의(법 제17조의8)

① 적극적 고용개선조치에 관한 다음의 사항은 「고용정책 기본법」에 따른 고용정책심의회의 심의를 거쳐야 한다.

㉠ 여성 근로자 고용기준에 관한 사항

㉡ 시행계획의 심사에 관한 사항

㉢ 적극적 고용개선조치 이행실적의 평가에 관한 사항

㉣ 적극적 고용개선조치 우수기업의 표창 및 지원에 관한 사항

② 적극적 고용개선조치 미이행 사업주 명단 공표 여부에 관한 사항

③ 그 밖에 적극적 고용개선조치에 관하여 고용정책심의회의 위원장이 회의에 부치는 사항

| 쌤의 핵심포인트 |

여성 근로자 고충처리에 관한 사항은 심의사항이 아니다. 종종 틀린 지문으로 출제된다.

5 모성보호

(1) 출산전후휴가에 대한 지원(법 제18조)

① 국가는 배우자 출산휴가, 「근로기준법」에 따른 출산전후휴가 또는 유산·사산휴가를 사용한 근로자 중 일정한 요건에 해당하는 자에게 그 휴가기간에 대하여 통상임금에 상당하는 금액(이하 "출산전후휴가급여 등"이라 한다)을 지급할 수 있다.

② 지급된 출산전후휴가급여 등은 그 금액의 한도에서 사업주가 지급한 것으로 본다.

③ 출산전후휴가급여 등을 지급하기 위하여 필요한 비용은 국가재정이나 「사회보장기본법」에 따른 사회보험에서 분담할 수 있다.

④ 근로자가 출산전후휴가급여 등을 받으려는 경우 사업주는 관계 서류의 작성·확인 등 모든 절차에 적극 협력하여야 한다.

⑤ 출산전후휴가급여 등의 지급요건, 지급기간 및 절차 등에 관하여 필요한 사항은 따로 법률로 정한다.

(2) 배우자 출산휴가(법 제18조의2)

① 사업주는 근로자가 배우자의 출산을 이유로 휴가(이하 "배우자 출산휴가"라 한다)를 청구하는 경우에 10일의 휴가를 주어야 한다. 이 경우 사용한 휴가기간은 유급으로 한다.

② 배우자 출산휴가는 근로자의 배우자가 출산한 날부터 <u>90일이 지나면 청구할 수 없다.</u>

③ 배우자 출산휴가는 1회에 한정하여 나누어 사용할 수 있다.

④ 사업주는 배우자 출산휴가를 이유로 근로자를 해고하거나 그 밖의 불리한 처우를 하여서는 아니 된다.

(3) 난임치료휴가(법 제18조의3)

① 사업주는 근로자가 인공수정 또는 체외수정 등 난임치료를 받기 위하여 휴가(이하 "난임치료휴가"라 한다)를 청구하는 경우에 <u>연간 3일 이내의 휴가를 주어야 하며, 이 경우 최초 1일은 유급으로 한다.</u> 다만, 근로자가 청구한 시기에 휴가를 주는 것이 정상적인 사업 운영에 중대한 지장을 초래하는 경우에는 근로자와 협의하여 그 시기를 변경할 수 있다.

② 사업주는 난임치료휴가를 이유로 해고, 징계 등 불리한 처우를 하여서는 아니 된다.

6 일·가정의 양립 지원

(1) 육아휴직(법 제19조)

① 사업주는 임신 중인 여성 근로자가 모성을 보호하거나 근로자가 <u>만 8세 이하 또는 초등학교 2학년 이하의 자녀(입양한 자녀를 포함한다)</u>를 양육하기 위하여 휴직(이하 "육아휴직"이라 한다)을 신청하는 경우에 이를 허용하여야 한다.

② <u>육아휴직의 기간은 1년 이내로 한다.</u>

③ 사업주는 육아휴직을 이유로 해고나 그 밖의 불리한 처우를 하여서는 아니 되며, 육아휴직 기간에는 그 근로자를 해고하지 못한다. 다만, <u>사업을 계속할 수 없는 경우에는 그러하지 아니하다.</u>

④ <u>사업주는 육아휴직을 마친 후에는 휴직 전과 같은 업무 또는 같은 수준의 임금을 지급하는 직무에 복귀시켜야 한다. 또한 육아휴직 기간은 근속기간에 포함한다.</u>

⑤ <u>기간제 근로자 또는 파견근로자의 육아휴직 기간은「기간제 및 단시간 근로자 보호 등에 관한 법률」에 따른 사용기간 또는「파견근로자보호 등에 관한 법률」에 따른 근로자파견기간에 산입하지 아니한다.</u>

⑥ <u>사업주는 육아휴직을 신청한 근로자에게 해당 자녀의 출생 등을 증명할 수 있는 서류의 제출을 요구할 수 있다.</u>

⑦ 육아휴직의 변경신청 : 근로자는 휴직종료예정일을 연기하려는 경우에는 <u>한 번만 연기할 수 있다.</u> 이 경우 당초의 휴직종료예정일 30일 전까지 사업주에게 신청하여야 한다.

| 쌤의 핵심포인트 |

육아휴직, 육아기 근로시간 단축, 가족돌봄휴직 등은 근속기간에 포함한다.

⑧ 육아휴직을 신청한 근로자는 휴직개시예정일의 7일 전까지 사유를 밝혀 그 신청을 철회할 수 있다.

 ㉠ 해당 영유아의 사망

 ㉡ 양자인 영유아의 파양 또는 입양의 취소

 ㉢ 육아휴직을 신청한 근로자가 부상, 질병 또는 신체적 · 정신적 장애나 배우자와의 이혼 등으로 해당 영유아를 양육할 수 없게 된 경우

(2) 육아휴직의 적용 제외(시행령 제10조)

사업주가 육아휴직을 허용하지 아니할 수 있는 경우는 다음과 같다.

육아휴직을 시작하려는 날(이하 "휴직개시예정일"이라 한다)의 전날까지 해당 사업에서 계속 근로한 기간이 6개월 미만인 근로자

(3) 육아기 근로시간 단축(법 제19조의2)

① 사업주는 근로자가 만 8세 이하 또는 초등학교 2학년 이하의 자녀를 양육하기 위하여 근로시간의 단축(이하 "육아기 근로시간 단축"이라 한다)을 신청하는 경우에 이를 허용하여야 한다. 다만, 대체인력 채용이 불가능한 경우, 정상적인 사업 운영에 중대한 지장을 초래하는 경우 등 대통령령으로 정하는 경우에는 그러하지 아니하다.

② 사업주가 육아기 근로시간 단축을 허용하지 아니하는 경우에는 해당 근로자에게 그 사유를 서면으로 통보하고 육아휴직을 사용하게 하거나 출근 및 퇴근 시간 조정 등 다른 조치를 통하여 지원할 수 있는지를 해당 근로자와 협의하여야 한다.

③ 사업주가 근로자에게 육아기 근로시간 단축을 허용하는 경우 단축 후 근로시간은 주당 15시간 이상이어야 하고 35시간을 넘어서는 아니 된다.

④ 육아기 근로시간 단축의 기간은 1년 이내로 한다. 다만, 육아휴직을 신청할 수 있는 근로자가 육아휴직 기간 중 사용하지 아니한 기간이 있으면 그 기간을 가산한 기간 이내로 한다.

⑤ 사업주는 육아기 근로시간 단축을 이유로 해당 근로자에게 해고나 그 밖의 불리한 처우를 하여서는 아니 된다.

⑥ 사업주는 근로자의 육아기 근로시간 단축기간이 끝난 후에 그 근로자를 육아기 근로시간 단축 전과 같은 업무 또는 같은 수준의 임금을 지급하는 직무에 복귀시켜야 한다.

| 쌤의 핵심포인트 |

2018년 5월 29일부터 근속기간이 1년에서 6개월로 완화되었다.

| 쌤의 핵심포인트 |

2020년 2월 28일부터 부부 동시 육아휴직이 가능해져 같은 영아에 대하여 배우자가 육아휴직을 하고 있는 근로자의 경우에도 육아휴직 또는 육아기 근로시간 단축을 허용함으로써 같은 영유아에 대해 부모가 함께 육아를 할 수 있는 여건이 마련되었다.

(4) 육아기 근로시간 단축 중 근로조건 등(법 제19조의3)

① 사업주는 육아기 근로시간 단축을 하고 있는 근로자에 대하여 근로시간에 비례하여 적용하는 경우 외에는 육아기 근로시간 단축을 이유로 그 근로조건을 불리하게 하여서는 아니 된다.

② 육아기 근로시간 단축을 한 근로자의 근로조건(육아기 근로시간 단축 후 근로시간을 포함한다)은 사업주와 그 근로자 간에 서면으로 정한다.

③ 사업주는 육아기 근로시간 단축을 하고 있는 근로자에게 단축된 근로시간 외에 연장근로를 요구할 수 없다. 다만, 그 근로자가 명시적으로 청구하는 경우에는 사업주는 주 12시간 이내에서 연장근로를 시킬 수 있다.

④ 육아기 근로시간 단축을 한 근로자에 대하여 「근로기준법」에 따른 평균임금을 산정하는 경우에는 그 근로자의 육아기 근로시간 단축 기간을 평균임금 산정기간에서 제외한다.

(5) 육아휴직과 육아기 근로시간 단축의 사용형태(법 제19조의4)

① 근로자는 육아휴직을 2회에 한정하여 나누어 사용할 수 있다. 이 경우 임신 중인 여성 근로자가 모성보호를 위하여 육아휴직을 사용한 횟수는 육아휴직을 나누어 사용한 횟수에 포함하지 아니한다.

② 근로자는 육아기 근로시간 단축을 나누어 사용할 수 있다. 이 경우 나누어 사용하는 1회의 기간은 3개월(근로계약기간의 만료로 3개월 이상 근로시간 단축을 사용할 수 없는 기간제 근로자에 대해서는 남은 근로계약기간을 말한다) 이상이 되어야 한다.

> 에 육아휴직 1년 사용＋육아기 근로시간 단축 1년 사용
> 육아휴직 6개월 사용＋육아기 근로시간 단축 1년 6개월 사용
> 육아휴직 미사용＋육아기 근로시간 단축 2년 사용

(6) 육아지원을 위한 그 밖의 조치(법 제19조의5)

① 사업주는 만 8세 이하 또는 초등학교 2학년 이하의 자녀를 양육하는 근로자의 육아를 지원하기 위하여 다음에 해당하는 조치를 하도록 노력하여야 한다.

ㄱ 업무를 시작하고 마치는 시간 조정

ㄴ 연장근로의 제한

ㄷ 근로시간의 단축, 탄력적 운영 등 근로시간 조정

ㄹ 그 밖에 소속 근로자의 육아를 지원하기 위하여 필요한 조치

② 고용노동부장관은 사업주가 ①에 따른 조치를 할 경우 고용 효과 등을 고려하여 필요한 지원을 할 수 있다.

| 쌤의 핵심포인트 |

2019년 8월 27일 법 개정에 따라 2019년 10월 1일부터 육아휴직을 사용해도 육아기 근로시간 단축은 기본 1년이 보장되고, 육아휴직 미사용 기간은 추가로 근로시간 단축으로 사용할 수 있게 되었다.

(7) 직장어린이집 설치 및 지원 등(법 제21조)

① 사업주는 근로자의 취업을 지원하기 위하여 수유·탁아 등 육아에 필요한 어린이집(이하 "직장어린이집"이라 한다)을 설치하여야 한다.

② 직장어린이집을 설치하여야 할 사업주의 범위 등 직장어린이집의 설치 및 운영에 관한 사항은 「영유아보육법」에 따른다.

③ 고용노동부장관은 근로자의 고용을 촉진하기 위하여 직장어린이집의 설치·운영에 필요한 지원 및 지도를 하여야 한다.

④ 사업주는 직장어린이집을 운영하는 경우 근로자의 고용형태에 따라 차별해서는 아니 된다.

(8) 근로자의 가족 돌봄 등을 위한 지원(법 제22조의2)

① 사업주는 근로자가 조부모, 부모, 배우자, 배우자의 부모, 자녀 또는 손자녀(이하 "가족"이라 한다)의 질병, 사고, 노령으로 인하여 그 가족을 돌보기 위한 휴직(이하 "가족돌봄휴직"이라 한다)을 신청하는 경우 이를 허용하여야 한다. 다만, 대체인력 채용이 불가능한 경우, 정상적인 사업 운영에 중대한 지장을 초래하는 경우, 본인 외에도 조부모의 직계비속 또는 손자녀의 직계존속이 있는 경우 등 대통령령으로 정하는 경우에는 그러하지 아니하다.

② 사업주는 근로자가 가족(조부모 또는 손자녀의 경우 근로자 본인 외에도 직계비속 또는 직계존속이 있는 등 대통령령으로 정하는 경우는 제외한다)의 질병, 사고, 노령 또는 자녀의 양육으로 인하여 긴급하게 그 가족을 돌보기 위한 휴가(이하 "가족돌봄휴가"라 한다)를 신청하는 경우 이를 허용하여야 한다. 다만, 근로자가 청구한 시기에 가족돌봄휴가를 주는 것이 정상적인 사업 운영에 중대한 지장을 초래하는 경우에는 근로자와 협의하여 그 시기를 변경할 수 있다.

③ 사업주가 가족돌봄휴직을 허용하지 아니하는 경우에는 해당 근로자에게 그 사유를 서면으로 통보하고, 다음에 해당하는 조치를 하도록 노력하여야 한다.
　㉠ 업무를 시작하고 마치는 시간 조정
　㉡ 연장근로의 제한
　㉢ 근로시간의 단축, 탄력적 운영 등 근로시간의 조정
　㉣ 그 밖에 사업장 사정에 맞는 지원조치

④ 가족돌봄휴직 및 가족돌봄휴가의 사용기간과 분할횟수는 다음에 따른다.
　㉠ 가족돌봄휴직 기간은 연간 최장 90일로 하며, 이를 나누어 사용할 수 있을 것
　㉡ 가족돌봄휴가 기간은 연간 최장 10일로 하며, 일단위로 사용할 수 있을 것. 다만, 가족돌봄휴가 기간은 가족돌봄휴직 기간에 포함된다.

⑤ 사업주는 가족돌봄휴직 또는 가족돌봄휴가를 이유로 해당 근로자를 해고하거나 근로조건을 악화시키는 등 불리한 처우를 하여서는 아니 된다.

⑥ 가족돌봄휴직 및 가족돌봄휴가 기간은 근속기간에 포함한다. 다만, 「근로기준법」에 따른 평균임금 산정기간에서는 제외한다.

⑦ 고용노동부장관은 가족돌봄휴직 및 가족돌봄휴가에 따른 조치를 하는 경우에는 고용 효과 등을 고려하여 필요한 지원을 할 수 있다.

(9) 가족돌봄 등을 위한 근로시간 단축(법 제22조의4)

① 사업주는 근로자가 다음에 해당하는 사유로 근로시간의 단축을 신청하는 경우에 이를 허용하여야 한다. 다만, 대체인력 채용이 불가능한 경우, 정상적인 사업 운영에 중대한 지장을 초래하는 경우 등 대통령령으로 정하는 경우에는 그러하지 아니하다.

　㉠ 근로자가 가족의 질병, 사고, 노령으로 인하여 그 가족을 돌보기 위한 경우

　㉡ 근로자 자신의 질병이나 사고로 인한 부상 등의 사유로 자신의 건강을 돌보기 위한 경우

　㉢ 55세 이상의 근로자가 은퇴를 준비하기 위한 경우

　㉣ 근로자의 학업을 위한 경우

② 사업주가 해당 근로자에게 근로시간 단축을 허용하는 경우 단축 후 근로시간은 주당 15시간 이상이어야 하고 30시간을 넘어서는 아니 된다.

③ 근로시간 단축의 기간은 1년 이내로 한다.

④ 사업주는 근로시간 단축을 이유로 해당 근로자에게 해고나 그 밖의 불리한 처우를 하여서는 아니 된다.

⑤ 사업주는 근로자의 근로시간 단축기간이 끝난 후에 그 근로자를 근로시간 단축 전과 같은 업무 또는 같은 수준의 임금을 지급하는 직무에 복귀시켜야 한다.

■7 분쟁의 예방과 해결

(1) 명예고용평등감독관(법 제24조)

① 고용노동부장관은 사업장의 남녀고용평등 이행을 촉진하기 위하여 그 사업장 소속 근로자 중 노사가 추천하는 자를 명예고용평등감독관(이하 "명예감독관" 이라 한다)으로 위촉할 수 있다.

② 명예감독관은 다음의 업무를 수행한다.

　㉠ 해당 사업장의 차별 및 직장 내 성희롱 발생 시 피해 근로자에 대한 상담·조언

　㉡ 해당 사업장의 고용평등 이행상태 자율점검 및 지도 시 참여

| 쌤의 핵심포인트 |
외부전문가가 아니라 그 사업장 소속 근로자이다.

    ⓒ 법령위반 사실이 있는 사항에 대하여 사업주에 대한 개선 건의 및 감독기관 에 대한 신고

    ⓔ 남녀고용평등 제도에 대한 홍보 · 계몽

    ⓜ 그 밖에 남녀고용평등의 실현을 위하여 고용노동부장관이 정하는 업무

  ③ 사업주는 명예감독관으로서 정당한 임무 수행을 한 것을 이유로 해당 근로자에 게 인사상 불이익 등의 불리한 조치를 하여서는 아니 된다.

  ④ 명예감독관의 위촉과 해촉 등에 필요한 사항은 고용노동부령으로 정한다.

(2) 명예고용평등감독관의 위촉 · 운영 등(시행규칙 제16조)

  ① 명예고용평등감독관으로 위촉할 수 있는 사람은 다음과 같다.

    ㉠ 「근로자참여 및 협력증진에 관한 법률」에 따른 노사협의회(이하 "노사협의 회"라 한다)의 위원 또는 고충처리위원

    ㉡ 노동조합의 임원 또는 인사 · 노무 담당부서의 관리자

    ㉢ 그 밖에 해당 사업의 남녀고용평등을 실현하기 위하여 활동하기에 적합하 다고 인정하는 사람

  ② 명예감독관의 임기는 3년으로 하되, 연임할 수 있다.

  ③ 명예감독관은 업무 수행 중에 알게 된 비밀을 누설하여서는 아니 된다.

  ④ 명예감독관이 업무를 수행하는 경우에는 비상근, 무보수로 함을 원칙으로 한다.

  ⑤ 고용노동부장관은 명예감독관이 다음에 해당하는 경우 그 명예감독관을 해촉 할 수 있다.

    ㉠ 근로자인 명예감독관이 퇴직 등의 사유로 해당 사업의 근로자 지위를 상실 한 경우

    ㉡ 명예감독관이 업무 수행 중에 알게 된 비밀을 누설하거나 그 밖에 업무와 관 련하여 부정한 행위를 한 경우

    ㉢ 사업의 폐지 등으로 명예감독관을 둘 필요가 없게 된 경우

    ㉣ 그 밖에 명예감독관으로 활동하기에 부적합한 사유가 있어 해당 사업의 노 사 대표가 공동으로 해촉을 요청한 경우

  ⑥ 그 밖에 명예감독관의 위촉 · 해촉 및 운영 등에 필요한 사항은 고용노동부장관 이 정한다.

(3) 분쟁의 자율적 해결(법 제25조)

사업주는 근로자가 고충을 신고하였을 때에는 「근로자참여 및 협력증진에 관한 법률」에 따라 해당 사업장에 설치된 노사협의회에 고충의 처리를 위임하는 등 자 율적인 해결을 위하여 노력하여야 한다.

| 쌤의 핵심포인트 |

명예감독관 업무수행은 비상근, 무보수이고, 임 기는 3년이며 연임된다.

(4) 입증책임(법 제30조)

이 법과 관련한 분쟁해결에서 <u>입증책임은 사업주가 부담한다.</u>

(5) 관계 서류의 보존(법 제33조)

사업주는 이 법의 규정에 따른 사항에 관하여 대통령령으로 정하는 서류를 <u>3년간 보존</u>하여야 한다. 이 경우 대통령령으로 정하는 서류는 전자문서로 작성·보존할 수 있다.

① 모집과 채용, 임금, 임금 외의 금품 등, 교육·배치 및 승진, 정년·퇴직 및 해고에 관한 서류

② <u>직장 내 성희롱 예방 교육을 하였음을 확인할 수 있는 서류</u>

③ <u>직장 내 성희롱 행위자에 대한 징계 등 조치에 관한 서류</u>

④ 배우자 출산휴가의 청구 및 허용에 관한 서류

⑤ <u>육아휴직의 신청 및 허용에 관한 서류</u>

⑥ 육아기 근로시간 단축의 신청 및 허용에 관한 서류, 허용하지 아니한 경우 그 사유의 통보 및 협의 서류, 육아기 근로시간 단축 중의 근로조건에 관한 서류

| 쌤의 핵심포인트 |

관계 서류를 3년간 보존하지 아니한 자는 300만 원 이하의 과태료를 부과한다.

※ 사업주가 직장 내 성희롱을 한 경우에는 1천만 원 이하의 과태료를 부과한다.

※ 시행계획 제출 등 서류와 관계된 것은 300만 원 이하의 과태료, 검사를 거부·방해 또는 기피한 자를 제외한 나머지는 500만 원 이하의 과태료를 부과한다.

CHAPTER 2

출제예상문제

남녀고용평등과 일·가정 양립 지원에 관한 법률

01 남녀고용평등과 일·가정 양립 지원에 관한 법률 상 직장 내 성희롱의 예방에 관한 설명으로 틀린 것은?

① 사업주는 직장 내 성희롱 예방을 위한 교육을 연 1회 이상 하여야 한다.
② 사업주 및 근로자 모두가 여성으로 구성된 사업의 사업주는 직장 내 성희롱 예방 교육을 생략할 수 있다.
③ 사업주는 성희롱 예방 교육을 고용노동부장관이 지정하는 기관에 위탁하여 실시할 수 있다.
④ 사업주는 근로자가 고객에 의한 성희롱의 피해를 주장하는 것을 이유로 해고나 그 밖의 불이익한 조치를 하여서는 아니 된다.

해설

직장 내 성희롱 예방 교육
① 사업주는 법 제13조에 따라 직장 내 성희롱 예방을 위한 교육을 연 1회 이상 하여야 한다.
② 예방 교육에는 다음의 내용이 포함되어야 한다.
• 직장 내 성희롱에 관한 법령
• 해당 사업장의 직장 내 성희롱 발생 시의 처리 절차와 조치 기준
• 해당 사업장의 직장 내 성희롱 피해 근로자의 고충상담 및 구제 절차
• 그 밖에 직장 내 성희롱 예방에 필요한 사항
③ 예방 교육은 사업의 규모나 특성 등을 고려하여 직원연수·조회·회의, 인터넷 등 정보통신망을 이용한 사이버 교육 등을 통하여 실시할 수 있다.

다만, 단순히 교육자료 등을 배포·게시하거나 전자우편을 보내거나 게시판에 공지하는 데 그치는 등 근로자에게 교육 내용이 제대로 전달되었는지 확인하기 곤란한 경우에는 예방 교육을 한 것으로 보지 아니한다.
④ ② 및 ③에도 불구하고 다음에 해당하는 사업의 사업주는 ②의 내용을 근로자가 알 수 있도록 홍보물을 게시하거나 배포하는 방법으로 직장 내 성희롱 예방 교육을 할 수 있다.
• 상시 10명 미만의 근로자를 고용하는 사업
• 사업주 및 근로자 모두가 남성 또는 여성 중 어느 한 성(性)으로 구성된 사업
⑤ 사업주가 소속 근로자에게 「국민 평생 직업능력 개발법」 제24조에 따라 인정받은 훈련과정 중 ②의 내용이 포함되어 있는 훈련과정을 수료하게 한 경우 그 훈련과정을 마친 근로자에게는 ①에 따른 예방 교육을 한 것으로 본다.

02 남녀고용평등과 일·가정 양립 지원에 관한 법률 상 차별에 해당하지 않는 것은?

① 성별을 사유로 합리적인 이유 없이 근로조건을 달리 하는 것
② 가족 안에서의 지위를 사유로 합리적인 이유 없이 근로조건을 달리 하는 것
③ 여성 근로자의 임신 출산 수유 등 모성보호를 위한 조치를 하는 경우
④ 사업주가 채용조건이나 근로조건은 동일하게 적용하더라도 그 조건을 충족할 수 있는 남성 또는 여성이 다른 한 성에 비하여 현저히 적고 그에 따라 특정성에게 불리한 결과를 초래하며 그 조건이 정당한 것임을 증명할 수 없는 경우

해설

"차별"이란 사업주가 근로자에게 성별, 혼인, 가족 안에서의 지위, 임신 또는 출산 등의 사유로 합리적인 이유 없이 채용 또는 근로의 조건을 다르게 하거나 그 밖의 불리한 조치를 하는 경우[사업주가 채용조건이나 근로조건은 동일하게 적용하더라도 그 조건을 충족할 수 있는 남성 또는 여성이 다른 한 성(性)에 비하여 현저히 적고 그에 따라 특정 성에게 불리한 결과를 초래하며 그 조건이 정당한 것임을 증명할 수 없는 경우를 포함한다]를 말한다. 다만, 다음에 해당하는 경우는 제외한다.

① 직무의 성격에 비추어 특정 성이 불가피하게 요구되는 경우
② 여성 근로자의 임신·출산·수유 등 모성보호를 위한 조치를 하는 경우
③ 그 밖에 이 법 또는 다른 법률에 따라 적극적 고용개선조치를 하는 경우

03 남녀고용평등과 일·가정 양립 지원에 관한 법률상 육아휴직제도에 관한 설명으로 틀린 것은?

① 육아휴직의 기간은 1년 이내로 한다.
② 사업주는 근로자가 만 8세 이하 또는 초등학교 2학년 이하의 자녀(입양한 자녀를 포함한다)를 양육하기 위하여 휴직을 신청하는 경우에 이를 허용하여야 한다.
③ 사업주는 육아휴직을 이유로 해고나 그 밖의 불리한 처우를 하여서는 아니 되며, 육아휴직 기간에는 그 근로자를 해고하지 못한다.
④ 사업주는 육아휴직을 마친 후에는 휴직 전과 같은 업무 또는 같은 수준의 임금을 지급하는 직무에 복귀시켜야 하나 육아휴직 기간은 근속기간에 포함하지 않는다.

해설

① 사업주는 근로자가 만 8세 이하 또는 초등학교 2학년 이하의 자녀(입양한 자녀를 포함한다)를 양육하기 위하여 휴직을 신청하는 경우에 이를 허용하여야 한다. 다만, 대통령령으로 정하는 경우에는 그러하지 아니하다.

② 육아휴직의 기간은 1년 이내로 한다.
③ 사업주는 육아휴직을 이유로 해고나 그 밖의 불리한 처우를 하여서는 아니 되며, 육아휴직 기간에는 그 근로자를 해고하지 못한다. 다만, 사업을 계속할 수 없는 경우에는 그러하지 아니하다.
④ 사업주는 육아휴직을 마친 후에는 휴직 전과 같은 업무 또는 같은 수준의 임금을 지급하는 직무에 복귀시켜야 한다. 또한 ②의 육아휴직 기간은 근속기간에 포함한다.
⑤ 육아휴직의 신청방법 및 절차 등에 관하여 필요한 사항은 대통령령으로 정한다.

04 남녀고용평등과 일·가정 양립 지원에 관한 법률상 직장 내 성희롱에 관한 설명으로 틀린 것은?

① 사업주는 직장 내 성희롱 예방을 위한 교육은 연 1회 이상 하여야 한다.
② 직장 내 성희롱 예방 교육은 사업의 규모나 특성 등을 고려하여 직원연수, 조회, 회의, 인터넷 등 정보통신망을 이용한 사이버 교육 등을 통하여 실시할 수 있다.
③ 상시 10명 미만의 근로자를 고용하는 사업의 사업주는 홍보물을 게시하거나 배포하는 방법으로 직장 내 성희롱 예방교육을 할 수 있다.
④ 사업주는 고객 등 업무와 밀접한 관련이 있는 자가 업무수행 과정에서 성적인 언동 등을 통하여 근로자에게 성적 굴욕감 또는 혐오감 등을 느끼게 하여 해당 근로자가 그로 인한 고충 해소를 요청할 경우 근무 장소 변경, 배치전환, 유급휴가의 명령 등 적절한 조치를 하도록 노력하여야 한다.

해설

사업주는 고객 등 업무와 밀접한 관련이 있는 자가 업무수행 과정에서 성적인 언동 등을 통하여 근로자에게 성적 굴욕감 또는 혐오감 등을 느끼게 하여 해당 근로자가 그로 인한 고충 해소를 요청할 경우 근무 장소 변경, 배치전환, 유급휴가의 명령 등 적절한 조치를 하여야 한다.

05 남녀고용평등과 일 · 가정 양립 지원에 관한 법령상 전자문서로 작성 · 보존할 수 있는 서류가 아닌 것은?

① 직장 내 성희롱 예방 교육을 하였음을 확인할 수 있는 서류
② 성희롱 행위자에 대한 징계 등 조치에 관한 서류
③ 육아휴직의 신청 및 허용에 관한 서류
④ 적극적 고용개선조치 시행계획 및 그 이행실적에 관한 서류

해설
전자문서로 작성 · 보존할 수 있는 서류는 다음과 같다.

① 모집과 채용, 임금, 임금 외의 금품 등, 교육 · 배치 및 승진, 정년 · 퇴직 및 해고에 관한 서류
② 직장 내 성희롱 예방 교육을 하였음을 확인할 수 있는 서류
③ 직장 내 성희롱 행위자에 대한 징계 등 조치에 관한 서류
④ 배우자 출산휴가의 청구 및 허용에 관한 서류
⑤ 육아휴직의 신청 및 허용에 관한 서류
⑥ 육아기 근로시간 단축의 신청 및 허용에 관한 서류, 허용하지 아니한 경우 그 사유의 통보 및 협의 서류, 육아기 근로시간 단축 중의 근로조건에 관한 서류

06 남녀고용평등과 일 · 가정 양립 지원에 관한 법률에 관한 설명으로 틀린 것은?

① 사업주는 원칙적으로 육아기 근로시간 단축을 하고 있는 근로자에게 단축된 근로시간 외에 연장근로를 요구할 수 없다.
② 가족돌봄휴직 기간은 근로기준법상 평균임금 산정기간에서는 제외되고 근속기간에는 포함된다.
③ 사업주가 근로자에게 육아기 근로시간 단축을 허용하는 경우 단축 후 근로시간은 주당 15시간 이상이어야 하고 30시간을 넘어서는 아니 된다.

④ 사업주는 근로자가 배우자의 출산을 이유로 휴가를 청구하는 경우에 5일의 유급휴가를 주어야 한다.

해설
배우자 출산휴가
① 사업주는 근로자가 배우자의 출산을 이유로 휴가를 청구하는 경우에 5일의 범위에서 10일의 휴가를 주어야 한다. 이 경우 사용한 휴가기간은 유급으로 한다.
② ①에 따른 휴가는 근로자의 배우자가 출산한 날부터 90일이 지나면 청구할 수 없다.

07 남녀고용평등과 일 · 가정 양립 지원에 관한 법률상 육아휴직에 관한 설명으로 옳은 것은?

① 육아휴직의 기간은 2년 이내로 한다.
② 사업주는 사업을 계속할 수 없는 경우에도 육아휴직 기간에는 그 근로자를 해고하지 못한다.
③ 육아휴직 기간은 근속기간에 포함하지 않는다.
④ 사업주는 휴직개시예정일의 전날까지 해당 사업에서 계속 근로한 기간이 6개월 미만인 근로자에 대해서는 육아휴직을 허용하지 아니할 수 있다.

08 남녀고용평등과 일 · 가정 양립 지원에 관한 법률상 육아휴직에 관한 설명으로 틀린 것은?

① 육아휴직기간은 1년 이내로 한다.
② 육아휴직기간은 근속기간에 포함되지 않는다.
③ 생후 1년 미만된 영유아가 있는 근로자는 그 영유아의 양육을 위하여 육아휴직을 신청할 수 있다.
④ 사업주는 육아휴직을 마친 후에는 휴직 전과 같은 업무 또는 같은 수준의 임금을 지급하는 직무에 복귀시켜야 한다.

① 육아휴직의 기간은 1년 이내로 한다.

② 육아휴직을 시작하려는 날(이하 "휴직개시예정일"이라 한다)의 전날까지 해당 사업에서 계속 근로한 기간이 6개월 미만인 근로자, 같은 영유아에 대하여 배우자가 육아휴직(다른 법령에 따른 육아휴직을 포함한다)을 하고 있는 근로자에 대하여 사업주는 육아휴직을 허용하지 아니할 수 있다.

③ 사업주는 육아휴직을 마친 후에는 휴직 전과 같은 업무 또는 같은 수준의 임금을 지급하는 직무에 복귀시켜야 한다. 또한 육아휴직 기간은 근속기간에 포함한다.

09 남녀고용평등과 일·가정 양립 지원에 관한 법률상 명예고용평등감독관(명예감독관)에 관한 설명으로 틀린 것은?

① 명예감독관의 임기는 3년으로 하되, 연임할 수 있다.

② 고용노동부장관은 명예감독관의 위촉 및 해촉(解囑) 권한을 지방고용노동관서의 장에게 위임한다.

③ 남녀고용평등 제도에 대한 홍보, 계몽 업무를 수행하는 경우에는 상근 업무로 함을 원칙으로 한다.

④ 고용노동부장관은 명예감독관으로 활동하기에 부적합한 사유가 있어 해당 사업의 노사 대표가 공동으로 해촉을 요청한 경우에 그 명예감독관을 해촉할 수 있다.

고용노동부장관은 사업장의 남녀고용평등 이행을 촉진하기 위하여 그 사업장 소속 근로자 중 노사가 추천하는 자를 명예고용평등감독관으로 위촉할 수 있다. 명예감독관이 업무를 수행하는 경우에는 비상근, 무보수로 함을 원칙으로 한다.

10 남녀고용평등과 일·가정 양립 지원에 관한 법률상 차별에 해당하는 것은?

① 직무의 성격에 비추어 특정 성(性)이 불가피하게 요구되는 경우

② 여성 근로자의 임신·출산·수유 등 모성보호를 위한 조치를 하는 경우

③ 동일한 업무를 담당하는 남녀 간의 정년연령을 달리 정하는 경우

④ 이 법 또는 다른 법률에 따라 적극적 고용개선 조치를 하는 경우

"차별"이란 사업주가 근로자에게 성별, 혼인, 가족 안에서의 지위, 임신 또는 출산 등의 사유로 합리적인 이유 없이 채용 또는 근로의 조건을 다르게 하거나 그 밖의 불리한 조치를 하는 경우[사업주가 채용조건이나 근로조건은 동일하게 적용하더라도 그 조건을 충족할 수 있는 남성 또는 여성이 다른 한 성(性)에 비하여 현저히 적고 그에 따라 특정 성에게 불리한 결과를 초래하며 그 조건이 정당한 것임을 증명할 수 없는 경우를 포함한다]를 말한다.

11 남녀고용평등과 일·가정 양립 지원에 관한 법률이 규정하고 있는 내용이 아닌 것은?

① 육아휴직급여

② 출산전후휴가에 대한 지원

③ 배우자 출산휴가

④ 직장보육시설 설치

육아휴직에 대해 규정하고 있으며 육아휴직급여는 고용보험법에서 규정하고 있다.

12 남녀고용평등과 일·가정 양립 지원에 관한 법률상 직장 내 성희롱에 대한 설명으로 틀린 것은?

① 직장 내 성희롱이란 사업주·상급자 또는 근로자가 직장 내의 지위를 이용하거나 업무와 관련하여 다른 근로자에게 성적 언동 등으로 성적 굴욕감 또는 혐오감을 느끼게 하거나 성적 언동 또는 그 밖의 요구 등에 따르지 아니하였다는 이유로 고용에서 불이익을 주는 것을 말한다.

② 사업주는 직장 내 성희롱 발생이 확인된 경우 지체 없이 행위자에 대하여 징계나 그 밖에 이에 준하는 조치를 하여야 한다.

③ 사업주는 직장 내 성희롱과 관련하여 피해를 입은 근로자 또는 성희롱 피해 발생을 주장하는 근로자에게 해고나 그 밖의 불리한 조치를 하여서는 아니 된다.

④ 사업주는 동법에 따라 직장 내 성희롱 예방을 위한 교육을 연 2회 이상 하여야 한다.

> **해설**
> 성희롱 예방 교육의 내용·방법 및 횟수 등에 관하여 필요한 사항은 대통령령(연 1회 이상)으로 정한다.

13 남녀고용평등과 일·가정 양립 지원에 관한 법률상 임금에 관한 설명으로 옳은 것은?

① 사업주는 다른 사업 내의 동일 가치의 노동에 대하여는 동일한 임금을 지급하여야 한다.

② 임금차별을 목적으로 사업주에 의하여 설립된 별개의 사업은 별개의 사업으로 본다.

③ 동일 가치 노동의 기준은 직무 수행에서 요구되는 성, 기술, 노력 등으로 한다.

④ 사업주가 동일 가치 노동의 기준을 정할 때에는 노사협의회의 근로자를 대표하는 위원의 의견을 들어야 한다.

> **해설**
> ①항 사업주는 동일한 사업 내의 동일 가치 노동에 대하여는 동일한 임금을 지급하여야 한다.
> ②항 사업주가 임금차별을 목적으로 설립한 별개의 사업은 동일한 사업으로 본다.
> ③항 동일 가치 노동의 기준은 직무 수행에서 요구되는 기술, 노력, 책임 및 작업 조건 등으로 하고, 사업주가 그 기준을 정할 때에는 제25조에 따른 노사협의회의 근로자를 대표하는 위원의 의견을 들어야 한다.

14 남녀고용평등과 일·가정 양립 지원에 관한 법률상 명예고용평등감독관에 관한 설명으로 틀린 것은?

① 고용노동부장관은 사업장의 남녀고용평등 이행을 촉진하기 위하여 외부 전문가 중 노사가 추천하는 자를 명예고용평등감독관으로 위촉할 수 있다.

② 명예고용평등감독관의 업무에는 해당 사업장의 차별 및 직장 내 성희롱 발생 시 피해근로자에 대한 상담, 조언이 포함된다.

③ 명예고용평등감독관은 해당 사업장의 고용평등 이행 상태 자율점검 및 지도 시 참여한다.

④ 명예고용평등감독관은 남녀고용평등 제도에 대한 홍보·계몽 활동을 한다.

> **해설**
> 고용노동부장관은 사업장의 남녀고용평등 이행을 촉진하기 위하여 그 사업장 소속 근로자 중 노사가 추천하는 자를 명예고용평등감독관으로 위촉할 수 있다.

15 남녀고용평등과 일·가정 양립 지원에 관한 법률상 직장 내 성희롱의 예방에 관한 설명으로 틀린 것은?

① 사업주는 직장 내 성희롱 예방을 위한 교육을 연 1회 이상 실시하여야 한다.
② 사업주 및 근로자 모두가 여성으로 구성된 사업의 사업주는 성희롱 예방 교육을 생략할 수 있다.
③ 사업주는 성희롱 예방 교육을 고용노동부장관이 지정하는 기관에 위탁하여 실시할 수 있다.
④ 사업주는 근로자가 고객에 의한 성희롱의 피해를 주장하는 것을 이유로 해고나 그 밖의 불이익한 조치를 하여서는 아니 된다.

해설

홍보물을 게시하거나 배포하는 방법으로 직장 내 성희롱 예방 교육을 할 수 있는 경우
① 상시 10명 미만의 근로자를 고용하는 사업
② 사업주 및 근로자 모두가 남성 또는 여성 중 어느 한 성(性)으로 구성된 사업

16 남녀고용평등과 일·가정 양립 지원에 관한 법률상 육아휴직에 관한 설명으로 틀린 것은?

① 근로자가 육아휴직종료 예정일을 연기하려는 경우에는 한 번만 연기할 수 있다.
② 사업주는 육아휴직을 마친 후에는 휴직 전과 같은 업무 또는 같은 수준의 임금을 지급하는 직무에 복귀시켜야 한다.
③ 사업주는 같은 영유아에 대하여 배우자가 육아휴직을 하고 있는 근로자에 대해 육아휴직을 허용해야 한다.
④ 사업주는 육아휴직을 이유로 해고나 그 밖의 불리한 처우를 하여서는 아니 되며, 육아휴직 기간에는 그 근로자를 해고하지 못한다.

해설

사업주가 육아휴직을 허용하지 아니할 수 있는 경우
① 육아휴직을 시작하려는 날(이하 "휴직개시예정일"이라 한다)의 전날까지 해당 사업에서 계속 근로한 기간이 6개월 미만인 근로자
② 같은 영유아에 대하여 배우자가 육아휴직(다른 법령에 따른 육아휴직을 포함한다)을 하고 있는 근로자

17 남녀고용평등과 일·가정 양립 지원에 관한 법률상 차별에 해당하지 않는 것은?

① 사업주가 근로자에게 성별, 혼인, 가족 안에서의 지위, 임신 또는 출산 등의 사유로 합리적인 이유 없이 채용 또는 근로의 조건을 다르게 하거나 그 밖의 불리한 조치를 하는 경우
② 사업주가 채용조건이나 근로조건은 동일하게 적용하더라도 그 조건을 충족할 수 있는 남성 또는 여성이 다른 한 성에 비하여 현저히 적고 그에 따라 특정 성에게 불리한 결과를 초래하며 그 조건이 정당한 것임을 증명할 수 없는 경우
③ 사업주는 여성 근로자를 모집·채용할 때 그 직무의 수행에 필요하지 아니한 용모·키·체중 등의 신체적 조건, 미혼 조건, 그 밖에 고용노동부령으로 정하는 조건을 제시하거나 요구하는 경우
④ 현존하는 남녀 간의 고용차별을 없애거나 고용평등을 촉진하기 위하여 잠정적인 특정 성을 우대하는 조치를 취하는 경우

해설

다음의 경우는 차별에 해당하지 않는다.
① 직무의 성격에 비추어 특정 성이 불가피하게 요구되는 경우
② 여성 근로자의 임신·출산·수유 등 모성보호를 위한 조치를 하는 경우
③ 그 밖에 이 법 또는 다른 법률에 따라 적극적 고용개선조치를 하는 경우

18 남녀고용평등과 일·가정 양립 지원에 관한 법률상 적극적 고용개선위원회에서 심의하는 사항이 아닌 것은?

① 여성 근로자 고충처리에 관한 사항
② 여성 근로자 고용기준에 관한 사항
③ 적극적 고용개선조치 시행계획의 심사에 관한 사항
④ 적극적 고용개선조치 이행실적의 평가에 관한 사항

🔖 해설

적극적 고용개선조치에 관한 중요 사항 심의
① 여성 근로자 고용기준에 관한 사항
② 적극적 고용개선조치 시행계획의 심사에 관한 사항
③ 적극적 고용개선조치 이행실적의 평가에 관한 사항
④ 적극적 고용개선조치 우수기업의 표창 및 지원에 관한 사항
⑤ 그 밖에 적극적 고용개선조치에 관하여 고용정책심의회의 위원장이 회의에 부치는 사항

19 남녀고용평등과 일·가정 양립 지원에 관한 법률에 부합되는 규정은?

① 동일 노동을 하는 남성보다 여성에게 낮은 임금기준을 적용하도록 되어 있는 급여규정
② 여성이 결혼하면 당연히 퇴직하게 되어 있는 사규
③ 육아휴직기간을 근속기간에 포함시키는 규정
④ 동일 직종에서 남녀 간에 정년이 달리 규정된 인사규정

🔖 해설

사업주는 육아휴직을 마친 후에는 휴직 전과 같은 업무 또는 같은 수준의 임금을 지급하는 직무에 복귀시켜야 한다. 또한 육아휴직기간은 근속기간에 포함한다.

20 남녀고용평등과 일·가정 양립 지원에 관한 법률상 모집과 채용에서의 차별과 관련된 설명으로 틀린 것은?

① 업무특성상 특별한 체력이 요구되는 위험한 업무에 여성의 참여를 배제하는 것은 평등권을 침해하는 것이다.
② 모집에 있어서 어떤 명칭이나 방법에 관계없이 남녀 간의 차별 없이 불특정인에게 임금, 근로시간 등 근로조건을 제시하고 근로를 권유하여야 한다.
③ 사업주는 여성근로자를 모집, 채용함에 있어 직무의 수행과 관계없는 용모, 키, 체중 등의 신체적 조건을 요구하여서는 안 된다.
④ 사업주는 여성근로자를 모집, 채용함에 있어 직무의 수행과 관계없는 미혼조건을 요구하여서는 안 된다.

🔖 해설

차별에 해당하지 않는 경우
① 직무의 성격에 비추어 특정 성이 불가피하게 요구되는 경우
② 여성 근로자의 임신·출산·수유 등 모성보호를 위한 조치를 하는 경우
③ 그 밖에 이 법 또는 다른 법률에 따라 적극적 고용개선조치를 하는 경우

21 남녀고용평등과 일·가정 양립 지원에 관한 법률상 육아휴직에 관한 설명 중 틀린 것은?

① 육아휴직을 개시하고자 하는 날 이전에 당해 사업에서의 계속근로기간이 6개월 미만인 근로자는 육아휴직이 허용되지 않는다.
② 육아휴직기간은 근속기간에 포함된다.
③ 육아휴직기간은 6개월 이내로 하되, 당해 영유아가 생후 3년이 되는 날을 경과할 수 없다.
④ 사업주는 사업을 계속할 수 없는 경우에는 육아휴직인 근로자를 해고할 수 있다.

해설

① 사업주는 근로자가 만 8세 이하 또는 초등학교 2학년 이하의 자녀(입양한 자녀를 포함한다)를 양육하기 위하여 휴직을 신청하는 경우에 이를 허용하여야 한다. 다만, 대통령령으로 정하는 경우에는 그러하지 아니하다.

② 육아휴직의 기간은 1년 이내로 한다.

③ 사업주는 육아휴직을 이유로 해고나 그 밖의 불리한 처우를 하여서는 아니 되며, 육아휴직 기간에는 그 근로자를 해고하지 못한다. 다만, 사업을 계속할 수 없는 경우에는 그러하지 아니하다.

④ 사업주는 육아휴직을 마친 후에는 휴직 전과 같은 업무 또는 같은 수준의 임금을 지급하는 직무에 복귀시켜야 한다. 또한 ②의 육아휴직 기간은 근속기간에 포함한다.

⑤ 육아휴직의 신청방법 및 절차 등에 관하여 필요한 사항은 대통령령으로 정한다.

22 남녀고용평등과 일·가정 양립 지원에 관한 법률상 육아휴직에 관한 설명으로 틀린 것은?

① 부부가 동시에 육아휴직을 실시할 수 없다.

② 6개월 미만 근속자는 육아휴직을 실시할 수 없다.

③ 원칙적으로 육아휴직기간 동안은 해고를 할 수 없다.

④ 육아휴직기간은 근속기간에 포함된다.

해설

사업주가 육아휴직을 허용하지 아니할 수 있는 경우 육아휴직을 시작하려는 날(이하 "휴직개시예정일"이라 한다)의 전날까지 해당 사업에서 계속 근로한 기간이 6개월 미만인 근로자

※ 2018년 5월 29일부터 근속기간이 1년에서 6개월로 완화되었다.

23 남녀고용평등과 일·가정 양립 지원에 관한 법률에 대한 설명으로 틀린 것은?

① 사업주는 근로자의 모집 및 채용에 있어서 남녀를 차별해서는 안 된다.

② 사업주는 동일한 사업 내의 동일 가치의 노동에 대해서는 동일한 임금을 지급해야 한다.

③ 근로여성의 임신·출산·수유 등 모성보호를 위한 조치를 취하는 것은 차별에 해당한다.

④ 임금차별을 목적으로 사업주에 의하여 설립된 별개의 사업은 동일한 사업으로 본다.

해설

"차별"이란 사업주가 근로자에게 성별, 혼인, 가족 안에서의 지위, 임신 또는 출산 등의 사유로 합리적인 이유 없이 채용 또는 근로의 조건을 다르게 하거나 그 밖의 불리한 조치를 하는 경우[사업주가 채용조건이나 근로조건은 동일하게 적용하더라도 그 조건을 충족할 수 있는 남성 또는 여성이 다른 한 성(性)에 비하여 현저히 적고 그에 따라 특정 성에게 불리한 결과를 초래하며 그 조건이 정당한 것임을 증명할 수 없는 경우를 포함한다]를 말한다. 다만, 다음에 해당하는 경우는 제외한다.

① 직무의 성격에 비추어 특정 성이 불가피하게 요구되는 경우

② 여성 근로자의 임신·출산·수유 등 모성보호를 위한 조치를 하는 경우

③ 그 밖에 이 법 또는 다른 법률에 따라 적극적 고용개선조치를 하는 경우

24 다음 중 남녀고용평등과 일·가정 양립 지원에 관한 법률상 고용노동부장관이 수립해야 할 남녀고용평등 기본계획에 포함되지 않는 것은?

① 여성취업의 촉진에 관한 사항

② 동일 가치노동에 대한 동일 임금 지급 정착에 관한 사항

③ 근로여성의 모성보호에 관한 사항

④ 남녀고용평등 의식 확산을 위한 홍보 사항

해설

① 여성취업의 촉진에 관한 사항
② 남녀의 평등한 기회보장 및 대우에 관한 사항
③ 동일 가치 노동에 대한 동일 임금 지급의 정착에 관한 사항
④ 여성의 직업능력 개발에 관한 사항
⑤ 여성 근로자의 모성보호에 관한 사항
⑥ 일·가정의 양립 지원에 관한 사항
⑦ 여성 근로자를 위한 복지시설의 설치 및 운영에 관한 사항
⑧ 직전 기본계획에 대한 평가
⑨ 그 밖에 남녀고용평등의 실현과 일·가정의 양립 지원을 위하여 고용노동부장관이 필요하다고 인정하는 사항

2-3 고용상 연령차별금지 및 고령자 고용촉진에 관한 법률

1 총칙

(1) 목적(법 제1조)

합리적인 이유 없이 연령을 이유로 하는 고용차별을 금지하고, 고령자(高齡者)가 그 능력에 맞는 직업을 가질 수 있도록 지원하고 촉진함으로써, 고령자의 고용안정과 국민경제의 발전에 이바지하는 것을 목적으로 한다.

(2) 용어의 정의(버 제2조)

① "고령자"라 함은 55세 이상인 사람으로 한다.

② "준고령자"라 함은 50세 이상 55세 미만인 사람으로 한다.

③ "사업주"란 근로자를 사용하여 사업을 하는 자를 말한다.

④ "근로자"란 「근로기준법」에 따른 근로자를 말한다.

⑤ "기준고용률"이란 사업장에서 상시 사용하는 근로자를 기준으로 하여 사업주가 고령자의 고용촉진을 위하여 고용하여야 할 고령자의 비율로서 고령자의 현황과 고용 실태 등을 고려하여 사업의 종류별로 대통령령으로 정하는 비율을 말한다.

⑤-1 기준고용률(시행령 제3조)

㉠ 제조업 : 그 사업장의 상시 근로자 수의 100분의 2

㉡ 운수업, 부동산 및 임대업 : 그 사업장의 상시 근로자 수의 100분의 6

㉢ ㉠, ㉡ 외의 산업 : 그 사업장의 상시 근로자 수의 100분의 3

(3) 정부의 책무(법 제3조)

정부는 고용에서 연령을 이유로 차별하는 관행을 해소하기 위하여 연령차별금지 정책을 수립·시행하며, 고령자의 고용에 관하여 사업주와 국민 일반의 이해를 높이고, 고령자의 고용촉진과 직업안정을 꾀하기 위하여 고령자 고용촉진 대책의 수립·시행, 직업능력개발훈련 등 필요한 시책을 종합적이고 효과적으로 추진하여야 한다.

(4) 사업주의 책무(법 제4조)

사업주는 연령을 이유로 하는 고용차별을 해소하고, 고령자의 직업능력개발·향상과 작업시설·업무 등의 개선을 통하여 고령자에게 그 능력에 맞는 고용 기회를 제공함과 아울러 정년연장 등의 방법으로 고령자의 고용이 확대되도록 노력하여야 한다.

| 쌤의 핵심포인트 |
근로기준법의 근로자란 직업의 종류와 관계없이 임금을 목적으로 사업이나 사업장에 근로를 제공하는 자이다.

| 쌤의 핵심포인트 |
정부의 책무인 고령자 고용촉진 대책의 수립·시행을 사업주의 책무로 출제하고 있다.

(5) 고령자 고용촉진 기본계획의 수립(법 제4조의3)

① 고용노동부장관은 고령자의 고용촉진에 관한 기본계획(이하 "기본계획"이라 한다)을 관계 중앙기관의 장과 협의하여 5년마다 수립하여야 한다.

② 기본계획에는 다음의 사항이 포함되어야 한다.

  ㉠ 직전 기본계획에 대한 평가

  ㉡ 고령자의 현황과 전망

  ㉢ 고령자의 직업능력개발

  ㉣ 고령자의 취업알선, 재취업 및 전직 지원 등 취업 가능성의 개선방안

  ㉤ 그 밖에 고령자의 고용촉진에 관한 주요 시책

③ 고용노동부장관은 기본계획을 수립하는 때에는 고용정책심의회의 심의를 거쳐야 한다.

④ 고용노동부장관이 기본계획을 수립한 때에는 지체 없이 국회 소관 상임위원회에 보고하여야 한다.

⑤ 고용노동부장관은 필요하다고 인정하면 관계 행정기관 또는 공공기관의 장에게 기본계획의 수립에 필요한 자료의 제출을 요청할 수 있다.

2 고용상 연령차별 금지

(1) 고령자 고용촉진 기본계획의 수립(법 제4조의4)

① 사업주는 다음의 분야에서 합리적인 이유 없이 연령을 이유로 근로자 또는 근로자가 되려는 자를 차별하여서는 아니 된다.

  ㉠ 모집·채용

  ㉡ 임금, 임금 외의 금품 지급 및 복리후생

  ㉢ 교육·훈련

  ㉣ 배치·전보·승진

  ㉤ 퇴직·해고

② 합리적인 이유 없이 연령 외의 기준을 적용하여 특정 연령집단에 특히 불리한 결과를 초래하는 경우에는 연령차별로 본다.

(2) 차별금지의 예외(법 제4조의5)

다음에 해당하는 경우에는 연령차별로 보지 아니한다.

① 직무의 성격에 비추어 특정 연령기준이 불가피하게 요구되는 경우

② 근속기간의 차이를 고려하여 임금이나 임금 외의 금품과 복리후생에서 합리적인 차등을 두는 경우

③ 이 법이나 다른 법률에 따라 근로계약, 취업규칙, 단체협약 등에서 정년을 설정하는 경우

④ 이 법이나 다른 법률에 따라 특정 연령집단의 고용유지 · 촉진을 위한 지원조치를 하는 경우

■ 3 정부의 고령자 취업지원

(1) 구인 · 구직 정보수집(법 제5조)

고용노동부장관 및 특별시장 · 광역시장 · 도지사 · 특별자치도지사(이하 "고용노동부장관 등"이라 한다)는 고령자의 고용을 촉진하기 위하여 고령자와 관련된 구인(求人) · 구직(求職) 정보를 수집하고 구인 · 구직의 개척에 노력하여야 하며 관련 정보를 구직자 · 사업주 및 관련 단체 등에 제공하여야 한다.

(2) 고령자에 대한 직업능력개발훈련(법 제6조)

① 고용노동부장관 등은 고령자의 고용을 촉진하고 직업능력의 개발 · 향상을 위하여 고령자를 대상으로 대통령령으로 정하는 바에 따라 직업능력개발훈련을 실시하여야 한다.

② 고용노동부장관 등은 고령자가 작업환경에 쉽게 적응할 수 있도록 하기 위하여 필요하다고 인정하면 취업 전에 안전 · 보건에 관한 내용을 포함하여 고용노동부령으로 정하는 적응훈련을 실시하도록 조치하여야 한다.

③ 고령자의 직업능력개발훈련과 해당 훈련생의 보호에 관한 사항은 「국민 평생 직업능력 개발법」을 준용하되 고령자의 신체적 · 정신적 조건 등을 고려하여 특별한 배려를 하여야 한다.

(3) 사업주에 대한 고용지도(법 제7조)

① 고용노동부장관은 필요하다고 인정하면 고령자를 고용하고 있거나 고용하려는 사업주에게 채용, 배치, 작업시설, 작업환경 등 고령자의 고용 관리에 관한 기술적 사항에 대하여 상담, 자문, 그 밖에 필요한 지원을 하여야 한다.

② 고용노동부장관은 고령자를 고용하고 있거나, 고용하려는 사업주에 대하여 고령자의 신체적 · 정신적 조건, 직업능력 등에 관한 정보와 그 밖의 자료를 제공하여야 한다.

(4) 고령자 고용정보센터의 운영(법 제10조)

① 고용노동부장관 등은 고령자의 직업지도와 취업알선 등의 업무를 효율적으로 수행하기 위하여 필요한 지역에 고령자 고용정보센터를 운영할 수 있다.

② 고령자 고용정보센터는 다음의 업무를 수행한다.

  ㉠ 고령자에 대한 구인·구직 등록, 직업지도 및 취업알선

  ㉡ 고령자에 대한 직장 적응훈련 및 교육

  ㉢ 정년연장과 고령자 고용에 관한 인사·노무관리와 작업환경 개선 등에 관한 기술적 상담·교육 및 지도

  ㉣ 고령자 고용촉진을 위한 홍보

  ㉤ 그 밖에 고령자 고용촉진을 위하여 필요한 업무

(5) 고령자인재은행의 지정(법 제11조)

① 고용노동부장관은 다음의 단체 또는 기관 중 고령자의 직업지도와 취업알선 또는 직업능력개발훈련 등에 필요한 전문 인력과 시설을 갖춘 단체 또는 기관을 고령자인재은행으로 지정할 수 있다.

  ㉠ 「직업안정법」에 따라 무료직업소개사업을 하는 비영리법인이나 공익단체

  ㉡ 「국민 평생 직업능력 개발법」에 따라 직업능력 개발훈련을 위탁받을 수 있는 대상이 되는 기관

② 「직업안정법」에 따라 무료직업소개사업을 하는 비영리법인이나 공익단체의 고령자인재은행의 사업범위는 아래와 같다.

  ㉠ 고령자에 대한 구인·구직 등록, 직업지도 및 취업알선

  ㉡ 취업희망 고령자에 대한 직업상담 및 정년퇴직자의 재취업 상담

  ㉢ 고령자의 직업능력개발훈련

  ㉣ 그 밖에 고령자 고용촉진을 위하여 필요하다고 인정하여 고용노동부장관이 정하는 사업

③ 고용노동부장관은 고령자인재은행에 대하여 직업안정 업무를 하는 행정기관이 수집한 구인·구직 정보, 지역 내의 노동력 수급상황, 그 밖에 필요한 자료를 제공할 수 있다.

④ 고용노동부장관은 고령자인재은행에 대하여 예산의 범위에서 소요 경비의 전부 또는 일부를 지원할 수 있다.

| 쌤의 핵심포인트 |

고령자의 실업급여지급은 고용노동부 고용센터에서 담당한다.

| 쌤의 핵심포인트 |

고령자의 직업능력개발훈련은 직업능력개발훈련을 위탁받을 수 있는 기관에서 한다.

(6) 고용지원센터의 지정기준(시행령 제7조 제1항)

고령자인재은행 지정기준	
시설 및 장비	• 고령자 구인·구직 또는 직업능력 개발훈련에 관한 상담을 하기 위한 전화 전용회선을 1회선 이상 설치할 것 • 인터넷을 통하여 고령자 구인·구직 또는 직업능력 개발훈련에 관한 상담을 하기 위한 개인용 컴퓨터를 1대 이상 설치할 것 • 고령자 구인·구직 또는 직업능력 개발훈련에 관한 상담을 위한 별도의 상담실을 설치할 것
인력	• 고령자 구인·구직 또는 직업능력 개발훈련에 관한 상담 전담자가 1명 이상일 것 • 그 밖에 고령자인재은행의 운영을 지원하는 인력이 1명 이상일 것

(7) 중견전문인력 고용지원센터의 지정(법 제11조의2)

① 고용노동부장관은 퇴직한 고령자로서 경력 등을 고려하여 고용노동부령으로 정하는 자(이하 "중견전문인력"이라 한다)의 직업지도와 취업알선 등을 전문적으로 지원하는 중견전문인력 고용지원센터(이하 "중견전문인력 고용지원센터"라 한다)를 지정할 수 있다.

② 중견전문인력 고용지원센터는 「직업안정법」에 따라 무료직업소개사업을 하는 비영리법인 또는 공익단체로서 필요한 전문인력과 시설을 갖춘 단체 중에서 지정한다.

③ 중견전문인력 고용지원센터는 다음의 사업을 한다.

　㉠ 중견전문인력의 구인·구직 등록, 직업상담 및 취업알선

　㉡ 중견전문인력의 중소기업에 대한 경영자문 및 자원봉사활동 등의 지원

　㉢ 그 밖에 중견전문인력의 취업에 필요한 사업으로서 대통령령으로 정하는 사업

④ 중견전문인력 고용지원센터에 대하여 직업안정 업무를 하는 행정기관이 수집한 구인·구직 정보, 지역 내의 노동력 수급상황, 그 밖에 필요한 자료를 제공할 수 있으며, 예산의 범위에서 소요 경비의 전부 또는 일부를 지원할 수 있다.

4 고령자의 고용촉진 및 고용안정

(1) 사업주의 고령자 고용 노력의무(법 제12조, 시행령 제10조)

상시 300명 이상의 근로자를 사용하는 사업장의 사업주는 기준고용률 이상의 고령자를 고용하도록 노력하여야 한다.

| 쌤의 핵심포인트 |

고령자인재은행 및 중견전문인력 고용지원센터의 지정취소
① 지정취소 하려면 「행정절차법」에 따른 청문을 실시하여야 한다.
② 지정을 받은 자가 그 업무를 폐지하거나 휴업하려면 고용노동부장관에게 신고하여야 한다.

| 쌤의 핵심포인트 |

사업주는 기준 고용률 이상 고용하도록 노력하여야 하는 노력조항으로 미달 시에는 '권고'를 받고, 초과 시에는 '조세감면'을 받는다.

(2) 사업주의 고령자 고용현황의 제출 등(법 제13조)

① 상시 300명 이상의 근로자를 사용하는 사업장의 사업주는 고용노동부령으로 정하는 바에 따라 매년 고령자 고용현황을 고용노동부장관에게 제출하여야 한다.

② 고용노동부장관은 상시 300명 이상의 근로자를 사용하는 사업장의 사업주로서 상시 고용하는 <u>고령자의 비율이 기준고용률에 미달하는 사업주에 대하여 고령자의 고용촉진 및 안정을 위하여 필요한 조치의 시행을 권고할 수 있다.</u>

③ 고용노동부장관은 권고에 따른 조치를 시행하는 사업주에게 상담, 자문, 그 밖에 필요한 협조와 지원을 할 수 있다.

(3) 고령자 고용촉진을 위한 세제지원 등(법 제14조)

<u>기준고용률을 초과하여 고령자를 추가로 고용하는 경우에는 「조세특례제한법」으로 정하는 바에 따라 조세를 감면한다.</u>

(4) 우선고용직종의 선정 등(법 제15조)

<u>고용노동부장관은 고용정책심의회의 심의를 거쳐 고령자와 준고령자를 고용하기에 적합한 직종(이하 "우선고용직종"이라 한다)을 선정하고, 선정된 우선고용직종을 고시하여야 한다.</u>

(5) 우선고용직종의 고용(법 제16조, 시행령 제12조)

| 쌤의 핵심포인트 |
우선고용직종에 고령자와 준고령자를 의무적으로 고용해야 할 의무가 있는 주체는 '국가', '지방자치단체', '공공기관으로 지정받은 기관의 장'이다.

① <u>국가 및 지방자치단체, 「공공기관의 운영에 관한 법률」에 따라 공공기관으로 지정받은 기관의 장(이하 "공공기관 등의 장"이라 한다)은 그 기관의 우선고용직종에 다음에 해당하는 사유가 발생한 경우에는 고령자와 준고령자를 우선적으로 고용하여야 한다.</u>

㉠ 우선고용직종이 신설되거나 확대됨에 따라 신규인력을 채용하는 경우

㉡ 퇴직이나 이직 등에 따라 우선고용직종에 결원이 생겨서 인력보충이 필요한 경우

② 공공기관 등의 장은 해당 기관의 우선고용직종에 직원을 채용하는 경우에 관계 법령상 별도의 자격요건을 정하고 있거나 특별한 사정이 있다고 인정되어 고용노동부장관의 승인을 받은 경우에는 위의 사항을 적용하지 아니할 수 있다.

③ <u>공공기관 등의 장은 그 기관의 우선고용직종에 관한 고용 현황을 고용노동부령으로 정하는 바에 따라 매년 고용노동부장관에게 제출하여야 한다.</u>

(6) 고용 확대의 요청 등(법 제17조)

① 고용노동부장관은 고령자와 준고령자를 우선적으로 채용한 실적이 부진한 자에게 그 사유를 제출하게 할 수 있으며, 그 사유가 정당하지 아니한 자(사유를

2-3 고용상 연령차별금지 및 고령자 고용촉진에 관한 법률

제출하지 아니한 자를 포함한다)에게 고령자와 준고령자의 고용을 확대하여
줄 것을 요청할 수 있다.

② 고용노동부장관은 권고를 따르지 아니하는 사업주에게 그 사유를 제출하게 할
수 있으며, 그 사유가 정당하지 아니한 사업주(사유를 제출하지 아니한 사업주
를 포함한다)에게 고령자의 고용을 확대하여 줄 것을 요청할 수 있다.

(7) 내용 공표 및 취업알선 중단(법 제18조)

고용노동부장관은 정당한 사유 없이 고용 확대 요청에 따르지 아니한 자에게 그
내용을 공표하거나 직업안정 업무를 하는 행정기관에서 제공하는 직업지도와 취
업알선 등 고용 관련 서비스를 중단할 수 있다.

(8) 정년(법 제19조)

① 사업주는 근로자의 정년을 60세 이상으로 정하여야 한다.

② 사업주가 근로자의 정년을 60세 미만으로 정한 경우에는 정년을 60세로 정한
것으로 본다.

(9) 정년연장에 따른 임금체계 개편(법 제19조의2)

① 정년을 연장하는 사업 또는 사업장의 사업주와 근로자의 과반수로 조직된 노동
조합(근로자의 과반수로 조직된 노동조합이 없는 경우에는 근로자의 과반수를
대표하는 자를 말한다)은 그 사업 또는 사업장의 여건에 따라 임금체계 개편 등
필요한 조치를 하여야 한다.

② 고용노동부장관은 정년을 연장하는 필요한 조치를 한 사업 또는 사업장의 사업
주나 근로자에게 대통령령으로 정하는 바에 따라 고용지원금 등 필요한 지원을
할 수 있다.

③ 고용노동부장관은 정년을 60세 이상으로 연장하는 사업 또는 사업장의 사업주
또는 근로자에게 대통령령으로 정하는 바에 따라 임금체계 개편 등을 위한 컨
설팅 등 필요한 지원을 할 수 있다.

(10) 정년제도 운영현황의 제출 등(법 제20조, 시행령 제7조)

① 상시 300인 이상의 근로자를 사용하는 사업주는 고용노동부령으로 정하는 바
에 따라 매년 정년 제도의 운영 현황을 고용노동부장관에게 제출하여야 한다.

② 고용노동부장관은 상시 300인 이상의 근로자를 사용하는 사업주로서 정년을
현저히 낮게 정한 사업주에게 정년의 연장을 권고할 수 있다.

③ 권고를 정당한 사유 없이 따르지 아니한 경우 그 내용을 공표할 수 있다.

(11) 정년퇴직자의 재고용(법 제21조)

① 사업주는 정년에 도달한 자가 그 사업장에 다시 취업하기를 희망할 때 그 직무 수행 능력에 맞는 직종에 재고용하도록 노력하여야 한다.

② 사업주는 고령자인 정년퇴직자를 재고용할 때 당사자 간의 합의에 의하여 「근로기준법」에 따른 퇴직금과 연차유급(年次有給) 휴가일수 계산을 위한 계속근로기간을 산정할 때 종전의 근로기간을 제외할 수 있으며 임금의 결정을 종전과 달리할 수 있다.

(12) 정년 관련 지원

① 정년퇴직자의 재고용 지원(법 제21조의2)

고용노동부장관은 정년퇴직자를 재고용하거나 그 밖에 정년퇴직자의 고용 안정에 필요한 조치를 하는 사업주에게 장려금 지급 등 필요한 지원을 할 수 있다.

② 퇴직예정자 등의 구직활동지원(법 제21조의3)

㉠ 사업주는 정년퇴직 등의 사유로 이직예정인 근로자에게 경력·적성 등의 진단 및 향후 진로설계, 취업알선, 재취업 또는 창업에 관한 교육 등 재취업에 필요한 서비스(이하 "재취업지원서비스"라 한다)를 제공하도록 노력하여야 한다.

㉡ 대통령령으로 정하는 수 이상의 근로자를 사용하는 사업주는 정년 등 대통령령으로 정하는 비자발적인 사유로 이직예정인 준고령자 및 고령자에게 재취업지원서비스를 제공하여야 한다.

③ 사업주는 재취업지원서비스를 대통령령으로 정하는 바에 따라 다음에 해당하는 단체 또는 기관에 위탁하여 실시할 수 있다.

㉠ 무료직업소개사업을 하는 비영리법인이나 공익단체

㉡ 유료직업소개사업을 하는 법인

㉢ 「국민 평생 직업능력 개발법」에 따라 직업능력개발훈련을 위탁받을 수 있는 대상이 되는 기관

④ 정년 연장에 대한 지원(법 제22조)

고용노동부장관은 정년 연장에 따른 사업체의 인사와 임금 등에 대하여 상담, 자문, 그 밖에 필요한 협조와 지원을 하여야 한다.

CHAPTER 2
출제예상문제

2-3 고용상 연령차별금지 및 고령자 고용촉진에 관한 법률

01 고용상 연령차별금지 및 고령자 고용촉진에 관한 법률상 제조업, 운수업, 부동산 및 임대업을 제외한 산업의 고령자 기준고용률은?

① 그 사업장의 상시 근로자 수의 100분의 1
② 그 사업장의 상시 근로자 수의 100분의 2
③ 그 사업장의 상시 근로자 수의 100분의 3
④ 그 사업장의 상시 근로자 수의 100분의 6

> **해설**
> ① 제조업 : 그 사업장의 상시 근로자 수의 100분의 2
> ② 운수업, 부동산 및 임대업 : 그 사업장의 상시 근로자 수의 100분의 6
> ③ ①, ② 이외의 산업 : 그 사업장의 상시 근로자 수의 100분의 3

02 고용상 연령차별금지 및 고령자 고용촉진에 관한 법령에 대한 설명으로 옳은 것은?

① 동법의 근로자는 노동조합 및 노동관계조정법상의 근로자를 말한다.
② 제조업은 그 사업장의 상시 근로자 수의 100분의 3을 고령자로 고용하여야 한다.
③ 동법에서 고령자는 50세 이상인 자로 한다.
④ 상시 300인 이상의 근로자를 사용하는 사업주는 기준 고용률 이상의 고령자를 고용하도록 노력하여야 한다.

> **해설**
> ① "고령자"라 함은 55세 이상인 사람으로 한다.

② "준고령자"라 함은 50세 이상 55세 미만인 사람으로 한다.
③ "근로자"란 「근로기준법」에 따른 근로자를 말한다.
④ 제조업에서의 기준고용률은 그 사업장의 상시 근로자 수의 100분의 2

03 고용상 연령차별금지 및 고령자 고용촉진에 관한 법률상 정년에 관한 설명으로 틀린 것은?

① 사업주는 근로자의 정년을 60세 이상으로 정하여야 한다.
② 고용노동부장관은 대통령령으로 정하는 일정수 이상의 근로자를 사용하는 사업주로서 정년을 현저히 낮게 정한 사업주에 대하여 정년의 연장을 권고할 수 있다.
③ 사업주는 정년에 도달한 자가 그 사업장에 다시 취업하기를 희망할 때 그 직무수행 능력에 맞는 직종에 재고용하도록 노력하여야 한다.
④ 사업주는 고령자인 정년퇴직자를 재고용할 때 당사자 간의 합의에 의하여 근로기준법에 따른 퇴직금과 연차유급 휴가일수 계산을 위한 계속근로 기간을 산정할 때 종전의 근로기간을 제외할 수 있으나 임금의 결정은 종전과 달리할 수 없다.

> **해설**
> 사업주는 고령자인 정년퇴직자를 재고용할 때 당사자 간의 합의에 의하여 「근로기준법」에 따른 퇴직금과 연차유급(年次有給) 휴가일수 계산을 위한 계속근로기간을 산정할 때 종전의 근로기간을 제외할 수 있으며 임금의 결정을 종전과 달리할 수 있다.

정답 01 ③ 02 ④ 03 ④

04 다음 (   ) 안에 들어갈 가장 알맞은 것은?

> 고용상 연령차별금지 및 고령자 고용촉진에 관한 법률에 상시 (   ) 이상의 근로자를 사용하는 사업장의 사업주는 기준고용률 이상의 고령자를 고용하도록 노력하여야 한다.

① 20명   ② 100명
③ 150명   ④ 300명

05 고용상 연령차별금지 및 고령자 고용촉진에 관한 법률상 사업주가 근로자의 정년을 정하는 경우에는 그 정년이 몇 세 이상으로 정하여야 하는가?

① 55세   ② 57세
③ 58세   ④ 60세

🔖 해설
> ① 사업주는 근로자의 정년을 60세 이상으로 정하여야 한다.
> ② 사업주가 ①에도 불구하고 근로자의 정년을 60세 미만으로 정한 경우에는 정년을 60세로 정한 것으로 본다.

06 고용상 연령차별금지 및 고령자 고용촉진에 관한 법률상 사업주의 책무가 아닌 것은?

① 고령자 고용촉진 대책의 수립 · 시행
② 연령을 이유로 하는 고용차별 해소
③ 고령자에게 그 능력에 맞는 고용기회 제공
④ 정년연장 등의 방법으로 고령자의 고용 확대

🔖 해설
> 정부는 고용에서 연령을 이유로 차별하는 관행을 해소하기 위하여 연령차별금지정책을 수립 · 시행하며, 고령자의 고용에 관하여 사업주와 국민 일반의 이해를 높이고, 고령자의 고용촉진과 직업안정을 꾀하기 위하여 고령자 고용촉진 대책의 수립 · 시행, 직업능력 개발훈련 등 필요한 시책을 종합적이고 효과적으로 추진하여야 한다.

07 고용상 연령차별금지 및 고령자 고용촉진에 관한 법령상 고령자 우선고용직종에 관한 설명으로 틀린 것은?

① 고용노동부장관은 고용정책심의위원회의 심의를 거쳐 고령자의 고용에 적합한 직종을 선정한다.
② 정부투자기관의 장은 당해 기관의 우선고용직종에 대한 고용현황을 2년에 1회 고용노동부장관에게 제출하여야 한다.
③ 정부투자기관은 고령자 우선고용직종이 신설됨에 따라 신규인력을 고용하거나 우선고용직종의 결원으로 인력보충이 필요한 경우에는 고령자와 준고령자를 우선적으로 고용하여야 한다.
④ 고용노동부장관은 우선고용직종에 대한 고령자와 준고령자의 우선적 고용실적이 부진한 정부투자기관에 대해서 고령자와 준고령자의 고용확대를 요청할 수 있다.

🔖 해설
> **고령자 고용현황 제출**
> 고령자 고용현황을 제출하여야 하는 사업주는 매년 1월 31일까지 전년도의 고령자 고용현황을 작성하여 관할 지방고용노동관서의 장에게 제출하여야 한다.

08 고용상 연령차별금지 및 고령자 고용촉진에 관한 법령상 업종별 고령자 기준고용률이 틀린 것은?

① 제조업 : 상시 근로자 수의 100분의 2
② 운수업 : 상시 근로자 수의 100분의 4
③ 부동산 및 임대업 : 상시 근로자 수의 100분의 6
④ 도 · 소매업 : 상시 근로자 수의 100분의 3

🔖 해설
> ① 제조업 : 그 사업장의 상시 근로자 수의 100분의 2
> ② 운수업, 부동산 및 임대업 : 그 사업장의 상시 근로자 수의 100분의 6
> ③ ①, ② 이외의 산업 : 그 사업장의 상시 근로자 수의 100분의 3

정답 04 ④ 05 ④ 06 ① 07 ② 08 ②

09 고용상 연령차별금지 및 고령자 고용촉진에 관한 법률률상 정년에 관한 설명으로 틀린 것은?

① 대통령령으로 정하는 수 이상의 근로자를 사용하는 사업주가 정년제도 운영현황을 제출하지 아니한 경우에는 500만 원 이하의 과태료를 부과한다.

② 고용노동부장관은 정년을 현저히 낮게 정한 대통령령으로 정하는 수 이상의 근로자를 사용하는 사업주에 대하여 정년의 연장을 권고할 수 있다.

③ 고용노동부장관은 정년퇴직자를 재고용하거나 그 밖에 정년퇴직자의 고용안정에 필요한 조치를 하는 사업주에게 장려금 지급 등 필요한 지원을 해야 한다.

④ 고령자인 정년퇴직자를 재고용할 때는 당사자 간의 합의에 의하여 임금의 결정을 종전과 달리할 수 있다.

🔖 **해설**
- -
고용노동부장관은 법 제21조에 따라 정년퇴직자를 재고용하거나 그 밖에 정년퇴직자의 고용안정에 필요한 조치를 하는 사업주에게 장려금 지급 등 필요한 지원을 할 수 있다(법 제21조의2).

10 고용상 연령차별금지 및 고령자 고용촉진에 관한 법률률상 고령자인재은행으로 지정된 직업안정법에 따른 무료직업소개사업을 하는 비영리법인의 사업범위에 해당하지 않는 것은?

① 고령자의 직업능력개발훈련
② 고령자에 대한 구인 · 구직 등록
③ 고령자에 대한 직업지도 및 취업알선
④ 취업희망 고령자에 대한 직업상담 및 정년퇴직자의 재취업 상담

🔖 **해설**
- -
고령자의 직업능력개발훈련은 직업능력개발훈련을 위탁받을 수 있는 대상이 되는 기관의 고령자인재은행의 사업범위이다.

11 고용상 연령차별금지 및 고령자 고용촉진에 관한 법령상 고령자와 준고령자에 관한 설명으로 옳은 것은?

① 고령자는 55세 이상인 사람이며, 준고령자는 50세 이상 55세 미만인 사람으로 한다.
② 고령자는 60세 이상인 사람이며, 준고령자는 55세 이상 60세 미만인 사람으로 한다.
③ 고령자는 58세 이상인 사람이며, 준고령자는 55세 이상 58세 미만인 사람으로 한다.
④ 고령자는 65세 이상인 사람이며, 준고령자는 60세 이상 65세 미만인 사람으로 한다.

12 고용상 연령차별금지 및 고령자 고용촉진에 관한 법률률상 정년에 관한 설명으로 틀린 것은?

① 사업주는 근로자의 정년을 60세 이상으로 정하여야 한다.
② 고용노동부장관은 상시 300명 이상의 근로자를 사용하는 사업주로서 정년을 현저히 낮게 정한 사업주에 대하여 정년연장에 관한 계획을 작성하여 제출할 것을 요청할 수 있다.
③ 고용노동부장관은 사업주가 제출한 정년연장에 관한 계획이 적절하지 아니하다고 인정하면 그 계획의 변경을 권고할 수 있으며, 변경권고에 따르지 않는 사업주에 대해서는 과태료를 부과할 수 있다.
④ 고용노동부장관은 정년연장에 따른 사업체의 인사 및 임금 등에 대하여 상담 · 자문 기타 필요한 협조와 지원을 하여야 한다.

🔖 **해설**
- -
고용노동부장관은 정당한 사유 없이 고용 확대 요청에 따르지 아니한 자에게 그 내용을 공표하거나 직업안정 업무를 하는 행정기관에서 제공하는 직업지도와 취업알선 등 고용 관련 서비스를 중단할 수 있다.

정답 09 ③ 10 ① 11 ① 12 ③

13 고용상 연령차별금지 및 고령자 고용촉진에 관한 법률상 우선고용직종에 관한 설명으로 틀린 것은?

① 고용노동부장관은 고용정책심의회의 심의를 거쳐 고령자와 준고령자를 고용하기에 적합한 직종을 선정하고, 선정된 우선고용직종을 고시하여야 한다.

② 공공기관의 장은 그 기관에 우선고용직종이 신설되어 신규인력을 채용하는 경우 고령자와 준고령자를 우선적으로 고용하도록 노력하여야 한다.

③ 고용노동부장관은 우선고용직종의 개발 등 고령자와 준고령자의 고용촉진에 필요한 사항에 대하여 조사, 연구하고 관련 자료를 정리, 배포하여야 한다.

④ 공공기관 등의 장은 그 기관의 우선고용직종에 관한 고용현황을 매년 고용노동부장관에게 제출하여야 한다.

🔖 해설
국가 및 지방자치단체,「공공기관의 운영에 관한 법률」제4조에 따라 공공기관으로 지정받은 기관의 장은 그 기관의 우선고용직종에 대통령령으로 정하는 바에 따라서 고령자와 준고령자를 우선적으로 고용하여야 한다.

14 고용상 연령차별금지 및 고령자 고용촉진에 관한 법률상 정년에 관한 설명으로 옳은 것은?

① 55세 이상이 되도록 노력하여야 한다.

② 사업주는 고령자인 정년퇴직자를 재고용할 경우에는 퇴직 직전의 임금으로 임금을 결정해야 한다.

③ 사업주는 고령자인 정년퇴직자를 재고용할 경우에는 퇴직금과 연차유급휴가 일수 계산을 위한 계속근로기간 산정에 있어 종전의 근로기간을 제외할 수 있다.

④ 고용노동부장관은 상시 100인 이상의 근로자를 사용하는 사업장의 사업주로서 정년을 현저히 낮게 정한 사업주에 대하여 정년연장에 관한 계획을 작성하여 제출할 것을 요청할 수 있다.

🔖 해설
①항 사업주는 근로자의 정년을 60세 이상으로 정하여야 한다.

②항 사업주는 고령자인 정년퇴직자를 재고용할 때 당사자 간의 합의에 의하여「근로기준법」제34조에 따른 퇴직금과 같은 법 제60조에 따른 연차유급(年次有給) 휴가일수 계산을 위한 계속근로기간을 산정할 때 종전의 근로기간을 제외할 수 있으며 임금의 결정을 종전과 달리할 수 있다.

④항 상시 300인 이상의 근로자를 사용하는 사업주는 고용노동부령으로 정하는 바에 따라 매년 정년 제도의 운영 현황을 고용노동부장관에게 제출하여야 한다. 고용노동부장관은 정년을 현저히 낮게 정한 사업주에게 정년의 연장을 권고할 수 있다.

15 고용상 연령차별금지 및 고령자 고용촉진에 관한 법령상 정년에 관한 규정으로 틀린 것은?

① 사업주는 근로자의 정년을 60세 이상으로 정하여야 한다.

② 고용노동부장관은 정년을 현저히 낮게 정한 사업주에 대하여 정년연장에 관한 계획을 작성하여 제출할 것을 요청할 수 있다.

③ 사업주가 제출한 정년연장에 관한 계획이 적절하지 아니하다고 인정될 때에는 과태료를 부과할 수 있다.

④ 고령자인 정년 퇴직자를 재고용할 때는 당사자 간의 합의에 의하여 임금의 결정을 종전과 달리할 수 있다.

🔖 해설
① 상시 300인 이상의 근로자를 사용하는 사업주는 고용노동부령으로 정하는 바에 따라 매년 정년 제도의 운영 현황을 고용노동부장관에게 제출하여야 한다.

정답 13 ② 14 ③ 15 ③

② 고용노동부장관은 ①에 따른 사업주로서 정년을 현저히 낮게 정한 사업주에게 정년의 연장을 권고할 수 있다.

③ ②에 따른 권고를 정당한 사유 없이 따르지 아니한 경우 그 내용을 공표할 수 있다.

16 고용상 연령차별금지 및 고령자 고용촉진에 관한 법령상 준고령자의 연령으로 옳은 것은?

① 45세 이상 60세 미만
② 45세 이상 50세 미만
③ 50세 이상 55세 미만
④ 55세 이상 60세 미만

17 고용상 연령차별금지 및 고령자 고용촉진에 관한 법령상 고령자 고용촉진에 관한 설명으로 옳은 것은?

① 상시 근로자 300인 이상 사업주는 법령에서 정한 기준 고용률 이상의 고령자를 고용하여야 한다.

② 기준고용률에 미달하는 고령자를 고용하는 사업주는 매년 고용노동부장관에게 고령자 고용부담금을 납부하여야 한다.

③ 기준고용률을 초과하여 고용하는 사업주에게는 고용보험법상 고령자 고용촉진장려금을 지급할 수 있으며, 조세감면 혜택이 주어진다.

④ 국가 및 지방자치단체, 정부투자기관과 정부출연기관의 장은 그 기간의 우선고용직종에 고령자와 준고령자를 우선적으로 채용하도록 노력해야 한다.

> **해설**
> ①항 기준고용률 이상의 고령자를 고용하도록 노력하여야 할 사업주는 상시 300명 이상의 근로자를 사용하는 사업장의 사업주로 한다.

②항 고용노동부장관은 제12조에 따른 사업주로서 상시 고용하는 고령자의 비율이 기준고용률에 미달하는 사업주에 대하여 고령자의 고용촉진 및 안정을 위하여 필요한 조치의 시행을 권고할 수 있다.

④항 국가 및 지방자치단체, 「공공기관의 운영에 관한 법률」 제4조에 따라 공공기관으로 지정받은 기관의 장은 그 기관의 우선고용직종에 대통령령으로 정하는 바에 따라서 고령자와 준고령자를 우선적으로 고용하여야 한다.

18 고용상 연령차별금지 및 고령자 고용촉진에 관한 법령상 임대업의 고령자 기준고용률은?

① 상시 근로자 수의 100분의 1
② 상시 근로자 수의 100분의 3
③ 상시 근로자 수의 100분의 6
④ 상시 근로자 수의 100분의 7

> **해설**
> ① 제조업 : 그 사업장의 상시 근로자 수의 100분의 2
> ② 운수업, 부동산 및 임대업 : 그 사업장의 상시 근로자 수의 100분의 6
> ③ ①, ② 이외의 산업 : 그 사업장의 상시 근로자 수의 100분의 3

19 고용상 연령차별금지 및 고령자 고용촉진에 관한 법령상 고령자인재은행의 지정기준으로 옳은 것은?

① 고령자 구인·구직상담을 위한 별도의 상담실을 설치할 것

② 인터넷을 통하여 고령자 구인·구직상담을 하기 위한 개인용 컴퓨터를 3대 이상 설치할 것

③ 고령자 구인·구직상담에 응하기 위한 전화 전용회선을 3회선 이상 설치할 것

④ 고령자 구인·구직상담 전담자가 2인 이상일 것

정답 16 ③ 17 ③ 18 ③ 19 ①

해설

① 고령자인재은행의 시설 및 장비
- 고령자 구인 · 구직 또는 직업능력개발훈련에 관한 상담을 하기 위한 전화전용회선을 1회선 이상 설치할 것
- 인터넷을 통하여 고령자 구인 · 구직 또는 직업능력개발훈련에 관한 상담을 하기 위한 개인용 컴퓨터를 1대 이상 설치할 것
- 고령자 구인 · 구직 또는 직업능력개발훈련에 관한 상담을 위한 별도의 상담실을 설치할 것
② 인력
- 고령자 구인 · 구직 또는 직업능력개발훈련에 관한 상담 전담자가 1명 이상일 것
- 그 밖에 고령자인재은행의 운영을 지원하는 인력이 1명 이상일 것

20 고용상 연령차별금지 및 고령자 고용촉진에 관한 법령상 정년에 대한 설명으로 틀린 것은?

① 사업주는 정년에 도달한 자가 그 사업장에 다시 취업하기를 희망하는 때에는 그 직무수행능력에 적합한 직종에 재고용하도록 노력하여야 한다.
② 사업주는 근로자의 정년을 60세 이상으로 정하여야 한다.
③ 사업주는 고령자인 정년퇴직자를 재고용함에 있어 임금의 결정을 종전과 달리할 수 없다.
④ 상시 300인 이상의 근로자를 사용하는 사업주는 매년 정년제도의 운영현황을 고용노동부장관에게 제출하여야 한다.

해설

사업주는 고령자인 정년퇴직자를 재고용할 때 당사자 간의 합의에 의하여 퇴직금과 연차유급(年次有給), 휴가일수 계산을 위한 계속근로기간 산정 시 종전의 근로기간을 제외할 수 있으며 임금의 결정을 종전과 달리할 수 있다.

21 고용상 연령차별금지 및 고령자 고용촉진에 관한 법령에서 사용하는 용어의 정의로 옳지 않은 것은?

① "고령자"라 함은 인구 · 취업자의 구성 등을 고려하여 대통령령이 정하는 55세 이상인 자를 말한다.
② "사업주"라 함은 근로자를 사용하여 사업을 행하는 자를 말한다.
③ "근로자"라 함은 근로기준법 제14조의 규정에 의한 근로자를 말한다.
④ "기준고용률"이라 함은 사업장에서 상시 사용하는 근로자를 기준으로 하여 사업주가 고령자의 고용촉진을 위하여 고용하여야 할 고령자의 비율로서, 제조업의 경우 그 사업장의 상시 근로자 수의 100분의 6이다.

해설

① "고령자"라 함은 55세 이상인 사람으로 한다.
② "준고령자"라 함은 50세 이상 55세 미만인 사람으로 한다.
③ "근로자"란 「근로기준법」에 따른 근로자를 말한다.
④ 제조업에서의 기준고용률은 그 사업장의 상시 근로자 수의 100분의 2

22 고용상 연령차별금지 및 고령자 고용촉진에 관한 법률상 고령자 고용촉진 기본계획에 관한 설명으로 틀린 것은?

① 고용노동부장관이 관계 중앙기관의 장과 협의하여 5년마다 수립하여야 한다.
② 고령자의 직업능력개발에 관한 사항이 포함되어야 한다.
③ 고령자의 현황과 전망에 관한 사항은 포함되지 아니하여도 된다.
④ 수립할 때에는 고용정책 기본법상 고용정책심의회의 심의를 거쳐야 한다.

정답 20 ③ 21 ④ 22 ③

해설

고령자 고용촉진 기본계획에는 다음의 사항이 포함되어야 한다.
① 고령자의 현황과 전망
② 고령자의 직업능력개발
③ 고령자의 취업알선, 재취업 및 전직지원 등 취업 가능성의 개선방안
④ 그 밖에 고령자의 고용촉진에 관한 주요 시책

23 고용상 연령차별금지 및 고령자 고용촉진에 관한 법률에서 고용상 연령차별금지의 내용이 아닌 것은?

① 사업주는 모집·채용 등에 있어서 합리적인 이유 없이 연령을 이유로 차별하여서는 아니 된다.
② 연령을 이유로 모집·채용 등에 있어 차별적 처우를 받는 근로자는 노동위원회에 차별적 처우가 있은 날부터 6개월 이내에 그 시정을 신청할 수 있다.
③ 합리적인 이유 없이 연령 외의 기준을 적용하여 특정 연령집단에 특히 불리한 결과를 초래하는 경우에는 연령차별로 본다.
④ 직무의 성격에 비추어 특정 연령기준이 불가피하게 요구되는 경우에는 연령차별로 보지 아니한다.

해설

연령차별 금지의 위반으로 연령차별을 당한 사람은 국가인권위원회에 그 내용을 진정할 수 있다.

24 고용상 연령차별금지 및 고령자 고용촉진에 관한 법률상 우선고용직종에 고령자와 준고령자를 우선적으로 고용하여야 할 의무가 있는 고용 주체가 아닌 것은?

① 국가
② 지방자치단체
③ 「공공기관의 운영에 관한 법률」에 따라 공공기관으로 지정받은 기관의 장
④ 상시 500명 이상의 근로자를 사용하는 사업의 사업주

해설

국가 및 지방자치단체, 공공기관의 장은 그 기관의 우선고용직종에 대통령령으로 정하는 바에 따라서 고령자와 준고령자를 우선적으로 고용하여야 한다.

2-4 파견근로자 보호 등에 관한 법률

1 총칙

(1) 목적(법 제1조)

근로자파견사업의 적정한 운영을 도모하고 파견근로자의 근로조건 등에 관한 기준을 확립하여 파견근로자의 고용안정과 복지증진에 이바지하고 인력수급을 원활하게 함을 목적으로 한다.

(2) 정의(법 제2조)

① "근로자파견"이란 파견사업주가 근로자를 고용한 후 그 고용관계를 유지하면서 근로자파견계약의 내용에 따라 사용사업주의 지휘·명령을 받아 사용사업주를 위한 근로에 종사하게 하는 것을 말한다.

② "근로자파견사업"이란 근로자파견을 업(業)으로 하는 것을 말한다.

③ "파견사업주"란 근로자파견사업을 하는 자를 말한다.

④ "사용사업주"란 근로자파견계약에 따라 파견근로자를 사용하는 자를 말한다.

⑤ "파견근로자"란 파견사업주가 고용한 근로자로서 근로자파견의 대상이 되는 사람을 말한다.

⑥ "근로자파견계약"이란 파견사업주와 사용사업주 간에 근로자파견을 약정하는 계약을 말한다.

⑦ "차별적 처우"란 다음의 사항에 있어서 합리적인 이유 없이 불리하게 처우하는 것을 말한다.

  ㉠ 「근로기준법」에 따른 임금

  ㉡ 정기상여금, 명절상여금 등 정기적으로 지급되는 상여금

  ㉢ 경영성과에 따른 성과금

  ㉣ 그 밖에 근로조건 및 복리후생 등에 관한 사항

(3) 사용사업주에 대한 통지사항(시행규칙 제13조)

파견사업주는 사용사업주에게 파견근로자의 성명·성별·연령·학력·자격 기타 직업능력에 관한 사항을 통지하여야 한다.

2 근로자파견사업의 적정운영

(1) 근로자파견대상업무 등(법 제5조)

① 근로자파견사업은 <u>제조업의 직접생산공정업무를 제외</u>하고 전문지식 · 기술 · 경험 또는 업무의 성질 등을 고려하여 적합하다고 판단되는 업무로서 대통령령으로 정하는 업무를 대상으로 한다.

② 출산 · 질병 · 부상 등으로 결원이 생긴 경우 또는 일시적 · 간헐적으로 인력을 확보하여야 할 필요가 있는 경우에는 근로자파견사업을 할 수 있다.

③ 다음에 해당하는 업무에 대하여는 근로자파견사업을 하여서는 아니 된다.

    ㉠ <u>건설공사현장에서 이루어지는 업무</u>

    ㉡ <u>항만운송사업법, 한국철도공사법, 농수산물 유통 및 가격안정에 관한 법률, 물류정책기본법의 하역(荷役)업무로서 직업안정법에 따라 근로자공급사업 허가를 받은 지역의 업무</u>

    ㉢ <u>선원의 업무</u>

    ㉣ <u>산업안전보건법에 따른 유해하거나 위험한 업무</u>

    ㉤ 그 밖에 근로자 보호 등의 이유로 근로자파견사업의 대상으로는 적절하지 못하다고 인정하여 대통령령으로 정하는 업무

        • 분진작업을 하는 업무

        • 건강관리수첩의 교부대상 업무

        • 의료인의 업무 및 간호조무사의 업무

        • 의료기사의 업무

        • 여객자동차운송사업의 운전업무

        • 화물자동차운송사업의 운전업무

| 쌤의 핵심포인트 |
항만하역의 업무는 항운노조만 가능하다.

(2) 파견기간(법 제6조)

① <u>근로자파견의 기간은</u> 출산 · 질병 · 부상 등으로 결원이 생긴 경우 또는 일시적 · 간헐적으로 인력을 확보하여야 할 필요가 있는 경우를 제외하고는 <u>1년을 초과하여서는 아니 된다.</u>

② ①에도 불구하고 파견사업주, 사용사업주, 파견근로자 간의 합의가 있는 경우에는 파견기간을 연장할 수 있다. 이 경우 1회를 연장할 때에는 그 연장기간은 <u>1년을 초과하여서는 아니 되며, 연장된 기간을 포함한 총 파견기간은 2년을 초과하여서는 아니 된다.</u>

③ <u>고령자인 파견근로자에 대하여는 2년을 초과하여 근로자파견기간을 연장할 수 있다.</u>

④ 출산·질병·부상 등으로 결원이 생긴 경우 또는 일시적·간헐적으로 인력을 확보하여야 할 필요가 있는 경우에 따른 근로자파견의 기간은 다음의 구분에 따른다.

㉠ 출산·질병·부상 등 그 사유가 객관적으로 명백한 경우 : 해당 사유의 해소에 필요한 기간

㉡ 일시적·간헐적으로 인력을 확보할 필요가 있는 경우 : 3개월 이내의 기간. 다만, 해당 사유가 해소되지 아니하고 파견사업주, 사용사업주, 파견근로자 간의 합의가 있는 경우에는 3개월의 범위에서 한 차례만 그 기간을 연장할 수 있다.

(3) 고용의무(법 제6조의2)

① 사용사업주가 다음에 해당하는 경우에는 해당 파견근로자를 직접 고용하여야 한다.

㉠ 근로자파견 대상 업무에 해당하지 아니하는 업무에서 파견근로자를 사용하는 경우(근로자파견의 기간은 출산·질병·부상 등으로 결원이 생긴 경우 또는 일시적·간헐적으로 인력을 확보하여야 할 필요가 있는 경우에 따라 근로자파견사업을 한 경우는 제외한다)

㉡ 근로자파견 금지사업을 위반하여 파견근로자를 사용하는 경우

㉢ 파견사업주, 사용사업주, 파견근로자 간의 합의에 따른 파견기간 연장 규정을 위반하여 2년을 초과하여 계속적으로 파견근로자를 사용하는 경우

㉣ 출산·질병·부상 등으로 결원이 생긴 경우 또는 일시적·간헐적으로 인력을 확보하여야 할 필요가 있는 경우의 파견기간 연장 규정을 위반하여 파견근로자를 사용하는 경우

㉤ 근로자파견사업의 허가를 받지 아니하고 근로자파견의 역무를 제공받은 경우

② 해당 파견근로자가 명시적으로 반대의사를 표시하거나 대통령령으로 정하는 정당한 이유가 있는 경우에는 적용하지 아니한다.

③ 사용사업주가 파견근로자를 직접 고용하는 경우의 파견근로자의 근로조건은 다음의 구분에 따른다.

㉠ 사용사업주의 근로자 중 해당 파견근로자와 같은 종류의 업무 또는 유사한 업무를 수행하는 근로자가 있는 경우 : 해당 근로자에게 적용되는 취업규칙 등에서 정하는 근로조건에 따를 것

㉡ 사용사업주의 근로자 중 해당 파견근로자와 같은 종류의 업무 또는 유사한 업무를 수행하는 근로자가 없는 경우 : 해당 파견근로자의 기존 근로조건의 수준보다 낮아져서는 아니 될 것

④ 사용사업주는 파견근로자를 사용하고 있는 업무에 근로자를 직접 고용하려는 경우에는 해당 파견근로자를 우선적으로 고용하도록 노력하여야 한다.

(4) 근로자파견사업의 허가(법 제7조)

① 근로자파견사업을 하려는 자는 고용노동부령으로 정하는 바에 따라 **고용노동부장관의 허가**를 받아야 한다. 허가받은 사항 중 고용노동부령으로 정하는 **중요사항을 변경하는 경우에도 또한 같다.**

② 근로자파견사업의 허가를 받은 자가 허가받은 사항 중 같은 항 후단에 따른 **중요사항 외의 사항을 변경하려는 경우에는** 고용노동부령으로 정하는 바에 따라 고용노동부장관에게 신고하여야 한다.

(5) 허가의 결격사유(법 제8조)

다음에 해당하는 자는 근로자파견사업의 허가를 받을 수 없다.

① 미성년자, 피성년후견인, 피한정후견인 또는 파산선고를 받고 복권(復權)되지 아니한 사람

② 금고 이상의 형(집행유예는 제외한다)을 선고받고 그 집행이 끝나거나 집행을 받지 아니하기로 확정된 후 2년이 지나지 아니한 사람

③ 이 법, 「직업안정법」, 「근로기준법」에 따른 강제 근로의 금지, 중간착취의 배제, 위약 예정의 금지, 전차금 상계의 금지, 강제 저금의 금지, 금품 청산, 임금 지급 등의 규정, 연장·야간 및 휴일 근로, 최저 연령과 취직인허증, 「최저임금법」에 따른 최저임금의 효력에 관한 규정, 「선원법」에 따른 선원공급사업의 금지규정을 위반하여 벌금 이상의 형(집행유예는 제외한다)을 선고받고 그 집행이 끝나거나 집행을 받지 아니하기로 확정된 후 3년이 지나지 아니한 자

④ 금고 이상의 형의 집행유예를 선고받고 그 유예기간 중에 있는 사람

⑤ 해당 사업의 허가가 취소(미성년자, 피성년후견인, 피한정후견인 또는 파산선고를 받고 복권(復權)되지 아니한 사람은 제외)된 후 3년이 지나지 아니한 자

⑥ 임원 중 위의 결격사유의 어느 하나에 해당하는 사람이 있는 법인

(6) 허가기준(법 제9조)

① **고용노동부장관은 근로자파견사업의 허가신청을 받은 경우에는 다음의 요건을 모두 갖춘 경우에 한정하여 근로자파견사업을 허가할 수 있다.**

㉠ 신청인이 해당 근로자파견사업을 적정하게 수행할 수 있는 자산 및 시설 등을 갖추고 있을 것

㉡ 해당 사업이 특정한 소수의 사용사업주를 대상으로 하여 근로자파견을 하는 것이 아닐 것

② 허가의 세부기준은 대통령령으로 정하는 바에 따라 다음과 같다(시행령 제3조).

    ㉠ 상시 5명 이상의 근로자(파견근로자는 제외한다)를 사용하는 사업 또는 사업장으로서 고용보험·국민연금·산업재해보상보험 및 국민건강보험에 가입되어 있을 것

    ㉡ 1억 원 이상의 자본금(개인인 경우에는 자산평가액)을 갖출 것

    ㉢ 전용면적 20제곱미터 이상의 사무실을 갖출 것

(7) 허가유효기간 등(법 제10조)

① 근로자파견사업 허가의 유효기간은 3년으로 한다.

② 허가의 유효기간이 끝난 후 계속하여 근로자파견사업을 하려는 자는 고용노동부령으로 정하는 바에 따라 갱신허가를 받아야 한다.

③ 갱신허가의 유효기간은 그 갱신 전의 허가의 유효기간이 끝나는 날의 다음 날부터 기산(起算)하여 3년으로 한다.

(8) 사업의 폐지(법 제11조)

① 파견사업주는 근로자파견사업을 폐지하였을 때에는 고용노동부령으로 정하는 바에 따라 고용노동부장관에게 신고하여야 한다.

② 신고가 있을 때에는 근로자파견사업의 허가는 신고일부터 그 효력을 잃는다.

(9) 허가의 취소 등(법 제12조)

고용노동부장관은 근로자파견사업의 허가를 취소하거나 6개월 이내의 기간을 정하여 영업정지를 명할 수 있다.

(10) 허가취소 등의 처분 후의 근로자파견(법 제13조)

| 쌤의 핵심포인트 |
허가취소 등의 처분을 받았더라도 처분받기 전에 한 근로자파견계약에 대하여는 파견기간이 끝날 때까지는 파견사업주로서의 의무와 권리를 가진다.

① 허가취소 또는 영업정지 처분을 받은 파견사업주는 그 처분 전에 파견한 파견근로자와 그 사용사업주에 대하여는 그 파견기간이 끝날 때까지 파견사업주로서의 의무와 권리를 가진다.

② 파견사업주는 그 처분의 내용을 지체 없이 사용사업주에게 통지하여야 한다.

(11) 겸업금지(법 제14조)

다음에 해당하는 사업을 하는 자는 근로자파견사업을 할 수 없다.

① 「식품위생법」의 식품접객업

② 「공중위생관리법」의 숙박업

③ 「결혼중개업의 관리에 관한 법률」의 결혼중개업

④ 그 밖에 대통령령으로 정하는 사업

(12) 근로자파견의 제한(법 제16조)

파견사업주는 쟁의행위 중인 사업장에 그 쟁의행위로 중단된 업무의 수행을 위하여 근로자를 파견하여서는 아니 된다.

■ 3 파견근로자의 근로조건 등

(1) 근로자파견계약

① 계약의 내용 등(법 제20조)

근로자파견계약의 당사자는 고용노동부령으로 정하는 바에 따라 다음의 사항을 포함하는 근로자파견계약을 서면으로 체결하여야 한다.

㉠ 파견근로자의 수

㉡ 파견근로자가 종사할 업무의 내용

㉢ 파견 사유(출산 · 질병 · 부상 등으로 결원이 생긴 경우 또는 일시적 · 간헐적으로 인력을 확보하여야 할 필요가 있는 경우만 해당한다)

㉣ 파견근로자가 파견되어 근로할 사업장의 명칭 및 소재지, 그 밖에 파견근로자의 근로 장소

㉤ 파견근로 중인 파견근로자를 직접 지휘 · 명령할 사람에 관한 사항

㉥ 근로자파견기간 및 파견근로 시작일에 관한 사항

㉦ 업무 시작 및 업무 종료의 시각과 휴게시간에 관한 사항

㉧ 휴일 · 휴가에 관한 사항

㉨ 연장 · 야간 · 휴일근로에 관한 사항

㉩ 안전 및 보건에 관한 사항

㉪ 근로자파견의 대가

㉫ 파견사업관리 책임자 및 사용사업 관리 책임자의 성명 · 소속 및 직위

② 차별적 처우의 금지 및 시정 등(법 제21조)

㉠ 파견사업주와 사용사업주는 파견근로자라는 이유로 사용사업주의 사업 내의 같은 종류의 업무 또는 유사한 업무를 수행하는 근로자에 비하여 파견근로자에게 차별적 처우를 하여서는 아니 된다.

㉡ 파견근로자는 차별적 처우를 받은 경우 「노동위원회법」에 따른 **노동위원회**에 그 시정을 신청할 수 있다.

㉢ 사용사업주가 상시 4명 이하의 근로자를 사용하는 경우에는 적용하지 아니한다.

| 쌤의 핵심포인트 |

노동위원회는 고용노동부장관의 통보를 받은 경우에는 지체 없이 차별적 처우 여부를 심리하여야 한다.

③ 고용노동부장관의 차별적 처우 시정요구 등(법 제21조의2)

　　㉠ 고용노동부장관은 파견사업주와 사용사업주가 차별적 처우를 한 경우에는 그 시정을 요구할 수 있다.

　　㉡ 고용노동부장관은 파견사업주와 사용사업주가 시정요구에 따르지 아니한 경우에는 차별적 처우의 내용을 구체적으로 명시하여 노동위원회에 통보하여야 한다. 이 경우 고용노동부장관은 해당 파견사업주 또는 사용사업주 및 근로자에게 그 사실을 통지하여야 한다.

　　㉢ 노동위원회는 고용노동부장관의 통보를 받은 경우에는 지체 없이 차별적 처우가 있는지 여부를 심리하여야 한다. 이 경우 노동위원회는 해당 파견사업주 또는 사용사업주 및 근로자에게 의견을 진술할 수 있는 기회를 주어야 한다.

(2) 파견사업주가 마련하여야 할 조치

① 파견근로자의 복지 증진(법 제23조)

파견사업주는 파견근로자의 희망과 능력에 적합한 취업 및 교육훈련 기회의 확보, 근로조건의 향상, 그 밖에 고용 안정을 도모하기 위하여 필요한 조치를 마련함으로써 파견근로자의 복지 증진에 노력하여야 한다.

② 파견근로자에 대한 고지의무(법 제24조)

　　㉠ 파견사업주는 근로자를 파견근로자로서 고용하려는 경우에는 미리 해당 근로자에게 그 취지를 서면으로 알려 주어야 한다.

　　㉡ 파견사업주는 그가 고용한 근로자 중 파견근로자로 고용하지 아니한 사람을 근로자파견의 대상으로 하려는 경우에는 **미리 해당 근로자에게 그 취지를 서면으로 알리고 그의 동의를 받아야 한다.**

| 쌤의 핵심포인트 |
'근로자의 동의'를 '고용노동부의 승인'으로 바꾸어 출제하고 있다.

③ 파견근로자에 대한 고용제한의 금지(법 제25조)

　　㉠ 파견사업주는 파견근로자 또는 파견근로자로 고용되려는 사람과 그 고용관계가 끝난 후 그가 사용사업주에게 고용되는 것을 정당한 이유 없이 금지하는 내용의 근로계약을 체결하여서는 아니 된다.

　　㉡ 파견사업주는 파견근로자의 고용관계가 끝난 후 사용사업주가 그 파견근로자를 고용하는 것을 정당한 이유 없이 금지하는 내용의 근로자파견계약을 체결하여서는 아니 된다.

④ 취업조건의 고지(법 제26조)

　　㉠ 파견사업주는 근로자파견을 하려는 경우에는 미리 해당 파견근로자에게 계약의 내용에 관한 사항과 파견되어 근로할 사업장의 복리후생시설의 이용에 관한 사항을 서면으로 알려 주어야 한다.

ⓛ 파견근로자는 파견사업주에게 해당 근로자파견의 대가에 관하여 그 내역을 제시할 것을 요구할 수 있다.

ⓒ 파견사업주는 그 내역의 제시를 요구받았을 때에는 지체 없이 그 내역을 서면으로 제시하여야 한다.

⑤ 사용사업주에 대한 통지(법 제27조)

파견사업주는 근로자파견을 할 경우에는 파견근로자의 성명·성별·연령·학력·자격 기타 직업능력에 관한 사항을 사용사업주에게 통지하여야 한다.

⑥ 파견사업관리 책임자(법 제28조)

파견사업주는 파견근로자의 적절한 고용관리를 위하여 결격사유에 해당하지 아니하는 사람 중에서 **파견사업관리책임자**를 선임하여야 한다.

⑦ 파견사업관리대장(법 제29조 및 시행규칙 제15조)

㉠ 파견사업주는 파견사업관리대장을 사업소별로 작성·보존해야 한다.

㉡ 파견사업관리대장에 기재해야 할 사항은 다음과 같다.

- 파견근로자의 성명
- 사용사업주 및 사용사업관리책임자의 성명
- 파견근로자가 파견된 사업장의 명칭 및 소재지
- 파견근로자의 파견기간
- 파견근로자의 업무내용

㉢ 파견사업주는 파견사업관리대장을 근로자파견이 끝난 날부터 3년간 보존해야 한다.

(3) 사용사업주가 마련하여야 할 조치

① 근로자파견계약에 관한 조치(법 제30조)

사용사업주는 근로자파견계약에 위반되지 아니하도록 필요한 조치를 마련하여야 한다.

② 적정한 파견근로의 확보(법 제31조)

사용사업주는 파견근로자가 파견근로에 관한 고충을 제시한 경우에는 그 고충의 내용을 파견사업주에게 통지하고 신속하고 적절하게 고충을 처리하도록 하여야 한다.

③ 사용사업관리책임자(법 제32조 및 시행규칙 제16조)

㉠ 사용사업주는 사업장별로 **사용사업관리책임자**를 1명 이상 선임해야 한다.

㉡ 사용사업관리책임자는 다음의 업무를 수행한다. 〈개정 2019. 11. 12.〉

- 파견근로자를 지휘·명령하는 사람에 대한 지도 및 교육
- 파견근로자의 고충처리

| 쌤의 핵심포인트 |
파견사업관리대장에는 사용사업주 및 사용사업관리책임자의 성명을 기재해야 하고 사용사업관리대장에는 파견사업주 및 파견사업관리책임자의 성명을 기재해야 한다.

• 사용사업관리대장의 작성 및 보존

④ **사용사업관리대장(법 제32조 및 시행규칙 제16조)**

　㉠ 사용사업주는 사용사업관리대장을 사업장별로 작성 · 보존해야 한다.

　㉡ 사용사업관리대장에 기재해야 할 사항은 다음과 같다.

　　• 파견근로자의 성명

　　• 파견사업주 및 파견사업관리책임자의 성명

　　• 파견근로자의 파견기간

　　• 파견근로자의 업무내용

　㉢ 사용사업주는 사용사업관리대장을 근로자파견이 끝난 날부터 3년간 보존해야 한다.

CHAPTER 2

출제예상문제

2-4 **파견근로자보호 등에 관한 법률**

01 파견근로자보호 등에 관한 법률에 대한 설명으로 틀린 것은?

① 근로자파견사업의 허가의 유효기간은 2년으로 한다.

② 사용사업주는 파견근로자를 사용하고 있는 업무에 근로자를 직접 고용하고자 하는 경우에는 당해 파견근로자를 우선적으로 고용하도록 노력하여야 한다.

③ 근로자파견이라 함은 파견사업주가 근로자를 고용한 후 그 고용관계를 유지하면서 근로자파견계약의 내용에 따라 사용사업주를 위한 근로에 종사하게 하는 것을 말한다.

④ 사용사업주는 고용노동부장관의 허가를 받지 않고 근로자파견사업을 행하는 자로부터 근로자 파견의 역무를 제공받은 경우에 해당 파견근로자를 직접 고용하여야 한다.

📌 **해설** -----------------------------------

근로자파견사업의 허가의 유효기간은 3년으로 한다.

02 파견근로자보호 등에 관한 내용으로 옳지 않은 것은?

① "근로자파견"이라 함은 파견사업주가 근로자를 고용한 후 그 고용관계를 유지하면서 근로자파견계약의 내용에 따라 사용사업주의 지휘·명령을 받아 사용사업주를 위한 근로에 종사하게 하는 것을 말한다.

② 건설공사현장에서 이루어지는 업무에 대하여는 근로자파견사업을 행하여서는 안 된다.

③ 근로자파견사업을 하고자 하는 자는 고용노동부령이 정하는 바에 의하여 고용노동부장관의 허가를 받아야 하며, 허가받은 사항 중 고용노동부령이 정하는 중요사항을 변경하는 경우에는 고용노동부장관에게 신고하여야 한다.

④ 근로자파견사업 허가의 유효기간은 3년으로 한다.

📌 **해설** -----------------------------------

근로자파견사업을 하고자 하는 자는 고용노동부령이 정하는 바에 의하여 고용노동부장관의 허가를 받아야 한다. 허가받은 사항 중 고용노동부령이 정하는 중요사항을 변경하는 경우에도 또한 같다.

03 파견근로자보호 등에 관한 법률상 근로자파견 대상업무가 아닌 것은?

① 주유원의 업무

② 행정, 경영 및 재정 전문가의 업무

③ 음식 조리 종사자의 업무

④ 선원법에 따른 선원의 업무

📌 **해설** -----------------------------------

다음의 업무에 대하여는 근로자파견사업을 행하여서는 아니 된다.

① 건설공사현장에서 이루어지는 업무

②「항만운송사업법」,「한국철도공사법」,「농수산물유통 및 가격안정에 관한 법률」,「물류정책기본법」의 하역업무로서「직업안정법」에 따라 근로자공급사업 허가를 받은 지역의 업무

③「선원법」에 따른 선원의 업무

④「산업안전보건법」에 따른 유해하거나 위험한 업무

정답 01 ① 02 ③ 03 ④

⑤ 그 밖에 근로자 보호 등의 이유로 근로자파견사업의 대상으로는 적절하지 못하다고 인정하여 대통령령이 정하는 업무
- 분진작업을 하는 업무
- 건강관리수첩의 교부대상 업무
- 간호조무사의 업무
- 의료기사의 업무
- 여객자동차운송사업의 운전업무
- 화물자동차운송사업의 운전업무

04 파견근로자보호 등에 관한 내용으로 옳지 않은 것은?

① 근로자파견사업을 하고자 하는 자는 고용노동부장관의 허가를 받아야 한다.
② 고용상 연령차별금지 및 고령자 고용촉진에 관한 법률에 따른 고용자인 파견근로자에 대하여는 2년을 초과하여 근로자파견기간을 연장할 수 있다.
③ 파견사업주는 자기의 명의로 타인에게 근로자파견사업을 행하게 할 수 없다.
④ 사용사업주는 파견근로자를 사용하고 있는 업무에 근로자를 직접 고용하고자 하는 경우에는 당해 파견근로자를 우선적으로 고용하여야 한다.

🔖 **해설** --------------------------------
사용사업주는 파견근로자를 사용하고 있는 업무에 근로자를 직접 고용하고자 하는 경우에는 당해 파견근로자를 우선적으로 고용하도록 노력하여야 한다.

05 파견근로자보호 등에 관한 법률에 관한 설명으로 틀린 것은?

① 파견사업주는 근로자를 파견근로자로서 고용하고자 할 때에는 미리 당해 근로자에게 그 취지를 서면으로 알려주어야 한다.
② 파견사업주는 정당한 이유 없이 파견근로자 또는 파견근로자로서 고용되고자 하는 자와 그 고용관계의 종료 후 사용사업주에게 고용되는 것을 금지하는 내용의 근로계약을 체결하여서는 아니 된다.

③ 파견사업주는 파견사업관리대장을 작성·보존하여야 한다.
④ 파견사업주는 파견근로자의 적절한 파견근로를 위하여 사용사업관리책임자를 선임하여야 한다.

🔖 **해설** --------------------------------
파견사업주는 파견근로자의 적절한 고용관리를 위하여 파견사업관리책임자를 선임하여야 한다.

06 파견근로자보호 등에 관한 법령에 대한 설명으로 옳지 않은 것은?

① 근로자파견사업의 허가의 유효기간은 3년으로 한다.
② 파견사업주는 그가 고용한 근로자 중 파견근로자로 고용하지 아니한 자를 근로자파견의 대상으로 하고자 할 경우에는 고용노동부장관의 승인을 받아야 한다.
③ 파견사업주는 쟁의행위 중인 사업장에 그 쟁의행위로 중단된 업무의 수행을 위하여 근로자를 파견하여서는 아니 된다.
④ 파견사업주는 사용사업주에게 파견근로자의 성명·성별·연령·학력·자격 기타 직업능력에 관한 사항을 통지하여야 한다.

🔖 **해설** --------------------------------
파견사업주는 그가 고용한 근로자 중 파견근로자로 고용하지 아니한 자를 근로자파견의 대상으로 하고자 할 경우에는 미리 그 취지를 서면으로 알려주고 당해 근로자의 동의를 얻어야 한다.

07 파견근로자보호 등에 관한 법률에 따른 차별적 처우 금지에 관한 설명으로 옳지 않은 것은?

① 파견근로자는 차별적 처우를 받은 경우 노동위원회에 그 시정을 신청할 수 있다.
② 사용사업가 상시 4인 이하의 근로자를 사용하는 경우에는 파견근로자는 노동위원회에 시정을 신청할 수 없다.

정답 04 ④ 05 ④ 06 ② 07 ④

③ 고용노동부장관은 파견사업주와 사용사업주가 파견근로자에게 차별적 처우를 한 경우에는 그 시정을 요구할 수 있다.

④ 노동위원회는 노동부장관의 통보를 받은 경우에는 지체 없이 차별시정명령을 내려야 한다.

해설

노동위원회는 고용노동부장관의 통보를 받은 경우에는 지체 없이 차별적 처우가 있는지 여부를 심리하여야 한다. 이 경우 노동위원회는 해당 파견사업주 또는 사용사업주 및 근로자에게 의견을 진술할 수 있는 기회를 부여하여야 한다.

08 파견근로자보호 등에 관한 법률상 사용사업주가 파견근로자를 직접 고용할 의무가 발생하는 경우가 아닌 것은?

① 근로자파견대상이 아닌 업무에 2년을 초과하여 계속적으로 파견근로자를 사용하는 경우

② 파견근로금지업무에 파견근로자를 사용하는 경우

③ 파견근로의 대상 업무에 2년을 초과하여 계속적으로 파견근로자를 사용하는 경우

④ 사용사업주가 노동조합의 동의하에 파견근로자를 1년 동안 계속 사용하는 경우

해설

사용사업주가 다음에 해당하는 경우에는 해당 파견근로자를 직접 고용하여야 한다.
① 근로자파견대상업무에 해당하지 아니하는 업무에서 파견근로자를 사용하는 경우
② 규정을 위반하여 파견근로자를 사용하는 경우
③ 2년을 초과하여 계속적으로 파견근로자를 사용하는 경우
④ 위반하여 파견근로자를 사용하는 경우
⑤ 위반하여 근로자파견의 역무를 제공받은 경우

09 파견근로자보호 등에 관한 법률의 내용으로 옳지 않은 것은?

① 근로자파견사업을 하고자 하는 자는 고용노동부장관의 허가를 받아야 한다.

② 고용상 연령차별금지 및 고령자 고용촉진에 관한 법률에 따른 고용자인 파견근로자에 대하여는 2년을 초과하여 근로자파견기간을 연장할 수 있다.

③ 건설공사현장에서 이루어지는 업무에 대하여 근로자파견사업을 행하여서는 아니 된다.

④ 파견사업주가 근로자파견사업을 폐지하려고 할 때에는 고용노동부장관의 허가를 받아야 한다.

해설

파견사업주는 근로자파견사업을 폐지한 때에는 고용노동부령이 정하는 바에 의하여 고용노동부장관에게 신고하여야 한다.

10 파견근로자보호 등에 관한 법률상 근로자파견사업의 허가에 관한 설명으로 틀린 것은?

① 근로자파견사업을 하고자 하는 자는 관할 지자체의 허가를 받아야 한다.

② 근로자파견사업 허가의 유효기간은 3년으로 한다.

③ 식품접객업, 숙박업을 하는 자는 근로자파견사업을 행할 수 없다.

④ 근로자파견사업 허가의 취소처분을 받은 파견사업주는 그 처분 전에 파견한 파견근로자와 그 사용사업주에 대하여 파견기간이 종료될 때까지 파견사업주로서의 의무와 권리를 가진다.

해설

근로자파견사업을 하고자 하는 자는 고용노동부령이 정하는 바에 의하여 고용노동부장관의 허가를 받아야 한다. 허가받은 사항 중 고용노동부령이 정하는 중요사항을 변경하는 경우에도 또한 같다.

2-5 기간제 및 단시간 근로자 보호 등에 관한 법률

■1 총칙

(1) 목적(법 제1조)

기간제 근로자 및 단시간 근로자에 대한 불합리한 차별을 시정하고 기간제 근로자 및 단시간 근로자의 근로조건 보호를 강화함으로써 노동시장의 건전한 발전에 이바지함을 목적으로 한다.

(2) 정의(법 제2조)

① "기간제 근로자"라 함은 기간의 정함이 있는 근로계약(이하 "기간제 근로계약"이라 한다)을 체결한 근로자를 말한다.

② "단시간 근로자"라 함은 「근로기준법」의 단시간 근로자를 말한다.

③ "차별적 처우"라 함은 다음의 사항에 있어서 합리적인 이유 없이 불리하게 처우하는 것을 말한다.

  ㉠ 임금

  ㉡ 정기상여금, 명절상여금 등 정기적으로 지급되는 상여금

  ㉢ 경영성과에 따른 성과금

  ㉣ 그 밖에 근로조건 및 복리후생 등에 관한 사항

| 쌤의 핵심포인트 |

「근로기준법」에서 "단시간 근로자"란 1주 동안의 소정근로시간이 그 사업장에서 같은 종류의 업무에 종사하는 통상 근로자의 1주 동안의 소정근로시간에 비하여 짧은 근로자를 말한다.

(3) 적용범위(법 제3조)

① 이 법은 상시 5인 이상의 근로자를 사용하는 모든 사업 또는 사업장에 적용한다. 다만, 동거의 친족만을 사용하는 사업 또는 사업장과 가사사용인에 대하여는 적용하지 아니한다.

② 상시 4인 이하의 근로자를 사용하는 사업 또는 사업장에 대하여는 대통령령이 정하는 바에 따라 이 법의 일부 규정을 적용할 수 있다.

③ 국가 및 지방자치단체의 기관에 대하여는 상시 사용하는 근로자의 수에 관계없이 이 법을 적용한다.

■2 기간제 근로자

(1) 기간제 근로자의 사용(법 제4조)

① 사용자는 2년을 초과하지 아니하는 범위 안에서(기간제 근로계약의 반복갱신 등의 경우에는 그 계속 근로한 총기간이 2년을 초과하지 아니하는 범위 안에서) 기간제 근로자를 사용할 수 있다.

다만, 다음에 해당하는 경우에는 2년을 초과하여 기간제 근로자로 사용할 수 있다.

㉠ 사업의 완료 또는 특정한 업무의 완성에 필요한 기간을 정한 경우

㉡ 휴직·파견 등으로 결원이 발생하여 당해 근로자가 복귀할 때까지 그 업무를 대신할 필요가 있는 경우

㉢ 근로자가 학업, 직업훈련 등을 이수함에 따라 그 이수에 필요한 기간을 정한 경우

㉣ 「고령자 고용촉진법」의 고령자와 근로계약을 체결하는 경우

㉤ 전문적 지식·기술의 활용이 필요한 경우와 정부의 복지정책·실업대책 등에 따라 일자리를 제공하는 경우로서 대통령령이 정하는 경우

㉥ 그 밖에 위의 사항들에 준하는 합리적인 사유가 있는 경우로서 대통령령이 정하는 경우

② 사용자가 ①의 사유가 없거나 소멸되었음에도 불구하고 <u>2년을 초과하여 기간제 근로자로 사용하는 경우에는 그 기간제 근로자는 기간의 정함이 없는 근로계약을 체결한 근로자로 본다.</u>

(2) 기간제 근로자 사용기간 제한의 예외(시행령 제3조)

① "<u>전문적 지식·기술의 활용이 필요한 경우로서 대통령령이 정하는 경우</u>"란 다음에 해당하는 경우를 말한다.

㉠ <u>박사학위(외국에서 수여받은 박사 학위를 포함한다)를 소지하고 해당 분야에 종사하는 경우</u>

㉡ <u>「국가기술자격법」에 따른 기술사 등급의 국가기술자격을 소지하고 해당 분야에 종사하는 경우</u>

㉢ <u>전문자격을 소지하고 해당 분야에 종사하는 경우</u>

② "정부의 복지정책·실업대책 등에 의하여 일자리를 제공하는 경우로서 대통령령이 정하는 경우"란 다음에 해당하는 경우를 말한다.

㉠ 「고용정책 기본법」, 「고용보험법」 등 다른 법령에 따라 국민의 직업능력 개발, 취업 촉진 및 사회적으로 필요한 서비스 제공 등을 위하여 일자리를 제공하는 경우

㉡ 「제대군인 지원에 관한 법률」에 따라 제대군인의 고용증진 및 생활안정을 위하여 일자리를 제공하는 경우

㉢ 「국가보훈기본법」에 따라 국가보훈대상자에 대한 복지증진 및 생활안정을 위하여 보훈도우미 등 복지지원 인력을 운영하는 경우

| 쌤의 핵심포인트 |
기간제 근로자 사용기간 제한의 예외에는 박사학위, 기술사 등급의 국가기술자격, 전문자격을 소지하고 해당 분야에 종사하는 경우가 있다.

③ "대통령령이 정하는 경우"란 다음에 해당하는 경우를 말한다.

    ㉠ 다른 법령에서 기간제 근로자의 사용 기간을 달리 정하거나 별도의 기간을 정하여 근로계약을 체결할 수 있도록 한 경우

    ㉡ 국방부장관이 인정하는 군사적 전문적 지식·기술을 가지고 관련 직업에 종사하거나 「고등교육법」에 따른 대학에서 안보 및 군사학 과목을 강의하는 경우

    ㉢ 특수한 경력을 갖추고 국가안전보장, 국방·외교 또는 통일과 관련된 업무에 종사하는 경우

    ㉣ 「고등교육법」에 따른 학교(대학원대학을 포함한다)에서 다음의 업무에 종사하는 경우
- 「고등교육법」에 따른 조교의 업무
- 「고등교육법 시행령」에 따른 겸임교원, 명예교수, 시간강사, 초빙교원 등의 업무

    ㉤ 「통계법」에 따라 고시한 한국표준직업분류의 대분류 1(관리자)과 대분류 2(전문가 및 관련 종사자) 직업에 종사하는 자의 「소득세법」에 따른 근로소득(최근 2년간의 연평균근로소득을 말한다)이 고용노동부장관이 최근 조사한 고용형태별근로실태조사의 한국표준직업분류 대분류 2(전문가 및 관련 종사자) 직업에 종사하는 자의 근로소득 상위 100분의 25에 해당하는 경우

    ㉥ 「근로기준법」에 따른 1주 동안의 소정근로시간이 뚜렷하게 짧은 단시간 근로자를 사용하는 경우

    ㉦ 「국민체육진흥법」에 따른 선수와 체육지도자 업무에 종사하는 경우

    ㉧ 다음의 연구기관에서 연구업무에 직접 종사하는 경우 또는 실험·조사 등을 수행하는 등 연구업무에 직접 관여하여 지원하는 업무에 종사하는 경우
- 국공립연구기관
- 「정부출연연구기관 등의 설립·운영 및 육성에 관한 법률」 또는 「과학기술분야 정부출연연구기관 등의 설립·운영 및 육성에 관한 법률」에 따라 설립된 정부출연연구기관
- 「특정연구기관 육성법」에 따른 특정연구기관
- 「지방자치단체출연 연구원의 설립 및 운영에 관한 법률」에 따라 설립된 연구기관
- 「공공기관의 운영에 관한 법률」에 따른 공공기관의 부설 연구기관
- 기업 또는 대학의 부설 연구기관
- 「민법」 또는 다른 법률에 따라 설립된 법인인 연구기관

(3) 기간의 정함이 없는 근로자로의 전환(법 제5조)

사용자는 기간의 정함이 없는 근로계약을 체결하고자 하는 경우에는 당해 사업 또는 사업장의 동종 또는 유사한 업무에 종사하는 기간제 근로자를 우선적으로 고용하도록 노력하여야 한다.

■3 단시간 근로자

(1) 단시간 근로자의 초과근로 제한(법 제6조)

① 사용자는 단시간 근로자에 대하여 「근로기준법」에 따른 소정근로시간을 초과하여 근로하게 하는 경우에는 당해 근로자의 동의를 얻어야 한다. 이 경우 1주간에 12시간을 초과하여 근로하게 할 수 없다.

② 단시간 근로자는 사용자가 단시간 근로자의 동의를 얻지 아니하고 초과근로를 하게 하는 경우에는 이를 거부할 수 있다.

③ 사용자는 초과근로에 대하여 **통상임금의 100분의 50 이상을 가산하여 지급**하여야 한다.

(2) 통상근로자로의 전환 등(법 제7조)

① 사용자는 통상근로자를 채용하고자 하는 경우에는 당해 사업 또는 사업장의 동종 또는 유사한 업무에 종사하는 단시간 근로자를 우선적으로 고용하도록 노력하여야 한다.

② 사용자는 가사, 학업 그 밖의 이유로 근로자가 단시간근로를 신청하는 때에는 당해 근로자를 단시간 근로자로 전환하도록 노력하여야 한다.

| 쌤의 핵심포인트 |
사용자가 통상근로자로 채용하거나 단시간 근로자로 전환하는 것은 의무사항이 아니라 노력조항이다.

(3) 단시간 근로자의 근로조건 결정기준 등에 관한 사항(근로기준법 별표 제2조)

① 근로계약의 체결

㉠ 사용자는 단시간 근로자를 고용할 경우에 임금, 근로시간, 그 밖의 근로조건을 명확히 적은 근로계약서를 작성하여 근로자에게 내주어야 한다.

㉡ 단시간 근로자의 근로계약서에는 계약기간, 근로일, 근로시간의 시작과 종료시각, 시간급임금, 그 밖에 노동부장관이 정하는 사항이 명시되어야 한다.

② 임금의 계산

㉠ 단시간 근로자의 임금산정 단위는 시간급을 원칙으로 하며, 시간급 임금을 일급 통상임금으로 산정할 경우에는 1일 소정근로시간 수에 시간급 임금을 곱하여 산정한다.

㉡ 단시간 근로자의 1일 소정근로시간 수는 4주 동안의 소정근로시간을 그 기간의 통상근로자의 총 소정근로일 수로 나눈 시간 수로 한다.

| 쌤의 핵심포인트 |
단시간 근로자의 근로계약서에는 시간급임금 사항이 명시되어야 한다.

③ 초과근로

 ㉠ 사용자는 단시간 근로자를 소정 근로일이 아닌 날에 근로시키거나 소정근로시간을 초과하여 근로시키고자 할 경우에는 근로계약서나 취업규칙 등에 그 내용 및 정도를 명시하여야 하며, 초과근로시간에 대하여 가산임금을 지급하기로 한 경우에는 그 지급률을 명시하여야 한다.

 ㉡ 사용자는 근로자와 합의한 경우에만 초과근로를 시킬 수 있다.

④ 휴일·휴가의 적용

 ㉠ <u>사용자는 단시간 근로자에게 유급휴일을 주어야 한다.</u>

 ㉡ <u>사용자는 단시간 근로자에게 연차유급휴가를 주어야 한다.</u> 이 경우 유급휴가는 다음 방식으로 계산한 시간단위로 하며, 1시간 미만은 1시간으로 본다.

$$통상\ 근로자의\ 연차휴가일수 \times \frac{단시간근로자의\ 소정근로시간}{통상\ 근로자의\ 소정근로시간} \times 8시간$$

 ㉢ <u>사용자는 여성인 단시간 근로자에 대하여 생리휴가 및 출산전후휴가를 주어야 한다.</u>

 ㉣ 유급휴일, 생리휴가 및 출산전후휴가의 경우 사용자가 지급하여야 하는 임금은 일급 통상임금을 기준으로 한다.

 ㉤ 연차유급휴가의 경우에 사용자가 지급하여야 하는 임금은 시간급을 기준으로 한다.

⑤ 취업규칙의 작성 및 변경

 ㉠ 사용자는 단시간 근로자에게 적용되는 취업규칙을 통상근로자에게 적용되는 취업규칙과 별도로 작성할 수 있다.

 ㉡ ㉠에 따라 취업규칙을 작성하거나 변경하고자 할 경우에는 <u>적용대상이 되는 단시간 근로자 과반수의 의견</u>을 들어야 한다. 다만, 취업규칙을 단시간 근로자에게 불이익하게 변경하는 경우에는 그 <u>동의</u>를 받아야 한다.

 ㉢ 단시간 근로자에게 적용될 별도의 취업규칙이 작성되지 아니한 경우에는 통산근로자에게 적용되는 취업규칙이 적용된다. 다만, 취업규칙에서 단시간 근로자에 대한 적용을 배제하는 규정을 두거나 다르게 적용한다는 규정을 둔 경우에는 그에 따른다.

 ㉣ ㉠ 및 ㉢에 따라 단시산 근로자에게 적용되는 취업규칙을 작성 또는 변경하는 경우에는 그 사업장의 같은 종류의 업무에 종사하는 통상근로자의 근로시간을 기준으로 산정한 비율에 따라 결정한다는 취지에 어긋나는 내용이 포함되어서는 아니 된다.

| 쌤의 핵심포인트 |
단시간 근로자의 취업규칙의 작성 및 변경 사항은 「근로기준법」과 동일하다.

4 차별적 처우의 금지 및 시정

(1) 차별적 처우의 금지(법 제8조)

① 사용자는 기간제 근로자임을 이유로 당해 사업 또는 사업장에서 동종 또는 유사한 업무에 종사하는 기간의 정함이 없는 근로계약을 체결한 근로자에 비하여 차별적 처우를 하여서는 아니 된다.

② 사용자는 단시간 근로자임을 이유로 당해 사업 또는 사업장의 동종 또는 유사한 업무에 종사하는 통상근로자에 비하여 차별적 처우를 하여서는 아니 된다.

(2) 차별적 처우의 시정신청(법 제9조)

① 기간제 근로자 또는 단시간 근로자는 차별적 처우를 받은 경우 「노동위원회법」에 따른 노동위원회에 그 시정을 신청할 수 있다. 다만, 차별적 처우가 있은 날(계속되는 차별적 처우는 그 종료일)부터 6개월이 경과한 때에는 그러하지 아니하다.

② 기간제 근로자 또는 단시간 근로자가 시정신청을 하는 때에는 차별적 처우의 내용을 구체적으로 명시하여야 한다.

③ 시정신청의 절차·방법 등에 관하여 필요한 사항은 「노동위원회법」의 규정에 따른 중앙노동위원회가 따로 정한다.

④ 분쟁에 있어서 입증책임은 사용자가 부담한다.

(3) 조사심문 등(법 제10조)

① 노동위원회는 시정신청을 받은 때에는 지체 없이 필요한 조사와 관계당사자에 대한 심문을 하여야 한다.

② 노동위원회는 심문을 하는 때에는 관계당사자의 신청 또는 직권으로 증인을 출석하게 하여 필요한 사항을 질문할 수 있다.

③ 노동위원회는 심문을 함에 있어서는 관계당사자에게 증거의 제출과 증인에 대한 반대심문을 할 수 있는 충분한 기회를 주어야 한다.

④ 조사·심문의 방법 및 절차 등에 관하여 필요한 사항은 중앙노동위원회가 따로 정한다.

⑤ 노동위원회는 차별시정사무에 관한 전문적인 조사·연구업무를 수행하기 위하여 전문위원을 둘 수 있다. 이 경우 전문위원의 수·자격 및 보수 등에 관하여 필요한 사항은 대통령령으로 정한다.

(4) 조정·중재(법 제11조)

① 노동위원회는 심문의 과정에서 관계당사자 쌍방 또는 일방의 신청 또는 직권에 의하여 조정(調停)절차를 개시할 수 있고, 관계당사자가 미리 노동위원회

| 쌤의 핵심포인트 |

노동위원회는 노사문제를 공정하고 합목적적으로 처리하기 위하여 설치된 합의제 행정기관으로, 중앙노동위원회, 지방노동위원회 및 특별노동위원회로 구분된다.

의 중재(仲裁)결정에 따르기로 합의하여 중재를 신청한 경우에는 중재를 할 수 있다.

② 조정 또는 중재를 신청하는 경우에는 차별적 처우의 시정신청을 한 날부터 14일 이내에 하여야 한다. 다만, 노동위원회의 승낙이 있는 경우에는 14일 후에도 신청할 수 있다.

③ 노동위원회는 조정 또는 중재를 함에 있어서 관계당사자의 의견을 충분히 들어야 한다.

④ 노동위원회는 특별한 사유가 없는 한 조정절차를 개시하거나 중재신청을 받은 때부터 60일 이내에 조정안을 제시하거나 중재결정을 하여야 한다.

⑤ 노동위원회는 관계당사자 쌍방이 조정안을 수락한 경우에는 조정조서를 작성하고 중재결정을 한 경우에는 중재결정서를 작성하여야 한다.

⑥ 조정조서에는 관계당사자와 조정에 관여한 위원전원이 서명·날인하여야 하고, 중재결정서에는 관여한 위원 전원이 서명·날인하여야 한다.

⑦ 조정 또는 중재결정은 「민사소송법」의 규정에 따른 재판상 화해와 동일한 효력을 갖는다.

⑧ 조정·중재의 방법, 조정조서·중재결정서의 작성 등에 관한 사항은 중앙노동위원회가 따로 정한다.

| 쌤의 핵심포인트 |

노동위원회는 사용자의 차별적 처우에 명백한 고의가 인정되거나 차별적 처우가 반복되는 경우에는 손해액을 기준으로 3배가 넘지 아니하는 범위에서 배상을 명령할 수 있다.

(5) 시정명령 이행상황의 제출(법 제15조)

① 고용노동부장관은 확정된 시정명령에 대하여 사용자에게 이행상황을 제출할 것을 요구할 수 있다.

② 시정신청을 한 근로자는 사용자가 확정된 시정명령을 이행하지 아니하는 경우 이를 고용노동부장관에게 신고할 수 있다.

5 보칙

(1) 불리한 처우의 금지(법 제16조)

사용자는 기간제 근로자 또는 단시간 근로자가 다음에 해당하는 행위를 한 것을 이유로 해고 그 밖의 불리한 처우를 하지 못한다.

① 사용자의 부당한 초과근로 요구의 거부

② 차별적 처우의 시정신청, 노동위원회에의 참석 및 진술, 재심신청 또는 행정소송의 제기

③ 시정명령 불이행의 신고

④ 감독기관에 대한 통고

(2) 근로조건의 서면 명시(법 제17조)

사용자는 기간제 근로자 또는 단시간 근로자와 근로계약을 체결하는 때에는 다음의 모든 사항을 서면으로 명시하여야 한다.

① 근로계약기간에 관한 사항
② 근로시간·휴게에 관한 사항
③ 임금의 구성항목·계산방법 및 지불방법에 관한 사항
④ 휴일·휴가에 관한 사항
⑤ 취업의 장소와 종사하여야 할 업무에 관한 사항
⑥ 근로일 및 근로일별 근로시간(단시간 근로자에 한함)

| 쌤의 핵심포인트 |
근로일 및 근로일별 근로시간의 서면으로 명시되어야 할 사항은 기간제 근로자는 해당되지 않는다.

(3) 벌칙(법 제21조, 제22조)

① 근로자에게 불리한 처우를 한 자는 2년 이하의 징역 또는 1천만 원 이하의 벌금에 처한다.
② 단시간 근로자에게 초과근로를 하게 한 자는 1천만 원 이하의 벌금에 처한다.

(4) 양벌규정(법 제23조)

사업주의 대리인·사용인 그 밖의 종업원이 사업주의 업무에 관하여 제21조 및 제22조의 규정에 해당하는 위반행위를 한 때에는 행위자를 벌하는 외에 그 사업주에 대하여도 해당 조의 벌금형을 과한다. 다만, 사업주가 그 위반행위를 방지하기 위하여 해당 업무에 관하여 상당한 주의와 감독을 게을리하지 아니한 경우에는 그러하지 아니하다.

CHAPTER 2

출제예상문제

2-5 기간제 및 단시간 근로자 보호 등에 관한 법률

01 기간제 및 단시간 근로자 보호 등에 관한 법률에 관한 설명으로 옳지 않은 것은?

① 사용자가 기간제 근로자의 계속되는 근로제공에 대하여 차별적인 규정을 적용하여 차별적으로 임금을 지급하여 왔다면 특별한 사정이 없는 한 계속되는 차별적 처우에 해당한다.

② 고용노동부장관은 확정된 시정명령에 대하여 사용자에게 이행상황을 제출할 것을 요구할 수 있다.

③ 기간제 근로자 또는 단시간 근로자는 차별적 처우를 받은 경우 그 종료일로부터 3개월 이내에 그 시정을 신청하여야 한다.

④ 고용노동부장관은 사용자가 차별적 처우를 한 경우에는 그 시정을 요구할 수 있다.

해설

기간제 근로자 또는 단시간 근로자는 차별적 처우를 받은 경우 「노동위원회법」 제1조의 규정에 따른 노동위원회(이하 "노동위원회"라 한다)에 그 시정을 신청할 수 있다. 다만, 차별적 처우가 있은 날(계속되는 차별적 처우는 그 종료일)부터 6개월이 경과한 때에는 그러하지 아니하다.

02 기간제 및 단시간 근로자 보호 등에 관한 법률에 대한 설명으로 옳지 않은 것은?

① 국가 및 지방자치단체의 기관에 대하여는 상시 사용하는 근로자의 수에 관계없이 이 법을 적용한다.

② 사용자는 기간의 정함이 없는 근로계약을 체결하고자 하는 경우에는 당해 사업 또는 사업장의 동종 또는 유사한 업무에 종사하는 기간제 근로자를 우선적으로 고용하도록 노력하여야 한다.

③ 기간제 근로자가 노동위원회에 차별적 처우의 시정신청을 하는 경우 차별적 처우와 관련한 분쟁에 있어서 입증책임은 근로자가 부담한다.

④ 사용자가 57세인 고령자와 근로계약을 체결하는 경우에는 2년을 초과하여 기간제 근로자로 사용할 수 있다.

해설

기간제 근로자가 노동위원회에 차별적 처우의 시정신청을 하는 경우 차별적 처우와 관련한 분쟁에 있어서 입증책임은 사용자가 부담한다.

정답 01 ③ 02 ③

03 기간제 및 단시간 근로자 보호 등에 관한 법률상 사용자가 2년을 초과하여 기간제 근로자로 사용할 수 있는 경우가 아닌 것은?

① 사업의 완료 또는 특정한 업무의 완성에 필요한 기간을 정한 경우
② 박사 학위를 소지하고 해당 분야와 관계 없는 업무에 종사하는 경우
③ 휴직 · 파견 등으로 결원이 발생하여 당해 근로자가 복귀할 때까지 그 업무를 대신할 필요가 있는 경우
④ 근로자가 학업, 직업훈련 등을 이수함에 따라 그 이수에 필요한 기간을 정한 경우

해설

박사 학위(외국에서 수여받은 박사 학위를 포함한다)를 소지하고 해당 분야에 종사하는 경우

04 기간제 및 단시간 근로자 보호 등에 관한 법률에 규정된 내용으로 틀린 것은?

① 단시간 근로자라 함은 기간의 정함이 있는 근로계약을 체결한 근로자를 말한다.
② 국가 및 지방자치단체의 기관에 대하여는 상시 사용하는 근로자의 수에 관계없이 기간제 및 단시간 근로자 보호 등에 관한 법률을 적용한다.
③ 사용자는 통상근로자를 채용하고자 하는 경우에는 당해 사업 또는 사업장의 동종 또는 유사한 업무에 종사하는 단시간 근로자를 우선적으로 고용하도록 노력하여야 한다.
④ 사용자는 가사, 학업 그 밖의 이유로 근로자가 단시간근로를 신청하는 때에는 당해 근로자를 단시간 근로자로 전환하도록 노력하여야 한다.

해설

기간제 근로자라 함은 기간의 정함이 있는 근로계약을 체결한 근로자를 말한다.

05 기간제 및 단시간 근로자 보호 등에 관한 법률상 사용자가 기간제 근로자와 근로계약을 체결하는 때에 서면으로 명시하여야 하는 사항으로 옳지 않은 것은?

① 근로계약기간에 관한 사항
② 휴일 · 휴가에 관한 사항
③ 임금의 구성항목 · 계산방법 및 지불방법에 관한 사항
④ 근로일 및 근로일별 근로시간

해설

사용자는 기간제 근로자 또는 단시간 근로자와 근로계약을 체결하는 때에는 다음의 모든 사항을 서면으로 명시하여야 한다. 다만, ⑥은 단시간 근로자에 한한다.

① 근로계약기간에 관한 사항
② 근로시간 · 휴게에 관한 사항
③ 임금의 구성항목 · 계산방법 및 지불방법에 관한 사항
④ 휴일 · 휴가에 관한 사항
⑤ 취업의 장소와 종사하여야 할 업무에 관한 사항
⑥ 근로일 및 근로일별 근로시간

2-6 근로자퇴직급여 보장법

■1 총칙

(1) 목적(법 제1조)

근로자퇴직급여제도의 설정 및 운영에 필요한 사항을 정함으로써 근로자의 안정적인 노후생활 보장에 이바지함을 목적으로 한다.

(2) 정의(법 제2조)

① "근로자"란 「근로기준법」에 따른 근로자를 말한다.

② "사용자"란 「근로기준법」에 따른 사용자를 말한다.

③ "임금"이란 「근로기준법」에 따른 임금을 말한다.

④ "평균임금"이란 「근로기준법」에 따른 평균임금을 말한다.

⑤ "급여"란 퇴직급여제도나 개인형 퇴직연금제도에 의하여 근로자에게 지급되는 연금 또는 일시금을 말한다.

⑥ "퇴직급여제도"란 확정급여형 퇴직연금제도, 확정기여형 퇴직연금제도, 중소기업퇴직연금기금제도 및 퇴직금제도를 말한다.

⑦ "퇴직연금제도"란 확정급여형 퇴직연금제도, 확정기여형 퇴직연금제도 및 개인형 퇴직연금제도를 말한다.

⑧ "확정급여형 퇴직연금제도"란 근로자가 받을 급여의 수준이 사전에 결정되어 있는 퇴직연금제도를 말한다.

⑨ "확정기여형 퇴직연금제도"란 급여의 지급을 위하여 사용자가 부담하여야 할 부담금의 수준이 사전에 결정되어 있는 퇴직연금제도를 말한다.

⑩ "개인형 퇴직연금제도"란 가입자의 선택에 따라 가입자가 납입한 일시금이나 사용자 또는 가입자가 납입한 부담금을 적립ㆍ운용하기 위하여 설정한 퇴직연금제도로서 급여의 수준이나 부담금의 수준이 확정되지 아니한 퇴직연금제도를 말한다.

⑪ "가입자"란 퇴직연금제도 또는 중소기업퇴직연금기금제도에 가입한 사람을 말한다.

⑫ "적립금"이란 가입자의 퇴직 등 지급사유가 발생할 때에 급여를 지급하기 위하여 사용자 또는 가입자가 납입한 부담금으로 적립된 자금을 말한다.

⑬ "퇴직연금사업자"란 퇴직연금제도의 운용관리업무 및 자산관리업무를 수행하기 위하여 퇴직연금사업자의 등록한 자를 말한다.

⑭ "중소기업퇴직연금기금제도"란 중소기업(상시 30명 이하의 근로자를 사용하는 사업에 한정한다. 이하 같다) 근로자의 안정적인 노후생활 보장을 지원하기 위하여 둘 이상의 중소기업 사용자 및 근로자가 납입한 부담금 등으로 공동의 기

| 쌤의 핵심포인트 |

1. 근로기준법의 근로자란 직업의 종류와 관계없이 임금을 목적으로 사업이나 사업장에 근로를 제공하는 자를 말한다.

2. 근로기준법의 사용자란 사업주 또는 사업 경영 담당자, 그 밖에 근로자에 관한 사항에 대하여 사업주를 위하여 행위하는 자를 말한다.

3. 근로기준법의 임금이란 사용자가 근로의 대가로 근로자에게 임금, 봉급, 그 밖에 어떠한 명칭으로든지 지급하는 일체의 금품을 말한다.

4. 근로기준법의 평균임금이란 산정하여야 할 사유가 발생한 날 이전 3개월 동안에 그 근로자에게 지급된 임금의 총액을 그 기간의 총일수로 나눈 금액을 말한다.

금을 조성·운영하여 근로자에게 급여를 지급하는 제도를 말한다.

(3) 적용범위(법 제3조)

이 법은 근로자를 사용하는 모든 사업 또는 사업장(이하 "사업"이라 한다)에 적용한다. 다만, 동거하는 친족만을 사용하는 사업 및 가구 내 고용활동에는 적용하지 아니한다.

2 퇴직급여제도의 설정

(1) 퇴직급여제도의 설정(법 제4조)

① 사용자는 퇴직하는 근로자에게 급여를 지급하기 위하여 퇴직급여제도 중 하나 이상의 제도를 설정하여야 한다. 다만, 계속근로기간이 1년 미만인 근로자, 4주간을 평균하여 1주간의 소정근로시간이 15시간 미만인 근로자에 대하여는 그러하지 아니하다.

② 퇴직급여제도를 설정하는 경우에 하나의 사업에서 급여 및 부담금 산정방법의 적용 등에 관하여 차등을 두어서는 아니 된다.

③ 사용자가 퇴직급여제도를 설정하거나 설정된 퇴직급여제도를 다른 종류의 퇴직급여제도로 변경하려는 경우에는 근로자의 과반수가 가입한 노동조합이 있는 경우에는 그 노동조합, 근로자의 과반수가 가입한 노동조합이 없는 경우에는 근로자 과반수(이하 "근로자대표"라 한다)의 동의를 받아야 한다.

④ 사용자가 설정되거나 변경된 퇴직급여제도의 내용을 변경하려는 경우에는 근로자대표의 의견을 들어야 한다. 다만, 근로자에게 불리하게 변경하려는 경우에는 근로자대표의 동의를 받아야 한다.

(2) 수급권의 보호(법 제7조)

① 퇴직연금제도(중소기업퇴직연금기금제도를 포함한다)의 급여를 받을 권리는 양도 또는 압류하거나 담보로 제공할 수 없다.

② ①에도 불구하고 가입자는 주택구입 등 대통령령으로 정하는 사유와 요건을 갖춘 경우에는 대통령령으로 정하는 한도에서 퇴직연금제도의 급여를 받을 권리를 담보로 제공할 수 있다. 이 경우 등록한 퇴직연금사업자[중소기업퇴직연금기금제도의 경우 「산업재해보상보험법」에 따른 근로복지공단(이하 "공단"이라 한다)을 말한다]는 제공된 급여를 담보로 한 대출이 이루어지도록 협조하여야 한다.

(3) 퇴직금제도의 설정 등(법 제8조)

① 퇴직금제도를 설정하려는 사용자는 계속근로기간 1년에 대하여 30일분 이상의 평균임금을 퇴직금으로 퇴직근로자에게 지급할 수 있는 제도를 설정하여야 한다.

② ①에도 불구하고 사용자는 주택구입 등 대통령령으로 정하는 사유로 근로자가 요구하는 경우에는 근로자가 퇴직하기 전에 해당 근로자의 계속근로기간에 대한 퇴직금을 미리 정산하여 지급할 수 있다. 이 경우 미리 정산하여 지급한 후의 퇴직금 산정을 위한 계속근로기간은 정산시점부터 새로 계산한다.

(4) 퇴직금의 중간정산 사유(시행령 제3조)

① "주택구입 등 대통령령으로 정하는 사유"란 다음에 해당하는 경우를 말한다.

㉠ 무주택자인 근로자가 본인 명의로 주택을 구입하는 경우

㉡ 무주택자인 근로자가 주거를 목적으로 전세금 또는 보증금을 부담하는 경우. 이 경우 근로자가 하나의 사업에 근로하는 동안 1회로 한정한다.

㉢ 6개월 이상 요양을 필요로 하는 근로자 본인, 근로자의 배우자, 근로자 또는 그 배우자의 부양가족에 해당하는 사람의 질병이나 부상에 대한 요양 비용을 근로자가 부담하는 경우

㉣ 퇴직금 중간정산을 신청하는 날부터 거꾸로 계산하여 5년 이내에 근로자가 파산선고를 받은 경우

㉤ 퇴직금 중간정산을 신청하는 날부터 거꾸로 계산하여 5년 이내에 근로자가 개인회생절차개시 결정을 받은 경우

㉥ 사용자가 기존의 정년을 연장하거나 보장하는 조건으로 단체협약 및 취업규칙 등을 통하여 일정나이, 근속시점 또는 임금액을 기준으로 임금을 줄이는 제도를 시행하는 경우

㉦ 사용자가 근로자와의 합의에 따라 소정근로시간을 1일 1시간 또는 1주 5시간 이상 변경하여 그 변경된 소정근로시간에 따라 근로자가 3개월 이상 계속 근로하기로 한 경우

㉧ 근로기준법 일부개정법률의 시행에 따른 근로시간의 단축으로 근로자의 퇴직금이 감소되는 경우

㉨ 그 밖에 천재지변 등으로 피해를 입는 등 고용노동부장관이 정하여 고시하는 사유와 요건에 해당하는 경우

② 사용자는 퇴직금을 미리 정산하여 지급한 경우 근로자기 퇴직한 후 5년이 되는 날까지 관련 증명 서류를 보존하여야 한다.

(5) 퇴직금의 지급(법 제9조), 퇴직금의 시효(법 제10조)

① 사용자는 근로자가 퇴직한 경우에는 그 지급사유가 발생한 날부터 <u>14일 이내에 퇴직금을 지급하여야 한다.</u> 다만, 특별한 사정이 있는 경우에는 당사자 간의 합의에 따라 지급기일을 연장할 수 있다.

② <u>퇴직금을 받을 권리는 3년간 행사하지 아니하면 시효로 인하여 소멸한다.</u>

(6) 퇴직급여제도의 미설정에 따른 처리(법 제11조)

<u>사용자가 퇴직급여제도나 개인형 퇴직연금제도를 설정하지 아니한 경우에는 퇴직금제도를 설정한 것으로 본다.</u>

(7) 퇴직급여 등의 우선변제(법 제12조)

① 사용자에게 지급의무가 있는 퇴직금, 확정급여형 퇴직연금제도의 급여, 확정기여형 퇴직연금제도의 부담금 중 미납입 부담금 및 미납입 부담금에 대한 지연이자, 중소기업퇴직연금기금제도의 부담금 중 미납입 부담금 및 미납입 부담금에 대한 지연이자, 개인형 퇴직연금제도의 부담금 중 미납입 부담금 및 미납입 부담금에 대한 지연이자(이하 "퇴직급여 등"이라 한다)는 사용자의 총재산에 대하여 질권 또는 저당권에 의하여 담보된 채권을 제외하고는 조세·공과금 및 다른 채권에 우선하여 변제되어야 한다. 다만, 질권 또는 저당권에 우선하는 조세·공과금에 대하여는 그러하지 아니하다.

② ①에도 불구하고 최종 3년간의 퇴직급여 등은 사용자의 총재산에 대하여 질권 또는 저당권에 의하여 담보된 채권, 조세·공과금 및 다른 채권에 우선하여 변제되어야 한다.

③ 퇴직급여 등 중 <u>퇴직금, 확정급여형 퇴직연금제도의 급여는 계속근로기간 1년에 대하여 30일분의 평균임금으로 계산한 금액으로 한다.</u>

④ <u>퇴직급여 등 중 확정기여형 퇴직연금제도의 부담금, 중소기업퇴직연금기금제도의 부담금, 개인형 퇴직연금제도의 부담금은 가입자의 연간 임금총액의 12분의 1에 해당하는 금액으로 계산한 금액으로 한다.</u>

3 확정급여형 퇴직연금제도

(1) 확정급여형 퇴직연금제도의 설정(법 제13조)

확정급여형 퇴직연금제도를 설정하려는 사용자는 근로자대표의 동의를 얻거나 의견을 들어 다음의 사항을 포함한 확정급여형 퇴직연금규약을 작성하여 <u>고용노동부장관에게 신고하여야 한다.</u>

① 퇴직연금사업자 선정에 관한 사항

| 쌤의 핵심포인트 |
확정급여형 퇴직연금제도는 'DB(Defined Benefit)형'이라고 한다.

② 가입자에 관한 사항

③ 가입기간에 관한 사항

④ 급여수준에 관한 사항

⑤ 급여 지급능력 확보에 관한 사항

⑥ 급여의 종류 및 수급요건 등에 관한 사항

⑦ 운용관리업무 및 자산관리업무의 수행을 내용으로 하는 계약의 체결 및 해지와 해지에 따른 계약의 이전(移轉)에 관한 사항

⑧ 운용현황의 통지에 관한 사항

⑨ 가입자의 퇴직 등 급여 지급사유 발생과 급여의 지급절차에 관한 사항

⑩ 퇴직연금제도의 폐지·중단 사유 및 절차 등에 관한 사항

⑩의2. 부담금의 산정 및 납입에 관한 사항

⑪ 그 밖에 확정급여형 퇴직연금제도의 운영을 위하여 대통령령으로 정하는 사항

(2) 가입기간(법 제14조)

① 가입기간은 퇴직연금제도의 설정 이후 해당 사업에서 근로를 제공하는 기간으로 한다.

② 해당 퇴직연금제도의 설정 전에 해당 사업에서 제공한 근로기간에 대하여도 가입기간으로 할 수 있다. 이 경우 퇴직금을 미리 정산한 기간은 제외한다.

(3) 급여수준(법 제15조)

가입자의 퇴직일을 기준으로 산정한 일시금이 계속근로기간 1년에 대하여 30일분 이상의 평균임금이 되도록 하여야 한다.

(4) 급여 종류 및 수급요건 등(법 제17조)

① 확정급여형 퇴직연금제도의 급여 종류는 연금 또는 일시금으로 하되, 수급요건은 다음과 같다.

㉠ 연금은 55세 이상으로서 가입기간이 10년 이상인 가입자에게 지급할 것. 이 경우 연금의 지급기간은 5년 이상이어야 한다.

㉡ 일시금은 연금수급 요건을 갖추지 못하거나 일시금 수급을 원하는 가입자에게 지급할 것

② 사용자는 가입자의 퇴직 등 급여를 지급할 사유가 발생한 날부터 14일 이내에 퇴직연금사업자로 하여금 적립금의 범위에서 지급의무가 있는 급여 전액을 지급하도록 하여야 한다. 다만, 퇴직연금제도 적립금으로 투자된 운용자산 매각이 단기간에 이루어지지 아니하는 등 특별한 사정이 있는 경우에는 사용자, 가입자 및 퇴직연금사업자 간의 합의에 따라 지급기일을 연장할 수 있다.

③ 사용자는 퇴직연금사업자가 지급한 급여수준이 계속근로기간 1년에 대하여 30

일분 이상의 평균임금에 미치지 못할 때에는 급여를 지급할 사유가 발생한 날부터 14일 이내에 그 부족한 금액을 해당 근로자에게 지급하여야 한다. 이 경우 특별한 사정이 있는 경우에는 당사자 간의 합의에 따라 지급기일을 연장할 수 있다.

④ 급여의 지급은 가입자가 지정한 개인형 퇴직연금제도의 계정 등으로 이전하는 방법으로 한다. 다만, 가입자가 55세 이후에 퇴직하여 급여를 받는 경우 등 대통령령으로 정하는 사유가 있는 경우에는 그러하지 아니하다.

⑤ 가입자가 개인형 퇴직연금제도의 계정 등을 지정하지 아니하는 경우에는 가입자 명의의 개인형 퇴직연금제도의 계정으로 이전한다. 이 경우 가입자가 해당 퇴직연금사업자에게 개인형 퇴직연금제도를 설정한 것으로 본다.

4 확정기여형 퇴직연금제도

(1) 확정기여형 퇴직연금제도의 설정(법 제19조)

확정기여형 퇴직연금제도를 설정하려는 사용자는 근로자대표의 동의를 얻거나 의견을 들어 다음의 사항을 포함한 확정기여형 퇴직연금규약을 작성하여 <u>고용노동부장관에게 신고</u>하여야 한다.

① 부담금의 부담에 관한 사항

② 부담금의 산정 및 납입에 관한 사항

③ 적립금의 운용에 관한 사항

④ 적립금의 운용방법 및 정보의 제공 등에 관한 사항

⑤ 적립금의 중도인출에 관한 사항

⑥ 퇴직연금사업자 선정에 관한 사항, 가입자에 관한 사항, 가입기간에 관한 사항, 급여의 종류 및 수급요건 등에 관한 사항, 운용관리업무 및 자산관리업무의 수행을 내용으로 하는 계약의 체결 및 해지와 해지에 따른 계약의 이전(移轉)에 관한 사항, 운용현황의 통지에 관한 사항, 가입자의 퇴직 등 급여 지급사유 발생과 급여의 지급절차에 관한 사항, 퇴직연금제도의 폐지·중단 사유 및 절차 등에 관한 사항

⑦ 그 밖에 확정기여형 퇴직연금제도의 운영에 필요한 사항으로서 대통령령으로 정하는 사항

(2) 부담금의 부담수준 및 납입 등(법 제20조)

① <u>확정기여형 퇴직연금제도를 설정한 사용자는 가입자의 연간 임금총액의 12분의 1 이상에 해당하는 부담금을 현금으로 가입자의 확정기여형 퇴직연금제도 계정에 납입하여야 한다.</u>

| 쌤의 핵심포인트 |
확정기여형 퇴직연금제도는 'DC(Defined Contribution)형'이라고 한다.

② 가입자는 사용자가 부담하는 부담금 외에 스스로 부담하는 추가 부담금을 가입자의 확정기여형 퇴직연금 계정에 납입할 수 있다.

③ 사용자는 매년 1회 이상 정기적으로 부담금을 가입자의 확정기여형 퇴직연금제도 계정에 납입하여야 한다.

이 경우 <u>사용자가 정하여진 기일(확정기여형 퇴직연금규약에서 납입 기일을 연장할 수 있도록 한 경우에는 그 연장된 기일)까지 부담금을 납입하지 아니한 경우 그 다음 날부터 부담금을 납입한 날까지 지연 일수에 대하여 연 100분의 40 이내의 범위에서 「은행법」에 따른 은행이 적용하는 연체금리, 경제적 여건 등을 고려하여 대통령령으로 정하는 이율에 따른 지연이자를 납입하여야 한다.</u>

④ 사용자가 천재지변, 그 밖에 대통령령으로 정하는 사유에 따라 부담금 납입을 지연하는 경우 그 사유가 존속하는 기간에 대하여는 적용하지 아니한다.

⑤ <u>사용자는 확정기여형 퇴직연금제도 가입자의 퇴직 등 대통령령으로 정하는 사유가 발생한 때에 그 가입자에 대한 부담금을 미납한 경우에는 그 사유가 발생한 날부터 14일 이내에 부담금 및 지연이자를 해당 가입자의 확정기여형 퇴직연금제도 계정에 납입하여야 한다.</u> 다만, 특별한 사정이 있는 경우에는 당사자 간의 합의에 따라 납입 기일을 연장할 수 있다.

(3) 적립금 운용방법 및 정보제공(법 제21조)

① 확정기여형 퇴직연금제도의 가입자는 적립금의 운용방법을 스스로 선정할 수 있고, 반기마다 1회 이상 적립금의 운용방법을 변경할 수 있다.

② 퇴직연금사업자는 반기마다 1회 이상 위험과 수익구조가 서로 다른 세 가지 이상의 적립금 운용방법을 제시하여야 한다.

③ 퇴직연금사업자는 운용방법별 이익 및 손실의 가능성에 관한 정보 등 가입자가 적립금의 운용방법을 선정하는 데 필요한 정보를 제공하여야 한다.

(4) 적립금의 중도인출(법 제22조)

① 확정기여형 퇴직연금제도에 가입한 근로자는 주택구입 등 대통령령으로 정하는 사유가 발생하면 적립금을 중도인출할 수 있다.

② "주택구입 등 대통령령으로 정하는 사유"란 다음에 해당하는 경우를 말한다.

㉠ 무주택자인 가입자가 본인 명의로 주택을 구입하는 경우

㉡ 무주택자인 가입자가 주거를 목적으로 전세금 또는 「주택임대차보호법」에 따른 보증금을 부담하는 경우

㉢ 6개월 이상 요양을 필요로 하는 가입자 본인, 가입자의 배우자의 질병이나 부상에 대한 요양 비용을 가입자가 가입자가 본인 연간 임금총액의 1천분의 125를 초과하여 의료비를 부담하는 경우

   ㉣ 그 밖에 천재지변 등으로 피해를 입는 등 고용노동부장관이 정하여 고시하는 사유와 요건에 해당하는 경우

   ㉤ 중도인출을 신청한 날부터 거꾸로 계산하여 5년 이내에 가입자가 「채무자 회생 및 파산에 관한 법률」에 따라 파산선고를 받은 경우

   ㉥ 중도인출을 신청한 날부터 거꾸로 계산하여 5년 이내에 가입자가 「채무자 회생 및 파산에 관한 법률」에 따라 개인회생절차개시 결정을 받은 경우

5 중소기업퇴직연금기금제도

(1) 중소기업퇴직연금기금제도의 운영(법 제23조의2)

① 중소기업퇴직연금기금제도는 근로복지공단에서 운영한다.

② 중소기업퇴직연금기금제도 운영과 관련한 주요 사항을 심의 · 의결하기 위하여 공단에 중소기업퇴직연금기금제도운영위원회(이하 "운영위원회"라 한다)를 둔다.

③ 운영위원회의 위원장은 공단 이사장으로 한다.

④ 운영위원회는 위원장, 퇴직연금 관계 업무를 담당하는 고용노동부의 고위공무원단에 속하는 일반직공무원 및 위원장이 위촉하는 다음 각 호의 위원으로 구성한다. 이 경우 위원장을 포함한 위원의 수는 10명 이상 15명 이내로 구성된다.

   ㉠ 공단의 상임이사

   ㉡ 근로자를 대표하는 사람

   ㉢ 사용자를 대표하는 사람

   ㉣ 퇴직연금 관련 전문가로서 퇴직연금 및 자산운용에 관한 학식과 경험이 풍부한 사람

⑤ 위원장이 위촉한 위원의 임기는 3년으로 하되, 연임할 수 있다. 다만, 위원의 사임 등으로 새로 위촉된 위원의 임기는 전임 위원 임기의 남은 기간으로 한다.

⑥ 운영위원회는 다음의 사항을 심의 · 의결한다.

   ㉠ 중소기업퇴직연금기금 운용계획 및 지침에 관한 사항

   ㉡ 중소기업퇴직연금기금표준계약서의 작성 및 변경에 관한 사항

   ㉢ 수수료 수준에 관한 사항

   ㉣ 그 밖에 위원장이 중소기업퇴직연금기금제도 운영과 관련한 주요 사항에 관하여 운영위원회의 회의에 부치는 사항

⑦ 위원장은 중소기업퇴직연금기금 운용 등과 관련하여 운영위원회를 지원하기 위한 자문위원회를 구성할 수 있다.

⑧ 그 밖에 운영위원회의 구성 및 운영 등에 필요한 사항은 대통령령으로 정한다.

| 쌤의 핵심포인트 |
공단의 퇴직연금사업 대상은 상시 30명 이하의 근로자를 사용하는 사업에 한정한다.

(2) 중소기업퇴직연금기금의 관리 및 운용(법 제23조의3)

① 공단은 중소기업퇴직연금기금의 안정적 운용 및 수익성 증대를 위하여 대통령령으로 정하는 방법에 따라 중소기업퇴직연금기금을 관리·운용하여야 한다.

② 공단은 중소기업퇴직연금기금을 공단의 다른 회계와 구분하여야 한다.

(3) 자료의 활용(법 제23조의4)

① 공단은 다음의 사무를 원활히 수행하기 위하여 대통령령으로 정하는 범위에서 「고용보험법」, 「고용보험 및 산업재해보상보험의 보험료징수 등에 관한 법률」 및 「근로복지기본법」에 따라 수집된 자료를 활용할 수 있다.

㉠ 중소기업퇴직연금기금제도 가입 대상 사업장에 대한 가입 안내 업무

㉡ 사용자 및 근로자의 편의를 도모하기 위하여 대통령령으로 정하는 업무

② 고용노동부장관은 공단이 퇴직연금규약 신고, 퇴직연금규약 폐지 신고 여부에 대한 자료를 요청하는 경우 해당 자료를 제공할 수 있다.

(4) 중소기업퇴직연금기금표준계약서의 기재사항 등(법 제23조의5)

① 공단은 "중소기업퇴직연금기금표준계약서"를 작성하여 고용노동부장관의 승인을 받아야 한다.

② 공단은 승인받은 중소기업퇴직연금기금표준계약서를 변경하는 경우에는 고용노동부장관의 승인을 받아야 한다. 다만, 변경하는 내용이 사용자 및 가입자에게 불리하지 아니한 경우에는 고용노동부장관에게 신고함으로써 중소기업퇴직연금기금표준계약서를 변경할 수 있다.

③ 승인 또는 변경승인의 방법 및 절차 등에 필요한 사항은 대통령령으로 정한다.

(5) 중소기업퇴직연금기금제도의 설정(법 제23조의6)

① 중소기업의 사용자는 중소기업퇴직연금기금표준계약서에서 정하고 있는 사항에 관하여 근로자대표의 동의를 얻거나 의견을 들어 공단과 계약을 체결함으로써 중소기업퇴직연금기금제도를 설정할 수 있다.

② 공단은 업무수행에 따른 수수료를 사용자 및 가입자에게 부과할 수 있다.

③ 공단은 대통령령으로 정하는 업무를 인적·물적 요건 등 대통령령으로 정하는 요건을 갖춘 자에게 처리하게 할 수 있다.

(6) 부담금의 부담수준 및 납입 등(법 제23조의7)

① 중소기업퇴직연금기금제도를 설정한 사용자는 매년 1회 이상 정기적으로 가입자의 연간 임금총액의 12분의 1 이상에 해당하는 부담금(이하 "사용자부담금"이라 한다)을 현금으로 가입자의 중소기업퇴직연금기금제도 계정(이하 "기금제도사용자부담금계정"이라 한다)에 납입하여야 한다. 이 경우 사용자가 정하

여진 기일(중소기업퇴직연금기금표준계약서에서 납입 기일을 연장할 수 있도록 한 경우에는 그 연장된 기일을 말한다)까지 부담금을 납입하지 아니한 경우에는 그 다음 날부터 부담금을 납입한 날까지 지연 일수에 대하여 제20조제3항 후단에 따라 대통령령으로 정하는 이율에 따른 지연이자를 납입하여야 한다.

② 사용자는 중소기업퇴직연금기금제도 가입자의 퇴직 등 대통령령으로 정하는 사유가 발생한 때에 그 가입자에 대한 부담금을 미납한 경우에는 그 사유가 발생한 날부터 14일 이내에 부담금과 지연이자를 해당 가입자의 기금제도사용자부담금계정에 납입하여야 한다. 다만, 특별한 사정이 있는 경우에는 당사자 간의 합의에 따라 납입 기일을 연장할 수 있다.

(7) 가입기간(법 제23조의9)

중소기업퇴직연금기금제도를 설정하는 경우 가입기간에 관하여는 퇴직연금제도의 설정 이후 해당 사업에서 근로를 제공하는 기간으로 한다. 다만, 기금제도가입자부담금계정은 해당 계정이 설정된 날부터 급여가 전액 지급된 날까지로 한다.

(8) 기금 운용정보 제공(법 제23조의10)

공단은 중소기업퇴직연금기금 운용에 따라 발생하는 이익 및 손실 가능성 등의 정보를 대통령령으로 정하는 방법에 따라 중소기업퇴직연금기금제도 가입자에게 제공하여야 한다.

(9) 급여의 종류 및 수급요건 등(법 제23조의12)

① 중소기업퇴직연금기금제도의 급여 종류 및 수급요건은 다음에 따른다.

㉠ 기금제도사용자부담금계정에 관하여는 연금은 55세 이상으로서 가입기간이 10년 이상인 가입자에게 지급할 것. 이 경우 연금의 지급기간은 5년 이상이어야 한다. 이 경우 "확정급여형퇴직연금제도"는 "중소기업퇴직연금기금제도"로 본다.

㉡ 기금제도가입자부담금계정에 관하여는 대통령령으로 정한다.

② 기금제도사용자부담금계정에서 가입자에 대한 급여의 지급은 가입자가 지정한 개인형퇴직연금제도의 계정 등으로 이전하는 방법으로 한다. 다만, 가입자가 개인형퇴직연금제도의 계정 등을 지정하지 아니하는 경우에는 가입자 명의의 개인형퇴직연금제도의 계정으로 이전한다.

③ 그 밖에 급여의 지급 등에 필요한 사항은 대통령령으로 정한다.

(10) 적립금의 중도인출(법 제23조의13)

중소기업퇴직연금기금제도의 적립금 중도인출에 관한 사항은 다음에 따른다.

① 기금제도사용자부담금계정에 관하여는 근로자는 주택구입 등 대통령령으로

정하는 사유가 발생하면 적립금을 중도인출할 수 있다. 이 경우 "확정기여형퇴직연금제도"는 "중소기업퇴직연금기금제도"로 본다.

② 기금제도가입자부담금계정에 관하여는 수급요건 및 중도인출에 관하여는 대통령령으로 정한다. 이 경우 "개인형퇴직연금제도"는 "중소기업퇴직연금기금제도"로 본다.

(11) 국가의 지원(법 제23조의14)

국가는 중소기업퇴직연금기금제도에 가입하는 사업의 재정적 부담을 경감하고, 근로자의 중소기업퇴직연금 가입을 촉진하기 위하여 고용노동부장관이 정하는 요건에 해당하는 경우 사용자부담금, 가입자부담금 또는 중소기업퇴직연금기금제도 운영에 따른 비용의 일부 등을 예산의 범위에서 지원할 수 있다.

(12) 공단의 책무(법 제23조의15)

① 공단은 중소기업퇴직연금기금제도 가입자에 대하여 중소기업퇴직연금기금제도 운영 상황 등 대통령령으로 정하는 사항에 대하여 매년 1회 이상 교육을 실시하여야 한다.

② 공단은 매년 중소기업퇴직연금기금제도의 취급실적, 운용현황 및 수익률 등을 대통령령으로 정하는 바에 따라 공시하여야 한다.

③ 공단은 중소기업퇴직연금기금표준계약서 내용이 변경된 때에는 고용노동부장관이 정하는 바에 따라 사용자 및 가입자에게 그 변경 사항을 통보하여야 한다.

6 개인형 퇴직연금제도

(1) 개인형 퇴직연금제도의 설정 및 운영 등(법 제24조)

① 퇴직연금사업자는 개인형 퇴직연금제도를 운영할 수 있다.

② 다음에 해당하는 사람은 개인형 퇴직연금제도를 설정할 수 있다.

ㄱ 퇴직급여제도의 일시금을 수령한 사람

ㄴ 확정급여형 퇴직연금제도, 확정기여형 퇴직연금제도 또는 중소기업퇴직연금기금제도의 가입자로서 자기의 부담으로 개인형 퇴직연금제도를 추가로 설정하려는 사람

ㄷ 자영업자

ㄹ 퇴직급여제도가 설정되어 있지 아니한 계속근로기간이 1년 미만인 근로자 또는 4주간을 평균하여 1주간의 소정근로시간이 15시간 미만인 근로자

ㅁ 퇴직금제도를 적용받고 있는 근로자

ㅂ 「공무원연금법」의 적용을 받는 공무원

| 쌤의 핵심포인트 |

개인형 퇴직연금제도는 'IRP(Individual Retirement Pension)'이라고 한다.

| 쌤의 핵심포인트 |

확정급여형 퇴직연금제도 또는 확정기여형 퇴직연금제도의 가입자도 개인형 퇴직연금제도를 추가로 설정할 수 있다.

    (ㅅ)「군인연금법」의 적용을 받는 군인

    (ㅇ)「사립학교교직원 연금법」의 적용을 받는 교직원

    (ㅈ)「별정우체국법」의 적용을 받는 별정우체국 직원

③ 개인형 퇴직연금제도를 설정한 사람은 자기의 부담으로 개인형 퇴직연금제도의 부담금을 납입한다.

(2) 10명 미만을 사용하는 사업에 대한 특례(법 제25조)

상시 10명 미만의 근로자를 사용하는 사업의 경우 사용자가 개별 근로자의 동의를 받거나 근로자의 요구에 따라 개인형 퇴직연금제도를 설정하는 경우에는 해당 근로자에 대하여 퇴직급여제도를 설정한 것으로 본다.

7 책무

(1) 사용자의 책무(법 제32조)

① 사용자는 법령 및 퇴직연금규약 또는 중소기업퇴직연금기금표준계약서를 준수하고 가입자 등을 위하여 대통령령으로 정하는 사항에 관하여 성실하게 이 법에 따른 의무를 이행하여야 한다.

② 확정급여형 퇴직연금제도 또는 확정기여형 퇴직연금제도를 설정한 사용자는 매년 1회 이상 가입자에게 해당 사업의 퇴직연금제도 운영 상황 등 대통령령으로 정하는 사항에 관한 교육을 하여야 한다. 이 경우 사용자는 퇴직연금사업자 또는 대통령령으로 정하는 요건을 갖춘 전문기관에 그 교육의 실시를 위탁할 수 있다.

③ 퇴직연금제도를 설정한 사용자는 다음에 해당하는 행위를 하여서는 아니 된다.

    ㉠ 자기 또는 제3자의 이익을 도모할 목적으로 운용관리업무 및 자산관리업무의 수행계약을 체결하는 행위

    ㉡ 그 밖에 퇴직연금제도의 적절한 운영을 방해하는 행위로서 대통령령으로 정하는 행위

(2) 퇴직연금사업자의 책무(법 제33조)

① 퇴직연금사업자는 이 법을 준수하고 가입자를 위하여 성실하게 그 업무를 하여야 한다.

② 퇴직연금사업자는 운용관리업무 및 자산관리업무에 따른 계약의 내용을 지켜야 한다.

③ 퇴직연금사업자는 정당한 사유 없이 다음에 해당하는 행위를 하여서는 아니 된다.

| 쌤의 핵심포인트 |

퇴직연금규약이란 「근로기준법상」의 취업규칙과 그 성격이 유사하다. 개별 사업장의 퇴직연금제도를 설계하는 성격을 가지는 것으로 법정사항을 모두 포함하며 사항별로 그 외의 또는 법정사항을 상회하는 수준은 노사가 자유롭게 정할 수 있다.

ⓐ 운용관리업무의 수행계약 체결을 거부하는 행위

ⓑ 자산관리업무의 수행계약 체결을 거부하는 행위

ⓒ 특정 퇴직연금사업자와 계약을 체결할 것을 강요하는 행위

ⓓ 그 밖에 사용자 또는 가입자의 이익을 침해할 우려가 있는 행위로서 대통령령으로 정하는 행위

(3) 정부의 책무(법 제34조)

① 정부는 퇴직연금제도가 활성화될 수 있도록 지원방안을 마련하여야 한다.

② 정부는 퇴직연금제도의 건전한 정착 및 발전을 위하여 다음의 조치를 할 수 있다.

ⓐ 노사단체, 퇴직연금업무 유관기관·단체와의 공동 연구사업 및 행정적·재정적 지원

ⓑ 퇴직연금제도 운영과 관련한 퇴직연금사업자 평가

ⓒ 건전하고 효율적인 퇴직연금제도 운영을 위한 전문 강사 육성 및 교재의 지원

ⓓ 그 밖에 근로자의 안정적인 노후생활 보장을 위하여 대통령령으로 정하는 사항

③ 퇴직연금제도 운영과 관련한 평가는 퇴직연금사업자의 운용성과, 운용역량, 수수료의 적정성 등을 대상으로 하며, 그 밖에 평가절차 및 방법 등에 필요한 사항은 대통령령으로 정한다.

④ <u>정부는 퇴직연금제도의 급여 지급 보장을 위한 장치 마련 등 근로자의 급여 수급권 보호를 위한 방안을 강구하도록 노력하여야 한다.</u>

CHAPTER 2

출제예상문제

2-6 근로자퇴직급여 보장법

01 근로자퇴직급여 보장법령상 퇴직금의 중간정산 사유에 해당하지 않는 것은?

① 무주택자인 근로자가 본인 명의로 주택을 구입하는 경우

② 경영 악화를 방지하기 위한 사업의 합병을 위하여 근로자의 과반수의 동의를 얻은 경우

③ 근로자가 질병 또는 부상으로 6개월 이상 요양을 하는 경우

④ 퇴직금 중간정산을 신청하는 날부터 거꾸로 계산하여 5년 이내에 근로자가 「채무자 회생 및 파산에 관한 법률」에 따라 개인회생절차 개시 결정을 받은 경우

📎 해설

① 무주택자인 근로자가 본인 명의로 주택을 구입하는 경우

② 무주택자인 근로자가 주거를 목적으로 전세금 또는 보증금을 부담하는 경우. 이 경우 근로자가 하나의 사업에 근로하는 동안 1회로 한정한다.

③ 6개월 이상 요양을 필요로 하는 근로자 본인, 근로자의 배우자, 근로자 또는 그 배우자의 부양가족에 해당하는 사람의 질병이나 부상에 대한 요양 비용을 근로자가 부담하는 경우

④ 퇴직금 중간정산을 신청하는 날부터 거꾸로 계산하여 5년 이내에 근로자가 파산선고를 받은 경우

⑤ 퇴직금 중간정산을 신청하는 날부터 거꾸로 계산하여 5년 이내에 근로자가 개인회생절차개시 결정을 받은 경우

⑥ 사용자가 기존의 정년을 연장하거나 보장하는 조건으로 단체협약 및 취업규칙 등을 통하여 일정나이, 근속시점 또는 임금액을 기준으로 임금을 줄이는 제도를 시행하는 경우

⑥ 사용자가 근로자와의 합의에 따라 소정근로시간을 1일 1시간 또는 1주 5시간 이상 변경하여 그 변경된 소정근로시간에 따라 근로자가 3개월 이상 계속 근로하기로 한 경우

⑦ 근로기준법 일부개정법률의 시행에 따른 근로시간의 단축으로 근로자의 퇴직금이 감소되는 경우

⑧ 그 밖에 천재지변 등으로 피해를 입는 등 고용노동부장관이 정하여 고시하는 사유와 요건에 해당하는 경우

02 근로자퇴직급여 보장법상 퇴직연금제도에 관한 설명으로 틀린 것은?

① 확정급여형 퇴직연금제도의 급여 종류는 연금 또는 일시금으로 하며, 연금은 55세 이상으로서 가입기간이 10년 이상인 가입자에게 지급한다.

② 확정기여형 퇴직연금제도를 설정한 사용자는 가입자의 연간 임금총액의 24분의 1 이상에 해당하는 부담금을 현금으로 가입자의 확정기여형 퇴직연금제도 계정에 납입하여야 한다.

③ 확정기여형 퇴직연금제도의 가입자는 적립금의 운용방법을 스스로 선정할 수 있고, 반기마다 1회 이상 적립금의 운용방법을 변경할 수 있다.

④ 확정기여형 퇴직연금제도에 가입한 근로자는 주택구입 등 대통령령으로 정하는 사유가 발생하면 적립금을 중도인출할 수 있다.

정답 01 ② 02 ②

확정기여형 퇴직연금제도를 설정한 사용자는 가입자의 연간 임금총액의 12분의 1 이상에 해당하는 부담금을 현금으로 가입자의 확정기여형퇴직연금제도 계정에 납입하여야 한다.

03 근로자퇴직급여 보장법에 관한 설명으로 옳지 않은 것은?

① 근로자를 사용하는 모든 사업 또는 사업장에 적용하지만, 동거하는 친족만을 사용하는 사업 및 가구 내 고용활동에는 적용하지 아니한다.

② 사용자는 퇴직하는 근로자에게 급여를 지급하기 위하여 퇴직급여제도 중 하나 이상의 제도를 설정하여야 하지만, 계속근로기간이 1년 미만인 근로자, 4주간을 평균하여 1주간의 소정근로시간이 15시간 미만인 근로자에 대하여는 그러하지 아니하다.

③ 퇴직연금제도의 급여를 받을 권리는 양도하거나 담보로 제공할 수 없지만, 주택구입 등 대통령령으로 정하는 사유와 요건을 갖춘 경우에는 고용노동부령으로 정하는 한도에서 퇴직연금제도의 급여를 받을 권리를 담보로 제공할 수 있다.

④ 퇴직연금제도를 설정한 사용자는 매년 1회 이상 가입자에게 해당 사업의 퇴직연금제도 운영 상황 등 대통령령으로 정하는 사항에 관한 교육을 하여야 하지만, 자기 또는 제3자의 이익을 도모할 목적으로 운용관리업무 및 자산관리업무의 수행계약을 체결한 경우에는 당해 교육을 실시하지 아니할 수 있다.

퇴직연금제도를 설정한 사용자는 매년 1회 이상 가입자에게 해당 사업의 퇴직연금제도 운영 상황 등 대통령령으로 정하는 사항에 관한 교육을 하여야 한다. 이 경우 사용자는 퇴직연금사업자에게 그 교육의 실시를 위탁할 수 있다.

04 근로자퇴직급여 보장법에 관한 설명으로 옳은 것은?

① 자본시장과 금융투자업에 관한 법률에 따른 투자매매업자는 퇴직연금사업자가 될 수 없다.

② 가입자라 함은 퇴직연금에 가입하거나 개인 퇴직계좌를 설정한 사용자를 말한다.

③ 사용자는 퇴직급여제도를 설정함에 있어서 하나의 사업 안에서 차등을 둘 수 없다.

④ 퇴직연금의 급여를 받을 권리는 양도할 수 있지만 담보로 제공할 수 없다.

① 다음에 해당하는 자로서 퇴직연금사업자가 되려는 자는 재무건전성 및 인적·물적 요건 등 대통령령으로 정하는 요건을 갖추어 고용노동부장관에게 등록하여야 한다.
- 「자본시장과 금융투자업에 관한 법률」에 따른 투자매매업자, 투자중개업자 또는 집합투자업자
- 「보험업법」 제2조 제6호에 따른 보험회사
- 「은행법」 제2조 제1항 제2호에 따른 은행
- 「신용협동조합법」 제2조 제2호에 따른 신용협동조합중앙회
- 「새마을금고법」 제2조 제3항에 따른 새마을금고중앙회
- 「산업재해보상보험법」 제10조에 따른 근로복지공단(근로복지공단의 퇴직연금사업 대상은 상시 30명 이하의 근로자를 사용하는 사업에 한한다)
- 그 밖에 위의 여섯 항목에 준하는 자로서 대통령령으로 정하는 자

② 가입자란 퇴직연금제도에 가입한 사람을 말한다.

④ 퇴직연금제도의 급여를 받을 권리는 양도하거나 담보로 제공할 수 없다.

05 근로자퇴직급여 보장법에 관한 설명으로 옳지 않은 것은?

① 퇴직금제도를 설정하려는 사용자는 계속근로기간 1년에 대하여 30일분 이상의 평균임금을 퇴직금으로 퇴직 근로자에게 지급할 수 있는 제도를 설정하여야 한다.
② 확정급여형 퇴직연금제도란 근로자가 받을 급여의 수준이 사전에 결정되어 있는 퇴직연금제도를 말한다.
③ 이 법은 상시 5명 미만의 근로자를 사용하는 사업 또는 사업장에는 적용하지 아니한다.
④ 확정기여형 퇴직연금제도에 가입한 근로자는 주택구입 등 대통령령으로 정하는 사유가 발생하면 적립금을 중도인출할 수 있다.

해설
이 법은 근로자를 사용하는 모든 사업 또는 사업장(이하 "사업"이라 한다)에 적용한다. 다만, 동거하는 친족만을 사용하는 사업 및 가구 내 고용활동에는 적용하지 아니한다.

06 근로자퇴직급여 보장법에 관한 설명으로 옳은 것은?

① 사용자가 퇴직급여제도를 설정하거나 설정된 퇴직급여제도를 다른 종류의 퇴직급여제도로 변경하려는 경우에는 근로자대표의 의견을 들어야 한다.
② 사용자가 퇴직급여제도의 내용을 근로자에게 불리하게 변경하려는 경우에는 근로자대표의 의견을 들어야 한다.
③ 사용자가 퇴직급여제도나 개인형 퇴직연금제도를 설정하지 아니한 경우에는 퇴직금제도를 설정한 것으로 본다.

④ 퇴직급여제도를 변경하려는 경우에는 근로자 과반수가 가입한 노동조합이 있는 경우에는 그 노동조합, 근로자의 과반수가 가입한 노동조합이 없는 경우에는 근로자 과반수와 협의하여야 한다.

해설
①, ②항 사용자가 퇴직급여제도의 내용을 변경하려는 경우에는 근로자대표의 의견을 들어야 한다. 다만, 근로자에게 불리하게 변경하려는 경우에는 근로자대표의 동의를 받아야 한다.
④항 사용자가 퇴직급여제도를 설정하거나 설정된 퇴직급여제도를 다른 종류의 퇴직급여제도로 변경하려는 경우에는 근로자의 과반수가 가입한 노동조합이 있는 경우에는 그 노동조합, 근로자의 과반수가 가입한 노동조합이 없는 경우에는 근로자 과반수의 동의를 받아야 한다.

07 근로자퇴직급여 보장법상 퇴직연금수급권의 담보제공 사유가 아닌 것은?

① 무주택자인 가입자가 본인 명의로 주택을 구입하는 경우
② 임금피크제를 실시하여 임금이 줄어드는 경우
③ 가입자, 가입자의 배우자 또는 가입자 또는 가입자의 배우자와 생계를 같이하는 부양가족이 질병 또는 부상으로 6개월 이상 요양을 하는 경우
④ 담보를 제공하는 날부터 거꾸로 계산하여 5년 이내에 가입자가 파산선고를 받은 경우

해설
퇴직연금제도 수급권의 담보제공 사유
「근로자퇴직급여 보장법」(이하 "법"이라 한다) 제7조 제2항 전단에서 "주택구입 등 대통령령으로 정하는 사유와 요건을 갖춘 경우"란 다음에 해당하는 경우를 말한다.
① 무주택자인 가입자가 본인 명의로 주택을 구입하는 경우

② 가입자, 가입자의 배우자 또는 「소득세법」 제
50조 제1항에 따른 가입자 또는 가입자의 배우
자와 생계를 같이하는 부양가족이 질병 또는
부상으로 6개월 이상 요양을 하는 경우

③ 담보를 제공하는 날부터 거꾸로 계산하여 5년
이내에 가입자가 「채무자 회생 및 파산에 관한
법률」에 따라 파산선고를 받은 경우

④ 담보를 제공하는 날부터 거꾸로 계산하여 5년
이내에 가입자가 「채무자 회생 및 파산에 관한
법률」에 따라 개인회생절차개시 결정을 받은
경우

⑤ 그 밖에 천재지변 등으로 피해를 입는 등 고용
노동부장관이 정하여 고시하는 사유와 요건에
해당하는 경우

08 다음 (ㄱ)~(ㄷ)에 들어갈 말로 알맞은 것은?

> 근로자퇴직급여 보장법상 퇴직금제도를 설
> 정하려는 사용자는 계속근로기간 (ㄱ)에
> 대하여 (ㄴ)의 (ㄷ)을 퇴직금으로 퇴직근
> 로자에게 지급할 수 있는 제도를 설정하여
> 야 한다.

① ㄱ : 2년, ㄴ : 45일분 이상, ㄷ : 평균임금
② ㄱ : 1년, ㄴ : 15일분 이상, ㄷ : 통상임금
③ ㄱ : 1년, ㄴ : 30일분 이상, ㄷ : 평균임금
④ ㄱ : 2년, ㄴ : 60일분 이상, ㄷ : 통상임금

해설
퇴직금제도를 설정하려는 사용자는 계속근로기간
1년에 대하여 30일분 이상의 평균임금을 퇴직금
으로 퇴직 근로자에게 지급할 수 있는 제도를 설정
하여야 한다.

09 근로자퇴직급여 보장법에 관한 설명으로 옳지 않
은 것은?

① 퇴직금 중간정산 후의 퇴직금 산정을 위한 계
속근로기간은 정산시점부터 새로 계산한다.

② 사용자는 퇴직급여제도를 설정할 때에 하나
의 사업 안에 차등을 두어서는 아니 된다.

③ 사용자는 4주간을 평균하여 1주간의 소정근
로시간이 15시간 미만인 근로자에 대하여도
퇴직급여제도를 설정하여야 한다.

④ 사용자는 근로자가 퇴직한 경우에는 그 지급
사유가 발생한 날부터 14일 이내에 퇴직금을
지급하여야 하지만, 특별한 사정이 있는 경우
에는 당사자 간의 합의에 따라 지급기일을 연
장할 수 있다.

해설
사용자는 퇴직하는 근로자에게 급여를 지급하기 위
하여 퇴직급여제도 중 하나 이상의 제도를 설정하여
야 한다. 다만, 계속근로기간이 1년 미만인 근로자,
4주간을 평균하여 1주간의 소정근로시간이 15시간
미만인 근로자에 대하여는 그러하지 아니하다.

10 근로자퇴직급여 보장법령상 퇴직급여제도에 관
한 설명으로 옳은 것은?

① 사용자가 퇴직급여제도를 설정하지 아니한
경우 500만 원 이하의 과태료가 부과된다.

② 근로자에게 주택구입 등 퇴직금 중간정산 사
유가 있을 경우 사용자는 근로자의 요구가 없
더라도 근로자의 퇴직 전 퇴직금 중간정산을
할 수 있다.

③ 퇴직연금제도의 급여를 받을 권리는 어떠한
경우에도 양도하거나 담보로 제공할 수 없다.

④ 사용자와 근로자와의 합의에 따라 소정근로
시간을 1일 1시간 또는 1주 5시간 이상 변경
하여 그 변경된 소정근로시간에 따라 근로자
가 3개월 이상 계속 근로하기로 한 경우는 퇴
직금 중간정산 사유에 해당한다.

① 사용자가 퇴직급여제도나 개인형퇴직연금제도를 설정하지 아니한 경우에는 퇴직금제도를 설정한 것으로 본다.

② 사용자는 주택구입 등 대통령령으로 정하는 사유로 근로자가 요구하는 경우에는 근로자가 퇴직하기 전에 해당 근로자의 계속근로기간에 대한 퇴직금을 미리 정산하여 지급할 수 있다. 이 경우 미리 정산하여 지급한 후의 퇴직금 산정을 위한 계속근로기간은 정산시점부터 새로 계산한다.

③ 가입자는 주택구입 등 대통령령으로 정하는 사유와 요건을 갖춘 경우에는 대통령령으로 정하는 한도에서 퇴직연금제도의 급여를 받을 권리를 담보로 제공할 수 있다.

11 근로자퇴직급여 보장법에 관한 설명으로 틀린 것은?

① 이 법은 상시 5명 미만의 근로자를 사용하는 사업 또는 사업장에는 적용하지 아니한다.

② 퇴직금 제도를 설정하려는 사용자는 계속근로기간 1년에 대하여 30일분 이상의 평균임금을 퇴직금으로 퇴직 근로자에게 지급할 수 있는 제도를 설정하여야 한다.

③ 퇴직금을 받을 권리는 3년간 행사하지 아니하면 시효로 인하여 소멸한다.

④ 확정급여형퇴직연금제도란 근로자가 받을 급여의 수준이 사전에 결정되어 있는 퇴직연금제도를 말한다.

근로자퇴직급여 보장법은 근로자를 사용하는 모든 사업 또는 사업장에 적용한다. 다만, 동거하는 친족만을 사용하는 사업 및 가구 내 고용활동에는 적용하지 아니한다.

12 근로자퇴직급여 보장법에 관한 설명으로 틀린 것은?

① 퇴직급여제도의 일시금을 수령한 사람은 개인형퇴직연금제도를 설정할 수 있다.

② 사용자는 계속근로기간이 1년 미만인 근로자, 4주간 평균하여 1주간의 소정근로시간이 15시간 미만인 근로자에 대하여는 퇴직급여제도를 설정하지 않아도 된다.

③ 확정급여형퇴직연금제도 또는 확정기여형퇴직연금제도의 가입자는 개인형퇴직연금제도를 추가로 설정할 수 없다.

④ 상시 10명 미만의 근로자를 사용하는 사업의 경우 사용자가 개별근로자의 동의를 받거나 근로자의 요구에 따라 개인형퇴직연금제도를 설정하는 경우에는 해당 근로자에 대하여 퇴직급여제도를 설정한 것으로 본다.

다음에 해당하는 사람은 개인형퇴직연금제도를 설정할 수 있다.

① 퇴직급여제도의 일시금을 수령한 사람

② 확정급여형퇴직연금제도 또는 확정기여형퇴직연금제도의 가입자로서 자기의 부담으로 개인형퇴직연금제도를 추가로 설정하려는 사람

③ 자영업자 등 안정적인 노후소득 확보가 필요한 사람으로서 대통령령으로 정하는 사람

| 쌤의 핵심포인트 |

실업의 예방을 이 법의 목적으로 출제하고 있는데, 실업의 예방은 고용보험법의 목적이다.

| 쌤의 핵심포인트 |

'사업주의 자율적인 고용관리'나 '구직자의 자발적인 취업노력'을 단어만 조금씩 수정하여 출제하고 있다.
고용정책은 중앙정부의 주도가 아니라 근로자, 사업주, 정부 간의 협력을 바탕으로 한다.

CHAPTER

3 고용 관련 법규

3-1 고용정책 기본법

■1 총칙

(1) 목적(법 제1조)

국가가 고용에 관한 정책을 수립 · 시행하여 국민 개개인이 평생에 걸쳐 직업능력을 개발하고 더 많은 취업기회를 가질 수 있도록 하는 한편, 근로자의 고용안정, 기업의 일자리 창출과 원활한 인력 확보를 지원하고 노동시장의 효율성과 인력수급의 균형을 도모함으로써 국민의 삶의 질 향상과 지속가능한 경제성장 및 고용을 통한 사회통합에 이바지함을 목적으로 한다.

(2) 정의(법 제2조)

이 법에서 "근로자"란 사업주에게 고용된 사람과 취업할 의사를 가진 사람을 말한다.

(3) 기본 원칙(법 제3조)

국가는 이 법에 따라 고용정책을 수립 · 시행하는 경우에 다음의 사항이 실현되도록 하여야 한다.

① 근로자의 직업선택의 자유와 근로의 권리가 확보되도록 할 것
② 사업주의 자율적인 고용관리를 존중할 것
③ 구직자(求職者)의 자발적인 취업 노력을 촉진할 것
④ 고용정책은 효율적이고 성과지향적으로 수립 · 시행할 것
⑤ 고용정책은 노동시장의 여건과 경제정책 및 사회정책을 고려하여 균형 있게 수립 · 시행할 것
⑥ 고용정책은 국가 · 지방자치단체 간, 공공부문 · 민간부문 간 및 근로자 · 사업주 · 정부 간의 협력을 바탕으로 수립 · 시행힐 것

(4) 근로자 및 사업주 등의 책임과 의무(법 제5조)

① 근로자는 자신의 적성과 능력에 맞는 직업을 선택하여 직업생활을 하는 기간 동안 끊임없이 직업에 필요한 능력(이하 "직업능력"이라 한다)을 개발하고, 직업을 통하여 자기발전을 도모하도록 노력하여야 한다.

② <u>사업주</u>는 사업에 필요한 인력을 스스로 양성하고, 자기가 고용하는 근로자의 직업능력을 개발하기 위하여 노력하며, 근로자가 그 능력을 최대한 발휘하면서 일할 수 있도록 고용관리의 개선, 근로자의 고용안정 촉진 및 고용평등의 증진 등을 위하여 노력하여야 한다.

③ <u>노동조합과 사업주단체</u>는 근로자의 직업능력개발을 위한 노력과 사업주의 근로자 직업능력개발, 고용관리 개선, 근로자의 고용안정 촉진 및 고용평등의 증진 등을 위한 <u>노력에 적극 협조하여야 한다.</u>

④ <u>근로자와 사업주, 노동조합과 사업주단체</u>는 국가와 지방자치단체의 시책이 원활하게 시행될 수 있도록 <u>적극 협조하여야 한다.</u>

⑤ 「고용보험법」에 따른 실업급여 수급자, 「국민기초생활 보장법」에 따른 근로능력이 있는 수급자, 그 밖에 정부에서 지원하는 취업지원 사업에 참여하는 사람 등은 스스로 취업하기 위하여 적극적으로 노력하여야 하며, 국가와 지방자치단체가 하는 직업소개, 직업지도, 직업능력개발훈련 등에 성실히 따르고 적극 참여하여야 한다.

(5) 국가와 지방자치단체의 시책(법 제6조)

① 국가는 다음의 사항에 관하여 필요한 시책을 수립·시행하여야 한다.

　㉠ 국민 각자의 능력과 적성에 맞는 직업의 선택과 인력수급의 불일치 해소를 위한 고용·직업 및 노동시장 정보의 수집·제공에 관한 사항과 인력수급 동향·전망에 관한 조사·공표에 관한 사항

　㉡ 근로자의 전 생애에 걸친 직업능력개발과 산업에 필요한 기술·기능 인력을 양성하기 위한 직업능력개발훈련 및 기술자격 검정에 관한 사항

　㉢ 근로자의 실업 예방, 고용안정 및 고용평등 증진에 관한 사항

　㉣ 산업·직업·지역 간 근로자 이동의 지원에 관한 사항

　㉤ 실업자의 실업기간 중 소득지원과 취업촉진을 위한 직업소개·직업지도·직업훈련, 보다 나은 일자리로 재취업하기 위한 불완전 취업자의 경력개발 및 비경제활동 인구의 노동시장 참여 촉진에 관한 사항

　㉥ 학력·경력의 부족, 고령화, 육체적·정신적 장애, 실업의 장기화, 국외로부터의 이주 등으로 인하여 노동시장의 통상적인 조건에서 취업이 특히 곤란한 자와 「국민기초생활 보장법」에 따른 수급권자 등(이하 "취업취약계층"이라 한다)의 고용촉진에 관한 사항

　㉦ 사업주의 일자리 창출, 인력의 확보, 고용유지 등의 지원 및 인력부족의 예방에 관한 사항

　㉧ 지역 고용창출 및 지역 노동시장의 활성화를 위한 지역별 고용촉진에 관한 사항

| 쌤의 핵심포인트 |
고용정책상 목표달성을 위하여 국가, 직업안정기관, 고용노동부장관, 사업주, 사업주단체, 노동조합 등에 일정한 임무를 부여하고 있으나 '노동위원회'는 포함되지 않는다.

  ⑥ ㄱ부터 ⓘ까지의 사항에 관한 시책 추진을 위한 각종 지원금, 장려금, 수당 등 지원에 관한 제도의 효율적인 운영에 관한 사항

  ⓒ ㄱ부터 ⓘ까지의 사항에 관한 시책을 효과적으로 시행하기 위하여 하는 구직자 또는 구인자(求人者)에 대한 고용정보의 제공, 직업소개 · 직업지도 또는 직업능력개발 등 고용을 지원하는 업무(이하 "고용서비스"라 한다)의 확충 및 민간 고용서비스시장의 육성에 관한 사항

  ㅋ 그 밖에 노동시장의 효율성 및 건전성을 높이는 데 필요한 사항

② 국가는 시책을 수립 · 시행하는 경우에 기업경영기반의 개선, 경제 · 사회의 균형 있는 발전, 국토의 균형 있는 개발 등의 시책을 종합적으로 고려하여야 하며, 고용기회를 늘리고 지역 간 불균형을 시정하며 중소기업을 우대할 수 있도록 하여야 하고, 차별적 고용관행 등 근로자가 능력을 발휘하는 데에 장애가 되는 고용관행을 개선하도록 노력하여야 한다.

③ 지방자치단체는 수립된 국가 시책과 지역 노동시장의 특성을 고려하여 지역주민의 고용촉진과 지역주민에게 적합한 직업의 소개, 직업훈련의 실시 등에 관한 시책을 수립 · 시행하도록 노력하여야 한다.

④ 국가는 시책을 수립 · 시행하는 지방자치단체에 필요한 지원을 할 수 있다.

(6) 취업기회의 균등한 보장(법 제7조)

① 사업주는 근로자를 모집 · 채용할 때에 합리적인 이유 없이 성별, 신앙, 연령, 신체조건, 사회적 신분, 출신지역, 학력, 출신학교, 혼인 · 임신 또는 병력(病歷) 등(이하 "성별 등"이라 한다)을 이유로 차별을 하여서는 아니 되며, 균등한 취업기회를 보장하여야 한다.

② 고용서비스를 제공하는 자는 그 업무를 수행할 때에 합리적인 이유 없이 성별 등을 이유로 구직자를 차별하여서는 아니 된다.

③ 직업능력개발훈련을 실시하는 자는 훈련대상자의 모집, 훈련의 실시 및 취업지원 등을 하는 경우에 합리적인 이유 없이 성별 등을 이유로 훈련생을 차별하여서는 아니 된다.

■2 고용정책의 수립 및 추진체계

(1) 고용정책 기본계획의 수립 · 시행(법 제8조)

① 고용노동부장관은 관계 중앙행정기관의 장과 협의하여 5년마다 국가의 고용정책에 관한 기본계획(이하 "기본계획"이라 한다)을 수립하여야 한다.

② 고용노동부장관은 기본계획을 수립할 때에는 고용정책심의회의 심의를 거쳐야 하며, 수립된 기본계획은 국무회의에 보고하고 공표하여야 한다.

| 쌤의 핵심포인트 |
고용정책기본법에 따른 차별 금지사유에 '국적'이나 '업무능력'은 해당되지 않는다.

| 쌤의 핵심포인트 |
고용노동부장관은 기본계획을 국무회의에 보고하고 공표하는 것이지 동의를 받지는 않는다.

③ 기본계획에는 다음의 사항이 포함되어야 한다.

　㉠ 고용에 관한 중장기 정책목표 및 방향

　㉡ 인력의 수요와 공급에 영향을 미치는 경제, 산업, 교육, 복지 또는 인구정책 등의 동향(動向)에 관한 사항

　㉢ 고용 동향과 인력의 수급 전망에 관한 사항

　㉣ 국가 시책의 기본 방향에 관한 사항

　㉤ 그 밖의 고용 관련 주요 시책에 관한 사항

④ 관계 중앙행정기관의 장은 고용과 관련된 계획을 수립할 때에는 기본계획과 조화되도록 하여야 한다.

⑤ 고용노동부장관은 기본계획을 세우기 위하여 필요하면 관계 중앙행정기관의 장 및 지방자치단체의 장에게 필요한 자료의 제출을 요청할 수 있다.

(2) 지역고용정책기본계획의 수립 · 시행(법 제9조)

① 특별시장 · 광역시장 · 특별자치시장 · 도지사 및 특별자치도지사(이하 "시 · 도지사"라 한다)는 지역고용심의회의 심의를 거쳐 지역 주민의 고용촉진과 고용안정 등에 관한 지역고용정책기본계획(이하 "지역고용계획"이라 한다)을 수립 · 시행하여야 한다.

② 시 · 도지사는 지역고용계획을 수립할 때에는 기본계획과 조화되도록 하여야 한다.

③ 시 · 도지사는 지역고용계획을 세우기 위하여 필요하면 관계 중앙행정기관의 장 및 관할 지역의 직업안정기관의 장에게 협조를 요청할 수 있다.

④ 국가는 시 · 도지사가 지역고용계획을 수립 · 시행하는 데에 필요한 지원을 할 수 있다

| 쌤의 핵심포인트 |
지역고용정책기본계획은 고용노동부장관이 수립한 기본계획과 일치하는 것이 아니라 조화되도록 해야 한다.

(3) 고용정책심의회(법 제10조)

① 고용에 관한 주요 사항을 심의하기 위하여 고용노동부에 고용정책심의회(이하 "정책심의회"라 한다)를 두고, 특별시 · 광역시 · 특별자치시 · 도 및 특별자치도에 지역고용심의회를 둔다. 이 경우 「노사관계 발전 지원에 관한 법률」에 따른 지역 노사민정 간 협력 활성화를 위한 협의체가 특별시 · 광역시 · 특별자치시 · 도 및 특별자치도에 구성되어 있는 경우에는 이를 지역고용심의회로 볼 수 있다.

② 정책심의회는 다음의 사항을 심의한다.

　㉠ 국가 시책 및 고용정책 기본계획의 수립에 관한 사항

　㉡ 인력의 공급구조와 산업구조의 변화 등에 따른 고용 및 실업대책에 관한 사항

　㉢ 고용영향평가 대상의 선정, 평가방법 등에 관한 사항

ⓔ 재정지원 일자리사업의 효율화에 관한 사항

ⓜ 「사회적 기업 육성법」에 따른 다음의 사항
- 사회적 기업 육성 기본계획
- 사회적 기업 인증에 관한 사항
- 그 밖에 사회적 기업의 지원을 위하여 필요한 사항으로서 대통령령으로 정하는 사항

ⓗ 「남녀고용평등과 일·가정 양립 지원에 관한 법률」에 따른 다음의 사항
- 여성 근로자 고용기준에 관한 사항
- 시행계획의 심사에 관한 사항
- 적극적 고용개선조치 이행실적의 평가에 관한 사항
- 적극적 고용개선조치 우수기업의 표창 및 지원에 관한 사항
- 그 밖에 적극적 고용개선조치에 관하여 고용정책심의회의 위원장이 회의에 부치는 사항

ⓢ 「장애인고용촉진 및 직업재활법」에 따른 다음의 사항
- 장애인의 고용촉진 및 직업재활을 위한 기본계획의 수립에 관한 사항
- 그 밖에 장애인의 고용촉진 및 직업재활에 관하여 위원장이 회의에 부치는 사항

ⓞ 「근로복지기본법」에 따른 다음의 사항
- 근로복지증진에 관한 기본계획
- 근로복지사업에 드는 재원 조성에 관한 사항
- 그 밖에 고용정책심의회 위원장이 근로복지정책에 관하여 회의에 부치는 사항

ⓩ 관계 중앙행정기관의 장이 고용과 관련하여 심의를 요청하는 사항

ⓒ 그 밖에 다른 법령에서 정책심의회의 심의를 거치도록 한 사항 및 대통령령으로 정하는 사항

③ 정책심의회는 위원장 1명을 포함한 30명 이내의 위원으로 구성하고, 위원장은 고용노동부장관이 되며, 위원은 다음에 해당하는 사람 중에서 고용노동부장관이 위촉하는 사람과 대통령령으로 정하는 관계 중앙행정기관의 차관 또는 차관급 공무원이 된다.

ㄱ 근로자와 사업주를 대표하는 사람

ㄴ 고용문제에 관하여 학식과 경험이 풍부한 사람

ㄷ 「지방자치법」에 따른 전국 시·도지사 협의체에서 추천하는 사람

③-1 임기(시행령 제4조)

위촉위원의 임기는 2년으로 한다. 다만, 보궐위원의 임기는 전임자 임기의 남은 기간으로 한다.

③-2 회의(시행령 제6조)

　　㉠ 정책심의회의 위원장은 정책심의회의 회의를 소집하고, 그 의장이 된다.

　　㉡ 회의는 재적위원 과반수의 출석으로 개의(開議)하고 출석위원 과반수의 찬성으로 의결한다.

④ 정책심의회를 효율적으로 운영하고 정책심의회의 심의 사항을 전문적으로 심의하도록 하기 위하여 정책심의회에 분야별로 전문위원회를 둘 수 있다.

④-1 전문위원회(시행령 제7조)

　　㉠ 지역고용전문위원회　　　　　㉡ 고용서비스전문위원회

　　㉢ 사회적기업육성전문위원회　　㉣ 적극적고용개선전문위원회

　　㉤ 장애인고용촉진전문위원회　　㉥ 가사근로자고용개선전문위원회

　　㉦ 건설근로자고용개선전문위원회　㉧ 직업능력개발전문위원회

| 쌤의 핵심포인트 |
청년고용촉진전문위원회는 없다.

⑥-1 지역고용심의회의 구성(시행령 제13조)

　　㉠ 지역고용심의회는 위원장 1명을 포함한 20명 이내의 위원으로 구성한다.

　　㉡ 위원장은 특별시장·광역시장·도지사 또는 특별자치도지사(이하 "시·도지사"라 한다)가 되고, 위원은 다음의 사람이 된다. 다만, 직업안정기관의 장이 지청장인 경우에는 고용노동부장관이 업무 관할 등을 고려하여 지명하는 지방고용노동청장을 위원으로 할 수 있다.

　　　　• 다음의 사람 중에서 시·도지사가 임명하거나 위촉하는 사람

　　　　　　－ 근로자 대표 및 사업주 대표

　　　　　　－ 고용문제에 관한 지식과 경험이 풍부한 사람 및 관계 공무원

　　　　• 특별시·광역시 또는 도의 청사 소재지를 관할하는 직업안정기관(제주특별자치도의 경우에는 제주특별자치도지사 소속으로 설치되는 직업안정기관)의 장

⑥-2 지역고용심의회의 전문위원회(시행령 제15조)

　　지역고용심의회의 심의 사항을 보다 전문적으로 연구·심의하기 위하여 지역고용심의회에 위원장 1명을 포함한 10명 이내의 위원으로 구성하는 전문위원회를 둘 수 있다.

구분	고용정책심의회	지역고용심의회	분야별 전문위원회
위원장	고용노동부장관	특별시장·광역시장·도지사 또는 특별자치도지사	전문위원회의 위원 중에서 시·도지사가 지명
구성	위원장 1인 포함 30인 이내 위원	위원장 1인 포함 20인 이내 위원	위원장 1인 포함 10인 이내 위원
설치	고용노동부	특별시·광역시·도 및 특별자치도	지역고용심의회

(4) 직업안정기관의 설치 등(법 제11조)

① 국가는 시책을 추진하는 경우에 지역 근로자와 사업주가 편리하게 고용서비스를 받을 수 있도록 지역별로 직업안정기관을 설치·운영하여야 한다.

② 국가는 지방자치단체의 장이 해당 지역의 구직자와 구인기업에 대하여 고용서비스를 제공하는 업무를 담당하는 조직을 운영하는 경우에 그 조직의 운영에 필요한 지원을 할 수 있다.

③ 직업안정기관의 장과 지방자치단체의 장은 고용서비스 제공 업무를 수행하는 경우에 서로 협력하여야 한다.

④ 국가 또는 지방자치단체는 대통령령으로 정하는 바에 따라 취업취약계층에 대한 고용서비스 제공에 필요한 시설을 설치·운영할 수 있다.

3 고용정보 등의 수집·제공

(1) 고용·직업 정보의 수집 및 제공(법 제15조)

① 고용노동부장관은 근로자와 기업에 대한 고용서비스 향상과 노동시장의 효율성 제고를 위하여 다음의 고용·직업에 관한 정보(이하 "고용·직업 정보"라 한다)를 수집·관리하여야 한다.

ㄱ 구인·구직 정보

ㄴ 고용보험제도 및 고용안정사업의 운영에 필요한 정보

ㄷ 직업의 현황과 전망에 관한 정보 및 직업능력개발훈련에 필요한 정보

ㄹ 외국인 고용관리에 필요한 정보

ㅁ 재정지원 일자리사업 운영을 위해 필요한 정보

ㅂ 산업별·지역별 고용 동향 및 노동시장 정보

ㅅ 그 밖에 정보를 이용하여 제공하는 서비스의 향상을 위하여 필요한 정보로서 대통령령으로 정하는 정보

② 고용노동부장관은 구직자·구인자, 직업훈련기관, 교육기관 및 그 밖에 고용·직업 정보를 필요로 하는 자가 신속하고 편리하게 이용할 수 있도록 책자를 발간·배포하는 등 필요한 조치를 하여야 한다.

③ 고용노동부장관은 고용·직업 정보의 수집·관리를 위하여 노동시장의 직업구조를 반영한 고용직업분류표를 작성·고시하여야 한다. 이 경우 미리 관계 행정기관의 장과 협의할 수 있다.

(2) 고용형태 현황 공시(법 제15조의6 및 시행규칙 제4조)

① 300명 이상의 근로자를 사용하는 사업주는 매년 근로자의 고용형태 현황을 공시하여야 한다.

② 사업주는 매년 3월 31일(해당 일이 공휴일인 경우에는 그 직전 근무일을 말한다)을 기준으로 다음의 구분에 따른 근로자의 고용형태 현황을 작성하여 해당 연도 4월 30일까지 공시하여야 한다. 이 경우 상시 1,000명 이상의 근로자를 사용하는 사업주는 고용형태 현황을 사업장별로 작성하여 고용형태 현황과 함께 공시하여야 한다.

  ㉠ 사업주가 고용한 근로계약기간의 정함이 없는 근로자

  ㉡ 사업주가 고용한 근로자로서 「기간제 및 단시간 근로자 보호 등에 관한 법률」의 기간제 근로자

  ㉢ 「근로기준법」의 단시간 근로자

  ㉣ 「파견근로자 보호 등에 관한 법률」의 파견근로자 등 다른 사업주가 고용한 근로자로서 그 사업 또는 사업장에서 사용하는 근로자

(3) 인력의 수급 동향 등에 관한 자료의 작성(법 제16조)

고용노동부장관은 인력의 수급에 영향을 미치는 경제 · 산업의 동향과 그 전망 등이 포함된 인력의 수급 동향과 전망에 관하여 조사하고 자료를 매년 작성하여 공표하여야 한다.

(4) 한국고용정보원의 설립(법 제18조)

① 고용정보의 수집 · 제공과 직업에 관한 조사 · 연구 등 위탁받은 업무와 그 밖에 고용지원에 관한 업무를 효율적으로 수행하기 위하여 한국고용정보원을 설립한다.

② 한국고용정보원은 법인으로 한다.

③ 한국고용정보원은 고용노동부장관의 승인을 받아 분사무소를 둘 수 있다.

④ 한국고용정보원의 사업은 다음과 같다.

  ㉠ 고용 동향, 직업의 현황 및 전망에 관한 정보의 수집 · 관리

  ㉡ 인력 수급의 동향 및 전망에 관한 정보의 제공

  ㉢ 고용정보시스템 구축 및 운영

  ㉣ 직업지도, 직업심리검사 및 직업상담에 관한 기법(技法)의 연구 · 개발 및 보급

  ㉤ 고용서비스의 평가 및 지원

  ㉥ 위의 사업에 관한 국제협력과 그 밖의 부대사업

  ㉦ 그 밖에 고용노동부장관, 다른 중앙행정기관의 장 또는 지방자치단체로부터 위탁받은 사업

⑤ 정부는 예산의 범위에서 한국고용정보원의 설립 · 운영에 필요한 경비와 사업에 필요한 경비를 출연할 수 있다.

| 쌤의 핵심포인트 |
분사무소는 고용노동부장관의 '허가'가 아니라 '승인'을 받아야 둘 수 있다.

(5) 한국잡월드의 설립 등(법 제18조의2)

① 다음의 사업을 수행하기 위하여 한국고용정보원 산하에 한국잡월드를 설립한다.

    ㉠ 직업 관련 자료 · 정보의 전시 및 제공

    ㉡ 직업체험프로그램 개설 · 운영

    ㉢ 청소년 등에 대한 직업교육프로그램 개설 · 운영

    ㉣ 교사 등에 대한 직업지도 교육프로그램 개설 · 운영

    ㉤ 직업상담 및 직업심리검사 서비스 제공

    ㉥ 직업 관련 자료 · 정보의 전시기법 및 체험프로그램 연구 · 개발

    ㉦ 위의 사업에 관한 국제협력과 그 밖의 부대사업

    ㉧ 그 밖에 고용노동부장관, 다른 중앙행정기관의 장 또는 지방자치단체의 장으로부터 위탁받은 사업

② 한국잡월드는 법인으로 한다.

③ 정부는 한국잡월드의 설립 · 운영에 필요한 경비와 사업에 필요한 경비를 예산의 범위에서 출연할 수 있다.

④ 한국잡월드는 사업수행에 필요한 경비를 조달하기 위하여 입장료 · 체험관람료 징수 및 광고 등 대통령령으로 정하는 바에 따라 수익사업을 할 수 있다.

⑤ 개인 또는 법인 · 단체는 한국잡월드의 사업을 지원하기 위하여 한국잡월드에 금전이나 현물, 그 밖의 재산을 출연 또는 기부할 수 있다.

⑥ 한국잡월드의 수입은 다음의 것으로 한다.

    ㉠ 국가나 국가 외의 자로부터 받은 출연금 및 기부금

    ㉡ 그 밖에 한국잡월드의 수입금

⑦ 정부는 한국잡월드의 설립 및 운영을 위하여 필요한 경우에는 「국유재산법」, 「물품관리법」에도 불구하고 국유재산 및 국유물품을 한국잡월드에 무상으로 대부 또는 사용하게 할 수 있다.

| 쌤의 핵심포인트 |
한국고용정보원은 수익사업을 하지 않으나, 한국잡월드는 수익사업을 할 수 있다.

4 직업능력의 개발

(1) 직업능력개발의 지원(법 제20조)

① 사업주는 그가 고용하는 근로자에 대하여 필요한 직업능력개발훈련을 실시하고 근로자는 스스로 직업능력을 개발하도록 노력하여야 한다.

② 국가는 근로자와 사업주에게 직업능력개발에 관한 정보를 제공하고 지도 · 상담하며 필요한 비용을 지원할 수 있다.

③ 국가는 국민 모두가 전 생애에 걸쳐 직업능력을 개발하고, 경력을 관리할 수 있도록 필요한 지원을 할 수 있다.

5 근로자의 고용촉진 및 사업주의 인력확보 지원

(1) 구직자와 구인자에 대한 지원(법 제23조)

① 직업안정기관의 장은 구직자가 그 적성·능력·경험 등에 맞게 취업할 수 있도록 구직자 개개인의 적성·능력 등을 고려하여 그 구직자에게 적합하도록 체계적인 고용서비스를 제공하여야 한다.

② 직업안정기관의 장은 구인자가 적합한 근로자를 신속히 채용할 수 있도록 구직자 정보의 제공, 상담·조언, 그 밖에 구인에 필요한 지원을 하여야 한다.

(2) 학생 등에 대한 직업지도(법 제24조)

국가는 「초·중등교육법」과 「고등교육법」에 따른 각급 학교의 학생 등에 대하여 장래 직업선택에 관하여 지도·조언하고, 각자의 적성과 능력에 맞는 직업을 가질 수 있도록 직업에 관한 정보를 제공하며, 직업적성검사 등 직업지도를 받을 수 있게 하는 등 필요한 지원을 하여야 한다.

(3) 청년·여성·고령자 등의 고용촉진의 지원(법 제25조)

국가는 청년·여성·고령자 등의 고용을 촉진하기 위하여 이들의 취업에 적합한 직종의 개발, 직업능력개발훈련과정의 개설, 고용기회 확대를 위한 제도의 마련, 관련 법령의 정비, 그 밖에 필요한 대책을 수립·시행하여야 한다.

| 쌤의 핵심포인트 |

근로자의 고용촉진 대상자는 청년, 여성, 고령자 계층이다. '저소득자'를 틀린 지문으로 출제하고 있다.

(4) 취업취약계층의 고용촉진 지원(법 제26조)

국가는 취업취약계층의 고용을 촉진하기 위하여 다음의 내용이 포함된 취업지원 프로그램에 따라 직업능력을 개발하게 하는 등 필요한 지원을 하여야 한다.

① 취업취약계층의 능력·적성 등에 대한 진단

② 취업의욕의 고취 및 직업능력의 증진

③ 집중적인 직업소개 등 지원

| 쌤의 핵심포인트 |

실업자는 취업취약계층이 아니다.

(5) 일용근로자 등의 고용안정 지원(법 제27조)

국가는 일용근로자와 파견근로자 등의 고용안정을 위하여 그 근로형태의 특성에 맞는 고용정보의 제공, 직업상담, 직업능력개발 기회의 확대, 그 밖에 필요한 조치를 하여야 한다.

(6) 사회서비스일자리 창출 및 사회적 기업 육성(법 제28조)

① 국가는 사회적으로 필요함에도 불구하고 수익성 등으로 인하여 시장에서 충분히 제공되지 못하는 교육, 보건, 사회복지, 환경, 문화 등 사회서비스 부문에서 법인·단체가 일자리를 창출하는 경우에는 이에 필요한 지원을 할 수 있다.

② 국가는 취업취약계층 등에 사회서비스 또는 일자리를 제공하여 지역주민의 삶의 질을 높이는 등의 사회적 목적을 추구하면서 재화 및 서비스의 생산·판매 등 영업활동을 하는 법인·단체를 사회적 기업으로 육성하도록 노력하여야 한다.

(7) 기업의 고용창출 등 지원(법 제29조)

① 국가는 근로자의 고용기회를 확대하고 기업의 경쟁력을 높이기 위하여 기업의 고용창출, 고용유지 및 인력의 재배치 등 지원에 필요한 대책을 수립·시행하여야 한다.

② 직업안정기관의 장은 근로자의 모집·채용 또는 배치, 직업능력개발, 승진, 임금체계, 그 밖에 기업의 고용관리에 관하여 사업주, 근로자대표 또는 노동조합 등으로부터 지원 요청을 받으면 고용정보 등을 활용하여 상담·지도 등 필요한 지원을 하여야 한다.

(8) 중소기업 인력확보지원계획의 수립·시행(법 제30조)

① 고용노동부장관은 중소기업의 인력확보를 지원하기 위하여 작업환경의 개선, 복리후생시설의 확충, 그 밖에 고용관리의 개선 등을 지원하기 위한 계획(이하 "중소기업 인력확보지원계획"이라 한다)을 수립·시행할 수 있다.

② 고용노동부장관은 중소기업 인력확보지원계획을 수립하려면 미리 관계 중앙행정기관의 장과 협의하여야 한다.

(9) 외국인근로자의 도입(법 제31조)

국가는 노동시장에서의 원활한 인력수급을 위하여 외국인근로자를 도입할 수 있다. 이 경우 국가는 국민의 고용이 침해되지 아니하도록 노력하여야 한다.

6 고용조정지원 및 고용안정대책

(1) 업종별·지역별 고용조정의 지원 등(법 제32조)

① 고용노동부장관은 국내외 경제사정의 변화 등으로 고용사정이 급격히 악화되거나 악화될 우려가 있는 업종 또는 지역에 대하여 다음의 사항을 지원할 수 있다.
ㄱ 사업주의 고용조정
ㄴ 근로자의 실업 예방
ㄷ 실업자의 재취업 촉진
ㄹ 그 밖에 고용안정과 실업자의 생활안정을 위하여 필요한 지원

①-1 고용조정지원이 필요한 업종 또는 지역(시행령 제29조)

   ㉠ <u>사업의 전환</u>이나 <u>사업의 축소 · 정지 · 폐업</u>으로 인하여 고용량이 현저히 감
소하거나 감소할 우려가 있는 업종

   ㉡ 위의 업종이 특정 지역에 밀집되어 그 지역의 고용사정이 현저히 악화되거
나 악화될 우려가 있는 지역으로서 그 지역 근로자의 실업 예방 및 재취업
촉진 등의 조치가 필요하다고 인정되는 지역

   ㉢ 많은 구직자가 다른 지역으로 이동하거나 구직자의 수에 비하여 <u>고용기회</u>
가 현저히 부족한 지역으로서 그 지역의 고용 개발을 위한 조치가 필요하다
고 인정되는 지역

| 쌤의 핵심포인트 |
사업의 '이전'은 고용조
정지원 대상이 아니다.

(2) 고용재난지역의 선포 및 지원 등(법 제32조 및 시행령 제30조의3)

① <u>고용노동부장관</u>은 대규모로 기업이 도산하거나 구조조정 등으로 지역의 고용
안정에 중대한 문제가 발생하여 특별한 조치가 필요하다고 인정되는 지역에 대
하여 고용재난지역으로 선포할 것을 대통령에게 건의할 수 있다.

② 고용재난지역의 선포를 건의받은 대통령은 <u>국무회의 심의를 거쳐</u> 해당 지역을
고용재난지역으로 선포할 수 있다.

③ 고용노동부장관은 고용재난지역으로 선포할 것을 대통령에게 건의하기 전에
관계 중앙행정기관의 장과 합동으로 고용재난조사단을 구성하여 실업 등 피해
상황을 조사할 수 있다.

④ 고용재난지역으로 선포하는 경우 정부는 행정상 · 재정상 · 금융상의 특별지원
이 포함된 종합대책을 수립 · 시행할 수 있다.

⑤ <u>고용재난 극복에 필요한 행정상 · 재정상 · 금융상의 특별지원 내용</u>은 다음과
같다.

   ㉠ <u>「국가재정법」에 따른 예비비의 사용</u> 및 「지방재정법」에 따른 특별지원

   ㉡ 「중소기업진흥에 관한 법률」에 따른 중소벤처기업창업 및 진흥기금에서의
융자 요청 및 「신용보증기금법」에 따른 신용보증기금의 우선적 신용보증
과 보증조건 우대의 요청

   ㉢ 「소상공인 보호 및 지원에 관한 법률」에 따른 <u>소상공인을 대상으로 한 조세</u>
관련 법령에 따른 조세감면

   ㉣ 「고용보험 및 산업재해보상보험의 보험료 징수 등에 관한 법률」에 따른 <u>고</u>
<u>용보험 · 산업재해보상보험 보험료 또는 징수금 체납처분의 유예 및 납부</u>
<u>기한의 연장</u>

   ㉤ 중앙행정기관 및 지방자치단체가 실시하는 <u>일자리사업에 대한 특별지원</u>

   ㉥ 그 밖에 고용재난지역의 고용안정 및 일자리 창출 등을 위하여 필요한 지원

(3) 대량 고용변동의 신고 등(법 제33조 및 시행령 제31조)

① 사업주는 생산설비의 자동화, 신설 또는 증설이나 사업규모의 축소, 조정 등으로 인한 고용량(雇傭量)의 변동이 대통령령으로 정하는 기준에 해당하는 경우에는 그 고용량의 변동에 관한 사항을 직업안정기관의 장에게 신고하여야 한다. 다만, 「근로기준법」에 따른 신고를 한 경우에는 그러하지 아니하다.

　㉠ 상시 근로자 300명 미만을 사용하는 사업 또는 사업장 : 30명 이상

　㉡ 상시 근로자 300명 이상을 사용하는 사업 또는 사업장 : 상시 근로자 총수의 100분의 10 이상

①-1 대량 고용변동 시 이직근로자 수에 포함되는 않는 자(시행규칙 제2조 제1항)

　㉠ 일용근로자 또는 기간을 정하여 고용된 사람(일용근로자 또는 6개월 미만의 기간을 정하여 고용된 사람으로서 6개월을 초과하여 계속 고용되고 있는 사람 또는 6개월을 초과하는 기간을 정하여 고용된 사람으로서 해당 기간을 초과하여 계속 고용되고 있는 사람은 제외한다)

　㉡ 수습 사용된 날부터 3개월 이내의 사람

　㉢ 자기의 사정 또는 귀책사유로 이직하는 사람

　㉣ 상시 근무를 요하지 아니하는 사람으로 고용된 사람

　㉤ 천재지변이나 그 밖의 부득이한 사유로 인하여 사업의 계속이 불가능하게 되어 이직하는 사람

(4) 실업대책사업(법 제34조)

① 고용노동부장관은 산업별·지역별 실업 상황을 조사하여 다수의 실업자가 발생하거나 발생할 우려가 있는 경우나 실업자의 취업촉진 등 고용안정이 필요하다고 인정되는 경우에는 관계 중앙행정기관의 장과 협의하여 다음의 사항이 포함된 실업대책사업을 실시할 수 있다.

　㉠ 실업자의 취업촉진을 위한 훈련의 실시와 훈련에 대한 지원

　㉡ 실업자에 대한 생계비, 생업자금, 「국민건강보험법」에 따른 보험료 등 사회보험료, 의료비(가족의 의료비를 포함한다), 학자금(자녀의 학자금을 포함한다), 주택전세자금 및 창업점포임대 등의 지원

　㉢ 실업의 예방, 실업자의 재취업 촉진, 그 밖에 고용안정을 위한 사업을 하는 자에 대한 지원

　㉣ 고용촉진과 관련된 사업을 하는 자에 대한 대부(貸付)

　㉤ 실업자에 대한 공공근로사업

　㉥ 그 밖에 실업의 해소에 필요한 사업

| 쌤의 핵심포인트 |
6개월을 초과하여 계속 고용되는 사람은 대량 고용변동 시 이직근로자 수에 포함된다.

| 쌤의 핵심포인트 |
「고용정책기본법」상 실업대책사업을 적용할 때 실업자로 보는 무급 휴직자는 6개월 이상 기간을 정하여 무급으로 휴직하는 사람을 말한다.

| 쌤의 핵심포인트 |
주택전세자금을 주택구입자금으로, 창업점포임대를 창업점포구입으로 바꾸어 출제하고 있다.

② 고용노동부장관은 대통령령으로 정하는 바에 따라 실업대책사업의 일부를 「산업재해보상보험법」에 따른 근로복지공단(이하 "공단"이라 한다)에 위탁할 수 있다.

③ ①과 ②를 적용할 때에 대통령령으로 정하는 무급휴직자(無給休職者)는 실업자로 본다.

④ 실업대책사업의 실시에 필요한 사항은 대통령령으로 정한다.

⑤ 실업대책사업에는 다음에 해당하는 사업이 포함되어야 한다(시행령 제32조).

　　㉠ 많은 인력을 사용하는 사업

　　㉡ 많은 실업자가 발생하거나 발생할 우려가 있는 지역에서 시행되는 사업

　　㉢ 고용 상황의 변화에 따라 쉽게 규모를 변경하거나 그만둘 수 있는 사업

(5) 실업대책사업의 자금 조성 등(법 제35조)

① 근로복지공단은 실업대책사업을 위탁받아 하는 경우에는 다음의 방법으로 해당 사업에 드는 자금을 조성한다.

　　㉠ 정부나 정부 외의 자의 출연(出捐) 또는 보조

　　㉡ 고용노동부장관의 승인을 받아 자금의 차입

　　㉢ 그 밖의 수입금

② 근로복지공단은 조성된 자금을 「근로복지기본법」에 따른 근로복지진흥기금의 재원으로 하여 관리 · 운용하여야 한다.

(6) 자금의 차입(법 제36조)

근로복지공단은 위탁받은 실업대책사업을 실시하기 위하여 필요하다고 인정하면 고용노동부장관의 승인을 받아 자금을 차입(국제기구, 외국정부 또는 외국인으로부터의 차입을 포함한다)할 수 있다.

CHAPTER 3

출제예상문제

3-1 고용정책 기본법

01 고용정책 기본법상 고용정책심의회에 관한 설명으로 틀린 것은?

① 고용에 관한 국가정책을 직접 결정하는 독립된 행정위원회이다.
② 근로자와 사업주를 대표하는 자도 심의위원으로 참여할 수 있다.
③ 특별시, 광역시·도 및 특별자치도에 지역고용심의회를 둔다.
④ 고용정책심의회를 효율적으로 운영하기 위하여 분야별 전문위원회를 둘 수 있다.

🔖 **해설**

고용노동부장관은 고용정책에 관한 기본계획을 수립할 때에는 고용정책심의회의 심의를 거쳐야 하며, 수립된 기본계획은 국무회의에 보고하고 공표하여야 한다.

02 고용정책 기본법상 고용노동부장관이 실시할 수 있는 실업대책사업에 해당되지 않는 것은?

① 고용촉진과 관련된 사업을 하는 자에 대한 대부
② 실업의 예방, 실업자의 재취업 촉진, 그 밖에 고용안정을 위한 사업을 하는 자에 대한 지원
③ 고령자에 대한 공공근로사업
④ 실업자에 대한 생계비, 의료비(가족의 의료비 포함) 주택전세자금 및 창업점포임대 등의 지원

🔖 **해설**

고용노동부장관은 산업별·지역별 실업 상황을 조사하여 다수의 실업자가 발생하거나 발생할 우려가 있는 경우나 실업자의 취업촉진 등 고용안정이 필요하다고 인정되는 경우에는 관계 중앙행정기관의 장과 협의하여 다음의 사항이 포함된 실업대책사업을 실시할 수 있다.

① 실업자의 취업촉진을 위한 훈련의 실시와 훈련에 대한 지원
② 실업자에 대한 생계비, 생업자금, 「국민건강보험법」에 따른 보험료 등 사회보험료, 의료비(가족의 의료비를 포함한다), 학자금(자녀의 학자금을 포함한다), 주택전세자금 및 창업점포임대 등의 지원
③ 실업의 예방, 실업자의 재취업 촉진, 그 밖에 고용안정을 위한 사업을 하는 자에 대한 지원
④ 고용촉진과 관련된 사업을 하는 자에 대한 대부(貸付)
⑤ 실업자에 대한 공공근로사업
⑥ 그 밖에 실업의 해소에 필요한 사업

03 고용정책 기본법상 고용정책심의회에 관한 설명으로 틀린 것은?

① 고용정책심의회는 위원장 1인을 포함한 30인 이내의 위원으로 구성한다.
② 고용정책심의회 위원장은 고용노동부 차관이 된다.
③ 고용정책심의회 회의는 재적위원 과반수의 출석으로 개의하고 출석위원 과반수의 찬성으로 의결한다.
④ 고용정책심의회 위원의 임기는 원칙적으로 2년으로 한다.

정답 01 ① 02 ③ 03 ②

정책심의회는 위원장 1명을 포함한 30명 이내의 위원으로 구성하고, 위원장은 고용노동부장관이 된다.

04 고용정책 기본법상 고용노동부장관이 실시할 수 있는 실업대책사업에 해당되지 않는 것은?

① 고용촉진과 관련된 사업을 하는 자에 대한 대부
② 실업자의 취업촉진을 위한 훈련의 실시와 훈련에 대한 지원
③ 실업의 예방, 실업자의 재취업 촉진, 그 밖에 고용안정을 위한 사업을 하는 자에 대한 지원
④ 실업자에 대한 생계비, 국민건강보험법에 의한 보험료 등 의료비(가족의 의료비 제외), 주택매입자금 등의 지원

① 실업자의 취업촉진을 위한 훈련의 실시와 훈련에 대한 지원
② 실업자에 대한 생계비, 생업자금, 「국민건강보험법」에 따른 보험료 등 사회보험료, 의료비(가족의 의료비를 포함한다), 학자금(자녀의 학자금을 포함한다), 주택전세자금 및 창업점포임대 등의 지원
③ 실업의 예방, 실업자의 재취업 촉진, 그 밖에 고용안정을 위한 사업을 하는 자에 대한 지원
④ 고용촉진과 관련된 사업을 하는 자에 대한 대부(貸付)
⑤ 실업자에 대한 공공근로사업
⑥ 그 밖에 실업의 해소에 필요한 사업

05 고용정책 기본법상 다수의 실업자가 발생하거나 발생할 우려가 있는 경우나 실업자의 고용안정이 필요하다고 인정되는 경우 고용노동부장관이 실시할 수 있는 실업대책 사업이 아닌 것은?

① 고용정책심의회의 구성
② 실업자의 취업촉진을 위한 훈련의 실시와 훈련에 대한 지원
③ 고용촉진과 관련된 사업을 하는 자에 대한 대부
④ 실업자에 대한 공공근로사업

06 고용정책기본법의 기본 원칙으로 틀린 것은?

① 근로자의 근로의 권리 존중
② 근로자의 직업선택의 자유 존중
③ 사업주의 고용관리에 관한 자주성 존중
④ 고용안정을 위한 국가의 주도적 역할

고용정책은 국가·지방자치단체 간, 공공부문·민간부문 간 및 근로자·사업주·정부 간의 협력을 바탕으로 수립·시행할 것

07 고용정책기본법규상 사업주의 대량 고용변동 신고 시 이직하는 근로자 수에 포함되는 자는?

① 수습 사용된 날부터 3개월 이내의 사람
② 자기의 사정 또는 귀책사유로 이직하는 사람
③ 상시 근무를 요하지 아니하는 사람으로 고용된 사람
④ 6개월을 초과하는 기간을 정하여 고용된 사람으로서 당해 기간을 초과하여 계속 고용되고 있는 사람

해설

대량 고용변동의 신고 등
이직하는 근로자가 고용노동부령으로 정하는 다음 기준에 해당하는 경우는 제외한다.

① 일용근로자 또는 기간을 정하여 고용된 사람 (일용근로자 또는 6개월 미만의 기간을 정하여 고용된 사람으로서 6개월을 초과하여 계속 고용되고 있는 사람 또는 6개월을 초과하는 기간을 정하여 고용된 사람으로서 해당 기간을 초과하여 계속 고용되고 있는 사람은 제외한다)
② 수습 사용된 날부터 3개월 이내의 사람
③ 자기의 사정 또는 귀책사유로 이직하는 사람
④ 상시 근무를 요하지 아니하는 사람으로 고용된 사람
⑤ 천재지변이나 그 밖의 부득이한 사유로 인하여 사업의 계속이 불가능하게 되어 이직하는 사람

---

08 고용정책기본법상 취업기회의 균등한 보장을 위한 차별 금지사유가 아닌 것은?

① 업무능력　　② 출신지역
③ 출신학교　　④ 사회적 신분

해설

사업주는 근로자를 모집, 채용할 때에 합리적인 이유 없이 성별, 신앙, 연령, 신체조건, 사회적 신분, 출신지역, 출신학교, 혼인, 임신 또는 병력(病歷) 등을 이유로 차별을 하여서는 아니 되며 균등한 취업기회를 보장하여야 한다.

---

09 고용정책 기본법령상 상시 근로자 300명 이상을 사용하는 사업 또는 사업장의 대량 고용변동의 신고기준으로 옳은 것은?

① 상시 근로자 총수의 100분의 10 이상
② 상시 근로자 총수의 100분의 20 이상
③ 상시 근로자 총수의 100분의 30 이상
④ 상시 근로자 총수의 100분의 40 이상

해설

① 상시 근로자 300명 미만을 사용하는 사업 또는 사업장 : 30명 이상

② 상시 근로자 300명 이상을 사용하는 사업 또는 사업장 : 상시 근로자 총수의 100분의 10 이상

---

10 고용정책기본법의 기본원칙으로 틀린 것은?

① 근로자의 근로의 권리 존중
② 근로자의 직업선택의 자유 존중
③ 사업주의 고용관리에 관한 자주성 존중
④ 근로자의 능력개발과 고용안정을 위한 정부의 주도적 역할 존중

해설

① 근로자의 직업선택의 자유와 근로의 권리가 확보되도록 할 것
② 사업주의 자율적인 고용관리를 존중할 것
③ 구직자(求職者)의 자발적인 취업노력을 촉진할 것
④ 고용정책은 효율적이고 성과지향적으로 수립·시행할 것
⑤ 고용정책은 노동시장의 여건과 경제정책 및 사회정책을 고려하여 균형 있게 수립·시행할 것
⑥ 고용정책은 국가·지방자치단체 간, 공공부문·민간부문 간 및 근로자·사업주·정부 간의 협력을 바탕으로 수립·시행할 것

---

11 고용정책기본법상 고용정책기본계획에 포함되는 내용이 아닌 것은?

① 고용동향　　② 인력의 수급 전망
③ 인구정책동향　　④ 임금체계

해설

기본계획
① 고용에 관한 중장기 정책목표 및 방향
② 인력의 수요와 공급에 영향을 미치는 경제, 산업, 교육, 복지 또는 인구정책 등의 동향(動向)에 관한 사항
③ 고용 동향과 인력의 수급 전망에 관한 사항
④ 국가 시책의 기본 방향에 관한 사항
⑤ 그 밖의 고용 관련 주요 시책에 관한 사항이 포함되어야 한다.

정답 08 ①　09 ①　10 ④　11 ④

12 고용정책기본법령상 대량고용변동의 신고기준으로 옳은 것은?

> • 상시 근로자 (A)명 미만을 사용하는 사업 또는 사업장 : (B)명 이상
> • 상시 근로자 (A)명 이상을 사용하는 사업 또는 사업장 : 상시 근로자 총수의 (C) 이상

① A : 100, B : 10, C : 100분의 10
② A : 100, B : 20, C : 100분의 20
③ A : 200, B : 30, C : 100분의 20
④ A : 300, B : 30, C : 100분의 10

13 고용정책기본법의 기본원칙에 관한 설명으로 틀린 것은?

① 국가는 운용에 있어서 사업주의 고용관리에 관한 자주성을 존중하여야 한다.
② 국가는 능력을 개발하고자 하는 근로자의 의욕을 북돋우는 데 지원하여야 한다.
③ 국가는 운용에 있어서 근로자의 직업선택의 자유와 근로의 권리를 존중하여야 한다.
④ 국가는 고용을 안정시키기 위하여 근로자가 주도적인 역할을 할 수 있도록 지원하여야 한다.

> **해설**
> 고용정책기본법의 기본원칙
> ① 근로자의 직업선택의 자유와 근로의 권리가 확보되도록 할 것
> ② 사업주의 자율적인 고용관리를 존중할 것
> ③ 구직자(求職者)의 자발적인 취업노력을 촉진할 것
> ④ 고용정책은 효율적이고 성과지향적으로 수립·시행할 것
> ⑤ 고용정책은 노동시장의 여건과 경제정책 및 사회정책을 고려하여 균형 있게 수립·시행할 것
> ⑥ 고용정책은 국가·지방자치단체 간, 공공부문·민간부문 간 및 근로자·사업주·정부 간의 협력을 바탕으로 수립·시행할 것

14 고용정책 기본법상 근로복지공단이 고용노동부장관으로부터 실업대책사업을 위탁받아 실시하는 경우 허용되는 자금조성 방법이 아닌 것은?

① 정부의 출연(出捐)
② 정부의 보조
③ 정부 외의 자의 출연 또는 보조
④ 기획재정부장관의 승인을 받은 자금의 차입

15 고용정책 기본법상 고용정책심의회에 관한 내용으로 틀린 것은?

① 고용에 관한 주요 사항을 심의하기 위하여 국무총리실에 고용정책심의회를 둔다.
② 인력의 공급구조와 산업구조의 변화 등에 따른 고용 및 실업대책에 관한 사항 등을 심의한다.
③ 위원장 1명을 포함한 30명 이내의 위원으로 구성한다.
④ 고용정책심의회를 효율적으로 운영하고 고용정책심의회의 심의사항을 전문적으로 심의하도록 하기 위하여 고용정책심의회에 분야별로 전문위원회를 둘 수 있다.

> **해설**
> 고용에 관한 주요 사항을 심의하기 위하여 고용노동부에 고용정책심의회를 두고, 특별시·광역시·특별자치시·도 및 특별자치도에 지역고용심의회를 둔다.

16 고용정책기본법상 실업대책사업을 실시함에 있어 실업자로 간주되는 자는?

① 6월 이상의 무급휴직자
② 일용근로자
③ 수습근로자
④ 시간제근로자

해설

실업자로 보는 무급휴직자의 범위
"무급휴직자(無給休職者)"란 6개월 이상 기간을 정하여 무급으로 휴직하는 사람을 말한다.

해설

"대통령령으로 정하는 무급휴직자(無給休職者)"란 6개월 이상 기간을 정하여 무급으로 휴직하는 사람을 말한다.

17 고용정책기본법령상 고용정책심의회에 관한 설명으로 틀린 것은?

① 고용정책심의회는 위원장 1인을 포함한 30인 이내의 위원으로 구성한다.
② 고용정책심의회 위원장은 고용노동부 차관이 된다.
③ 고용정책심의회 회의는 재적위원 과반수 출석과 출석위원 과반수의 찬성으로 의결한다.
④ 고용정책심의회 위원의 임기는 원칙적으로 2년으로 한다.

해설

정책심의회는 위원장 1명을 포함한 30명 이내의 위원으로 구성하고, 위원장은 고용노동부장관이 되며, 위원은 다음에 해당하는 사람 중에서 고용노동부장관이 위촉하는 사람과 대통령령으로 정하는 관계 중앙행정기관의 차관 또는 차관급 공무원이 된다.
① 근로자와 사업주를 대표하는 사람
② 고용문제에 관하여 학식과 경험이 풍부한 사람
③ 「지방자치법」 제165조에 따른 전국 시·도지사 협의체에서 추천하는 사람

18 고용정책기본법령상 실업대책사업에 관한 설명 중 틀린 것은?

① 고용노동부장관은 관계중앙행정기관의 장과 협의하여 실업대책사업을 실시할 수 있다.
② 실업자에 대한 생계비, 생업자금, 사회보험료, 의료비 등이 지원된다.
③ 실업예방 등 고용안정을 위한 사업을 실시하는 자도 지원한다.
④ 무급휴직자는 3월 이상의 기간을 정하여 무급으로 휴직하는 자를 말한다.

19 고용정책기본법령상 고용조정지원 및 고용안정대책에 관한 설명으로 틀린 것은?

① 정부는 사업의 전환이나 사업의 축소·정지·폐지로 인하여 고용량이 현저히 감소할 우려가 있는 업종에는 필요한 지원조치를 할 수 있다.
② 상시 근로자 수 300인 미만을 사용하는 사업주가 생산설비의 자동화 등으로 1월 이내의 기간에 해당하는 근로자의 수가 30인 이상 고용량의 변동이 발생된 경우 직업안정기관에 신고해야 한다.
③ 동법의 '무급휴직자'라 함은 6월 이상의 기간을 정하여 무급으로 휴직하는 자를 말한다.
④ 고용노동부장관은 실업대책사업의 일부를 산업재해보상보험법에 의한 한국산업인력공단에 위탁하여 실시하게 할 수 있다.

해설

고용노동부장관은 대통령령으로 정하는 바에 따라 실업대책사업의 일부를 「산업재해보상보험법」에 따른 근로복지공단에 위탁할 수 있다.

20 다음 중 고용정책 기본법의 내용과 관련이 적은 것은?

① 헌법상의 근로의 권리
② 사용자의 채용 자유의 침해·제한 불가피성 인정
③ 고용증진제도의 기본법으로서의 성격
④ 고용정책상 목표달성을 위하여 국가, 정부, 직업안정기관, 사업주, 고용노동부장관 등에 일정한 임무 부여

정답 17 ② 18 ④ 19 ④ 20 ②

해설

고용정책 기본법은 국가가 고용에 관한 정책을 수립·시행하여 국민 개개인이 평생에 걸쳐 직업능력을 개발하고 더 많은 취업기회를 가질 수 있도록 하는 한편, 근로자의 고용안정, 기업의 일자리 창출과 원활한 인력 확보를 지원하고 노동시장의 효율성과 인력수급의 균형을 도모함으로써 국민의 삶의 질 향상과 지속가능한 경제성장 및 고용을 통한 사회통합에 이바지함을 목적으로 한다.

21 고용정책 기본법상 고용조정지원 등이 필요한 업종 및 지역의 지정요건이 아닌 것은?

① 사업의 전환이나 이전으로 인하여 고용량이 현저히 감소하거나 감소할 우려가 있는 지역

② 사업의 축소·정지·폐업으로 인하여 고용량이 현저히 감소하거나 감소할 우려가 있는 업종

③ 많은 구직자가 다른 지역으로 이동하거나 구직자의 수에 비하여 고용기회가 현저히 부족한 지역으로서 그 지역의 고용 개발을 위한 조치가 필요하다고 인정되는 지역

④ 지정업종이 특정 지역에 밀집되어 그 지역의 고용사정이 현저히 악화되거나 악화될 우려가 있는 지역으로서 그 지역 근로자의 실업 예방 및 재취업 촉진 등의 조치가 필요하다고 인정되는 지역

해설

고용조정지원이 필요한 업종 또는 지역
① 사업의 전환이나 사업의 축소·정지·폐업으로 인하여 고용량이 현저히 감소하거나 감소할 우려가 있는 업종
② ①의 업종이 특정 지역에 밀집되어 그 지역의 고용사정이 현저히 악화되거나 악화될 우려가 있는 지역으로서 그 지역 근로자의 실업 예방 및 재취업 촉진 등의 조치가 필요하다고 인정되는 지역

③ 많은 구직자가 다른 지역으로 이동하거나 구직자의 수에 비하여 고용기회가 현저히 부족한 지역으로서 그 지역의 고용 개발을 위한 조치가 필요하다고 인정되는 지역

22 고용정책 기본법령상 고용재난지역에 대한 행정상·재정상·금융상의 특별지원 내용을 모두 고른 것은?

> ㄱ. 「국가재정법」에 따른 예비비의 사용
> ㄴ. 소상공인을 대상으로 한 조세 관련 법령에 따른 조세감면
> ㄷ. 고용보험·산업재해보상보험 보험료 또는 징수금 체납처분의 유예
> ㄹ. 중앙행정기관 및 지방자치단체가 실시하는 일자리사업에 대한 특별지원

① ㄱ, ㄴ, ㄷ   ② ㄱ, ㄷ, ㄹ
③ ㄴ, ㄹ   ④ ㄱ, ㄴ, ㄷ, ㄹ

해설

고용재난지역에 대한 지원
① 국가재정법에 따른 예비비의 사용 및 지방재정법에 따른 특별지원
② 중소기업진흥에 관한 법률에 따른 중소기업창업 및 진흥기금에서의 융자 요청 및 신용보증기금법에 따른 신용보증기금의 우선적 신용보증과 보증조건 우대의 요청
③ 소상공인 보호 및 지원에 관한 법률에 따른 소상공인을 대상으로 한 조세 관련 법령에 따른 조세감면
④ 고용보험 및 산업재해보상보험의 보험료 징수 등에 관한 법률에 따른 고용보험·산업재해보상보험 보험료 또는 징수금 체납처분의 유예 및 납부기한의 연장
⑤ 중앙행정기관 및 지방자치단체가 실시하는 일자리사업에 대한 특별지원
⑥ 그 밖에 고용재난지역의 고용안정 및 일자리 창출 등을 위하여 필요한 지원

정답 21 ①   22 ④

23 고용정책 기본법상 근로자의 정의로 옳은 것은?

① 직업의 종류를 불문하고 임금, 급료 기타 이에 준하는 수입에 의하여 생활하는 사람
② 직업의 종류와 관계없이 임금을 목적으로 사업이나 사업장에 근로를 제공하는 사람
③ 사업주에게 고용된 사람과 취업할 의사를 가진 사람
④ 사업주에게 고용된 사람과 취업 또는 창업할 의사를 가진 사람

> **해설**
> 고용정책 기본법상에서 "근로자"란 사업주에게 고용된 사람과 취업할 의사를 가진 사람을 말한다.

24 고용정책 기본법상 이 법에서 실현하고자 하는 목적을 달성하기 위하여 일정한 임무를 부여하고 있는 주체가 아닌 것은?

① 사업주　　② 직업안정기관
③ 국가　　　④ 노동위원회

> **해설**
> 고용정책상 목표달성을 위하여 국가 · 정부 · 직업안정기관, 고용노동부장관, 사업주, 사업주단체, 노동조합 등에 일정한 임무를 부여하고 있다.

3-2 직업안정법

1 총칙

(1) 목적(법 제1조)

모든 근로자가 각자의 능력을 계발·발휘할 수 있는 직업에 취업할 기회를 제공하고, 정부와 민간 부문이 협력하여 각 산업에서 필요한 노동력이 원활하게 수급되도록 지원함으로써 근로자의 직업안정을 도모하고 국민경제의 균형 있는 발전에 이바지함을 목적으로 한다.

(2) 균등처우목적(법 제2조)

누구든지 성별, 연령, 종교, 신체적 조건, 사회적 신분 또는 혼인 여부 등을 이유로 직업소개 또는 직업지도를 받거나 고용관계를 결정할 때 차별대우를 받지 아니한다.

| 쌤의 핵심포인트 |
학력, 출신지역, 출신학교, 병력은 포함되어 있지 않다.

(3) 정의(법 제2조의2)

이 법에서 사용하는 용어의 뜻은 다음과 같다.

① "직업안정기관"이란 직업소개, 직업지도 등 직업안정업무를 수행하는 지방고용노동행정기관을 말한다.

② "직업소개"란 구인 또는 구직의 신청을 받아 구직자 또는 구인자(求人者)를 탐색하거나 구직자를 모집하여 구인자와 구직자 간에 고용계약이 성립되도록 알선하는 것을 말한다.

| 쌤의 핵심포인트 |
직업소개는 고용계약이 성립되도록 하는 것이 아니라 성립되도록 알선하는 것이다.

③ "직업지도"란 취업하려는 사람이 그 능력과 소질에 알맞은 직업을 쉽게 선택할 수 있도록 하기 위한 직업적성검사, 직업정보의 제공, 직업상담, 실습, 권유 또는 조언, 그 밖에 직업에 관한 지도를 말한다.

④ "무료직업소개사업"이란 수수료, 회비 또는 그 밖의 어떠한 금품도 받지 아니하고 하는 직업소개사업을 말한다.

⑤ "유료직업소개사업"이란 무료직업소개사업이 아닌 직업소개사업을 말한다.

⑥ "모집"이란 근로자를 고용하려는 자가 취업하려는 사람에게 피고용인이 되도록 권유하거나 다른 사람으로 하여금 권유하게 하는 것을 말한다.

⑦ "근로자공급사업"이란 공급계약에 따라 근로자를 타인에게 사용하게 하는 사업을 말한다. 다만, 「파견근로자보호 등에 관한 법률」에 따른 근로자파견사업은 제외한다.

⑧ "직업정보제공사업"이란 신문, 잡지, 그 밖의 간행물 또는 유선·무선방송이나 컴퓨터통신 등으로 구인·구직 정보 등 직업정보를 제공하는 사업을 말한다.

⑨ "고용서비스"란 구인자 또는 구직자에 대한 고용정보의 제공, 직업소개, 직업지도 또는 직업능력개발 등 고용을 지원하는 서비스를 말한다.

(4) 지방자치단체의 국내직업소개업무 등(법 제4조의2)

| 쌤의 핵심포인트 |
지방자치단체의 장은 '국외 직업소개'의 업무는 하지 않는다.

① 지방자치단체의 장은 필요한 경우 구인자·구직자에 대한 국내 직업소개, 직업지도, 직업정보제공 업무를 할 수 있다.
② 지방자치단체의 장은 국내직업소개 업무를 수행하는 데에 필요한 전문인력을 둘 수 있다.
③ 고용노동부장관은 업무를 원활하게 수행하기 위하여 필요하다고 인정하면 지방자치단체의 장과 공동으로 구인자·구직자에 대한 국내 직업소개, 직업지도, 직업정보제공 업무를 할 수 있다.

(5) 민간직업상담원(법 제4조의4)

고용노동부장관은 직업안정기관에 직업소개·직업지도 및 고용정보의 제공 등의 업무를 담당하는 공무원이 아닌 직업상담원(이하 "민간직업상담원"이라 한다)을 배치할 수 있다.

(6) 고용서비스 우수기관 인증(법 제4조의5)

| 쌤의 핵심포인트 |
고용서비스 우수기관 인증 및 재인증은 직업안정기관의 장이 아니라 고용노동부장관의 권한이다.

① 고용노동부장관은 무료직업소개사업, 유료직업소개사업, 직업정보제공사업을 하는 자에 해당하는 자로서 구인자·구직자가 편리하게 이용할 수 있는 시설과 장비를 갖추고 직업소개 또는 취업정보 제공 등의 방법으로 구인자·구직자에 대한 고용서비스 향상에 기여하는 기관을 고용서비스 우수기관으로 인증할 수 있다.
② 고용노동부장관은 고용서비스 우수기관 인증업무를 대통령령으로 정하는 전문기관에 위탁할 수 있다.
③ 고용노동부장관은 고용서비스 우수기관으로 인증을 받은 기관에 대하여는 공동사업을 하거나 위탁할 수 있는 사업에 우선적으로 참여하게 하는 등 필요한 지원을 할 수 있다.
④ 고용노동부장관은 고용서비스 우수기관으로 인증을 받은 자가 다음에 해당하면 인증을 취소할 수 있다.

| 쌤의 핵심포인트 |
고용노동부장관은 고용서비스 우수기관 인증 업무를 한국고용정보원에 위탁할 수 있다.

　　㉠ 거짓이나 그 밖의 부정한 방법으로 인증을 받은 경우
　　㉡ 정당한 사유 없이 1년 이상 계속 사업 실적이 없는 경우
　　㉢ 인증기준을 충족하지 못하게 된 경우
　　㉣ 고용서비스 우수기관으로 인증을 받은 자가 폐업한 경우
⑤ 고용서비스 우수기관 인증의 유효기간은 인증일부터 3년으로 한다.

⑥ 고용서비스 우수기관으로 인증을 받은 자가 인증의 유효기간이 지나기 전에 다시 인증을 받으려면 유효기간 만료 <u>60일 전까지 고용노동부장관</u>에게 신청하여야 한다(시행령 제2조의6).

⑦ 고용서비스 우수기관의 인증기준, 인증방법 및 재인증에 필요한 사항은 고용노동부령으로 정한다.

2 직업안정기관의 장이 하는 직업소개 및 직업지도 등

(1) 직업소개

① 직업소개의 절차(시행령 제4조)

㉠ <u>구인·구직에 필요한 기초적인 사항의 확인</u>

㉡ 구인·구직 신청의 <u>수리</u>

㉢ 구인·구직의 <u>상담</u>

㉣ 직업 또는 구직자의 <u>알선</u>

㉤ <u>취업 또는 채용 여부의 확인</u>

| 쌤의 핵심포인트 |

기초적인 사항 확인 후 수리-상담-알선-다시 채용 여부를 확인한다.

② 구인의 신청(법 제8조)

직업안정기관에 구인신청을 하는 경우에는 원칙적으로 <u>구인자의 사업장소재지를 관할하는 직업안정기관</u>에 하여야 한다. 직업안정기관의 장은 구인신청의 수리(受理)를 거부하여서는 아니 된다. 다만, 다음에 해당하는 경우에는 그러하지 아니하다.

㉠ <u>구인신청의 내용이 법령을 위반한 경우</u>

㉡ <u>구인신청의 내용 중 임금, 근로시간, 그 밖의 근로조건이 통상적인 근로조건에 비하여 현저하게 부적당하다고 인정되는 경우</u>

㉢ <u>구인자가 구인조건을 밝히기를 거부하는 경우</u>

㉣ 구인자가 구인신청 당시 「근로기준법」에 따라 명단이 공개 중인 체불사업주인 경우

③ 구직의 신청(법 제9조 및 시행령 제6조)

㉠ 직업안정기관의 장은 구직신청의 수리를 거부하여서는 아니 된다. 다만, 그 신청 내용이 법령을 위반한 경우에는 그러하지 아니하다.

㉡ 직업안정기관의 장은 구직자의 요청이 있거나 필요하다고 인정하여 구직자의 동의를 받은 경우에는 직업상담 또는 직업적성검사를 할 수 있다.

㉢ <u>직업안정기관의 장은 구직신청을 접수할 경우에는 구직자의 신원을 확인하여야 한다. 다만, 신원이 확실한 경우에는 이를 생략할 수 있다.</u>

ㄹ 직업안정기관의 장이 구직신청의 수리를 거부하는 경우에는 구직자에게 그 이유를 설명하여야 한다.

ㅁ 고용노동부장관은 일용근로자 등 상시근무하지 아니하는 근로자에 대하여는 그 구직신청 및 소개에 관하여는 따로 절차를 정할 수 있다.

ㅂ 직업안정기관의 장이 구직신청을 수리한 때에는 해당 구직자가 고용보험법에 따른 구직급여의 수급자격이 있는지를 확인하여 수급자격이 있다고 인정되는 경우에는 구직급여지급을 위하여 필요한 조치를 취하여야 한다.

④ 구인·구직 신청의 유효기간 등(시행규칙 제3조)

ㄱ 수리된 구인신청의 유효기간은 15일 이상 2개월 이내에서 구인업체가 정한다.

ㄴ 수리된 구직신청의 유효기간은 3개월로 한다. 다만, 구직급여 수급자, 직업훈련 또는 직업안정기관의 취업지원 프로그램에 참여하는 구직자의 구직신청의 유효기간은 해당 프로그램의 종료시점을 고려하여 직업안정기관의 장이 따로 정할 수 있고, 국외 취업희망자의 구직신청의 유효기간은 6개월로 한다.

ㄷ 직업안정기관의 장은 접수된 구인신청서 및 구직신청서를 1년간 관리·보관하여야 한다.

ㄹ 직업안정기관의 장은 관할구역의 읍·면·동사무소에 구인신청서와 구직신청서를 갖추어 두어 구인자·구직자의 편의를 도모하여야 한다.

⑤ 근로조건의 명시 등(법 제10조)

구인자가 직업안정기관의 장에게 구인신청을 할 때에는 구직자가 취업할 업무의 내용과 근로조건을 구체적으로 밝혀야 하며, 직업안정기관의 장은 이를 구직자에게 알려 주어야 한다.

⑥ 직업소개의 원칙(법 제11조 및 시행령 제7조)

ㄱ 직업안정기관의 장은 구직자에게는 그 능력에 알맞은 직업을 소개하고, 구인자에게는 구인조건에 적합한 구직자를 소개하도록 노력하여야 한다.

ㄴ 직업안정기관의 장은 가능하면 구직자가 통근할 수 있는 지역에서 직업을 소개하도록 노력하여야 한다.

ㄷ 구인자 또는 구직자 어느 한쪽의 이익에 치우치지 아니할 것

ㄹ 구직자가 취업할 직업에 쉽게 적응할 수 있도록 종사하게 될 업무의 내용, 임금, 근로시간, 그 밖의 근로조건에 대하여 상세히 설명할 것

⑦ 광역직업소개(법 제12조)

직업안정기관의 장은 통근할 수 있는 지역에서 구직자에게 그 희망과 능력에 알맞은 직업을 소개할 수 없을 경우 또는 구인자가 희망하는 구직자나 구인 인원을 채울 수 없을 경우에는 광범위한 지역에 걸쳐 직업소개를 할 수 있다.

| 쌤의 핵심포인트 |
직업안정기관의 장이 직업소개를 할 때에는 구직자의 이익을 우선하는 것이 아니라 구인자 또는 구직자 어느 한쪽의 이익에 치우치지 아니해야 한다.

(2) 직업지도

① 직업지도의 실시(법 제14조)

직업안정기관의 장은 다음에 해당하는 사람에게 직업지도를 하여야 한다.

㉠ 새로 취업하려는 사람

㉡ 신체 또는 정신에 장애가 있는 사람

㉢ 그 밖에 취업을 위하여 특별한 지도가 필요한 사람

② 직업안정기관의 장과 학교의 장 등의 협력(법 제15조)

직업안정기관의 장은 필요하다고 인정하는 경우에는 「초·중등교육법」 및 「고등교육법」에 따른 각급 학교의 장이나 「국민 평생 직업능력 개발법」에 따른 공공직업훈련시설의 장이 실시하는 무료직업소개사업에 협력하여야 하며, 이들이 요청하는 경우에는 학생 또는 직업훈련생에게 직업지도를 할 수 있다.

3 고용정보의 제공

(1) 고용정보의 수집·제공 등(법 제16조 및 시행령 제12조)

① 직업안정기관의 장은 관할 지역의 각종 고용정보를 수시로 또는 정기적으로 수집하고 정리하여 구인자, 구직자, 그 밖에 고용정보를 필요로 하는 자에게 적극적으로 제공하여야 한다.

② 직업안정기관의 장은 고용정보를 수집하여 분석한 결과 관할 지역에서 노동력의 수요와 공급에 급격한 변동이 있거나 현저한 불균형이 발생하였다고 판단되는 경우에는 적절한 대책을 수립하여 추진하여야 한다.

③ 직업안정기관의 장이 수집·제공하여야 할 고용정보는 다음과 같다.

㉠ 경제 및 산업동향

㉡ 노동시장, 고용·실업동향

㉢ 임금, 근로시간 등 근로조건

㉣ 직업에 관한 정보

㉤ 채용·승진 등 고용관리에 관한 정보

㉥ 직업능력개발훈련에 관한 정보

㉦ 고용 관련 각종 지원 및 보조제도

㉧ 구인·구직에 관한 정보

(2) 구인·구직의 개척(제17조 및 시행령 제13조)

① 직업안정기관의 장은 구직자의 취업 기회를 확대하고 산업에 부족한 인력의 수급을 지원하기 위하여 구인·구직의 개척에 노력하여야 한다.

② 직업안정기관의 장은 관할지역 안의 사업장 방문, 전화연락, 신문 등을 통한 구인·구직알선의 광고, 사업주간담회참석 등을 통하여 <u>구인을 개척</u>하여야 한다.

③ 직업안정기관의 장은 특별자치도·시·군·구 및 학교 등과 협력하여 취업 희망자를 파악하고 취업설명회 등을 개최하며, 직업안정기관의 이용을 홍보하는 등 적극적으로 구직을 개척하여야 한다.

■4 직업소개사업 및 직업정보제공사업

(1) 무료직업소개사업(법 제18조)

① 무료직업소개사업은 소개대상이 되는 근로자가 취업하려는 장소를 기준으로 하여 국내 무료직업소개사업과 국외 무료직업소개사업으로 구분하되, <u>국내 무료직업소개사업을 하려는 자는 주된 사업소의 소재지를 관할하는 특별자치도지사·시장·군수 및 구청장에게 신고하여야 하고, 국외 무료직업소개사업을 하려는 자는 고용노동부장관에게 신고하여야 한다.</u> 신고한 사항을 변경하려는 경우에도 또한 같다.

② 무료직업소개사업의 신고를 할 수 있는 자는 그 설립목적 및 사업내용이 무료직업소개사업에 적합하고, 당해 사업의 유지·운영에 필요한 조직 및 자산을 갖춘 비영리법인 또는 공익단체로 한다.(시행령 제14조)

③ 무료직업소개사업의 신고 사항, 신고 절차, 그 밖에 신고에 필요한 사항은 대통령령으로 정한다.

④ 다음에 해당하는 <u>직업소개의 경우에는 신고를 하지 아니하고 무료직업소개사업을 할 수 있다.</u>

  ㉠ 「한국산업인력공단법」에 따른 <u>한국산업인력공단</u>이 하는 직업소개

  ㉡ 「장애인고용촉진 및 직업재활법」에 따른 <u>한국장애인고용공단</u>이 장애인을 대상으로 하는 직업소개

  ㉢ 교육 관계법에 따른 각급 학교의 장, 「국민 평생 직업능력 개발법」에 따른 <u>공공직업훈련시설의 장</u>이 재학생·졸업생 또는 훈련생·수료생을 대상으로 하는 직업소개

  ㉣ 「산업재해보상보험법」에 따른 <u>근로복지공단</u>이 업무상 재해를 입은 근로자를 대상으로 하는 직업소개

⑤ 무료직업소개사업을 하는 자 및 그 종사자는 구인자가 구인신청 당시 명단이 공개 중인 체불사업주인 경우 그 사업주에게 직업소개를 하지 아니하여야 한다.

| 쌤의 핵심포인트 |

신고를 하지 아니하고 무료직업소개사업을 할 수 있는 곳으로 국민체육진흥공단이나 공익단체, 대한상공회의소를 틀린 지문으로 출제하고 있다.

(2) 직업소개사업의 타목적 이용금지(시행령 제17조)

무료직업소개사업을 행하는 자는 직업소개사업 외의 사업의 확장을 위한 회원모집 · 조직확대 · 선전 등의 수단으로 직업소개사업을 운영하여서는 아니 된다.

(3) 유료직업소개사업(법 제19조)

① 유료직업소개사업은 소개대상이 되는 근로자가 **취업하려는 장소**를 기준으로 하여 국내 유료직업소개사업과 국외 유료직업소개사업으로 구분하되, <u>국내 유료직업소개사업을 하려는 자는 주된 사업소의 소재지를 관할하는 특별자치도지사 · 시장 · 군수 및 구청장에게 등록하여야 하고, 국외 유료직업소개사업을 하려는 자는 고용노동부장관에게 등록하여야 한다.</u> 등록한 사항을 변경하려는 경우에도 또한 같다.

② <u>등록을 하고 유료직업소개사업을 하려는 자는 둘 이상의 사업소를 둘 수 없다.</u> 다만, 사업소별로 직업소개 또는 직업상담에 관한 경력, 자격 또는 소양이 있다고 인정되는 사람 등 대통령령으로 정하는 사람을 1명 이상 고용하는 경우에는 그러하지 아니하다.

③ <u>등록을 하고 유료직업소개사업을 하는 자는 고용노동부장관이 결정 · 고시한 요금 외의 금품을 받아서는 아니 된다.</u> 다만, 고용노동부령으로 정하는 고급 · 전문인력을 소개하는 경우에는 당사자 사이에 정한 요금을 구인자로부터 받을 수 있다.

④ <u>고용노동부장관이 유료직업소개사업의 요금을 결정하려는 경우에는 「고용정책 기본법」에 따른 고용정책심의회의 심의를 거쳐야 한다.</u>

⑤ 유료직업소개사업의 등록기준이 되는 인적 · 물적 요건과 그 밖에 유료직업소개사업에 관한 사항은 대통령령으로 정한다.

(4) 유료직업소개사업의 등록요건 등(시행령 제21조)

유료직업소개사업의 등록을 할 수 있는 자는 다음에 해당하는 자에 한정한다.

① 「국가기술자격법」에 의한 직업상담사 1급 또는 2급의 국가기술자격이 있는 자
② 직업소개사업의 사업소, 「국민 평생 직업능력 개발법」에 의한 직업능력개발훈련시설, 「초 · 중등교육법」 및 「고등교육법」에 의한 학교, 「청소년기본법」에 의한 청소년단체에서 직업상담 · 직업지도 · 직업훈련 기타 직업소개와 관련이 있는 상담업무에 2년 이상 종사한 경력이 있는 자
③ 「공인노무사법」 제3조의 규정에 의한 공인노무사 자격을 가진 자
④ 조합원이 100인 이상인 단위노동조합, 산업별 연합단체인 노동조합 또는 총연합단체인 노동조합에서 노동조합업무전담자로 2년 이상 근무한 경력이 있는 자

⑤ 상시사용근로자 300인 이상인 사업 또는 사업장에서 노무관리업무전담자로 2년 이상 근무한 경력이 있는 자

⑥ 국가공무원 또는 지방공무원으로서 2년 이상 근무한 경력이 있는 자

⑦ 「초·중등교육법」에 의한 교원자격증을 가지고 있는 자로서 교사근무경력이 2년 이상인 자

⑧ 「사회복지사업법」에 따른 사회복지사 자격증을 가진 사람

(5) 명의대여 등의 금지(법 제21조)

유료직업소개사업을 등록한 자는 타인에게 자기의 성명 또는 상호를 사용하여 직업소개사업을 하게 하거나 그 등록증을 대여하여서는 아니 된다.

(6) 선급금의 수령 금지(법 제21조의2)

<u>등록을 하고 유료직업소개사업을 하는 자 및 그 종사자는 구직자에게 제공하기 위하여 구인자로부터 선급금을 받아서는 아니 된다.</u>

(7) 연소자에 대한 직업소개의 제한(법 제21조의3)

① 무료직업소개사업 또는 유료직업소개사업을 하는 자와 그 종사자(이하 이 조에서 "직업소개사업자 등"이라 한다)는 구직자의 연령을 확인하여야 하며, <u>18세 미만의 구직자를 소개하는 경우에는 친권자나 후견인의 취업동의서를 받아야 한다.</u>

② 직업소개사업자 등은 18세 미만의 구직자를 「근로기준법」에 따라 18세 미만 자의 사용이 금지되는 직종의 업소에 소개하여서는 아니 된다.

③ 직업소개사업자 등은 「청소년보호법」에 따른 청소년인 구직자를 같은 조 제5호에 따른 청소년유해업소에 소개하여서는 아니 된다.

(8) 유료직업소개사업의 종사자 등(법 제22조)

① 등록을 하고 유료직업소개사업을 하는 자는 다음에 해당하는 사람을 고용하여서는 아니 된다.

㉠ 미성년자, 피성년후견인 및 피한정후견인

㉡ 파산선고를 받고 복권되지 아니한 자

㉢ 금고 이상의 실형을 선고받고 그 집행이 끝나거나 집행을 하지 아니하기로 확정된 날부터 2년이 지나지 아니한 자

㉣ 「성매매알선 등 행위의 처벌에 관한 법률」, 「풍속영업의 규제에 관한 법률」 또는 「청소년 보호법」을 위반하거나 직업소개사업과 관련된 행위로 「선원법」을 위반한 자

㉤ 해당 사업의 등록이나 허가가 취소된 후 5년이 지나지 아니한 자

| 쌤의 핵심포인트 |
명의를 대여한 자와 그 상대방은 5년 이하의 징역 또는 5천만 원 이하의 벌금에 처한다.

② 등록을 하고 유료직업소개사업을 하는 자는 사업소별로 고용노동부령으로 정하는 <u>자격을 갖춘 직업상담원을 1명 이상 고용하여야 한다.</u> 다만, 유료직업소개사업을 하는 사람과 동거하는 가족이 본문에 따른 직업상담원의 자격을 갖추고 특정 사업소에서 상시 근무하는 경우에 해당 사업소에 직업상담원을 고용한 것으로 보며, 유료직업소개사업을 하는 자가 직업상담원 자격을 갖추고 특정 사업소에서 상시 근무하는 경우에 해당 사업소에는 직업상담원을 고용하지 아니할 수 있다.

③ <u>유료직업소개사업의 종사자 중 직업상담원이 아닌 사람은 직업소개에 관한 사무를 담당하여서는 아니 된다.</u>

(9) 직업상담원의 자격(시행규칙 제19조)

① 소개하려는 직종별로 해당 직종에서 2년 이상 근무한 경력이 있는 사람

②「국민 평생 직업능력 개발법」에 따른 직업능력개발훈련시설, 「초·중등교육법」 및 「고등교육법」에 따른 학교, 「청소년기본법」에 따른 청소년단체에서 직업상담, 직업지도, 직업훈련, 그 밖에 직업소개와 관련이 있는 상담업무에 2년 이상 종사한 경력이 있는 사람

③ <u>「공인노무사법」에 따른 공인노무사</u>

④ 노동조합의 업무, 사업체의 노무관리업무 또는 공무원으로서 행정 분야에 2년 이상 근무한 경력이 있는 사람

⑤ <u>「사회복지사업법」에 따른 사회복지사</u>

⑥「초·중등교육법」에 따른 교원자격증을 가진 사람으로서 교사 근무 경력이 2년 이상인 사람 또는 「고등교육법」에 따른 <u>교원으로서 교원 근무 경력이 2년 이상인 사람</u>

⑦ 직업소개사업의 사업소에서 2년 이상 근무한 경력이 있는 사람

⑧ <u>「국가기술자격법」에 따른 직업상담사 1급 또는 2급</u>

(10) 직업정보제공사업의 신고(법 제23조)

직업정보제공사업을 하려는 자(무료직업소개사업을 하는 자와 유료직업소개사업을 하는 자는 제외한다)는 <u>고용노동부장관에게 신고하여야 한다.</u>

(11) 직업정보제공사업자의 준수 사항(법 제25조 및 시행령 제28조)

직업정보제공사업을 하는 자는 다음의 사항을 준수하여야 한다.

① 구인자가 구인신청 당시 「근로기준법」에 따라 명단이 <u>공개 중인 체불사업주인 경우 그 사실을 구직자가 알 수 있도록 게재할 것</u>

②「최저임금법」에 따라 결정·고시된 최저임금에 미달되는 구인정보를 제공하지 아니할 것

| 쌤의 핵심포인트 |
공인노무사, 사회복지사, 직업상담사를 제외하고는 해당 분야에서 2년의 경력이 필요하다.

③ 구인자의 업체명(또는 성명)이 표시되어 있지 아니하거나 구인자의 연락처가 사서함 등으로 표시되어 구인자의 신원이 확실하지 아니한 구인광고를 게재하지 아니할 것

④ 직업정보제공매체의 구인·구직의 광고에는 **구인·구직자의 주소 또는 전화번호를 기재하고, 직업정보제공사업자의 주소 또는 전화번호는 기재하지 아니할 것**

⑤ 직업정보제공매체 또는 직업정보제공사업의 광고문에 "(무료)취업상담"·"취업추천"·"취업지원" 등의 표현을 사용하지 아니할 것

⑥ 구직자의 이력서 발송을 대행하거나 구직자에게 취업추천서를 발부하지 아니할 것

⑦ 직업정보제공매체에 정보이용자들이 알아보기 쉽게 신고로 부여받은 신고번호를 표시할 것

⑧ 「최저임금법」에 따라 결정 고시된 최저임금에 미달되는 구인정보, 「성매매알선 등 행위의 처벌에 관한 법률」 제4조에 따른 금지행위가 행하여지는 업소에 대한 구인광고를 게재하지 아니할 것

| 쌤의 핵심포인트 |

구인·구직 광고에 직업정보제공자의 주소나 전화번호가 아니라 구인·구직자의 주소 또는 전화번호를 기재해야 한다.

(12) 겸업 금지(법 제26조 및 시행령 제29조)

다음에 해당하는 사업을 경영하는 자는 직업소개사업을 하거나 직업소개사업을 하는 법인의 임원이 될 수 없다.

① 「결혼중개업의 관리에 관한 법률」의 결혼중개업
② 「공중위생관리법」의 숙박업
③ 「식품위생법」의 식품접객업 중 휴게음식점영업 중 주로 다류(茶類)를 조리·판매하는 영업(영업자 또는 종업원이 영업장을 벗어나 다류를 배달·판매하면서 소요 시간에 따라 대가를 받는 형태로 운영하는 경우로 한정한다)
④ 「식품위생법 시행령」에 따른 식품위생법 중 단란주점영업
⑤ 「식품위생법 시행령」에 따른 식품위생법 중 유흥주점영업

5 근로자의 모집 및 근로자 공급사업

(1) 근로자의 모집(법 제28조)

근로자를 고용하려는 자는 광고, 문서 또는 정보통신망 등 다양한 매체를 활용하여 자유롭게 근로자를 모집할 수 있다.

(2) 국외취업자의 모집(법 제30조)

누구든지 국외에 취업할 근로자를 모집한 경우에는 고용노동부장관에게 신고하여야 한다.

(3) 모집방법 등의 개선권고(법 제31조)

① 고용노동부장관은 건전한 모집질서를 확립하기 위하여 필요하다고 인정하는 경우에는 근로자 모집방법 등의 개선을 권고할 수 있다.

② 고용노동부장관이 권고를 하려는 경우에는 고용정책심의회의 심의를 거쳐야 한다.

③ 고용노동부장관이 모집방법 등의 개선을 권고할 때에는 권고사항, 개선기한 등을 명시하여 서면으로 하여야 한다(시행령 제32조).

(4) 금품 등의 수령의 금지(법 제32조)

근로자를 모집하려는 자와 그 모집업무에 종사하는 자는 <u>어떠한 명목으로든 응모</u> <u>자로부터</u> 그 모집과 관련하여 금품을 받거나 그 밖의 이익을 취하여서는 아니 된 다. 다만, 유료직업소개사업을 하는 자가 구인자의 의뢰를 받아 구인자가 제시한 조건에 맞는 자를 모집하여 직업소개한 경우에는 그러하지 아니하다.

(5) 근로자공급사업(법 제33조)

① <u>누구든지 고용노동부장관의 허가를 받지 아니하고는 근로자공급사업을 하지</u> <u>못한다.</u>

② <u>근로자공급사업 허가의 유효기간은 3년</u>으로 하되, 유효기간이 끝난 후 계속하 여 근로자공급사업을 하려는 자는 고용노동부령으로 정하는 바에 따라 연장허 가를 받아야 한다. 이 경우 연장허가의 유효기간은 연장 전 허가의 유효기간이 끝나는 날부터 3년으로 한다.

③ 근로자공급사업은 공급대상이 되는 근로자가 취업하려는 장소를 기준으로 국 내 근로자공급사업과 국외 근로자공급사업으로 구분하며, 각각의 사업의 허가 를 받을 수 있는 자의 범위는 다음과 같다.

　㉠ <u>국내 근로자공급사업의 경우는</u>「노동조합 및 노동관계조정법」에 따른 노동 조합

　㉡ 국외 근로자공급사업의 경우는 국내에서 제조업 · 건설업 · 용역업, 그 밖의 서비스업을 하고 있는 자. 다만, <u>연예인을 대상으로 하는 국외 근로자공급</u> <u>사업의 허가를 받을 수 있는 자는</u>「민법」에 따른 <u>비영리법인으로 한다.</u>

(6) 국외 공급 근로자의 보호 등(시행규칙 제41조)

국외 근로자공급사업자는 다음의 기준에 따라 국외 공급 근로자를 보호하고 국외 근로자공급사업을 관리하여야 한다.

① <u>공급대상 국가로부터 취업자격을 취득한 근로자만을 공급할 것</u>

② 공급 근로자를 공급계약 외의 업무에 종사하게 하거나 공급계약기간을 초과하 여 체류하게 하지 아니할 것

| 쌤의 핵심포인트 |
'응모자로부터'를 '구인 자로부터'로 바꾸어 출 제하고 있다.

| 쌤의 핵심포인트 |
공급국가로부터 취업자 격을 취득하면 공급대 상 국가를 가지 못한다.

③ 국외의 임금수준 등을 고려하여 공급 근로자에게 적정 임금을 보장할 것
④ 임금은 매월 1회 이상 일정한 기일을 정하여 통화로 직접 해당 근로자에게 그 전액을 지급할 것
⑤ 다음의 사항을 작성 · 관리할 것
   ㉠ 공급 근로자의 출국일자, 국외 취업기간, 현 근무처 및 귀국일자 등을 기록한 명부
   ㉡ 공급 근로자별 임금, 월별 임금 지급방법 및 지급일자 등을 기록한 임금대장
   ㉢ 공급 근로자의 고충처리 상황

6 보칙

(1) 거짓 구인광고 등 금지(법 제34조)

직업소개사업, 근로자 모집 또는 근로자공급사업을 하는 자나 이에 종사하는 사람은 거짓 구인광고를 하거나 거짓 구인조건을 제시하여서는 아니 된다.

(2) 거짓 구인광고의 범위 등(시행령 제34조)

거짓 구인광고 또는 거짓 구인조건 제시의 범위는 신문 · 잡지, 그 밖의 간행물, 유선 · 무선방송, 컴퓨터통신, 간판, 벽보 또는 그 밖의 방법에 의하여 광고를 하는 행위 중 다음에 해당하는 것으로 한다.
① 구인을 가장하여 물품판매 · 수강생모집 · 직업소개 · 부업알선 · 자금모금 등을 행하는 광고
② 거짓 구인을 목적으로 구인자의 신원(업체명 또는 성명)을 표시하지 아니하는 광고
③ 구인자가 제시한 직종 · 고용형태 · 근로조건 등이 응모할 때의 그것과 현저히 다른 광고
④ 기타 광고의 중요내용이 사실과 다른 광고

(3) 손해배상책임의 보장(법 제34조의2 및 시행령 제34조의2)

① 등록을 하고 유료직업소개사업을 하는 자 또는 허가를 받고 국외 근로자공급사업을 하는 자는 직업소개, 근로자 공급을 할 때 고의 또는 과실로 근로자 또는 근로자를 소개 · 공급받은 자에게 손해를 발생하게 한 경우에는 그 손해를 배상할 책임이 있다.
② 손해배상책임을 보장하기 위하여 유료직업소개사업자 등은 대통령령으로 정하는 바에 따라 보증보험 또는 공제에 가입하거나 예치금을 금융기관에 예치하여야 한다.

③ 사업자협회는 손해배상책임을 보장하기 위하여 고용노동부장관이 정하는 바에 따라 공제사업을 할 수 있다. <u>국내유료직업소개사업자는 사업소별로 1천만 원, 국외유료직업소개사업자는 1억 원, 국외근로자공급사업자는 2억 원을 금융기관에 예치하거나 보증보험에 가입하여야 한다. 다만, 국외 연수생만을 소개하는 국외유료직업소개사업자의 경우에는 5천만 원을 금융기관에 예치하거나 보증보험에 가입하여야 한다.</u>

④ 사업자협회가 공제사업을 하려면 공규정을 제정하여 고용노동부장관의 승인을 받아야 한다. 공규정을 변경할 때에도 또한 같다.

(4) 허가 · 등록 또는 신고 사업의 폐업신고(법 제35조)

신고 또는 등록을 하거나 허가를 받고 사업을 하는 자가 그 <u>사업을 폐업한 경우에는 폐업한 날부터 7일 이내에 고용노동부장관 또는 특별자치도지사 · 시장 · 군수 · 구청장에게 신고하여야 한다.</u>

(5) 등록 · 허가 등의 취소 등(법 제36조)

① 고용노동부장관 또는 특별자치도지사 · 시장 · 군수 · 구청장은 신고 또는 등록을 하거나 허가를 받고 사업을 하는 자가 공익을 해칠 우려가 있는 경우로서 다음에 해당하는 경우에는 6개월 이내의 기간을 정하여 그 사업을 정지하게 하거나 등록 또는 허가를 취소할 수 있다.

㉠ 거짓이나 그 밖의 부정한 방법으로 신고 · 등록하였거나 허가를 받은 경우

㉡ 이 법에 따른 결격사유의 어느 하나에 해당하게 된 경우(이 경우 반드시 등록 또는 허가를 취소)

㉢ 이 법 또는 이 법에 따른 명령을 위반한 경우

② 고용노동부장관 또는 특별자치도지사 · 시장 · 군수 · 구청장은 임원 중 결격사유에 해당하는 자가 있는 법인의 등록 또는 허가를 취소하여야 할 때에는 미리 해당 임원을 바꾸어 임명할 기간을 1개월 이상 주어야 한다.

(6) 결격사유(법 제38조)

다음에 해당하는 자는 직업소개사업의 신고 · 등록을 하거나 근로자공급사업의 허가를 받을 수 없다.

① 미성년자, 피성년후견인 및 피한정후견인

② 파산선고를 받고 복권되지 아니한 자

③ 금고 이상의 실형을 선고받고 그 집행이 끝나거나 집행을 하지 아니하기로 확정된 날부터 2년이 지나지 아니한 자

④ 이 법, 「성매매알선 등 행위의 처벌에 관한 법률」, 「풍속영업의 규제에 관한 법률」 또는 「청소년 보호법」을 위반하거나 직업소개사업과 관련된 행위로 「선원법」을 위반한 자로서 다음에 해당하는 자

　　㉠ 금고 이상의 실형을 선고받고 그 집행이 끝나거나 집행을 하지 아니하기로 확정된 날부터 3년이 지나지 아니한 자

　　㉡ 금고 이상의 형의 집행유예를 선고받고 그 유예기간이 끝난 날부터 3년이 지나지 아니한 자

　　㉢ 벌금형이 확정된 후 2년이 지나지 아니한 자

⑤ 금고 이상의 형의 집행유예를 선고받고 그 유예기간 중에 있는 자

⑥ 해당 사업의 등록이나 허가가 취소된 후 5년이 지나지 아니한 자

⑦ 임원 중에 위의 어느 하나에 해당하는 자가 있는 법인

(7) 장부 등의 작성·비치(법 제39조)

유료직업소개사업의 등록을 하거나 근로자공급사업의 허가를 받은 자는 고용노동부령으로 정하는 바에 따라 장부·대장이나 그 밖에 필요한 서류를 작성하여 갖추어 두어야 한다. 이 경우 장부·대장은 전자적 방법으로 작성·관리할 수 있다.

(8) 유료직업소개사업자의 장부 비치(시행규칙 제26조)

유료직업소개사업을 하는 자는 다음의 장부 및 서류를 작성하여 2년 동안 갖추어 두어야 한다.

① 종사자명부
② 구인신청서
③ 구인접수대장
④ 구직신청서
⑤ 구직접수 및 직업소개대장
⑥ 근로계약서
⑦ 일용근로자 회원명부(일용근로자를 회원제로 소개·운영하는 경우만 해당한다)
⑧ 금전출납부 및 금전출납 명세서(단, 일용근로자의 직업소개에 대해서는 구인신청서, 구직신청서, 소개요금약정서 서류를 작성하여 갖추어 두지 아니할 수 있다)

(9) 근로자공급사업을 하는 자의 장부 비치(시행규칙 제40조)

근로자공급사업을 하는 자는 다음의 장부 및 서류를 작성하여 3년간 갖추어 두어야 한다.

① 사업계획서

② 근로자명부

③ 공급 요청 접수부 또는 공급계약서

④ 근로자공급대장

⑤ 경리 관련 장부

⑥ 공급 근로자 임금대장

(10) 직업소개사업을 하는 자 등에 대한 교육훈련(법 제40조의2 및 시행규칙 제40조)

① 고용노동부장관 또는 특별자치도지사ㆍ시장ㆍ군수ㆍ구청장은 <u>직업소개사업을 하는 자 및 그 종사자</u>가 직업소개, 직업상담 등을 할 때 필요한 전문지식 및 직업윤리의식을 향상시킬 수 있도록 교육훈련을 하여야 한다.

② 교육훈련의 내용ㆍ방법 및 그 밖에 필요한 사항은 고용노동부령으로 정한다.

교육과목	교육내용	방법	시간(연간)
직업소개제도	• 직업안정법 해설 • 불법 직업소개행위 및 거짓 구인광고 유형과 처벌규정	강의	1시간
직업상담실무	• 직업상담이론 • 직업상담기법	• 강의 • 실습	1시간
직업정보관리	• 직업정보의 수집ㆍ제공 • 고용안정전산망 운용	• 강의 • 실습	1시간
직업윤리의식	• 직업소개사업의 사회적 책임 • 직업소개사업자의 윤리강령 및 자정 노력	강의	1시간

| 쌤의 핵심포인트 |
교육훈련의 내용에 '노동시장론'은 없다.

CHAPTER 3

출제예상문제

3-2 직업안정법

01 직업안정법상 직업안정기관의 장이 구인신청의 수리를 거부할 수 있는 경우가 아닌 것은?

① 구인신청의 내용이 법령을 위반한 경우
② 구인자가 구인조건을 밝히기를 거부하는 경우
③ 구직자에게 제공할 선불금을 제공하지 않는 경우
④ 구인신청의 내용 중 임금, 근로시간, 기타 근로조건이 통상의 근로조건에 비하여 현저하게 부적당하다고 인정되는 경우

> **해설**
> 직업안정기관의 장이 구인신청의 수리(受理)를 거부할 수 있는 경우
> ① 구인신청의 내용이 법령을 위반한 경우
> ② 구인신청의 내용 중 임금, 근로시간, 그 밖의 근로조건이 통상적인 근로조건에 비하여 현저하게 부적당하다고 인정되는 경우
> ③ 구인자가 구인조건을 밝히기를 거부하는 경우

02 직업안정법령상 직업안정기관의 장이 수집 제공하여야 할 고용정보의 내용이 아닌 것은?

① 직업에 관한 정보
② 경세 및 산업동항
③ 직업안정기관의 명칭 및 소재지
④ 직업능력개발훈련에 관한 정보

03 직업안정법규상 국외 공급 근로자의 보호 및 국외 근로자공급사업의 관리에 관한 설명으로 틀린 것은?

① 공급국가로부터 취업자격을 취득한 근로자만을 공급할 것
② 국외의 임금수준 등을 고려하여 공급 근로자에게 적정 임금을 보장할 것
③ 공급 근로자의 출국일자, 국외 취업기간, 현 근무처 및 귀국일자 등을 기록한 명부를 작성·관리할 것
④ 임금은 매월 1회 이상 일정한 기일을 정하여 통화로 직접 해당 근로자에게 그 전액을 지급할 것

> **해설**
> 국외 근로자공급사업자는 다음의 기준에 따라 국외 공급 근로자를 보호하고 국외 근로자공급사업을 관리하여야 한다.
> ① 공급대상 국가로부터 취업자격을 취득한 근로자만을 공급할 것
> ② 공급 근로자를 공급계약 외의 업무에 종사하게 하거나 공급계약기간을 초과하여 체류하게 하지 아니할 것
> ③ 국외의 임금수준 등을 고려하여 공급 근로자에게 적정 임금을 보장할 것
> ④ 임금은 매월 1회 이상 일정한 기일을 정하여 통화로 직접 해당 근로자에게 그 전액을 지급할 것
> ⑤ 나음의 사항을 작성·관리힐 것
> • 공급 근로자의 출국일자, 국외 취업기간, 현 근무처 및 귀국일자 등을 기록한 명부
> • 공급 근로자별 임금, 월별 임금 지급방법 및 지급일자 등을 기록한 임금대장
> • 공급 근로자의 고충처리 상황

정답 01 ③ 02 ③ 03 ①

04 직업안정법령상 직업정보제공사업자가 준수해야 하는 사항이 아닌 것은?

① 직업정보제공매체 또는 직업정보제공사업의 광고문에 "(무료)취업상담"·"취업추천"·"취업지원 등의 표현을 사용하지 아니할 것

② 직업정보제공매체에 부여 받은 신고번호를 표시하지 아니할 것

③ 직업정보제공매체의 구인·구직의 광고에 직업정보 제공사업자의 주소 또는 전화번호는 기재하지 아니할 것

④ 구직자의 이력서 발송을 대행하거나 구직자에게 취업 추천서를 발부하지 아니할 것

해설

① 구인자의 업체명(또는 성명)이 표시되어 있지 아니하거나 구인자의 연락처가 사서함 등으로 표시되어 구인자의 신원이 확실하지 아니한 구인광고를 게재하지 아니할 것

② 직업정보제공매체의 구인·구직의 광고에는 구인·구직자의 주소 또는 전화번호를 기재하고, 직업정보제공사업자의 주소 또는 전화번호는 기재하지 아니할 것

③ 직업정보제공매체 또는 직업정보제공사업의 광고문에 "(무료)취업상담"·"취업추천"·"취업지원" 등의 표현을 사용하지 아니할 것

④ 구직자의 이력서 발송을 대행하거나 구직자에게 취업추천서를 발부하지 아니할 것

⑤ 직업정보제공매체에 정보이용자들이 알아보기 쉽게 법 제23조에 따른 신고로 부여받은 신고번호를 표시할 것

⑥ 「최저임금법」 제10조에 따라 결정 고시된 최저임금에 미달되는 구인정보, 「성매매알선 등 행위의 처벌에 관한 법률」 제4조에 따른 금지행위가 행하여지는 업소에 대한 구인광고를 게재하지 아니할 것

05 직업안정법상 직업소개사업을 겸업할 수 없는 자는?

① 교육사업자　② 제조업자
③ 경비용역업자　④ 식품접객업자

해설

다음에 해당하는 사업을 경영하는 자는 직업소개사업을 하거나 직업소개사업을 하는 법인의 임원이 될 수 없다.

① 결혼중개업
② 숙박업
③ 식품접객업 중 대통령령으로 정하는 영업

06 직업안정법상 유료직업소개에 관한 설명으로 틀린 것은?

① 유료직업소개사업은 소개대상이 되는 근로자가 취업하려는 장소를 기준으로 하여 국내 유료직업소개사업과 국외 유료직업소개사업으로 구분한다.

② 국내 유료직업소개사업을 하려는 자는 고용노동부장관에게 등록하여야 한다.

③ 유료직업소개사업을 등록한 자는 타인에게 자기의 성명 또는 상호를 사용하여 직업소개사업을 하게 하거나 그 등록증을 대여하여서는 아니 된다.

④ 유료직업소개사업을 하는 자 및 그 종사자는 구직자에게 제공하기 위하여 구인자로부터 선급금을 받아서는 아니 된다.

해설

국내 유료직업소개사업을 하려는 자는 주된 사업소의 소재지를 관할하는 특별자치도지사·시장·군수 및 구청장에게 등록하여야 하고, 국외 유료직업소개사업을 하려는 자는 고용노동부장관에게 등록하여야 한다. 등록한 사항을 변경하려는 경우에도 또한 같다.

07 직업안정법상 고용서비스 우수기관 인증에 관한 설명으로 틀린 것은?

① 고용노동부장관은 고용서비스 우수기관 인증 업무를 대통령령으로 정하는 전문기관에 위탁할 수 있다.

② 고용서비스 우수기관으로 인증을 받은 자가 정당한 사유 없이 6개월 이상 계속 사업 실적이 없는 경우에는 인증을 취소할 수 있다.

③ 고용서비스 우수기관 인증의 유효기간은 인증일부터 3년으로 한다.

④ 고용서비스 우수기관으로 인증을 받은 자가 인증의 유효기간이 지나기 전에 다시 인증을 받으려면 고용노동부장관에게 재인증을 신청하여야 한다.

🔖 해설

고용서비스 우수기관 인증

① 고용노동부장관은 제3조 제2항 각 호의 어느 하나에 해당하는 자로서 구인자 · 구직자가 편리하게 이용할 수 있는 시설과 장비를 갖추고 직업소개 또는 취업정보 제공 등의 방법으로 구인자 · 구직자에 대한 고용서비스 향상에 기여하는 기관을 고용서비스 우수기관으로 인증할 수 있다.

② 고용노동부장관은 ①에 따른 고용서비스 우수기관 인증업무를 대통령령으로 정하는 전문기관에 위탁할 수 있다.

③ 고용노동부장관은 ①에 따라 고용서비스 우수기관으로 인증을 받은 기관에 대하여는 제3조 제2항에 따른 공동사업을 하거나 위탁할 수 있는 사업에 우선적으로 참여하게 하는 등 필요한 지원을 할 수 있다.

④ 고용노동부장관은 ①에 따라 고용서비스 우수기관으로 인증을 받은 자가 다음에 해당하면 인증을 취소할 수 있다.
- 거짓이나 그 밖의 부정한 방법으로 인증을 받은 경우
- 정당한 사유 없이 1년 이상 계속 사업 실적이 없는 경우
- 인증기준을 충족하지 못하게 된 경우
- 고용서비스 우수기관으로 인증을 받은 자가 폐업한 경우

⑤ 고용서비스 우수기관 인증의 유효기간은 인증일부터 3년으로 한다.

⑥ 고용서비스 우수기관으로 인증을 받은 자가 인증의 유효기간이 지나기 전에 다시 인증을 받으려면 대통령령으로 정하는 바에 따라 고용노동부장관에게 재인증을 신청하여야 한다.

⑦ 고용서비스 우수기관의 인증기준, 인증방법 및 재인증에 필요한 사항은 고용노동부령으로 정한다.

08 직업안정법상 유료직업소개사업에 관한 설명으로 옳은 것은?

① 국내 유료직업소개사업을 하고자 하는 자는 고용노동부장관에게 등록하여야 한다.

② 유료직업소개사업자가 받는 요금은 고용노동부장관이 직업 안정심의회의 심의를 거쳐 결정 고시한다.

③ 등록이 취소된 후 2년이 경과되지 아니한 유료직업 소개사업자는 동일한 영업장소에서 사업의 등록을 할 수 없다.

④ 직업상담원 외의 자는 직업소개에 관한 사무를 담당할 수 없다.

🔖 해설

① 국내 유료직업소개사업을 하려는 자는 주된 사업소의 소재지를 관할하는 특별자치도지사 · 시장 · 군수 및 구청장에게 등록하여야 한다.

② 고용노동부장관이 요금을 결정하려는 경우에는 「고용정책 기본법」에 따른 고용정책심의회의 심의를 거쳐야 한다.

③ 해당 사업의 등록이나 허가가 취소된 후 5년이 지나지 아니한 자는 직업소개사업의 신고 · 등록을 하거나 근로자공급사업의 허가를 받을 수 없다.

09 직업안정법에서 사용하는 용어의 정의로 틀린 것은?

① 직업안정기관이라 함은 직업소개·직업지도 등 직업안정 업무를 수행하는 지방노동행정기관을 말한다.

② 모집이라 함은 근로자를 고용하고자 하는 자가 취직하고자 하는 자에게 피용자가 되도록 권유하거나 다른 사람으로 하여금 권유하게 하는 것을 말한다.

③ 유료직업소개사업이라 함은 무료직업소개사업 외의 직업소개사업을 말한다.

④ 근로자공급사업이라 함은 공급계약에 의하여 근로자를 타인에게 사용하게 하는 사업으로서 지방자치단체의 장의 허가를 받은 사업을 말한다.

🔖 해설

누구든지 고용노동부장관의 허가를 받지 아니하고는 근로자공급사업을 하지 못한다.

10 직업안정법령상 직업정보제공사업자의 준수사항으로 틀린 것은?

① 구인자의 업체명 또는 성명이 표시되어 있지 아니한 구인광고를 게재하지 아니할 것

② 직업정보제공매체의 구인·구직의 광고에는 구인·구직자의 주소 또는 전화번호를 기재하지 아니할 것

③ 구직자의 이력서 발송을 대행하거나 구직자에게 취업 추천서를 발부하지 아니할 것

④ 최저임금에 미달되는 구인정보를 게재하지 아니할 것

🔖 해설

직업정보제공매체의 구인·구직의 광고에는 구인·구직자의 주소 또는 전화번호를 기재하고, 직업정보제공사업자의 주소 또는 전화번호는 기재하지 아니할 것

11 직업안정법상 용어의 정의가 틀린 것은?

① 유료직업소개사업이라 함은 무료직업소개소 외의 직업소개사업을 말한다.

② 직업안정기관이라 함은 직업소개·직업지도 등 직업안정업무를 수행하는 지방노동행정기관을 말한다.

③ 무료직업소개사업이라 함은 수수료·회비 기타 일체의 금품을 받지 아니하고 행하는 직업소개사업을 말한다.

④ 직업소개라 함은 구인 또는 구직의 신청을 받아 구인자와 구직자 간에 고용계약의 성립을 결정하는 것을 말한다.

🔖 해설

"직업소개"란 구인 또는 구직의 신청을 받아 구직자 또는 구인자(求人者)를 탐색하거나 구직자를 모집하여 구인자와 구직자 간에 고용계약이 성립되도록 알선하는 것을 말한다.

12 직업안정법령상 직업안정기관의 직업소개 절차로 옳은 것은?

> • A : 구인·구직 신청의 수리
> • B : 직업 또는 구직자의 알선
> • C : 취직 또는 채용 여부의 확인
> • D : 구인·구직에 필요한 기초적인 사항의 확인
> • E : 구인·구직의 상담

① A → D → B → E → C

② D → A → E → B → C

③ E → D → B → A → C

④ E → B → C → D → A

PART 5 노동관계법규

13 직업안정법상 근로자 모집에 관한 설명으로 틀린 것은?

① 국외에 취업할 근로자를 모집하는 경우에는 고용노동부장관의 허가를 받아야 한다.

② 근로자를 고용하고자 하는 자는 신문, 잡지, 기타 간행물에 의한 광고 또는 문서의 반포 등의 방법에 의하여 자유로이 근로자를 모집할 수 있다.

③ 모집이라 함은 근로자를 고용하고자 하는 자가 취직하고자 하는 자에게 피용자가 되도록 권유하거나 다른 사람으로 하여금 권유하게 하는 것을 말한다.

④ 근로자를 모집하고자 하는 자와 그 모집에 종사하는 자는 명목의 여하를 불문하고 응모자로부터 그 모집과 관련하여 금품 기타 이익을 취하여서는 아니 된다.

🔖 **해설**
국외 무료직업소개사업을 하려는 자는 고용노동부장관에게 신고하여야 하며, 국외 유료직업소개사업을 하려는 자는 고용노동부장관에게 등록하여야 한다.

14 직업안정법령상 직업정보제공사업자의 준수사항으로 틀린 것은?

① 구인자의 업체명(또는 성명)이 표시되어 있지 아니하거나 구인자의 연락처가 사서함 등으로 표시되어 구인자의 신원이 확실하지 아니한 구인광고를 게재하지 아니할 것

② 직업정보제공매체 또는 직업정보제공사업의 광고문에 "(무료) 취업상담", "취업추천", "취업지원" 등의 표현을 사용하지 아니할 것

③ 직업정보제공매체의 구인·구직의 광고에는 직업정보제공사업자의 주소 또는 전화번호를 기재하고 구인·구직자의 주소 또는 전화번호는 기재하지 아니할 것

④ 구직자의 이력서 발송을 대행하거나 구직자에게 취업 추천서를 발부하지 아니할 것

🔖 **해설**
직업정보제공매체의 구인·구직의 광고에는 구인·구직자의 주소 또는 전화번호를 기재하고, 직업정보제공사업자의 주소 또는 전화번호는 기재하지 아니할 것

15 직업안정법령상 유료직업소개사업의 등록을 할 수 없는 자는?

① 조합원이 100인 이상인 단위노동조합에서 노동조합업무 전담자로 1년의 근무경력이 있는 자

② 국가기술자격법에 의한 직업상담사 2급의 국가기술자격이 있는 자

③ 국가공무원 또는 지방공무원으로서 5년 근무경력이 있는 자

④ 초·중등교육법에 의한 교원자격증으로 가지고 있는 자로서 3년의 교사근무경력이 있는 자

🔖 **해설**
조합원이 100인 이상인 단위노동조합, 산업별 연합단체인 노동조합 또는 총연합단체인 노동조합에서 노동조합업무 전담자로 2년 이상 근무한 경력이 있는 자

16 직업안전법상 유료직업소개사업의 등록요건이 아닌 것은?

① 법인의 경우에는 직업소개사업을 목적으로 설립된 상법상 회사로서 납입자본금 5천만 원 이상일 것

② 법인의 경우에는 대표자를 포함한 임원 2인 이상이 직업상담사 1급 또는 2급의 국가기술자격이 있는 자일 것

③ 국가공무원 또는 지방공무원으로서 2년 이상 근무한 경력이 있는 자일 것

④ 상시 사용근로자 100인 이상인 사업 또는 사업장에서 노무관리업무 전담자로서 1년 이상 근무한 경력이 있는 자일 것

정답   13 ①   14 ③   15 ①   16 ④

5 - 158

유료직업소개사업의 등록을 할 수 있는 자는 다음에 해당하는 자에 한한다. 다만, 법인의 경우에는 직업소개사업을 목적으로 설립된 「상법」상 회사로서 납입자본금이 5천만 원(둘 이상의 사업소를 설치하는 경우에는 추가하는 사업소 1개소당 2천만 원을 가산한 금액) 이상이고 임원 2명 이상이 다음에 해당하는 자 또는 「국민 평생 직업능력 개발법」에 따른 직업능력개발훈련법인으로서 임원 2명 이상이 다음에 해당하는 자에 한한다.

① 직업상담사 1급 또는 2급의 국가기술자격이 있는 자
② 직업소개사업의 사업소, 「국민 평생 직업능력 개발법」에 의한 직업능력개발훈련시설, 「초 · 중등교육법」 및 「고등교육법」에 의한 학교, 「청소년기본법」에 의한 청소년단체에서 직업상담 · 직업지도 · 직업훈련 기타 직업소개와 관련이 있는 상담업무에 2년 이상 종사한 경력이 있는 자
③ 공인노무사 자격을 가진 자
④ 조합원이 100인 이상인 단위노동조합, 산업별 연합단체인 노동조합 또는 총연합단체인 노동조합에서 노동조합업무전담자로 2년 이상 근무한 경력이 있는 자
⑤ 상시사용근로자 300인 이상인 사업 또는 사업장에서 노무관리업무전담자로 2년 이상 근무한 경력이 있는 자
⑥ 국가공무원 또는 지방공무원으로서 2년 이상 근무한 경력이 있는 자
⑦ 「초 · 중등교육법」에 의한 교원자격증을 가지고 있는 자로서 교사근무경력이 2년 이상인 자
⑧ 사회복지사 자격증을 가진 사람

17 직업안정법령의 내용에 대한 설명으로 틀린 것은?

① 고용노동부장관이 유료직업소개사업의 요금을 결정하고자 하는 경우에는 고용정책기본법에 의한 고용정책심의회 심의를 거쳐야 한다.
② 근로자공급사업 허가의 유효기간은 3년으로 하며 갱신할 수 있다.

③ 국내 무료직업소개사업을 하고자 하는 자가 2 이상의 시 · 군 · 구에 사업소를 두고자 하는 때에는 주된 사업소의 소재지를 관할하는 직업안정기관에 등록하여야 한다.
④ 신문 · 잡지 기타 간행물에 구인을 가장하여 물품판매, 수강생 모집, 직업소개, 부업알선, 자금모금 등을 행하는 광고는 허위구인광고의 범위에 해당한다.

무료직업소개사업은 소개대상이 되는 근로자가 취업하려는 장소를 기준으로 하여 국내 무료직업소개사업과 국외 무료직업소개사업으로 구분하되, 국내 무료직업소개사업을 하려는 자는 주된 사업소의 소재지를 관할하는 특별자치도지사 · 시장 · 군수 및 구청장에게 신고하여야 하고, 국외 무료직업소개사업을 하려는 자는 고용노동부장관에게 신고하여야 한다. 신고한 사항을 변경하려는 경우에도 또한 같다.

18 직업안정법상 개인의 유료직업소개사업의 등록요건에 해당하지 않는 것은?

① 국가기술자격법에 의한 직업상담사 2급의 자격이 있는 자
② 청소년기본법에 의한 청소년단체에서 직업소개와 관련된 상담업무에 1년 이상 종사한 경력이 있는 자
③ 상시사용근로자 300인 이상인 사업 또는 사업장에서 노무관리업무전담자로 2년 이상 근무한 경력이 있는 자
④ 국가공무원으로서 2년 이상 근무한 경력이 있는 자

직업소개사업의 사업소, 「국민 평생 직업능력 개발법」에 의한 직업능력개발훈련시설, 「초 · 중등교육법」 및 「고등교육법」에 의한 학교, 「청소년기본법」에 의한 청소년단체에서 직업상담 · 직업지도 · 직업훈련 기타 직업소개와 관련이 있는 상담업무에 2년 이상 종사한 경력이 있는 자

19 직업안정법상 근로자공급사업에 대한 설명 중 틀린 것은?

① 노동조합 및 노동관계조정법사의 노동조합은 국내 근로자공급사업을 허가받을 수 있다.

② 근로자공급사업 허가의 유효기간은 5년으로 한다.

③ 갱신허가의 유효기간은 갱신 전 허가의 유효기간이 만료되는 날부터 3년으로 한다.

④ 고용노동부장관의 허가를 받지 않고는 근로자공급사업을 할 수 없다.

해설

근로자공급사업

① 누구든지 고용노동부장관의 허가를 받지 아니하고는 근로자공급사업을 하지 못한다.

② 근로자공급사업 허가의 유효기간은 3년으로 하되, 유효기간이 끝난 후 계속하여 근로자공급사업을 하려는 자는 고용노동부령으로 정하는 바에 따라 연장허가를 받아야 한다. 이 경우 연장허가의 유효기간은 연장 전 허가의 유효기간이 끝나는 날부터 3년으로 한다.

20 직업안정법령상 근로자의 모집에 대한 설명 중 옳은 것은?

① 모집질서의 확립을 위하여 필요하다고 인정하여 모집방법 등의 개선을 권고할 때에는 당사자에게 구두로 할 수 있다.

② 건전한 모집질서의 확립을 위하여 필요하다고 인정되어 모집방법 등의 개선을 권고할 때에는 지방고용심의회의 심의를 거쳐야 한다.

③ 근로자를 모집하고자 하는 자와 그 모집에 종사하는 자는 명목의 여하를 불문하고 응모자로부터 그 모집과 관련하여 금품을 받아서는 아니 된다.

④ 국외에 취업할 근로자를 모집하고자 하는 자는 모집 마감일 15일 이전까지 직업안정기관의 장에게 신고하여야 한다.

해설

①항 고용노동부장관이 모집방법 등의 개선을 권고할 때에는 권고사항, 개선기한 등을 명시하여 서면으로 하여야 한다.

②항 고용노동부장관이 권고를 하려는 경우에는 고용정책심의회의 심의를 거쳐야 한다.

④항 국외에 취업할 근로자를 모집한 자는 모집한 후 15일 이내에 모집신고서에 고용노동부령이 정하는 서류를 첨부하여 고용노동부장관에게 신고하여야 한다.

21 직업안정법상 직업안정기관에서 하는 업무가 아닌 것은?

① 고용정보 제공   ② 재취직 지원

③ 직업훈련 지원   ④ 근로자 파견

해설

직업안정기관은 직업소개, 직업지도, 직업정보 제공의 업무를 행한다.

22 직업안정법령상 허위구인광고 및 손해배상책임의 보장에 대한 설명으로 틀린 것은?

① 구인을 가장하여 물품판매 · 수강생모집 · 직업소개 · 부업알선 · 자금모금 등을 행하는 광고는 허위구인광고에 해당한다.

② 국내유료직업소개사업자의 경우에는 손해배상책임의 보장을 위해서 사업소별로 1억 원을 금융기관에 예치하거나 보증보험에 가입하여야 한다.

③ 유료직업소개사업자가 예치금을 금융기관에 예치하는 경우에는 등록기관의 장과 공동명의로 하여야 한다.

④ 허위구인광고를 하거나 허위의 구인조건을 제시한 자는 5년 이하의 징역 또는 2천만 원 이하의 벌금에 처한다.

해설

국내유료직업소개사업자는 사업소별로 1천만 원, 국외유료직업소개사업자는 1억 원, 국외근로자공급사업자는 2억 원을 금융기관에 예치하거나 보증보험에 가입하여야 한다. 다만, 국외 연수생만을 소개하는 국외유료직업소개사업자의 경우에는 5천만 원을 금융기관에 예치하거나 보증보험에 가입하여야 한다.

23 다음 중 직업안정법령에 대한 내용으로 틀린 것은?

① 국내근로자공급사업의 허가를 받을 수 있는 자는 노동조합 및 노동관계조정법에 의한 노동조합이다.
② 직업정보제공사업자는 구직자의 이력서 발송을 대행하거나 구직자에게 취업추천서를 발부하는 사업을 할 수 있다.
③ 근로자공급사업의 허가유효기간은 3년이다.
④ 직업안정기관에 구인신청을 하는 경우에는 원칙적으로 구인자의 사업장 소재지를 관할하는 직업안정기관에 하여야 한다.

해설

직업정보제공사업자는 구직자의 이력서 발송을 대행하거나 구직자에게 취업추천서를 발부할 수 없다.

24 직업안정법상 고용노동부장관의 허가를 받아야 하는 것은?

① 근로자공급사업
② 유료직업소개사업
③ 직업정보제공사업
④ 국외 취업자의 모집

해설

국내 유료직업소개사업을 하려는 자는 주된 사업소의 소재지를 관할하는 특별자치도지사 · 시장 ·

군수 및 구청장에게 등록하여야 하고, 국외 유료직업소개사업을 하려는 자는 고용노동부장관에게 등록하여야 한다. 직업정보제공사업 및 국외 취업자의 모집은 고용노동부장관에게 신고하여야 한다.

25 직업안정법에서 사용하는 용어의 정의로 올바르지 않은 것은?

① 직업안정기관은 직업소개 · 직업지도 등 직업안정업무를 수행하는 지방노동행정기관이다.
② 직업소개는 구인 또는 구직의 신청을 받아 구인자와 구직자 간에 고용계약의 성립을 알선하는 것이다.
③ 직업지도는 근로자에게 직업에 필요한 직무수행능력을 습득 · 향상하게 하기 위하여 실시하는 것이다.
④ 근로자공급사업은 공급계약에 의하여 근로자를 타인에게 사용하게 하는 사업을 말한다.

해설

"직업지도"란 취업하려는 사람이 그 능력과 소질에 알맞은 직업을 쉽게 선택할 수 있도록 하기 위한 직업적성검사, 직업정보의 제공, 직업상담, 실습, 권유 또는 조언, 그 밖에 직업에 관한 지도를 말한다.

26 직업안정법상 특별자치도지사 · 시장 · 군수 및 구청장에게 신고를 필요로 하는 무료직업소개사업은?

① 공익단체가 하는 국내 무료직업소개
② 한국산업인력공단이 하는 무료직업소개
③ 한국장애인고용공단이 장애인을 대상으로 하는 무료직업 소개
④ 교육관계법에 따른 각급 학교의 장이 재학생 · 졸업생 또는 훈련생 · 수료생을 대상으로 하는 무료직업소개

해설 -

다음에 해당하는 직업소개의 경우에는 신고를 하지 아니하고 무료직업소개사업을 할 수 있다.

① 한국산업인력공단이 하는 직업소개
② 한국장애인고용공단이 장애인을 대상으로 하는 직업소개
③ 각급 학교의 장, 공공직업훈련시설의 장이 재학생·졸업생 또는 훈련생·수료생을 대상으로 하는 직업소개
④ 근로복지공단이 업무상 재해를 입은 근로자를 대상으로 하는 직업소개

3-3 고용보험법

■1 총칙

(1) 목적(법 제1조)

고용보험의 시행을 통하여

① 실업의 예방, 고용의 촉진 및 근로자의 직업능력의 개발과 향상을 꾀하고,
② 국가의 직업지도와 직업소개 기능을 강화하며,
③ 근로자가 실업한 경우에 생활에 필요한 급여를 실시하여
④ 근로자의 생활안정과 구직활동을 촉진함으로써 경제 · 사회 발전에 이바지하는 것을 목적으로 한다.

(2) 용어의 정의(법 제2조)

① "피보험자"란 다음에 해당하는 자를 말한다.
  ㉠ 「고용보험 및 산업재해보상보험의 보험료징수 등에 관한 법률」에 따라 보험에 가입되거나 가입된 것으로 보는 근로자
  ㉡ 보험료징수법에 따라 고용보험에 가입하거나 가입된 것으로 보는 자영업자
② "이직(離職)"이란 피보험자와 사업주 사이의 고용관계가 끝나게 되는 것을 말한다.
③ "실업"이란 근로의 의사와 능력이 있음에도 불구하고 취업하지 못한 상태에 있는 것을 말한다.
④ "실업의 인정"이란 직업안정기관의 장이 수급자격자가 실업한 상태에서 적극적으로 직업을 구하기 위하여 노력하고 있다고 인정하는 것을 말한다.
⑤ "보수"란 「소득세법」에 따른 근로소득에서 대통령령으로 정하는 금품을 뺀 금액을 말한다. 다만, 휴직이나 그 밖에 이와 비슷한 상태에 있는 기간 중에 사업주 외의 자로부터 지급받는 금품 중 고용노동부장관이 정하여 고시하는 금품은 보수로 본다.
⑥ "일용근로자"란 1개월 미만 동안 고용되는 자를 말한다.

(3) 고용보험사업(법 제4조)

고용보험사업(이하 "보험사업"이라 한다)으로

① 고용안정 · 직업능력개발 사업,
② 실업급여,
③ 육아휴직 급여 및
④ 출산전후휴가 급여 등을 실시한다.

| 쌤의 핵심포인트 |
고용보험에는 재활사업이 없다.

(4) 고용보험위원회(법 제7조)

① 이 법 및 보험료징수법의 시행에 관한 주요 사항을 심의하기 위하여 고용노동부에 고용보험위원회를 둔다.

② 고용보험위원회는 다음의 사항을 심의한다.

    ㉠ 보험제도 및 보험사업의 개선에 관한 사항

    ㉡ 보험료징수법에 따른 보험료율의 결정에 관한 사항

    ㉢ 보험사업의 평가에 관한 사항

    ㉣ 기금운용 계획의 수립 및 기금의 운용 결과에 관한 사항

    ㉤ 그 밖에 위원장이 보험제도 및 보험사업과 관련하여 위원회의 심의가 필요하다고 인정하는 사항

③ 위원회는 위원장 1명을 포함한 20명 이내의 위원으로 구성한다.

④ 위원회의 위원장은 고용노동부차관이 되고, 위원은 다음의 사람 중에서 각각 같은 수(數)로 고용노동부장관이 임명하거나 위촉하는 사람이 된다.

    ㉠ 근로자를 대표하는 사람

    ㉡ 사용자를 대표하는 사람

    ㉢ 공익을 대표하는 사람

    ㉣ 정부를 대표하는 사람

⑤ 위원회는 심의사항을 사전에 검토·조정하기 위하여 위원회에 전문위원회를 둘 수 있다.

⑥ 위촉위원의 임기는 2년으로 한다. 다만, 보궐위원의 임기는 전임자 임기의 남은 기간으로 한다. 위원회의 회의는 재적위원 과반수의 출석으로 개의(開議)하고 출석위원 과반수의 찬성으로 의결한다.

(5) 적용범위(법 제8조)

이 법은 근로자를 사용하는 모든 사업 또는 사업장에 적용한다. 다만, 산업별 특성 및 규모 등을 고려하여 대통령령으로 정하는 사업에 대하여는 적용하지 아니한다.

① 적용제외 사업(시행령 제2조)

    ㉠ 농업·임업 및 어업 중 법인이 아닌 자가 상시 4명 이하의 근로자를 사용하는 사업

    ㉡ 다음에 해당하는 공사. 다만, 법 제15조 제2항 각 호에 해당하는 자기 시공하는 공사는 제외한다.

        • 「고용보험 및 산업재해보상보험의 보험료징수 등에 관한 법률 시행령」에 따른 총공사금액(이하 이 조에서 "총공사금액"이라 한다)이 2천만 원 미만인 공사

- 연면적이 100제곱미터 이하인 건축물의 건축 또는 연면적이 200제곱미터 이하인 건축물의 대수선에 관한 공사
  ⓒ 가구 내 고용활동 및 달리 분류되지 아니한 자가소비 생산활동

(6) 적용제외(법 제10조)

① 다음에 해당하는 근로자에게는 이 법을 적용하지 아니한다.
  ㉠ 1개월간 소정근로시간이 60시간 미만인 자(1주간의 소정근로시간이 15시간 미만인 자를 포함한다)를 말한다. 다만, 3개월 이상 계속하여 근로를 제공하는 자와 일용근로자는 제외한다.
  ㉡ 「국가공무원법」과 「지방공무원법」에 따른 공무원. 다만, 대통령령으로 정하는 바에 따라 별정직 공무원, 임기제 공무원의 경우는 본인의 의사에 따라 고용보험에 가입할 수 있다.
  ㉢ 「사립학교교직원 연금법」의 적용을 받는 자
  ㉣ 그 밖에 대통령령으로 정하는 자
    - 외국인 근로자. 다만 「출입국관리법」에 해당하는 자는 제외한다.
    - 「별정우체국법」에 따른 별정우체국 직원
② 65세 이후에 고용(65세 전부터 피보험 자격을 유지하던 사람이 65세 이후에 계속하여 고용된 경우는 제외한다)되거나 자영업을 개시한 사람에게는 실업급여와 육아휴직급여를 적용하지 아니한다.

2 피보험자의 관리

(1) 피보험자격의 취득일(법 제13조)

다음의 경우에는 각각 그 해당되는 날에 피보험자격을 취득한 것으로 본다.

① 피보험자는 고용보험법이 적용되는 사업에 고용된 경우 : 그 고용된 날
② 적용 제외 근로자였던 자가 적용을 받게 된 경우 : 그 적용을 받게 된 날
③ 보험관계 성립일 전에 고용된 근로자의 경우 : 그 보험관계가 성립한 날
④ 자영업자인 피보험자는 : 그 보험관계가 성립한 날

(2) 피보험자격의 상실일(법 제14조)

다음에 해당하는 날에 각각 그 피보험자격을 상실한다.

① 피보험자가 적용 제외 근로자에 해당하게 된 경우 : 그 적용 제외 대상자가 된 날
② 보험관계가 소멸한 경우 : 그 보험관계가 소멸한 날
③ 피보험자가 이직한 경우 : 이직한 날의 다음 날
④ 피보험자가 사망한 경우 : 사망한 날의 다음 날

| 쌤의 핵심포인트 |
2019년 1월 15일 법 개정에 따라 65세 전부터 피보험 자격을 유지하던 사람이 65세 이후에 계속하여 고용된 경우 실업급여를 적용한다.

| 쌤의 핵심포인트 |
65세 이상인 자에게도 고용안정. 직업능력개발 사업은 적용된다.

| 쌤의 핵심포인트 |
보험관계 성립일 전에 고용된 근로자의 경우 고용된 날이 아니라 보험관계가 성립한 날이다.

⑤ 자영업자인 피보험자의 경우 : 그 보험관계가 소멸한 날

(3) 피보험자격에 관한 신고 등(법 제15조)

① 사업주는 그 사업에 고용된 근로자의 피보험자격의 취득 및 상실 등에 관한 사항을 대통령령으로 정하는 바에 따라 <u>고용노동부장관에게 신고</u>하여야 한다.

② 보험료징수법에 따라 원수급인(元受給人)이 사업주로 된 경우에 그 사업에 종사하는 근로자 중 원수급인이 고용하는 근로자 외의 근로자에 대하여는 그 근로자를 고용하는 다음의 하수급인(下受給人)에 따른 신고를 하여야 한다.

  ㉠ 「건설산업기본법」에 따른 건설사업자

  ㉡ 「주택법」에 따른 주택건설사업자

  ㉢ 「전기공사업법」에 따른 공사업자

  ㉣ 「정보통신공사업법」에 따른 정보통신공사업자

  ㉤ 「소방시설공사업법」에 따른 소방시설업자

  ㉥ 「문화재수리 등에 관한 법률」에 따른 문화재수리업자

③ 사업주가 피보험자격에 관한 사항을 신고하지 아니하면 대통령령으로 정하는 바에 따라 근로자가 신고할 수 있다.

④ <u>자영업자인 피보험자는 피보험자격의 취득 및 상실에 관한 신고를 하지 아니한다.</u>

(4) 피보험자격의 확인(법 제17조)

① <u>피보험자 또는 피보험자였던 자는 언제든지 고용노동부장관에게 피보험자격의 취득 또는 상실에 관한 확인을 청구할 수 있다.</u>

② 고용노동부장관은 청구에 따르거나 직권으로 피보험자격의 취득 또는 상실에 관하여 확인을 한다.

③ 고용노동부장관은 확인 결과를 대통령령으로 정하는 바에 따라 그 확인을 청구한 피보험자 및 사업주 등 관계인에게 알려야 한다.

(5) 피보험자격 이중 취득의 제한(법 제18조 및 시행규칙 제14조)

근로자가 보험관계가 성립되어 있는 둘 이상의 사업에 동시에 고용되어 있는 경우에는 고용노동부령으로 정하는 바에 따라 그중 한 사업의 근로자로서의 피보험자격을 취득한다. 다만, 일용근로자와 일용근로자가 아닌 자로 동시에 고용되어 있는 경우에는 일용근로자가 아닌 자로 고용된 사업에서 우선적으로 피보험자격을 취득한다.

① <u>월평균보수가 많은 사업</u>

② <u>월 소정근로시간이 많은 사업</u>

③ <u>근로자가 선택한 사업</u>

■3 고용안정 · 직업능력개발 사업

(1) 고용안정 · 직업능력개발 사업의 실시(법 제19조 및 시행령 제12조)

① 고용노동부장관은 피보험자 및 피보험자였던 자, 그 밖에 취업할 의사를 가진 자(이하 "피보험자 등"이라 한다)에 대한 실업의 예방, 취업의 촉진, 고용기회의 확대, 직업능력개발 · 향상의 기회 제공 및 지원, 그 밖에 고용안정과 사업주에 대한 인력 확보를 지원하기 위하여 고용안정 · 직업능력개발 사업을 실시한다.

② 고용노동부장관은 고용안정 · 직업능력개발 사업을 실시할 때에는 근로자의 수, 고용안정 · 직업능력개발을 위하여 취한 조치 및 실적 등 대통령령으로 정하는 기준에 해당하는 기업을 우선적으로 고려하여야 한다.

③ "대통령령으로 정하는 기준에 해당하는 기업"이란 산업별로 상시 사용하는 근로자 수가 다음에 해당하는 기업(이하 "우선지원 대상기업"이라 한다)을 말한다.

고용보험법 시행령 [별표 1] 〈개정 2017. 12. 26.〉
우선지원 대상기업의 상시 사용하는 근로자 기준(제12조 제1항 관련)

산업분류	분류기호	상시 사용하는 근로자 수
1. 제조업[다만, 산업용 기계 및 장비 수리업(34)은 그 밖의 업종으로 본다]	C	500명 이하
2. 광업 3. 건설업 4. 운수 및 창고업 5. 정보통신업 6. 사업시설 관리, 사업 지원 및 임대 서비스업[다만, 부동산 이외 임대업(76)은 그 밖의 업종으로 본다]	B F H J N	300명 이하
7. 전문, 과학 및 기술 서비스업 8. 보건업 및 사회복지 서비스업	M Q	300명 이하
9. 도매 및 소매업 10. 숙박 및 음식점업 11. 금융 및 보험업 12. 예술, 스포츠 및 여가 관련 서비스업	G I K R	200명 이하
13. 그 밖의 업종		100명 이하

※ 비고 : 업종의 구분 및 분류기호는 「통계법」 제22조에 따라 통계청장이 고시한 한국표준산업분류에 따른다.

(2) 고용창출에 대한 지원(법 제20조 및 시행령 제17조)

고용노동부장관은 다음에 해당하는 사업주에게 임금의 일부를 지원할 수 있다.

① 근로시간 단축, 교대근로 개편, 정기적인 교육훈련 또는 안식휴가 부여 등(이하 "일자리 함께하기"라 한다)을 통하여 실업자를 고용함으로써 근로자 수가 증가한 경우

② 고용노동부장관이 정하는 시설을 설치·운영하여 고용환경을 개선하고 실업자를 고용하여 근로자 수가 증가한 경우

③ 직무의 분할, 근무체계 개편 또는 시간제 직무 개발 등을 통하여 실업자를 근로계약기간을 정하지 않고 시간제로 근무하는 형태로 하여 새로 고용하는 경우

④ 위원회에서 심의·의결한 성장유망업종, 인력수급 불일치 업종, 국내복귀기업 또는 지역특화산업 등 고용지원이 필요한 업종에 해당하는 기업이 실업자를 고용하는 경우

⑤ 위원회에서 심의·의결한 업종에 해당하는 우선지원 대상기업이 고용노동부장관이 정하는 전문적인 자격을 갖춘 자(이하 "전문인력"이라 한다)를 고용하는 경우

⑥ 임금피크제, 임금을 감액하는 제도, 근로시간 단축 제도의 도입 또는 그 밖의 임금체계 개편 등을 통하여 15세 이상 34세 이하의 청년 실업자를 고용하는 경우

⑦ 고용노동부장관이 고령자 또는 준고령자가 근무하기에 적합한 것으로 인정하는 직무에 고령자 또는 준고령자를 새로 고용하는 경우

(3) 고용조정의 지원(법 제21조)

① 고용노동부장관은 경기의 변동, 산업구조의 변화 등에 따른 사업 규모의 축소, 사업의 폐업 또는 전환으로 고용조정이 불가피하게 된 사업주가 근로자에 대한 휴업, 휴직, 직업전환에 필요한 직업능력개발 훈련, 인력의 재배치 등을 실시하거나 그 밖에 근로자의 고용안정을 위한 조치를 하면 대통령령으로 정하는 바에 따라 그 사업주에게 필요한 지원을 할 수 있다.

② 고용노동부장관은 고용조정으로 이직된 근로자를 고용하는 등 고용이 불안정하게 된 근로자의 고용안정을 위한 조치를 하는 사업주에게 대통령령으로 정하는 바에 따라 필요한 지원을 할 수 있다.

(4) 지역 고용의 촉진(법 제22조 및 시행령 제24조)

고용노동부장관은 고용기회가 뚜렷이 부족하거나 산업구조의 변화 등으로 고용사정이 급속하게 악화되고 있는 지역으로 사업을 이전하거나 지정지역에서 사업을 신설 또는 증설하는 경우로서 다음의 요건을 모두 갖추어 사업을 이전, 신설 또는 증설하는 사업주에게 지역고용촉진 지원금을 지급한다.

① 「고용정책 기본법 시행령」에 따라 고시된 고용조정의 지원 등의 기간(이하 이 조에서 "지정기간"이라 한다)에 사업의 이전, 신설 또는 증설과 그에 따른 근로자의 고용에 관한 지역고용계획을 세워 고용노동부장관에게 신고할 것

| 쌤의 핵심포인트 |
계약기간을 정하여 시간제로 근무하는 형태로 고용하는 경우에는 고용창출에 대한 지원대상이 되지 않는다.

② 고용노동부장관에게 신고한 지역고용계획에 따라 시행할 것

③ 지역고용계획이 제출된 날부터 1년 6개월 이내에 이전, 신설 또는 증설된 사업의 조업이 시작될 것

④ 이전, 신설 또는 증설된 사업의 조업이 시작된 날(이하 이 조에서 "조업시작일"이라 한다) 현재 그 지정지역이나 다른 지정지역에 3개월 이상 거주한 구직자를 그 이전, 신설 또는 증설된 사업에 피보험자로 고용할 것

⑤ 「고용정책 기본법」에 따른 고용정책심의회에서 그 필요성이 인정된 사업일 것

⑥ 지역고용계획의 실시 상황과 고용된 피보험자에 대한 임금지급 상황이 적힌 서류를 갖추고 시행할 것

| 쌤의 핵심포인트 |
조업시작일은 '1년 이내'도 '2년 이내'도 아닌 '1년 6개월 이내'이다.

(5) 고령자 등 고용촉진의 지원(법 제23조 및 시행령 제25조)

고용노동부장관은 고령자 등 노동시장의 통상적인 조건에서는 취업이 특히 곤란한 자(이하 "고령자 등"이라 한다)의 고용을 촉진하기 위하여 고령자 등을 새로 고용하거나 이들의 고용안정에 필요한 조치를 하는 사업주 다음에 해당하는 요건을 갖춘 사업의 사업주에게 고령자 고용연장 지원금을 지급한다. 다만, 상시 사용하는 근로자 수가 300명 이상인 사업의 사업주는 그러하지 아니하다.

① 정년을 폐지하거나, 기존에 정한 정년을 60세 이상으로 1년 이상 연장할 것

② 정년을 55세 이상으로 정한 사업장의 사업주에게 고용되어 18개월 이상을 계속 근무한 후 정년에 이른 자를 퇴직시키지 아니하거나 정년퇴직 후 3개월 이내에 재고용하고 재고용 전 3개월, 재고용 후 6개월 동안 근로자를 고용조정으로 이직시키지 아니할 것

(6) 사업주에 대한 직업능력개발 훈련의 지원(법 제27조)

① 고용노동부장관은 피보험자 등의 직업능력을 개발·향상시키기 위하여 대통령령으로 정하는 직업능력개발 훈련을 실시하는 사업주에게 대통령령으로 정하는 바에 따라 그 훈련에 필요한 비용을 지원할 수 있다.

② 고용노동부장관은 사업주가 다음에 해당하는 사람에게 직업능력개발 훈련을 실시하는 경우에는 대통령령으로 정하는 바에 따라 우대 지원할 수 있다.

  ㉠ 기간제 근로자

  ㉡ 단시간 근로자

  ㉢ 파견근로자

  ㉣ 일용근로자

  ㉤ 고령자 또는 준고령자

  ㉥ 그 밖에 대통령령으로 정하는 사람

| 쌤의 핵심포인트 |
특수형태 근로자는 우대 지원 대상자가 아니다.

4 실업급여

1) 통칙

(1) 실업급여의 종류(법 제37조)

① 실업급여는 구직급여와 취업촉진 수당으로 구분한다.
② 취업촉진 수당의 종류는 다음과 같다.
　　㉠ 조기(早期)재취업 수당
　　㉡ 직업능력개발 수당
　　㉢ 광역 구직활동비
　　㉣ 이주비

(2) 수급권의 보호(법 제38조 및 시행령 제58조의3)

① 실업급여를 받을 권리는 양도 또는 압류하거나 담보로 제공할 수 없다.
② 실업급여수급계좌에 입금된 금액 전액에 관한 채권은 압류할 수 없다.

(3) 공과금의 면제(법 제38조의2)

실업급여로서 지급된 금품에 대하여는 국가나 지방자치단체의 공과금을 부과하지 아니한다.

2) 구직급여

(1) 구직급여의 수급 요건(법 제40조 및 시행령 제60조)

① 구직급여는 이직한 피보험자가 다음의 요건을 모두 갖춘 경우에 지급한다.
　　㉠ 기준기간 동안의 피보험 단위기간이 통산(通算)하여 180일 이상일 것
　　㉡ 근로의 의사와 능력이 있음에도 불구하고 취업(영리를 목적으로 사업을 영위하는 경우를 포함한다)하지 못한 상태에 있을 것
　　㉢ 이직사유가 수급자격의 제한 사유에 해당하지 아니할 것
　　㉣ 재취업을 위한 노력을 적극적으로 할 것
　　㉤ 다음에 해당할 것(최종 이직 당시 일용근로자였던 자만 해당)
　　　• 수급자격 인정신청일 이전 1개월 동안의 근로일수가 10일 미만일 것
　　　• 건설일용근로자로서 수급자격 인정신청일 이전 14일간 연속하여 근로내역이 없을 것
　　㉥ 최종 이직 당시의 기준기간 동안의 피보험 단위기간 중 다른 사업에서 수급자격의 제한 사유에 해당하는 사유로 이직한 사실이 있는 경우에는 그 피보험 단위기간 중 90일 이상을 일용근로자로 근로하였을 것(최종 이직 당시 일용근로자였던 자만 해당)

| 쌤의 핵심포인트 |

2017년 12월 26일 시행령 개정에 따라 실업급여 수급계좌의 압류금지금액 한도가 기존 '150만 원 이하의 금액'에서 '전액'으로 변경되었다.

② 기준기간은 이직일 이전 18개월로 하되, 피보험자가 다음에 해당하는 경우에는 다음의 구분에 따른 기간을 기준기간으로 한다.

ㄱ 이직일 이전 18개월 동안에 질병·부상, 그 밖에 대통령령으로 정하는 사유로 계속하여 30일 이상 보수의 지급을 받을 수 없었던 경우 : 18개월에 그 사유로 보수를 지급 받을 수 없었던 일수를 가산한 기간(3년을 초과할 때에는 3년으로 한다)

ㄴ 이직일 이전 24개월 동안의 피보험 단위기간 중 90일 이상을 이직 당시 1주 소정근로시간이 15시간 미만이고, 1주 소정근로일수가 2일 이하인 근로자로 근로한 경우 : 이직일 이전 24개월

③ "그 밖에 대통령령으로 정하는 사유"란 다음의 사유를 말한다. 다만, 고용노동부장관이 정하는 금품을 지급받는 경우는 제외한다.

ㄱ 사업장의 휴업

ㄴ 임신·출산·육아에 따른 휴직

ㄷ 휴직이나 그 밖에 이와 유사한 상태로서 고용노동부장관이 정하여 고시하는 사유

(2) 실업의 신고(법 제42조)

구직급여를 지급받으려는 자는 이직 후 지체 없이 직업안정기관에 출석하여 실업을 신고하여야 한다.

(3) 수급자격의 인정(법 제43조)

① 구직급여를 지급받으려는 자는 직업안정기관의 장에게 구직급여의 수급 요건을 갖추었다는 사실(이하 "수급자격"이라 한다)을 인정하여 줄 것을 신청하여야 한다.

② 직업안정기관의 장은 수급자격의 인정신청을 받으면 그 신청인에 대한 수급자격의 인정 여부를 결정하고, 대통령령으로 정하는 바에 따라 신청인에게 그 결과를 알려야 한다.

③ 신청인이 다음의 요건을 모두 갖춘 경우에는 마지막에 이직한 사업을 기준으로 수급자격의 인정 여부를 결정한다. 다만, 마지막 이직 당시 일용근로자로서 피보험 단위기간이 1개월 미만인 자가 수급자격을 갖추지 못한 경우에는 일용근로자가 아닌 근로자로서 마지막으로 이직한 사업을 기준으로 결정한다.

ㄱ 피보험자로서 마지막에 이직한 사업에 고용되기 전에 피보험자로서 이직한 사실이 있을 것

ㄴ 마지막 이직 이전의 이직과 관련하여 구직급여를 받은 사실이 없을 것

| 쌤의 핵심포인트 |
2019년 8월 27일 법 개정에 따라 1주 소정 근로시간이 15시간 미만 자도 실업급여를 받을 수 있게 되었다.

| 쌤의 핵심포인트 |
이직 후 '7일 이내'도 '5일 이내'도 아닌 지체없이 실업을 신고해야 한다.

④ 직업안정기관의 장은 신청인에 대한 수급자격의 인정 여부를 결정하기 위하여 필요하면 신청인이 이직하기 전 사업의 사업주에게 고용노동부령으로 정하는 바에 따라 이직확인서의 제출을 요청할 수 있다. 이 경우 요청을 받은 사업주는 고용노동부령으로 정하는 바에 따라 이직확인서를 제출하여야 한다.

⑤ 수급자격의 인정을 받은 자(이하 "수급자격자"라 한다)가 수급기간 및 연장급여의 수급기간에 따른 기간에 새로 수급자격의 인정을 받은 경우에는 새로 인정받은 수급자격을 기준으로 구직급여를 지급한다.

(4) 실업의 인정(법 제44조)

① 구직급여는 수급자격자가 실업한 상태에 있는 날 중에서 직업안정기관의 장으로부터 실업의 인정을 받은 날에 대하여 지급한다.

② 실업의 인정을 받으려는 수급자격자는 실업의 신고를 한 날부터 계산하기 시작하여 1주부터 4주의 범위에서 직업안정기관의 장이 지정한 날(이하 "실업인정일"이라 한다)에 출석하여 재취업을 위한 노력을 하였음을 신고하여야 하고, 직업안정기관의 장은 직전 실업인정일의 다음 날부터 그 실업인정일까지의 각각의 날에 대하여 실업의 인정을 한다. 다만, 다음에 해당하는 자에 대한 실업의 인정 방법은 고용노동부령으로 정하는 기준에 따른다.

㉠ 직업능력개발 훈련 등을 받는 수급자격자
㉡ 천재지변, 대량 실업의 발생 등 대통령령으로 정하는 사유가 발생한 경우의 수급자격자
㉢ 그 밖에 대통령령으로 정하는 수급자격자

③ 수급자격자가 다음에 해당하면 직업안정기관에 출석할 수 없었던 사유를 적은 증명서를 제출하여 실업의 인정을 받을 수 있다.

㉠ 질병이나 부상으로 직업안정기관에 출석할 수 없었던 경우로서 그 기간이 계속하여 7일 미만인 경우
㉡ 직업안정기관의 직업소개에 따른 구인자와의 면접 등으로 직업안정기관에 출석할 수 없었던 경우
㉢ 직업안정기관의 장이 지시한 직업능력개발 훈련 등을 받기 위하여 직업안정기관에 출석할 수 없었던 경우
㉣ 천재지변이나 그 밖의 부득이한 사유로 직업안정기관에 출석할 수 없었던 경우

④ 직업안정기관의 장은 실업을 인정할 때에는 수급자격자의 취업을 촉진하기 위하여 재취업 활동에 관한 계획의 수립 지원, 직업소개 등 대통령령으로 정하는 조치를 하여야 한다. 이 경우 수급자격자는 정당한 사유가 없으면 직업안정기관의 장의 조치에 따라야 한다.

(5) 급여의 기초가 되는 임금일액(법 제45조 및 시행령 제68조)

① 구직급여의 산정 기초가 되는 임금일액[이하 "기초일액(基礎日額)"이라 한다]은 수급자격의 인정과 관련된 마지막 이직 당시 「근로기준법」에 따라 산정된 **평균임금**으로 한다. 다만, 마지막 이직일 이전 3개월 이내에 피보험자격을 취득한 사실이 2회 이상인 경우에는 마지막 이직일 이전 3개월간(일용근로자의 경우에는 마지막 이직일 이전 4개월 중 최종 1개월을 제외한 기간)에 그 근로자에게 지급된 임금 총액을 그 산정의 기준이 되는 3개월의 총일수로 나눈 금액을 기초일액으로 한다.

② 산정된 금액이 「근로기준법」에 따른 그 근로자의 **통상임금보다 적을 경우에는 그 통상임금액을 기초일액으로 한다.** 다만, 마지막 사업에서 이직 당시 일용근로자였던 자의 경우에는 그러하지 아니하다.

③ ①과 ②에 따라 기초일액을 산정하는 것이 곤란한 경우와 보험료를 보험료징수법에 따른 기준보수를 기준으로 낸 경우에는 **기준보수를 기초일액으로 한다.** 다만, 보험료를 기준보수로 낸 경우에도 ①과 ②에 따라 산정한 기초일액이 기준보수보다 많은 경우에는 그러하지 아니하다.

④ 산정된 기초일액이 그 수급자격자의 이직 전 1일 소정근로시간에 이직일 당시 적용되던 「최저임금법」에 따른 시간 단위에 해당하는 **최저임금액**을 곱한 금액(이하 "최저기초일액"이라 한다)보다 낮은 경우에는 최저기초일액을 기초일액으로 한다.

⑤ 산정된 기초일액이 보험의 취지 및 일반 근로자의 임금 수준 등을 고려하여 구직급여의 산정 기초가 되는 임금일액이 11만 원을 초과하는 경우에는 **11만 원을 해당 임금일액으로 한다.**

(6) 구직급여일액(법 제46조)

① 구직급여일액은 다음의 구분에 따른 금액으로 한다.
  ㉠ (5)−①의 경우에는 그 수급자격자의 기초일액에 100분의 60을 곱한 금액
  ㉡ (5)−④의 경우에는 그 수급자격자의 기초일액에 100분의 80을 곱한 금액 (이하 "최저구직급여일액"이라 한다)

② ①의 ㉠에 따라 산정된 구직급여일액이 최저구직급여일액보다 낮은 경우에는 최저구직급여일액을 그 수급자격자의 구직급여일액으로 한다.

(7) 실업인정대상기간 중의 취업 등의 신고(법 제47조)

① 수급자격자는 실업의 인정을 받으려 하는 기간 중에 고용노동부령으로 정하는 기준에 해당하는 취업을 한 경우에는 그 사실을 직업안정기관의 장에게 신고하여야 한다.

② 직업안정기관의 장은 필요하다고 인정하면 수급자격자의 실업인정대상기간 중의 취업 사실에 대하여 조사할 수 있다.

(8) 대기기간(법 제49조)

실업의 신고일부터 계산하기 시작하여 7일간은 대기기간으로 보아 구직급여를 지급하지 아니한다. 다만, 최종 이직 당시 건설일용근로자였던 사람에 대해서는 실업의 신고일부터 계산하여 구직급여를 지급한다.

(9) 소정급여일수(법 제50조)

① 하나의 수급자격에 따라 구직급여를 지급받을 수 있는 날(이하 "소정급여일수"라 한다)은 대기기간이 끝난 다음날부터 계산하기 시작하여 피보험기간과 연령에 따라 다음의 정한 일수가 되는 날까지로 한다.

고용보험법 [별표 1] 〈개정 2019. 8. 27.〉
구직급여의 소정급여일수(제50조 제1항 관련)

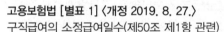

구분		피보험기간				
		1년 미만	1년 이상 3년 미만	3년 이상 5년 미만	5년 이상 10년 미만	10년 이상
이직일 현재 연령	50세 미만	120일	150일	180일	210일	240일
	50세 이상	120일	180일	210일	240일	270일

※ 비고 : 「장애인고용촉진 및 직업재활법」 제2조 제1호에 따른 장애인은 50세 이상인 것으로 보아 위 표를 적용한다.

② 수급자격자가 소정급여일수 내에 임신·출산·육아, 그 밖에 대통령령으로 정하는 사유로 수급기간을 연장한 경우에는 그 기간만큼 구직급여를 유예하여 지급한다.
③ 피보험기간은 그 수급자격과 관련된 이직 당시의 적용 사업에서 고용된 기간으로 한다. 다만, 자영업자인 피보험자의 경우에는 그 수급자격과 관련된 폐업 당시의 적용 사업에의 보험가입기간 중에서 실제로 납부한 고용보험료에 해당하는 기간으로 한다.

(10) 이직 사유에 따른 수급자격의 제한(법 제58조)

피보험자가 다음에 해당한다고 직업안정기관의 장이 인정하는 경우에는 수급자격이 없는 것으로 본다.

① 중대한 귀책사유(歸責事由)로 해고된 피보험자로서 다음에 해당하는 경우
  ㉠ 「형법」 또는 직무와 관련된 법률을 위반하여 금고 이상의 형을 선고받은 경우

ⓒ 사업에 막대한 지장을 초래하거나 재산상 손해를 끼친 경우로서 고용노동
부령으로 정하는 기준에 해당하는 경우

ⓒ 정당한 사유 없이 근로계약 또는 취업규칙 등을 위반하여 장기간 무단결근
한 경우

② 자기 사정으로 이직한 피보험자로서 다음에 해당하는 경우

㉠ 전직 또는 자영업을 하기 위하여 이직한 경우

ⓒ 중대한 귀책사유가 있는 자가 해고되지 아니하고 사업주의 권고로 이직한
경우

ⓒ 그 밖에 고용노동부령으로 정하는 정당한 사유에 해당하지 아니하는 사유
로 이직한 경우

(11) 훈련 거부 등에 따른 급여의 지급 제한(법 제60조)

수급자격자가 직업안정기관의 장이 소개하는 직업에 취직하는 것을 거부하거나
직업안정기관의 장이 지시한 직업능력개발 훈련 등을 거부하면 대통령령으로 정
하는 바에 따라 구직급여의 지급을 정지한다. 다만, 다음에 해당하는 정당한 사유
가 있는 경우에는 그러하지 아니하다.

① 소개된 직업 또는 직업능력개발 훈련 등을 받도록 지시된 직종이 수급자격자의
능력에 맞지 아니하는 경우

② 취직하거나 직업능력개발 훈련 등을 받기 위하여 주거의 이전이 필요하나 그
이전이 곤란한 경우

③ 소개된 직업의 임금 수준이 같은 지역의 같은 종류의 업무 또는 같은 정도의 기
능에 대한 통상의 임금 수준에 비하여 100분의 20 이상 낮은 경우 등 고용노동
부장관이 정하는 기준에 해당하는 경우

④ 그 밖에 정당한 사유가 있는 경우

(12) 부정행위에 따른 급여의 지급 제한(법 제61조)

거짓이나 그 밖의 부정한 방법으로 실업급여를 받았거나 받으려 한 자에게는 그
급여를 받은 날 또는 받으려 한 날부터의 구직급여를 지급하지 아니한다. 다만, 그
급여와 관련된 이직 이후에 새로 수급자격을 취득한 경우 그 새로운 수급자격에
따른 구직급여에 대하여는 그러하지 아니하다

(13) 반환명령 등(법 제62조)

① 직업안정기관의 장은 거짓이나 그 밖의 부정한 방법으로 구직급여를 지급받은
사람에게 고용노동부령으로 정하는 바에 따라 지급받은 구직급여의 전부 또는
일부의 반환을 명할 수 있다.

② 거짓이나 그 밖의 부정한 방법으로 지급받은 구직급여액의 2배 이하의 금액을 추가로 징수할 수 있다. 다만, 사업주와 공모하여 거짓이나 그 밖의 부정한 방법으로 구직급여를 지급받은 경우에는 지급받은 구직급여액의 5배 이하의 금액을 추가로 징수할 수 있다.

③ 거짓이나 그 밖의 부정한 방법으로 구직급여를 지급받은 사람이 사업주와 공모한 경우에는 그 사업주도 그 구직급여를 지급받은 사람과 연대(連帶)하여 책임을 진다.

3) 취업촉진 수당

(1) 조기재취업 수당(법 제64조 및 시행령 제84조)

① 조기재취업 수당은 수급자격자(「외국인근로자의 고용 등에 관한 법률」에 따른 외국인 근로자는 제외한다)가 안정된 직업에 재취직하거나 스스로 영리를 목적으로 하는 사업을 영위하는 경우로서 대통령령으로 정하는 기준에 해당하면 지급한다.

② 조기재취업 수당의 지급기준 : 대기기간이 지난 후 재취업한 날의 전날을 기준으로 소정급여일수를 2분의 1 이상 남기고 재취업한 경우로서 다음에 해당하는 경우를 말한다.

  ㉠ 12개월 이상 계속하여 고용된 경우. 다만, 수급자격자가 최후에 이직한 사업의 사업주나 그와 관련된 사업주로서 고용노동부령으로 정하는 사업주에게 재고용되거나 실업의 신고일 이전에 채용을 약속한 사업주에게 고용된 경우에는 제외한다.

  ㉡ 12개월 이상 계속하여 사업을 영위한 경우. 이 경우 수급자격자가 해당 수급기간에 해당 사업을 영위하기 위한 준비활동을 재취업활동으로 신고하여 실업으로 인정받았을 때로 한정한다.

③ 수급자격자가 안정된 직업에 재취업한 날 또는 스스로 영리를 목적으로 하는 사업을 시작한 날 이전의 대통령령으로 정하는 기간에 조기재취업 수당을 지급받은 사실이 있는 경우에는 조기재취업 수당을 지급하지 아니한다.

(2) 직업능력개발 수당(법 제65조 및 시행령 제88조)

① 직업능력개발 수당은 수급자격자가 직업안정기관의 장이 지시한 직업능력개발 훈련 등을 받는 경우에 그 직업능력개발 훈련 등을 받는 기간에 대하여 지급한다.

② 직업능력개발 수당의 금액은 교통비, 식대 등 직업훈련 등의 수강에 필요한 비용을 고려하여 고용노동부장관이 결정하여 고시하는 금액으로 한다.

| 쌤의 핵심포인트 |
대통령령으로 정하는 기간이란 2년을 말한다.

(3) 광역 구직활동비(법 제66조 및 시행령 제89조)

① 광역 구직활동비는 수급자격자가 직업안정기관의 소개에 따라 <u>광범위한 지역에 걸쳐 구직활동을 하는 경우</u>로서 대통령령으로 정하는 기준에 따라 직업안정기관의 장이 필요하다고 인정하면 지급할 수 있다.

② 구직활동비는 수급자격자가 다음의 요건을 모두 갖춘 경우에 지급한다.

    ㉠ 구직활동에 드는 비용이 구직활동을 위하여 방문하는 사업장의 사업주로부터 지급되지 아니하거나 지급되더라도 그 금액이 광역 구직활동비의 금액에 미달할 것

    ㉡ 수급자격자의 거주지로부터 구직활동을 위하여 방문하는 사업장까지의 거리가 25km 이상일 것. 이 경우 거리는 거주지로부터 사업장까지의 통상적인 거리에 따라 계산하되, 수로(水路)의 거리는 실제 거리의 2배로 본다.

(4) 이주비(법 제67조 및 시행령 제90조)

① 이주비는 <u>수급자격자가 취업하거나 직업안정기관의 장이 지시한 직업능력개발 훈련 등을 받기 위하여 그 주거를 이전하는 경우</u>로서 대통령령으로 정하는 기준에 따라 직업안정기관의 장이 필요하다고 인정하면 지급할 수 있다.

② 이주비는 수급자격자가 다음의 요건을 모두 갖춘 경우에 지급한다.

    ㉠ 취업하거나 직업훈련 등을 받게 된 경우로서 고용노동부장관이 정하는 기준에 따라 거주지 관할 직업안정기관의 장이 주거의 변경이 필요하다고 인정할 것

    ㉡ 해당 수급자격자를 고용하는 사업주로부터 주거의 이전에 드는 비용이 지급되지 아니하거나 지급되더라도 그 금액이 이주비에 미달할 것

    ㉢ 취업을 위한 이주인 경우 1년 이상의 근로계약기간을 정하여 취업할 것

4) 자영업자인 피보험자에 대한 실업급여 적용의 특례

(1) 자영업자인 피보험자의 실업급여 종류(법 제69조의2)

자영업자인 피보험자의 실업급여의 종류는 구직급여와 취업촉진수당에 따른다. 다만, 훈련연장급여, 개별연장급여, 특별연장급여 등의 <u>연장급여와 조기재취업 수당은 제외한다.</u>

(2) 구직급여의 수급요건(법 제69조의3)

구직급여는 폐업한 자영업자인 피보험자가 다음의 요건을 모두 갖춘 경우에 지급한다.

① <u>폐업일 이전 24개월간 자영업자인 피보험자로서 갖춘 피보험 단위기간이 통산(通算)하여 1년 이상일 것</u>

② 근로의 의사와 능력이 있음에도 불구하고 취업을 하지 못한 상태에 있을 것
③ 폐업사유가 수급자격의 제한 사유에 해당하지 아니할 것
④ 재취업을 위한 노력을 적극적으로 할 것

(3) 기초일액(법 제69조의4)

① 자영업자인 피보험자이었던 수급자격자에 대한 기초일액은 다음의 구분에 따른 기간 동안 본인이 납부한 보험료의 산정기초가 되는 보험료징수법의 자영업자에 대한 특례규정에 따라 고시된 보수액을 전부 합산한 후에 그 기간의 총일수로 나눈 금액으로 한다.

   ㉠ 수급자격과 관련된 피보험기간이 3년 이상인 경우 : 마지막 폐업일 이전 3년의 피보험기간
   ㉡ 수급자격과 관련된 피보험기간이 3년 미만인 경우 : 수급자격과 관련된 그 피보험기간

② 자영업자인 피보험자이었던 수급자격자가 피보험기간을 합산하게 됨에 따라 소정급여일수가 추가로 늘어나는 경우에는 그 늘어난 일수분에 대한 기초일액은 산정된 기초일은 다음과 같다.

   ㉠ 기초일액이 최저기초일액에 미치지 못하는 경우에는 최저기초일액
   ㉡ 기초일액이 대통령령으로 정하는 금액을 초과하는 경우에는 그 대통령령으로 정하는 금액(11만 원)

(4) 구직급여일액(법 제69조의5)

자영업자인 피보험자로서 폐업한 수급자격자에 대한 구직급여일액은 그 수급자격자의 기초일액에 100분의 60을 곱한 금액으로 한다.

(5) 소정급여일수(법 제69조의6)

자영업자인 피보험자로서 폐업한 수급자격자에 대한 소정급여일수는 대기기간이 끝난 다음 날부터 계산하기 시작하여 피보험기간에 따라 다음의 정한 일수가 되는 날까지로 한다.

고용보험법 [별표 2] 〈개정 2019. 8. 27.〉
지영업자의 구직급여의 소정급여일수(제69조의6 관련)

구분	피보험기간			
	1년 이상 3년 미만	3년 이상 5년 미만	5년 이상 10년 미만	10년 이상
소정급여일수	120일	150일	180일	210일

| 쌤의 핵심포인트 |
자영업자는 근로자보다 수급요건의 기간은 더 길고, 구직급여의 소정일수는 짧다.

(6) 폐업사유에 따른 수급자격의 제한(법 제69조의7)

폐업한 자영업자인 피보험자가 다음에 해당한다고 직업안정기관의 장이 인정하는 경우에는 수급자격이 없는 것으로 본다.

① 법령을 위반하여 허가 취소를 받거나 영업 정지를 받음에 따라 폐업한 경우
② 방화(放火) 등 피보험자 본인의 중대한 귀책사유로서 고용노동부령으로 정하는 사유로 폐업한 경우
③ 매출액 등이 급격하게 감소하는 등 고용노동부령으로 정하는 사유가 아닌 경우로서 전직 또는 자영업을 다시 하기 위하여 폐업한 경우
④ 그 밖에 고용노동부령으로 정하는 정당한 사유에 해당하지 아니하는 사유로 폐업한 경우

5 육아휴직 급여

1) 육아휴직 급여

(1) 육아휴직 급여(법 제70조)

① 고용노동부장관은 「남녀고용평등과 일·가정 양립 지원에 관한 법률」에 따른 육아휴직을 30일(「근로기준법」에 따른 출산전후휴가기간과 중복되는 기간은 제외) 이상 부여받은 피보험자 중 육아휴직을 시작한 날 이전에 피보험 단위기간이 통산하여 180일 이상인 피보험자에게 육아휴직 급여를 지급한다.
② 육아휴직 급여를 지급받으려는 사람은 육아휴직을 시작한 날 이후 1개월부터 육아휴직이 끝난 날 이후 12개월 이내에 신청하여야 한다. 다만, 해당 기간에 대통령령으로 정하는 사유로 육아휴직 급여를 신청할 수 없었던 사람은 그 사유가 끝난 후 30일 이내에 신청하여야 한다.

> **육아휴직 급여 신청기간의 연장 사유(시행령 제94조)**
> ① 천재지변
> ② 본인이나 배우자의 질병·부상
> ③ 본인이나 배우자의 직계존속 및 직계비속의 질병·부상
> ④ 병역법에 따른 의무복무
> ⑤ 범죄혐의로 인한 구속이나 형의 집행

| 쌤의 핵심포인트 |
육아휴직의 연장사유에 형제의 질병은 해당되지 않는다.

③ 피보험자가 육아휴직 급여 지급신청을 하는 경우 육아휴직 기간 중에 이직하거나 고용노동부령으로 정하는 기준에 해당하는 취업을 한 사실이 있는 경우에는 해당 신청서에 그 사실을 기재하여야 한다.

(2) 육아휴직 급여(시행령 제95조)

① 육아휴직 시작일을 기준으로 한 월 통상임금의 100분의 80에 해당하는 금액을 월별 지급액으로 한다. 다만, 해당 금액이 150만 원을 넘는 경우에는 150만 원으로 하고, 해당 금액이 70만 원보다 적은 경우에는 70만 원으로 한다.

② 육아휴직을 분할하여 사용하는 경우에는 각각의 육아휴직 사용기간을 합산한 기간을 육아휴직 급여의 지급대상 기간으로 본다.

③ 육아휴직 급여의 지급대상 기간이 1개월을 채우지 못하는 경우에는 월별 지급액을 해당 월에 휴직한 일수에 비례하여 계산한 금액을 지급액으로 한다.

④ 육아휴직 급여의 100분의 75에 해당하는 금액을 매월 지급하고, 그 나머지 금액은 육아휴직 종료 후 해당 사업장에 복직하여 6개월 이상 계속 근무한 경우에 합산하여 일시불로 지급한다. 다만, 아래 사항과 같은 사유로 6개월 이상 계속 근무하지 못한 경우에도 그 나머지 금액을 지급한다.

   ㉠ 전직 또는 자영업을 하기 위하여 이직한 경우
   ㉡ 중대한 귀책사유가 있는 사람이 해고되지 아니하고 사업주의 권고로 이직한 경우
   ㉢ 그 밖에 고용노동부령으로 정하는 정당한 사유에 해당하지 아니하는 사유로 이직한 경우

(3) 급여의 지급 제한 등(법 제73조)

① 피보험자가 육아휴직 기간 중에 그 사업에서 이직한 경우에는 그 이직하였을 때부터 육아휴직 급여를 지급하지 아니한다.

② 피보험자가 육아휴직 기간 중에 취업을 한 경우에는 그 취업한 기간에 대해서는 육아휴직 급여를 지급하지 아니한다.

③ 피보험자가 사업주로부터 육아휴직을 이유로 금품을 지급받은 경우 대통령령으로 정하는 바에 따라 급여를 감액하여 지급할 수 있다.

④ 거짓이나 그 밖의 부정한 방법으로 육아휴직 급여를 받았거나 받으려 한 사람에게는 그 급여를 받은 날 또는 받으려 한 날부터의 육아휴직 급여를 지급하지 아니한다. 다만, 그 급여와 관련된 육아휴직 이후에 새로 육아휴직 급여 요건을 갖춘 경우 그 새로운 요건에 따른 육아휴직 급여는 그러하지 아니하다.

⑤ 위반하여 육아휴직 기간 중 취업한 사실을 기재하지 아니하거나 거짓으로 기재하여 육아휴직 급여를 받았거나 받으려 한 사람에 대해서는 위반횟수 등을 고려하여 고용노동부령으로 정하는 바에 따라 지급이 제한되는 육아휴직 급여의 범위를 달리 정할 수 있다.

| 쌤의 핵심포인트 |

2019년 12월 31일부터 같은 자녀에 대하여 부모의 육아휴직 기간이 겹치는 경우에는 그 기간 동안의 육아휴직 급여에 대하여는 3개월까지는 $\frac{80}{100}$, 4개월부터는 $\frac{50}{100}$ 을 적용한다.

2) 출산전후휴가급여 등

(1) 출산전후휴가급여 등(법 제75조)

고용노동부장관은 「남녀고용평등과 일 · 가정 양립 지원에 관한 법률」에 따라 피보험자가 「근로기준법」에 따른 출산전후휴가 또는 유산 · 사산휴가를 받은 경우와 「남녀고용평등과 일 · 가정 양립 지원에 관한 법률」에 따른 배우자 출산휴가를 받은 경우로서 다음의 요건을 모두 갖춘 경우에 출산전후휴가 급여 등(이하 "출산전후휴가 급여 등"이라 한다)을 지급한다.

① 휴가가 끝난 날 이전에 피보험 단위기간이 통산하여 180일 이상일 것
② 휴가를 시작한 날 이후 1개월부터 휴가가 끝난 날 이후 12개월 이내에 신청할 것. 다만, 그 기간에 대통령령으로 정하는 사유로 출산전후휴가 급여 등을 신청할 수 없었던 자는 그 사유가 끝난 후 30일 이내에 신청하여야 한다.

(2) 출산전후휴가 급여 등의 수급권 대위(법 제75조의2)

사업주가 출산전후휴가 급여 등의 지급사유와 같은 사유로 그에 상당하는 금품을 근로자에게 미리 지급한 경우로서 그 금품이 출산전후휴가 급여 등을 대체하여 지급한 것으로 인정되면 그 사업주는 지급한 금액에 대하여 그 근로자의 출산전후휴가 급여 등을 받을 권리를 대위한다.

(3) 지급기간 등(법 제76조 및 시행령 제101조)

① 출산전후휴가 급여 등은 다음의 휴가 기간에 대하여 「근로기준법」의 **통상임금**에 해당하는 금액을 지급한다.
  ㉠ 「근로기준법」에 따른 출산전후휴가 또는 유산 · 사산휴가 기간. 다만, 우선지원 대상기업이 아닌 경우에는 휴가 기간 중 60일(한 번에 둘 이상의 자녀를 임신한 경우에는 75일)을 초과한 일수(30일을 한도로 하되, 한 번에 둘 이상의 자녀를 임신한 경우에는 45일을 한도로 한다)로 한정한다.
  ㉡ 「남녀고용평등과 일 · 가정 양립 지원에 관한 법률」에 따른 배우자 출산휴가 기간 중 최초 5일. 다만, 피보험자가 속한 사업장이 우선지원 대상기업인 경우에 한정한다(최초 5일분 급여가 382,770원을 초과하는 경우 : 382,770원).

② 출산전후휴가 급여 등의 상한액과 하한액은 다음과 같다.
  ㉠ 상한액
    • 출산전후휴가기간 또는 유산사산휴가기간 90일에 대한 통상임금에 상당하는 금액이 540만 원을 초과하는 경우 : 540만 원
    • 출산전후휴가 급여 등의 지급기간이 90일 미만인 경우 : 일수로 계산한 금액

- 한 번에 둘 이상의 자녀를 임신한 경우의 출산전후휴가기간 120일에 대한 통상임금에 상당하는 금액이 720만 원을 초과하는 경우 : 720만 원
- 한 번에 둘 이상의 자녀를 임신한 경우의 출산전후휴가 급여 등의 지급기간이 120일 미만인 경우 : 일수로 계산한 금액

ⓛ 하한액 : 출산전후휴가, 유산·사산 휴가 또는 배우자 출산휴가의 시작일 당시 적용되던 「최저임금법」에 따른 시간 단위에 해당하는 최저임금액보다 그 근로자의 시간급 통상임금이 낮은 경우에는 시간급 최저임금액을 시간급 통상임금으로 하여 산정된 출산전후휴가 급여 등의 지원기간 중 통상임금에 상당하는 금액

6 고용보험기금

(1) 기금의 용도(법 제80조)

① 기금은 다음의 용도에 사용하여야 한다.
ㄱ 고용안정·직업능력개발 사업에 필요한 경비
ㄴ 실업급여의 지급
ㄷ 국민연금 보험료의 지원(구직급여를 받는 기간을 국민연금 가입기간으로 추가 산입하려는 수급자격자에게 연금보험료의 100분의 25의 범위로 한다.)
ㄹ 육아휴직 급여 및 출산전후휴가 급여 등의 지급
ㅁ 보험료의 반환
ㅂ 일시 차입금의 상환금과 이자
ㅅ 이 법과 보험료징수법에 따른 업무를 대행하거나 위탁받은 자에 대한 출연금
ㅇ 그 밖에 이 법의 시행을 위하여 필요한 경비로서 대통령령으로 정하는 경비와 ㄱ 및 ㄴ에 따른 사업의 수행에 딸린 경비

② 기금으로부터 「국민건강보험법」에 따른 국민건강보험공단에 출연하는 금액은 징수업무(고지·수납·체납 업무를 말한다)가 차지하는 비율 등을 기준으로 산정한다.

(2) 기금의 적립(법 제84조)

고용노동부장관은 대량 실업의 발생이나 그 밖의 고용상태 불안에 대비한 준비금으로 여유자금을 적립하여야 한다.

① 고용안정·직업능력개발 사업 계정의 연말 적립금 : 해당 연도 지출액의 1배 이상 1.5배 미만
② 실업급여 계정의 연말 적립금 : 해당 연도 지출액의 1.5배 이상 2배 미만

| 쌤의 핵심포인트 |

기금의 용도로 '퇴직급여 지급'을 틀린 지문으로 제시하는데 퇴직급여는 사업주의 의무이다.

7 심사 및 재심사청구

(1) 심사와 재심사(법 제87조)

① 보험자격의 취득 · 상실에 대한 확인, 실업급여 및 육아휴직 급여와 출산전후휴가 급여 등에 관한 처분[이하 "원처분(原處分) 등"이라 한다]에 이의가 있는 자는 고용보험심사관에게 심사를 청구할 수 있고, 그 결정에 이의가 있는 자는 고용보험심사위원회에 재심사를 청구할 수 있다.

② 심사의 청구는 같은 항의 확인 또는 처분이 있음을 안 날부터 90일 이내에, 재심사의 청구는 심사청구에 대한 결정이 있음을 안 날부터 90일 이내에 각각 제기하여야 한다.

③ 심사 및 재심사의 청구는 시효중단에 관하여 재판상의 청구로 본다.

(2) 대리인의 선임(법 제88조)

심사청구인 또는 재심사청구인은 법정대리인 외에 다음에 해당하는 자를 대리인으로 선임할 수 있다.

① 청구인의 배우자, 직계존속 · 비속 또는 형제자매
② 청구인인 법인의 임원 또는 직원
③ 변호사나 공인노무사
④ 심사위원회의 허가를 받은 자

| 쌤의 핵심포인트 |
법정대리인 이외에도 청구인의 배우자, 변호사나 공인노무사를 대리인으로 선임할 수 있다.

(3) 원처분 등의 집행 정지(법 제93조)

① 심사의 청구는 원처분 등의 집행을 정지시키지 아니한다. 다만, 심사관은 원처분 등의 집행에 의하여 발생하는 중대한 위해(危害)를 피하기 위하여 긴급한 필요가 있다고 인정하면 직권으로 그 집행을 정지시킬 수 있다.

② 심사관은 집행을 정지시키려고 할 때에는 그 이유를 적은 문서로 그 사실을 직업안정기관의 장 또는 근로복지공단에 알려야 한다.

③ 직업안정기관의 장 또는 근로복지공단은 통지를 받으면 지체 없이 그 집행을 정지하여야 한다.

④ 심사관은 집행을 정지시킨 경우에는 지체 없이 심사청구인에게 그 사실을 문서로 알려야 한다.

(4) 결정 등(법 제96조~제98조)

① 심사관은 심사의 청구에 대한 심리(審理)를 마쳤을 때에는 원처분 등의 전부 또는 일부를 취소하거나 심사청구의 전부 또는 일부를 기각한다.

② 결정은 문서로 하여야 한다.

③ 심사관은 결정을 하면 심사청구인 및 원처분 등을 한 직업안정기관의 장 또는 근로복지공단에 각각 결정서의 정본(正本)을 보내야 한다.

④ <u>결정은 심사청구인 및 직업안정기관의 장 또는 근로복지공단에 결정서의 정본을 보낸 날부터 효력이 발생한다.</u>

⑤ 결정은 원처분 등을 행한 직업안정기관의 장 또는 근로복지공단을 기속(羈束)한다.

| 쌤의 핵심포인트 |
정본을 '받은 날'이 아니라 '보낸 날부터'이다.

8 보칙

소멸시효(법 제107조)

다음에 해당하는 권리는 <u>3년간</u> 행사하지 아니하면 시효로 소멸한다.

① 고용안정 · 직업능력개발 사업에 관한 규정에 따른 지원금을 지급받거나 반환받을 권리

② 실업급여에 관한 규정에 따른 취업촉진 수당을 지급받거나 반환받을 권리

③ 실업급여에 따른 구직급여를 반환받을 권리

④ 육아휴직 급여 등에 관한 규정에 따른 육아휴직 급여, 육아기 근로시간 단축 급여 및 출산전후휴가 급여 등을 반환받을 권리

CHAPTER 3
출제예상문제

3-3 **고용보험법**

01 고용보험법의 적용 제외 근로자에 해당하는 자는?

① 55세 이후에 새로이 고용된 근로자
② 별정우체국법에 따른 별정우체국 직원
③ 근로자파견사업에 고용된 파견근로자
④ 6월 미만의 기간 동안 고용되는 일용근로자

📖 **해설**

적용 제외 근로자

① 65세 이후에 고용되거나 자영업을 개시한 자
② 소정(所定)근로시간이 대통령령으로 정하는 시간 미만인 자
  ※ 1개월간 소정근로시간이 60시간 미만인 자(1주간의 소정근로시간이 15시간 미만인 자를 포함한다)를 말한다. 다만, 생업을 목적으로 근로를 제공하는 자 중 3개월 이상 계속하여 근로를 제공하는 자와 법 제2조 제6호에 따른 일용근로자(이하 "일용근로자"라 한다)는 제외한다.
③ 「국가공무원법」과 「지방공무원법」에 따른 공무원. 다만, 대통령령으로 정하는 바에 따라 별정직 및 계약직 공무원의 경우는 본인의 의사에 따라 고용보험에 가입할 수 있다.
④ 「사립학교교직원 연금법」의 적용을 받는 자
⑤ 그 밖에 대통령령으로 정하는 자
  • 외국인 근로자. 다만 「출입국관리법 시행령」에 해당하는 자는 제외한다.
  • 「별정우체국법」에 따른 별정우체국 직원

02 고용보험법상 고용보험 피보험자격의 취득일·상실일에 관한 설명으로 옳은 것은?

① 고용보험의 적용 제외 근로자이었던 자가 고용보험법의 적용을 받게 된 경우에는 그 적용을 받게 된 날의 다음 날에 피보험자격을 취득한 것으로 본다.
② 피보험자가 고용보험의 적용 제외 근로자에 해당하게 된 경우에는 그 적용 제외 대상자가 된 날에 피보험자격을 상실한다.
③ 보험관계 성립일 전에 고용된 근로자의 경우에는 고용된 날에 피보험자격을 취득한 것으로 본다.
④ 피보험자가 사망한 경우에는 사망한 날에 피보험자격을 상실한다.

📖 **해설**

① 피보험자격의 취득일 : 피보험자는 이 법이 적용되는 사업에 고용된 날에 피보험자격을 취득한다. 다만, 다음의 경우에는 각각 그 해당되는 날에 피보험자격을 취득한 것으로 본다.
  • 적용 제외 근로자였던 자가 이 법의 적용을 받게 된 경우에는 그 적용을 받게 된 날
  • 보험료징수법 제7조에 따른 보험관계 성립일 전에 고용된 근로자의 경우에는 그 보험관계가 성립한 날
② 피보험자격의 상실일 : 피보험자는 다음에 해당하는 날에 각각 그 피보험자격을 상실한다.
  • 피보험자가 제10조에 따른 적용 제외 근로자에 해당하게 된 경우에는 그 적용 제외 대상자가 된 날
  • 보험료징수법 제10조에 따라 보험관계가 소멸한 경우에는 그 보험관계가 소멸한 날

정답 01 ② 02 ②

- 피보험자가 이직한 경우에는 이직한 날의 다음 날
- 피보험자가 사망한 경우에는 사망한 날의 다음 날

03 고용보험법상 취업촉진수당이 아닌 것은?

① 이주비
② 직업능력개발 수당
③ 조기재취업 수당
④ 구직급여

해설

① 실업급여는 구직급여와 취업촉진수당으로 구분한다.
② 취업촉진수당의 종류는 다음과 같다.
  - 조기(早期)재취업 수당
  - 직업능력개발 수당
  - 광역 구직활동비
  - 이주비

04 고용보험법령상 직업능력개발훈련을 실시하는 사업주에 대하여 지원금의 지원수준을 높게 정할 수 있는 대상자로 옳은 것은?

① 일용근로자
② 40세 이상인 자
③ 우선지원 대상기업에 고용된 자
④ 이직 예정자로서 훈련 중이거나 훈련 수료 후 1개월 이내에 이직된 자

해설

다음에 해당하는 자를 대상으로 직업능력개발 훈련을 실시하는 사업주에 대하여는 고용노동부장관이 정하여 고시하는 바에 따라 지원수준을 높게 정할 수 있다.
① 기간제 근로자
② 단시간 근로자
③ 파견근로자
④ 일용근로자

05 고용보험법규상 둘 이상의 사업에 일용근로자가 아닌 자로 동시에 고용되어 있는 경우 피보험자격을 취득하는 순서로 옳은 것은?

> A. 월평균보수가 많은 사업
> B. 근로자가 선택한 사업
> C. 월 소정근로시간이 많은 사업

① A → B → C
② A → C → B
③ B → C → A
④ C → A → B

해설

보험관계가 성립되어 있는 둘 이상의 사업에 동시에 고용되어 있는 근로자는 다음의 순서에 따라 피보험자격을 취득한다. 다만, 일용근로자와 일용근로자가 아닌 자로 동시에 고용되어 있는 경우에는 일용근로자가 아닌 자로 고용된 사업에서 우선적으로 피보험자격을 취득한다.
① 월평균보수가 많은 사업
② 월 소정근로시간이 많은 사업
③ 근로자가 선택한 사업

06 고용보험법상 이직한 피보험자의 구직급여 수급요건으로 틀린 것은?

① 이직일 이전 18개월간 피보험 단위기간이 통산하여 150일 이상일 것
② 근로의 의사와 능력이 있음에도 불구하고 취업하지 못한 상태에 있을 것
③ 재취업을 위한 노력을 적극적으로 할 것
④ 일용근로자는 수급자격 인정신청일 이전 1개월 동안의 근로일수가 10일 미만일 것

해설

① 이직일 이전 18개월간 피보험 단위기간이 통산하여 180일 이상일 것
② 근로의 의사와 능력이 있음에도 불구하고 취업하지 못한 상태에 있을 것
③ 이직사유가 제58조에 따른 수급자격의 제한 사유에 해당하지 아니할 것
④ 재취업을 위한 노력을 적극적으로 할 것

정답 03 ④ 04 ① 05 ② 06 ①

⑤ 일용근로자는 수급자격 인정신청일 이전 1개월
동안의 근로일수가 10일 미만일 것
⑥ 일용근로자는 최종 이직일 이전 기준기간의 피
보험 단위기간 180일 중 다른 사업에서 제58조
에 따른 수급자격의 제한 사유에 해당하는 사
유로 이직한 사실이 있는 경우에는 그 피보험
단위기간 중 90일 이상을 일용근로자로 근로하
였을 것

③ 「국가공무원법」과 「지방공무원법」에 따른 공
무원. 다만, 대통령령으로 정하는 바에 따라
별정직 및 계약직 공무원의 경우는 본인의 의
사에 따라 고용보험에 가입할 수 있다.
④ 「사립학교교직원 연금법」의 적용을 받는 자
⑤ 그 밖에 대통령령으로 정하는 자
  • 외국인 근로자. 다만 「출입국관리법 시행령」
  에 해당하는 자는 제외한다.
  • 「별정우체국법」에 따른 별정우체국 직원

07 고용보험법상 구직급여의 수급자격이 제한되는
사유가 아닌 것은?

① 피보험자가 자기의 중대한 귀책사유로 해고
된 경우
② 피보험자가 전직 또는 자영업을 하기 위하여
자기 사정으로 이직한 경우
③ 「최저임금법」에 따른 최저임금에 미달하는 경우
④ 중대한 귀책사유가 있는 자가 해고되지 아니
하고 사업주의 권고로 이직한 경우

09 고용보험법상 실업급여에 포함되지 않는 것은?

① 생계비   ② 구직급여
③ 광역 구직활동비   ④ 조기 재취업 수당

🔖 해설
----
① 실업급여는 구직급여와 취업촉진 수당으로 구
분한다.
② 취업촉진 수당의 종류는 다음과 같다.
  • 조기(早期) 재취업 수당
  • 직업능력개발 수당
  • 광역 구직활동비

08 고용보험법상 고용보험법의 적용대상이 될 수 있
는 근로자는?

① 1개월간 소정근로시간이 60시간 미만인 자
② 사립학교 교직원 연금법의 적용을 받는 자
③ 별정우체국법에 의한 별정우체국 직원
④ 생업을 목적으로 근로를 제공하는 자 중 3월
이상 계속하여 근로를 제공하는 자

🔖 해설

고용보험법의 적용 제외 대상 근로자
① 65세 이후에 고용되거나 자영업을 개시한 자
② 소정(所定)근로시간이 대통령령으로 정하는 시
간 미만인 자
  ※ 1개월간 소정근로시간이 60시간 미만인 자
  (1주간의 소정근로시간이 15시간 미만인 자
  를 포함한다)를 말한다. 다만, 3개월 이상
  계속하여 근로를 제공하는 자와 일용근로자
  는 제외한다.

10 구직급여의 산정 기초가 되는 임금일액의 산정방
법으로 틀린 것은?

① 수급자격의 인정과 관련된 마지막 이직 당시
산정된 평균임금을 기초일액으로 한다.
② 마지막 사업에서 이직 당시 일용근로자였던
자의 경우에는 산정된 금액이 근로기준법에
따른 그 근로자의 통상임금보다 작을 경우에
는 그 통상임금액을 기초일액으로 한다.
③ 기초일액을 산정하는 것이 곤란한 경우와 보
험료를 보험료징수법에 따른 기준임금을 기
준으로 낸 경우에는 기준임금을 기초일액으
로 한다.
④ 산정된 기초일액이 그 수급자격자의 이직 전
1일 소정근로시간에 이직일 당시 적용되던 최
저임금법에 따른 시간 단위에 해당하는 최저
임금액을 곱한 금액보다 낮은 경우에는 최저
기초일액을 기초일액으로 한다.

11 고용보험법령상 육아휴직 급여와 출산전후휴가 급여에 대한 설명으로 틀린 것은?

① 육아휴직 급여를 받으려면 남녀고용평등과 일·가정 양립지원에 관한 법률에 따른 육아휴직을 30일 이상 부여받은 피보험자이어야 한다.

② 특별한 사유가 없는 한 육아휴직 게시일 이후 1월부터 종료일 이후 12월 이내에 육아휴직 급여를 신청해야 한다.

③ 육아휴직 급여액은 대통령령으로 정한다.

④ 육아휴직 또는 출산전후휴가 게시일 이전에 피보험단위기간이 통산하여 150일 이상이어야 급여를 받을 수 있다.

🔖 해설 -----------------------------
육아휴직을 시작한 날 이전에 피보험 단위기간이 통산하여 180일 이상일 것

12 고용보험법상 구직급여에 관한 설명으로 틀린 것은?

① 근로자의 중대한 귀책사유로 해고된 경우에는 구직급여의 수급자격이 제한될 수도 있다.

② 이직 당시 1억 원 이상의 금품을 퇴직위로금으로 수령한 수급자격자에 대하여는 실업의 신고일부터 3월간 구직급여의 지급이 유예될 수 있다.

③ 수급자격자가 직업안정기관의 장이 소개하는 직업에 취직하는 것을 거부하거나 직업안정기관의 장이 지시한 직업능력개발훈련 등을 거부하는 경우에는 이미 지급한 구직급여를 환수한다.

④ 거짓이나 기타 부정한 방법으로 구직급여를 지급받은 자에 대하여는 이미 지급한 구직급여의 반환을 명할 수 있으며, 그것이 사업주의 허위의 신고·보고 또는 증명에 의한 것인 경우에는 사업주도 연대책임을 진다.

🔖 해설 -----------------------------
수급자격자가 직업안정기관의 장이 소개하는 직업에 취직하는 것을 거부하거나 직업안정기관의 장이 지시한 직업능력개발 훈련 등을 거부하면 대통령령으로 정하는 바에 따라 구직급여의 지급을 정지한다.

13 다음 (　　) 안에 알맞은 것은?

> 고용보험법상 구직급여를 지급받고자 하는 자는 이직 후 (　　　　) 직업안정기관에 출석하여 실업을 신고하여야 한다.

① 14일 이내에　　② 7일 이내에
③ 3일 이내에　　④ 지체 없이

🔖 해설 -----------------------------
실업의 신고
구직급여를 지급받으려는 자는 이직 후 지체 없이 직업안정기관에 출석하여 실업을 신고하여야 한다.

14 고용보험법의 목적에 대한 설명으로 틀린 것은?

① 근로자의 실업의 예방 및 직업능력의 개발과 향상을 도모한다.

② 모성보호급여를 지급함으로써 여성의 고용촉진과 사업장에서 남녀고용평등을 실현한다.

③ 취업이 어려운 자의 고용의 촉진을 도모하고 국가의 취업지도와 직업소개 기능을 강화한다.

④ 근로자가 실업한 경우에 생활에 필요한 급여를 실시하여 근로자의 생활안정과 구직활동을 촉신한다.

🔖 해설 -----------------------------
②는 남녀고용평등과 일·가정 양립 지원에 관한 법에 해당한다.

정답　11 ④　12 ③　13 ④　14 ②

15 고용보험법상 고용보험에 해당하지 않는 것은?

① 재활사업　　② 직업능력개발사업
③ 실업급여　　④ 고용안정사업

> **해설**
> 고용보험사업으로 고용안정 · 직업능력개발 사업, 실업급여, 육아휴직 급여 및 출산전후휴가 급여 등을 실시한다.

16 고용보험법상 용어에 관한 설명으로 틀린 것은?

① '임금'은 근로기준법에 의한 임금 외에 예외적으로 고용노동부장관이 정하는 금품도 포함된다.
② '일용근로자'라 함은 6월 미만의 기간 동안 고용되는 자를 말한다.
③ '이직'은 피보험자와 사업주 사이의 고용관계가 끝나게 되는 것을 말한다.
④ '실업'은 피보험자가 이직하여 근로의 의사 및 능력을 가지고 있음에도 불구하고 취업하지 못한 상태에 있는 것을 말한다.

> **해설**
> '일용근로자'란 1개월 미만 동안 고용되는 자를 말한다.

17 다음 중 고용보험법상 구직급여의 수급자격이 제한되는 사유가 아닌 것은?

① 피보험자가 자기의 중대한 귀책사유로 해고된 경우
② 직업안정기관의 장이 소개하는 직업에 취직하는 것을 거부한 경우
③ 소개된 직업의 임금이 현저하게 낮아 취업을 거부한 경우
④ 허위 기타 부정한 방법으로 실업급여를 받았거나 받고자 한 경우

18 고용보험법상 심사 및 재심사 청구의 대상이 되는 것은?

① 보험료 징수처분
② 피보험자격의 취득 · 상실에 대한 확인
③ 고용안정사업에 관한 처분
④ 직업능력개발사업에 관한 처분

> **해설**
> 피보험자격의 취득 · 상실에 대한 확인, 실업급여 및 육아휴직 급여와 출산전후휴가 급여 등에 관한 처분에 이의가 있는 자는 심사관에게 심사를 청구할 수 있고, 그 결정에 이의가 있는 자는 심사위원회에 재심사를 청구할 수 있다.

19 고용보험법상 심사 및 재심사의 청구에 관한 설명으로 틀린 것은?

① 피보험자격의 취득 · 상실에 대한 확인 등에 이의가 있는 자는 고용보험심사관에게 심사를 청구할 수 있고, 그 결정에 이의가 있는 자는 고용보험심사위원회에 재심사를 청구할 수 있다.
② 심사청구인은 법정대리인 외에 변호사나 공인노무사를 대리인으로 선임할 수 있다.
③ 고용보험심사관은 심사의 청구에 대한 심리(審理)를 마쳤을 때에는 원처분 등의 전부 또는 일부를 취소하거나 심사청구의 전부 또는 일부를 기각한다.
④ 결정의 효력은 심사청구인 및 직업안정기관의 장이 결정서의 정본을 받는 날부터 발생하며 결정은 원처분 등을 행한 직업안정기관의 장을 기속한다.

> **해설**
> 결정은 심사청구인 및 직업안정기관의 장에게 결정서의 정본을 보낸 날부터 효력이 발생한다.

정답　15 ①　16 ②　17 ③　18 ②　19 ④

20 고용보험의 심사청구와 관련된 설명으로 틀린 것은?

① 심사청구는 즉시 원처분의 집행을 정지시킨다.

② 결정은 원처분 등을 행한 직업안정기관의 장을 기속한다.

③ 심사의 청구는 대통령령으로 정하는 바에 따라 문서로 하여야 한다.

④ 직업안정기관은 심사청구서를 받은 날부터 5일 이내에 의견서를 첨부하여 심사청구서를 심사관에게 보내야 한다.

해설

원처분 등의 집행 정지

① 심사의 청구는 원처분 등의 집행을 정지시키지 아니한다. 다만, 심사관은 원처분 등의 집행에 의하여 발생하는 중대한 위해(危害)를 피하기 위하여 긴급한 필요가 있다고 인정하면 직권으로 그 집행을 정지시킬 수 있다.

② 심사관은 ①의 단서에 따라 집행을 정지시키려고 할 때에는 그 이유를 적은 문서로 그 사실을 직업안정기관의 장에게 알려야 한다.

③ 직업안정기관의 장은 ②에 따른 통지를 받으면 지체 없이 그 집행을 정지하여야 한다.

④ 심사관은 ②에 따라 집행을 정지시킨 경우에는 지체 없이 심사청구인에게 그 사실을 문서로 알려야 한다.

21 고용보험법령상 실업급여에 관한 처분에 대한 심사 및 재심사의 청구에 관련된 설명 중 옳지 않은 것은?

① 심사의 청구는 확인 또는 처분이 있음을 안 날부터 90일 이내에 제기하여야 한다.

② 심사 및 재심사의 청구는 시효중단에 관하여 재판상의 청구로 본다.

③ 심사관에 대한 기피신청은 그 사유를 구체적으로 밝힌 서면으로 하여야 한다.

④ 심사청구인은 법정대리인 외에 청구인의 배우자는 대리인으로 선임할 수 없다.

해설

심사청구인 또는 재심사청구인은 법정대리인 외에 다음에 해당하는 자를 대리인으로 선임할 수 있다.

① 청구인의 배우자, 직계존속 · 비속 또는 형제자매

② 청구인인 법인의 임원 또는 직원

③ 변호사나 공인노무사

④ 심사위원회의 허가를 받은 자

정답 20 ① 21 ④

3-4 국민 평생 직업능력 개발법

1 개요

1) 총칙

(1) 목적(법 제1조)

모든 국민의 평생에 걸친 직업능력개발을 촉진·지원하고 산업현장에서 필요한 인력을 양성하며 산학협력 등에 관한 사업을 수행함으로써 국민의 고용촉진·고용안정 및 사회·경제적 지위 향상과 기업의 생산성 향상을 도모하고 능력중심사회의 구현 및 사회·경제의 발전에 이바지함을 목적으로 한다.

(2) 용어의 정의(법 제2조)

① "직업능력개발훈련"이란 모든 국민에게 평생에 걸쳐 직업에 필요한 직무수행능력(지능정보화 및 포괄적 직업·직무기초능력을 포함한다)을 습득·향상시키기 위하여 실시하는 훈련을 말한다.

② "직업능력개발사업"이란 직업능력개발훈련, 직업·진로 상담 및 경력개발 지원, 직업능력개발훈련 과정·매체의 개발 및 직업능력개발에 관한 조사·연구 등을 하는 사업을 말한다.

③ "직업능력개발훈련시설"이란 다음의 시설을 말한다.

㉠ 공공직업훈련시설 : 국가·지방자치단체 및 대통령령으로 정하는 공공단체가 직업능력개발훈련을 위하여 설치한 시설로서 고용노동부장관과 협의하거나 고용노동부장관의 승인을 받아 설치한 시설

㉡ 지정직업훈련시설 : 직업능력개발훈련을 위하여 설립·설치된 직업전문학교·실용전문학교 등의 시설로서 고용노동부장관이 지정한 시설

④ "근로자"란 사업주에게 고용된 사람과 취업할 의사가 있는 사람을 말한다.

⑤ "기능대학"이란 고등교육법에 따른 전문대학으로서 학위과정인 다기능기술자 과정 또는 학위전공심화과정을 운영하면서 직업훈련과정을 병설운영하는 교육·훈련기관을 말한다.

(3) 직업능력개발훈련의 기본 원칙(법 제3조)

① 직업능력개발훈련은 국민 개인의 희망·적성·능력에 맞게 국민의 생애에 걸쳐 체계적으로 실시되어야 한다.

② 직업능력개발훈련은 민간의 자율과 창의성이 존중되도록 하여야 하며, 노사의 참여와 협력을 바탕으로 실시되어야 한다.

| 쌤의 핵심포인트 |
노동시장의 효율성 제고와 연구인력 양성은 이 법의 목적과 다르다.

| 쌤의 핵심포인트 |
취업할 의사가 있는 사람에는 '실업 급여 수급자'도 포함된다.

| 쌤의 핵심포인트 |
국가 혹은 정부 주도를 틀린 지문으로 출제하고 있다.

PART 5 노동관계법규

③ 직업능력개발훈련은 성별, 연령, 신체적 조건, 고용형태, 신앙 또는 사회적 신분 등에 따라 차별하여 실시되어서는 아니 되며, 모든 국민에게 균등한 기회가 보장되도록 하여야 한다.

④ 다음에 해당하는 자에 대한 직업능력개발훈련은 중요시되어야 한다.
- ㉠ 고령자·장애인
- ㉡ 「국민기초생활 보장법」에 의한 수급권자
- ㉢ 「국가유공자 등 예우 및 지원에 관한 법률」에 따른 국가유공자와 그 유족 또는 가족이나 「보훈보상대상자 지원에 관한 법률」에 따른 보훈보상대상자와 그 유족 또는 가족
- ㉣ 「5·18민주유공자예우 및 단체설립에 관한 법률」에 의한 5·18민주유공자 및 그 유족 또는 가족
- ㉤ 「제대군인지원에 관한 법률」에 의한 제대군인 및 전역예정자
- ㉥ 여성근로자
- ㉦ 「중소기업기본법」에 의한 중소기업(이하 "중소기업"이라 한다)의 근로자
- ㉧ 일용근로자, 단시간 근로자, 기간의 정함이 있는 근로계약을 체결한 근로자, 일시적 사업에 고용된 근로자
- ㉨ 「파견근로자보호 등에 관한 법률」에 의한 파견근로자

⑤ 직업능력개발훈련은 교육 관계 법에 따른 학교교육 및 산업현장과 긴밀하게 연계될 수 있도록 하여야 한다.

⑥ 직업능력개발훈련은 국민의 직무능력과 고용 가능성을 높일 수 있도록 지역·산업현장의 수요가 반영되어야 한다.

⑦ 직업능력개발훈련은 직업에 필요한 직무능력뿐만 아니라 지능정보화 및 포괄적 직업·직무기초능력 등 직무 수행과 관련되는 직무기초역량을 함께 지원하여야 한다.

⑧ 직업능력개발훈련은 「고용정책 기본법」에 따른 직업소개, 직업지도 및 경력개발 등과 긴밀하게 연계될 수 있도록 하여야 한다.

(4) 국가 및 사업주 등의 책무(법 제4조)

① 국가와 지방자치단체는 국민의 생애에 걸친 직업능력개발을 위하여 사업주·사업주단체 및 근로자단체 등이 하는 직업능력개발사업과 국민이 자율적으로 수강하는 직업능력개발훈련 등을 촉진·지원하기 위하여 필요한 시책을 마련하여야 한다. 이 경우 국가는 지방자치단체가 마련한 시책을 시행하는 데에 필요한 지원을 할 수 있다.

② 사업주는 근로자를 대상으로 직업능력개발훈련을 실시하고, 직업능력개발훈련에 많은 근로자가 참여하도록 하며, 근로자에게 직업능력개발을 위한 휴가를 주거나 인력개발담당자(직업능력개발훈련시설 및 기업 등에서 직업능력개

| 쌤의 핵심포인트 |
직업능력개발훈련에서 중요시되는 사람으로 비진학청소년, 사업주를 틀린 지문으로 제시하고 있다.

| 쌤의 핵심포인트 |
2016년 1월 27일 법 개정에 따라 '제조업의 생산직에 종사하는 근로자'는 제외되었다.

| 쌤의 핵심포인트 |
지방자치단체는 시책을 마련하고 근로자는 직업능력개발을 위하여 노력하고 사업주단체는 수요조사 등 필요한 노력을 하며 직업능력개발훈련을 실시하는 자는 선발기준을 마련한다.

발사업의 기획·운영·평가 등을 하는 사람을 말한다. 이하 같다)를 선임하는 등 직업능력개발훈련 여건을 조성하기 위한 노력을 하여야 한다.

③ **국민은** 자신의 적성과 능력에 따른 **직업능력개발을 위하여 노력하여야 하고**, 국가·지방자치단체 또는 사업주 등이 하는 직업능력개발사업에 협조하여야 한다.

④ **사업주단체**, 근로자단체, 지역인적자원개발위원회 및 「산업발전법」에 따른 산업부문별 인적자원개발협의체 등은 직업능력개발훈련이 산업현장의 수요에 맞추어 이루어지도록 지역별·산업부문별 직업능력개발훈련 수요조사 등 필요한 노력을 하여야 한다.

⑤ **직업능력개발훈련을** 실시하는 자는 직업능력개발훈련에 관한 상담·취업지도, 선발기준 마련 등을 함으로써 국민이 자신의 적성과 능력에 맞는 직업능력개발훈련을 받을 수 있도록 노력하여야 한다.

(5) 직업능력개발기본계획의 수립(법 제5조)

① 고용노동부장관은 관계 중앙행정기관의 장과 협의하고 고용정책심의회의 심의를 거쳐 국민의 직업능력개발 촉진에 관한 기본계획(이하 "직업능력개발기본계획"이라 한다)을 5년마다 수립·시행하여야 한다.

② 직업능력개발기본계획에는 다음의 사항이 포함되어야 한다.

　㉠ 국민의 평생 직업능력개발에 관한 정책의 기본방향

　㉡ 직전 직업능력개발기본계획에 대한 평가

　㉢ 「고용정책 기본법」에 따른 인력의 수급(需給) 동향 및 전망을 반영한 직업능력개발훈련의 수급에 관한 사항

　㉣ 국민이 자율적으로 행하는 직업능력개발훈련에 대한 지원에 관한 사항

　㉤ 사업주가 근로자를 위하여 실시하는 직업능력개발사업에 대한 지원에 관한 사항

　㉥ 근로자단체, 사업주단체 또는 산업부문별 인적자원개발협의체 등이 하는 직업능력개발사업에 대한 지원에 관한 사항

　㉦ 산업발전의 추이(推移)와 노동시장의 인력수급 상황을 감안하여 국가경제의 지속적인 발전에 필요한 인력의 양성에 관한 사항

　㉧ 직업능력개발훈련의 표준 설정, 직업능력개발훈련교사 및 인력개발담당자의 육성·지원, 직업능력개발훈련 매체 및 방법의 개발·보급 등 직업능력개발훈련의 여건 조성에 관한 사항

　㉨ 직업능력개발훈련과 자격의 연계에 관한 사항

　㉩ 직업능력개발사업의 평가에 관한 사항

　㉪ 그 밖에 국민의 고용촉진 및 고용안정을 위하여 직업능력개발사업을 할 필요가 있다고 인정되는 사항

| 쌤의 핵심포인트 |
직업능력개발훈련에 관한 상담 및 선발기준을 마련하는 것은 사업주가 아니라 직업능력개발훈련을 실시하는 자이다.

③ 고용노동부장관은 직업능력개발기본계획을 수립하는 경우에는 사업주단체 및 근로자단체 등 관련 기관·단체 등의 의견을 수렴하여야 하며, 필요하다고 인정할 때에는 관계 행정기관, 지방자치단체 및 공공단체의 장(이하 "관계행정기관장 등"이라 한다)에게 자료의 제출을 요청할 수 있다.

④ 고용노동부장관이 직업능력개발기본계획을 수립한 때에는 지체 없이 국회 소관 상임위원회에 보고하여야 한다.

2) 직업능력개발훈련

(1) 직업능력개발훈련시설을 설치할 수 있는 공공단체의 범위(시행령 제2조)

① 「한국산업인력공단법」에 따른 한국산업인력공단(한국산업인력공단이 출연하여 설립한 학교법인을 포함)

② 「장애인고용촉진 및 직업재활법」에 따른 한국장애인고용공단

③ 「산업재해보상보험법」에 따른 근로복지공단

(2) 직업능력개발훈련의 구분 및 실시방법(시행령 제3조)

① 직업능력개발훈련은 훈련의 목적에 따라 다음과 같이 구분한다.

　㉠ 양성(養成)훈련 : 근로자에게 작업에 필요한 기초적 직무수행능력을 습득시키기 위하여 실시하는 직업능력개발훈련

　㉡ 향상훈련 : 양성훈련을 받은 사람이나 직업에 필요한 기초적 직무수행능력을 가지고 있는 사람에게 더 높은 직무수행능력을 습득시키거나 기술발전에 맞추어 지식·기능을 보충하게 하기 위하여 실시하는 직업능력개발훈련

　㉢ 전직(轉職)훈련 : 근로자에게 종전의 직업과 유사하거나 새로운 직업에 필요한 직무수행능력을 습득시키기 위하여 실시하는 직업능력개발훈련

② 직업능력개발훈련은 다음의 방법으로 실시한다.

　㉠ 집체(集體)훈련 : 직업능력개발훈련을 실시하기 위하여 설치한 훈련전용시설이나 그 밖에 훈련을 실시하기에 적합한 시설(산업체의 생산시설 및 근무장소는 제외한다)에서 실시하는 방법

　㉡ 현장훈련 : 산업체의 생산시설 또는 근무장소에서 실시하는 방법

　㉢ 원격훈련 : 먼 곳에 있는 사람에게 정보통신매체 등을 이용하여 실시하는 방법

　㉣ 혼합훈련 : ㉠부터 ㉢까지의 훈련방법을 2개 이상 병행하여 실시하는 방법

| 쌤의 핵심포인트 |
공공단체의 범위에서 대한상공회의소는 2010년 8월 시행령 개정 시 삭제되었다.

직업능력개발훈련의 내용대상에 따른 구분 중 양성훈련과 향상훈련, 전직훈련의 정의를 쓰시오. 2차

(3) 직업능력개발훈련의 대상 연령 등(시행령 제4조)

직업능력개발훈련은 15세 이상인 사람에게 실시하되, 직업능력개발훈련시설의 장은 훈련의 직종 및 내용에 따라 15세 이상으로서 훈련대상자의 연령 범위를 따로 정하거나 필요한 학력, 경력 또는 자격을 정할 수 있다.

(4) 직업능력개발훈련의 표준(법 제8조)

① 고용노동부장관은 직업능력개발훈련의 상호호환 · 인정 · 교류가 가능하도록 직업능력개발훈련과 관련된 기술 · 자원 · 운영 등에 관한 표준(이하 "직업능력개발훈련의 표준"이라 한다)을 정할 수 있다.

② 고용노동부장관은 직업능력개발훈련의 표준을 정하려는 경우에는 사업주단체 및 근로자단체 등 관련 기관 · 단체 등의 의견을 수렴하여야 한다.

③ 고용노동부장관은 교육부장관과 협의하여 「자격기본법」에 따른 국가직무능력 표준에 근거하여 직업능력개발훈련과 자격을 연계하는 체계를 구축하는 등 직업능력개발훈련이 자격 또는 학력과 연계되도록 노력하여야 한다.

| 쌤의 핵심포인트 |
직업능력개발훈련의 표준을 정하는 주체는 직업능력개발훈련시설의 장이 아니라 고용노동부장관이다.

(5) 훈련계약과 권리 · 의무(법 제9조)

① 사업주와 직업능력개발훈련을 받으려는 근로자는 직업능력개발훈련에 따른 권리 · 의무 등에 관하여 훈련계약을 체결할 수 있다.

② 사업주는 훈련계약을 체결할 때에는 해당 직업능력개발훈련을 받는 사람이 직업능력개발훈련을 이수한 후에 사업주가 지정하는 업무에 일정 기간 종사하도록 할 수 있다. 이 경우 그 기간은 5년 이내로 하되, 직업능력개발훈련기간의 3배를 초과할 수 없다.

③ 훈련계약을 체결하지 아니한 경우에 고용근로자가 받은 직업능력개발훈련에 대하여는 그 근로자가 근로를 제공한 것으로 본다.

④ 훈련계약을 체결하지 아니한 사업주는 직업능력개발훈련을 「근로기준법」에 따른 근로시간 내에 실시하되, 해당 근로자와 합의한 경우에는 기준근로시간 외의 시간에 직업능력개발훈련을 실시할 수 있다.

⑤ 기준근로시간 외의 훈련시간에 대하여는 생산시설을 이용하거나 근무장소에서 하는 직업능력개발훈련의 경우를 제외하고는 연장근로와 야간근로에 해당하는 임금을 지급하지 아니할 수 있다.

(6) 훈련수당, 재해위로금(법 제10조, 법 제11조 및 시행령 제5조)

① 훈련수당 : 직업능력개발훈련을 실시하는 자는 직업능력개발훈련을 받는 훈련생에게 훈련수당을 지급할 수 있다.

② 재해위로금 : 직업능력개발훈련을 실시하는 자는 해당 훈련시설에서 직업능력개발훈련을 받는 국민(「산업재해보상보험법」을 적용받는 사람은 제외)이 직업

능력개발훈련 중에 그 직업능력개발훈련으로 인하여 재해를 입은 경우에는 재해위로금을 지급하여야 한다. 이 경우 <u>위탁에 의한 직업능력개발훈련을 받는 국민에 대하여는 그 위탁자가 재해위로금을 부담하되, 위탁받은 자의 훈련시설의 결함이나 그 밖에 위탁받은 자에게 책임이 있는 사유로 인하여 재해가 발생한 경우에는 위탁받은 자가 재해위로금을 지급하여야 한다.</u>

②-1 재해위로금의 지급에 관하여는 평균임금은 「산업재해보상보험법」에 따라 <u>고용노동부장관이 매년 정하여 고시하는 최고 보상기준 금액 및 최저 보상기준 금액을 각각 그 상한 및 하한으로 한다.</u>

> **보상기준 금액**
>
> 최고 보상기준 금액은 1일 226,191원으로 하고, 최저 보상기준 금액은 1일 69,760원으로 한다. 다만, 최저 보상기준 금액이 최저임금보다 미달되므로 최저임금 1일 73,280원(9,160원×8시간)을 최저 보상기준 금액으로 한다.

2 근로자의 자율적인 직업능력개발 지원 등

(1) 직업능력개발훈련 지원 등(법 제12조 및 시행령 제6조)

국가와 지방자치단체는 국민의 고용촉진 및 고용안정을 위하여 직업능력개발훈련을 실시하거나 직업능력개발훈련을 받는 사람에게 비용을 지원할 수 있다. 이 경우 다음에 해당하는 사람에 대하여는 <u>우선적으로 지원될 수 있도록 하여야 한다.</u>

① 고령자 · 장애인

② 「국민기초생활 보장법」에 따른 수급권자

③ 「국가유공자 등 예우 및 지원에 관한 법률」에 따른 국가유공자와 그 유족 또는 가족이나 「보훈보상대상자 지원에 관한 법률」에 따른 보훈보상대상자와 그 유족 또는 가족

④ 「5 · 18민주유공자예우 및 단체설립에 관한 법률」에 따른 5 · 18민주유공자와 그 유족 또는 가족

⑤ 「제대군인지원에 관한 법률」에 따른 제대군인 및 전역예정자

⑥ 여성근로자

⑦ 「중소기업기본법」에 따른 중소기업(이하 "중소기업"이라 한다)의 근로자

⑧ 일용근로자, 단시간근로자, 기간을 정하여 근로계약을 체결한 근로자, 일시적 사업에 고용된 근로자

⑨ 「파견근로자 보호 등에 관한 법률」에 따른 파견근로자

(2) 직업능력개발훈련의 대상(시행령 제6조, 제6조의2)

① 다음의 사람은 직업능력개발훈련 대상에서 제외한다.
  ㉠ 부정행위에 따라 수강 또는 지원·융자의 제한 기간 중에 있는 사람
  ㉡ 국가 또는 지방자치단체가 실시하거나 비용을 지원하는 직업능력개발훈련을 수강하고 있는 사람
  ㉢ 실업자로서 「직업안정법」에 따른 직업안정기관(이하 "직업안정기관"이라 한다) 또는 지방자치단체(지방자치단체가 실시하는 훈련인 경우로 한정한다)에 구직등록을 하지 않은 사람

② 고용노동부장관은 직업능력개발기본계획과 예산 등을 고려하여 다음의 사람을 직업능력개발훈련 대상에서 제외할 수 있다.
  ㉠ 「공무원연금법」에 따른 공무원으로 재직 중인 사람(선거에 의하여 취임하는 사람을 포함한다)
  ㉡ 「사립학교교직원 연금법」에 따른 교직원으로 재직 중인 사람
  ㉢ 「군인연금법」에 따른 군인으로 재직 중인 사람. 다만, 「제대군인지원에 관한 법률」 제13조를 적용받는 사람은 제외한다.
  ㉣ 「초·중등교육법」에 따른 학교의 재학생. 다만, 고등학교(이와 같은 수준의 학력을 인정받는 학교를 포함한다) 3학년에 재학 중인 사람은 제외한다.
  ㉤ 「고등교육법」에 따른 학교의 재학생으로서 해당 학교 졸업까지 수업연한이 2년 넘게 남은 사람
  ㉥ 그 밖에 소득수준 등을 고려하여 고용노동부령으로 정하는 사람

③ 국가와 지방자치단체는 다음에 해당하는 사람의 고용창출 및 고용촉진을 위하여 필요한 경우 직업능력개발훈련을 실시하거나 그 비용을 지원할 수 있다.
  ㉠ 「난민법 시행령」에 따라 직업능력개발훈련이 필요하다고 인정하여 법무부장관이 추천한 사람
  ㉡ 「다문화가족지원법 시행령」에 따라 직업교육·훈련을 받을 수 있는 결혼이민자 등

(3) 국가기간·전략산업직종에 대한 직업능력개발훈련의 실시(법 제15조)

국가와 지방자치단체는 다음의 직종(이하 "국가기간·전략산업직종"이라 한다)에 대한 원활한 인력수급을 위하여 필요한 직업능력개발훈련을 실시할 수 있다.

① 국가경제의 기간이 되는 산업 중 인력이 부족한 직종
② 정보통신산업·자동차산업 등 국가전략산업 중 인력이 부족한 직종
③ 그 밖에 산업현장의 인력수요 증대에 따라 인력양성이 필요하다고 고용노동부장관이 고시하는 직종

(4) 근로자의 자율적 직업능력개발 지원(법 제17조 및 시행령 제15조)

① 고용노동부장관은 재직 중인 근로자(실업자 등은 제외)의 자율적인 직업능력개발을 지원하기 위하여 근로자에게 다음의 비용을 지원하거나 융자할 수 있다.

ㄱ 고용노동부장관의 인정을 받은 직업능력개발훈련과정의 수강 비용

ㄴ 「고등교육법」에 따른 전문대학 또는 이와 같은 수준 이상의 학력이 인정되는 교육과정의 수업료 및 그 밖의 납부금

ㄷ 그 밖에 위의 비용에 준하는 비용으로서 대통령령으로 정하는 비용

② 고용노동부장관은 지원 또는 융자를 하는 경우에 다음의 근로자를 우대할 수 있다.

ㄱ 일시적 사업에 고용된 근로자

ㄴ 일용근로자

ㄷ 기간제 근로자

ㄹ 단시간 근로자

ㅁ 파견근로자

(5) 직업능력개발계좌의 발급 및 운영(법 제18조)

① 고용노동부장관은 국민의 자율적 직업능력개발을 지원하기 위하여 직업능력개발훈련 비용을 지원하는 계좌(이하 "직업능력개발계좌"라 한다)를 발급하고 이들의 직업능력개발에 관한 이력을 종합적으로 관리하는 제도를 운영할 수 있다.

② 고용노동부장관은 직업능력개발계좌를 발급받은 국민이 직업능력개발계좌를 활용하여 필요한 직업능력개발훈련을 받을 수 있도록 다음의 사항을 실시하여야 한다.

ㄱ 직업능력개발계좌에서 훈련 비용이 지급되는 직업능력개발훈련과정(이하 "계좌적합훈련과정"이라 한다)에 대한 정보 제공

ㄴ 직업능력개발 진단 및 상담

③ 고용노동부장관은 직업능력개발계좌를 발급받은 국민에게 직업·진로상담 및 경력개발을 지원할 수 있다.

④ 직업능력개발계좌의 발급, 계좌적합훈련과정의 정보 제공, 직업능력개발 진단 및 상담, 그 밖에 직업능력개발계좌제도의 운영에 필요한 사항은 대통령령으로 정한다.

(6) 직업능력개발훈련과정·계좌적합훈련과정의 인정 및 인정취소 등(법 제19조)

① 근로자가 훈련비용을 지원 또는 융자 받을 수 있는 직업능력개발훈련을 실시하려는 자와 계좌적합훈련과정을 운영하려는 자는 그 직업능력개발훈련과정에

대하여 고용노동부장관으로부터 인정을 받아야 한다.

② 고용노동부장관은 직업능력개발훈련과정의 인정을 받은 자가 다음에 해당하면 시정을 명하거나 그 훈련과정의 인정을 취소할 수 있다. 다만, 아래의 규정에 해당하는 경우에는 인정을 취소하여야 한다.

㉠ 거짓이나 그 밖의 부정한 방법으로 인정을 받은 경우

㉡ 거짓이나 그 밖의 부정한 방법으로 훈련비용을 지원 또는 융자를 받았거나 받으려고 한 경우

㉢ 직업능력개발훈련을 수강하는 근로자로부터 거짓이나 그 밖의 부정한 방법으로 비용을 받았거나 받으려고 한 경우

㉣ 직업능력개발훈련을 수강하는 근로자에게 거짓이나 그 밖의 부정한 방법으로 훈련비용을 지원 또는 융자받게 한 경우

㉤ 인정받은 내용을 위반하여 직업능력개발훈련을 실시한 경우

㉥ 시정명령에 따르지 아니한 경우

㉦ 보고 및 자료 제출 명령에 따르지 아니하거나 거짓으로 따른 경우

㉧ 관계 공무원의 출입에 의한 관계 서류의 조사를 거부·방해·기피하거나 질문에 거짓으로 답변하는 경우

3 사업주 등의 직업능력개발사업 지원 등

(1) 사업주 및 사업주단체 등에 대한 직업능력개발 지원(법 제20조 및 시행령 제19조)

고용노동부장관은 다음에 해당하는 직업능력개발사업을 하는 사업주나 사업주단체·근로자단체 또는 그 연합체(이하 "사업주단체 등"이라 한다)에게 그 사업에 필요한 비용을 지원하거나 융자할 수 있다.

① 근로자 직업능력개발훈련(위탁하여 실시하는 경우를 포함한다)

② 근로자를 대상으로 하는 자격검정사업

③ 「고용보험법」에 따른 기업(이하 "우선지원대상기업"이라 한다) 또는 중소기업과 공동으로 우선지원대상기업 또는 중소기업에서 근무하는 근로자 등을 위하여 실시하는 직업능력개발사업

④ 직업능력개발훈련을 위하여 필요한 시설(기숙사를 포함한다) 및 장비·기자재를 설치·보수하는 등의 사업

⑤ 직업능력개발에 대한 조사·연구, 직업능력개발훈련 과정 및 매체의 개발·보급 등의 사업

⑥ 그 밖에 대통령령으로 정하는 사업

㉠ 기업의 학습조직·인적자원 개발체제를 구축하기 위하여 실시하는 사업

㉡ 근로자의 경력개발관리를 위하여 실시하는 사업

| 쌤의 핵심포인트 |
직업능력개발훈련 과정의 수강비용은 사업주가 아니라 근로자에게 지원하는 항목이다.

ⓒ 근로자의 직업능력개발을 위한 정보망 구축사업

ⓔ 직업능력개발사업에 관한 교육 및 홍보 사업

ⓜ 건설근로자의 직업능력개발 지원사업

ⓑ 직업능력개발훈련교사(이하 "직업능력개발훈련교사"라 한다) 및 인력개발
담당자(직업능력개발훈련시설 및 기업 등에서 직업능력개발사업의 기획ㆍ
운영ㆍ평가 등을 하는 사람을 말한다. 이하 같다)의 능력개발 사업

ⓢ 그 밖에 근로자의 직업능력개발을 촉진하기 위하여 실시하는 사업으로서
고용노동부장관이 정하여 고시하는 사업

(2) 산업부문별 인적자원개발협의체의 직업능력개발사업 지원(법 제22조 및 시행령 제20조)

고용노동부장관은 산업부문별 직업능력개발사업을 촉진하기 위하여 산업부문별
인적자원개발협의체, 근로자단체 및 사업주단체 등이 다음에 해당하는 사업을 실
시하는 경우 필요한 비용을 지원하거나 융자할 수 있다.

① 산업부문별 인력수급 및 직업능력개발훈련 수요에 대한 조사ㆍ분석

② 자격 및 직업능력개발훈련 기준의 개발ㆍ보급

③ 직업능력개발훈련 과정 및 매체 등의 개발ㆍ보완ㆍ보급사업

④ 그 밖에 산업부문별 인적자원개발협의체에 준하는 직업능력개발사업으로서
대통령령으로 정하는 사업

ⓖ 직업능력개발훈련교사 및 인력개발담당자의 능력개발사업

ⓛ 직업능력개발사업에 관한 조사ㆍ연구ㆍ교육 및 홍보 사업

ⓒ 그 밖에 산업부문별 직업능력개발을 촉진하기 위한 사업으로서 고용노동부
장관이 정하여 고시하는 사업

(3) 직업능력개발단체의 직업능력개발사업 지원(법 제23조)

고용노동부장관은 대통령령으로 정하는 비영리법인 또는 비영리단체(이하 "직업
능력개발단체"라 한다)가 실시하는 직업능력개발사업에 필요한 비용을 지원하거
나 융자할 수 있다.

① 다른 법률에 따라 직업능력개발사업을 실시할 목적으로 설립된 비영리법인 또
는 비영리단체

② 「정부출연연구기관 등의 설립ㆍ운영 및 육성에 관한 법률」 및 「과학기술분야
정부출연연구기관 등의 설립ㆍ운영 및 육성에 관한 법률」에 따른 연구기관 중
직업능력개발사업과 관련되는 조사ㆍ연구를 수행하는 연구기관

③ 국가나 지방자치단체가 출연하여 설립한 비영리법인(공공단체는 제외한다) 중 고용노동부장관이 정하는 비영리법인

④ 「고등교육법」에 따른 학교

(4) 직업능력개발훈련과정의 인정 및 인정취소 등(법 제24조)

① 직업능력개발훈련을 실시하려는 자(직업능력개발훈련을 위탁받아 실시하려는 자를 포함한다)는 그 직업능력개발훈련과정에 대하여 고용노동부장관으로부터 인정을 받아야 한다.

② 고용노동부장관은 ①에 직업능력개발훈련과정의 인정을 받은 자가 다음에 해당하면 시정을 명하거나 그 훈련과정의 인정을 취소할 수 있다. 다만, 아래의 규정에 해당하는 경우에는 인정을 취소하여야 한다.

   ㉠ 거짓이나 그 밖의 부정한 방법으로 ①에 인정을 받은 경우

   ㉡ 거짓이나 그 밖의 부정한 방법으로 비용 또는 융자를 받았거나 받으려고 한 경우

   ㉢ 직업능력개발훈련을 위탁한 사업주·사업주단체 등으로부터 거짓이나 그 밖의 부정한 방법으로 비용을 받았거나 받으려고 한 경우

   ㉣ 직업능력개발훈련을 위탁한 사업주·사업주단체 등이 거짓이나 그 밖의 부정한 방법으로 훈련비용을 지원 또는 융자 받게 한 경우

   ㉤ 인정받은 내용을 위반하여 직업능력개발훈련을 실시한 경우

   ㉥ 시정명령에 따르지 아니한 경우

   ㉦ 보고 및 자료 제출 명령에 따르지 아니하거나 거짓으로 따른 경우

   ㉧ 관계 공무원의 출입에 의한 관계 서류의 조사를 거부·방해·기피하거나 질문에 거짓으로 답변하는 경우

③ 인정이 취소된 자에 대하여는 그 취소일부터 5년의 범위에서 직업능력개발훈련의 위탁과 인정을 하지 아니할 수 있다.

④ 직업능력개발훈련과정에 대한 인정의 범위·요건·내용 및 유효기간, 그 밖에 필요한 사항은 대통령령으로 정한다.

⑤ 시정명령 및 인정취소의 세부기준, 인정취소 사유별 구체적인 인정 제한기간, 그 밖에 필요한 사항은 고용노동부령으로 정한다.

(5) 직업능력개발훈련과정의 인정(시행령 제22조)

고용노동부장관의 인정을 받을 수 있는 훈련과정은 다음의 요건을 모두 갖추어야 한다.

훈련기간이 <u>2일 이상</u>이고, 훈련시간이 <u>16시간 이상</u>(우선지원 대상기업 근로자를 대상으로 실시하는 훈련과정은 훈련기간 1일 이상, 훈련시간 8시간 이상)으로서 고용노동부령으로 정하는 요건을 갖춘 훈련과정일 것

4 직업능력개발훈련법인, 직업능력개발훈련시설 및 직업능력개발훈련교사 등

(1) 공공직업훈련시설의 설치 등(법 제27조)

① 국가, 지방자치단체 또는 공공단체는 공공직업훈련시설을 설치·운영할 수 있다. 이 경우 국가 또는 지방자치단체가 공공직업훈련시설을 설치하려는 때에는 고용노동부장관과 협의하여야 하며, 공공단체가 공공직업훈련시설을 설치하려는 때에는 고용노동부장관의 승인을 받아야 한다.

② 고용노동부장관은 승인을 받은 공공직업훈련시설이 다음에 해당되면 그 승인을 취소할 수 있다. 다만, 아래에 해당되는 경우에는 그 승인을 취소하여야 한다.

ㄱ 거짓이나 그 밖의 부정한 방법으로 승인을 받은 경우

ㄴ 정당한 사유 없이 계속하여 1년 이상 직업능력개발훈련을 실시하지 아니한 경우

ㄷ 그 밖에 이 법 또는 이 법에 따른 명령을 위반한 경우

③ 고용노동부장관은 국가, 지방자치단체 또는 공공단체가 설치한 공공직업훈련시설의 운영과 관련하여 해당 기관에 필요한 자료의 제출을 요청할 수 있다.

(2) 지정직업훈련시설(법 제28조)

① 지정직업훈련시설을 설립·설치하여 운영하려는 자는 다음의 요건을 갖추어 고용노동부장관의 지정을 받아야 한다. 다만, 소속 근로자 등의 직업능력개발훈련을 위한 전용시설을 운영하는 사업주 또는 사업주단체 등이 지정을 받으려는 경우에는 ㄴ 및 ㄷ의 요건을 갖추지 아니할 수 있고, 위탁받아 직업능력개발훈련을 실시하려는 자가 지정을 받으려는 경우에는 ㄴ의 요건을 갖추지 아니할 수 있다.

ㄱ 해당 훈련시설을 적절하게 운영할 수 있는 인력·시설 및 장비 등을 갖추고 있을 것

ㄴ 해당 훈련시설을 적절하게 운영할 수 있는 교육훈련 실시 경력을 갖추고 있을 것

ㄷ 직업능력개발훈련을 실시하려는 훈련 직종별로 해당 직종과 관련된 직업능력개발훈련교사 1명 이상을 둘 것. 다만, 그 훈련 직종에 관련된 직업능력개발훈련교사가 정하여지지 아니한 경우에는 그러하지 아니하다.

ㄹ 그 밖에 직업능력개발훈련시설의 운영에 필요하다고 대통령령으로 정하는 요건을 갖출 것

② 지정받은 내용 중 대통령령으로 정하는 사항을 변경하려는 경우에는 고용노동

부장관으로부터 변경지정을 받아야 한다.

③ 지정을 받은 자가 해당 시설에서 3개월 이상 직업능력개발훈련을 실시하지 아니하거나 폐업을 하려는 경우 또는 대통령령으로 정한 사항 외의 지정 내용을 변경하려는 경우에는 고용노동부장관에게 신고하여야 한다.

(3) 결격사유(법 제29조)

지정직업훈련시설을 지정받으려는 자가 다음에 해당하면 지정을 받을 수 없다.

① 피성년후견인 · 피한정후견인 · 미성년자

② 파산선고를 받고 복권되지 아니한 자

③ 금고 이상의 형을 선고받고 그 집행이 끝나거나(집행이 끝난 것으로 보는 경우를 포함한다) 집행이 면제된 날부터 2년이 지나지 아니한 자

④ 금고 이상의 형의 집행유예를 선고받고 그 유예기간 중에 있는 자

⑤ 법원의 판결에 따라 자격이 정지되거나 상실된 자

⑥ 지정직업훈련시설의 지정이 취소된 날부터 1년이 지나지 아니한 자 또는 직업능력개발훈련의 정지처분을 받고 그 정지기간 중에 있는 자

⑦ 평생교육시설의 설치인가취소 또는 등록취소를 처분받고 1년이 지나지 아니한 자 또는 평생교육과정의 운영정지처분을 받고 그 정지기간 중에 있는 자

⑧ 「학원의 설립 · 운영 및 과외교습에 관한 법률」에 따라 학원의 등록말소 또는 교습소의 폐지처분을 받고 1년이 지나지 아니한 자 또는 학원 · 교습소의 교습 정지처분을 받고 그 정지기간 중에 있는 자

⑨ 위탁의 제한 또는 인정의 제한을 받고 있는 자

⑩ 법인의 임원 중 위의 어느 하나에 해당하는 사람이 있는 법인

(4) 직업능력개발훈련교사 등(법 제33조)

① 직업능력개발훈련교사나 그 밖에 해당 분야에 전문지식이 있는 사람 등으로서 대통령령으로 정하는 사람은 직업능력개발훈련을 위하여 훈련생을 가르칠 수 있다.

　㉠ 「고등교육법」에 따른 학교를 졸업하였거나 이와 같은 수준 이상의 학력을 인정받은 후 해당 분야의 교육훈련경력이 1년 이상인 사람

　㉡ 「정부출연연구기관 등의 설립 · 운영 및 육성에 관한 법률」, 「과학기술분야 정부출연연구기관 등의 설립 · 운영 및 육성에 관한 법률」에 따른 연구기관 및 「기초연구진흥 및 기술개발지원에 관한 법률」에 따른 기업부설연구소 등에서 해당 분야의 연구경력이 1년 이상인 사람

　㉢ 「국가기술자격법」이나 그 밖의 법령에 따라 국가가 신설하여 관리 · 운영하는 해당 분야의 자격증을 취득한 사람

　㉣ 해당 분야에서 1년 이상의 실무경력이 있는 사람

ⓜ 그 밖에 해당 분야의 훈련생을 가르칠 수 있는 전문지식이 있는 사람으로서 고용노동부령으로 정하는 사람

② 직업능력개발훈련교사가 되려는 사람은 직업능력개발훈련교사 양성을 위한 훈련과정을 수료하는 등 대통령령으로 정하는 기준을 갖추어 고용노동부장관 으로부터 직업능력개발훈련교사 자격증을 발급받아야 한다.

직업능력개발훈련교사 자격기준

구분	자격기준
1급	직업능력개발훈련교사 2급의 자격을 취득한 후 고용노동부장관이 정하여 고시하는 직종에서 3년 이상의 교육훈련 경력이 있는 사람으로서 향상훈련을 받은 사람
2급	• <u>직업능력개발훈련교사 3급의 자격을 취득한 후 고용노동부장관이 정하여 고시하는 직종에서 3년 이상의 교육훈련 경력이 있는 사람으로서 향상훈련을 받은 사람</u> • 고용노동부장관이 정하여 고시하는 직종에서 요구하는 <u>기술사 또는 기능장 자격을 취득하고 고용노동부령으로 정하는 훈련을 받은 사람</u> • <u>전문대학 · 기능대학 및 대학의 조교수 이상으로 재직한 후 고용노동부장관이 정하여 고시하는 직종에서 2년 이상의 교육훈련 경력이 있는 사람</u>
3급	• 기술교육대학에서 고용노동부장관이 정하여 고시하는 직종에 관한 학사학위를 취득한 사람 • 고용노동부장관이 정하여 고시하는 직종에 관한 학사 이상의 학위를 취득한 후 해당 직종에서 2년 이상의 교육훈련 경력 또는 실무경력이 있는 사람으로서 고용노동부령으로 정하는 훈련을 받은 사람 • 고용노동부장관이 정하여 고시하는 직종에 관한 학사 이상의 학위를 취득한 후 해당 직종에서 요구하는 <u>중등학교 정교사 1급 또는 2급의 자격을 취득한 사람</u> • 고용노동부장관이 정하여 고시하는 직종에서 요구하는 기술 · 기능 분야의 기사 자격증을 취득한 후 해당 직종에서 1년 이상의 교육훈련 경력 또는 실무경력이 있는 사람으로서 고용노동부령으로 정하는 훈련을 받은 사람 • 고용노동부장관이 정하여 고시하는 직종에서 요구하는 기술 · 기능 분야의 산업 기사 · 기능사 자격증, 서비스 분야의 국가기술자격증 또는 그 밖의 법령에 따라 국가가 신설하여 관리 · 운영하는 자격증을 취득한 후 해당 직종에서 2년 이상의 교육훈련 경력 또는 실무경력이 있는 사람으로서 고용노동부령으로 정하는 훈련을 받은 사람 • 고용노동부장관이 정하여 고시하는 직종에서 5년 이상의 교육훈련 경력 또는 실무경력이 있는 사람으로서 고용노동부령으로 정하는 훈련을 받은 사람 • 그 밖에 고용노동부장관이 정하여 고시하는 기준에 적합한 사람으로서 고용노동부령으로 정하는 훈련을 받은 사람

(5) 직업능력개발훈련교사 결격사유(법 제34조)

다음에 해당하는 사람은 직업능력개발훈련교사가 될 수 없다.

① <u>피성년후견인 · 피한정후견인</u>
② <u>금고 이상의 형을 선고받고 그 집행이 끝나거나(집행이 끝난 것으로 보는 경우를 포함한다) 집행이 면제된 날부터 2년이 지나지 아니한 사람</u>

③ 금고 이상의 형의 집행유예를 선고받고 그 유예기간 중에 있는 사람

④ 법원의 판결에 따라 자격이 상실되거나 정지된 사람

⑤ 자격이 취소된 후 3년이 지나지 아니한 사람

(6) 직업능력개발훈련교사의 자격취소 등(법 제35조)

고용노동부장관은 직업능력개발훈련교사의 자격을 취득한 사람이 다음에 해당하면 그 자격을 취소하거나 3년의 범위에서 그 자격을 정지시킬 수 있다. 다만, ① 또는 ②에 해당하는 경우에는 자격을 취소하여야 한다.

① 거짓이나 그 밖의 부정한 방법으로 자격증을 발급받은 경우

② 직업능력개발훈련교사 결격사유에 해당하게 된 경우

③ 고의 또는 중대한 과실로 직업능력개발훈련에 중대한 지장을 준 경우

④ 자격증을 빌려 준 경우

(7) 직업능력개발훈련교사의 양성(법 제35조 및 시행규칙 제18조)

① 국가, 지방자치단체, 공공단체 또는 고용노동부장관이 고시하는 법인·단체는 직업능력개발훈련교사 양성을 위한 훈련과정을 설치·운영할 수 있다. 이 경우 국가 및 지방자치단체가 아닌 자가 훈련과정을 설치·운영하려면 고용노동부장관의 승인을 받아야 한다.

② 승인을 받으려는 자는 다음의 요건을 갖추어야 한다.

　㉠ 직업능력개발훈련교사 양성을 위한 훈련과정을 적절하게 운영할 수 있는 인력·시설 및 장비를 갖추고 있을 것

　㉡ 해당 승인을 받으려는 자는 그 훈련과정을 적절하게 운영할 수 있는 교육훈련 경력을 갖춘 자일 것

　㉢ 제29조에 따른 결격사유에 해당하지 아니할 것

　㉣ 그 밖에 직업능력개발훈련교사 양성을 위하여 필요하다고 대통령령으로 정하는 요건을 갖출 것

③ 직업능력개발훈련교사의 양성을 위한 훈련과정은 **양성훈련과정, 향상훈련과정 및 교직훈련과정**으로 구분한다.

| 쌤의 핵심포인트 |
직업능력개발훈련교사의 양성을 위한 훈련과정은 양성, 향상, 교직훈련이다. '전직훈련'이 아니다.

5 기능대학 및 기술교육대학 등

(1) 기능대학의 설립(법 제39조)

① 국가, 지방자치단체 또는 「사립학교법」에 따른 학교법인은 산업현장에서 필요로 하는 인력을 양성하고 근로자의 직업능력개발을 지원하기 위하여 기능대학을 설립·경영할 수 있다.

② 국가가 기능대학을 설립·경영하려면 관계 중앙행정기관의 장은 교육부장관 및 고용노동부장관과 각각 협의하여야 하며, 지방자치단체가 기능대학을 설립·경영하려면 해당 지방자치단체의 장은 고용노동부장관과 협의를 한 후 교육부장관의 인가를 받아야 한다.

③ 학교법인이 기능대학을 설립·경영하려면 고용노동부장관의 추천을 거쳐 교육부장관의 인가를 받아야 한다.

④ 기능대학을 설립·경영하려는 자는 시설·설비 등 대통령령으로 정하는 설립기준을 갖추어야 한다.

⑤ 교육부장관의 인가를 받은 기능대학은 직업능력개발훈련시설로 보며, 기능대학은 그 특성을 고려하여 다른 명칭을 사용할 수 있다.

(2) 인가의 취소 등(법 제49조)

① 교육부장관은 기능대학이 다음에 해당하는 때에는 그 설립인가를 취소할 수 있다.

   ㉠ 거짓이나 그 밖의 부정한 방법으로 인가를 받은 때

   ㉡ 시설·설비 등 설립기준에 미달하게 된 때

   ㉢ 정하여진 휴가기간을 제외하고 정당한 사유 없이 2개월 이상 수업을 하지 아니한 때

② 교육부장관이 기능대학의 설립인가를 취소하려면 고용노동부장관과 협의하여야 한다.

③ 교육부장관은 기능대학 설립인가를 취소하려면 청문을 하여야 한다.

CHAPTER 3
출제예상문제

3-4 국민 평생 직업능력 개발법

01 국민 평생 직업능력 개발법상 직업능력개발 훈련 교사의 결격사유가 아닌 것은?

① 피성년후견인 · 피한정후견인
② 금고 이상의 형의 집행유예를 선고받고 그 유예기간 중에 있는 사람
③ 금고 이상의 형을 선고받고 그 집행이 끝나거나(집행이 끝난 것으로 보는 경우를 포함한다) 집행이 면제된 날부터 3년이 지나지 아니한 사람
④ 법원의 판결에 따라 자격이 상실되거나 정지된 사람

해설
──────────────────
직업능력개발 훈련교사의 결격사유
① 피성년후견인 · 피한정후견인
② 금고 이상의 형을 선고받고 그 집행이 끝나거나(집행이 끝난 것으로 보는 경우를 포함한다) 집행이 면제된 날부터 2년이 지나지 아니한 사람
③ 금고 이상의 형의 집행유예를 선고받고 그 유예기간 중에 있는 사람
④ 법원의 판결에 따라 자격이 상실되거나 정지된 사람
⑤ 자격이 취소된 후 3년이 지나지 아니한 사람

02 국민 평생 직업능력 개발법상 훈련계약에 관한 설명으로 틀린 것은?

① 사업주와 직업능력개발훈련을 받으려는 근로자는 직업능력개발훈련에 따른 권리 · 의무 등에 관하여 훈련계약을 체결하여야 한다.

② 기준근로시간 외의 훈련시간에 대하여는 생산시설을 이용하거나 근무장소에서 하는 직업능력개발훈련의 경우를 제외하고는 연장근로와 야간근로에 해당하는 임금을 지급하지 아니할 수 있다.
③ 훈련계약을 체결할 때에는 해당 직업능력개발훈련을 받는 사람이 직업능력개발훈련을 이수한 후에 사업주가 지정하는 업무에 일정 기간 종사하도록 할 수 있다. 이 경우 그 기간은 5년 이내로 하되, 직업능력개발훈련기간의 3배를 초과할 수 없다.
④ 훈련계약을 체결하지 아니한 경우에 고용근로자가 받은 직업능력개발훈련에 대하여는 그 근로자가 근로를 제공한 것으로 본다.

해설
──────────────────
사업주와 직업능력개발훈련을 받으려는 근로자는 직업능력개발훈련에 따른 권리 · 의무 등에 관하여 훈련계약을 체결할 수 있다.

03 국민 평생 직업능력 개발법령상 훈련의 목적에 따른 직업능력개발훈련에 해당하지 않는 것은?

① 양성훈련   ② 향상훈련
③ 현장훈련   ④ 전직훈련

해설
──────────────────
① 직업능력개발훈련은 훈련의 목적에 따라 다음과 같이 구분한다.
  • 양성(養成)훈련 : 근로자에게 작업에 필요한 기초적 직무수행능력을 습득시키기 위하여 실시하는 직업능력개발훈련

- 향상훈련 : 양성훈련을 받은 사람이나 직업에 필요한 기초적 직무수행능력을 가지고 있는 사람에게 더 높은 직무수행능력을 습득시키거나 기술발전에 맞추어 지식·기능을 보충하게 하기 위하여 실시하는 직업능력개발훈련
- 전직(轉職)훈련 : 근로자에게 종전의 직업과 유사하거나 새로운 직업에 필요한 직무수행능력을 습득시키기 위하여 실시하는 직업능력개발훈련

② 직업능력개발훈련은 다음의 방법으로 실시한다.
- 집체(集體)훈련 : 직업능력개발훈련을 실시하기 위하여 설치한 훈련전용시설이나 그 밖에 훈련을 실시하기에 적합한 시설(산업체의 생산시설 및 근무장소는 제외한다)에서 실시하는 방법
- 현장훈련 : 산업체의 생산시설 또는 근무장소에서 실시하는 방법
- 원격훈련 : 먼 곳에 있는 사람에게 정보통신 매체 등을 이용하여 실시하는 방법
- 혼합훈련 : 위의 훈련방법을 2개 이상 병행하여 실시하는 방법

04 다음 (   ) 안에 들어갈 가장 알맞은 것은?

> 국민 평생 직업능력 개발법상 사업주는 훈련계약을 체결할 때에는 해당 직업능력개발훈련을 받는 사람이 직업능력개발훈련을 이수한 후에 사업주가 지정하는 업무에 일정 기간 종사하도록 할 수 있다. 이 경우 그 기간은 (A)년 이내로 하되, 직업능력개발훈련 기간의 (B)배를 초과할 수 없다.

① A-3, B-2 ② A-3, B-3
③ A-5, B-2 ④ A-5, B-3

05 국민 평생 직업능력 개발법상 근로자의 정의로 옳은 것은?

① 사업주에 고용된 사람
② 취업할 의사를 가진 실업자
③ 사업주에게 고용된 사람과 취업할 의사가 있는 사람
④ 구직활동 중인 사람

06 국민 평생 직업능력 개발법상 근로자 직업능력개발훈련이 중요시되어야 할 대상이 아닌 것은?

① 제조업에서 사무직으로 종사하는 근로자
② 제대군인 및 전역예정자
③ 여성근로자
④ 고령자·장애인

해설
----
①은 2016년 1월 27일 법 개정에 따라 중요대상에서 제외되었다.

07 국민 평생 직업능력 개발법령상 직업능력개발훈련교사 2급의 자격기준으로 틀린 것은?

① 직업능력개발훈련교사 3급의 자격을 취득한 후 고용노동부장관이 정하여 고시하는 직종에서 3년 이상의 교육훈련 경력이 있는 사람으로서 향상훈련을 받은 사람
② 고용노동부장관이 정하여 고시하는 직종에 관한 학사 이상의 학위를 취득한 후 해당 직종에서 요구하는 중등학교 정교사 1급 또는 2급의 자격을 취득한 사람
③ 고용노동부장관이 정하여 고시하는 직종에서 요구하는 기술사 또는 기능장 자격을 취득하고 고용노동부령으로 정하는 훈련을 받은 사람
④ 전문대학·기능대학 및 대학의 조교수 이상으로 재직한 후 고용노동부장관이 정하여 고시하는 직종에서 2년 이상의 교육훈련 경력이 있는 사람

②는 3급의 자격기준에 해당한다.

08 국민 평생 직업능력 개발법상 직업능력개발훈련의 기본원칙으로 가장 적합하지 않은 것은?

① 직업능력개발훈련은 근로자 개인의 희망·적성·능력에 맞게 근로자의 생애에 걸쳐 체계적으로 실시되어야 한다.
② 직업능력개발훈련은 사회적 공공성의 원리에 따라 국가 주도로 진행되어야 한다.
③ 직업능력개발훈련이 필요한 근로자에 대하여 균등한 기회가 보장되도록 실시되어야 한다.
④ 직업능력개발훈련은 교육관계법에 따른 학교교육 및 산업현장과 긴밀하게 연계될 수 있도록 하여야 한다.

해설

직업능력개발훈련은 민간의 자율과 창의성이 존중되도록 하여야 하며, 노사의 참여와 협력을 바탕으로 실시되어야 한다.

09 국민 평생 직업능력 개발법령상 직업능력개발계좌제도에 관한 설명으로 틀린 것은?

① 직업능력개발계좌란 직업능력개발훈련 비용과 직업능력개발에 관한 이력을 전산으로 종합 관리하는 계좌를 말한다.
② 고용노동부장관은 직업능력개발훈련이 필요하다고 판단되는 근로자에게 본인의 신청을 받아 직업능력개발계좌를 개설할 수 있다.
③ 고용노동부장관은 직업능력개발계좌가 개설된 근로자가 인정받은 직업능력개발계좌 적합훈련과정을 수강하는 경우에는 그 훈련비용의 전부를 지원해야 한다.
④ 직업능력개발계좌의 개설 절차 등에 관하여 필요한 사항은 고용노동부장관이 정하여 고시한다.

해설

직업능력개발계좌제도
① 고용노동부장관은 직업능력개발계좌의 발급을 신청한 근로자가 직업능력개발훈련이 필요하다고 판단되는 경우에는 직업능력개발훈련 비용과 직업능력개발에 관한 이력을 전산으로 종합 관리하는 직업능력개발계좌를 개설할 수 있다.
② 고용노동부장관은 직업능력개발계좌가 개설된 근로자가 계좌적합훈련과정(이하 "계좌적합훈련과정"이라 한다)을 수강하는 경우에 고용노동부령으로 정하는 한도에서 그 훈련비용의 전부 또는 일부를 지원할 수 있다. 이 경우 고용노동부장관은 훈련직종, 훈련대상자의 특성 등을 고려하여 훈련비용의 지원수준을 달리 정할 수 있다.
③ 계좌적합훈련과정을 수강하는 근로자가 고용노동부장관이 정하는 바에 따라 신용카드를 사용하여 훈련비용을 결제하고, 신용카드를 발급한 신용카드업자가 그 훈련비용을 직업능력개발훈련시설 등에 지급한 경우에 고용노동부장관은 그 훈련을 받는 사람을 대신하여 훈련비용을 그 신용카드업자에게 지급할 수 있다.
④ 고용노동부장관은 계좌적합훈련과정의 운영현황, 훈련성과 등에 관한 정보를 직업능력개발정보망 또는 개별 상담 등을 통하여 제공하여야 한다.
⑤ 직업능력개발계좌의 개설 절차 등에 관하여 필요한 사항은 고용노동부장관이 정하여 고시한다.

10 국민 평생 직업능력 개발법상 직업능력개발훈련교사에 관한 설명으로 틀린 것은?

① 직업능력개발훈련교사의 자격증이 있는 자만이 직업 능력개발훈련을 위하여 훈련생을 가르칠 수 있다.
② 금고 이상의 형의 집행유예선고를 받고 그 유예기간 중에 있는 자는 직업능력개발훈련교사가 될 수 없다.
③ 직업능력개발훈련교사의 자격증을 대여한 자에 대하여는 그 자격을 취소할 수 있다.
④ 지방자치단체도 직업능력개발훈련교사의 양성을 위한 훈련과정을 설치·운영할 수 있다.

해설

직업능력개발훈련교사나 그 밖에 해당 분야에 전문지식이 있는 사람 등으로서 대통령령으로 정하는 사람은 직업능력개발훈련을 위하여 근로자를 가르칠 수 있다.

① 「고등교육법」 제2조에 따른 학교를 졸업하였거나 이와 같은 수준 이상의 학력을 인정받은 후 해당 분야의 교육훈련경력이 1년 이상인 사람

② 「정부출연연구기관 등의 설립·운영 및 육성에 관한 법률」, 「과학기술분야 정부출연연구기관 등의 설립·운영 및 육성에 관한 법률」에 따른 연구기관 및 「기초연구진흥 및 기술개발 지원에 관한 법률」에 따른 기업부설연구소 등에서 해당 분야의 연구경력이 1년 이상인 사람

③ 「국가기술자격법」이나 그 밖의 법령에 따라 국가가 신설하여 관리·운영하는 해당 분야의 자격증을 취득한 사람

④ 해당 분야에서 1년 이상의 실무경력이 있는 사람

⑤ 그 밖에 해당 분야의 훈련생을 가르칠 수 있는 전문지식이 있는 사람으로서 고용노동부령으로 정하는 사람

11 국민 평생 직업능력 개발법상 직업능력개발훈련 시설의 지정을 받고자 하는 자의 결격사유에 해당하지 않는 것은?

① 피성년후견인

② 파산선고를 받은 자로서 복권되지 아니한 자

③ 동법 규정에 따라 지정직업훈련시설의 지정이 취소된 날부터 1년이 지나지 아니한 자

④ 평생교육법 규정에 따라 평생교육시설의 설치인가취소 처분을 받고 2년이 지나지 아니한 자

해설

지정직업훈련시설을 지정받을 수 없는 자

① 피성년후견인·피한정후견인·미성년자

② 파산선고를 받고 복권되지 아니한 자

③ 금고 이상의 형을 선고받고 그 집행이 끝나거나(집행이 끝난 것으로 보는 경우를 포함한다) 집행이 면제된 날부터 2년이 지나지 아니한 자

④ 금고 이상의 형의 집행유예를 선고받고 그 유예기간 중에 있는 자

⑤ 법원의 판결에 따라 자격이 정지되거나 상실된 자

⑥ 지정직업훈련시설의 지정이 취소된 날부터 1년이 지나지 아니한 자 또는 직업능력개발훈련의 정지처분을 받고 그 정지기간 중에 있는 자

⑦ 평생교육시설의 설치인가취소 또는 등록취소를 처분받고 1년이 지나지 아니한 자 또는 평생교육과정의 운영정지처분을 받고 그 정지기간 중에 있는 자

⑧ 학원의 등록말소 또는 교습소의 폐지처분을 받고 1년이 지나지 아니한 자 또는 학원·교습소의 교습정지처분을 받고 그 정지기간 중에 있는 자

⑨ 위탁의 제한 또는 인정의 제한을 받고 있는 자

⑩ 법인의 임원 중 ①부터 ⑨까지의 어느 하나에 해당하는 사람이 있는 법인

12 국민 평생 직업능력 개발법상 훈련계약에 관한 설명으로 틀린 것은?

① 직업능력개발훈련을 받는 사람이 직업능력개발훈련을 이수한 후에 사업주가 지정하는 업무에 일정 기간 종사하도록 할 수 있다. 이 경우 그 기간은 5년 이내로 하되, 직업능력개발훈련기간의 3배를 초과할 수 없다.

② 훈련계약을 체결하지 아니한 경우에 고용근로자가 받은 직업능력개발훈련에 대하여는 그 근로자가 근로를 제공한 것으로 본다.

③ 훈련계약을 체결하지 아니한 사업주는 직업능력개발 훈련을 기준근로시간 내에 실시하되, 해당 근로자와 합의한 경우에는 기준근로시간 외의 시간에 직업능력개발훈련을 실시할 수 있다.

④ 기준근로시간 외의 훈련시간에 대하여는 생산시설을 이용하거나 근무장소에서 하는 직업능력개발훈련의 경우를 제외하고는 연장근로와 야간근로에 해당하는 임금을 반드시 지급하여야 한다.

기준근로시간 외의 훈련시간에 대하여는 생산시설을 이용하거나 근무장소에서 하는 직업능력개발훈련의 경우를 제외하고는 연장근로와 야간근로에 해당하는 임금을 지급하지 아니할 수 있다.

13 국민 평생 직업능력 개발법상 재해위로금에 관한 설명으로 틀린 것은?

① 직업능력개발훈련을 받는 근로자가 직업능력개발훈련 중에 그 직업능력개발훈련으로 인하여 재해를 입은 경우에는 재해위로금을 지급한다.

② 위탁에 의한 직업능력개발훈련을 받는 근로자에 대하여는 그 위탁자가 재해위로금을 부담한다.

③ 위탁받은 자의 훈련시설의 결함이나 그 밖에 위탁받은 자에게 책임이 있는 사유로 인하여 재해가 발생한 경우에는 위탁받은 자가 재해위로금을 지급한다.

④ 재해위로금의 산정기준이 되는 평균임금은 산업재해보상보험법에 따라 고용노동부장관이 매년 정하여 고시하는 최고보상기준금액을 상한으로 하고 최저 보상기준 금액은 적용하지 아니한다.

직업능력개발훈련을 실시하는 자는 해당 훈련시설에서 직업능력개발훈련을 받는 근로자(「산업재해보상보험법」을 적용받는 사람은 제외한다)가 직업능력개발훈련 중에 그 직업능력개발훈련으로 인하여 재해를 입은 경우에는 재해위로금을 지급하여야 한다.
이 경우 위탁에 의한 직업능력개발훈련을 받는 근로자에 대하여는 그 위탁자가 재해위로금을 부담하되, 위탁받은 자의 훈련시설의 결함이나 그 밖에 위탁받은 자에게 책임이 있는 사유로 인하여 재해가 발생한 경우에는 위탁받은 자가 재해위로금을 지급하여야 한다.
이 경우 재해위로금의 산정기준이 되는 평균임금은 「산업재해보상보험법」에 따라 고용노동부장관이 매년 정하여 고시하는 최고 보상기준 금액 및 최저 보상기준 금액을 각각 그 상한 및 하한으로 한다.

14 국민 평생 직업능력 개발법상 사업주와 직업능력개발훈련을 받고자 하는 근로자 간에 체결하는 훈련계약에 관한 설명으로 틀린 것은?

① 훈련이수 후 6년 이내의 기간에서 훈련기간의 2배를 초과하지 않는 기간 동안 사업주가 지정하는 업무에 종사하도록 할 수 있다.

② 훈련계약이 체결되지 아니한 경우라도 고용근로자가 받은 직업능력개발훈련에 대하여는 근로를 제공한 것으로 본다.

③ 훈련계약을 체결하지 않은 사업주는 당해 근로자와의 합의가 있는 경우 기준근로시간 외의 시간에 직업능력개발훈련을 실시할 수 있다.

④ 기준근로시간 외의 훈련시간에 대하여는 생산시설을 이용하거나 근무장소에서 하는 직업능력개발훈련의 경우를 제외하고는 연장근로와 야간근로에 해당하는 임금을 지급하지 아니할 수 있다.

사업주는 훈련계약을 체결할 때에는 해당 직업능력개발훈련을 받는 사람이 직업능력개발훈련을 이수한 후에 사업주가 지정하는 업무에 일정 기간 종사하도록 할 수 있다. 이 경우 그 기간은 5년 이내로 하되, 직업능력개발훈련기간의 3배를 초과할 수 없다.

15 국민 평생 직업능력 개발법령상 직업능력개발훈련교사 2급의 자격기준으로 틀린 것은?

① 직업능력개발훈련교사 3급의 자격을 취득한 후 고용노동부장관이 정하여 고시하는 직종에서 3년 이상의 교육훈련 경력이 있는 사람으로서 향상훈련을 받은 사람

② 고용노동부장관이 정하여 고시하는 직종에서 요구하는 기술사 또는 기능장 자격을 취득하고 고용노동부령으로 정하는 훈련을 받은 사람

③ 전문대학·기능대학 및 대학의 조교수 이상으로 재직한 후 고용노동부장관이 정하여 고시하는 직종에서 2년 이상의 교육훈련 경력이 있는 사람

④ 기술교육대학을 졸업한 자

해설
----

④는 3급 자격기준이다.

16 국민 평생 직업능력 개발법에 관한 설명으로 틀린 것은?

① 직업능력개발훈련은 15세 이상인 자에게 실시한다.
② 고령자, 장애인, 국민기초생활보장법에 의한 수급권자 등은 직업능력개발훈련이 중요시되어야 한다.
③ 직업능력개발훈련시설을 설치할 수 있는 공공단체는 대한상공회의소이다.
④ 재해위로금의 산정 기준이 되는 평균임금은 산업재해 보상보험법에 의한 최고보상기준금액 및 최저보상기준금액을 각각 그 상한 및 하한으로 한다.

해설

직업능력개발훈련시설을 설치할 수 있는 공공단체의 범위
① 한국산업인력공단(한국산업인력공단이 출연하여 설립한 학교법인을 포함한다)
② 한국장애인고용공단
③ 근로복지공단

17 국민 평생 직업능력 개발법상 직업능력개발훈련이 중시되어야 하는 자에 해당하지 않는 것은?

① 고령자 · 장애인
② '5 · 18 민주유공자 예우에 관한 법률'에 의한 5 · 18 민주유공자 및 그 유족 또는 가족
③ '중소기업법'에 의한 중소기업 근로자
④ 기간의 정함이 없는 근로자

18 다음 중 직업능력개발훈련비용의 지원대상훈련이 아닌 것은?

① 피보험자가 아닌 자로서 당해 사업주에게 고용된 자를 대상으로 실시하는 직업능력개발훈련
② 당해 사업에서 채용하고자 하는 자를 대상으로 실시하는 직업능력개발훈련
③ 직업안정기관에 구직 등록된 자를 대상으로 실시하는 직업능력개발훈련
④ 당해 사업에 고용된 피보험자에게 연월차유급휴가를 주어 실시하는 직업능력개발훈련

해설

유급휴가훈련지원
해당 사업에 고용된 피보험자("자영업자"는 제외)에게 다음의 어느 하나의 요건을 갖춘 유급휴가[근로기준법 제60조의 연차 유급휴가가 아닌 경우로서 휴가기간 중 통상임금에 해당하는 금액 이상의 임금을 지급한 경우를 말한다]를 주어 실시하는 직업능력개발 훈련

① 우선지원 대상기업의 사업주나 상시 사용하는 근로자 수가 150명 미만인 사업주가 해당 근로자를 대상으로 계속하여 7일 이상의 유급휴가를 주어 30시간 이상의 훈련을 실시할 것
② ①에 해당하는 사업주가 해당 근로자를 대상으로 계속하여 30일 이상의 유급휴가를 주어 120시간 이상의 훈련을 실시하면서 대체인력을 고용할 것
③ ①에 해당하지 아니하는 사업주가 1년 이상 재직하고 있는 근로자를 대상으로 계속하여 60일 이상의 유급휴가를 주어 180시간 이상의 훈련을 실시할 것
④ 사업주가 기능 · 기술을 장려하기 위하여 근로자 중 생산직 또는 관련직에 종사하는 근로자로서 고용노동부장관이 고시하는 자를 대상으로 유급휴가를 주어 20시간 이상의 훈련을 실시할 것

19 국민 평생 직업능력 개발법상 직업능력개발 관계자의 책무에 관한 설명으로 잘못 연결된 것은?

① 국가 및 지방자치단체 – 직업능력개발사업과 직업능력개발훈련 등을 촉진·지원하기 위하여 필요한 시책을 강구해야 할 의무

② 사업주 – 근로자에 대하여 직업능력개발훈련을 실시하도록 노력해야 할 의무

③ 근로자 – 직업능력개발을 위하여 노력해야 하고, 국가 지방자치단체 또는 사업주 등이 실시하는 직업능력개발사업에 협조할 의무

④ 직업능력개발훈련을 실시하는 자 – 근로자의 직업능력개발을 위하여 인력개발담당자를 선임해야 할 의무

해설

① 국가와 지방자치단체는 근로자의 생애에 걸친 직업능력개발을 위하여 사업주·사업주단체 및 근로자단체 등이 하는 직업능력개발사업과 근로자가 자율적으로 수강하는 직업능력개발훈련 등을 촉진·지원하기 위하여 필요한 시책을 마련하여야 한다. 이 경우 국가는 지방자치단체가 마련한 시책을 시행하는 데에 필요한 지원을 할 수 있다.

② 사업주는 근로자를 대상으로 직업능력개발훈련을 실시하고, 직업능력개발훈련에 많은 근로자가 참여하도록 하며, 근로자에게 직업능력개발을 위한 휴가를 주거나 인력개발담당자(직업능력개발훈련시설 및 기업 등에서 직업능력개발사업의 기획·운영·평가 등을 하는 사람을 말한다)를 선임하는 등 직업능력개발훈련 여건을 조성하기 위한 노력을 하여야 한다.

③ 근로자는 자신의 적성과 능력에 따른 직업능력개발을 위하여 노력하여야 하고, 국가·지방자치단체 또는 사업주 등이 하는 직업능력개발사업에 협조하여야 한다.

④ 사업주단체, 근로자단체 및 산업부문별 인적자원개발협의체 등은 직업능력개발훈련이 산업현장의 수요에 맞추어 이루어지도록 산업부문별 직업능력개발훈련 수요조사 등 필요한 노력을 하여야 한다.

⑤ 직업능력개발훈련을 실시하는 자는 직업능력개발훈련에 관한 상담·취업지도, 선발기준 마련 등을 함으로써 근로자가 자신의 적성과 능력에 맞는 직업능력개발훈련을 받을 수 있도록 노력하여야 한다.

20 국민 평생 직업능력 개발법상 기능대학에 관한 설명으로 옳은 것은?

① 사립학교법에 따른 학교법인은 기능대학을 설립·경영할 수 없다.

② 지방자치단체가 기능대학을 설립·경영하려면 해당 지방자치단체의 장은 교육부장관과 협의를 한 후 고용노동부장관의 인가를 받아야 한다.

③ 국가가 기능대학을 설립·경영하려면 관계 중앙행정기관의 장은 교육부장관 및 고용노동부장관과 각각 협의하여야 한다.

④ 기능대학은 그 특성을 고려하여 다른 명칭을 사용할 수 없다.

해설

기능대학의 설립

① 국가, 지방자치단체 또는 「사립학교법」에 따른 학교법인(이하 "학교법인"이라 한다)은 산업현장에서 필요로 하는 인력을 양성하고 근로자의 직업능력개발을 지원하기 위하여 기능대학을 설립·경영할 수 있다.

② 국가가 기능대학을 설립·경영하려면 관계 중앙행정기관의 장은 교육부장관 및 고용노동부장관과 각각 협의하여야 하며, 지방자치단체가 기능대학을 설립·경영하려면 해당 지방자치단체의 장은 고용노동부장관과 협의를 한 후 교육부장관의 인가를 받아야 한다.

③ 학교법인이 기능대학을 설립·경영하려면 고용노동부장관의 추천을 거쳐 교육부장관의 인가를 받아야 한다.

④ 기능대학을 설립·경영하려는 자는 시설·설비 등 대통령령으로 정하는 설립기준을 갖추어야 한다.

⑤ ① 또는 ③에 따라 교육부장관의 인가를 받은 기능대학은 직업능력개발훈련시설로 보며, 기능대학은 그 특성을 고려하여 다른 명칭을 사용할 수 있다.

21 국민 평생 직업능력 개발법령상 직업능력개발사업을 하는 사업주에게 지원되는 것으로 틀린 것은?

① 근로자를 대상으로 하는 자격검정사업 비용
② 직업능력개발훈련을 위한 시설의 설치 사업 비용
③ 근로자의 경력개발관리를 위하여 실시하는 사업비용
④ 고용노동부장관의 인정을 받은 직업능력개발 훈련과정의 수강비용

해설

고용노동부장관은 다음에 해당하는 직업능력개발사업을 하는 사업주나 사업주단체·근로자단체 또는 그 연합체에게 그 사업에 필요한 비용을 지원하거나 융자할 수 있다.

① 근로자 직업능력개발훈련(위탁하여 실시하는 경우를 포함한다)
② 근로자를 대상으로 하는 자격검정사업
③ 우선지원대상기업 또는 중소기업과 공동으로 우선지원대상기업 또는 중소기업에서 근무하는 근로자 등을 위하여 실시하는 직업능력개발사업
④ 직업능력개발훈련을 위하여 필요한 시설(기숙사를 포함한다) 및 장비·기자재를 설치·보수하는 등의 사업
⑤ 직업능력개발에 대한 조사·연구, 직업능력개발훈련 과정 및 매체의 개발·보급 등의 사업

4-1 개인정보 보호법

1 개요

1) 총칙

(1) 목적(법 제1조)

이 법은 개인정보의 처리 및 보호에 관한 사항을 정함으로써 개인의 자유와 권리를 보호하고, 나아가 개인의 존엄과 가치를 구현함을 목적으로 한다.

(2) 용어의 정의(법 제2조)

① 개인정보

살아 있는 개인에 관한 정보로서 다음에 해당하는 정보를 말한다.

㉠ 성명, 주민등록번호 및 영상 등을 통하여 개인을 알아볼 수 있는 정보

㉡ 해당 정보만으로는 특정 개인을 알아볼 수 없더라도 다른 정보와 쉽게 결합하여 알아볼 수 있는 정보. 이 경우 쉽게 결합할 수 있는지 여부는 다른 정보의 입수 가능성 등 개인을 알아보는 데 소요되는 시간, 비용, 기술 등을 합리적으로 고려하여야 한다.

㉢ 가명처리함으로써 원래의 상태로 복원하기 위한 추가 정보의 사용·결합 없이는 특정 개인을 알아볼 수 없는 정보(이하 "가명정보"라 한다)

② 가명처리

개인정보의 일부를 삭제하거나 일부 또는 전부를 대체하는 등의 방법으로 추가 정보가 없이는 특정 개인을 알아볼 수 없도록 처리하는 것을 말한다.

③ 처리

개인정보의 수집, 생성, 연계, 연동, 기록, 저장, 보유, 가공, 편집, 검색, 출력, 정정(訂正), 복구, 이용, 제공, 공개, 파기(破棄), 그 밖에 이와 유사한 행위를 말한다.

④ 정보주체

처리되는 정보에 의하여 알아볼 수 있는 사람으로서 그 정보의 주체가 되는 사람을 말한다.

| 쌤의 핵심포인트 |
「개인정보 보호법」에서는 살아 있는 개인에 관한 정보에 대한 보호로, 법인·단체 또는 사자(死者)에 대한 정보보호는 이 법에 해당되지 않는다.

⑤ 개인정보파일

개인정보를 쉽게 검색할 수 있도록 일정한 규칙에 따라 체계적으로 배열하거나 구성한 개인정보의 집합물(集合物)을 말한다.

⑥ 개인정보처리자

업무를 목적으로 개인정보파일을 운용하기 위하여 스스로 또는 다른 사람을 통하여 개인정보를 처리하는 공공기관, 법인, 단체 및 개인 등을 말한다.

⑦ 공공기관

㉠ 국회, 법원, 헌법재판소, 중앙선거관리위원회의 행정사무를 처리하는 기관, 중앙행정기관(대통령 소속 기관과 국무총리 소속 기관을 포함한다) 및 그 소속 기관, 지방자치단체

㉡ 그 밖의 국가기관 및 공공단체 중 대통령령으로 정하는 기관

⑧ 영상정보처리기기

일정한 공간에 지속적으로 설치되어 사람 또는 사물의 영상 등을 촬영하거나 이를 유·무선망을 통하여 전송하는 장치로서 대통령령으로 정하는 장치를 말한다.

⑨ 과학적 연구

기술의 개발과 실증, 기초연구, 응용연구 및 민간 투자 연구 등 과학적 방법을 적용하는 연구를 말한다.

(3) 개인정보 보호 원칙(법 제3조)

① 개인정보처리자는 개인정보의 처리 목적을 명확하게 하여야 하고 그 목적에 필요한 범위에서 <u>최소한의 개인정보만을 적법하고 정당하게 수집하여야 한다.</u>

② 개인정보처리자는 개인정보의 처리 목적에 필요한 범위에서 적합하게 개인정보를 처리하여야 하며, <u>그 목적 외의 용도로 활용하여서는 아니 된다.</u>

③ 개인정보처리자는 개인정보의 처리 목적에 필요한 범위에서 <u>개인정보의 정확성, 완전성 및 최신성이 보장되도록 하여야 한다.</u>

④ 개인정보처리자는 개인정보의 처리 방법 및 종류 등에 따라 정보주체의 권리가 침해받을 가능성과 그 위험 정도를 고려하여 개인정보를 안전하게 관리하여야 한다.

⑤ 개인정보처리자는 개인정보 처리방침 등 개인정보의 처리에 관한 사항을 공개하여야 하며, 열람청구권 등 정보주체의 권리를 보장하여야 한다.

⑥ 개인정보처리자는 정보주체의 사생활 침해를 최소화하는 방법으로 개인정보를 처리하여야 한다.

⑦ 개인정보처리자는 개인정보를 익명 또는 가명으로 처리하여도 개인정보 수집

목적을 달성할 수 있는 경우 익명처리가 가능한 경우에는 익명에 의하여, 익명처리로 목적을 달성할 수 없는 경우에는 가명에 의하여 처리될 수 있도록 하여야 한다.

⑧ 개인정보처리자는 이 법 및 관계 법령에서 규정하고 있는 책임과 의무를 준수하고 실천함으로써 정보주체의 신뢰를 얻기 위하여 노력하여야 한다.

(4) 정보주체의 권리(법 제4조)

정보주체는 자신의 개인정보 처리와 관련하여 다음의 권리를 가진다.

① 개인정보의 처리에 관한 정보를 제공받을 권리
② 개인정보의 처리에 관한 동의 여부, 동의 범위 등을 선택하고 결정할 권리
③ 개인정보의 처리 여부를 확인하고 개인정보에 대하여 열람(사본의 발급을 포함한다)을 요구할 권리
④ 개인정보의 처리 정지, 정정·삭제 및 파기를 요구할 권리
⑤ 개인정보의 처리로 인하여 발생한 피해를 신속하고 공정한 절차에 따라 구제받을 권리

(5) 국가 등의 책무(법 제5조)

① 국가와 지방자치단체는 개인정보의 목적 외 수집, 오용·남용 및 무분별한 감시·추적 등에 따른 폐해를 방지하여 인간의 존엄과 개인의 사생활 보호를 도모하기 위한 시책을 강구하여야 한다.
② 국가와 지방자치단체는 정보주체의 권리를 보호하기 위하여 법령의 개선 등 필요한 시책을 마련하여야 한다.
③ 국가와 지방자치단체는 개인정보의 처리에 관한 불합리한 사회적 관행을 개선하기 위하여 개인정보처리자의 자율적인 개인정보 보호활동을 존중하고 촉진·지원하여야 한다.
④ 국가와 지방자치단체는 개인정보의 처리에 관한 법령 또는 조례를 제정하거나 개정하는 경우에는 이 법의 목적에 부합되도록 하여야 한다.

2) 개인정보 보호정책의 수립 등

(1) 개인정보 보호위원회(법 제7조)

① 개인정보 보호에 관한 사무를 독립적으로 수행하기 위하여 국무총리 소속으로 개인정보 보호위원회(이하 "보호위원회"라 한다)를 둔다.
② 보호위원회는 상임위원 2명(위원장 1명, 부위원장 1명)을 포함한 9명의 위원으로 구성한다.
③ 보호위원회의 위원은 개인정보 보호에 관한 경력과 전문지식이 풍부한 다음의

| 쌤의 핵심포인트 |
정보주체는 개인정보의 처리 정지, 정정·삭제 및 파기를 요구할 권리가 있다.

사람 중에서 위원장과 부위원장은 국무총리의 제청으로, 그 외 위원 중 2명은 위원장의 제청으로, 2명은 대통령이 소속되거나 소속되었던 정당의 교섭단체 추천으로, 3명은 그 외의 교섭단체 추천으로 대통령이 임명 또는 위촉한다.

    ㉠ 개인정보 보호 업무를 담당하는 3급 이상 공무원(고위공무원단에 속하는 공무원을 포함한다)의 직에 있거나 있었던 사람

    ㉡ 판사·검사·변호사의 직에 10년 이상 있거나 있었던 사람

    ㉢ 공공기관 또는 단체(개인정보처리자로 구성된 단체를 포함한다)에 3년 이상 임원으로 재직하였거나 이들 기관 또는 단체로부터 추천받은 사람으로서 개인정보 보호 업무를 3년 이상 담당하였던 사람

    ㉣ 개인정보 관련 분야에 전문지식이 있고「고등교육법」에 따른 학교에서 부교수 이상으로 5년 이상 재직하고 있거나 재직하였던 사람

④ 위원장과 부위원장은 정무직 공무원으로 임명한다.

(2) 기본계획

① 보호위원회는 개인정보의 보호와 정보주체의 권익 보장을 위하여 3년마다 개인정보 보호 기본계획을 관계 중앙행정기관의 장과 협의하여 수립한다.

② 기본계획에는 다음의 사항이 포함되어야 한다.

    ㉠ 개인정보 보호의 기본목표와 추진방향

    ㉡ 개인정보 보호와 관련된 제도 및 법령의 개선

    ㉢ 개인정보 침해 방지를 위한 대책

    ㉣ 개인정보 보호 자율규제의 활성화

    ㉤ 개인정보 보호 교육·홍보의 활성화

    ㉥ 개인정보 보호를 위한 전문인력의 양성

    ㉦ 그 밖에 개인정보 보호를 위하여 필요한 사항

③ 국회, 법원, 헌법재판소, 중앙선거관리위원회는 해당 기관(그 소속 기관을 포함한다)의 개인정보 보호를 위한 기본계획을 수립·시행할 수 있다.

■2 개인정보의 처리

1) 개인정보의 수집·이용·제공 등

(1) 개인정보의 수집·이용(법 제15조)

① 개인정보처리자는 다음에 해당하는 경우에는 개인정보를 수집할 수 있으며 그 수집 목적의 범위에서 이용할 수 있다.

    ㉠ 정보주체의 동의를 받은 경우

    ㉡ 법률에 특별한 규정이 있거나 법령상 의무를 준수하기 위하여 불가피한 경우

ⓒ 공공기관이 법령 등에서 정하는 소관 업무의 수행을 위하여 불가피한 경우

ⓔ 정보주체와의 계약의 체결 및 이행을 위하여 불가피하게 필요한 경우

ⓜ 정보주체 또는 그 법정대리인이 의사표시를 할 수 없는 상태에 있거나 주소 불명 등으로 사전 동의를 받을 수 없는 경우로서 명백히 정보주체 또는 제3 자의 급박한 생명, 신체, 재산의 이익을 위하여 필요하다고 인정되는 경우

ⓗ 개인정보처리자의 정당한 이익을 달성하기 위하여 필요한 경우로서 명백하게 정보주체의 권리보다 우선하는 경우. 이 경우 개인정보처리자의 정당한 이익과 상당한 관련이 있고 합리적인 범위를 초과하지 아니하는 경우에 한 한다.

② 개인정보처리자는 동의를 받을 때에는 다음의 사항을 정보주체에게 알려야 한 다. 다음의 사항을 변경하는 경우에도 이를 알리고 동의를 받아야 한다.

ⓐ 개인정보의 수집·이용 목적

ⓑ 수집하려는 개인정보의 항목

ⓒ 개인정보의 보유 및 이용 기간

ⓓ 동의를 거부할 권리가 있다는 사실 및 동의 거부에 따른 불이익이 있는 경우 에는 그 불이익의 내용

| 쌤의 핵심포인트 |
이용방법에 대하여는 동의를 받지 않는다.

(2) 개인정보의 수집 제한(법 제16조)

① 개인정보처리자는 개인정보를 수집하는 경우에는 그 목적에 필요한 최소한의 개인정보를 수집하여야 한다. 이 경우 최소한의 개인정보 수집이라는 입증책 임은 개인정보처리자가 부담한다.

② 개인정보처리자는 정보주체의 동의를 받아 개인정보를 수집하는 경우 필요한 최소한의 정보 외의 개인정보 수집에는 동의하지 아니할 수 있다는 사실을 구 체적으로 알리고 개인정보를 수집하여야 한다.

③ 개인정보처리자는 정보주체가 필요한 최소한의 정보 외의 개인정보 수집에 동 의하지 아니한다는 이유로 정보주체에게 재화 또는 서비스의 제공을 거부하여 서는 아니 된다.

(3) 개인정보의 제공(법 제17조)

① 개인정보처리자는 다음에 해당되는 경우에는 정보주체의 개인정보를 제3자에 게 제공(공유를 포함한다)할 수 있다.

ⓐ 정보주체의 동의를 받은 경우

ⓑ 개인정보를 수집한 목적 범위에서 개인정보를 제공하는 경우

② 개인정보처리자는 정보주체의 동의를 받을 때에는 다음의 사항을 정보주체에 게 알려야 한다. 다음의 사항을 변경하는 경우에도 이를 알리고 동의를 받아야 한다.

　　　ⓐ 개인정보를 제공받는 자
　　　ⓑ 개인정보를 제공받는 자의 개인정보 이용 목적
　　　ⓒ 제공하는 개인정보의 항목
　　　ⓓ 개인정보를 제공받는 자의 개인정보 보유 및 이용 기간
　　　ⓔ 동의를 거부할 권리가 있다는 사실 및 동의 거부에 따른 불이익이 있는 경우
　　　　에는 그 불이익의 내용

(4) 개인정보의 목적 외 이용·제공 제한(법 제18조)

① 개인정보처리자는 개인정보를 그 수집 목적의 범위를 초과하여 이용하거나 그 제공 범위를 초과하여 제3자에게 제공하여서는 아니 된다.

② 개인정보처리자는 다음에 해당하는 경우에는 정보주체 또는 제3자의 이익을 부당하게 침해할 우려가 있을 때를 제외하고는 개인정보를 목적 외의 용도로 이용하거나 이를 제3자에게 제공할 수 있다.

　　ⓐ 정보주체로부터 별도의 동의를 받은 경우
　　ⓑ 다른 법률에 특별한 규정이 있는 경우
　　ⓒ 정보주체 또는 그 법정대리인이 의사표시를 할 수 없는 상태에 있거나 주소 불명 등으로 사전 동의를 받을 수 없는 경우로서 명백히 정보주체 또는 제3자의 급박한 생명, 신체, 재산의 이익을 위하여 필요하다고 인정되는 경우
　　ⓓ 통계작성 및 학술연구 등의 목적을 위하여 필요한 경우로서 특정 개인을 알아볼 수 없는 형태로 개인정보를 제공하는 경우
　　ⓔ 개인정보를 목적 외의 용도로 이용하거나 이를 제3자에게 제공하지 아니하면 다른 법률에서 정하는 소관 업무를 수행할 수 없는 경우로서 보호위원회의 심의·의결을 거친 경우(단, 공공기관의 경우로 한정)
　　ⓕ 조약, 그 밖의 국제협정의 이행을 위하여 외국정부 또는 국제기구에 제공하기 위하여 필요한 경우(단, 공공기관의 경우로 한정)
　　ⓖ 범죄의 수사와 공소의 제기 및 유지를 위하여 필요한 경우(단, 공공기관의 경우로 한정)
　　ⓗ 법원의 재판업무 수행을 위하여 필요한 경우(단, 공공기관의 경우로 한정)
　　ⓘ 형(刑) 및 감호, 보호처분의 집행을 위하여 필요한 경우(단, 공공기관의 경우로 한정)

③ 개인정보처리자는 정보주체로부터 별도의 동의를 받을 때에는 다음의 사항을 정보주체에게 알려야 한다. 다음 사항을 변경하는 경우에도 이를 알리고 동의를 받아야 한다.

　　ⓐ 개인정보를 제공받는 자
　　ⓑ 개인정보의 이용 목적(제공 시에는 제공받는 자의 이용 목적을 말한다)

ⓒ 이용 또는 제공하는 개인정보의 항목

ⓔ 개인정보의 보유 및 이용 기간(제공 시에는 제공받는 자의 보유 및 이용 기간을 말한다)

ⓕ 동의를 거부할 권리가 있다는 사실 및 동의 거부에 따른 불이익이 있는 경우에는 그 불이익의 내용

④ 공공기관은 개인정보를 목적 외의 용도로 이용하거나 이를 제3자에게 제공하는 경우에는 그 이용 또는 제공의 법적 근거, 목적 및 범위 등에 관하여 필요한 사항을 보호위원회가 고시로 정하는 바에 따라 관보 또는 인터넷 홈페이지 등에 게재하여야 한다.

⑤ 개인정보처리자는 개인정보를 목적 외의 용도로 제3자에게 제공하는 경우에는 개인정보를 제공받는 자에게 이용 목적, 이용 방법, 그 밖에 필요한 사항에 대하여 제한을 하거나, 개인정보의 안전성 확보를 위하여 필요한 조치를 마련하도록 요청하여야 한다. 이 경우 요청을 받은 자는 개인정보의 안전성 확보를 위하여 필요한 조치를 하여야 한다.

(5) 개인정보의 파기(법 제21조)

① 개인정보처리자는 보유기간의 경과, 개인정보의 처리 목적 달성 등 그 개인정보가 불필요하게 되었을 때에는 지체 없이 그 개인정보를 파기하여야 한다. 다만, 다른 법령에 따라 보존하여야 하는 경우에는 그러하지 아니하다.

② 개인정보처리자가 개인정보를 파기할 때에는 복구 또는 재생되지 아니하도록 조치하여야 한다.

③ 개인정보처리자가 개인정보를 파기하지 아니하고 보존하여야 하는 경우에는 해당 개인정보 또는 개인정보파일을 다른 개인정보와 분리하여서 저장 · 관리하여야 한다.

④ 개인정보를 파기할 때에는 다음의 구분에 따른 방법으로 하여야 한다.

ⓐ 전자적 파일 형태인 경우 : 복원이 불가능한 방법으로 영구 삭제

ⓑ 그 외의 기록물, 인쇄물, 서면, 그 밖의 기록매체인 경우 : 파쇄 또는 소각

| 쌤의 핵심포인트 |
개인정보의 파기는 지체 없이 해야 한다.

2) 개인정보의 처리 제한

(1) 민감정보의 처리 제한(법 제23조)

① 개인정보처리자는 사상 · 신념, 노동조합 · 정당의 가입 · 탈퇴, 정치적 견해, 건강, 성생활 등에 관한 정보, 그 밖에 정보주체의 사생활을 현저히 침해할 우려가 있는 개인정보로서 대통령령으로 정하는 정보(이하 "민감정보"라 한다)를 처리하여서는 아니 된다. 다만, 다음에 해당하는 경우에는 그러하지 아니하다.

ⓐ 정보주체에게 개인정보의 처리에 대한 동의와 별도로 동의를 받은 경우

　　　　ⓛ 법령에서 민감정보의 처리를 요구하거나 허용하는 경우

　　② 개인정보처리자가 민감정보를 처리하는 경우에는 그 민감정보가 분실 · 도난 · 유출 · 위조 · 변조 또는 훼손되지 아니하도록 안전성 확보에 필요한 조치를 하여야 한다.

(2) 고유식별정보의 처리 제한(법 제24조 및 시행령 제19조)

　　① 개인정보처리자는 다음의 경우를 제외하고는 법령에 따라 개인을 고유하게 구별하기 위하여 부여된 식별정보로서 대통령령으로 정하는 정보(이하 "고유식별정보"라 한다)를 처리할 수 없다.

　　　　㉠ 정보주체에게 개인정보의 수집 · 이용 또는 개인정보의 제공에 관한 사항을 알리고 다른 개인정보의 처리에 대한 동의와 별도로 동의를 받은 경우

　　　　ⓛ 법령에서 구체적으로 고유식별정보의 처리를 요구하거나 허용하는 경우

고유식별정보의 범위

① 「주민등록법」에 따른 주민등록번호
② 「여권법」에 따른 여권번호
③ 「도로교통법」에 따른 운전면허의 면허번호
④ 「출입국관리법」에 따른 외국인등록번호

---

　　② 개인정보처리자가 고유식별정보를 처리하는 경우에는 그 고유식별정보가 분실 · 도난 · 유출 · 위조 · 변조 또는 훼손되지 아니하도록 대통령령으로 정하는 바에 따라 암호화 등 안전성 확보에 필요한 조치를 하여야 한다.

　　③ 개인정보처리자가 고유식별정보를 처리하는 경우에는 그 고유식별정보가 분실 · 도난 · 유출 · 위조 · 변조 또는 훼손되지 아니하도록 대통령령으로 정하는 바에 따라 암호화 등 안전성 확보에 필요한 조치를 하여야 한다.

(3) 영상정보처리기기의 설치 · 운영 제한(법 제25조)

　　① 누구든지 다음의 경우를 제외하고는 공개된 장소에 영상정보처리기기를 설치 · 운영하여서는 아니 된다.

　　　　㉠ 법령에서 구체적으로 허용하고 있는 경우

　　　　ⓛ 범죄의 예방 및 수사를 위하여 필요한 경우

　　　　㉢ 시설안전 및 화재 예방을 위하여 필요한 경우

　　　　㉣ 교통단속을 위하여 필요한 경우

　　　　㉤ 교통정보의 수집 · 분석 및 제공을 위하여 필요한 경우

② 누구든지 불특정 다수가 이용하는 목욕실, 화장실, 발한실(發汗室), 탈의실 등 개인의 사생활을 현저히 침해할 우려가 있는 장소의 내부를 볼 수 있도록 영상정보처리기기를 설치 · 운영하여서는 아니 된다. 다만, <u>교도소, 정신보건 시설 등 법령에 근거하여 사람을 구금하거나 보호하는 시설에 대하여는 그러하지 아니하다.</u>

③ 영상정보처리기기를 설치 · 운영하려는 공공기관의 장과 영상정보처리기기를 설치 · 운영하려는 자는 공청회 · 설명회의 개최 등 대통령령으로 정하는 절차를 거쳐 관계 전문가 및 이해관계인의 의견을 수렴하여야 한다.

④ 영상정보처리기기를 설치 · 운영하는 자(이하 "영상정보처리기기운영자"라 한다)는 정보주체가 쉽게 인식할 수 있도록 다음의 사항이 포함된 <u>안내판을 설치하는</u> 등 필요한 조치를 하여야 한다. 다만, 「군사기지 및 군사시설 보호법」에 따른 군사시설, 「통합방위법」에 따른 국가중요시설, 그 밖에 대통령령으로 정하는 시설에 대하여는 그러하지 아니하다.

   ㄱ <u>설치 목적 및 장소</u>
   ㄴ <u>촬영 범위 및 시간</u>
   ㄷ <u>관리책임자 성명 및 연락처</u>
   ㄹ <u>그 밖에 대통령령으로 정하는 사항</u>

⑤ 영상정보처리기기운영자는 영상정보처리기기의 설치 목적과 다른 목적으로 <u>영상정보처리기기를 임의로 조작하거나 다른 곳을 비춰서는 아니 되며, 녹음기능은 사용할 수 없다.</u>

⑥ 영상정보처리기기운영자는 개인정보가 분실 · 도난 · 유출 · 위조 · 변조 또는 훼손되지 아니하도록 안전조치의무에 따라 안전성 확보에 필요한 조치를 하여야 한다.

⑦ 영상정보처리기기운영자는 대통령령으로 정하는 바에 따라 영상정보처리기기 운영 · 관리 방침을 마련하여야 한다.

⑧ 영상정보처리기기운영자는 영상정보처리기기의 설치 · 운영에 관한 사무를 위탁할 수 있다. 다만, 공공기관이 영상정보처리기기 설치 · 운영에 관한 사무를 위탁하는 경우에는 대통령령으로 정하는 절차 및 요건에 따라야 한다.

■3 개인정보의 안전한 관리

(1) 개인정보 처리방침의 수립 및 공개(법 제30조)

① 개인정보처리자는 다음의 사항이 포함된 개인정보의 처리 방침(이하 "개인정보 처리방침"이라 한다)을 정하여야 한다. 이 경우 공공기관은 등록대상이 되

는 개인정보파일에 대하여 개인정보 처리방침을 정한다.

　㉠ 개인정보의 처리 목적

　㉡ 개인정보의 처리 및 보유 기간

　㉢ 개인정보의 제3자 제공에 관한 사항(해당되는 경우에만 정한다)

　㉣ 개인정보처리의 위탁에 관한 사항(해당되는 경우에만 정한다)

　㉤ 정보주체와 법정대리인의 권리 · 의무 및 그 행사방법에 관한 사항

　㉥ 제31조에 따른 개인정보 보호책임자의 성명 또는 개인정보 보호업무 및 관련 고충사항을 처리하는 부서의 명칭과 전화번호 등 연락처

　㉦ 인터넷 접속정보파일 등 개인정보를 자동으로 수집하는 장치의 설치 · 운영 및 그 거부에 관한 사항(해당하는 경우에만 정한다)

　㉧ 그 밖에 개인정보의 처리에 관하여 대통령령으로 정한 사항

② 개인정보처리자가 개인정보 처리방침을 수립하거나 변경하는 경우에는 정보주체가 쉽게 확인할 수 있도록 대통령령으로 정하는 방법에 따라 공개하여야 한다.

③ 개인정보 처리방침의 내용과 개인정보처리자와 정보주체 간에 체결한 계약의 내용이 다른 경우에는 정보주체에게 유리한 것을 적용한다.

④ 보호위원회는 개인정보 처리방침의 작성지침을 정하여 개인정보처리자에게 그 준수를 권장할 수 있다.

(2) 개인정보파일의 등록 및 공개(법 제32조)

① 공공기관의 장이 개인정보파일을 운용하는 경우에는 다음의 사항을 보호위원회에 등록하여야 한다. 등록한 사항이 변경된 경우에도 또한 같다.

　㉠ 개인정보파일의 명칭

　㉡ 개인정보파일의 운영 근거 및 목적

　㉢ 개인정보파일에 기록되는 개인정보의 항목

　㉣ 개인정보의 처리방법

　㉤ 개인정보의 보유기간

　㉥ 개인정보를 통상적 또는 반복적으로 제공하는 경우에는 그 제공받는 자

　㉦ 그 밖에 대통령령으로 정하는 사항

② 다음에 해당하는 개인정보파일에 대하여는 적용하지 아니한다.

　㉠ 국가 안전, 외교상 비밀, 그 밖에 국가의 중내한 이익에 관한 사항을 기록한 개인정보파일

　㉡ 범죄의 수사, 공소의 제기 및 유지, 형 및 감호의 집행, 교정처분, 보호처분, 보안관찰처분과 출입국관리에 관한 사항을 기록한 개인정보파일

　㉢ 「조세범처벌법」에 따른 범칙행위 조사 및 「관세법」에 따른 범칙행위 조사

에 관한 사항을 기록한 개인정보파일
  ㉣ 공공기관의 내부적 업무처리만을 위하여 사용되는 개인정보파일
  ㉤ 다른 법령에 따라 비밀로 분류된 개인정보파일
③ 보호위원회는 필요하면 개인정보파일의 등록사항과 그 내용을 검토하여 해당 공공기관의 장에게 개선을 권고할 수 있다.
④ 보호위원회는 개인정보파일의 등록 현황을 누구든지 쉽게 열람할 수 있도록 공개하여야 한다.
⑤ 공개의 방법, 범위 및 절차에 관하여 필요한 사항은 대통령령으로 정한다.
⑥ 국회, 법원, 헌법재판소, 중앙선거관리위원회(그 소속 기관을 포함한다)의 개인정보파일 등록 및 공개에 관하여는 국회규칙, 대법원규칙, 헌법재판소규칙 및 중앙선거관리위원회규칙으로 정한다.

4 정보주체의 권리 보장

(1) 개인정보의 열람(법 제35조)

① 정보주체는 개인정보처리자가 처리하는 자신의 개인정보에 대한 열람을 해당 개인정보처리자에게 요구할 수 있다.
② 정보주체가 자신의 개인정보에 대한 열람을 공공기관에 요구하고자 할 때에는 공공기관에 직접 열람을 요구하거나 대통령령으로 정하는 바에 따라 보호위원회를 통하여 열람을 요구할 수 있다.
③ 개인정보처리자는 열람을 요구받았을 때에는 대통령령으로 정하는 기간 내에 정보주체가 해당 개인정보를 열람할 수 있도록 하여야 한다. 이 경우 해당 기간 내에 열람할 수 없는 정당한 사유가 있을 때에는 정보주체에게 그 사유를 알리고 열람을 연기할 수 있으며, 그 사유가 소멸하면 지체 없이 열람하게 하여야 한다.
④ 개인정보처리자는 다음에 해당하는 경우에는 정보주체에게 그 사유를 알리고 열람을 제한하거나 거절할 수 있다.
  ㉠ 법률에 따라 열람이 금지되거나 제한되는 경우
  ㉡ 다른 사람의 생명·신체를 해할 우려가 있거나 다른 사람의 재산과 그 밖의 이익을 부당하게 침해할 우려가 있는 경우
  ㉢ 공공기관이 다음의 어느 하나에 해당하는 업무를 수행할 때 중대한 지장을 초래하는 경우
    • 조세의 부과·징수 또는 환급에 관한 업무
    • 「초·중등교육법」 및 「고등교육법」에 따른 각급 학교, 「평생교육법」에 따른 평생교육시설, 그 밖의 다른 법률에 따라 설치된 고등교육기관에

서의 성적 평가 또는 입학자 선발에 관한 업무
- 학력 · 기능 및 채용에 관한 시험, 자격 심사에 관한 업무
- 보상금 · 급부금 산정 등에 대하여 진행 중인 평가 또는 판단에 관한 업무
- 다른 법률에 따라 진행 중인 감사 및 조사에 관한 업무

⑤ 열람 요구, 열람 제한, 통지 등의 방법 및 절차에 관하여 필요한 사항은 대통령령으로 정한다.

(2) 손해배상책임(법 제39조)

① 정보주체는 개인정보처리자가 이 법을 위반한 행위로 손해를 입으면 개인정보처리자에게 손해배상을 청구할 수 있다. 이 경우 <u>그 개인정보처리자는 고의 또는 과실이 없음을 입증하지 아니하면 책임을 면할 수 없다.</u>

② <u>개인정보처리자의 고의 또는 중대한 과실로 인하여 개인정보가 분실 · 도난 · 유출 · 위조 · 변조 또는 훼손된 경우로서 정보주체에게 손해가 발생한 때에는 법원은 그 손해액의 3배를 넘지 아니하는 범위에서 손해배상액을 정할 수 있다.</u> 다만, 개인정보처리자가 고의 또는 중대한 과실이 없음을 증명한 경우에는 그러하지 아니하다.

③ 법원은 배상액을 정할 때에는 다음의 사항을 고려하여야 한다.
- ㉠ 고의 또는 손해 발생의 우려를 인식한 정도
- ㉡ 위반행위로 인하여 입은 피해 규모
- ㉢ 위법행위로 인하여 개인정보처리자가 취득한 경제적 이익
- ㉣ 위반행위에 따른 벌금 및 과징금
- ㉤ 위반행위의 기간 · 횟수 등
- ㉥ 개인정보처리자의 재산상태
- ㉦ 개인정보처리자가 정보주체의 개인정보 분실 · 도난 · 유출 후 해당 개인정보를 회수하기 위하여 노력한 정도
- ㉧ 개인정보처리자가 정보주체의 피해구제를 위하여 노력한 정도

(3) 법정손해배상의 청구(법 제39조의2)

① <u>정보주체는 개인정보처리자의 고의 또는 과실로 인하여 개인정보가 분실 · 도난 · 유출 · 위조 · 변조 또는 훼손된 경우에는 300만 원 이하의 범위에서 상당한 금액을 손해액으로 하여 배상을 청구할 수 있다.</u> 이 경우 해당 개인정보처리자는 고의 또는 과실이 없음을 입증하지 아니하면 책임을 면할 수 없다.

② 법원은 청구가 있는 경우에 변론 전체의 취지와 증거조사의 결과를 고려하여 손해액을 인정할 수 있다.

③ 손해배상을 청구한 정보주체는 사실심(事實審)의 변론이 종결되기 전까지 그 청구로 변경할 수 있다.

(4) 과징금의 부과기준

① 과징금 부과 여부의 결정 : 과징금은 법 제34조의2 제2항 각 호의 사항과 위반 행위의 내용 등을 종합적으로 고려하여 그 부과 여부를 결정한다. 다만, 법 제 24조 제3항에 따른 안전성 확보에 필요한 조치를 다한 경우에는 과징금을 부과 하지 아니한다.

② 과징금의 산정기준 : 과징금은 법 제34조의2 제2항 각 호의 사항과 이에 영향 을 미치는 사항을 종합적으로 고려하여 산정하되, ㉠의 위반 정도에 따른 산정 기준액에 ㉡의 안전성 확보에 필요한 조치 이행 노력 정도 등에 따른 조정(이하 "1차 조정"이라 한다), ㉢의 위반행위의 기간 및 횟수 등에 따른 조정(이하 "2차 조정"이라 한다)을 거쳐 ㉣에 따라 부과과징금을 산정한다. 다만, 산정된 과징 금이 5억 원을 초과하는 경우에는 5억 원으로 한다.

㉠ 기본 산정기준

위반 정도	산정기준액	비고
매우 중대한 위반행위	3억 5천만 원	고의 또는 중과실로 인하여 10만 건 이상의 주민등록번호가 분실 · 도난 · 유출 · 변조 또는 훼손(이하 "분실 등"이라 한다)된 경우를 말한다.
중대한 위반행위	2억 3천만 원	고의 또는 중과실로 인하여 10만 건 미만의 주민등록번호가 분실 등이 된 경우 및 경과실로 인하여 10만 건 이상의 주민등록번호가 분실 등이 된 경우를 말한다.
일반 위반행위	1억 원	경과실로 인하여 10만 건 미만의 주민등록번호가 분실 등이 된 경우를 말한다.

㉡ 1차 조정 : 법 제24조 제3항에 따른 안전성 확보에 필요한 조치 이행 노력 정도, 피해를 최소화하기 위한 대책 마련 등 피해확산 방지를 위한 후속조 치 이행 여부를 고려하여 산정기준액의 100분의 50의 범위에서 가중하거나 감경한다.

㉢ 2차 조정 : 위반행위의 기간 및 횟수, 위반 행위에 대한 조사 협조 여부, 위 반행위에 따른 추가적 피해 발생 여부, 평소 개인정보 보호를 위한 노력 정 도 등을 종합적으로 고려하여 1차 조정된 금액의 100분의 50의 범위에서 가 중하거나 감경한다.

㉣ 부과과징금의 산정 : 개인정보처리자의 현실적 부담능력이나 그 위반행위 가 미치는 효과, 위반행위로 인하여 취득한 이익의 규모 등을 고려하여 볼 때 과중하다고 인정되는 경우에는 2차 조정된 금액의 100분의 50의 범위에 서 감액하여 부과과징금으로 정할 수 있다.

CHAPTER 4

출제예상문제

4-1 개인정보 보호법

01 개인정보처리자가 개인정보를 수집할 수 있으며 그 수집 목적의 범위에서 이용할 수 있는 것이 아닌 것은?

① 법률에 특별한 규정이 있거나 법령상 의무를 준수하기 위하여 불가피한 경우
② 공공기관이 법령 등에서 정하는 소관 업무의 수행을 위하여 불가피한 경우
③ 제3자의 급박한 생명, 신체, 재산의 이익을 위하여 필요하다고 인정되는 경우
④ 개인정보처리자의 정당한 이익과 상당한 관련이 있고 합리적인 범위를 초과하는 경우

해설

개인정보처리자는 다음에 해당하는 경우에는 개인정보를 수집할 수 있으며 그 수집 목적의 범위에서 이용할 수 있다.

① 정보주체의 동의를 받은 경우
② 법률에 특별한 규정이 있거나 법령상 의무를 준수하기 위하여 불가피한 경우
③ 공공기관이 법령 등에서 정하는 소관 업무의 수행을 위하여 불가피한 경우
④ 정보주체와의 계약의 체결 및 이행을 위하여 불가피하게 필요한 경우
⑤ 정보주체 또는 그 법정대리인이 의사표시를 할 수 없는 상태에 있거나 주소불명 등으로 사전 동의를 받을 수 없는 경우로서 명백히 정보주체 또는 제3자의 급박한 생명, 신체, 재산의 이익을 위하여 필요하다고 인정되는 경우

⑥ 개인정보처리자의 정당한 이익을 달성하기 위하여 필요한 경우로서 명백하게 정보주체의 권리보다 우선하는 경우. 이 경우 개인정보처리자의 정당한 이익과 상당한 관련이 있고 합리적인 범위를 초과하지 아니하는 경우에 한한다.

02 개인을 고유하게 구별하기 위하여 부여된 식별정보가 아닌 것은?

① 「여권법」에 따른 여권번호
② 「도로교통법」에 따른 운전면허의 면허번호
③ 「국민 평생 직업능력 개발법」에 따른 자격번호
④ 「주민등록법」에 따른 주민등록번호

해설

고유 식별정보의 범위는 다음과 같다.

① 「주민등록법」에 따른 주민등록번호
② 「여권법」에 따른 여권번호
③ 「도로교통법」에 따른 운전면허의 면허번호
④ 「출입국관리법」에 따른 외국인등록번호

03 영상정보처리기기를 설치·운영하여서는 아니 되는 경우는?

① 시설안전 및 화재 예방을 위하여 필요한 경우
② 범죄의 예방 및 수사를 위하여 필요한 경우
③ 교통정보의 수집·분석 및 제공을 위하여 필요한 경우
④ 불특정 다수가 이용하는 목욕실, 화장실, 발한실(發汗室), 탈의실 등 개인의 사생활을 현저히 침해할 우려가 있는 경우

정답 01 ④ 02 ③ 03 ④

해설

영상정보처리기기를 설치·운영하는 경우는 다음
과 같다.

① 법령에서 구체적으로 허용하고 있는 경우
② 범죄의 예방 및 수사를 위하여 필요한 경우
③ 시설안전 및 화재 예방을 위하여 필요한 경우
④ 교통단속을 위하여 필요한 경우
⑤ 교통정보의 수집·분석 및 제공을 위하여 필요
  한 경우
⑥ 누구든지 불특정 다수가 이용하는 목욕실, 화장
  실, 발한실(發汗室), 탈의실 등 개인의 사생활
  을 현저히 침해할 우려가 있는 장소의 내부를
  볼 수 있도록 영상정보처리기기를 설치·운영
  하여서는 아니 된다. 다만, 교도소, 정신보건 시
  설 등 법령에 근거하여 사람을 구금하거나 보호
  하는 시설에 대하여는 그러하지 아니하다.

4-2 채용절차의 공정화에 관한 법률

■ 1 총칙

(1) 목적(법 제1조)

채용과정에서 구직자가 제출하는 채용서류의 반환 등 채용절차에서의 최소한의 공정성을 확보하기 위한 사항을 정함으로써 구직자의 부담을 줄이고 권익을 보호하는 것을 목적으로 한다.

(2) 용어의 정의(법 제2조)

① 구인자 : 구직자를 채용하려는 자를 말한다.
② 구직자 : 직업을 구하기 위하여 구인자의 채용광고에 응시하는 사람을 말한다.
③ 기초심사자료 : 구직자의 응시원서, 이력서 및 자기소개서를 말한다.
④ 입증자료 : 학위증명서, 경력증명서, 자격증명서 등 기초심사자료에 기재한 사항을 증명하는 모든 자료를 말한다.
⑤ 심층심사자료 : 작품집, 연구실적물 등 구직자의 실력을 알아볼 수 있는 모든 물건 및 자료를 말한다.
⑥ 채용서류 : 기초심사자료, 입증자료, 심층심사자료를 말한다.

(3) 적용범위(법 제3조)

상시 30명 이상의 근로자를 사용하는 사업 또는 사업장의 채용절차에 적용한다. 다만, 국가 및 지방자치단체가 공무원을 채용하는 경우에는 적용하지 아니한다.

(4) 거짓 채용광고 등의 금지(법 제4조)

① 구인자는 채용을 가장하여 아이디어를 수집하거나 사업장을 홍보하기 위한 목적 등으로 거짓의 채용광고를 내서는 아니 된다.
② 구인자는 정당한 사유 없이 채용광고의 내용을 구직자에게 불리하게 변경하여서는 아니 된다.
③ 구인자는 구직자를 채용한 후에 정당한 사유 없이 채용광고에서 제시한 근로조건을 구직자에게 불리하게 변경하여서는 아니 된다.
④ 구인자는 구직자에게 채용서류 및 이와 관련한 저작권 등의 지식재산권을 자신에게 귀속하도록 강요하여서는 아니 된다.

(5) 채용강요 등의 금지(법 제5조)

① 구인자는 채용을 가장하여 아이디어를 수집하거나 사업장을 홍보하기 위한 목적 등으로 거짓의 채용광고를 내서는 아니 된다.

② 구인자는 정당한 사유 없이 채용광고의 내용을 구직자에게 불리하게 변경하여서는 아니 된다.

③ 구인자는 구직자를 채용한 후에 정당한 사유 없이 채용광고에서 제시한 근로조건을 구직자에게 불리하게 변경하여서는 아니 된다.

④ 구인자는 구직자에게 채용서류 및 이와 관련한 저작권 등의 지식재산권을 자신에게 귀속하도록 강요하여서는 아니 된다.

(6) 출신지역 등 개인정보 요구 금지(법 제4조의3)

구인자는 구직자에 대하여 그 직무의 수행에 필요하지 아니한 다음의 정보를 기초심사자료에 기재하도록 요구하거나 입증자료로 수집하여서는 아니 된다.

① 구직자 본인의 용모 · 키 · 체중 등의 신체적 조건
② 구직자 본인의 출신지역 · 혼인 여부 · 재산
③ 구직자 본인의 직계 존비속 및 형제자매의 학력 · 직업 · 재산

(7) 기초심사자료 표준양식의 사용 권장(법 제5조)

고용노동부장관은 기초심사자료의 표준양식을 정하여 구인자에게 그 사용을 권장할 수 있다.

(8) 채용서류의 거짓 작성 금지(법 제6조)

구직자는 구인자에게 제출하는 채용서류를 거짓으로 작성하여서는 아니 된다.

(9) 전자우편 등을 통한 채용서류의 접수(법 제7조)

① 구인자는 구직자의 채용서류를 사업장 또는 구인자로부터 위탁받아 채용업무에 종사하는 자의 홈페이지 또는 전자우편으로 받도록 노력하여야 한다.

② 구인자는 채용서류를 전자우편 등으로 받은 경우에는 지체 없이 구직자에게 접수된 사실을 홈페이지 게시, 휴대전화에 의한 문자전송, 전자우편, 팩스, 전화 등으로 알려야 한다.

(10) 채용일정 및 채용과정의 고지(법 제8조)

구인자는 구직자에게 채용일정, 채용심사 지연의 사실, 채용과정의 변경 등 채용과정을 알려야 한다.

(11) 채용심사비용의 부담금지(법 제9조)

구인자는 채용심사를 목적으로 구직자에게 채용서류 제출에 드는 비용 이외의 어떠한 금전적 비용(이하 "채용심사비용"이라고 한다)도 부담시키지 못한다. 다만, 사업장 및 직종의 특수성으로 인하여 불가피한 사정이 있는 경우 고용노동부장관의 승인을 받아 구직자에게 채용심사비용의 일부를 부담하게 할 수 있다.

| 쌤의 핵심포인트 |
채용서류 제출에 드는 비용은 구직자가 부담하는 것이 원칙이다.

(12) 채용 여부의 고지(법 제10조)

구인자는 채용대상자를 확정한 경우에는 지체 없이 구직자에게 채용 여부를 알려야 한다.

(13) 채용서류의 반환 등(법 제11조)

① 구인자는 구직자의 채용 여부가 확정된 이후 구직자(확정된 채용대상자는 제외한다)가 채용서류의 반환을 청구하는 경우에는 본인임을 확인한 후 대통령령으로 정하는 바에 따라 반환하여야 한다. 다만, 홈페이지 또는 전자우편으로 제출된 경우나 구직자가 구인자의 요구 없이 자발적으로 제출한 경우에는 그러하지 아니하다.

② 구직자의 채용서류 반환 청구는 서면 또는 전자적 방법 등 고용노동부령으로 정하는 바에 따라 하여야 한다.

③ 구인자는 구직자의 반환 청구에 대비하여 대통령령으로 정하는 기간 동안 채용서류를 보관하여야 한다. 다만, 천재지변이나 그 밖에 구인자에게 책임 없는 사유로 채용서류가 멸실된 경우 구인자는 채용서류의 반환 의무를 이행한 것으로 본다.

④ 구인자는 대통령령으로 정한 반환의 청구기간이 지난 경우 및 채용서류를 반환하지 아니한 경우에는 「개인정보 보호법」에 따라 채용서류를 파기하여야 한다.

⑤ 채용서류의 반환에 소요되는 비용은 원칙적으로 구인자가 부담한다. 다만, 구인자는 대통령령으로 정하는 범위에서 채용서류의 반환에 소요되는 비용을 구직자에게 부담하게 할 수 있다.

⑥ 구인자는 위의 ①부터 ⑤까지의 규정을 채용 여부가 확정되기 전까지 구직자에게 알려야 한다.

(14) 채용심사비용 등에 관한 시정명령(법 제12조)

① 전자우편 등을 통한 채용서류의 접수, 채용심사비용의 부담금지를 위반한 구인자에게 고용노동부장관은 시정을 명할 수 있다.

② 시정명령을 받은 구인자는 해당 명령을 이행한 경우에 그 이행결과를 지체 없이 고용노동부장관에게 보고하여야 한다.

(15) 입증자료·심층심사자료의 제출 제한(법 제13조)

구인자는 채용시험을 서류심사와 필기·면접 시험 등으로 구분하여 실시하는 경우 서류심사에 합격한 구직자에 한정하여 입증자료 및 심층심사자료를 제출하게 하도록 노력하여야 한다.

| 쌤의 핵심포인트 |
채용서류의 보관의무를 이행하지 아니한 구인자는 300만 원 이하의 과태료를 부과받을 수 있다.

| 쌤의 핵심포인트 |
구직자로부터 채용서류의 반환 청구를 받은 구인자는 구직자가 반환청구를 한 날부터 14일 이내에 구직자에게 해당 채용서류를 발송하거나 전달하여야 한다.

| 쌤의 핵심포인트 |
채용서류의 반환 청구기간은 구직자의 채용 여부가 확정된 날 이후 14일부터 180일까지의 기간 범위에서 구인자가 정한 기간으로 한다.

(16) 벌칙(법 제16조)

구인자는 채용을 가장하여 아이디어를 수집하거나 사업장을 홍보하기 위한 목적 등으로 거짓의 채용광고를 내는 경우 거짓의 채용광고를 낸 구인자는 5년 이하의 징역 또는 2천만 원 이하의 벌금에 처한다.

(17) 과태료(법 제17조)

① 채용강요 등의 금지를 위반하여 채용강요 등의 행위를 한 자에게는 3천만 원 이하의 과태료를 부과한다. 다만, 「형법」 등 다른 법률에 따라 형사처벌을 받은 경우에는 과태료를 부과하지 아니하며, 과태료를 부과한 후 형사처벌을 받은 경우에는 그 과태료 부과를 취소한다.

② 다음에 해당하는 자에게는 500만 원 이하의 과태료를 부과한다.
  ㉠ 구인자는 정당한 사유 없이 채용광고의 내용 또는 근로조건을 변경한 구인자
  ㉡ 지식재산권을 자신에게 귀속하도록 강요한 구인자
  ㉢ 출신지역 등 개인정보 요구 금지를 위반하여 그 직무의 수행에 필요하지 아니한 개인정보를 기초심사자료에 기재하도록 요구하거나 입증자료로 수집한 구인자

③ 다음에 해당하는 자에게는 300만 원 이하의 과태료를 부과한다.
  ㉠ 채용서류 보관의무를 이행하지 아니한 구인자
  ㉡ 채용서류의 반환 등 구직자에 대한 고지의무를 이행하지 아니한 구인자
  ㉢ 채용심사비용 등에 관한 시정명령에 따른 시정명령을 이행하지 아니한 구인자

④ 과태료는 대통령령으로 정하는 바에 따라 고용노동부장관이 부과 · 징수한다. 법재판소규칙 및 중앙선거관리위원회규칙으로 정한다.

▌2 과태료의 부과기준(법 제17조, 시행령 제7조 관련)

(1) 일반기준

① 위반행위의 횟수에 따른 과태료의 가중된 부과기준은 최근 3년간 같은 위반행위로 과태료 부과처분을 받은 경우에 적용한다. 이 경우 기간의 계산은 위반행위에 대하여 과태료 부과처분을 받은 날과 그 처분 후 다시 같은 위반행위를 하여 적발된 날을 기준으로 한다.

② ①에 따라 가중된 부과처분을 하는 경우 가중처분의 적용 차수는 그 위반행위 전 부과처분 차수(①에 따른 기간 내에 과태료 부과처분이 둘 이상 있었던 경우에는 높은 차수를 말한다)의 다음 차수로 한다.

③ 과태료 부과권자는 위반행위자가 다음에 해당하는 경우에는 과태료 금액의 2분의 1의 범위에서 그 금액을 줄일 수 있다. 다만, 과태료를 체납하고 있는 위반행위자의 경우에는 그렇지 않다.

　㉠ 위반행위자가 「질서위반행위규제법 시행령」의 어느 하나에 해당하는 경우
　㉡ 위반행위자가 자연재해·사고 등으로 재산에 현저한 손실이 발생하거나 영업여건의 악화로 사업이 중대한 위기에 처하는 등의 사정이 있는 경우
　㉢ 위반행위가 사소한 부주의나 오류 등 과실로 인한 것으로 인정되는 경우
　㉣ 그 밖에 위반행위의 정도, 위반행위의 동기와 그 결과 등을 고려하여 줄일 필요가 있다고 인정되는 경우

(2) 개별기준

| 쌤의 핵심포인트 |
채용절차의 공정화에서의 과태료는 3년간 같은 위반행위인 경우에는 가중처벌된다.

(단위 : 만 원)

위반행위	근거 법조문	과태료 금액		
		1차 위반	2차 위반	3차 이상 위반
가. 구인자가 법 제4조 제2항 또는 제3항을 위반하여 채용광고의 내용 또는 근로조건을 변경한 경우	법 제17조 제2항 제1호	300	400	500
나. 구인자가 법 제4조 제4항을 위반하여 지식재산권을 구인자에게 귀속하도록 강요한 경우	법 제17조 제2항 제2호	300	400	500
다. 법 제4조의2를 위반하여 채용강요 등의 행위를 한 경우	법 제17조 제1항	1,500	3,000	3,000
라. 구인자가 법 제4조의3을 위반하여 그 직무의 수행에 필요하지 않은 개인정보를 기초심사자료에 기재하도록 요구하거나 입증자료로 수집한 경우	법 제17조 제2항 제3호	300	400	500
마. 구인자가 법 제11조 제3항을 위반하여 채용서류 보관의무를 이행하지 않은 경우	법 제17조 제3항 제1호	150	200	300
바. 구인자가 법 제11조 제6항을 위반하여 구직자에 대한 고지의무를 이행하지 않은 경우	법 제17조 제3항 제2호	150	200	300
사. 구인자가 법 제12조 제1항에 따른 시정명령을 이행하지 않은 경우	법 제17조 제3항 제3호	150	200	300

CHAPTER 4
출제예상문제

4-2 채용절차의 공정화에 관한 법률

01 채용절차의 공정화에 관한 법률에서 채용서류에 해당하지 않는 것은?

① 심층심사자료
② 구직자의 응시원서
③ 입증자료
④ 기초심사자료

해설

채용서류란 기초심사자료, 입증자료, 심층심사자료를 말한다.

02 채용절차의 공정화에 관한 법률에서 기초심사자료에 기재하도록 요구할 수 있는 사항은?

① 구직자 본인의 직계 존비속 및 형제자매의 학력 · 직업 · 재산
② 구직자 본인의 출신지역 · 혼인 여부 · 재산
③ 구직자 본인의 출신학교 · 경력사항 · 자격사항
④ 구직자 본인의 용모 · 키 · 체중 등의 신체적 조건

해설

기초심사자료에 기재하도록 요구하거나 입증자료로 수집하여서 할 수 없는 범위는 다음과 같다.

① 구직자 본인의 용모 · 키 · 체중 등의 신체적 조건
② 구직자 본인의 출신지역 · 혼인 여부 · 재산
③ 구직자 본인의 직계 존비속 및 형제자매의 학력 · 직업 · 재산

03 채용절차의 공정화에 관한 법률에서 300만 원 이하의 과태료를 부과하는 사항이 아닌 경우는?

① 채용서류 보관의무를 이행하지 아니한 구인자
② 채용심사비용 등에 관한 시정명령에 따른 시정명령을 이행하지 아니한 구인자
③ 채용강요 등의 금지를 위반하여 채용강요 등의 행위를 한 구인자
④ 채용서류의 반환 등 구직자에 대한 고지의무를 이행하지 아니한 구인자

해설

채용강요 등의 금지를 위반하여 채용강요 등의 행위를 한 자에게는 3천만 원 이하의 과태료를 부과한다.

6

VOCATIONAL
COUNSELOR

과년도 기출문제

VOCATIONAL COUNSELOR

과년도 기출문제 2019년 1회

1과목 직업상담학

01 직업상담의 기본 원리와 가장 거리가 먼 것은?

① 윤리적인 범위 내에서 상담을 전개하여야 한다.
② 산업구조 변화, 직업정보, 훈련정보 등 변화하는 직업세계에 대한 이해를 토대로 이루어져야 한다.
③ 각종 심리검사 결과를 기초로 합리적인 판단을 이끌어낼 수 있어야 하지만 심리검사에 대해 과잉의존해서는 안 된다.
④ 개인의 진로 혹은 직업결정에 대한 상담으로 전개되어야 하며, 자칫 의사결정능력에 대한 훈련으로 전환되지 않도록 유의한다.

해설

직업상담의 목적은 내담자에게 진로 및 직업선택 관련 의사결정능력을 길러주기 위함이다. 즉, 의사결정능력 함양을 통해 진로결정을 확고하게 해주는 과정이다.

02 직업상담사의 요건 중 '상담업무를 수행하는 데 가급적 결함이 없는 성격을 갖춘 자'에 대한 사례와 가장 거리가 먼 것은?

① 지나칠 정도의 동정심
② 순수한 이해심을 가진 신중한 태도
③ 건설적인 냉철함
④ 두려움이나 충격에 대한 공감적 이해력

해설

직업상담사의 자질요건
① 통일된 동일시
② 건설적인 냉철함
③ 정서성에서 분리된 지나치지 않은 동정심
④ 순수한 이해심을 가진 신중한 태도
⑤ 도덕적 판단
⑥ 두려움 및 충격 등에 대한 뜻깊은 이해성

03 직업상담의 초기면담을 마친 후에 상담사가 면담을 정리하기 위해 검토해야 할 사항과 가장 거리가 먼 것은?

① 사전자료를 토대로 내렸던 내담자에 대한 결론은 얼마나 정확했는가?
② 상담에 대한 내담자의 기대와 상담사의 기대는 얼마나 일치했는가?
③ 내담자에 대하여 어떤 점들을 추가적으로 평가해야 할 것인가?
④ 내담자에게 적절한 직업을 추천하였는가?

해설

적절한 직업 추천은 상담 종결 시 검토해야 할 사항이다. 초기면담을 마친 후에는 다음 상담회기를 어떻게 시작할지 검토해야 한다.

정답 **01** ④ **02** ① **03** ④

04 Super가 제시한 흥미사정 기법에 해당하지 않는 것은?

① 표현된 흥미   ② 선호된 흥미
③ 조작된 흥미   ④ 조사된 흥미

🔖 해설

슈퍼(Super)가 제시한 흥미사정의 방법
① 표현된 흥미 : 어떤 활동이나 직업에 대해서 좋고 싫음을 말하도록 요청한다.
② 조작된 흥미 : 해당 활동에 참여하는 사람들이 어떻게 시간을 보내는지를 관찰한다.
③ 조사된 흥미 : 표준화된 검사지를 이용하여 조사한다.

05 다음 설명에 해당하는 상담이론은?

> 인간은 합리적인 사고를 할 수 있는 동시에 비합리적인 사고와 가능성도 가지고 있는 존재이며, 따라서 내담자의 모든 행동적·정서적 문제는 경험적으로 타당성이 없는 비논리적이고 비합리적인 사고로 인해 발생한 것이라고 보았다.

① 합리적 정서행동 상담
② 현실치료적 상담
③ 형태주의 상담
④ 정신분석적 상담

🔖 해설

합리적 정서행동적 상담에 대한 설명으로 엘리스에 의해 발전된 이론이다. 모든 내담자의 행동적·정서적 문제는 비합리적인 사고에서 발생한 것으로 보고 비합리적 신념을 논박함으로써 합리적인 신념으로 변화시키는 것을 상담의 목표로 한다.

06 사회인지적 직업상담이론의 기반이 되는 Bandura의 상호적 결정론의 세 가지 요인이 아닌 것은?

① 개인과 신체적 속성
② 모범이 되는 모델
③ 외부 환경
④ 외형적 행동

🔖 해설

반두라(Bandura)의 3축 호혜성 인과적 모형
① 개인과 신체적 속성
② 외부 환경
③ 외형적 행동

07 정신역동적 직업상담에서 Bordin이 제시한 진단 범주가 아닌 것은?

① 의존성   ② 자아 갈등
③ 정보의 부족   ④ 개인의 흥미

🔖 해설

보딘(Bordin)이 제시한 직업문제의 심리적 원인은 의존성, 정보의 부족, 자아갈등(내적 갈등), 선택의 불안, 확신의 결여(문제 없음)이다.

08 상담의 비밀보장 원칙에 대한 예외사항이 아닌 것은?

① 상담사가 내담자의 정보를 학문적 목적에만 사용하려고 하는 경우
② 미성년 내담자가 학대를 받고 있다는 사실이 보고되는 경우
③ 내담자가 타인의 생명을 위협할 가능성이 있다고 판단되는 경우
④ 내담자가 자기의 생명을 위협할 가능성이 있다고 판단되는 경우

🔖 해설

한국상담협회 윤리강령의 비밀보장의 한계
상담자는 내담자의 개인 및 사회에 임박한 위험이 있다고 판단될 때, 극히 조심스럽게 고려한 뒤 내담자의 사회생활 정보를 적정한 전문인 혹은 사회 당국에 공개한다.

정답 04 ② 05 ① 06 ② 07 ④ 08 ①

① 내담자가 자신이나 타인의 생명 혹은 사회의 안전을 위협하는 경우
② 미성년인 내담자가 학대를 당하고 있는 경우
③ 내담자가 감염성이 있는 치명적인 질병이 있다는 확실한 정보를 가졌을 경우
④ 내담자가 아동학대를 하는 경우
⑤ 법적으로 정보의 공개가 요구되는 경우

09 상담 종결 단계에서 다루어야 할 사항이 아닌 것은?

① 상담 종결 단계에 대한 내담자의 준비도를 평가하고 상담을 통해 얻은 학습을 강화시킨다.
② 남아 있는 정서적 문제를 해결하고 내담자와 상담사 간의 의미 있고 밀접했던 관계를 적절하게 끝맺는다.
③ 상담사와 내담자가 협력하여 앞으로 나아갈 방향과 상담목표를 설정하고 확인해 나간다.
④ 학습의 전이를 극대화하고 내담자의 자기 신뢰 및 변화를 유지할 수 있는 자신감을 증가시킨다.

해설

상담목표를 설정하는 것은 초기 단계이다.

상담의 진행과정에 따른 일반적인 고려사항
① 초기 단계 : 상담관계 형성, 상담목표 및 전략 수립, 상담의 구조화 등
② 중기 단계 : 문제해결을 위한 구체적인 시도, 내담자의 자기탐색과 통찰, 내담자의 변화를 통한 상담과정 평가 등
③ 종결 단계 : 합의한 목표달성, 이별감정 다루기 등

10 구성주의 진로발달 이론의 진로양식면접에서 선호하는 직무와 근로환경을 파악하기 위한 질문으로 가장 적합한 것은?

① 중학교 때나 고등학교 때 좋아하는 교과목이 무엇이었나요?
② 좋아하는 책이나 영화에 대해 이야기해 주세요.
③ 어떤 사람의 삶을 따라서 살고 싶은가요?
④ 좋아하는 명언이나 좌우명이 있나요?

해설

구성주의 진로발달이론은 슈퍼(Super)의 진로발달이론을 사회구성주의로 재개념화한 것으로 진로양식면접(진로유형면접)을 묻는 문제이다.

영역	질문	의미
역할 모델	가장 존경하는 사람은 누구인가요?	이상적 자아를 나타낸다.
교과목	좋아하거나 싫어한 교과목이 무엇인가요?	선호하는 직무와 근로환경을 나타낸다.
명언	좋아하는 명언이나 좌우명이 있나요?	생애사(Life Story)의 제목을 제공한다.
여가와 취미	여가시간을 어떻게 보내고 싶은가요?	자기표현을 다루고 겉으로 드러난 흥미가 무엇인지를 나타낸다.

11 내담자가 수집한 직업목록의 내용이 실현 불가능할 때, 상담사의 개입 방안으로 옳지 않은 것은?

① 브레인스토밍 과정을 통해 내담자의 부적절한 직업목록 내용을 명확히 한다.
② 최종 의사결정은 내담자가 해야 함을 확실히 한다.
③ 내담자가 그 직업들을 시도해본 후 어려움을 겪게 되면 개입한다.
④ 객관적인 증거나 논리로 추출한 것에 대해서 대화해야 한다.

해설

내담자가 수집한 직업목록의 내용이 실현 불가능함을 인지한 상담사라면 내담자가 그 직업을 시도하여 어려움을 겪기 전에 개입하는 것이 바람직하다.

12 진로시간전망을 측정하는 원형검사에서 시간 차원 내 사건의 강도와 확장의 원리를 기초로 수행되는 차원은?

① 방향성　　　　② 통합성
③ 변별성　　　　④ 포괄성

> **해설**
>
> 변별성은 미래가 실제인 것처럼 느끼도록 하고 계획에 대한 긍정적인 태도를 강화하며 목표설정을 추구하기 위한 것으로 시간차원 내 사건의 강도와 확장성을 의미한다.

13 다음 사례에서 면담 사정 시 사정단계에서 확인해야 하는 내용으로 가장 적합한 것은?

> 중 2 남학생인 내담자는 소극적인 성격으로 대인관계에 어려움을 겪고 있고 진로에 대한 고민을 한 적이 없고 학업도 게을리하고 있다.

① 내담자의 잠재력, 내담자의 자기진단
② 인지적 명확성, 정신건강 문제, 내담자의 동기
③ 내담자의 자기진단, 상담자의 정보 제공
④ 동기문제 해결, 상담자의 견해 수용

> **해설**
>
> 소극적인 성격으로 대인관계에 어려움을 겪고 있고 진로에 대한 고민을 한 적이 없으며 학업도 게을리하고 있으므로 이 학생의 경우 인지적 명확성, 동기를 먼저 사정해야 한다.

14 직업상담의 문제유형에 대한 Crites의 분류 중 '부적응형'에 대한 설명으로 옳은 것은?

① 적성에 따라 직업을 선택했지만 그 직업에 흥미를 느끼지 못하는 사람
② 흥미를 느끼는 분야는 있지만 그 분야에 필요한 적성을 가지고 있지 못하는 사람

③ 흥미나 적성의 유형이나 수준과는 상관없이 어떤 분야를 선택할지 결정하지 못하는 사람
④ 흥미를 느끼는 분야도 없고 적성에 맞는 분야도 없는 사람

> **해설**
>
> 크리츠(Crites)의 직업선택 문제 유형
> ① 적응성
> - 적응형 : 흥미와 적성이 일치하는 분야를 발견한 사람
> - 부적응형 : 흥미를 느끼는 분야도 없고 적성에 맞는 분야를 찾지 못한 사람
> ② 결정성
> - 우유부단형 : 흥미와 적성에 관계없이 성격적으로 선택과 결정을 못 내리는 사람
> - 다재다능형 : 가능성이 많아서 흥미를 느끼는 직업들과 적성에 맞는 직업들 사이에서 결정을 내리지 못하는 사람
> ③ 현실성
> - 비현실형 : 흥미를 느끼는 분야는 있지만 그 분야에 대해 적성을 가지고 있지 못한 사람
> - 불충족형 : 흥미와는 일치하지만 자신의 적성수준보다 낮은 직업을 선택하는 사람
> - 강압형 : 적성 때문에 선택했지만 그 직업에 흥미가 없는 사람

15 행동주의 상담의 모델링 기법에 관한 설명으로 틀린 것은?

① 적응적 행동이 어떤 것인지 가르칠 수 있다.
② 적응적 행동을 실제로 행하도록 촉진할 수 있다.
③ 내담자가 두려워하는 행동을 하는 모델을 관찰함으로써 불안이 감소될 수 있다.
④ 문제행동에서 벗어나도록 둔감화를 적용할 수 있다.

> **해설**
>
> 모델링은 학습촉진기법이며, 문제행동에서 벗어나도록 둔감화를 적용하는 것은 불안감소기법이다.

정답　12 ③　13 ②　14 ④　15 ④

16 초기 상담과정에서 상담사가 수행해야 할 내용으로 옳지 않은 것은?

① 상담사의 개입을 시도한다.
② 상담과정에서 필요한 과제물을 부여한다.
③ 조급하게 내담자에 대한 결론을 내리지 않는다.
④ 상담과정과 역할에 대한 서로의 기대를 명확히 한다.

> **해설**
> 초기 상담과정은 내담자와의 관계형성을 하는 단계로 상담사의 개입은 중기단계에서 이루어진다.

17 직업상담의 기법 중 비지시적 상담 규칙과 가장 거리가 먼 것은?

① 상담사는 내담자와 논쟁해서는 안 된다.
② 상담사는 내담자에게 질문 또는 이야기를 해서는 안 된다.
③ 상담사는 내담자에게 어떤 종류의 권위도 과시해서는 안 된다.
④ 상담사는 인내심을 가지고 우호적으로, 그러나 지적으로는 비판적인 태도로 내담자의 말을 경청해야 한다.

> **해설**
> 상담사는 특수한 경우에 한해 내담자에게 질문 또는 이야기를 할 수 있다.

18 내담자가 빈 의자를 앞에 놓고 어떤 사람이 실제 앉아 있는 것처럼 상상하면서 이야기를 하는 치료기법을 사용하는 상담이론은?

① 게슈탈트 상담
② 현실요법적 상담
③ 동양적 상담
④ 역설적 상담

> **해설**
> 게슈탈트 상담 중 빈 의자 기법에 대한 설명이다.

19 Parsons가 제안한 특성 – 요인 이론에 관한 설명으로 틀린 것은?

① 고도로 개별적이고 과학적인 방법을 통해 개인과 직업을 연결하는 것이 핵심이다.
② 사람들은 누구나 신뢰롭고 타당하게 측정될 수 있는 독특한 특성을 지니고 있다.
③ 특성이란 숨어 있는 특질이나 원인이 아니라 기술적인 범주이다.
④ 직업선택은 직접적인 인지과정이기 때문에 개인의 특성과 직업의 특성을 연결하는 것이 가능하다.

> **해설**
> 특성이란 개인의 특징을 말하는 것으로 성격, 적성, 흥미, 가치관 등 검사에 의해 측정 가능하다.

20 생애주기에 관한 연구결과들의 시사점과 가장 거리가 먼 것은?

① 모든 연령수준별로 일에 대한 이해, 일을 수행하기 위한 훈련과 자격, 원하는 직업을 얻는 방법, 생활과 직업의 관계를 인식해야 한다.
② 10대에게는 직업에 필요한 적당한 기술과 훈련이 필요하다.
③ 한 번 얻은 직업정보는 시간과 상황에 관계없이 계속 유지되어야 한다.
④ 여성과 노인들을 위한 취업정보체계가 필요하다.

> **해설**
> 직업정보는 시간과 상황에 따라 적절하게 변화되어야 한다.

2과목 직업심리학

21 Gottfredson이 제시한 직업포부의 발달단계가 아닌 것은?

① 성역할 지향성
② 힘과 크기 지향성
③ 사회적 가치 지향성
④ 직업 지향성

해설

고트프레드슨(Gottfredson)이 제시한 직업포부의 발달단계
① 힘과 크기의 지향성(3~5세) : 사고과정이 구체화되며 어른이 된다는 것의 의미를 알게 된다.
② 성역할 지향성(6~8세) : 자아개념이 성의 발달에 의해서 영향을 받게 된다.
③ 사회적 가치 지향적(9~13세) : 사회계층에 대한 개념이 생기면서 상황 속에서 자아를 인식하게 된다.
④ 내적, 고유한 자아 지향성(14세 이후) : 자아인식이 발달되며 타인에 대한 개념이 생겨난다.

22 Crites가 개발한 직업성숙도검사(CMI)에서 태도척도에 해당되지 않는 것은?

① 성실성   ② 독립성
③ 지향성   ④ 결정성

해설

성실성이 아니라 성향이다.
크리츠(Crites)가 개발한 직업성숙도검사(CMI)의 태도척도는 진로결정성, 참여도, 독립성, 성향, 타협성 등 5개의 하위영역으로 구성되어 있다.

23 다음 중 Maslow의 욕구위계이론과 가장 유사성이 많은 직무동기이론은?

① 기대－유인가 이론
② Adams의 형평이론
③ Locke의 목표설정이론
④ Alderfer의 존재－관계－성장이론

해설

알더퍼(Alderfer)가 제시한 ERG이론은 매슬로(Maslow)의 욕구단계이론의 한계점과 비판점을 근거로 제시된 이론이다.
① 매슬로의 욕구단계이론 : 생존의 욕구, 안전의 욕구, 사회적 욕구, 존중의 욕구, 자아실현의 욕구
② 알더퍼가 제시한 ERG이론 : 존재의 욕구, 관계의 욕구, 성장욕구

24 신뢰도가 높은 검사의 특성으로 옳은 것은?

① 공부를 잘하는 학생이 못하는 학생보다 더 좋은 점수를 받는다.
② 검사점수들이 정상분포를 이룬다.
③ 한 피검사자가 동일한 검사를 반복해서 받을 때 유사한 점수를 받는다.
④ 검사 문항의 난이도가 낮은 것부터 높은 것까지 골고루 분포되어 있다.

해설

신뢰도란 동일한 사람에게 검사를 실시했을 때 측정하는 검사의 점수와 얼마나 일관성 있게 나오느냐 하는 것이다.

25 직업전환을 원하는 내담자를 상담할 때 고려해야 할 사항과 가장 거리가 먼 것은?

① 나이와 건강을 고려해야 한다.
② 부모의 기대와 아동기 경험을 분석한다.
③ 직업을 전환하는 데 동기화가 되어 있는지 알아본다.
④ 직업을 전환하는 데 필요한 기술을 가지고 있는지 평가해야 한다.

해설

직업전환을 하려는 내담자와의 상담에서 부모의 기대와 아동기 경험의 분석은 중요하지 않다.

정답 21 ④ 22 ① 23 ④ 24 ③ 25 ②

직업전환을 원하는 내담자 상담 시 고려사항
① 내담자의 변화에 대한 인지능력 탐색
② 전환하는 데 필요한 기술을 가지고 있는지 평가
③ 나이와 건강을 고려
④ 직업을 전환하는 데 동기화가 되어 있는지 여부 파악

26 신입사원이 조직에 쉽게 적응하도록 상사가 후견인이 되어 도와주는 경력개발 프로그램은?

① 종업원지원 시스템
② 멘토십 시스템
③ 경력지원 시스템
④ 조기발탁 시스템

🔖 **해설**

멘토십 시스템이란 경험과 지식이 많은 사람이 스승 역할을 하여 지도와 조언으로 그 대상자의 실력과 잠재력을 향상시키는 것을 돕는 프로그램이다.

27 심리검사의 표준화를 통해 통제하고자 하는 변인이 아닌 것은?

① 검사자 변인
② 피검자 변인
③ 채점자 변인
④ 실시상황 변인

🔖 **해설**

표준화란 검사의 실시와 채점 절차의 동일성을 유지하는 데 필요한 세부사항들을 잘 정리한 것이다. 즉, 검사재료, 시간제한, 검사순서, 검사장소 등 검사실시의 모든 과정과 응답한 내용을 어떻게 점수화하는가 하는 채점절차를 세부적으로 명시하는 것을 말한다. 그러나 피검자의 변인을 통제할 수는 없다.

28 직무분석을 실시할 때 분석할 대상직업에 대한 자료가 부족하여 실시하는 최초분석법의 분석방법이 아닌 것은?

① 면담법
② 체험법
③ 비교확인법
④ 설문법

🔖 **해설**

최초분석법의 종류에는 설문지법, 녹화법, 체험법, 면접법, 중요사건법, 관찰법 등이 있다.
비교확인법은 참고자료가 충분하고 단기간에 관찰이 불가능한 직무에 적합한 방법이다.

29 직무 특성 양식 중 개인이 환경과의 상호작용에 있어 반응을 계속하는 시간의 길이는?

① 신속성
② 속도
③ 인내심
④ 리듬

🔖 **해설**

롭퀴스트와 데이비스(Lofquist & Dawis)의 직업적응이론의 직업적응방식적 측면 중 끈기에 대하여 말하는 것으로 끈기를 다른 말로 인내심이라고도 한다.
① 융통성 : 개인의 작업환경과 개인적 환경 간의 부조화를 참아내는 정도를 의미한다.
② 끈기 : 환경이 자신에게 맞지 않아도 개인이 얼마나 오랫동안 견뎌낼 수 있는지의 정도를 의미한다.
③ 적극성 : 개인이 작업환경을 개인적 방식과 좀 더 조화롭게 만들어 가려고 노력하는 정도를 의미한다.
④ 반응성 : 개인이 작업 성격의 변화로 인해 작업환경에 반응하는 정도를 의미한다.

30 다음 중 일반적인 직무분석의 3단계에 포함되지 않는 것은?

① 직업분석(Occupational Analysis)
② 직무분석(Job Analysis)
③ 직업수준분석(Job Level Analysis)
④ 작업분석(Task Analysis)

🔖 **해설**

직무분석의 3단계
① 1단계 : 직업분석
② 2단계 : 직무분석
③ 3단계 : 작업분석

정답 26 ② 27 ② 28 ③ 29 ③ 30 ③

31 Holland의 흥미이론에서 개인의 흥미 유형과 개인이 몸담고 있거나 소속되고자 하는 환경의 유형이 서로 부합하는 정도는?

① 일치성(Congruence)
② 일관성(Consistency)
③ 변별성(Differentiation)
④ 정체성(Identity)

해설

① 일관성 : 홀랜드 코드의 첫 두문자가 근접할 때 일관성이 높게 나타난다.
② 차별성 : 하나의 유형에는 유사성이 많지만 다른 유형에는 별로 유사성이 없다.
③ 정체성 : 개인의 정체성이란 목표, 흥미, 재능에 대한 명확하고 견고한 청사진을 말하고, 환경정체성이란 조직의 투명성, 안정성, 목표 · 일 · 보상의 통합으로 규정된다.
④ 일치성 : 개인의 흥미 유형과 개인이 몸담고 있거나 소속되고자 하는 환경의 유형이 서로 부합하는 정도이다.
⑤ 계측성 : 육각형 모형에서 유형 간의 거리는 그 사이의 이론적 관계에 반비례한다.

32 다음은 무엇에 관한 설명인가?

> 실제로 무엇을 재는가의 문제가 아니라, 검사가 잰다고 말하는 것을 재는 것처럼 보이는가의 문제이다. 즉, 검사를 받는 사람들에게 그 검사가 타당한 것처럼 보이는가를 뜻한다.

① 내용타당도(Content Validity)
② 준거 관련 타당도(Criterion−Related Validity)
③ 예언타당도(Predictive Validity)
④ 안면타당도(Face Validity)

해설

안면타당도는 일반인이나 수검사자에게 그 검사가 타당한 것처럼 보이느냐 하는 문제와 관련된다.

33 승진을 하려면 지방근무를 해야만 하고, 서울근무를 계속하려면 승진기회를 잃는 경우에 겪는 갈등의 유형은?

① 접근−접근 갈등
② 회피−회피 갈등
③ 접근−회피 갈등
④ 이중접근 갈등

해설

레빈(Levin)의 갈등 유형
① 접근−접근 갈등(Approach−Approach Conflict) : 긍정적 유인가가 두 가지인 경우 하나를 선택해야 할 때 겪는 갈등이다.
　예 여름휴가일 때 산이 좋을까? 바다가 좋을까?
② 회피−회피 갈등(Avoidance−Avoidance) : 부정적 유인가가 두 가지인 경우 하나를 선택해야 할 때 겪는 갈등이다.
　예 회사에 출근하기는 싫은데 출근하지 않으면 상사로부터 질책받는 것이 두려운 경우
③ 접근−회피 갈등(Approach−Avoidance Conflict) : 긍정적 유인가와 부정적 유인가를 모두 가지고 있을 때 겪는 갈등이다.
　예 승진을 하려면 지방근무를 해야만 하고, 서울근무를 계속하려면 승진기회를 잃는 경우
④ 이중 접근−회피 갈등(Double Approach−Avoi-Dance Conflict) : 접근−회피 갈등이 확장된 것으로, 두 가지 목표가 서로 다른 장점과 단점을 지니고 있는 경우, 어느 것을 선택해야 할지 결정해야 할 때 발생하는 갈등이다.
　예 비싼 새 차를 사야 할지 중고차를 사야 할지 고민하는 경우이다. 새 차를 사면 고장도 잘 안 나고 보기에도 좋지만 경제적 부담이 크고, 저렴한 중고차를 사면 경제적 부담은 적지만 고장이 잘 날 수도 있고 보기에도 좋지 않다고 생각하는 경우이다.

34 Krumboltz의 사회학습 진로이론에서 삶에서 일어나는 우연한 일들을 자신의 진로에 유리하게 활용하는 데 도움되는 기술이 아닌 것은?

① 호기심(Curiosity)
② 독립심(Independence)
③ 낙관성(Optimum)
④ 위험 감수(Risk Taking)

해설

크롬볼츠(Krumboltz)의 사회학습 진로이론에서 삶에서 일어나는 우연한 일들을 자신의 진로에 유리하게 활용하는 데 도움되는 기술
① 호기심 : 새로운 학습기회를 탐색
② 인내심 : 좌절에도 불구하고 노력을 지속하는 것
③ 융통성 : 태도와 상황을 변화시키는 것
④ 낙관성 : 새로운 기회가 올 때 그것을 긍정적으로 보는 것
⑤ 위험 감수 : 불확실한 결과 앞에서도 행동화하는 것

35 스트레스에 관한 설명으로 옳은 것은?

① 스트레스에 대한 일반적응증후는 경계, 저항, 탈진 단계로 진행된다.
② 1년간 생활변동 단위(Life Change Unit)의 합이 90인 사람은 대단히 심한 스트레스를 겪는 사람이다.
③ A유형의 사람은 B유형의 사람보다 스트레스에 더 인내력이 있다.
④ 사회적 지지가 스트레스의 대처와 극복에 미치는 영향력은 거의 없다.

해설

②항 1년간 생활변동 단위합이 150~199점 : 경미한 위기, 200~299점 : 견딜 만한 위기, 300점 이상 : 심각한 위기
③항 A유형의 사람이 스트레스에 더 취약하다.
④항 사회적 지지는 긍정적으로 작용한다.

36 문항분석에서 다음의 P는 무엇인가?

$$P = \frac{R}{N} \times 100$$

단, R : 어떤 문항에 정답을 한 수
 N : 총 사례 수

① 문항 난이도 　　② 문항 변별도
③ 오답 능률도 　　④ 문항 오답률

해설

문항의 난이도란 문항의 쉽고 어려운 정도를 나타내는 것으로서, 총 피험자 중 정답을 맞힌 피험자의 비율을 의미한다. 여기서 P는 문항의 난이도를 의미한다.

37 Holland가 분류한 성격유형 중 기계, 도구에 관한 체계적인 조작활동을 좋아하나 사회적 기술이 부족한 유형은?

① 예술적 유형(A)
② 현실적 유형(R)
③ 기업가적 유형(E)
④ 관습적 유형(C)

해설

홀랜드의 직업성격이론의 6가지 유형
① 현실형 : 기계, 동물, 도구에 관한 체계적인 조작활동을 좋아하나 사회적 기술이 부족하다.
 [대표 직업] 기술자, 트럭운전사, 비행기조종사, 조사연구원, 농부 등
② 탐구형 : 분석적이고 호기심이 많고 조직적이며 정확한 반면, 흔히 리더십 기술이 부족하다.
 [대표 직업] 수학자, 과학자, 의사 등
③ 예술형 : 변화와 다양성을 좋아하고 틀에 박힌 것을 싫어한다.
 [대표 직업] 예술가, 연예인, 시인, 장식가, 인테리어 디자이너 등
④ 사회형 : 친절하고 정이 많으며 다른 사람과 함께 일하는 것을 즐기나 기계적인 활동이 부족하다.
 [대표 직업] 상담사, 보육교사, 사회복지사 등
⑤ 진취형 : 위신, 인정, 권위에 흥미가 있으며 타인을 선도, 계획, 통제, 관리하는 일을 선호하나 체계적인 활동에는 약하다.
 [대표 직업] 정치가, 사업가, 판매사원 등
⑥ 관습형 : 정해진 원칙과 계획에 따라 자료들을 기록, 정리, 조직하는 일을 좋아하나 변화에 약하고 융통성이 부족하다.
 [대표 직업] 경리사원, 비서, 은행원 등

정답 35 ① 36 ① 37 ②

38 조직에 영향을 미치는 직무스트레스의 결과와 가장 거리가 먼 것은?

① 직무수행 감소
② 직무 불만족
③ 상사의 부당한 지시
④ 결근 및 이직

> **해설**
> 상사의 부당한 지시는 직무스트레스의 원인이다.

39 직업적성 검사의 측정에 대한 설명으로 옳은 것은?

① 개인이 맡은 특정 직무를 성공적으로 수행할 수 있는지를 측정한다.
② 일반적인 지적 능력을 알아내어 광범위한 분야에서 그 사람이 성공적으로 수행할 수 있는지를 측정한다.
③ 직업과 관련된 흥미를 알아내어 직업에 관한 의사결정에 도움을 주기 위한 것이다.
④ 개인이 가지고 있는 기질이라든지 성향 등을 측정하는 것으로 개인에게 습관적으로 나타날 수 있는 어떤 특징을 측정한다.

> **해설**
> ②항 지능검사, ③항 흥미검사, ④항 성격검사

40 직업발달을 탐색 – 구체화 – 선택 – 명료화 – 순응 – 개혁 – 통합의 직업정체감 형성과정으로 설명한 것은?

① Super의 발달이론
② Ginzberg의 발달이론
③ Tiedeman과 O'Hara의 발달이론
④ Gottfredson의 발달이론

> **해설**
> 타이드만과 오하라(Tiedeman & O'Hara)의 발달이론은 자아정체감(직업정체감)의 발달을 진로발달과정에서 가장 중요시하고 분화와 통합의 개념을 개시하였다.

3과목 직업정보론

41 다음은 무엇에 관한 정의인가?

> 유사한 성질을 갖는 산업활동에 주로 종사하는 생산단위의 집합

① 직업
② 산업
③ 일(Task)
④ 요소작업

> **해설**
> 산업이란 "유사한 성질을 갖는 산업활동에 주로 종사하는 생산단위의 집합", 산업활동이란 "각 생산단위가 노동, 자본, 원료 등 자원을 투입하여, 재화 또는 서비스를 생산 또는 제공하는 일련의 활동과정"이라 정의된다. 산업활동의 범위에는 영리적, 비영리적 활동이 모두 포함되나, 가정 내의 가사활동은 제외된다.

42 국가기술자격 기사등급의 응시 자격으로 틀린 것은?

① 응시하려는 종목이 속하는 동일 및 유사 직무분야에서 4년 이상 실무에 종사한 사람
② 동일 및 유사 직무분야의 기사 수준 기술훈련과정 이수자 또는 그 이수예정자
③ 응시하려는 종목이 속하는 동일 및 유사 직무분야의 다른 종목의 등급 이상의 자격을 취득한 사람
④ 기능사 자격을 취득한 후 응시하려는 종목이 속하는 동일 및 유사 직무분야에서 2년 이상 실무에 종사한 사람

정답 38 ③ 39 ① 40 ③ 41 ② 42 ④

해설

기능사 자격을 취득한 후 응시하려는 종목이 속하는 동일 및 유사 직무분야에서 3년 이상 실무에 종사한 사람

43 국가기술자격 서비스분야 종목 중 응시자격에 제한이 없는 것으로만 짝지어진 것은?

① 직업상담사 2급－임상심리사 2급－스포츠경영관리사
② 사회조사분석사 2급－소비자전문상담사 2급－텔레마케팅관리사
③ 직업상담사 2급－컨벤션기획사 2급－국제의료관광코디네이터
④ 컨벤션기획사 2급－스포츠경영관리사－국제의료관광코디네이터

해설

응시자격에 제한이 없는 종목에는 직업상담사 2급, 사회조사분석사 2급, 전자상거래관리사 2급, 텔레마케팅관리사, 게임프로그래밍전문가, 게임그래픽전문가, 게임기획전문가, 멀티미디어콘텐츠제작전문가, 소비자전문상담사 2급, 스포츠경영관리사, 컨벤션기획사 2급이 있다.

44 한국표준산업분류의 통계단위는 생산활동과 장소의 동질성의 차이에 따라 다음과 같이 구분된다. (   )에 알맞은 것은?

구분	하나 이상 장소	단일 장소
하나 이상의 산업활동	×××	×××
	×××	
단일 산업활동	( )	×××

① 기업집단단위   ② 지역단위
③ 기업체단위   ④ 활동유형단위

해설

구분	하나 이상의 장소	단일 장소
하나 이상의 산업활동	기업집단	지역단위
	기업체단위	
단일 산업활동	활동유형단위	사업체단위

45 워크넷에 대한 설명으로 틀린 것은?

① 워크넷은 개인구직자와 구인기업을 위한 취업지원 또는 채용지원 서비스를 제공할 뿐만 아니라, 고용센터 직업상담원이나 지자체 취업알선담당자 등의 취업알선업무 수행을 지원하기 위한 내부 취업알선시스템이기도 하다.
② 워크넷은 여성, 장년, 장애인, 청년 등 취약계층을 위한 우대채용정보를 제공한다.
③ 워크넷은 구인 · 구직 관련 서비스 외에 직업 및 진로 정보도 제공한다.
④ 워크넷은 정부에서 운영하는 취업정보사이트이기 때문에 고용센터 등 공공직업안정기관에서 생산한 구인 · 구직 정보만 제공한다.

해설

고용센터 등 공공직업안정기관에서 생산한 구인 · 구직 정보뿐만 아니라 민간취업포털과 지자체의 일자리 정보를 통합검색할 수 있다.

46 다음은 한국직업사전에서 해당 직업의 직무를 수행하는 데 필요한 일반적인 정규교육 수준에 대한 설명이다. (   )에 알맞은 것은?

(ㄱ) : 9년 초과 ~ 12년 이하(고졸 정도)
(ㄴ) : 14년 초과 ~ 16년 이하(대졸 정도)

① ㄱ : 수준 2, ㄴ : 수준 4
② ㄱ : 수준 3, ㄴ : 수준 5
③ ㄱ : 수준 4, ㄴ : 수준 6
④ ㄱ : 수준 5, ㄴ : 수준 7

정답 43 ② 44 ④ 45 ④ 46 ②

해설

수준	교육 정도
1	6년 이하(초졸 정도)
2	6년 초과~9년(중졸 정도)
3	9년 초과~12년(고졸 정도)
4	12년 초과~14년(전문대 졸 정도)
5	14년 초과~16년(대졸 정도)
6	16년 초과(대학원 이상)

47 다음 설명에 해당하는 직업훈련지원제도는?

> 훈련인프라 부족 등으로 인해 자체적으로 직업훈련을 실시하기 어려운 중소기업들을 위해, 대기업 등이 자체 보유한 우수 훈련인프라를 활용하여 중소기업이 필요로 하는 기술인력을 양성·공급하고 중소기업 재직자의 직무능력향상을 지원하는 제도이다.

① 국가인적자원개발컨소시엄
② 사업주지원훈련
③ 국가기간전략산업직종훈련
④ 청년취업아카데미

해설

②항 사업주가 근로자, 채용예정자, 구직자 등을 대상으로 직업능력개발훈련을 실시할 경우 훈련비 등 소요비용의 일부를 지원함으로써 사업주의 직업능력개발훈련 실시를 촉진하고 근로자의 능력개발 향상을 도모하는 제도이다.
③항 기계, 동력, 자동차, 전자 등 우리나라의 중요 산업분야에서 인력이 부족한 직종에 대한 직업능력개발훈련을 실시하여 기업에서 요구하는 수준의 기술·기능 인력 양성·공급 및 실업문제를 해소하기 위한 제도이다.
④항 기업, 사업주 단체, 대학 또는 민간 우수훈련기관이 직접 산업현장에서 필요한 직업능력 및 인력 등을 반영하고 청년 미취업자에게 대학 등과 협력하여 연수과정 또는 창조적 역량 인재과정을 실시한 후 취업 또는 창직, 창업활동과 연계되는 사업이다.

48 워크넷에서 제공하는 채용정보 중 기업형태별 검색에 해당하지 않는 것은?

① 벤처기업
② 외국계 기업
③ 환경친화기업
④ 일학습병행기업

해설

기업형태별 검색은 대기업, 공무원/공기업/공공기관, 강소기업, 코스피/코스닥, 외국계 기업, 일학습병행기업, 벤처기업, 청년친화강소기업, 가족친화인증기업으로 검색할 수 있다.

49 한국표준직업분류에서 대분류와 직능 수준과의 관계로 틀린 것은?

① 관리자－제4직능 수준 혹은 제3직능 수준 필요
② 사무 종사자－제2직능 수준 필요
③ 판매 종사자－제2직능 수준 필요
④ 군인－제1직능 수준 필요

해설

2017년 제7차 개정에 의하여 군인은 제2직능 수준으로 변경되었다.

50 직업정보를 전달하는 유형별 특징에 관한 다음 표의 (   )에 알맞은 것은?

유형	비용	학습자 참여도	접근성
인쇄물	저	(ㄱ)	용이
시청각자료	(ㄴ)	수동	제한
직업경험	고	적극	(ㄷ)

① ㄱ－수동, ㄴ－고, ㄷ－제한
② ㄱ－수동, ㄴ－고, ㄷ－적극
③ ㄱ－적극, ㄴ－저, ㄷ－제한
④ ㄱ－적극, ㄴ－저, ㄷ－석극

정답 47 ① 48 ③ 49 ④ 50 ①

유형	비용	학습자 참여도	접근성
인쇄물	저	수동	용이
시청각자료	고	수동	제한
직업경험	고	적극	제한

51 한국표준직업분류의 포괄적인 업무에 대한 직업분류 원칙에 해당되지 않는 것은?

① 주된 직무 우선 원칙
② 최상급 직능수준 우선 원칙
③ 생산업무 우선 원칙
④ 조사 시 최근의 직업 원칙

해설

④는 다수 직업종사자의 분류원칙이다.

포괄적인 업무에 대한 직업분류 원칙
① 주된 직무 우선 원칙
② 최상급 직능수준 우선 원칙
③ 생산업무 우선 원칙

52 한국표준산업분류의 적용 원칙으로 틀린 것은?

① 생산단위는 산출물뿐만 아니라 투입물과 생산공정 등을 함께 고려하여 그들의 활동을 가장 정확하게 설명된 항목에 분류해야 한다.
② 산업활동이 결합되어 있는 경우에는 그 활동단위의 주된 활동에 따라서 분류해야 한다.
③ 수수료 또는 계약에 의하여 활동을 수행하는 단위는 동일한 산업활동을 자기계정과 자기책임하에서 생산하는 단위와 같은 항목에 분류해야 한다.
④ 공식적 생산물과 비공식적 생산물, 합법적 생산물과 불법적인 생산물을 달리 분류해야 한다.

해설

공식적 생산물과 비공식적 생산물, 합법적 생산물과 불법적인 생산물을 달리 분류하지 않는다.

53 청년내일채움공제 사업에 대한 설명으로 틀린 것은?

① 중소·중견기업에 정규직으로 취업한 청년들의 장기근속을 위하여 고용노동부와 중소벤처기업부가 공동으로 운영하는 사업이다.
② 청년·기업·정부가 공동으로 공제금을 적립하며 성과보상금 형태로 만기공제금을 지급한다.
③ 온라인 신청방법은 중소기업진흥공단(sbcplan.or.kr) 참여신청 → 운영기관 승인 완료 후 워크넷 청약신청 순으로 이루어진다.
④ 근속기간을 기준으로 2년형, 3년형으로 구분한다.

해설

워크넷 청년공제 홈페이지(www.work.go.kr/youngtomorrow)에서 참여신청 → (운영기관의 워크넷 승인 완료 후) 중소기업진흥공단 홈페이지(www.sbcplan.or.kr)에서 청약신청 순으로 이루어진다.

54 구인·구직 통계가 다음과 같을 때 구인배수는?

구분	신규 구인인원	신규 구직건수	취업건수
2018년 5월	210,000	324,000	143,000

① 0.44
② 0.65
③ 1.54
④ 3.73

해설

$$구인배수 = \frac{신규구인인원}{신규구직자수} = \frac{210,000}{324,000} = 0.65$$

55 공공직업정보의 일반적인 특성을 모두 고른 것은?

> ㄱ. 필요한 시기에 최대한 활용되도록 한시적으로 신속하게 생산되어 운영한다.
> ㄴ. 특정분야 및 대상에 국한하지 않고 전체 산업 및 업종에 걸친 직종을 대상으로 한다.
> ㄷ. 특정시기에 국한하지 않고 지속적으로 조사·분석하여 제공된다.
> ㄹ. 관련 직업정보 간의 비교·활용이 용이하다.

① ㄱ, ㄴ, ㄷ　　　　② ㄱ, ㄴ, ㄹ
③ ㄱ, ㄷ, ㄹ　　　　④ ㄴ, ㄷ, ㄹ

해설
ㄱ은 민간직업정보의 특성이다.

56 워크넷(직업·진로)에서 제공하는 학과정보 중 공학계열에 해당하는 학과가 아닌 것은?

① 생명과학과　　　　② 건축학과
③ 안경광학과　　　　④ 해양공학과

해설
생명공학과는 자연계열이다.

57 다음 (　)에 알맞은 것은?

> 2019년 적용 최저임금은 전년대비 10.9% 상승한 시급 (　　)원이다.

① 6,470　　　　② 7,530
③ 8,350　　　　④ 10,000

해설
참고로 최저임금은 2019년 8,350원에서 2020년 8,590원으로 2.9% 인상되었다.

58 한국직업전망의 직업별 정보 구성체계에 해당하지 않는 것은?

① 하는 일　　　　② 근무환경
③ 산업전망　　　　④ 관련 정보처

해설
한국직업전망의 구조는 하는 일, 근무환경, 되는 길, 적성 및 흥미, 성별/연령/학력 분포 및 임금, 고용전망, 관련 직업, 직업코드, 관련 정보처로 구성되어 있다.

59 질문지를 사용한 조사를 통해 직업정보를 수집하고자 한다. 질문지 문항 작성방법에 대한 설명으로 틀린 것은?

① 객관식 문항의 응답 항목은 상호배타적이어야 한다.
② 응답하기 쉬운 문항일수록 설문지의 앞에 배치하는 것이 좋다.
③ 신뢰도 측정을 위해 짝(Pair)으로 된 문항들은 함께 배치하는 것이 좋다.
④ 이중(Double−barreled)질문과 유도질문은 피하는 것이 좋다.

해설
신뢰도 측정을 위해 짝(Pair)으로 된 문항들은 분리 배치하는 것이 좋다.

60 실기능력이 중요하여 고용노동부령으로 정하는 필기시험이 면제되는 기능사 종목이 아닌 것은?

① 도화기능사　　　　② 항공사진기능사
③ 유리시공기능사　　④ 사진기능사

해설
필기시험이 면제되는 기능사 종목
거푸집기능사, 건축도장기능사, 건축목공기능사, 도배기능사, 미장기능사, 방수기능사, 비계기능사, 온수온돌기능사, 유리시공기능사, 조적기능사, 철근기능사, 타일기능사, 도화기능사, 석공기능사, 지도제작기능사, 항공사진기능사, 금속재창호기능사

4과목 노동시장론

61 노동공급의 탄력성 값이 0인 경우 노동공급곡선의 형태는?

① 수평이다. ② 수직이다
③ 우상향이다. ④ 후방굴절형이다.

해설

노동공급의 탄력성 값이 0인 경우는 완전 비탄력적인 경우로 노동공급곡선은 수직이다.

62 다음은 근로자의 노동투입량, 시간당 임금 및 노동의 한계수입생산을 나타낸 것이다. 기업이 노동투입량을 5,000시간에서 6,000시간으로 증가시킬 때 노동의 한계비용은?

노동투입량 (시간)	시간당 임금 (원)	한계수입생산 (원)
3,000	4,000	20,000
4,000	5,000	18,000
5,000	6,000	17,000
6,000	7,000	15,000
7,000	8,000	14,000
8,000	9,000	12,000
9,000	10,000	11,000

① 42,000원 ② 12,000원
③ 6,000원 ④ 2,800원

해설

노동의 한계비용이란 노동의 한 단위가 증가했을 때 발생하는 노동의 비용이다.
노동의 투입량을 5,000시간에서 6,000시간으로 증가시킬 경우
• 5,000시간일 때 총임금
 =5,000시간×6,000원=30,000,000원
• 6,000시간일 때 총임금
 =6,000시간×7,000원=42,000,000원

• 30,000,000원−42,000,000원
 =12,000,000원

한계비용은 노동투입량이 1시간 증가했을 경우이므로 $\dfrac{12,000,000원}{1,000시간}=12,000원$

63 완전경쟁하에서 노동의 수요곡선을 우하향하게 하는 주된 요인은 무엇인가?

① 노동의 한계생산력
② 노동의 가격
③ 생산물의 가격
④ 한계비용

해설

노동의 수요곡선은 한계생산물 체감의 법칙에 의해서 우하향한다.

64 인적자본론의 노동이동에 관한 설명으로 틀린 것은?

① 임금률이 높을수록 해고율은 높다.
② 사직률과 해고율은 경기변동에 따라 상반되는 관련성을 갖고 있다.
③ 사직률과 해고율은 기업특수적 인적자본과 음(−)의 상관관계를 갖는다.
④ 인적자본론에서는 장기 근속자일수록 기업특수적 인적자본량이 많아져 해고율이 낮아진다고 주장한다.

해설

기업특수적 인적자본량이 많은 고임금 근로자는 기업의 입장에서 보면 생상성 향상에 중요한 요인이므로 쉽게 해고되지 않는다.

65 다음은 어떤 형태의 능률급인가?

> • 1886년 미국의 토웬(Henry R. Towen)이 제창
> • 경영활동에 의해 발생한 이익을 그 이익에 관여한 정도에 따라 배분하는 제도
> • 기본 취지는 작업비용으로 달성된 이익을 노동자에게 환원하자는 것

① 표준시간제   ② 이익분배제
③ 할시제   ④ 테일러제

해설

일정기간 동안 발생한 기업 이익을 사전에 정해진 분배공식에 따라 종업원에게 나누어주는 제도다. 종업원에게 배분되는 금액의 크기는 이익달성 정도와 사전에 정해진 배분비율에 따라 결정되며 개인이 지급받게 되는 몫은 임금에 비례하여 결정되기도 하고 업무 성과에 따라 차등적으로 지급하기도 한다.

66 다음 중 직무급 임금체계에 관한 설명으로 가장 적합한 것은?

① 정기승급에 의한 생활안정으로 근로자의 기업에 대한 귀속의식을 고양시킨다.
② 기업풍토, 업무내용 등에서 보수성이 강한 기업에 적합하다.
③ 근로자의 능력을 직능고과의 평가결과에 따라 임금을 결정한다.
④ 노동의 양뿐만 아니라 노동의 질을 동시에 평가하는 임금결정방식이다.

해설

①, ②항은 연공급, ③항은 직능급이다.

67 개인의 가용시간이 일정할 때 작업장까지의 통근시간 증가가 경제활동 참가율과 총 근로시간에 미치는 효과로 옳은 것은?

① 경제활동 참가율 증가, 총 근로시간 증가
② 경제활동 참가율 감소, 총 근로시간 증가
③ 경제활동 참가율 증가, 총 근로시간 감소
④ 경제활동 참가율 감소, 총 근로시간 감소

해설

개인의 가용시간은 일정하므로 통근시간이 증가하면 경제활동 참가율과 총 근로시간은 감소한다.

68 파업이론에 대한 설명이 옳은 것으로 짝지어진 것은?

> ㄱ. 힉스의 파업 이론에 의하면, 사용자의 양보곡선과 노조의 저항곡선이 만나는 곳에서 파업기간이 결정된다.
> ㄴ. 카터–챔벌린 모형에 따르면, 노조의 요구를 거부할 때 발생하는 사용자의 비용이 노조의 요구를 수락했을 때 발생하는 사용자의 비용보다 클 때 노조의 교섭력이 커진다.
> ㄷ. 매브리 이론에 따르면, 노조의 최종수락 조건이 사용자의 최종수락 조건보다 작을 때 파업이 발생한다.

① ㄱ, ㄴ   ② ㄴ, ㄷ
③ ㄱ, ㄷ   ④ ㄱ, ㄴ, ㄷ

해설

노조의 최종수락 조건이 사용자의 최종수락 조건보다 작다면 파업이 생기지 않을 것이다.

정답 65 ② 66 ④ 67 ④ 68 ①

69 다음 중 직종별 임금격차의 발생 원인과 가장 거리가 먼 것은?

① 비경쟁집단
② 보상적 임금격차
③ 과도적 임금격차
④ 직종 간 자유로운 노동 이동

🔖 해설

직종 간 자유로운 노동 이동은 직종별 임금격차를 줄이게 될 것이다.

70 직업이나 직종의 여하를 불문하고 동일 산업에 종사하는 노동자가 조직하는 노동조합의 형태는?

① 직업별 노동조합
② 산업별 노동조합
③ 기업별 노동조합
④ 일반 노동조합

🔖 해설
----
①항 직종(직업)별 노동조합 : 숙련노동자가 노동시장을 배타적으로 독점하기 위해 조직된 것으로 동일한 직종에 종사하는 노동자들이 기업과 산업을 초월하여 결합한 노동조합이다.
③항 기업별 노동조합 : 개별 기업별로 종사하는 노동자들이 직종에 관계없이 결합한 노동조합이다.
④항 일반 노동조합 : 숙련이나 직능의 구별 없이 모든 노동자를 조직대상으로 한다.

71 노사관계의 3주체(Tripartite)를 바르게 짝지은 것은?

① 노동자－사용자－정부
② 노동자－사용자－국회
③ 노동자－사용자－정당
④ 노동자－사용자－사회단체

🔖 해설

노사관계의 주체는 사용자 및 단체, 노동자 및 단체, 정부로 구성된다.

72 유니언 숍(Union Shop)에 대한 설명으로 옳은 것은?

① 조합원이 아닌 근로자는 채용 후 일정 기간 내에 조합에 가입해야 한다.
② 조합원이 아닌 자는 채용이 안 된다.
③ 노동조합의 노동공급원이 독점되며, 관련 노동시장에 강력한 영향을 미친다.
④ 채용 전후 근로자의 조합 가입이 완전히 자유롭다.

🔖 해설
----
②, ③항은 클로즈드 숍, ④항은 오픈 숍에 대한 설명이다.

73 실업률과 물가상승률 간 역의 상관관계를 나타내는 곡선은?

① 래퍼곡선
② 필립스곡선
③ 로렌츠곡선
④ 테일러곡선

🔖 해설

필립스곡선은 명목임금 상승률과 실업률 간에는 단기적 상충관계(역의 상관관계)가 존재하며 그로 인해 정부가 낮은 물가상승률과 낮은 실업률을 동시에 달성할 수 없음을 보여준다.

74 다음 중 임금교섭 이전 노동조합의 전략을 바르게 짝지은 것은?

ㄱ. 재고의 비축
ㄴ. 파업투표(Strike Votes)
ㄷ. 파업기금의 비축
ㄹ. 생산공장의 이전(협상에 영향을 주지 않는 곳으로)
ㅁ. 임금 이외의 수입원 확보

① ㄱ, ㄴ, ㄹ
② ㄱ, ㄷ, ㅁ
③ ㄴ, ㄷ, ㄹ
④ ㄴ, ㄷ, ㅁ

🔖 해설
ㄱ, ㄹ은 사용자 측의 전략이다.

75 최저임금제도의 기본 취지 및 기대효과와 가장 거리가 먼 것은?

① 저임금 노동자의 생활보호
② 산업평화의 유지
③ 유효수요의 억제
④ 산업 간·직업 간 임금격차의 축소

🔖 해설
유효수요의 억제가 아니라 최저임금의 실시로 인하여 오히려 유효수요는 증대된다.

76 다음 중 사회적 비용이 가장 적은 실업은?

① 마찰적 실업 ② 경기적 실업
③ 구조적 실업 ④ 기술적 실업

🔖 해설
마찰적 실업은 직업정보의 부족에 의해 일시적으로 발생하는 자발적 실업으로서 다른 실업의 유형에 비하여 사회적 비용이 가장 적게 유발된다.

77 노동시장이 초과 공급을 경험하고 있을 때 나타나는 현상은?

① 임금이 하락압력을 받는다.
② 임금상승으로 공급량은 증가한다.
③ 최종 산출물가격은 상승한다.
④ 노동에 대한 수요는 감소한다.

🔖 해설
노동의 초과 공급은 수요보다 공급이 많다는 것으로 임금하락을 가져온다.

78 실업 – 결원곡선(Beveridge Curve)에 관한 설명으로 틀린 것은?

① 종축에는 결원 수, 횡축에는 실업자 수를 표시한다.
② 원점에서 멀어질수록 구조적 실업자 수가 증가함을 의미한다.
③ 마찰적 실업과 구조적 실업을 구분하는 것이 가능하다.
④ 현재의 실업자 수에서 현재의 결원 수를 뺀 것이 수요부족 실업자 수이다.

🔖 해설
수요부족 실업자와 비수요부족 실업자의 구분은 가능하지만 마찰적 실업과 구조적 실업을 구분하는 것은 불가능하다.

79 어느 국가의 생산가능인구의 구성비가 다음과 같을 때 국가의 실업률은?

① 6.0% ② 10.0%
③ 11.1% ④ 13.2%

🔖 해설
$$실업률 = \frac{실업자\ 수}{경제활동인구} \times 100$$
$$= \frac{6\%}{60\%} \times 100 = 10\%$$

80 노동수요의 탄력성에 대한 설명으로 틀린 것은?

① 생산물에 대한 수요가 탄력적일수록 노동수요는 더욱 비탄력적이 된다.

② 총 생산비 중 노동비용이 차지하는 비중이 클수록 노동수요는 더 탄력적이 된다.

③ 노동을 다른 생산요소로 대체할 가능성이 낮으면 노동수요는 더 비탄력적이 된다.

④ 노동 이외 생산요소의 공급탄력성이 클수록 노동수요는 더 탄력적이 된다.

해설

생산물에 대한 수요가 탄력적일수록 노동수요는 더욱 탄력적이 된다.

5과목 노동관계법규

81 고용정책 기본법령상 고용재난지역에 대한 행정상·재정상·금융상의 특별지원 내용을 모두 고른 것은?

ㄱ. 「국가재정법」에 따른 예비비의 사용
ㄴ. 소상공인을 대상으로 한 조세 관련 법령에 따른 조세감면
ㄷ. 고용보험·산업재해보상보험 보험료 또는 징수금 체납처분의 유예
ㄹ. 중앙행정기관 및 지방자치단체가 실시하는 일자리사업에 대한 특별지원

① ㄱ, ㄴ, ㄷ   ② ㄱ, ㄷ, ㄹ
③ ㄴ, ㄹ   ④ ㄱ, ㄴ, ㄷ, ㄹ

해설

고용재난지역에 대한 지원
① 국가재정법에 따른 예비비의 사용 및 지방재정법에 따른 특별지원
② 중소기업진흥에 관한 법률에 따른 중소기업창업 및 진흥기금에서의 융자 요청 및 신용보증기금법에 따른 신용보증기금의 우선적 신용보증과 보증조건 우대의 요청

③ 소상공인 보호 및 지원에 관한 법률에 따른 소상공인을 대상으로 한 조세 관련 법령에 따른 조세감면

④ 고용보험 및 산업재해보상보험의 보험료 징수 등에 관한 법률에 따른 고용보험·산업재해보상보험 보험료 또는 징수금 체납처분의 유예 및 납부기한의 연장

⑤ 중앙행정기관 및 지방자치단체가 실시하는 일자리사업에 대한 특별지원

⑥ 그 밖에 고용재난지역의 고용안정 및 일자리 창출 등을 위하여 필요한 지원

82 남녀고용평등과 일·가정 양립 지원에 관한 법률의 목적으로 명시되어 있지 않은 것은?

① 여성 고용 촉진
② 가사노동 가치의 존중
③ 모성 보호 촉진
④ 고용에서 남녀의 평등한 기회와 대우 보장

해설

남녀고용평등과 일·가정 양립 지원에 관한 법률은 대한민국 헌법의 평등이념에 따라 고용에서 남녀의 평등한 기회와 대우를 보장하고 모성 보호와 여성 고용을 촉진하여 남녀고용평등을 실현함과 아울러 근로자의 일과 가정의 양립을 지원함으로써 모든 국민의 삶의 질 향상에 이바지하는 것을 목적으로 한다.

83 다음 사례에서 구직급여의 소정 급여일수는?

장애인 근로자 A씨(40세)가 4년간 근무하던 회사를 퇴사하여 직업안정기관으로부터 구직급여 수급자격을 인정받았다.

① 90일   ② 120일
③ 150일   ④ 180일

해설

구직급여 소정 급여일수(2019년 8월 27일 법 개정)

구분		피보험기간				
		1년 미만	1년 이상 3년 미만	3년 이상 5년 미만	5년 이상 10년 미만	10년 이상
이직일 현재 연령	50세 미만	120일	150일	180일	210일	240일
	50세 이상 및 장애인	120일	180일	210일	240일	270일

84 직업안정법상 고용서비스 우수기관 인증에 대한 설명으로 틀린 것은?

① 고용노동부장관은 고용서비스 우수기관 인증 업무를 대통령령으로 정하는 전문기관에 위탁할 수 있다.

② 고용서비스 우수기관으로 인증을 받은 자가 인증의 유효기간이 지나기 전에 다시 인증을 받으려면 직업안정기관의 장에게 재인증을 신청하여야 한다.

③ 고용노동부장관은 고용서비스 우수기관으로 인증을 받은 자가 정당한 사유 없이 1년 이상 계속 사업 실적이 없는 경우 인증을 취소할 수 있다.

④ 고용서비스 우수기관 인증의 유효기간은 인증일부터 3년으로 한다.

해설

고용노동부장관에게 재인증을 신청하여야 한다.

85 남녀고용평등과 일·가정 양립 지원에 관한 법률상 육아휴직에 관한 설명으로 틀린 것은?

① 육아휴직기간은 1년 이내로 한다.

② 육아휴직기간은 근속기간에 포함하지 아니한다.

③ 기간제 근로자의 육아휴직 기간은 「기간제 및 단시간 근로자 보호 등에 관한 법률」에 따른 사용기간에 산입하지 아니한다.

④ 사업주는 육아휴직을 마친 후에는 휴직 전과 같은 업무 또는 같은 수준의 임금을 지급하는 직무에 복귀시켜야 한다.

해설

육아휴직기간은 근속기간에 포함된다.

86 국민 평생 직업능력 개발법상 직업능력개발훈련의 기본 원칙에 대한 설명으로 틀린 것은?

① 직업능력개발훈련은 정부 주도로 노사의 참여와 협력을 바탕으로 실시되어야 한다.

② 직업능력개발훈련은 근로자 개인의 희망·적성·능력에 맞게 근로자의 생애에 걸쳐 체계적으로 실시되어야 한다.

③ 직업능력개발훈련은 근로자의 성별, 연령, 신체적 조건, 고용형태, 신앙 또는 사회적 신분 등에 따라 차별하여 실시되어서는 아니 된다.

④ 직업능력개발훈련은 근로자의 직무능력과 고용 가능성을 높일 수 있도록 지역·산업현장의 수요가 반영되어야 한다.

해설

직업능력개발훈련은 민간의 자율과 창의성이 존중되도록 하여야 하며, 노사의 참여와 협력을 바탕으로 실시되어야 한다.

정답 84 ② 85 ② 86 ①

87 다음 ( )에 알맞은 것은?

> 근로자퇴직급여 보장법상 퇴직금제도를 설정하려는 사용자는 계속근로기간 (ㄱ)에 대하여 (ㄴ)의 (ㄷ)을 퇴직금으로 퇴직 근로자에게 지급할 수 있는 제도를 설정하여야 한다.

① ㄱ : 2년, ㄴ : 45일분 이상, ㄷ : 평균임금
② ㄱ : 1년, ㄴ : 15일분 이상, ㄷ : 통상임금
③ ㄱ : 1년, ㄴ : 30일분 이상, ㄷ : 평균임금
④ ㄱ : 2년, ㄴ : 60일분 이상, ㄷ : 통상임금

🔖 **해설**

퇴직금제도를 설정하려는 사용자는 계속근로기간 1년에 대하여 30일분 이상의 평균임금을 퇴직금으로 퇴직 근로자에게 지급할 수 있는 제도를 설정하여야 한다.

88 다음 ( )에 알맞은 것은?

> 고용정책 기본법령상 (ㄱ) 이상의 근로자를 사용하는 사업주는 매년 근로자의 고용형태 현황을 작성하여 해당 연도 (ㄴ)까지 공시하여야 한다.

① ㄱ : 100명, ㄴ : 3월 31일
② ㄱ : 100명, ㄴ : 4월 30일
③ ㄱ : 300명, ㄴ : 3월 31일
④ ㄱ : 300명, ㄴ : 4월 30일

🔖 **해설**

300명 이상의 근로자를 사용하는 사업주는 매년 3월 31일을 기준으로 근로자의 고용형태 현황을 작성하여 해당 연도 4월 30일까지 공시하여야 한다.

89 고용상 연령차별금지 및 고령자 고용촉진에 관한 법률상 고령자 고용촉진 기본계획에 관한 설명으로 틀린 것은?

① 고용노동부장관은 관계 중앙기관의 장과 협의하여 5년마다 수립하여야 한다.
② 고령자의 직업능력개발에 관한 사항이 포함되어야 한다.
③ 고용노동부장관은 기본계획을 수립할 때에는 국회 소관 상임위원회의 심의를 거쳐야 한다.
④ 고용노동부장관은 필요하다고 인정하면 관계 행정기관 또는 공공기관의 장에게 기본계획의 수립에 필요한 자료의 제출을 요청할 수 있다.

🔖 **해설**

고용정책심의회의 심의를 거쳐야 한다.

90 국민 평생 직업능력 개발법상 직업능력개발훈련교사의 양성을 위한 훈련과정 구분에 해당하지 않는 것은?

① 양성훈련과정   ② 향상훈련과정
③ 전직훈련과정   ④ 교직훈련과정

🔖 **해설**

직업능력개발훈련교사의 양성을 위한 훈련과정은 양성훈련과정, 향상훈련과정 및 교직훈련과정으로 구분한다.

91 다음 ( )에 알맞은 것은?

> 근로기준법상 야간근로는 (ㄱ)부터 다음 날 (ㄴ) 사이의 근로를 말한다.

① ㄱ : 오후 8시, ㄴ : 오전 4시
② ㄱ : 오후 10시, ㄴ : 오전 6시
③ ㄱ : 오후 12시, ㄴ : 오전 6시
④ ㄱ : 오후 6시, ㄴ : 오전 4시

야간근로는 오후 10시부터 다음 날 오전 6시 사이의 근로를 말한다.

92 국민 평생 직업능력 개발법상 훈련계약에 관한 설명으로 틀린 것은?

① 사업주와 직업능력개발훈련을 받으려는 근로자는 직업능력개발훈련에 따른 권리·의무 등에 관하여 훈련계약을 체결하여야 한다.

② 기준근로시간 외의 훈련시간에 대하여는 생산시설을 이용하거나 근무장소에서 하는 직업능력개발훈련의 경우를 제외하고는 연장근로와 야간근로에 해당하는 임금을 지급하지 아니할 수 있다.

③ 훈련계약을 체결할 때에는 해당 직업능력개발훈련을 받는 사람이 직업능력개발훈련을 이수한 후에 사업주가 지정하는 업무에 일정 기간 종사하도록 할 수 있다. 이 경우 그 기간은 5년 이내로 하되, 직업능력개발훈련기간의 3배를 초과할 수 없다.

④ 훈련계약을 체결하지 아니한 경우에 고용근로자가 받은 직업능력개발훈련에 대하여는 그 근로자가 근로를 제공한 것으로 본다.

사업주와 직업능력개발훈련을 받으려는 근로자는 직업능력개발훈련에 따른 권리·의무 등에 관하여 훈련계약을 체결할 수 있다.

93 다음 중 헌법상 보장된 쟁의행위로 볼 수 없는 것은?

① 파업   ② 태업
③ 직장폐쇄   ④ 보이콧

쟁의행위는 헌법상 보장된 근로자의 권리이다. 그러므로 직장폐쇄는 사용자의 쟁의행위로서 헌법에서 보장하고 있지 않다.

94 다음 (　　)에 알맞은 것은?

> 고용상 연령차별금지 및 고령자 고용촉진에 관한 법률상 상시 (　　)명 이상의 근로자를 사용하는 사업주는 기준고용률 이상의 고령자를 고용하도록 노력하여야 한다.

① 50   ② 100   ③ 200   ④ 300

기준고용률 이상의 고령자를 고용하도록 노력하여야 할 사업주는 상시 300인 이상의 근로자를 사용하는 사업장의 사업주로 한다.

95 고용보험법상 피보험자격의 취득일 및 상실일에 관한 설명으로 옳은 것은?

① 피보험자는 고용보험법이 적용되는 사업에 고용된 날의 다음날에 피보험자격을 취득한다.

② 적용 제외 근로자였던 자가 고용보험법의 적용을 받게 된 경우에는 그 적용을 받게 된 날의 다음날에 피보험자격을 취득한 것으로 본다.

③ 피보험자가 사망한 경우에는 사망한 날의 다음날에 피보험자격을 상실한다.

④ 보험관계가 소멸한 경우에는 그 보험관계가 소멸한 날의 다음날에 피보험자격을 상실한다.

①항 피보험자는 고용보험법이 적용되는 사업에 고용된 날에 피보험자격을 취득한다.
②항 적용 제외 근로자였던 자가 고용보험법의 적용을 받게 된 경우에는 그 적용을 받게 된 날 피보험자격을 취득한 것으로 본다.
④항 보험관계가 소멸한 경우에는 그 보험관계가 소멸한 날 피보험자격을 상실한다.

96 남녀고용평등과 일·가정 양립 지원에 관한 법령 상 직장 내 성희롱 예방교육에 대한 설명으로 틀린 것은?

① 사업주는 연 1회 이상 직장 내 성희롱 예방을 위한 교육을 하여야 한다.

② 성희롱 예방교육에는 관련 법령, 직장 내 성희롱 발생 시의 처리절차와 조치기준, 피해근로자의 고충상담 및 구제절차 등이 포함되어야 한다.

③ 사업주 및 근로자 모두가 남성 또는 여성 중 어느 한 성으로 구성된 사업장은 성희롱 예방교육을 하지 않아도 상관없다.

④ 단순히 교육자료 등을 배포·게시하거나 게시판에 공지하는 데 그치는 등 근로자에게 교육 내용이 제대로 전달되었는지 확인하기 곤란한 경우에는 예방교육을 한 것으로 보지 아니한다.

🔖 해설

성희롱 예방교육을 하지 않는 것이 아니라 근로자가 알 수 있도록 홍보물을 게시하거나 배포하는 방법으로 직장 내 성희롱 예방교육을 할 수 있다.

97 근로기준법령상 평균임금의 계산에서 제외되는 기간이 아닌 것은?

① 사용자의 귀책사유로 휴업한 기간

② 출산전후휴가 기간

③ 남성근로자가 신생아의 양육을 위하여 육아휴직한 기간

④ 병역의무 이행을 위하여 유급으로 휴직한 기간

🔖 해설

「병역법」, 「예비군법」 또는 「민방위기본법」에 따른 의무를 이행하기 위하여 휴직하거나 근로하지 못한 기간. 다만, 그 기간 중 임금을 지급받은 경우에는 제외되지 아니한다.

98 직업안정법상 근로자의 모집 및 근로자공급사업에 관한 설명으로 틀린 것은?

① 근로자를 고용하려는 자는 광고, 문서 또는 정보통신망 등 다양한 매체를 활용하여 자유롭게 근로자를 모집할 수 있다.

② 누구든지 국외에 취업할 근로자를 모집한 경우에는 고용노동부장관에게 신고하여야 한다.

③ 국내 근로자공급사업의 경우 그 사업의 허가를 받을 수 있는 자는 「노동조합 및 노동관계조정법」에 따른 노동조합이다.

④ 근로자공급사업에는 「파견근로자보호 등에 관한 법률」에 따른 근로자파견사업을 포함한다.

🔖 해설

「파견근로자보호 등에 관한 법률」에 따른 근로자 파견사업은 근로자공급사업에서 제외된다.

99 근로기준법상 경영상 이유에 의한 해고에 대한 설명으로 틀린 것은?

① 사용자가 경영상 이유에 의하여 근로자를 해고하려면 긴박한 경영상의 필요가 있어야 한다.

② 사용자는 해고를 피하기 위한 노력을 다하여야 하며, 합리적이고 공정한 해고의 기준을 정하고 이에 따라 그 대상자를 선정하여야 한다.

③ 사용자는 해고를 피하기 위한 방법과 해고의 기준 등에 관하여 그 사업 또는 사업장에 근로자의 과반수로 조직된 노동조합이 있는 경우에는 그 노동조합에 해고를 하려는 날의 50일 전까지 통보하고 성실하게 협의하여야 한다.

④ 사용자는 대통령령으로 정하는 일정한 규모 이상의 인원을 해고하려면 고용노동부장관의 승인을 얻어야 한다.

🔖 해설

사용자는 일정한 규모 이상의 인원을 해고하려면 고용노동부장관에게 신고하여야 한다.

100 헌법에 명시된 노동기본권으로만 짝지어진 것은?

① 근로권, 단결권, 단체교섭권, 단체행동권
② 근로권, 노사공동결정권, 단체교섭권, 단체행동권
③ 근로권, 단결권, 경영참가권, 단체행동권
④ 근로의 의무, 단결권, 단체교섭권, 이익균점권

> 해설
>
> ① 근로권 : 모든 국민은 근로의 권리를 가진다(헌법 제32조 제1항).
> ② 근로 3권 : 근로자는 근로조건의 향상을 위하여 자주적인 단결권·단체교섭권·단체행동권을 가진다(헌법 제33조 제1항).

VOCATIONAL COUNSELOR

과년도 기출문제 2019년 2회

01 Butcher의 집단직업상담을 위한 3단계 모델 중 전환단계의 내용으로 옳은 것은?

① 흥미와 적성에 대한 측정
② 내담자의 자아상과 피드백 간의 불일치의 해결
③ 목표달성 촉진을 위한 자원의 탐색
④ 자기 지식과 직업세계의 연결

🏷 해설

부처(Butcher) 집단직업상담의 3단계 모델
① 탐색단계 : 자기를 개방하고 흥미와 적성에 대한 측정, 측정결과에 대한 피드백, 불일치를 해결한다.
② 전환단계 : 자기 지식을 직업세계와 연결하고, 자신의 가치와 피드백 간의 불일치를 해결한다.
③ 행동단계 : 목표설정, 행동계획을 수립, 목표달성 촉진을 위한 자원을 탐색한다.

02 다음은 어떤 상담기법에 대한 설명인가?

내담자가 직접 진술하지 않는 내용이나 개념을 그의 과거 설명이나 진술을 토대로 하여 추론하여 말하는 것

① 수용   ② 요약
③ 직면   ④ 해석

🏷 해설

①항 수용 : 상담자가 내담자의 이야기에 주의를 집중하고 있고, 내담자를 인격적으로 존중하고 있음을 보여 주는 기법
②항 요약과 재진술 : 내담자가 전달하는 이야기의 표면적 의미를 상담자가 다른 말로 바꾸어서 말하는 것
③항 직면 : 내담자로 하여금 행동의 특정 측면을 검토해보고 수정하게 하며 통제하도록 도전하게 하는 것
④항 해석 : 내담자로 하여금 자기의 문제를 새로운 각도에서 이해하도록 사건들의 의미를 설정해 주는 것

03 다음 내용에 대한 상담자의 반응 중 공감적 이해 수준이 가장 높은 것은?

일단 저에게 맡겨주신 업무에 대해서는 너무 간섭하지 마세요. 제 소신껏 창의적으로 일하고 싶습니다.

① "네가 알아서 할 일을 내가 부당하게 간섭한다고 생각하지 않았으면 좋겠어."
② "네가 지난번에 처리했던 일이 아마 잘못됐었지?"
③ "믿고 맡겨준다면 잘 할 수 있을 것 같은데, 간섭받는다는 기분이 들어 불쾌했구나."
④ "네 기분이 나쁘더라도 상사의 지시대로 하는 게 좋을 것 같아."

🏷 해설

공감적 이해의 5가지 수준
① 수준 1 : "네가 지난번에 처리했던 일이 아마 잘못됐었지?"
② 수준 2 : "네 기분이 나쁘더라도 상사의 지시대로 하는 게 좋을 것 같아."

③ 수준 3 : "네가 알아서 할 일을 내가 부당하게 간섭한다고 생각하지 않았으면 좋겠어."

④ 수준 4 : "자네 업무에 대해 이야기하는 것이 간섭받는다고 생각이 되어서 기분이 상했군"

⑤ 수준 5 : "믿고 맡겨준다면 잘 할 수 있을 것 같은데, 간섭받는다는 기분이 들어 불쾌했구나."

04 생애진로사정의 구조에 해당되지 않는 것은?

① 적성과 특기 ② 강점과 장애
③ 진로사정 ④ 전형적인 하루

🔍 **해설**

생애진로사정의 구조는 진로사정, 전형적인 하루, 강점과 장애, 요약으로 이루어진다.

05 역할사정에서 상호역할관계를 사정하는 방법이 아닌 것은?

① 질문을 통해 사정하기
② 동그라미로 역할관계 그리기
③ 역할의 위계적 구조 작성하기
④ 생애 – 계획 연습으로 전환시키기

🔍 **해설**

상호역할관계의 사정방법으로는 질문을 통해 역할관계 사정하기, 동그라미로 역할관계 그리기, 생애 – 계획 연습으로 전환시키기 등이 있다.

06 Harren이 제시한 진로의사결정 유형 중 의사결정에 대한 개인적 책임을 부정하고 외부로 책임을 돌리는 경향이 높은 유형은?

① 합리적 유형 ② 투사적 유형
③ 직관적 유형 ④ 의존적 유형

🔍 **해설**

하렌(Harren)이 제시한 진로의사결정 유형
① 합리적 유형 : 의사결정과정에 논리적이고 체계적으로 접근하는 유형으로 의사결정에 대한 책임을 진다.

② 직관적 유형 : 의사결정에 있어서 상상을 사용하고 감정에 주의를 기울이며 정서적 자각을 사용한다.

③ 의존적 유형 : 의사결정에 대한 개인적인 책임을 부정하고 그 책임을 자신 이외의 가족이나 친구, 동료 등 외부로 돌리는 유형이다.

07 Super가 제시한 발달적 직업상담 단계에서 다음 (   )에 알맞은 것은?

> • 1단계 : 문제 탐색 및 자아개념 묘사
> • 2단계 : 심층적 탐색
> • 3단계 : (ㄱ)
> • 4단계 : (ㄴ)
> • 5단계 : (ㄷ)

① ㄱ : 태도와 감정의 탐색과 처리
　ㄴ : 현실검증
　ㄷ : 자아수용 및 자아통찰
② ㄱ : 현실검증
　ㄴ : 태도와 감정의 탐색과 처리
　ㄷ : 자아수용 및 자아통찰
③ ㄱ : 현실검증
　ㄴ : 자아수용 및 자아통찰
　ㄷ : 태도와 감정의 탐색과 처리
④ ㄱ : 자아수용 및 자아통찰
　ㄴ : 현실검증
　ㄷ : 태도와 감정의 탐색과 처리

🔍 **해설**

슈퍼(Super)의 발달적 직업상담 단계
문제 탐색 – 심층적 탐색 – 자아수용 – 현실검증 – 태도와 감정의 탐색과 처리 – 의사결정

정답 04 ① 05 ③ 06 ④ 07 ④

08 행동주의 직업상담 프로그램의 문제점에 해당하는 것은?

① 직업결정 문제의 원인으로 불안에 대한 이해와 불안을 규명하는 방법이 결여되어 있다.
② 진학상담과 취업상담에 적합하지만 취업 후 직업적응 문제들을 깊이 있게 다루지 못하고 있다.
③ 직업선택에 미치는 내적 요인의 영향을 지나치게 강조한 나머지 외적 요인의 영향에 대해서는 충분하게 고려하고 있지 못하다.
④ 직업상담사가 교훈적 역할이나 내담자의 자아를 명료화하고 자아실현을 시킬 수 있는 적극적 태도를 취하지 않는다면 내담자에게 직업에 대한 정보를 효과적으로 알려줄 수 없다.

해설

행동주의 상담은 내담자의 정보획득 부족으로 인한 우유부단을 치료하는 데는 효과적이지만 직업결정 문제의 원인으로 불안에 대한 이해와 불안을 규명하는 방법이 결여되어 있다.
②항 포괄적 직업상담 문제점에 해당한다.
③항 정신역동 직업상담 문제점에 해당한다.
④항 내담자 중심 직업상담 문제점에 해당한다.

09 진로시간전망 검사지를 사용하는 주요 목적과 가장 거리가 먼 것은?

① 목표설정 촉구　② 계획기술 연습
③ 진로계획 수정　④ 진로의식 고취

해설

진로시간전망 검사의 목적
① 미래의 방향설정을 가능하게 한다.
② 미래에 대한 희망을 갖도록 한다.
③ 진로계획에 대한 긍정적 태도를 강화한다.
④ 목표설정을 촉구한다.
⑤ 진로계획의 기술을 연습시킨다.
⑥ 진로의식을 높여준다.
⑦ 현재의 행동을 미래의 결과와 연계시키기 위해서이다.

10 상담사의 기본 기술 중 내담자가 전달하려는 내용에서 한 걸음 더 나아가 그 내면적 감정에 대해 반영하는 것은?

① 해석　② 공감
③ 명료화　④ 적극적 경청

해설

상담자가 자신이 직접 경험하지 않고도 내담자의 감정과 경험을 정확하게 이해하는 능력이다.

11 행동주의 상담에서 외적인 행동 변화를 촉진시키는 방법은?

① 체계적 둔감법
② 근육이완훈련
③ 인지적 모델링과 사고정지
④ 상표제도

해설

① 외적인 행동 변화를 촉진시키는 기법 : 모델링, 토큰법, 주장훈련, 행동계약, 자기관리프로그램
② 내적인 행동 변화를 촉진시키는 기법 : 체계적 둔감법, 근육이완훈련, 인지적 재구조화, 사고정지, 스트레스 접종

12 Perls의 형태주의 상담이론에서 제시한 기본 가정으로 옳은 것은?

① 인간은 전체로서 현상적 장을 경험하고 지각한다.
② 인간의 행동은 행동이 일어난 상황과 관련해서 의미 있게 이해될 수 있다.
③ 인간은 자기의 환경조건과 아동기의 조건을 개선할 수 있는 능력이 있다.
④ 인간은 결코 고정되어 있지 않으며 계속적으로 재창조한다.

정답　08 ①　09 ③　10 ②　11 ④　12 ②

해설

형태주의 상담이론의 인간에 대한 기본가정
① 인간은 완성을 추구하는 경향이 있다.
② 인간은 자신의 현재의 욕구에 따라 게슈탈트를 완성한다.
③ 인간의 행동은 그것을 구성하는 구성요소인 부분의 합보다 큰 전체이다.
④ 인간의 행동은 행동이 일어난 상황과 관련해서 의미 있게 이해될 수 있다.
⑤ 인간은 전경과 배경의 원리에 따라 세상을 경험한다.

13 상담 윤리강령의 역할 및 기능과 가장 거리가 먼 것은?

① 내담자의 복지 증진
② 지역사회의 경제적 기대 부응
③ 상담자의 자신의 사생활과 인격 보호
④ 직무수행 중의 갈등 해결 지침 제공

해설

상담 윤리강령의 역할과 기능
① 내담자의 복지 증진
② 지역사회의 도덕적 기대 존중
③ 전문직으로서의 상담의 기능 보장
④ 상담자의 자신의 사생활과 인격 보호
⑤ 직무수행 중의 갈등 해결 지침 제공

14 자기인식이 부족한 내담자를 사정할 때 인지에 대한 통찰을 재구조화하거나 발달시키는 데 적합한 방법은?

① 직면이나 논리적 분석을 해준다.
② 불안에 대처하도록 심호흡을 시킨다.
③ 은유나 비유를 사용한다.
④ 사고를 재구조화한다.

해설

인지적 명확성이 부족한 내담자(18가지 유형)와의 면담에서 인지적 명확성을 사정할 때 상담자가 개입하는 방법은 다음과 같다.

① 비난하기형 내담자 : 직면이나 논리적 분석을 해준다.
② 잘못된 의사결정 방식형 내담자 : 불안에 대처하도록 심호흡을 시킨다.
③ 자기인식이 부족한 내담자 : 은유나 비유를 사용한다.
④ 걸러내며 듣는 내담자(좋다, 나쁘다만 듣는 형) : 사고를 재구조화한다.

15 다음 중 상담의 초기 단계와 가장 거리가 먼 것은?

① 상담의 구조화
② 목표설정
③ 상담관계 형성
④ 내담자의 자기탐색과 통찰

해설

내담자가 자기탐색과 통찰을 하는 것은 중기 단계이다.

상담의 진행과정에 따른 일반적인 고려사항
① 초기 단계 : 상담관계 형성, 상담목표 및 전략 수립, 상담의 구조화 등
② 중기 단계 : 문제해결을 위한 구체적인 시도, 내담자의 자기탐색과 통찰, 내담자의 변화를 통한 상담과정 평가 등
③ 종결 단계 : 합의한 목표달성, 이별감정 다루기 등

16 특성 – 요인 직업 상담과정의 단계를 순서대로 나열한 것은?

ㄱ. 종합	ㄴ. 진단
ㄷ. 분석	ㄹ. 상담 또는 치료
ㅁ. 사후지도	ㅂ. 예측

① ㄷ → ㄱ → ㄴ → ㅂ → ㄹ → ㅁ
② ㄷ → ㄴ → ㅂ → ㄱ → ㄹ → ㅁ
③ ㄷ → ㄹ → ㄴ → ㄱ → ㅂ → ㅁ
④ ㄷ → ㅂ → ㄴ → ㄱ → ㄹ → ㅁ

해설

윌리엄슨(Williamson)이 제시한 상담과정은 분석 – 종합 – 진단 – 예측 – 상담 또는 치료 – 추후지도이다.

17 정신역동적 직업상담을 구체화한 Bordin이 제시한 직업상담의 3단계 과정이 아닌 것은?

① 관계설정 ② 탐색과 계약설정
③ 핵심설정 ④ 변화를 위한 노력

> **해설**
>
> 정신역동 직업상담의 과정
> ① 탐색과 계약설정
> ② 핵심설정(중대한 결정)
> ③ 변화를 위한 노력

18 인간중심 상담에서 중요하게 요구되는 상담자의 태도로 옳은 것은?

```
ㄱ. 해석           ㄴ. 진솔성
ㄷ. 공감적 이해     ㄹ. 무조건적 수용
ㅁ. 맞닥뜨림
```

① ㄱ, ㄴ, ㄷ ② ㄴ, ㄷ, ㄹ
③ ㄱ, ㄹ, ㅁ ④ ㄴ, ㄷ, ㅁ

> **해설**
>
> 인간 중심(내담자 중심) 직업상담에서 요구되는 상담자의 태도
> ① 일치성/진솔성
> ② 공감적 이해
> ③ 무조건적 긍정적 수용

19 다음 상담과정에서 필요한 상담기법은?

```
내담자 : 전 의사가 될 거예요. 저희 집안은
        모두 의사들이거든요.
상담자 : 학생은 의사가 될 것으로 확신하고
        있네요.
내담자 : 예, 물론이지요.
상담자 : 의사가 되지 못한다면 어떻게 되나요?
내담자 : 한 번도 그런 경우를 생각해 보지
        못했습니다. 의사가 안 된다면 내
        인생은 매우 끔찍할 것입니다.
```

① 재구조화 ② 합리적 논박
③ 정보 제공 ④ 직면

> **해설**
>
> 인지적 명확성이 부족한 내담자의 주요 유형 중 강박적 사고에 해당하며, 이때 상담자는 합리적 논박으로 개입하여 상담해야 한다.

20 진로상담의 원리에 관한 설명으로 틀린 것은?

① 진로상담은 진학과 직업선택, 직업적응에 초점을 맞추어 전개되어야 한다.
② 진로상담은 상담사와 내담자 간의 라포가 형성된 관계 속에서 이루어져야 한다.
③ 진로상담은 항상 집단적인 진단과 처치의 자세를 견지해야 한다.
④ 진로상담 상담윤리 강령에 따라 전개되어야 한다.

> **해설**
>
> 진로상담은 항상 '차별적인 진단과 처치'의 자세를 견지해야 한다.

2과목 **직업심리학**

21 Parsons가 제시한 특성–요인 이론의 기본 가정이 아닌 것은?

① 인간은 신뢰롭고 타당하게 측정할 수 있는 독특한 특성을 지니고 있다.
② 직업은 그 직업에서의 성공을 위한 매우 구체적인 특성을 지닐 것을 요구한다.
③ 진로선택은 다소 직접적인 인지과정이므로 개인의 특성과 직업의 특성을 짝짓는 것이 가능하다.
④ 인성과 동일한 직업 환경이 있으며, 각 환경은 각 개인과 연결되어 있는 성격유형에 의해 결정된다.

해설
④는 홀랜드 이론에 대한 설명이다.

22 Super의 직업발달 단계를 바르게 나열한 것은?

① 성장기 → 확립기 → 탐색기 → 유지기 → 쇠퇴기
② 탐색기 → 성장기 → 유지기 → 확립기 → 쇠퇴기
③ 성장기 → 탐색기 → 확립기 → 유지기 → 쇠퇴기
④ 탐색기 → 유지기 → 성장기 → 확립기 → 쇠퇴기

해설
슈퍼(Super)의 진로발달 단계는 성장기 – 탐색기 – 확립기 – 유지기 – 쇠퇴기이다.

23 직무분석의 방법과 가장 거리가 먼 것은?

① 요소비교법   ② 면접법
③ 중요사건법   ④ 질문지법

해설
요소비교법은 직무평가 방법이다.

24 팀 생산성을 높이기 위해서 부하들을 철저히 감독하라는 사장의 요구와 작업능률을 높이려면 자발적으로 일할 수 있는 분위기를 만들어 주어야 한다는 부하들의 요구 사이에서 고민하는 팀장의 스트레스의 원인은?

① 송신자 내 갈등
② 개인 간 역할갈등
③ 개인 내 역할갈등
④ 송신자 간 갈등

해설
①항 송신자 내 갈등 : 업무지시자가 수행할 수 없거나 배타적이고, 양립할 수 없는 요구를 요청할 때 발생하는 갈등
예 영업장이 영업사원들에게 영업실적을 올리라고 하면서 동시에 영업을 위해 필수적인 외근시간을 줄이라고 요구하는 경우
②항 개인 간 역할갈등 : 직업에서의 요구와 직업 이외의 요구 사이에서 발생하는 갈등
예 결혼기념일의 회사 야근
③항 개인 내 역할갈등 : 개인이 수행하는 직무의 요구와 가치관이 다를 때 발생하는 갈등
예 공인회계사의 업무와 가치관

25 직업선택 문제들 중 현실성의 문제와 가장 거리가 먼 것은?

① 흥미나 적성의 유형이나 수준과 관계없이 어떤 직업을 선택해야 할지 결정하지 못한다.
② 자신의 적성수준보다 높은 적성을 요구하는 직업을 선택한다.
③ 자신의 흥미와는 일치하지만, 자신의 적성수준보다는 낮은 적성을 요구하는 직업을 선택한다.
④ 자신의 적성수준에서 선택을 하지만, 자신의 흥미와는 일치하지 않는 직업을 선택한다.

해설
①항 결정성의 문제 중 다재다능형이다.
②항 현실성의 문제 중 비현실형이다.
③항 현실성의 문제 중 불충족형이다.
④항 현실성의 문제 중 강압형이다.

26 사람들이 어떤 상황에 기여한 정도에 따라 보상을 받아야 한다는 법칙은?

① 평등분배 법칙   ② 형평분배 법칙
③ 필요분배 법칙   ④ 요구분배 법칙

정답   22 ③   23 ①   24 ④   25 ①   26 ②

해설

형평분배 법칙에서 개인의 행위는 타인과의 관계에서 공정성을 유지하는 방향으로 동기부여가 되며 업무에서 공평하게 취급받으려는 욕망이 있다고 보았다. 또한 사람들은 어떤 상황에 기여한 정도에 따라 보상을 받아야 한다는 법칙이다.

27 직업지도 프로그램 선정 시 고려해야 할 사항과 가장 거리가 먼 것은?

① 활용하고자 하는 목적에 부합하여야 한다.
② 실시가 어렵더라도 효과가 뚜렷한 프로그램이어야 한다.
③ 프로그램의 효과를 평가할 수 있어야 한다.
④ 활용할 프로그램은 비용이 적게 드는 경제성을 지녀야 한다.

해설

실시가 어렵다면 직업지도 프로그램으로 선정하기 어렵다.

28 점수유형 중 그 의미가 모든 사람에게 단순하고 직접적이며, 한 집단 내에서 개인의 상대적인 위치를 살펴보는 데 적합한 것은?

① 원점수   ② T점수
③ 표준점수   ④ 백분위점수

해설

백분위점수는 특정집단의 점수분포에서 한 개인의 상대적 위치를 말한다.
예를 들어, 백분위 "95"는 내담자의 점수보다 낮은 사람들이 전체의 95%가 된다는 의미이다.

29 가치중심적 진로 접근 모형의 기본 명제와 가장 거리가 먼 것은?

① 개인이 우선권을 부여하는 가치들은 얼마되지 않는다.
② 가치는 환경 속에서 가치를 담은 정보를 획득함으로써 학습된다.
③ 한 역할의 특이성은 역할 안에 있는 필수적인 가치들의 만족 정도와 관련된다.
④ 생애역할에서의 성공은 학습된 기술과 인지적·정의적·신체적 적성을 제외한 요인에 의해 결정된다.

해설

생애역할에서의 성공은 학습된 기술과 인지적·정의적·신체적 적성에 의해 결정된다.

30 종업원의 경력개발 프로그램과 가장 거리가 먼 것은?

① 후견인 제도   ② 직무 순환
③ 직무 평가   ④ 훈련 프로그램

해설

직무 평가는 직무의 상대적 가치를 결정하기 위해 사용하는 방법이다.
종업원의 경력개발 프로그램에는 훈련 프로그램, 후견인 제도, 직무 순환 프로그램 등이 있다.

31 스트레스에 관한 설명 중 Ellis와 관련이 없는 것은?

① 정서장애는 생활사건 자체를 통해 일어난다.
② 행동에 대한 과거의 영향보다는 현재에 초점을 둔다.
③ 역기능적 사고는 정서장애의 중요한 결정요인이다.
④ 부정적 감정을 유발하는 스트레스는 비합리적 신념에서 나온다.

해설

엘리스(Ellis)에 따르면 정서장애는 생활사건 자체보다 생활사건을 받아들이는 비합리적 사고에서 일어난다.

---

32 미네소타 욕구 중요도 검사(MIQ)에 관한 설명으로 틀린 것은?

① 특질 및 요인론적 접근을 배경으로 개발되었다.
② 20개의 근로자 욕구를 측정한다.
③ 주 대상은 13세 이상의 남녀이며 초등학교 고학년 이상의 독해력이 필요하다.
④ 6개의 가치요인을 측정한다.

해설

MIQ는 개인이 일의 환경에 대하여 갖는 20가지의 욕구와 6가지의 가치관을 측정하는 도구로서, 190개의 문항으로 구성되어 있다.
초등학교 5학년 정도의 읽기 능력을 요구하지만 16세 이하 청소년에게 사용하기에는 적합하지 않다. 16세 이전까지는 발달적으로 일에 대한 요구나 가치가 잘 정립되어 있지 않기 때문이다.

---

33 직업적응과 관련된 개념 중 조화의 내적 지표로, 직업환경이 개인의 욕구를 얼마나 채워주고 있는지에 대한 개인의 평가를 뜻하고 있는 것은?

① 반응(Response)
② 만족(Satisfaction)
③ 적응(Adjustment)
④ 충족(Satisfactoriness)

해설

직업적응이론에서 직업적응을 예측하는 두 가지 주된 구성요소는 만족(Satisfaction)과 충족(Satisfactoriness)이다. 만족은 조화의 내적 지표로, 직업환경이 개인의 욕구를 얼마나 채워주고 있는지에 대한 개인의 평가를 말한다. 반면, 충족은 조화의 외적 지표로, 직업에서 요구하는 능력을 개인이 가지고 있을 때 직업의 요구가 충족된다고 볼 수 있다.

---

34 직위분석질문지(PAQ)에 관한 설명으로 틀린 것은?

① 작업자 중심 직무분석의 대표적인 예이다.
② 직무수행에 요구되는 인간의 특성들을 기술하는 데 사용되는 194개의 문항으로 구성되어 있다.
③ 직무수행에 관한 6가지 주요 범주는 정보입력, 정신과정, 작업결과, 타인들과의 관계, 직무맥락, 직무요건 등이다.
④ 비표준화된 분석도구이다.

해설

비표준화된 분석도구가 아니라 표준화된 분석도구이다.

직위분석설문지
(PAQ ; Position Analysis Questionnaire)
① 작업자 중심 직무분석의 대표적인 예이다.
② 직무수행에 요구되는 인간의 특성들을 기술하는 데 사용되는 194개의 문항으로 구성되어 있다.
③ 직무수행에 관한 6가지 주요 범주는 정보입력, 정신과정, 작업결과, 타인들과의 관계, 직무맥락, 직무요건 등이다.
④ 표준화된 분석도구이다.

---

35 Holland의 유형학에 기초한 진로 관련 검사는?

① 마이어스-브리그스 유형지표(MBTI)
② 스트롱-캠벨 흥미검사(SCII)
③ 다면적 인성검사(MMPI)
④ 진로개발검사(CDI)

해설

홀랜드(Holland)의 모델에 근거한 검사에는 자가흥미탐색검사(SDS), 스트롱-캠벨 흥미검사(SVIB-SCII), 경력의사결정검사(CDM), 직업선호도검사가 있다.

정답 32 ③ 33 ② 34 ④ 35 ②

36 다음은 심리검사의 타당도 중 어떤 것을 설명한 것인가?

> • 논리적 사고에 입각한 논리적인 분석과정으로 판단하는 주관적 타당도이다.
> • 본질적으로 해당 분야 전문가의 판단에 의존한다.

① 구성타당도　　　② 예언타당도
③ 내용타당도　　　④ 동시타당도

🔖 해설
　　내용타당도란 검사가 측정하고자 하는 내용영역을 얼마나 잘 반영하고 있는지를 나타내는 것으로, 해당 분야 전문가들의 주관적 판단을 토대로 결정하기 때문에 타당도의 계수를 산출하기 어렵다.

37 직무 스트레스를 촉진시키거나 완화하는 조절요인이 아닌 것은?

① A/B 성격유형
② 통제 소재
③ 사회적 지원
④ 반복적이고 단조로운 직무

🔖 해설
　　반복적이고 단조로운 직무는 스트레스 조절요인이 아니라 스트레스를 일으키는 요인이다.
　　①, ②, ③항은 스트레스 매개변인(조절요인)이다.

38 인터넷을 통해 온라인으로 실시하는 심리검사에 대한 설명과 가장 거리가 먼 것은?

① 직업적성검사, 직업흥미검사 등 다양한 진로심리검사 서비스가 제공되고 있다.
② 검사 결과를 즉시 알 수 있어 편리하다.
③ 상담 장면에서 활용하기에는 부적합하다.
④ 검사를 치르는 상황이 다양하므로 검사 점수의 신뢰도가 낮아질 가능성이 있다.

🔖 해설
　　온라인으로 실시하는 심리검사도 결과를 출력하여 상담 장면에서 활용된다.

39 다음 사례에서 검사 - 재검사 신뢰도 계수는?

> 100명의 학생들이 특정 심리검사를 받고 한 달 후에 동일한 검사를 다시 받았는데 두 번의 검사에서 각 학생들의 점수는 동일했다.

① −1.00　　　　② 0.00
③ +0.50　　　　④ +1.00

🔖 해설
　　같은 학생들이 일정기간 후에 같은 검사를 받았는데 두 번의 점수가 똑같이 나왔다면 일관성이 매우 높다는 것이므로 신뢰도 계수는 1.00이 된다.

40 다음은 Williamson이 분류한 진로선택 문제 중 어떤 유형에 해당하는가?

> 동기나 능력이 부족한 사람이 고도의 능력이나 특수한 재능을 요구하는 직업을 선택하거나, 흥미가 없고 자신의 성격에 맞지 않는 직업을 선택하는 경우 또는 자신의 능력보다 훨씬 낮은 능력을 요구하는 직업을 선택하거나 안정된 직업만을 추구하는 경우

① 직업선택의 확신 부족
② 현명하지 않은 직업선택
③ 직업 무선택
④ 흥미와 적성의 모순

🔖 해설
　　윌리엄슨(Williamson)의 직업문제 분류범주
　　① 무선택(선택하지 않음)
　　② 불확실한 선택 : 직업선택의 확신 부족

③ 흥미와 적성의 불일치 : 흥미와 적성의 모순 또는 차이
④ 현명하지 못한 선택 : 어리석은 선택

3과목 직업정보론

41 직업정보 수집 시 2차 자료(Secondary Data) 유형을 모두 고른 것은?

> ㄱ. 한국고용정보원에서 발행하는 직종별 직업사전
> ㄴ. 통계청에서 실시한 지역별 고용조사 결과
> ㄷ. 한국산업인력공단에서 제공하는 국가기술자격통계연보
> ㄹ. 워크넷에서 제공하는 직업별 탐방기(테마별 직업여행)

① ㄱ, ㄷ   ② ㄱ, ㄴ, ㄹ
③ ㄴ, ㄷ, ㄹ   ④ ㄱ, ㄴ, ㄷ, ㄹ

해설
① 1차 자료는 연구자가 자신의 연구목적에 따라 원하는 자료를 직접 수집한 것이다.
② 2차 자료는 기존 자료로부터 직업정보를 수집한 것이다.

42 국가기술자격 종목 중 임산가공기사, 임업종묘기사, 산림기사가 공통으로 해당하는 직무분야는?

① 농림어업   ② 건설
③ 안전관리   ④ 환경 · 에너지

해설
임산가공기사, 임업종묘기사, 산림기사, 식물보호기사는 농림어업 분야에 해당된다.

43 워크넷의 채용정보 검색조건에 해당하지 않는 것은?

① 희망임금   ② 학력
③ 경력   ④ 연령

해설
고용상 연령차별금지 및 고령자 고용촉진에 관한 법률이 시행됨에 따라 채용정보에서 연령이 삭제되었다.

44 한국표준직업분류(2018)에서 직업으로 보지 않는 활동을 모두 고른 것은?

> ㄱ. 이자, 주식배당 등과 같은 자산 수입이 있는 경우
> ㄴ. 예 · 적금 인출, 보험금 수취, 차용 또는 토지나 금융자산을 매각하여 수입이 있는 경우
> ㄷ. 사회복지시설 수용자의 시설 내 경제 활동
> ㄹ. 수형자의 활동과 같이 법률에 의한 강제 노동을 하는 경우

① ㄱ, ㄷ   ② ㄴ, ㄹ
③ ㄱ, ㄴ, ㄷ   ④ ㄱ, ㄴ, ㄷ, ㄹ

해설
직업으로 보지 않는 활동
① 이자, 주식배당, 임대료(전세금, 월세) 등과 같은 자산 수입이 있는 경우
② 연금법, 국민기초생활보장법, 국민연금법 및 고용보험법 등의 사회보장이나 민간보험에 의한 수입이 있는 경우
③ 경마, 경륜, 경정, 복권 등에 의한 배당금이나 주식투자에 의한 시세차익이 있는 경우
④ 예 · 적금 인출, 보험금 수취, 차용 또는 토지나 금융자산을 매각하여 수입이 있는 경우
⑤ 자기 집의 가사활동에 전념하는 경우
⑥ 교육기관에 재학하며 학습에만 전념하는 경우
⑦ 시민봉사활동 등에 의한 무급 봉사적인 일에 종사하는 경우

정답 41 ④   42 ①   43 ④   44 ④

⑧ 사회복지시설 수용자의 시설 내 경제활동
⑨ 수형자의 활동과 같이 법률에 의한 강제노동을 하는 경우
⑩ 도박, 강도, 절도, 사기, 매춘, 밀수와 같은 불법적인 활동

45 다음 중 국가기술자격종목을 모두 고른 것은?

> ㄱ. 전산회계운용사 1급
> ㄴ. 감정평가사
> ㄷ. 국제의료관광코디네이터
> ㄹ. 문화재수리기능자

① ㄱ, ㄴ, ㄹ   ② ㄱ, ㄷ
③ ㄴ   ④ ㄷ, ㄹ

해설

① 국가기술자격 : 국가기술자격법에 의해 운영되는 자격으로서 크게 '기술, 기능분야(기술사/기능장/기사/산업기사/기능사)와 서비스분야(1급/2급/3급/단일 종목)'로 구성되어 있다.
② 국가전문자격 : 정부 부처별 소관 법령에 의하여 운영되는 자격으로서 의사, 변호사, 공인노무사, 사회복지사, 주택관리사보, 문화재수리기능자, 감정평가사 등의 자격이 있다.

46 한국표준산업분류(2017)의 산업결정방법에 대한 설명으로 틀린 것은?

① 생산단위의 산업활동은 그 생산단위가 수행하는 주된 산업 활동(판매 또는 제공되는 재화 및 서비스)의 종류에 따라 결정된다.
② 생산단위가 수행하는 주된 산업활동에 따라 결정하는 것이 적합하지 않을 경우에는 그 해당 활동의 종업원 수 및 노동시간, 임금 및 급여액 또는 설비의 정도에 의하여 결정한다.
③ 계절에 따라 정기적으로 산업을 달리하는 사업체의 경우에는 조사시점에서 경영하는 사업에서 산출액이 많았던 활동에 의하여 분류된다.

④ 휴업 중 또는 자산을 청산 중인 사업체의 산업은 영업 중 또는 청산을 시작하기 이전의 산업활동에 의하여 결정하며, 설립 중인 사업체는 개시하는 산업활동에 따라 결정한다.

해설

계절에 따라 정기적으로 산업을 달리하는 사업체의 경우에는 조사시점에서 경영하는 사업과는 관계없이 조사대상 기간 중 산출액이 많았던 활동에 의하여 분류된다.

47 국가기술자격 기능장 등급의 응시자격으로 틀린 것은?

① 응시하려는 종목이 속하는 동일 및 유사 직무 분야의 산업기사 또는 기능사 자격을 취득한 후 국민 평생 직업능력 개발법에 따라 설립된 기능대학의 기능장과정을 마친 이수자 또는 그 이수예정자
② 산업기사 등급 이상의 자격을 취득한 후 응시하려는 종목이 속하는 동일 및 유사 직무 분야에서 7년 이상 실무에 종사한 사람
③ 응시하려는 종목이 속하는 동일 및 유사 직무 분야에서 9년 이상 실무에 종사한 사람
④ 응시하려는 종목이 속하는 동일 및 유사 직무 분야의 다른 종목의 기능장 등급의 자격을 취득한 사람

해설

산업기사 등급 이상의 자격을 취득한 후 응시하려는 종목이 속하는 동일 및 유사 직무분야에서 5년 이상 실무에 종사한 사람이다.

48 한국표준산업분류(2017)에서 하나 이상의 장소에서 이루어지는 단일 산업활동의 통계단위는?

① 기업집단단위   ② 기업체단위
③ 활동유형단위   ④ 지역단위

정답 45 ② 46 ③ 47 ② 48 ③

🔹 해설

구분	하나 이상의 장소	단일 장소
하나 이상의 산업활동	기업집단	지역단위
	기업체단위	
단일 산업활동	활동유형단위	사업체단위

49 한국표준산업분류(2017)의 적용 원칙에 대한 설명으로 틀린 것은?

① 생산단위는 산출물뿐만 아니라 투입물과 생산공정 등을 함께 고려하여 그들의 활동을 가장 정확하게 설명된 항목에 분류해야 한다.
② 복합적인 활동단위는 우선적으로 세세분류를 정확히 결정하고, 순차적으로 세, 소, 중, 대분류 단계 항목을 결정하여야 한다.
③ 산업활동이 결합되어 있는 경우에는 그 활동단위의 주된 활동에 따라서 분류하여야 한다.
④ 공식적 생산물과 비공식적 생산물, 합법적 생산물과 불법적인 생산물을 달리 분류하지 않는다.

🔹 해설

복합적인 활동단위는 우선적으로 최상급 분류단계(대분류)를 정확히 결정하고, 순차적으로 중, 소, 세, 세세분류 단계 항목을 결정하여야 한다.

50 한국고용직업분류(2018)의 대분류에 해당하지 않는 것은?

① 군인
② 건설ㆍ채굴직
③ 설치ㆍ정비ㆍ생산직
④ 연구직 및 공학 기술직

🔹 해설

한국고용직업분류에서 관리직과 군인은 원래 대분류였으나 중분류로 배치되었다.

51 민간직업정보의 일반적인 특성에 관한 설명으로 옳은 것은?

① 특정한 목적에 맞게 해당 분야 및 직종을 제한적으로 제시하는 경향이 있다.
② 특정시기에 국한되지 않고 지속적으로 제공된다.
③ 무료로 제공된다.
④ 다른 정보에 미치는 영향이 크며 연관성이 높은 편이다.

🔹 해설

민간직업정보는 특정 직업에 대해 구체적이고 상세한 정보를 제공하기 위해서는 조사 분석 및 제공에 상당한 시간 및 비용이 소요되므로 해당 직업정보는 유료로 제공한다.

52 직업정보 분석 시 유의점으로 틀린 것은?

① 전문적인 시각에서 분석한다.
② 직업정보원과 제공원에 대해 제시한다.
③ 동일한 정보에 대해서는 한 가지 측면으로만 분석한다.
④ 원자료의 생산일, 자료표집방법, 대상 등을 검토해야 한다.

🔹 해설

동일한 정보도 다각적ㆍ종합적인 분석을 시도하여 해석을 풍부하게 한다.

53 한국직업전망에서 정의한 고용변동 요인 중 불확실성 요인에 해당하는 것은?

① 인구구조 및 노동인구 변화
② 정부정책 및 법ㆍ제도 변화
③ 과학기술 발전
④ 가치관과 라이프스타일 변화

해설

한국직업전망에서 정의한 고용변동 요인
① 확실성 요인 : 인구구조 및 노동인구 변화, 산업
특성 및 산업구조 변화, 과학기술 발전, 기후 변
화와 에너지 부족, 가치관과 라이프스타일 변화
② 불확실성 요인 : 대내외 경제상황 변화, 기업의
경영전략 변화, 정부정책 및 법·제도 변화

54 워크넷(직업·진로)에서 '직업정보 찾기'의 하위
메뉴가 아닌 것은?

① 신직업·창직 찾기
② 업무수행능력별 찾기
③ 통합 찾기(지식, 능력, 흥미)
④ 지역별 찾기

해설

워크넷(직업·진로)에서 '직업정보 찾기'의 하위 메뉴
키워드 검색, 조건별 검색, 분류별 찾기, 지식별
찾기, 업무수행능력별 찾기, 통합 찾기(지식, 능
력, 흥미), 신직업·창직 찾기, 대상별 찾기, 이색
직업별 찾기, 테마별 찾기

55 한국직업사전의 부가직업정보에 대한 설명으로
옳은 것은?

① 정규교육 : 해당 직업 종사자의 평균 학력을
나타낸다.
② 조사 연도 : 해당 직업의 직무조사가 실시된
연도를 나타낸다.
③ 작업강도 : 해당 직업의 직무를 수행하는 데
필요한 육체적·심리적·정신적 힘의 강도
를 나타낸다.
④ 유사명칭 : 본직업명과 기본적인 직무에 있어
서 공통점이 있으나 직무의 범위, 대상 등에
따라 나누어지는 직업이다.

해설

①항 해당 직업의 직무를 수행하는 데 필요한 일반
적인 정규교육수준을 의미하는 것으로 해당
직업 종사자의 평균 학력을 나타내는 것은 아
니다.
③항 해당 직업의 직무를 수행하는 데 필요한 육체
적 힘의 강도를 나타낸 것으로 5단계로 분류
하였다.
④항 본직업명을 명칭만 다르게 부르는 것으로 본
직업명과 사실상 동일하다. 따라서 직업 수
집계에서 제외된다.

56 한국직업사전에 대한 설명으로 틀린 것은?

① 수록된 직업들은 직무분석을 바탕으로 조사
된 정보들로서 유사한 직무를 기준으로 분류
한 것이다.
② 본직업정보에는 직업코드, 본직업명, 직무개
요, 수행직무 등이 해당한다.
③ 수록된 각종 정보는 사업체 표본조사를 통해
조사된 내용으로 근로자의 직업(직무)평가
자료로서의 절대적 기준을 제시한다.
④ 급속한 과학기술 발전과 산업구조 변화 등에
따라 변동하는 직업세계를 체계적으로 조사
분석하여 표준화된 직업명과 기초직업정보를
제공할 목적으로 발간된다.

해설

한국직업사전에 수록된 직업정보는 절대적인 자
료가 될 수 없다.
직업세계 및 노동환경은 과학기술의 발전, 산업구
조의 변화, 정부 정책 등에 따라 달라질 수 있기 때
문이다.

57 직업정보 수집을 위한 서베이 조사에 관한 설명으로 틀린 것은?

① 면접조사는 우편조사에 비해 비언어적 행위의 관찰이 가능하다.
② 일반적으로 전화조사는 면접조사에 비해 면접시간이 길다.
③ 질문의 순서는 응답률에 영향을 줄 수 있다.
④ 폐쇄형 질문의 응답범주는 상호배타적이어야 한다.

해설

일반적으로 전화조사는 면접조사에 비해 면접시간이 더 짧다.

58 평생학습계좌제(www.all.go.kr)에 관한 설명으로 틀린 것은?

① 개인의 다양한 학습경험을 온라인 학습이력관리시스템에 누적·관리하여 체계적인 학습설계를 지원한다.
② 개인의 학습결과를 학력이나 자격인정과 연계하거나 고용정보를 활용할 수 있게 한다.
③ 전 국민을 대상으로 실시하는 제도로서, 원하는 누구나 이용이 가능하다.
④ 온라인으로 계좌개설이 가능하며 방문신청은 전국 고용센터에 방문하여 개설한다.

해설

온라인으로 계좌개설이 가능하며 방문신청은 평생교육진흥원에 방문하여 개설한다.

59 직업정보 제공과 관련된 인터넷사이트 연결이 틀린 것은?

① 직업훈련정보 : HRD−Net(hrd.go.kr)
② 자격정보 : Q−Net(q−net.or.kr)
③ 외국인고용관리정보 : EI넷(ei.go.kr)
④ 해외취업정보 : 월드잡플러스(worldjob.or.kr)

해설

외국인고용관리정보시스템은 eps.go.kr (Employment Permit System)이다.

60 일반적인 직업정보 처리과정을 바르게 나열한 것은?

① 수집 → 제공 → 분석 → 가공 → 평가
② 수집 → 가공 → 제공 → 분석 → 평가
③ 수집 → 평가 → 가공 → 제공 → 분석
④ 수집 → 분석 → 가공 → 제공 → 평가

해설

직업정보 처리과정은 수집 → 분석 → 가공(체계화) → 제공 → 축적 → 평가의 단계를 거쳐 처리된다.

4과목 노동시장론

61 다음 (   ) 안에 알맞은 것은?

> 아담 스미스(A. Smith)는 노동조건의 차이, 소득안정성의 차이, 직업훈련비용의 차이 등 각종 직업상의 비금전적 불이익을 견딜 수 있기에 필요한 정도의 임금프리미엄을 (   )(이)라고 하였다.

① 직종별 임금격차
② 균등화 임금격차
③ 생산성임금
④ 헤도닉임금

해설

균등화 임금격차란 보상적 격차를 의미하는 것으로 상대적으로 불리하거나 부담이 높은 직종에 종사하는 근로자에게 임금을 더 주어 보상을 해주어야 한다는 것이다.

정답 57 ② 58 ④ 59 ③ 60 ④ 61 ②

62 근로자의 귀책사유 없이 기업의 가동률 저하로 인하여 근로자가 기업으로부터 떠나는 것으로 미국 등에서 잘 발달되고 있는 제도는?

① 사직(Quits)
② 해고(Discharges)
③ 이직(Separations)
④ 일시해고(Layoffs)

🔖 **해설**

기업이 불경기에 조업단축으로 인하여 불가피하게 해고를 해야 할 때 취하는 제도로 특히 미국에서 주로 행해진다. 노사협정으로 미리 근무 선임권 순위를 정해 놓고 신참자부터 해고해 나가며 복직시킬 때에는 반대로 고참자부터 복직시킨다.

63 기업 내부 노동시장의 형성요인과 가장 거리가 먼 것은?

① 노동조합의 존재
② 기업 특수적 숙련기능
③ 직장 내 훈련
④ 노동 관련 관습

🔖 **해설**

내부 노동시장의 형성요인은 직장 내 훈련, 노동 관련 관습, 숙련의 특수성, 장기근속 가능성, 기업의 규모 등이다.

64 다음 중 연봉제의 장점과 가장 거리가 먼 것은?

① 능력주의, 성과주의를 실현할 수 있다.
② 과감한 인재기용에 용이하다.
③ 종업원 상호 간의 협조성이 높아진다.
④ 종업원들의 동기를 부여할 수 있다.

🔖 **해설**

연봉제는 종업원 상호 간의 불필요한 경쟁심, 위화감조성, 불안감 증대 등의 문제가 있을 수 있다.

65 기업별 조합의 상부조합(산업별 또는 지역별)과 개별 사용자 간, 또는 사용자단체와 기업별 조합과의 사이에서 행해지는 단체교섭은?

① 기업별 교섭
② 대각선교섭
③ 통일교섭
④ 방사선교섭

66 경제적 조합주의(Economic Unionism)에 대한 설명으로 틀린 것은?

① 노동조합운동과 정치와의 연합을 특징으로 한다.
② 경영전권을 인정하며 경영참여를 회피해온 노선이다.
③ 노동조합운동의 목적은 노동자들의 근로조건을 포함한 생활조건의 개선과 유지에 있다.
④ 노사관계를 기본적으로 이해대립의 관계로 보고 있으나 이해조정이 가능한 비적대적 관계로 이해한다.

🔖 **해설**

경제적 조합주의는 정치로부터 노동조합의 독립을 강조한다.

67 노동조합 조직부문과 비조직부문 간의 임금격차를 축소시키는 효과를 바르게 짝지은 것은?

> ㄱ. 이전효과(Spillover Effect)
> ㄴ. 위협효과(Threat Effect)
> ㄷ. 대기실업효과(Wait Unemployment Effect)
> ㄹ. 해고효과(Displacement Effect)

① ㄱ, ㄴ
② ㄴ, ㄷ
③ ㄷ, ㄹ
④ ㄱ, ㄹ

정답 62 ④ 63 ① 64 ③ 65 ② 66 ① 67 ②

해설

① 이전효과(파급효과, 해고효과) : 조직부문에서 임금이 상승하면 기업은 고용량을 감소하게 되고 해고자들은 비조직부문으로 유입된다. 이는 비조직부문의 공급량을 증가시키게 되어 비조직부문의 임금을 감소시키므로 임금격차를 크게 한다.

② 위협효과 : 비조직부문의 임금이 현저히 낮은 경우 노조결성요구가 커지고 기업은 노조결성 방지 차원에서 사전에 임금인상 등 보상을 하게 된다. 따라서 조직부문과 비조직부문의 임금격차를 축소시킨다.

③ 대기실업효과 : 비조직부문의 노동자들이 임금이 향상된 조직부문에 취업하기 위해 비조직기업을 사직하고 실업상태로 취업을 대기하게 되어 그 결과 비조직부문의 임금이 상승하는 효과이다.

④ 해고효과 : 이전효과와 같은 맥락으로 보면 될 것이다.

---

68 조합원 자격이 있는 노동자만을 채용하고 일단 고용된 노동자라도 조합원 자격을 상실하면 종업원이 될 수 없는 숍 제도는?

① 오픈 숍
② 유니언 숍
③ 에이전시 숍
④ 클로즈드 숍

---

69 노동조합의 역사에서 가장 오래된 조합의 형태는?

① 산업별 노동조합(Industrial Union)
② 기업별 노동조합(Company Union)
③ 직업별 노동조합(Craft Union)
④ 일반 노동조합(General Union)

해설

직종(직업)별 노동조합으로 특별한 기능이나 직업 또는 숙련도에 따라 조직된 배타적이며 동일 직업의식이 강한 노동조합이다. 역사적으로 가장 먼저 조직된 형태이다.

---

70 불경기에 발생하는 부가노동자효과(Added Worker Effect)와 실망실업자효과(Discouraged Worker Effect)에 따라 실업률이 변화한다. 다음 중 실업률에 미치는 효과의 방향성이 옳은 것은?(단, + : 상승효과, - : 감소효과)

① 부가노동자효과 : +, 실망실업자효과 : -
② 부가노동자효과 : -, 실망실업자효과 : -
③ 부가노동자효과 : +, 실망실업자효과 : +
④ 부가노동자효과 : -, 실망실업자효과 : +

해설

① 부가노동자효과 : 주 노동자가 실직하게 되면 비경제활동인구로 있던 타 가구원(학생, 주부 등)이 구직활동을 함으로써 경제활동인구화 되는 것을 말하며 실업률은 증가한다.

② 실망실업자효과 : 불황으로 인한 장기실업자들이 실망하여 구직활동을 포기함으로써 비경제활동으로 전락하는 것을 말하며 실업률은 감소한다.

---

71 A국의 취업자가 200만 명, 실업자가 10만 명, 비경제활동인구가 100만 명이라고 할 때, A국의 경제활동 참가율은?

① 약 66.7%
② 약 67.7%
③ 약 69.2%
④ 약 70.4%

해설

경제활동인구 = 취업자 + 실업자
　　　　　　= 200만 명 + 10만 명 = 210만 명
생산가능인구(15세 이상 인구)
= 경제활동인구 + 비경제활동인구
= 210만 명 + 100만 명 = 310만 명
경제활동 참가율 = $\dfrac{경제활동인구}{생산가능인구}$

$= \dfrac{210만 명}{310만 명} \times 100 = 67.74\%$

---

72 다음 중 경제활동참가에 영향을 주는 요인을 모두 고른 것은?

> ㄱ. 여가에 대한 상대적 가치
> ㄴ. 비근로소득의 발생
> ㄷ. 단시간 노동의 기회

① ㄱ, ㄴ   ② ㄱ, ㄷ
③ ㄴ, ㄷ   ④ ㄱ, ㄴ, ㄷ

해설

① 여가에 대한 상대적 가치가 클수록 경제활동참가는 감소한다.
② 비근로소득이 발생하면 경제활동참가는 감소한다.
③ 단시간 노동의 기회가 늘면 경제활동참가는 증가한다.

73 어느 지역의 노동공급상태를 조사해 본 결과 시간당 임금이 3,000원일 때 노동공급량은 270이었고, 임금이 5,000원으로 상승했을 때 노동공급량은 540이었다. 이때 노동공급의 탄력성은?

① 1.28   ② 1.50
③ 1.00   ④ 0.82

해설

노동공급의 탄력성
$$= \frac{\text{노동공급량의 변화율(\%)}}{\text{임금의 변화율(\%)}} = \frac{100}{66.67} = 1.499$$
임금의 변화율(%)
$$= \frac{|3,000-5,000|}{3,000} \times 100 = 66.667\%$$
노동공급량의 변화율(%)
$$= \frac{|270-540|}{270} \times 100 = 100\%$$

74 효율임금(Efficiency Wage) 가설에 대한 설명으로 옳은 것은?

① 기업이 생산의 효율성을 달성하기 위해 적정 임금을 책정한다.
② 기업이 시장임금보다 높은 임금을 유지해 노동생산성 증가를 도모한다.
③ 기업이 노동생산성에 맞춰 임금을 책정한다.
④ 기업이 생산비 최소화 원리에 따라 임금을 책정한다.

해설

효율임금이론은 시장임금보다 높은 임금을 지불함으로써 노동생산성의 향상을 꾀하는 것이다.

75 개별기업수준에서 노동에 대한 수요곡선을 이동시키는 요인이 아닌 것은?

① 기술의 변화
② 임금의 변화
③ 자본의 가격 변화
④ 최종생산물가격의 변화

해설

임금의 변화는 노동의 수요곡선 위에서 노동의 수요량만 변화시킨다.

76 임금체계에 관한 설명으로 틀린 것은?

① 직능급은 개인의 직무수행능력을 고려하여 임금을 관리하는 체계이다.
② 속인급은 연령, 근속, 학력에 따라 임금을 결정하는 체계이다.
③ 직무급은 직무분석과 직무평가를 기초로 직무의 상대적 가치에 따라 임금을 결정하는 체계이다.
④ 연공급은 근로자의 생산성에 바탕을 둔 임금체계이다.

정답   72 ④   73 ②   74 ②   75 ②   76 ④

해설

연공급은 속인급으로서 개개인의 학력 · 자격 · 연령 등을 감안하여 근속연수에 따라 임금수준을 결정하는 임금체계이다. 조직안정화로 인한 위계질서 확립에 용이하나 비합리적인 인건비 지출이 된다는 단점이 있다.

77 다음 중 최저임금제가 고용에 미치는 부정적 효과가 큰 상황은?

① 노동수요곡선과 노동공급곡선이 모두 탄력적일 때
② 노동수요곡선과 노동공급곡선이 모두 비탄력적일 때
③ 노동수요곡선이 탄력적이고 노동공급곡선이 비탄력적일 때
④ 노동수요곡선이 비탄력적이고 노동공급곡선이 탄력적일 때

해설

노동수요곡선과 노동공급곡선이 모두 탄력적일 때 노동의 초과공급량이 더욱 커져서 부정적 효과가 더욱 커진다.

78 실업을 수요부족실업과 비수요부족실업으로 구분할 때 비수요부족실업을 모두 고른 것은?

| ㄱ. 경기적 실업 | ㄴ. 마찰적 실업 |
| ㄷ. 구조적 실업 | ㄹ. 계절적 실업 |

① ㄱ
② ㄴ, ㄷ
③ ㄱ, ㄴ, ㄹ
④ ㄴ, ㄷ, ㄹ

해설

경기적 실업은 수요부족실업이다.

79 인력수요예측의 근거와 가장 거리가 먼 것은?

① 고용전망
② 성장률
③ 출생률
④ 취업계수

해설

출생률은 인력공급예측과 관련된 요인이다.

80 실업급여의 효과에 대한 설명으로 가장 적합한 것은?

① 노동시간을 늘리고 경제활동참가도 증대시킨다.
② 노동시간을 단축시키고 경제활동참가도 감소시킨다.
③ 노동시간의 증감은 불분명하지만 경제활동참가는 증대시킨다.
④ 노동시간, 경제활동참가 모두 불분명하다.

해설

실업급여는 적극적인 구직활동을 전제로 하므로 경제활동의 참가를 증가시킨다. 그러나 실업급여를 받은 후 취업을 할 수도 있고 실업상태로 남을 수도 있어 노동시간의 증감은 불분명하다.

5과목 **노동관계법규**

81 고용상 연령차별금지 및 고령자 고용촉진에 관한 법령상 운수업의 고령자 기준고용률은?

① 그 사업장의 상시 근로자 수의 100분의 2
② 그 사업장의 상시 근로자 수의 100분의 3
③ 그 사업장의 상시 근로자 수의 100분의 5
④ 그 사업장의 상시 근로자 수의 100분의 6

해설

① 제조업 : 그 사업장의 상시 근로자 수의 100분의 2
② 운수업, 부동산 및 임대업 : 그 사업장의 상시 근로자 수의 100분의 6
③ 그 이외의 산업 : 그 사업장의 상시 근로자 수의 100분의 3

정답 77 ① 78 ④ 79 ③ 80 ③ 81 ④

82 국민 평생 직업능력 개발법령상 고용노동부장관이 직업능력개발사업을 하는 사업주에게 지원할 수 있는 비용이 아닌 것은?

① 근로자를 대상으로 하는 자격검정사업 비용
② 직업능력개발훈련을 위해 필요한 시설의 설치 사업 비용
③ 근로자의 경력개발관리를 위하여 실시하는 사업 비용
④ 고용노동부장관의 인정을 받은 직업능력개발 훈련 과정 수강 비용

해설

④는 근로자에게 지원되는 것이다.

83 근로기준법상 근로감독관에 관한 설명으로 틀린 것은?

① 근로조건의 기준을 확보하기 위하여 고용노동부와 그 소속 기관에 근로감독관을 둔다.
② 근로감독관의 직무에 관한 범죄의 수사는 검사와 근로감독관이 전담하여 수행한다.
③ 근로감독관은 사업장, 기숙사, 그 밖의 부속 건물을 현장조사하고 장부와 서류의 제출을 요구할 수 있다.
④ 의사인 근로감독관이나 근로감독관의 위촉을 받은 의사는 취업을 금지하여야 할 질병에 걸릴 의심이 있는 근로자에 대하여 검진할 수 있다.

해설

노동관계법령에 따른 현장조사, 서류의 제출, 심문 등의 수사는 검사와 근로감독관이 전담하여 수행한다. 다만, 근로감독관의 직무에 관한 범죄의 수사는 그러하지 아니하다.

84 직업안정법령상 직업정보제공사업자의 준수사항에 해당하지 않는 것은?

① 구직자의 이력서 발송을 대행하지 아니할 것
② 직업정보제공사업의 광고문에 "취업지원" 등의 표현을 사용하지 아니할 것
③ 구인자의 신원이 확실하지 아니한 구인광고를 게재하지 아니할 것
④ 직업정보제공매체의 구인·구직의 광고에는 구인·구직자의 주소 또는 전화번호를 기재하지 아니할 것

해설

직업정보제공매체의 구인·구직의 광고에는 구인·구직자의 주소 또는 전화번호를 기재하고, 직업정보제공사업자의 주소 또는 전화번호는 기재하지 아니할 것

85 남녀고용평등과 일·가정 양립 지원에 관한 법률상 직장 내 성희롱의 금지 및 예방에 대한 설명으로 틀린 것은?

① 사업주는 직장 내 성희롱 예방을 위한 교육을 분기별 1회 이상 하여야 한다.
② 사업주는 성희롱 예방교육의 내용을 근로자가 자유롭게 열람할 수 있는 장소에 항상 게시하거나 갖추어 두어 근로자에게 널리 알려야 한다.
③ 누구든지 직장 내 성희롱 발생 사실을 알게 된 경우 그 사실을 해당 사업주에게 신고할 수 있다.
④ 사업주는 직장 내 성희롱 발생 사실이 확인된 때에는 피해근로자가 요청하면 근무장소의 변경, 배치전환, 유급휴가 명령 등 적절한 조치를 하여야 한다.

해설

직장 내 성희롱 예방을 위한 교육을 연 1회 이상 하여야 한다.

86 직업안정법상 직업안정기관의 장이 구인신청의 수리(受理)를 거부할 수 있는 경우가 아닌 것은?

① 구인신청의 내용이 법령을 위반한 경우
② 구인자가 구인조건을 밝히기를 거부한 경우
③ 구직자에게 제공할 선급금을 제공하지 않는 경우
④ 구인신청의 내용 중 임금·근로시간 기타 근로조건이 통상의 근로조건에 비하여 현저하게 부적당하다고 인정되는 경우

> **해설**
>
> 구인신청의 수리를 거부할 수 있는 경우
> ① 구인신청의 내용이 법령을 위반한 경우
> ② 구인자가 구인조건을 밝히기를 거부하는 경우
> ③ 구인신청의 내용 중 임금, 근로시간 기타 근로조건이 통상의 근로조건에 비하여 현저하게 부적당하다고 인정되는 경우

87 다음 (   )에 알맞은 것은?

> 남녀고용평등과 일·가정 양립 지원에 관한 법률상 사업주가 근로자에게 육아기 근로시간 단축을 허용하는 경우 단축 후 근로시간은 주당(ㄱ)시간 이상이어야 하고 (ㄴ)시간을 넘어서는 아니 된다.

① ㄱ : 10, ㄴ : 15
② ㄱ : 10, ㄴ : 20
③ ㄱ : 15, ㄴ : 20
④ ㄱ : 15, ㄴ : 30

> **해설**
>
> 육아기 근로시간 단축 후 근로시간은 주당 15시간 이상이어야 하고 30시간을 넘어서는 아니 된다.

88 다음 (   )에 알맞은 것은?

> 국민 평생 직업능력 개발법상 사업주는 근로자와 훈련계약을 체결할 때에는 해당 직업능력개발훈련을 받는 사람이 직업능력개발 훈련을 이수한 후에 사업주가 지정하는 업무에 일정 기간 종사하도록 할 수 있다. 이 경우 그 기간은 (ㄱ)년 이내로 하되, 직업능력개발훈련기간의 (ㄴ)배를 초과할 수 없다.

① ㄱ : 5, ㄴ : 5   ② ㄱ : 3, ㄴ : 3
③ ㄱ : 5, ㄴ : 3   ④ ㄱ : 3, ㄴ : 5

> **해설**
>
> 훈련계약을 체결할 때에는 해당 직업능력개발훈련을 받는 사람이 직업능력개발훈련을 이수한 후에 사업주가 지정하는 업무에 일정 기간 종사하도록 할 수 있다. 이 경우 그 기간은 5년 이내로 하되, 직업능력개발훈련기간의 3배를 초과할 수 없다.

89 고용보험법상 실업급여에 해당하지 않는 것은?

① 구직급여
② 조기(早期)재취업 수당
③ 정리해고 수당
④ 이주비

> **해설**
>
> ① 실업급여는 구직급여와 취업촉진 수당으로 구분한다.
> ② 취업촉진 수당의 종류는 다음과 같다.
> • 조기(早期)재취업 수당
> • 직업능력개발 수당
> • 광역 구직활동비
> • 이주비

90 고용정책 기본법상 고용노동부장관이 실시할 수 있는 실업대책사업에 해당하지 않는 것은?

① 고용촉진과 관련된 사업을 하는 자에 대한 대부(貸付)
② 실업자에 대한 생계비, 의료비(가족의 의료비 포함), 주택매입자금 등의 지원
③ 실업자의 취업촉진을 위한 훈련의 실시와 훈련에 대한 지원
④ 실업의 예방, 실업자의 재취업 촉진, 그 밖에 고용안정을 위한 사업을 하는 자에 대한 지원

해설

주택전세자금은 지원하나 주택매입자금은 지원하지 아니한다.

91 파견근로자보호 등에 관한 법률에 대한 설명으로 틀린 것은?

① 근로자파견사업의 허가의 유효기간은 2년으로 한다.
② 사용사업주는 파견근로자를 사용하고 있는 업무에 근로자를 직접 고용하고자 하는 경우에는 당해 파견근로자를 우선적으로 고용하도록 노력하여야 한다.
③ 근로자파견이라 함은 파견사업주가 근로자를 고용한 후 그 고용관계를 유지하면서 근로자파견계약의 내용에 따라 사용사업주를 위한 근로에 종사하게 하는 것을 말한다.
④ 사용사업주는 고용노동부장관의 허가를 받지 않고 근로자파견사업을 행하는 자로부터 근로자 파견의 역무를 제공받은 경우에 해당 파견근로자를 직접 고용하여야 한다.

해설

근로자파견사업의 허가의 유효기간은 3년으로 한다.

92 고용정책 기본법령상 사업주의 대량고용변동신고 시 이직하는 근로자 수에 포함되는 자는?

① 수습 사용된 날부터 3개월 이내의 사람
② 자기의 자정 또는 귀책사유로 이직하는 사람
③ 상시 근무를 요하지 아니하는 사람으로 고용된 사람
④ 6개월을 초과하는 기간을 정하여 고용된 사람으로서 당해 기간을 초과하여 계속 고용되고 있는 사람

해설

일용근로자 또는 기간을 정하여 고용된 사람(일용근로자 또는 6개월 미만의 기간을 정하여 고용된 사람으로서 6개월을 초과하여 계속 고용되고 있는 사람 또는 6개월을 초과하는 기간을 정하여 고용된 사람으로서 해당 기간을 초과하여 계속 고용되고 있는 사람은 제외한다.)

93 다음 중 노동법의 성격에 가장 적합한 원칙은?

① 계약자유의 원칙
② 자기책임의 원칙
③ 소유권 절대의 원칙
④ 당사자의 실질적 대등의 원칙

해설

노동법은 실질적 대등성 확보를 위한 노사자치주의를 실현하고, 근대시민법의 원리를 수정하기 위해 생겨났다.

근대시민법	노동법
• 소유권 절대의 원칙	• 소유권상대의 원칙
• 계약자유의 원칙	• 계약공정의 원칙
• 과실책임의 원칙	• 무과실책임의 원칙

94 국민 평생 직업능력 개발법에 명시된 직업능력개발훈련이 중요시되어야 하는 사람에 해당하지 않는 것은?

① 일용근로자
② 여성근로자
③ 제조업의 생산직에 종사하는 근로자
④ 중소기업기본법에 따른 중소기업의 근로자

해설

제조업의 생산직에 종사하는 근로자는 2016년 개정에 따라 직업능력개발훈련이 중요시되어야 할 사람에서 제외되었다.

95 근로자퇴직급여 보장법에 관한 설명으로 틀린 것은?

① 퇴직급여제도의 일시금을 수령한 사람은 개인형 퇴직연금제도를 설정할 수 있다.

② 사용자는 계속근로기간이 1년 미만인 근로자, 4주간 평균하여 1주간의 소정근로시간이 15시간 미만인 근로자에 대하여는 퇴직급여제도를 설정하지 않아도 된다.

③ 확정급여형 퇴직연금제도 또는 확정기여형 퇴직연금제도의 가입자는 개인형 퇴직연금제도를 추가로 설정할 수 없다.

④ 상시 10명 미만의 근로자를 사용하는 사업의 경우 사용자가 개별근로자의 동의를 받거나 근로자의 요구에 따라 개인형 퇴직연금제도를 설정하는 경우에는 해당 근로자에 대하여 퇴직급여제도를 설정한 것으로 본다.

해설

확정급여형 퇴직연금제도 또는 확정기여형 퇴직연금제도의 가입자도 개인형 퇴직연금제도를 추가로 설정할 수 있다.

96 근로 3권에 관한 설명으로 옳은 것은?

① 근로자는 자주적인 단결권, 단체교섭권, 단체행동권을 가진다.

② 공무원도 근로자이므로 근로 3권을 당연히 갖는다.

③ 주요 방위산업체의 근로자는 국가안보를 위해 당연히 단체행동권이 인정되지 않는다.

④ 미취업근로자 개개인에게 주어지는 구체적 권리이다.

해설

②항 공무원인 근로자는 법률이 정하는 자에 한하여 단결권·단체교섭권·단체행동권을 가진다.

③항 법률이 정하는 주요 방위산업체에 종사하는 근로자의 단체행동권은 법률이 정하는 바에 의하여 이를 제한하거나 인정하지 아니할 수 있다.

④항 근로 3권은 취업근로자에게 주어진다.

97 남녀고용평등과 일·가정 양립 지원에 관한 법률상 육아휴직에 관한 설명으로 옳은 것은?

① 사업주는 근로자가 만 6세 이하의 초등학교 취학 전 자녀(입양한 자녀는 제외한다)를 양육하기 위하여 휴직을 신청하는 경우에 이를 허용하여야 한다.

② 사업주는 육아휴직을 이유로 해고나 그 밖의 불리한 처우를 하여서는 아니 되며, 육아휴직 기간에는 그 근로자를 해고하지 못하지만 사업을 계속할 수 없을 경우에는 그러하지 아니한다.

③ 사업주는 근로자가 육아휴직을 마친 후에는 휴직 전과 같은 업무 또는 같은 수준의 임금을 지급하는 직무에 복귀할 수 있도록 노력해야 한다.

④ 육아휴직의 기간은 1년 이상으로 하며, 육아휴직기간은 근속기간에 포함하지 아니한다.

해설

①항 만 8세 이하 또는 초등학교 2학년 이하의 자녀(입양한 자녀를 포함한다.)

③항 직무에 복귀시켜야 한다.

④항 육아휴직의 기간은 1년 이내로 한다. 육아휴직 기간은 근속기간에 포함한다.

98 근로기준법령상 상시 4명 이하의 근로자를 사용하는 사업 또는 사업장에 적용하는 법규정을 모두 고른 것은?

> ㄱ. 근로기준법 제9조(중간착취의 배제)
> ㄴ. 근로기준법 제18조(단시간 근로자의 근로조건)
> ㄷ. 근로기준법 제21조(전차금 상계의 금지)
> ㄹ. 근로기준법 제60조(연차 유급휴가)
> ㅁ. 근로기준법 제72조(갱내근로의 금지)

① ㄱ, ㄴ, ㄹ   ② ㄴ, ㄹ
③ ㄷ, ㅁ   ④ ㄱ, ㄴ, ㄷ, ㅁ

🔖 **해설**
연차 유급휴가, 생리휴가 등에 대해서는 적용하지 아니한다.

99 고용보험법상 피보험기간이 5년 이상 10년 미만이고, 이직일 현재 연령이 30세 미만인 경우의 구직급여 소정 급여일수는?(단, 장애인이 아님)

① 150일   ② 180일
③ 210일   ④ 240일

🔖 **해설**

구직급여의 소정 급여일수

구분		피보험기간				
		1년 미만	1년 이상 3년 미만	3년 이상 5년 미만	5년 이상 10년 미만	10년 이상
이직일 현재 연령	50세 미만	120일	150일	180일	210일	240일
	50세 이상 및 장애인	120일	180일	210일	240일	270일

※ 개정 전 정답은 '① 150일'이었으나 2019년 8월 27일 개정에 따라 '③ 210일'이 정답이 됨

100 근로기준법상 임금에 대한 설명으로 틀린 것은?

① 임금이란 사용자가 근로의 대가로 근로자에게 임금, 봉급, 그 밖에 어떠한 명칭으로든지 지급하는 일체의 금품을 말한다.
② 평균임금이란 이를 산정하여야 할 사유가 발생하는 날 이전 3개월 동안에 그 근로자에게 지급된 임금의 총액을 말한다.
③ 사용자는 도급이나 그 밖에 이에 준하는 제도로 사용하는 근로자에게 근로시간에 따라 일정액의 임금을 보장하여야 한다.
④ 근로기준법에 따른 임금채권은 3년간 행사하지 아니하면 시효로 소멸된다.

🔖 **해설**
평균임금이란 이를 산정하여야 할 사유가 발생한 날 이전 3개월 동안에 그 근로자에게 지급된 임금의 총액을 그 기간의 총일수로 나눈 금액을 말한다.

VOCATIONAL COUNSELOR
과년도 기출문제 2019년 3회

1과목 직업상담학

01 다음에서 설명하고 있는 생애진로사정의 구조는?

> 개인이 자신의 생활을 어떻게 조직하는지를 발견하는 것이다. 내담자가 그들 자신의 생활을 체계적으로 조직하는지 아니면 매일 자발적으로 반응하는지 결정하는 데 도움을 준다.

① 진로사정　　　② 전형적인 하루
③ 감정과 장애　　④ 요약

🔖 **해설**

생애진로사정의 구조
① 진로사정 : 내담자 직업경험, 교육훈련 관련, 여가활동 등에 대하여 사정한다.
② 전형적인 하루 : 개인이 자신의 생활을 어떻게 조직하는지를 발견하는 것이다. 내담자가 그들 자신의 생활을 체계적으로 조직하는지 아니면 매일 자발적으로 반응하는지 결정하는 데 도움을 준다(의존적-독립적인지, 자발적-체계적 차원인지 성격차원을 파악한다.).
③ 강점과 장애 : 내담자의 주요 강점과 장애들에 대한 정보를 얻을 수 있다.
④ 요약 : 면접 동안 얻은 정보들을 재차 강조한다.

02 상담 장면에서 인지적 명확성이 부족한 내담자를 위한 개입방법이 아닌 것은?

① 잘못된 정보를 바로 잡아줌
② 구체적인 정보를 제공함
③ 원인과 결과의 착오를 바로 잡아줌
④ 가정된 불가피성에 대해 지지적 상상을 제공함

🔖 **해설**

가정된 불가능/불가피성에 대해서는 논리적 분석과 격려를 통하여 바로 잡아주어야 한다.

03 상담자가 길을 전혀 잃어버리지 않고 마치 자신이 내담자의 세계에서 경험을 하는 듯한 능력을 의미하는 상담기법은?

① 직면　　　② 즉시성
③ 리허설　　④ 감정이입

🔖 **해설**

감정이입은 초기면담 시 성공적인 상담관계를 위해 내담자의 입장이 되어 상담사가 자기 본연의 자세는 버리지 않고 내담자 세계에서의 경험을 갖는 듯한 능력을 의미한다.

04 직업상담사의 역할과 가장 거리가 먼 것은?

① 직업정보의 수집 및 분석
② 직업 관련 이론의 개발과 강의
③ 직업 관련 심리검사의 실시 및 해석
④ 구인, 구직, 직업적응, 경력개발 등 직업 관련 상담

🔖 **해설**

직업상담사의 역할은 상담자, 처치자, 조언자, 개발자, 관리자, 지원자, 해석자, 정보분석가, 협의자이다. 관련 이론의 개발과 강의는 직업상담사의 역할이 아니다.

정답 01 ②　02 ④　03 ④　04 ②

05 인간중심 상담이론에서 상담사의 역할과 가장 거리가 먼 것은?

① 조력관계를 통해 성장을 촉진한다.
② 내담자 문제를 진단하여 분류한다.
③ 내담자가 자신의 깊은 감정을 깨닫게 돕는다.
④ 내담자로 하여금 존중받고 있음을 느끼게 한다.

해설

내담자의 문제를 진단하여 분류하는 것은 지시적 상담이다. 인간 중심적 상담은 진단을 배제한다.

06 포괄적 직업상담 과정에 대한 설명으로 틀린 것은?

① 내담자가 직업선택에서 가졌던 문제들을 상담한다.
② 내담자가 자신의 내부와 주변에서 일어나는 일들을 충분히 자각하게 한다.
③ 직업심리검사를 통해 내담자의 문제를 명료화한다.
④ 상담과 검사를 통해 얻어진 자료를 바탕으로 직업정보를 제공한다.

해설

내담자가 자신의 내부와 주변에서 일어나는 일들을 충분히 자각하는 것은 형태주의 상담이다.

포괄적 직업상담 과정
① 진단 : 내담자가 직업선택에서 가졌던 문제들을 상담한다.
② 명료화 또는 해석 : 직업심리검사를 통해 내담자의 문제를 명료화한다.
③ 문제해결 : 상담과 검사를 통해 얻어진 자료를 바탕으로 직업정보를 제공한다.

07 진로시간전망 검사지의 사용목적과 가장 거리가 먼 것은?

① 진로 태도를 인식하기 위해
② 미래의 방향을 이끌어내기 위해
③ 계획에 대해 긍정적 태도를 강화하기 위해
④ 현재의 행동을 미래의 결과와 연계시키기 위해

해설

진로시간전망 검사의 목적
① 미래의 방향설정을 가능하게 한다.
② 미래에 대한 희망을 갖도록 한다.
③ 진로계획에 대한 긍정적 태도를 강화한다.
④ 목표설정을 촉구한다.
⑤ 진로계획의 기술을 연습시킨다.
⑥ 진로의식을 높여준다.
⑦ 현재의 행동을 미래의 결과와 연계시키기 위해서이다.

08 Dagley가 제시한 직업가계도를 그릴 때 관심을 가져야 할 요인과 가장 거리가 먼 것은?

① 가족구성원들의 진로선택 형태와 방법
② 내담자가 성장할 때의 또래집단 상황
③ 가족의 경제적 기대와 압력
④ 특정 직업에 대한 가계 유전적 장애

해설

직업가계도의 목적은 한 사람의 진로유산에 대한 시각적 그림을 얻는 데 있다. 따라서 다음과 같은 것들을 밝히는 데 관심을 기울여야 한다.
① 3~4세대 가계에 있어서 대표적인 직업
② 여러 가족 성원들의 직업에 전형적으로 두드러진 지위와 가치의 서열화
③ 가족구성원들의 진로선택 형태와 방법
④ 가족의 경제적 기대와 압력
⑤ 가족의 일의 가치
⑥ 내담자가 성장할 때의 또래집단 상황

09 다음 중 내담자의 동기와 역할을 사정함에 있어서 자기보고법이 적합한 내담자는?

① 인지적 명확성이 낮은 내담자
② 인지적 명확성이 높은 내담자
③ 흥미가치가 낮은 내담자
④ 흥미가치가 높은 내담자

정답 05 ② 06 ② 07 ① 08 ④ 09 ②

해설

동기와 역할을 사정함에 있어서 자기보고법이 가장 많이 사용된다. 자기보고법은 내담자 스스로 자신을 탐색하는 방법으로 인지적 명확성이 높은 내담자에게 적합하다.

10 Mitchell과 Krumboltz가 제시한 진로발달과정의 요인에 해당하지 않는 것은?

① 특별한 능력　　② 환경조건
③ 사회성 기술　　④ 과제접근기술

해설

미첼과 크롬볼츠(Mitchell & Krumboltz)는 진로 결정에 영향을 주는 요인을 유전요인과 특별한 능력, 환경조건과 사건, 학습경험, 과제접근기술 4가지로 분류하였다.

11 Crites가 제시한 직업상담 과정에 포함되지 않는 것은?

① 진단　　　　② 문제 분류
③ 정보 제공　　④ 문제 구체화

해설

포괄적 직업상담 과정
① 진단 : 내담자가 직업선택에서 가졌던 문제들을 상담한다.
② 명료화 또는 해석 : 직업심리검사를 통해 내담자의 문제를 명료화한다.
③ 문제해결 : 상담과 검사를 통해 얻어진 자료를 바탕으로 직업정보를 제공한다.

12 Bordin의 정신역동적 진로상담기법과 가장 거리가 먼 것은?

① 비교
② 순수성
③ 명료화
④ 소망-방어체계에 대한 해석

해설

정신역동 직업상담의 상담기법
① 명료화 : 진로문제와 관련된 내담자의 문제를 명료화한다.
② 비교 : 두 가지 이상 주제들 사이의 유사성, 차이점들을 분명하게 부각하기 위해 비교하는 방법을 사용한다.
③ 소망-방어체계에 대한 해석 : 내담자의 내적 동기와 직업결정 과정 간의 관계를 인식하게 한다.

13 상담에서 비밀보장 예외의 원칙과 가장 거리가 먼 것은?

① 상담자가 슈퍼비전을 받아야 하는 경우
② 심각한 범죄 실행의 가능성이 있는 경우
③ 내담자가 자살을 실행할 가능성이 있는 경우
④ 상담을 의뢰한 교사가 내담자의 상담자료를 요청하는 경우

해설

한국상담협회 윤리강령의 비밀보장 한계
상담자는 내담자의 개인 및 사회에 임박한 위험이 있다고 판단될 때, 극히 조심스럽게 고려한 뒤 내담자의 사회생활 정보를 적정한 전문인 혹은 사회당국에 공개한다.
① 내담자가 자신이나 타인의 생명 혹은 사회의 안전을 위협하는 경우
② 미성년인 내담자가 학대를 당하고 있는 경우
③ 내담자가 감염성이 있는 치명적인 질병이 있다는 확실한 정보를 가졌을 경우
④ 내담자가 아동학대를 하는 경우
⑤ 법적으로 정보의 공개가 요구되는 경우

14 Williamson의 특성-요인 직업상담에서 검사의 해석단계에 이용할 수 있다고 제시한 상담기법은?

① 가정　　　　② 반영
③ 변명　　　　④ 설명

해설

윌리엄슨의 특성-요인 상담에서 검사의 해석단계에 사용할 수 있는 상담기법

① 직접 충고 : 상담자가 내담자에게 자신의 견해를 솔직하게 표명하는 것이다.

② 설득 : 합리적이고 논리적 방법으로 검사자료를 이해한 후 비합리적 결정을 하지 않도록 설득한다.

③ 설명 : 내담자가 현명한 의사결정을 할 수 있도록 검사자료들을 해석하여 설명한다.

---

15 행동주의 상담기법 중 내담자가 긍정적 강화를 받을 기회를 박탈시키는 것은?

① 타임아웃   ② 혐오치료

③ 자극통제   ④ 토큰경제

해설

타임아웃기법은 바람직하지 않은 행동에 대하여 강화물을 얻을 수 있는 기회로부터 제외시키는 것이다. 결과적으로 바람직하지 못한 행동을 하지 못하게 하는 행동 수정의 한 형태이다.

---

16 직업카드 분류에 관한 설명으로 틀린 것은?

① 내담자를 능동적으로 참여하도록 한다.

② 즉각적인 피드백을 제공한다.

③ 내담자가 제한적으로 반응하도록 구성되어 있다.

④ 상담자가 내담자에 대한 의미 있는 여러 정보를 얻을 수 있다.

해설

표준화 검사는 규준집단이 다를 경우 사용에 제한이 있고 내담자가 제한적으로 반응하도록 구성되어 있는 데 반해, 직업카드 분류는 다양한 문화, 인종, 민족적 배경을 가진 사람들에게 적용할 수 있어 반응이 다양하다.

---

17 다음 대화는 교류분석 이론의 어떤 유형에 해당하는가?

> A : 철수야, 우리 눈썰매 타러 갈래?
>
> B : 나이에 맞는 행동 좀 해라. 난 그런 쓸데없는 짓으로 낭비할 시간이 없어!

① 암시적 교류   ② 직접적 교류

③ 이차적 교류   ④ 교차적 교류

해설

교차적 교류는 두 사람 사이에 수신과 발신이 원활하지 않은 것으로 발신자의 기대와는 달리 예상 밖의 반응이 돌아오는 상태이다.

---

18 Williamson의 변별진단에서 4가지 결과에 해당하지 않는 것은?

① 직업선택에 대한 확신 부족

② 직업 무선택

③ 정보의 부족

④ 흥미와 적성의 모순

해설

윌리엄슨의 직업문제 분류범주

① 무선택(선택하지 않음)

② 불확실한 선택 : 직업선택의 확신 부족

③ 흥미와 적성의 불일치 : 흥미와 적성의 모순 또는 차이

④ 현명하지 못한 선택 : 어리석은 선택

---

19 초기면담의 유형 중 정보지향적 면담을 위한 상담기법과 가장 거리가 먼 것은?

① 재진술   ② 탐색해 보기

③ 폐쇄형 질문   ④ 개방형 질문

해설

초기면담의 유형

① 정보지향적 면담 : 폐쇄형 질문, 개방형 질문, 탐색해 보기

② 관계지향적 면담 : 재진술과 감정의 반향 등

---

20 Jung이 언급한 원형들 중 환경의 요구에 조화를 이루려고 하는 적응의 원형은?

① 페르소나   ② 아니마

③ 그림자   ④ 아니무스

해설

융(Jung)이 언급한 원형은 사람들로 하여금 세계를 특정 양식으로 지각하고 경험하고 반응하도록 이끄는 보편적, 집단적, 선험적인 아이디어나 기억들이다.
① 페르소나 : 환경의 요구에 조화를 이루려고 하는 다양한 역할을 반영한다.
② 아니마 : 남성의 내부에 있는 여성적이고 수동적인 면을 지칭한다.
③ 그림자 : 인간의 어둡고, 사악하고, 동물적인 측면을 지칭한다.
④ 아니무스 : 여성 내부에 있는 남성적이고 자기주장적인 면을 지칭한다.
⑤ 자기 : 마음의 핵심으로서 모든 다른 요소들은 자기를 둘러싸고 조직되고 통합된다.

2과목 직업심리학

21 Ginzberg의 진로발달 3단계가 아닌 것은?

① 잠정기(Tentative Phase)
② 환상기(Fantasy Phase)
③ 현실기(Realistic Phase)
④ 탐색기(Exploring Phase)

해설

긴즈버그는 진로발달 단계를 환상기, 잠정기, 현실기로 구분하였다.

22 반분신뢰도(Split-half Reliability)를 추정하는 방법과 가장 거리가 먼 것은?

① 사후양분법   ② 전후절반법
③ 기우절반법   ④ 짝진 임의배치법

해설

반분신뢰도를 추정하는 방법에는 전후절반법, 기우절반법, 짝진 임의배치법이 있다.

23 심리검사의 유형과 그 예를 짝지은 것으로 틀린 것은?

① 직업흥미검사-VPI
② 직업적성검사-AGCT
③ 성격검사-CPI
④ 직업가치검사-MIQ

해설

AGCT(Army General Classification Test)는 2차 세계대전 중에 군인의 선발과 배치를 위해 제작된 지능검사로 신병분류검사이다.

24 직무스트레스 매개변인으로 개인 속성에 해당하는 것은?

① 통제 소재   ② 역할 과부하
③ 역할 모호성   ④ 조직 풍토

해설

직무스트레스 매개변인
① 개인 속성 : A/B 성격 유형, 통제의 소재
② 상황 속성 : 사회적 지원

25 직무분석 자료의 특성과 가장 거리가 먼 것은?

① 직무분석 자료는 사실 그대로를 반영하여야 한다.
② 직무분석 자료는 가공하지 않은 원상태의 자료이어야 한다.
③ 직무분석 자료는 과거와 현재의 정보를 모두 활용해야 한다.
④ 직무분석 자료는 논리적으로 체계화해야 한다.

정답 20 ① 21 ④ 22 ① 23 ② 24 ① 25 ③

③ 동기요인은 높은 수준의 성과를 얻도록 자극하는 요인이다.

④ 위생요인은 직무 불만족을 가져오는 것이며 만족감을 산출할 힘도 갖고 있는 것이다.

🔖 해설

허즈버그(Herzberg) 2요인 이론(동기-위생 이론)
① 동기요인 : 직무만족을 산출해내는 요인으로 동기요인을 좋게 하면 일에 대한 만족도는 올라가나 동기요인이 충족되지 않아도 불만족은 생기지 않는다.
   예 일의 내용, 성취감, 책임의 수준, 개인적 발전과 향상 등을 포함
② 위생요인 : 직무불만족을 가져오는 요인으로 위생요인을 좋게 하면 불만족을 감소시킬 수 있으나 만족감을 산출할 힘은 갖고 있지 못하다.
   예 조직의 정책, 관리규정, 감독형태, 대인관계, 조직혜택, 작업조건, 작업환경 등을 포함

26 다음은 Holland의 6가지 성격유형 중 무엇에 해당하는가?

> 다른 사람과 함께 일하거나 다른 사람을 돕는 것을 즐기지만 도구와 기계를 포함하는 질서정연하고 조직적인 활동을 싫어한다. 기계적이고 과학적인 능력이 부족하며 카운슬러, 바텐더 등이 해당한다.

① 현실적 유형(R) ② 탐구적 유형(I)
③ 사회적 유형(S) ④ 관습적 유형(C)

🔖 해설

①항 현실형 : 기계, 동물, 도구에 관한 체계적인 조작활동을 좋아하나 사회적 기술이 부족하다.
   [대표 직업] 기술자, 트럭운전사, 비행기조종사, 조사연구원, 농부 등
②항 탐구형 : 분석적이고 호기심이 많고 조직적이며 정확한 반면, 흔히 리더십 기술이 부족하다.
   [대표 직업] 수학자, 과학자, 의사 등
④항 관습형 : 정해진 원칙과 계획에 따라 자료들을 기록, 정리, 조직하는 일을 좋아하나 변화에 약하고 융통성이 부족하다.
   [대표 직업] 경리사원, 비서, 은행원 등

28 Bandura가 제시한 사회인지이론의 인과적 모형에 해당하지 않는 변인은?

① 외형적 행동 ② 개인적 기대와 목표
③ 외부환경 요인 ④ 개인과 신체적 속성

🔖 해설

반두라의 사회인지이론적 발달이론의 3축 호혜성 인과적 모형
① 개인과 신체적 속성
② 외부환경 요인
③ 외형적 행동

27 직무만족에 관한 2요인 이론의 설명으로 틀린 것은?

① 낮은 수준의 욕구를 만족하지 못하면 직무 불만족이 생기나 그 역은 성립되지 않는다.
② 자아실현에 의해서만 욕구만족이 생기나 자아실현의 실패로 직무 불만족이 생기는 것은 아니다.

29 Selye가 제시한 일반적응증후군의 3가지 단계가 아닌 것은?

① 경계단계 ② 도피단계
③ 저항단계 ④ 탈진단계

🔖 해설

일반적응증후군의 3단계
경계(경고)단계, 저항단계, 탈진(소진)단계이다.

30 이미 신뢰성이 입증된 유사한 검사점수와의 상관계수로 검증하는 신뢰도는?

① 검사－재검사 신뢰도
② 동형검사 신뢰도
③ 반분 신뢰도
④ 채점자 간 신뢰도

해설

동형검사 신뢰도는 이미 신뢰성이 입증된 유사한 검사점수와의 상관관계를 검토하는 것으로, 이때 두 검사의 동등성 정도를 나타낸다고 하여 동등성 계수라고 한다.

31 다음은 어떤 경력개발 프로그램 개발 과정에 해당하는가?

> 특정 경력개발 프로그램을 대규모로 적용하기 전에 소규모 집단에 시범적으로 실시하는 과정을 말한다. 프로그램 참여자로부터 프로그램에 대한 평가와 피드백을 받은 후, 그에 대한 대책을 마련하여 개발된 경력개발 프로그램을 본격적으로 정착시키는 데 활용된다.

① 요구 조사(Need Assessment)
② 자문(Consulting)
③ 팀－빌딩(Team－Building)
④ 파일럿 연구(Pilot Study)

해설

특정 경력개발 프로그램을 대규모로 적용하기 전에 소규모 집단에 시범적으로 실시하는 과정이다.

32 직업적응이론에서 개인의 가치와 직업 환경의 강화인 간의 조화를 측정하는 데 사용되는 검사는?

① 미네소타 중요도 검사(MIQ)
② 미네소타 만족 질문지(MSQ)
③ 미네소타 충족 척도(MSS)
④ 미네소타 직업평가 척도(MORS)

해설

MIQ는 직업적응이론에서 개인의 가치와 직업 환경의 강화인 간의 조화를 측정하는 데 사용되는 검사이다. 20가지의 욕구와 6가지의 가치관을 측정하는 도구로서, 190개의 문항으로 구성되어 있다. 초등학교 5학년 정도의 읽기 능력을 요구하지만 16세 이하 청소년에게 사용하기에는 적합하지 않다. 16세 이전까지는 발달적으로 일에 대한 요구나 가치가 잘 정립되어 있지 않기 때문이다.

33 스트레스에 대처하기 위한 포괄적인 노력과 가장 거리가 먼 것은?

① 과정중심적 사고방식에서 목표지향적 초고속 사고로 전환해야 한다.
② 가치관을 전환해야 한다.
③ 스트레스에 정면으로 도전하는 마음가짐이 있어야 한다.
④ 균형 있는 생활을 해야 한다.

해설

목표지향적 초고속 사고방식에서 과정중심적 사고로 전환해야 한다.

34 진로선택에 관한 사회학습이론에서 개인의 진로발달 과정과 관련이 없는 요인은?

① 유전 요인과 특별한 능력
② 환경조건과 사건
③ 학습경험
④ 인간관계기술

크롬볼츠, 미첼, 겔라트 등은 유전요인과 특별한 능력, 환경조건과 사건, 학습경험, 과제접근기술 등의 네 가지를 제시하고 있다.

35 진로성숙도검사(CMI) 중 태도척도의 하위영역과 문항의 예가 틀리게 연결된 것은?

① 결정성(Decisiveness) – 나는 선호하는 진로를 자주 바꾸고 있다.
② 관여도(Involvement) – 나는 졸업할 때까지는 진로선택 문제에 별로 신경을 쓰지 않을 것이다.
③ 타협성(Compromise) – 나는 부모님이 정해 주시는 직업을 선택하겠다.
④ 지향성(Orientation) – 일하는 것이 무엇인지에 대해 생각한 바가 거의 없다.

진로성숙검사(CMI) 중 태도척도의 하위영역과 이를 측정하는 문항의 예
① 결정성(Decisiveness) : 나는 선호하는 진로를 자주 바꾸고 있다.
② 참여도, 관여도(Involvement) : 나는 졸업할 때까지는 진로선택 문제를 별로 신경쓰지 않겠다.
③ 독립성(Independence) : 나는 부모님이 정해주는 직업을 선택하겠다.
④ 성향, 지향성(Orientation) : 일하는 것이 무엇인지에 대해 생각한 바가 거의 없다.
⑤ 타협성(Compromise) : 나는 하고 싶기는 하나 할 수 없는 일을 생각하느라 시간을 보내곤 한다.

36 특성-요인 이론의 기본적인 가정이 아닌 것은?

① 인간은 신뢰롭고 타당하게 측정할 수 없는 독특한 특성을 지니고 있다.
② 직업에서의 성공을 위해 매우 구체적인 특성을 각 개인이 지닐 것을 요구한다.
③ 진로선택은 다소 직접적인 인지과정이기 때문에 개인의 특성과 직업의 특성을 짝짓는 것이 가능하다.
④ 개인의 특성과 직업의 요구사항이 서로 밀접하게 관련을 맺을수록 직업적 성공의 가능성은 커진다.

측정할 수 없는 것이 아니라 측정될 수 있는 독특한 특성을 지니고 있다.

37 Wechsler 지능검사에서 결정적 지능과 관련이 있는 소검사는?

① 이해, 공통성
② 어휘, 토막 짜기
③ 기본 지식, 모양 맞추기
④ 바꿔 쓰기, 숫자 외우기

카텔(Cattell)의 지능이론
① 유동성 지능 : 선천적인 유전 요인의 영향을 받는 지능으로 청년기까지는 증가하지만 성인기 이후에는 쇠퇴한다고 한다. 동작성 검사는 유동적 능력을 측정한다.
② 결정성 지능이란 후천적 경험에 의해 발달한 지적인 능력을 지칭하며 성인기 이후에도 발전 가능한 지능이라고 하였다. 언어성 검사는 결정적 능력을 측정한다.

38 내담자의 적성과 흥미 또는 성격이 직업적 요구와 달라 생긴 직업적응문제를 해결하는 데 가장 적합한 방법은?

① 스트레스 관리 방안 모색
② 직업 전환
③ 인간관계 개선 프로그램 제공
④ 갈등관리 프로그램 제공

🔖 **해설**

개인의 적성과 흥미 또는 성격과 직업적 요구의 차이로 내담자가 직업적응문제를 나타낼 때는 직업전환이 가장 적합한 방법이다.

---

39 심리검사에서 규준에 대한 설명으로 옳은 것은?

① 한 집단의 특성을 가장 간편하게 표현하기 위한 개념으로 그 집단의 대푯값을 말한다.

② 한 집단의 수치가 얼마나 동질적인지를 표현하기 위한 개념으로 점수들이 그 집단의 평균치로부터 벗어난 평균거리를 말한다.

③ 서로 다른 체계로 측정한 점수들을 동일한 조건에서 비교하기 쉬운 개념으로 원점수에서 평균을 뺀 후 표준편차로 나눈 값을 말한다.

④ 원점수를 표준화된 집단의 검사점수와 비교하기 위한 개념으로 대표집단의 검사점수 분포도를 작성하여 개인의 점수를 해석하기 위한 것이다.

🔖 **해설**

①항 평균값
②항 표준편차
③항 표준점수

---

40 다음 중 직무분석 결과의 활용 용도와 가장 거리가 먼 것은?

① 신규 작업자의 모집
② 종업원의 교육훈련
③ 인력수급계획 수립
④ 종업원의 사기조사

🔖 **해설**

종업원의 사기조사를 위하여 직무를 분석하지는 않는다.

---

41 다음에 해당하는 NCS 수준 체계는?

- 정의 : 독립적인 권한 내에서 해당 분야의 이론 및 지식을 자유롭게 활용하고, 일반적인 숙련으로 다양한 과업을 수행하며, 타인에게 해당 분야 지식 및 노하우를 전달할 수 있는 수준
- 지식기술 : 해당 분야의 이론 및 지식을 자유롭게 활용할 수 있는 수준/일반적인 숙련으로 다양한 과업을 수행할 수 있는 수준
- 역량 : 타인의 결과에 대하여 의무와 책임이 필요한 수준/독립적인 권한 내에서 과업을 수행할 수 있는 수준

① 8수준　　　　　② 7수준
③ 6수준　　　　　④ 5수준

🔖 **해설**

국가직무능력표준의 수준체계는 1~8수준의 8단계로 구성된다.

①항 8수준 : 해당 분야에 대한 최고도의 이론 및 지식을 활용하여 새로운 이론을 창조할 수 있고, 최고도의 숙련으로 광범위한 기술적 작업을 수행할 수 있으며 조직 및 업무 전반에 대한 권한과 책임이 부여된 수준

②항 7수준 : 해당 분야의 전문화된 이론 및 지식을 활용하여, 고도의 숙련으로 광범위한 작업을 수행할 수 있으며 타인의 결과에 대하여 의무와 책임이 필요한 수준

④항 5수준-포괄적인 권한 내에서 해당 분야의 이론 및 지식을 사용하여 매우 복잡하고 비일상적인 과업을 수행하고, 타인에게 해당 분야의 지식을 전달할 수 있는 수준

---

42 직업정보 수집을 위한 설문지 작성에 관한 설명으로 틀린 것은?

① 폐쇄형 질문의 응답범주는 포괄적(Exhaustive)이어야 한다.

② 응답자의 이해능력을 고려하여 설문문항이 작성되어야 한다.

③ 폐쇄형 질문의 응답범주는 상호배타적(Mutually Exclusive)이지 않아야 된다.

④ 이중질문(Double-barreled Question)은 배제되어야 한다.

🔖 **해설**

폐쇄형 질문의 응답범주는 포괄적이며 상호배타적이어야 한다. 포괄성이란 설문대상자 누구나 선택할 수 있는 답변항목이 있어야 한다는 것이고, 상호배타적이란 답변항목 간에 한 사람이 1개만 선택할 수 있도록 해야 한다는 것이다.

43 한국표준직업분류에서 다음에 해당하는 직업분류 원칙은?

> 교육과 진료를 겸하는 의과대학 교수는 강의, 평가, 연구 등과 진료, 처치, 환자상담 등의 직무내용을 파악하여 관련 항목이 많은 분야로 분류한다.

① 취업 시간 우선 원칙

② 최상급 직능수준 우선 원칙

③ 조사 시 최근의 직업 원칙

④ 주된 직무 우선 원칙

🔖 **해설**

주된 직무 우선 원칙이란 2개 이상의 직무를 수행하는 경우는 수행되는 직무내용과 관련 분류 항목에 명시된 직무내용을 비교·평가하여 관련 직무내용상의 상관성이 가장 많은 항목에 분류한다는 것이다.

44 직업, 훈련, 자격 정보를 제공하는 사이트 또는 정보서와 제공내용이 틀리게 연결된 것은?

① 한국직업사전 – 직업별 제시임금과 희망임금 정보

② 워크넷 – 직업심리검사 실시

③ 한국직업전망 – 직업별 적성 및 흥미 정보

④ 자격정보시스템(Q-Net) – 국가기술자격별 합격률 정보

🔖 **해설**

한국직업사전에 임금, 노동시장(노동시간) 정보는 제공되지 않는다.

45 한국직업사전의 부가직업정보 중 숙련기간에 대한 설명으로 틀린 것은?

① 정규교육과정을 이수한 후 해당 직업의 직무를 평균적인 수준으로 스스로 수행하기 위하여 필요한 각종 교육기간, 훈련기간 등을 의미한다.

② 해당 직업에 필요한 자격·면허를 취득하는 취업 전 교육 및 훈련기간뿐만 아니라 취업 후에 이루어지는 관련 자격·면허 취득 교육 및 훈련 기간도 포함된다.

③ 자격·면허가 요구되는 직업은 아니지만 해당 직무를 평균적으로 수행하기 위한 각종 교육·훈련, 수습교육, 기타 사내교육, 현장훈련 등의 기간이 포함된다.

④ 5수준의 숙련기간은 4년 초과~10년 이하이다.

🔖 **해설**

5수준의 숙련기간은 6개월 초과~1년 이하이다.

46 '4차 산업혁명에 따른 새로운 직업'에 대한 국내 일간지의 사설을 내용분석하기 위해 가능한 표본추출방법을 모두 고른 것은?

> ㄱ. 무작위표본추출
> ㄴ. 층화표본추출
> ㄷ. 체계적 표본추출
> ㄹ. 군집(집락)표본추출

① ㄱ, ㄴ   ② ㄱ, ㄷ
③ ㄴ, ㄷ, ㄹ   ④ ㄱ, ㄴ, ㄷ, ㄹ

해설

무작위표본추출, 층화표본추출, 체계적 표본추출, 군집(집락)표본추출 모두 가능하다.

47 다음은 국가기술자격 검정의 기준 중 어떤 등급에 관한 것인가?

> 해당 국가기술자격의 종목에 관한 고도의 전문지식과 실무경험에 입각한 계획, 연구, 설계, 분석, 조사, 시험, 시공, 감리, 평가, 진단, 사업관리, 기술관리 등의 업무를 수행할 수 있는 능력 보유

① 기술사   ② 기사
③ 산업기사   ④ 기능장

해설

②항 기사 : 해당 국가기술자격의 종목에 관한 공학적 기술이론 지식을 가지고 설계·시공·분석 등의 업무를 수행할 수 있는 능력보유
③항 산업기사 : 해당 국가기술자격의 종목에 관한 기술기초이론 지식 또는 숙련기능을 바탕으로 복합적인 기초기술 및 기능업무를 수행할 수 있는 능력보유
④항 기능장 : 해당 국가기술자격의 종목에 관한 최상급 숙련기능을 가지고 산업현장에서 작업관리, 소속기능인력의 지도 및 감독, 현장훈련, 경영자와 기능인력을 유기적으로 연계시켜 주는 현장관리 등의 업무를 수행할 수 있는 능력보유

48 직업정보의 관리과정에 대한 설명으로 틀린 것은?

① 직업정보 수집 시에는 명확한 목표를 세운다.
② 직업정보 분석 시에는 하나의 항목에 초점을 맞춰 집중적으로 분석해야 한다.
③ 직업정보 가공 시에는 전문적인 지식이 없어도 이해할 수 있도록 가공해야 한다.
④ 직업정보 가공 시에는 직업이 가지고 있는 장단점을 편견 없이 제공해야 한다.

해설

동일한 정보도 다각적인 분석을 시도하여 해석을 풍부하게 한다.

49 한국표준직업분류의 주요 개정(제7차) 방향 및 특징에 대한 설명으로 틀린 것은?

① 지난 개정 이후 시간 경과를 고려하여 전면 개정 방식으로 추진하되, 중분류 이하 단위 분류 체계를 중심으로 개정을 추진하였다.
② 대형재난 대응 및 예방의 사회적 중요성을 고려하여 방재 기술자 및 연구원을 신설하였다.
③ 포괄적 직무로 분류되어 온 사무직의 대학행정 조교, 증권 사무원, 기타 금융 사무원, 행정사, 중개 사무원을 신설하였다.
④ 제조 관련 기능 종사원, 과실 및 채소 가공 관련 기계 조작원, 섬유 제조 기계 조작원 등은 복합·다기능 기계의 발전에 따라 통합되었던 직종을 세분하였다.

해설

제조 관련 기능 종사원, 과실 및 채소 가공 관련 기계 조작원, 섬유 제조 기계 조작원 등은 복합·다기능 기계의 발전에 따라 세분화된 직종을 통합하였다.

정답   46 ④   47 ①   48 ②   49 ④

50 국가기술자격법에 의한 국가기술자격 종목이 아닌 것은?

① 제강기능사
② 주택관리사보
③ 사회조사분석사 1급
④ 스포츠경영관리사

🔍 해설

① 국가기술자격 : 국가기술자격법에 의해 운영되는 자격으로서 크게 '기술, 기능분야(기술사/기능장/기사/산업기사/기능사)와 서비스분야(1급/2급/3급/단일 종목)'로 구성되어 있다.
② 국가전문자격 : 정부 부처별 소관 법령에 의하여 운영되는 자격으로서 의사, 변호사, 공인노무사, 사회복지사, 주택관리사보, 문화재 수리기술사, 감정평가사 등의 자격이 있다.

51 2019 한국직업전망에서 세분류 수준의 일자리 전망 결과가 '증가' 및 '다소 증가'에 해당하는 직업명을 모두 고른 것은?

> ㄱ. 연예인 및 스포츠매니저
> ㄴ. 간병인
> ㄷ. 네트워크시스템개발자
> ㄹ. 보육교사
> ㅁ. 임상심리사
> ㅂ. 택배원

① ㄱ, ㄴ, ㄷ, ㅁ, ㅂ
② ㄴ, ㄹ, ㅂ
③ ㄱ, ㄷ, ㄹ, ㅁ
④ ㄱ, ㄴ, ㄷ, ㄹ, ㅁ, ㅂ

🔍 해설

간병인, 네트워크시스템개발자는 증가이며, 연예인 및 스포츠매니저, 보육교사, 임상심리사, 택배원은 다소 증가이다.

52 한국고용정보원에서 제공하는 '워크넷 구인·구직 및 취업동향'에 관한 설명으로 틀린 것은?

① 수록된 통계는 전국 고용센터, 한국산업인력공단, 시·군·구 등에서 입력한 자료를 워크넷 DB로 집계한 것이다.
② 통계표에 수록된 단위가 반올림되어 표기되어 전체 수치와 표 내의 합계가 일치하지 않을 수 있다.
③ 워크넷을 이용한 구인·구직자들만을 대상으로 하므로, 통계자료가 노동시장 전체의 수급 상황과 정확히 일치한다.
④ 공공고용안정기관의 취업지원서비스를 통해 산출되는 구직자, 구인업체 등에 관한 통계를 제공하여, 취업지원사업 성과분석 등의 국가 고용정책사업 수행을 위한 기초자료를 제공하는 데 목적이 있다.

🔍 해설

워크넷을 이용한 구인·구직자들만을 대상으로 하므로, 통계자료가 노동시장 전체의 수급상황과 일치하지 않을 수도 있으니 이 점에 유의하여 통계를 사용해야 한다.

53 직업정보의 수집 이후 일반적인 처리과정을 바르게 나열한 것은?

> ㄱ. 분석   ㄴ. 체계화   ㄷ. 가공
> ㄹ. 제공   ㅁ. 축적   ㅂ. 평가

① ㄱ → ㄴ → ㄷ → ㄹ → ㅁ → ㅂ
② ㄱ → ㄷ → ㄴ → ㄹ → ㅁ → ㅂ
③ ㄴ → ㄷ → ㅁ → ㄱ → ㄹ → ㅂ
④ ㄴ → ㄹ → ㄷ → ㄱ → ㅁ → ㅂ

🔍 해설

직업정보 처리과정은 수집 → 분석 → 가공(체계화) → 제공 → 축적 → 평가 등의 단계를 거쳐 처리된다.

정답 50 ② 51 ④ 52 ③ 53 ②

54 워크넷에서 채용정보 상세검색 시 선택할 수 있는 기업형태가 아닌 것은?

① 대기업
② 일학습병행기업
③ 가족친화인증기업
④ 다문화가정지원기업

해설

기업형태별 검색은 대기업, 공무원/공기업/공공기관, 강소기업, 코스피/코스닥, 외국계 기업, 일학습병행기업, 벤처기업, 청년친화강소기업, 가족친화인증기업으로 검색할 수 있다.

55 최저임금에 관한 설명으로 틀린 것은?

① 2019년 최저임금은 전년대비 10.9% 인상한 시급 8,350원이다.
② 최저임금은 최저임금위원회의 심의·의결을 거쳐 기획재정부장관이 결정한다.
③ 임금의 최저수준을 정하고, 사용자에게 이 수준 이상의 임금을 지급하도록 법으로 강제함으로써 저임금 근로자를 보호한다.
④ 최저임금 적용을 받는 사용자는 최저임금액을 근로자가 쉽게 볼 수 있는 장소에 게시하거나 그 외 적당한 방법으로 근로자에게 널리 알려야 한다.

해설

최저임금은 최저임금위원회의 심의·의결을 거쳐 노동부장관이 결정해 고시한다.

56 한국표준산업분류의 산업분류 적용 원칙에 관한 설명으로 틀린 것은?

① 생산단위는 투입물과 생산공정을 제외한 산출물을 고려하여 그들의 활동을 가장 정확하게 설명된 항목에 분류해야 한다.
② 복합적인 활동단위는 우선적으로 최상급 분류단계를 정확히 결정하고, 순차적으로 중, 소, 세, 세세분류 단계 항목을 결정하여야 한다.
③ 산업활동이 결합되어 있는 경우에는 그 활동단위의 주된 활동에 따라서 분류하여야 한다.
④ 공식적 생산물과 비공식적 생산물, 합법적 생산물과 불법적인 생산물을 달리 분류하지 않는다.

해설

생산단위는 산출물뿐만 아니라 투입물과 생산공정 등을 함께 고려하여 그들의 활동을 가장 정확하게 설명된 항목에 분류해야 한다.

57 다음에서 설명하고 있는 것은?

> 한국표준산업분류상 통계단위 중 하나로 "재화 및 서비스를 생산하는 법적 또는 제도적 단위의 최소결합체로서 자원배분에 관한 의사결정에서 자율성을 갖고 있으며, 재무 관련 통계작성에 가장 유용하다."

① 산업
② 기업체
③ 산업활동
④ 사업체

58 고용노동부에서 실시하는 직업상담(취업지원) 프로그램 중 취업을 원하는 결혼이민여성(한국어소통 가능자)을 대상으로 하는 것은?

① WiCi 취업지원 프로그램
② CAP+ 프로그램
③ allA 프로그램
④ Hi 프로그램

결혼이민여성 취업지원프로그램(WiCi ; Women Immigrant's Career Identity)은 취업을 원하는 모든 결혼이민여성에게 자기이해 및 직업탐색의 결과를 토대로 직업의사결정 및 실천계획을 수립할 수 있도록 지원하며, 이를 바탕으로 의사결정 이후 실제적인 구직활동을 할 수 있도록 지원하는 프로그램이다.

59 공공직업정보의 일반적인 특성이 아닌 것은?

① 전체 산업이나 직종을 대상으로 한다.

② 조사 분석 및 정리, 제공에 상당한 시간 및 비용이 소요되므로 유료제공이 원칙이다.

③ 지속적으로 조사 분석하여 제공되며 장기적인 계획 및 목표에 따라 정보체계의 개선작업 수행이 가능하다.

④ 직업별로 특정한 정보만을 강조하지 않고 보편적인 항목으로 이루어진 기초적인 직업정보체계로 구성된다.

공공직업정보는 무료제공이 원칙이다.

60 한국표준산업분류의 분류구조 및 부호체계에 대한 설명으로 틀린 것은?

① 부호처리를 할 경우에는 아라비아 숫자만을 사용하도록 했다.

② 권고된 국제분류 ISIC Rev.4를 기본 체계로 하였으나 국내 실정을 고려하여 국제분류의 각 단계 항목을 분할, 통합 또는 재그룹화하여 독자적으로 분류 항목과 분류 부호를 설정하였다.

③ 분류 항목 간에 산업 내용의 이동을 가능한 한 억제하였으나 일부 이동 내용에 대한 연계분석 및 시계열 연계를 위하여 부록에 수록된 신구 연계표를 활용하도록 하였다.

④ 중분류의 번호는 001부터 009까지 부여하였으며, 대분류별 중분류 추가 여지를 남겨놓기 위하여 대분류 사이에 번호 여백을 두었다.

중분류의 번호는 01부터 99까지 부여하였다.

노동시장론

61 다음 중 노동조합의 조직력을 가장 강화시킬 수 있는 Shop 제도는?

① 클로즈드 숍(Closed Shop)

② 에이전시 숍(Agency Shop)

③ 오픈 숍(Open Shop)

④ 메인터넌스 숍(Maintenance Shop)

조합에 가입하고 있는 노동자만을 채용하고 일단 고용된 노동자라도 조합원자격을 상실하면 종업원이 될 수 없는 숍 제도는 클로즈드 숍(Closed Shop)이다.

62 고정급제 임금형태가 아닌 것은?

① 시급제   ② 연봉제

③ 성과급제   ④ 일당제

성과급제는 주어진 업무를 수행한 결과 그 평가에 나타난 성과에 따라 비례하여 임금을 지불하는 형태이다.

63 정부가 노동시장에서 구인·구직 정보의 흐름을 원활하게 하면 직접적으로 줄어드는 실업의 유형은?

① 마찰적 실업   ② 경기적 실업

③ 구조적 실업   ④ 계절적 실업

해설

마찰적 실업은 직업정보의 부족에 의해 일시적으로 발생하는 실업으로 대책은 직업정보 제공을 통하여 해결할 수 있다.

64 이윤극대화를 추구하는 기업이 이직률을 낮추기 위해 효율성 임금(Efficiency Wage)을 지불할 경우 발생할 수 있는 실업은?

① 마찰적 실업 　② 구조적 실업
③ 경기적 실업 　④ 지역적 실업

해설

구조적 실업은 노동수급의 불균형 현상으로 인해 발생한다. 효율임금정책은 시장임금보다 높은 임금을 지불하는 것인데 이렇게 되면 노동공급초과로 인하여 노동수급의 불균형이 생긴다.

65 노동조합의 임금효과에 관한 설명으로 틀린 것은?

① 노동조합 조직부문과 비조직부문 간의 임금 격차는 불경기 시에 감소한다.
② 노동조합 조직부문에서 해고된 근로자들이 비조직부문에 몰려 비조직부문의 임금을 떨어뜨릴 수 있다.
③ 노동조합이 조직될 것을 우려하여 비조직부문 기업이 이전보다 임금을 더 많이 인상시킬 수 있다.
④ 노조조직부문에 입사하기 위해 비조직부문 근로자들이 사직하는 경우가 많아 비조직부문의 임금이 상승할 수 있다.

해설

노동조합 조직부문과 비조직부문 긴의 임금격차는 불경기 시에 더욱 증가한다. 왜냐하면 조직부문의 임금 변화가 비조직부문의 임금 변화보다 상대적으로 경기에 덜 민감하기 때문이다.

66 노동공급의 탄력성 결정요인이 아닌 것은?

① 산업구조의 변화
② 노동이동의 용이성 정도
③ 여성 취업기회의 창출 가능성 여부
④ 다른 생산요소로의 노동의 대체 가능성

해설

다른 생산요소로의 노동의 대체 가능성은 노동수요의 탄력성 결정요인이다.

67 프리만(Freeman)과 메도프(Medoff)가 지적한 노동조합의 두 얼굴에 해당하는 것은?

① 결사와 교섭
② 자율과 규제
③ 독점과 집단적 목소리
④ 자치와 대등

해설

노동조합의 두 얼굴(독점과 집단적 목소리)이란 노동조합이 노동력의 공급을 독점하여 조합원의 이익만을 옹호함으로써 완전경쟁을 교란하고 시장질서를 파괴한다는 독점적 측면인 부정적 기능과 조합원들의 의사를 대변하고 노동자들의 의사소통을 가능하게 한다는 집단적 목소리 측면인 긍정적 기능을 모두 갖는다는 것을 의미한다.

68 다음 중 적극적 노동시장정책(ALMP)에 해당하는 것은?

① 실업급여 지급
② 취업알선
③ 실업자 대부
④ 실직자녀 학자금 지원

해설

적극석 노동시장정책이란 실업자에게 사후적으로 소득지원을 해주는 소극적 노동시장정책과 대비되는 개념이다. 대표적으로 취업알선, 직업훈련, 청년대책, 고용보조금, 장애인대책이 있다.

69 성별 임금격차의 발생 원인과 가장 거리가 먼 것은?

① 여성이 저임금 직종에 몰려 있어서
② 여성의 학력이 남성보다 낮기 때문에
③ 여성의 직장 내 승진 기회가 남성보다 적어서
④ 여성의 노조가입률이 높아서

해설

여성의 노조가입률이 높다면 여성의 임금상승으로 인하여 성별 임금격차는 줄어들게 될 것이다.

70 사회적 합의주의의 구체적인 제도적 장치인 노사정위원회의 구성집단에 속하지 않는 것은?

① 사용자단체　　② 국가
③ 대학　　　　　④ 노동조합

해설

노사정위원회는 노동자 및 노동조합, 사용자 및 사용자단체, 정부 관련 부처로 구성된다.

71 연장근로 등 일정량 이상의 노동을 기피하는 풍조가 확산된다면, 이 현상에 대한 분석도구로 가장 적합한 것은?

① 최저임금제
② 후방굴절형 노동공급곡선
③ 화폐적 환상
④ 노동의 수요독점

해설

근로자들의 임금이 일정한 수준 이상으로 오르면 임금이 오를수록 노동공급이 감소하게 된다. 이를 후방굴절형 곡선이라 한다.

72 전체 근로자의 20%가 매년 새로운 일자리를 찾고 있으며 직업탐색기간이 평균 3개월이라면 마찰적 실업률은?

① 1%　　② 5%
③ 6%　　④ 10%

해설

노동력의 20%가 매년 구직활동을 하고 구직활동에 평균 3개월이 소요되므로 $20\% \times \frac{3}{12} = 5\%$가 된다.

73 다음 표에서 어떤 도시근로자의 실질임금을 구할 경우 ㄱ, ㄴ, ㄷ, ㄹ의 크기를 바르게 나타낸 것은?

구분	'09년	'12년	'15년	'18년
도매물가지수	95	100	100	120
소비자물가지수	90	100	115	125
명목임금(만 원)	130	140	160	180
실질임금(만 원)	ㄱ	ㄴ	ㄷ	ㄹ

① ㄱ>ㄷ>ㄴ>ㄹ　　② ㄱ>ㄹ>ㄴ>ㄷ
③ ㄹ>ㄷ>ㄱ>ㄴ　　④ ㄹ>ㄴ>ㄷ>ㄱ

해설

실질임금 $= \frac{명목임금}{소비자물가지수} \times 100$

$ㄱ = \frac{130}{90} \times 100 = 144.4$만 원

$ㄴ = \frac{140}{100} \times 100 = 140$만 원

$ㄷ = \frac{160}{115} \times 100 = 139.1$만 원

$ㄹ = \frac{180}{125} \times 100 = 144$만 원

74 노동수요곡선을 이동(Shift)시키는 요인이 아닌 것은?

① 임금의 변화
② 생산성의 변화
③ 제품 생산 기술의 발전
④ 최종상품에 대한 수요의 변화

임금의 변화는 노동의 수요곡선 위에서 노동의 수요량만 변화시킨다.

75 다음 중 실망노동력인구(Discouraged Labor Force)는 어디에 해당하는가?

① 취업자   ② 실업자
③ 경제활동인구   ④ 비경제활동인구

실망노동자는 경기침체로 취업이 어려워지면 구직활동을 포기하게 되어 실업자가 아니므로 경제활동인구가 아닌 비경제활동인구이다.

76 다음 힉스(Hicks, J. R.)의 교섭모형에 대한 설명으로 틀린 것은?

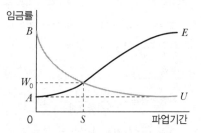

① AE 곡선은 사용자의 양보곡선이다.
② BU 곡선은 노동조합의 저항곡선이다.
③ A는 노동조합이 없거나 노동조합이 파업을 하기 이전 사용자들이 지불하려고 하는 임금수준이다.
④ 노동조합이 W_0보다 더 높은 임금을 요구하면 사용자는 쉽게 수락하겠지만, 그때는 노동조합 내부에서 교섭대표자들과 일반조합원 간의 마찰이 불가피하다.

노동조합이 W_0보다 높은 임금을 요구하면 사용자는 쉽게 수락하지 않을 것이다.

77 직능급 임금체계의 특징에 관한 설명으로 옳은 것은?

① 조직의 안정화에 따른 위계질서 확립이 용이하다.
② 직무에 상응하는 임금을 지급한다.
③ 학력과 직종에 관계없이 능력에 따라 임금을 지급한다.
④ 무사안일주의 및 적당주의를 초래할 수 있다.

직능급은 개인의 직무수행능력에 따라 임금을 관리하는 체계이다.
①, ④항은 연공급이며, ②항은 직무급이다.

78 고전학파의 임금론인 임금생존비설과 마르크스의 노동력재생산비설의 유사점은?

① 노동수요 측면의 역할을 중요시한다는 점
② 임금수준은 노동자와 그 가족의 생활필수품의 가치에 의해 결정된다는 점
③ 맬더스의 인구법칙에 따른 인구의 증감에 의해 임금이 생존비수준에 수렴한다는 점
④ 임금의 상대적 저하 경향과 자본에 의한 노동의 착취를 설명하는 점

①항 임금생존비설은 노동공급을 중요시한다.
③항 임금생존비설에 대한 설명이다.
④항 노동력재생산비설(노동가치설)에 대한 설명이다.

79 육아보조금 지급이 기혼여성들의 노동공급에 미치는 효과로 옳은 것은?

① 근로시간 증가와 경제활동 참가율 증가
② 근로시간 증가와 경제활동 참가율 감소
③ 근로시간 감소와 경제활동 참가율 증가
④ 근로시간 감소와 경제활동 참가율 감소

해설

임금 이외의 소득 증가에 따라 소득효과가 발생하여 근로시간이 감소하고 경제활동 참가율은 증가한다. 그러나 기혼여성이 대체효과구간인지 소득효과구간인지 문제에 설명이 없으므로 문제 오류로 가답안 발표 시 ③번으로 발표되었으나 확정답안 발표 시 전 항 정답으로 처리되었다.

80 노동시장에 관한 신고전학파의 주장이 아닌 것은?

① 경쟁적 노동시장
② 노동시장의 분단
③ 동일 노동－동일 임금
④ 노동의 자유로운 이동

해설

신고전학파는 경쟁노동시장가설로 근로자 간의 질적 차이가 없고 모든 근로자는 직업선택 및 임금결정에 있어 제약을 받지 않고 자유롭게 이동 가능하다고 보는 이론인 데 반해, 제도학파는 노동시장은 경쟁시장이 아니며 분단되어 있다고 주장한다.

5과목 노동관계법규

81 고용정책 기본법상 다수의 실업자가 발생하거나 발생할 우려가 있는 경우나 실업자의 고용안정이 필요하다고 인정되는 경우 고용노동부장관이 실시할 수 있는 실업대책 사업이 아닌 것은?

① 실업자에 대한 창업점포 구입자금 지원
② 실업자의 취업촉진을 위한 훈련의 실시와 훈련에 대한 지원
③ 고용촉진과 관련된 사업을 하는 자에 대한 대부(貸付)
④ 실업자에 대한 공공근로사업

해설

실업대책사업은 실업자에 대한 생계비, 생업자금, 국민건강보험법에 따른 보험료 등 사회보험료, 의료비(가족의 의료비를 포함한다), 학자금(자녀의 학자금을 포함한다), 주택전세자금 및 창업점포임대 등의 지원이다.

82 근로기준법상 임산부의 보호에 관한 설명으로 틀린 것은?

① 사용자는 임신 중의 여성에게 출산 전과 출산 후를 통하여 90일(한 번에 둘 이상 자녀를 임신한 경우에는 120일)의 출산전후휴가를 주어야 한다.
② 휴가 기간의 배정은 출산 후에 30일(한 번에 둘 이상 자녀를 임신한 경우에는 45일) 이상이 되어야 한다.
③ 사용자는 임신 중의 여성 근로자에게 시간 외 근로를 하게 하여서는 아니 되며, 그 근로자의 요구가 있는 경우에는 쉬운 종류의 근로로 전환하여야 한다.
④ 사업주는 출산전후휴가 종료 후에는 휴가 전과 동일한 업무 또는 동등한 수준의 임금을 지급하는 직무에 복귀시켜야 한다.

해설

출산전후휴가의 배정은 출산 후에 45일(한 번에 둘 이상 자녀를 임신한 경우에는 60일) 이상이 되어야 한다.

83 고용보험법상 취업촉진 수당을 지급받을 권리는 몇 년간 행사하지 아니하면 시효로 소멸하는가?

① 1년   ② 2년
③ 3년   ④ 5년

해설

고용안정 및 직업능력개발사업의 지원금, 실업급여, 육아휴직 급여 및 출산전후휴가 급여 등을 지급받거나 그 반환을 받을 권리는 3년간 행사하지 아니하면 시효로 소멸한다.

84 국민 평생 직업능력 개발법상 직업능력개발훈련의 기본 원칙에 대한 설명으로 틀린 것은?

① 직업능력개발훈련은 근로자 개인의 희망·적성·능력에 맞게 실시되어야 한다.
② 직업능력개발훈련은 근로자의 생애에 걸쳐 체계적으로 실시되어야 한다.
③ 직업능력개발훈련은 모든 근로자에게 균등한 기회가 보장되도록 하여야 한다.
④ 직업능력개발훈련은 학교교육과 관계없이 산업현장과 긴밀하게 연계될 수 있도록 하여야 한다.

해설

직업능력개발훈련은 교육관계법에 따른 학교교육 및 산업현장과 긴밀하게 연계될 수 있도록 하여야 한다.

85 남녀고용평등과 일·가정 양립 지원에 관한 법률상 고용에 있어서 남녀의 평등한 기회와 대우를 보장하여야 할 사항으로 명시되어 있지 않은 것은?

① 모집과 채용
② 임금
③ 근로시간
④ 교육·배치 및 승진

해설

모집과 채용, 임금, 임금 외의 금품 등, 교육·배치 및 승진, 정년·퇴직 및 해고에서 남녀를 차별하여서는 아니 된다.

86 국민 평생 직업능력 개발법령상 직업능력개발훈련의 구분 및 실시방법에 관한 설명으로 옳은 것은?

① 직업능력개발훈련은 훈련의 목적에 따라 현장훈련과 원격훈련으로 구분한다.
② 양성훈련은 근로자에게 작업에 필요한 기초적 직무수행능력을 습득시키기 위하여 실시하는 직업능력개발훈련이다.
③ 혼합훈련은 전직훈련과 향상훈련을 병행하여 직업능력개발훈련을 실시하는 방법이다.
④ 집체훈련은 산업체의 생산시설 및 근무 장소에서 직업능력개발훈련을 실시하는 방법이다.

해설

①항 훈련의 목적에 따라 양성훈련, 향상훈련, 전직훈련으로 구분
③항 혼합훈련은 집체훈련, 현장훈련, 원격훈련의 훈련방법을 2개 이상 병행하여 실시하는 방법
④항 집체훈련은 직업능력개발훈련을 실시하기 위하여 설치한 훈련전용시설이나 그 밖에 훈련을 실시하기에 적합한 시설(산업체의 생산시설 및 근무장소는 제외한다)에서 실시하는 방법

87 헌법상 근로에 관한 설명으로 틀린 것은?

① 모든 국민은 근로의 권리를 가진다.
② 모든 국민은 근로의 의무를 진다.
③ 연소자의 근로는 특별한 보호를 받는다.
④ 근로기회의 제공을 통하여 생활무능력자에 대한 국가적 보호의무를 증가시킨다.

해설

근로기회의 제공을 통하여 생활무능력자에 대한 국가적 보호의무를 감소시킨다.

정답 84 ④ 85 ③ 86 ② 87 ④

88 고용상 연령차별금지 및 고령자 고용촉진에 관한 법령상 고령자(ㄱ)와 준고령자(ㄴ)의 기준연령으로 옳은 것은?

① ㄱ : 50세 이상, ㄴ : 45세 이상 50세 미만
② ㄱ : 55세 이상, ㄴ : 50세 이상 55세 미만
③ ㄱ : 60세 이상, ㄴ : 55세 이상 60세 미만
④ ㄱ : 65세 이상, ㄴ : 60세 이상 65세 미만

해설

고령자는 55세 이상인 사람이며, 준고령자는 50세 이상 55세 미만인 사람으로 한다.

89 근로기준법령상 근로자의 청구에 따라 사용자가 지급기일 전이라도 이미 제공한 근로에 대한 임금을 지급하여야 하는 비상(非常)한 경우에 해당하지 않는 것은?

① 근로자가 혼인한 경우
② 근로자가 수입으로 생계를 유지하는 자가 사망한 경우
③ 근로자가 그 외 수입으로 생계를 유지하는 자가 출산하거나 질병에 걸린 경우
④ 근로자나 그의 수입으로 생계를 유지하는 자가 부득이한 사유로 3일 이상 귀향하게 되는 경우

해설

사용자는 근로자가 출산, 질병, 재해, 그 밖에 대통령령으로 정하는 비상(非常)한 경우의 비용을 충당하기 위하여 임금 지급을 청구하면 지급기일 전이라도 이미 제공한 근로에 대한 임금을 지급하여야 한다. "그 밖에 대통령령으로 정한 비상(非常)한 경우"란 근로자나 그의 수입으로 생계를 유지하는 자가 다음의 어느 하나에 해당하게 되는 경우를 말한다.
① 출산하거나 질병에 걸리거나 재해를 당한 경우
② 혼인 또는 사망한 경우
③ 부득이한 사유로 1주일 이상 귀향하게 되는 경우

90 다음 ( )에 알맞은 것은?

남녀고용평등과 일·가정 양립 지원에 관한 법률상 사업주는 근로자가 배우자의 출산을 이유로 휴가를 청구하는 경우에 (ㄱ)일의 범위에서 (ㄴ)일 이상의 휴가를 주어야 한다. 다만, 근로자의 배우자가 출산한 날부터 (ㄷ)일이 지나면 청구할 수 없다.

① ㄱ : 5, ㄴ : 3, ㄷ : 15
② ㄱ : 5, ㄴ : 3, ㄷ : 30
③ ㄱ : 10, ㄴ : 5, ㄷ : 15
④ ㄱ : 10, ㄴ : 5, ㄷ : 30

해설

출제 당시 정답은 ②였으나, 2019년 8월 27일 법 개정에 따라 배우자 출산휴가 기간의 기준 '5일의 범위에서 3일 이상의 휴가(최초 3일은 유급)'에서 '유급 10일'로 확대되었으며, 청구기한도 배우자가 출산한 날부터 '30일 이내'에서 '90일 이내'로 연장되면서, 보기에 정답은 없다.

91 남녀고용평등과 일·가정 양립 지원에 관한 법령상 직장 내 성희롱의 금지 및 예방에 관한 설명으로 틀린 것은?

① 사업주는 직장 내 성희롱 예방을 위한 교육을 연 1회 이상 하여야 한다.
② 사업주 및 근로자 모두가 여성으로 구성된 사업의 사업주는 직장 내 성희롱 예방교육을 생략할 수 있다.
③ 사업주는 성희롱 예방교육을 고용노동부장관이 지정하는 기관에 위탁하여 실시할 수 있다.
④ 사업주는 근로자가 고객에 의한 성희롱 피해를 주장하는 것을 이유로 해고나 그 밖의 불이익한 조치를 하여서는 아니 된다.

PART 6 과년도 기출문제

홍보물을 게시하거나 배포하는 방법으로 직장 내 성희롱 예방교육을 할 수 있는 경우는 다음과 같다.
① 상시 10명 미만의 근로자를 고용하는 사업
② 사업주 및 근로자 모두가 남성 또는 여성 중 어느 한 성(性)으로 구성된 사업

92 고용정책 기본법상 기본 원칙으로 틀린 것은?

① 근로의 권리 확보
② 근로자의 직업선택의 자유 존중
③ 사업주의 고용관리에 관한 통제
④ 구직자(求職者)의 자발적인 취업노력 촉진

사업주의 자율적인 고용관리에 관해 통제가 아니라 존중해야 한다.

93 기간제 및 단시간 근로자 보호 등에 관한 법률상 기간제 근로자의 차별적 처우의 금지에 관한 설명으로 틀린 것은?

① 사용자는 기간제 근로자임을 이유로 당해 사업 또는 사업장에서 동종 또는 유사한 업무에 종사하는 기간의 정함이 없는 근로계약을 체결한 근로자에 비하여 차별적 처우를 하여서는 아니 된다.
② 기간제 근로자는 차별적 처우를 받은 경우 차별적 처우가 있는 날부터 6개월 이내에 노동위원회에 시정을 신청할 수 있다.
③ 기간제 근로자가 노동위원회에 차별시정을 신청할 경우 관련한 분쟁에 있어 입증책임은 사용자가 부담한다.
④ 차별적 처우가 인정될 경우 노동위원회는 시정명령을 내릴 수 있다. 이 경우 사용자의 차별적 처우에 명백한 고의가 인정되면 기간제 근로자의 손해액을 기준으로 2배를 넘지 아니하는 범위에서 배상명령을 내릴 수 있다.

노동위원회는 사용자의 차별적 처우에 명백한 고의가 인정되거나 차별적 처우가 반복되는 경우에는 손해액을 기준으로 3배를 넘지 아니하는 범위에서 배상을 명령할 수 있다.

94 고용보험법상 구직급여의 산정 기초가 되는 임금일액의 산정방법으로 틀린 것은?

① 수급자격의 인정과 관련된 마지막 이직 당시 산정된 평균임금을 기초일액으로 한다.
② 마지막 사업에서 이직 당시 일용근로자였던 자의 경우에는 산정된 금액이 근로기준법에 따른 그 근로자의 통상임금보다 적을 경우에는 그 통상임금액을 기초일액으로 한다.
③ 기초일액을 산정하는 것이 곤란한 경우와 보험료를 보험료징수법에 따른 기준보수를 기준으로 낸 경우에는 기준보수를 기초일액으로 한다.
④ 산정된 기초일액이 그 수급자격자의 이직 전 1일 소정근로시간에 이직일 당시 적용되던 최저임금법에 따른 시간 단위에 해당하는 최저임금액을 곱한 금액보다 낮은 경우에는 최저기초일액을 기초일액으로 한다.

산정된 금액이 그 근로자의 통상임금보다 적을 경우에는 그 통상임금액을 기초일액으로 한다. 다만, 마지막 사업에서 이직 당시 일용근로자였던 자의 경우에는 그러하지 아니하다.

정답 92 ③ 93 ④ 94 ②

95 직업안전법령상 직업정보제공사업자의 준수사항에 해당되지 않는 것은?

① 구인자 업체명(또는 성명)이 표시되어 있지 아니하거나 구인자의 연락처가 사서함 등으로 표시되어 구인자의 신원이 확실하지 아니한 구인광고를 게재하지 아니할 것

② 직업정보제공매체의 구인·구직광고에는 구인·구직자 및 직업정보제공사업자의 주소 또는 전화번호를 기재할 것

③ 직업정보제공사업의 광고문에 "(무료)취업상담", "취업추천", "취업지원" 등의 표현을 사용하지 아니할 것

④ 구직자의 이력서 발송을 대행하거나 구직자에게 취업추천서를 발부하지 아니할 것

🔖 해설

직업정보제공매체의 구인·구직의 광고에는 구인·구직자의 주소 또는 전화번호를 기재하고, 직업정보제공사업자의 주소 또는 전화번호는 기재하지 아니할 것

96 직업안정법상 직업소개사업을 겸업할 수 있는 자는?

① 「공중위생관리법」에 따른 이용업 사업을 경영하는 자

② 「결혼중개업의 관리에 관한 법률」에 따른 결혼중개업 사업을 경영하는 자

③ 「식품위생법 시행령」에 따른 단란주점영업 사업을 경영하는 자

④ 「식품위생법 시행령」에 따른 유흥주점영업 사업을 경영하는 자

🔖 해설

결혼중개업, 숙박업, 다류를 배달·판매하면서 소요시간에 따라 대가를 받는 형태, 단란주점영업, 유흥주점영업 등 식품접객업을 경영하는 자는 직업소개사업을 겸업할 수 없다.

97 노동기본권에 관하여 헌법에 명시된 내용으로 틀린 것은?

① 공무원인 근로자는 법률이 정하는 자에 한하여 단결권·단체교섭권 및 단체행동권을 가진다.

② 근로자는 근로조건의 향상을 위하여 자주적인 단결권·단체교섭권 및 단체행동권을 가진다.

③ 공익사업에 종사하는 근로자의 단체행동권은 법률이 정하는 바에 의하여 이를 제한하거나 인정하지 아니할 수 있다.

④ 법률이 정하는 주요 방위산업에 종사하는 근로자의 단체행동권은 법률이 정하는 바에 의하여 이를 제한하거나 인정하지 아니할 수 있다.

🔖 해설

공익사업에 종사하는 근로자에 대한 근로 3권의 제한 조항은 없다.

98 근로자퇴직급여 보장법상 개인형 퇴직연금제도를 설정할 수 있는 사람을 모두 고른 것은?

> ㄱ. 자영업자
> ㄴ. 공무원연금법의 적용을 받는 공무원
> ㄷ. 군인연금법의 적용을 받는 군인
> ㄹ. 사립학교교직원 연금법의 적용을 받는 교직원
> ㅁ. 별정우체국법의 적용을 받는 별정우체국 직원

① ㄱ ② ㄱ, ㅁ
③ ㄴ, ㄷ, ㄹ ④ ㄱ, ㄴ, ㄷ, ㄹ, ㅁ

🔖 해설

개인형 퇴직연금제도의 설정 대상
① 퇴직급여제도의 일시금을 수령한 사람
② 확정급여형 퇴직연금제도 또는 확정기여형 퇴직연금제도의 가입자로서 자기의 부담으로 개인형 퇴직연금제도를 추가로 설정하려는 사람

③ 자영업자 등 안정적인 노후소득 확보가 필요한
사람으로서 대통령령으로 정하는 사람
  • 자영업자
  • 퇴직급여제도가 설정되어 있지 아니한 계속
    근로기간이 1년 미만인 근로자, 4주간을 평
    균하여 1주간의 소정근로시간이 15시간 미만
    인 근로자
  • 퇴직금제도를 적용받고 있는 근로자
  • 「공무원연금법」의 적용을 받는 공무원
  • 「군인연금법」의 적용을 받는 군인
  • 「사립학교교직원 연금법」의 적용을 받는 교
    직원
  • 「별정우체국법」의 적용을 받는 별정우체국
    직원

99 국민 평생 직업능력 개발법상 재해위로금에 관한
설명으로 틀린 것은?

① 직업능력개발훈련을 받는 근로자가 직업능력
개발훈련 중에 그 직업능력개발훈련으로 인
하여 재해를 입은 경우에는 재해위로금을 지
급하여야 한다.

② 위탁에 의한 직업능력개발훈련을 받는 근로
자에 대하여는 그 위탁자가 재해위로금을 부
담한다.

③ 위탁받은 자의 훈련시설의 결함이나 그 밖에
위탁받은 자에게 책임이 있는 사유로 인하여
재해가 발생한 경우에는 위탁받은 자가 재해
위로금을 지급하여야 한다.

④ 재해위로금의 산정기준이 되는 평균임금은
산업재해보상보험법에 따라 고용노동부장관
이 매년 정하여 고시하는 최고 보상기준 금액
을 상한으로 하고 최저 보상기준 금액은 적용
하지 아니한다.

해설

재해위로금의 산정기준이 되는 평균임금은 「산업
재해보상보험법」에 따라 고용노동부장관이 매년
정하여 고시하는 최고 보상기준 금액 및 최저 보상
기준 금액을 각각 그 상한 및 하한으로 한다.

100 근로기준법상 경영상 이유에 의한 해고에 관한
설명으로 틀린 것은?

① 경영 악화를 방지하기 위한 사업의 양도·인
수·합병은 긴박한 경영상의 필요가 있는 것
으로 본다.

② 사용자는 해고를 피하기 위한 노력을 다하여
야 한다.

③ 사용자는 합리적이고 공정한 해고의 기준을
정하고 이에 따라 그 대상자를 선정하여야
한다.

④ 사용자는 해고를 피하기 위한 방법과 해고
의 기준 등에 관하여 해고를 하려는 날의 60
일 전까지 고용노동부장관의 승인을 받아야
한다.

해설

사용자는 해고를 피하기 위한 방법과 해고의 기준
등에 관하여 해고를 하려는 날의 50일 전까지 통
보하고 성실하게 협의하여야 한다.
또한 사용자는 1개월 동안에 일정한 규모 이상의
인원을 해고하려면 최초로 해고하려는 날의 30일
전까지 고용노동부장관에게 신고하여야 한다.

정답 99 ④ 100 ④

VOCATIONAL COUNSELOR

과년도 기출문제 2020년 1 · 2회

1과목 직업상담학

01 Bordin이 제시한 직업문제의 심리적 원인에 해당하지 않는 것은?

① 인지적 갈등   ② 확신의 결여
③ 정보의 부족   ④ 내적 갈등

해설

보딘이 제시한 직업문제의 심리적 원인
의존성, 정보의 부족, 자아갈등(내적 갈등), 선택의 불안, 확신의 결여(문제 없음)

02 Williamson의 특성 – 요인 진로상담 과정을 바르게 나열한 것은?

ㄱ. 진단단계	ㄴ. 분석단계
ㄷ. 예측단계	ㄹ. 종합단계
ㅁ. 상담단계	ㅂ. 추수지도단계

① ㄱ → ㄴ → ㄷ → ㄹ → ㅂ → ㅁ
② ㄱ → ㄷ → ㄴ → ㄹ → ㅁ → ㅂ
③ ㄴ → ㄱ → ㄹ → ㄷ → ㅂ → ㅁ
④ ㄴ → ㄹ → ㄱ → ㄷ → ㅁ → ㅂ

해설

특성 – 요인 상담과정
분석 → 종합 → 진단 → 예후 → 상담 → 추수지도

03 다음은 무엇에 관한 설명인가?

원형검사에 기초한 시간전망 개입의 세 가지 국면 중 미래를 현실처럼 느끼게 하고 미래 계획에 대한 긍정적 태도를 강화시키며 목표 설정을 신속하게 하는 데 목표를 두는 것

① 방향성   ② 변별성
③ 주관성   ④ 통합성

해설

코틀의 진로시간전망에 대한 원형검사에서 3가지 국면
① 방향성 : 미래에 대한 낙관적 입장을 구성하여 미래지향성을 증진시킨다.
② 변별성 : 미래를 현실처럼 느끼게 하고 목표를 설정하도록 돕는다.
③ 통합성 : 현재 행동과 미래의 결과를 연결시키고 진로에 대한 인식을 증진시킨다.

04 어떤 문제의 밑바닥에 깔려 있는 혼란스러운 감정과 갈등을 가려내어 분명히 해주는 것은?

① 명료화   ② 경청
③ 반영   ④ 직면

해설

명료화
내담자의 말 속에 포함되어 있는 불분명한 부분에 대해 상담자가 그 의미를 밝히는 반응이다.

정답 01 ① 02 ④ 03 ② 04 ①

05 직업상담사의 윤리강령에 관한 설명으로 가장 거리가 먼 것은?

① 상담자는 상담에 대한 이론적 · 경험적 훈련과 지식을 갖춘 것을 전제로 한다.
② 상담자는 내담자의 성장, 촉진과 문제 해결 및 방안을 위해 시간과 노력상의 최선을 다한다.
③ 상담자는 자신의 능력 및 기법의 한계 때문에 내담자의 문제를 다른 전문직 동료나 기관에 의뢰해서는 안 된다.
④ 상담자는 내담자가 이해 · 수용할 수 있는 한도 내에서 기법을 활용한다.

> **해설**
> 상담자는 자신의 능력 및 한계에 봉착했을 때에는 다른 전문가에게 의뢰하여야 한다.

06 직업상담의 목적에 대한 설명으로 틀린 것은?

① 직업상담은 내담자가 이미 결정한 직업계획과 직업선택을 확신 · 확인하는 과정이다.
② 직업상담은 개인의 직업적 목표를 명확히 해주는 과정이다.
③ 직업상담은 내담자에게 진로 관련 의사결정 능력을 길러주는 과정은 아니다.
④ 직업상담은 직업선택과 직업생활에서의 능동적인 태도를 함양하는 과정이다.

> **해설**
> **직업상담의 목적**
> 내담자의 직업적 목표를 명백히 해주고, 직업세계에 대한 이해를 돕고 진로의사 결정능력을 길러 주며 직업선택과 직업생활에서의 능동적인 태도를 함양하는 과정이다.

07 Butcher가 제시한 집단직업상담을 위한 3단 모델에 해당하지 않는 것은?

① 탐색단계　② 전환단계
③ 평가단계　④ 행동단계

> **해설**
> 부처의 집단직업상담 3단계 모델
> 탐색 → 전환 → 행동단계

08 Super의 진로발달이론에 대한 설명으로 틀린 것은?

① 진로발달은 성장기, 탐색기, 확립기, 유지기, 쇠퇴기를 거쳐 이루어진다.
② 진로선택은 자아개념의 실현과정이다.
③ 진로발달에 있어서 환경의 영향보다는 개인의 흥미, 적성, 가치가 더 중요하다.
④ 자아개념은 직업적 선호와 환경과의 상호작용을 통해 계속 변화한다.

> **해설**
> 진로발달은 인간의 전생애에 걸쳐서 이루어지고 또한 변화하는 것이며 개인적 요인과 환경적 요인 간의 상호작용을 강조한다.

09 내담자의 낮은 자기효능감을 증진시키기 위한 방법으로 적합하지 않은 것은?

① 내담자의 장점을 강조하며 격려하기
② 긍정적인 단계를 강화하기
③ 내담자와 비슷한 인물이나 관련 자료 보여주기
④ 직업대안 규명하기

> **해설**
> 자기효능감을 증진시키기 위해서는 ①, ②, ③항의 방법이 있다.
> ※ 직업대안 규명하기는 흥미사정의 목적이다.

10 상담 중기 과정의 활동으로 가장 거리가 먼 것은?

① 내담자에게 문제를 직면시키고 도전하게 한다.
② 내담자가 가진 문제의 심각도를 평가한다.
③ 내담자가 실천할 수 있도록 동기를 조성한다.
④ 문제에 대한 대안을 현실 생활에 적용하고 실천하도록 돕는다.

> **해설**
> 내담자의 문제와 목표를 확인하는 것은 상담 초기 단계에서 이루어진다.

11 다음은 직업상담모형 중 어떤 직업상담에 관한 설명인가?

> • 직업선택에 미치는 내적 요인의 영향을 강조한다.
> • 특성–요인 접근법과 마찬가지로 "사람과 직업을 연결시키는 것"에 기초를 두고 있다.
> • 상담과 검사해석의 기법들은 내담자 중심 접근을 많이 따르고 있지만 비지시적 및 반영적 태도 외에도 다양한 접근방법들을 포함하고 있다.

① 정신역동적 직업상담
② 포괄적 직업상담
③ 발달적 직업상담
④ 행동주의 직업상담

> **해설**
> 정신역동적 직업상담에 관한 설명이다.

12 내담자와 관련된 정보를 수집하여 내담자의 행동을 이해하고 해석하는 데 기본이 되는 상담기법으로 가장 거리가 먼 것은?

① 한정된 오류 정정하기
② 왜곡된 사고 확인하기
③ 반성의 장 마련하기
④ 변명에 초점 맞추기

> **해설**
> Gysbers & Moore의 9가지 상담기법
> 내담자와 관련된 정보를 수집하여, 내담자 행동을 이해하고 해석하는 데 기본이 되는 상담기법으로 다음과 같다.
> ① 가정 사용하기
> ② 분류 및 재구성하기
> ③ 근거 없는 믿음 확인하기
> ④ 왜곡된 사고 확인하기
> ⑤ 변명에 초점 맞추기
> ⑥ 의미 있는 질문 및 지시 사용하기
> ⑦ 저항감 재인식하기
> ⑧ 반성의 장 마련하기
> ⑨ 전이된 오류 정정하기

13 내담자의 부적절한 행동을 변화하는 데 자주 사용하는 체계적 둔감화의 주요 원리는?

① 상호 억제
② 변별과 일반화
③ 소거
④ 조성

> **해설**
> 체계적 둔감화의 주요 원리는 상호 억제이다. 상호 억제란 불안과 근육이완은 양립할 수 없다는 것으로, 불안과 양립할 수 없는 근육이완을 시킴으로써 불안을 일으키는 자극이 점차 둔감해진다는 것이다.

14 직업상담과정에서의 사정단계를 바르게 나열한 것은?

> ㄱ. 내담자의 동기 파악
> ㄴ. 내담자의 자기진단 탐색
> ㄷ. 내담자의 자기진단
> ㄹ. 인지적 명확성 파악

① ㄷ → ㄱ → ㄴ → ㄹ
② ㄷ → ㄴ → ㄹ → ㄱ
③ ㄹ → ㄷ → ㄱ → ㄴ
④ ㄹ → ㄱ → ㄷ → ㄴ

해설

인지적 명확성을 위한 직업상담과정의 사정단계
내담자와의 관계 형성 → 인지적 명확성 사정 →
동기에 대한 사정 → (인지적 명확성과 동기가 있
을 경우) 내담자의 자기진단 → 자기진단의 심층
탐색

15 Yalom이 제시한 실존주의 상담에서의 4가지 궁
극적 관심사에 해당하지 않는 것은?

① 죽음   ② 자유
③ 고립   ④ 공허

해설

Yalom이 제시한 실존주의 상담에서의 4가지 궁
극적 관심사
① 죽음 : 실존적 불안의 핵심이며 죽는 공포에 대
한 방어기제로 특수성(죽음의 법칙이 다른 사
람에게는 적용되지만 자신에게는 적용되지 않
는다고 믿는 것)과 궁극적 구조자(자신을 영원
히 보살피고 사랑하며 보호하는 존재에 대한
믿음)를 제시하였다.
② 자유 : 불확실성 속에서 선택의 불안을 유발하
며, 자신의 선택에 대한 책임을 져야 한다고 하
였다.
③ 고독과 소외 : 고독에 대한 부정, 회피를 말하
며, 실존적 고독에 단호하게 맞서지 못하고 고
독의 공포에 압도당하면 타인과 불안정한 왜곡
된 관계를 맺을 가능성이 높다고 하였다.
④ 무의미 : 자신의 삶에 대한 의미와 가치를 발견
하지 못한다면 막연한 불만족감과 허무감과 권
태를 느끼는 상태이다.

16 직업상담 시 활용할 수 있는 측정도구에 관한 설
명으로 틀린 것은?

① 자기효능감 척도는 어떤 과제를 어느 정도 수
준으로 수행할 수 있는 능력을 갖추었다고 스
스로 판단하는지의 정도를 측정한다.
② 소시오그램은 원래 가족치료에 활용하기 위
해 개발되었는데, 기본적으로 경력상담 시 먼
저 내담자의 가족이나 선조들의 직업 특징에
대한 시각적 표상을 얻기 위해 도표를 만드는
것이다.
③ 역할놀이에서는 내담자의 수행행동을 나타낼
수 있는 업무상황을 제시해준다.
④ 카드분류는 내담자의 가치관, 흥미, 직무기
술, 라이프스타일 등의 선호형태를 측정하는
데 유용하다.

해설

②항 소시오그램이 아니라 Genogram(직업가계
도)에 대한 설명이다.

17 상담관계의 틀을 구조화하기 위해서 다루어야 할
요소와 가장 거리가 먼 것은?

① 상담자의 역할과 책임
② 내담자의 성격
③ 상담의 목표
④ 상담시간과 장소

해설

구조화는 모든 단계에서 제시되어야 하지만 특히
초기 단계에서 중요하다. 직업상담과정의 틀은 상
담의 목표, 시간제한, 행동제한(파괴적 행동의 방
지), 역할과 책임(상담자와 내담자), 절차상의 한
계 등을 부여한다. 즉, 이러한 것들에 대한 상담자
가 내담자가 공통으로 이해하고 있는 관계가 직업
상담과정의 구조화이다.

18 행동주의 상담에서 부적응행동을 감소시키는 데 주로 사용되는 기법은?

① 행동조성법　　　② 모델링
③ 노출법　　　　　④ 토큰법

🔧 **해설** ----------------------------

행동주의에서 바람직하지 않은 부적응 행동을 약화시키는 기법으로는 체계적 둔감화, 혐오치료, 소거 등이 있다.

※ 노출법 : 내담자가 두려워하는 자극이나 상황에 반복적으로 노출시켜 직면하게 함으로써 그러한 자극상황에 대한 불안을 감소시키는 기법이다.

19 생애진로사정에 관한 설명으로 옳은 것은?

① 직업상담에서 생애진로사정은 초기단계보다 중·말기단계 면접법으로 사용된다.
② 생애진로사정은 Adler의 개인심리학에 부분적으로 기초를 둔다.
③ 생애진로사정은 객관적인 사실 확인에만 중점을 둔다.
④ 생애진로사정에서는 여가생활, 친구관계 등과 같이 일과 직접적으로 관련이 없는 주제는 제외된다.

🔧 **해설** ----------------------------

①항 직업상담에서 생애진로사정은 초기단계 면접법으로 사용된다.
③항 생애진로사정은 주관적 사실 확인에 중점을 둔다.
④항 생애진로사정에서는 여가생활, 친구관계 등과 같이 일(Work)과 직접적으로 관련이 없는 주제도 포함된다.

20 상담기법 중 내담자가 전달하는 이야기의 표면적 의미를 상담자가 다른 말로 바꾸어서 말하는 것은?

① 탐색적 질문　　　② 요약과 재진술
③ 명료화　　　　　④ 적극적 경청

🔧 **해설** ----------------------------

요약과 재진술 : 내담자가 전달하는 이야기의 표면적 의미를 상담자가 다른 말로 바꾸어서 말하는 것으로 내담자의 말을 잘 이해하고 경청하고 있음을 내담자에게 표현해 주는 것이다.

2과목　직업심리학

21 특성-요인이론에 관한 설명으로 가장 적합한 것은?

① 자신이 선택한 투자에 최대한의 보상을 받을 수 있는 직업을 선택한다.
② 개인적 흥미나 능력 등을 심리검사나 객관적 수단을 통해 밝혀낸다.
③ 사회·문화적 환경 또는 사회구조와 같은 요인이 직업선택에 영향을 준다.
④ 동기, 인성, 욕구와 같은 개인의 심리적 수단에 의해 직업을 선택한다.

🔧 **해설** ----------------------------

개인이 가진 모든 특성(흥미나 능력 등)을 심리검사 등의 객관적인 수단에 의해 밝혀내고, 각각의 직업이 요구하는 요인들을 분석하여 합리적으로 연결하는 것을 중요시한다.

22 직무에 대한 하위개념 중 특정 목적을 수행하는 작업활동으로 직무분석의 가장 작은 단위가 되는 것은?

① 임무　　　　　② 과제
③ 직위　　　　　④ 직군

해설

직무분석 관련 용어
① 과제(Task) : 직무에 대한 하위개념 중 특정 목적을 수행하는 작업활동으로 직무분석의 가장 작은 단위
② 임무(Duty) : 맡은 일, 맡겨진 일의 개념
③ 직위(Position) : 한 사람의 조직구성원에게 부여할 수 있는 직무와 책임
④ 직군(Occupational Group) : 직무의 종류가 광범위하게 유사한 직렬의 군
⑤ 직무(Job) : 직업분류의 통계단위가 되는 일련의 업무 및 임무
⑥ 직업(Occupation) : 직무의 상위 개념, 주된 임무 혹은 유사성이 높은 직무로 구성

23 다음에 해당하는 스트레스 관리전략은?

> 예전에는 은행원들이 창구에 줄을 서서 기다리는 고객들에게 가능한 한 빨리 서비스를 제공하고자 스트레스를 많이 받았었는데, 고객 대기표(번호표) 시스템을 도입한 이후 이러한 스트레스를 많이 줄일 수 있게 되었다.

① 반응지향적 관리전략
② 증후지향적 관리전략
③ 평가지향적 관리전략
④ 출처지향적 관리전략

해설

출처지향적 관리전략
스트레스 요인을 출처에 근거하여 출처 외의 스트레스 요인을 제거할 수 있다. 은행원은 줄을 서서 기다리는 고객들에게 가능한 한 빨리 서비스를 제공하고자 하는 스트레스의 원인을 제거한 경우이다.

24 인간의 진로발달단계를 성장기, 탐색기, 확립기, 유지기, 쇠퇴기로 나누고 각 단계의 특징을 설명한 학자는?

① 긴즈버그(Ginzberg)
② 에릭슨(Ericson)
③ 슈퍼(Super)
④ 고트프레드슨(Gottfredson)

해설

Super의 진로발달단계
① 성장기(출생~14세) : 아동은 가정과 학교에서 중요한 타인과 자신의 동일시를 통하여 자아개념을 발달
 • 환상기(4~10세) : 아동의 욕구가 지배적이며 역할 수행이 중시
 • 흥미기(11~12세) : 진로의 목표와 내용을 결정하는 데 아동의 흥미가 중시
 • 능력기(13~14세) : 진로선택에서 능력을 중시
② 탐색기(15~24세) : 개인이 학교생활, 여가활동, 시간제 일 등과 같은 활동을 통해서 자아를 검증
 • 잠정기(15~17세) : 자신의 욕구·흥미·능력·가치와 취업기회 등을 고려, 잠정적으로 진로를 선택
 • 전환기(18~21세) : 장래 직업선택에 필요한 교육·훈련을 받으며 자신의 자아개념을 확립하여 현실적 요인을 중시
 • 시행기(22~24세) : 자기에게 적합하다고 판단되는 직업을 선택, 종사 시작
③ 확립기(25~44세) : 개인이 자신에게 적합한 분야를 발견, 종사하고 생활의 터전을 잡으려고 노력하는 시기
 • 시행기(25~30세) : 자신이 선택한 일의 세계가 적합하지 않을 경우에 적합한 일을 발견할 때까지 한두 차례 변화를 시도
 • 안정기(31~44세) : 진로유형이 안정되는 시기로 개인은 그의 직업세계에서 안정과 만족감, 소속감, 지위 등을 얻게 됨
④ 유지기(45~64세) : 개인이 비교적 안정되며 만족스런 삶을 살아가는 시기
⑤ 쇠퇴기(65세 이후) : 개인이 정신적·육체적으로 그 기능이 쇠퇴함에 따라 직업전선에서 은퇴하게 되는 시기로, 다른 새로운 역할과 활동을 찾게 됨

25 고용노동부에서 실시하는 일반직업적성검사가 측정하는 영역이 아닌 것은?

① 형태지각력　② 공간판단력
③ 상황판단력　④ 언어능력

해설

GATB 일반직업적성검사의 측정영역
지능, 언어능력, 수리능력, 사무지각, 공간적성, 형태지각, 운동반응, 손가락 재치, 손의 재치 등 9가지

26 직업선택과정에 관한 설명으로 옳은 것은?

① 직업에 대해 정확한 정보만 가지고 있으면 직업을 효과적으로 선택할 수 있다.
② 주로 성년기에 이루어지기 때문에 어릴 때 경험은 영향력이 없다.
③ 개인적인 문제이기 때문에 가족이나 환경의 영향은 관련이 없다.
④ 일생 동안 계속 이루어지는 과정이기 때문에 다양한 시기에서 도움이 필요하다.

해설

①항 직업에 대해 정보와 개인의 특성(적성, 흥미 등)을 함께 고려하여야 한다.
②항 어릴 때 경험도 영향력을 미친다.
③항 가족이나 환경의 영향을 받는다.

27 직무분석방법에 관한 설명으로 옳은 것은?

① 관찰법은 실제 업무를 직접적으로 관찰함으로써 정신적인 활동까지 알아볼 수 있다.
② 면접법을 사용하려면 면접의 목적을 미리 알려주고 편안한 분위기를 조성해야 한다.
③ 설문조사법은 많은 사람에 대한 정보를 얻을 수 있지만 시간이 오래 걸린다.
④ 작업일지법은 정해진 양식에 따라 업무 담당자가 직접 작성하므로 정확한 정보를 준다.

해설

①항 관찰법은 정신적인 활동까지 알 수 없다.
③항 설문조사법은 시간이 짧게 걸린다.
④항 작업일지법은 업무 담당자의 차이가 있으므로 정보로서의 정확성이 떨어진다.

28 스트레스로 인해 나타날 수 있는 신체의 변화로 옳지 않은 것은?

① 호흡과 심장박동이 빨라지고 혈압도 높아진다.
② 부신선과 부신 피질을 자극해 에피네프린(아드레날린)을 생성한다.
③ 부교감 신경계가 활성화되어 각성이 일어난다.
④ 부신피질 호르몬인 코티졸이 분비된다.

해설

스트레스가 발생하면 교감신경제가 활성화되며, 동공이 커지고 땀이 나며 머리칼이 곤두서고 심장박동이 빨라진다. 그러다가 위기상황에서 벗어나면 부교감신경계가 활성화된다.

29 Roe의 직업분류체계에 관한 설명으로 틀린 것은?

① 일의 세계를 8가지 장(Field)과 6가지 수준(Level)으로 구성된 2차원의 체계로 조직화했다.
② 원주상의 순서대로 8가지 장(Field)은 서비스, 사업상 접촉, 조직, 기술, 옥외, 과학, 예술과 연예, 일반문화이다.
③ 서비스 장(Field)들은 사람지향적이며 교육, 사회봉사, 임상심리 및 의술이 포함된다.
④ 6가지 수준(Level)은 근로자의 직업과 관련된 정교화, 책임, 보수, 훈련의 정도를 묘사하며, 수준 1이 가장 낮고, 수준 6이 가장 높다.

해설

수준 1이 가장 높고, 수준 6이 가장 낮다.

30 기초통계치 중 명명척도로 측정된 자료에서는 파악할 수 없고, 서열척도 이상의 척도로 측정된 자료에서만 파악할 수 있는 것은?

① 중앙치   ② 최빈치

③ 표준편차   ④ 평균

해설

① 중앙치 : 모든 점수를 크기의 순서대로 배열해 놓았을 때 가장 중앙에 있는 값

② 최빈치 : 분포에서 빈도가 가장 높은 값

③ 표준편차 : 평균에서 이탈한 거리의 값

④ 평균 : 모든 점수의 합을 전체 사례수로 나누어 얻은 값

척도의 종류	속성	예	산출 통계량
명명 척도	정보(분류)	주민등록번호	최빈치
서열 척도	정보(분류) +순위	학급석차	최빈치, 중앙치
등간 척도	정보(분류)+ 순위+간격	온도차이	최빈치, 중앙치, 평균치, 표준편차
비율 척도	정보(분류)+ 순위+간격+ 비율	무게	모든 통계량

31 타당도에 관한 설명으로 틀린 것은?

① 안면타당도는 전문가가 문항을 읽고 얼마나 타당해 보이는지를 평가하는 방법이다.

② 검사의 신뢰도는 타당도 계수의 크기에 영향을 준다.

③ 구성타당도를 평가하는 방법으로 요인분석 방법이 있다.

④ 예언타당도는 타당도를 구하는 데 시간이 많이 걸린다는 단점이 있다.

해설

안면타당도는 일반인이나 수검사자에게 그 검사가 타당한 것처럼 보이는가의 문제와 관련된다.

32 직업적응 이론과 관련하여 개발된 검사도구가 아닌 것은?

① MIQ(Minnesota Importance Questionnaire)

② JDQ(Job Description Questionnaire)

③ MSQ(Minnesota Satisfaction Questionnaire)

④ CMI(Career Maturity Inventory)

해설

CMI(Career Maturity Inventory) : 크리츠가 개발한 진로성숙도 검사이다.

33 진로발달에서 맥락주의(Contextualism)에 관한 설명으로 틀린 것은?

① 행위는 맥락주의의 주요 관심대상이다.

② 개인보다는 환경의 영향을 강조한다.

③ 행위는 인지적 · 사회적으로 결정되며 일상의 경험을 반영하는 것이다.

④ 진로연구와 진로상담에 대한 맥락상의 행위 설명을 확립하기 위하여 고안된 방법이다.

해설

맥락주의에서는 개인과 환경의 상호작용을 강조한다.

34 다음은 Holland의 어떤 직업환경에 관한 설명인가?

> • 노동자, 농부, 트럭 운전수, 목수, 중장비 운전공 등 근육을 이용하는 직업
> • 체력을 필요로 하는 활동을 즐기며 공격적이고 운동신경이 잘 발달되어 있음

① 지적 환경   ② 사회적 환경

③ 현실적 환경   ④ 심미적 환경

해설

홀랜드의 직업성격이론의 6가지 유형
① 현실형 : 기계, 동물, 도구에 관한 체계적인 조작활동을 좋아하나 사회적 기술이 부족하다.
   • 대표적인 직업 : 농부, 기술자, 정비사, 엔지니어, 운동선수 등
② 탐구형 : 분석적이고 호기심이 많고 조직적이며 정확한 반면, 흔히 리더십 기술이 부족하다.
   • 대표적인 직업 : 의사, 과학자, 사회과학자, 인류학자, 수학자 등
③ 예술형 : 변화와 다양성을 좋아하고 틀에 박힌 것을 싫어하며 모호하고, 자유롭고, 상징적인 활동들에 흥미를 보인다.
   • 대표적인 직업 : 예술가, 작가, 배우, 무용가, 디자이너, 연주가, 문인, 미술가 등
④ 사회형 : 친절하고 정이 많으며 다른 사람과 함께 일하는 것을 즐기나 기계적인 활동이 부족하다.
   • 대표적인 직업 : 교육자, 종교지도자, 간호사, 상담가 등
⑤ 진취형 : 위신, 인정, 권위에 흥미가 있으며 타인을 선도, 계획, 통제, 관리하는 일을 선호하나 체계적인 활동에는 약하다.
   • 대표적인 직업 : 정치가, 연출가, 관리자, 보험사원, 판사 등
⑥ 관습형 : 정해진 원칙과 계획에 따라 자료들을 기록, 정리, 조직하는 일을 좋아하나 변화에 약하고 융통성이 부족하다.
   • 대표적인 직업 : 세무사, 회계사, 법무사, 비서, 사서, 은행원, 행정관료 등

해설

①항 동형검사 신뢰도 : 두 개의 동형검사를 동일인에게 실시하여 두 점수 간의 상관계수를 구하는 방법
③항 반분검사 신뢰도 : 전체 문항수를 반으로 나누어 실시하여 두 점수 간의 상관계수를 구하는 방법
④항 문항 내적 일관성 신뢰도 : 문항 하나하나를 독립된 검사로 보고 각 점수를 비교하여 상관계수를 구하는 방법

36 경력진단검사에 관한 설명으로 틀린 것은?

① 경력결정검사(CDS)는 경력 관련 의사결정 실패에 관한 정보를 제공하기 위해 개발되었다.
② 개인직업상황검사(MVS)는 직업적 정체성 형성 여부를 파악하기 위한 것이다.
③ 경력개발검사(CDI)는 경력 관련 의사결정에 대한 참여 준비도를 측정하기 위한 것이다.
④ 경력태도검사(CBI)는 직업선택에 필요한 정보 및 환경, 개인적인 장애가 무엇인지를 알려준다.

해설

진로신념(태도)검사(CBI) : 자기 지각관과 세계관의 문제점 파악하기 위한 것으로 크롬볼츠가 개발하였다.

35 다음 중 동일한 검사를 동일한 피검자 집단에 일정 시간 간격을 두고 두 번 실시하여 얻은 두 검사 점수의 상관계수에 의하여 신뢰도를 측정하는 방법은?

① 동형검사 신뢰도
② 검사−재검사 신뢰도
③ 반분검사 신뢰도
④ 문항 내적 일관성 신뢰도

37 다음은 질적 측정도구 중 무엇에 관한 설명인가?

원래 가족치료에 활용하기 위해 개발되었는데, 기본적으로 경력상담 시 먼저 내담자의 가족이나 선조들의 직업 특징에 대한 시각적 표상을 얻기 위해 도표를 만드는 것

① 자기효능감 척도
② 역할놀이
③ 제노그램
④ 카드분류

해설 --

제노그램에 대한 설명이다.

38 Krumboltz의 사회학습 이론에서 진로선택에 영향을 미치는 요인을 모두 고른 것은?

ㄱ. 유전적 요인	ㄴ. 학습경험
ㄷ. 과제접근기술	ㄹ. 환경조건과 사건

① ㄱ, ㄴ   ② ㄱ, ㄷ, ㄹ
③ ㄴ, ㄷ, ㄹ   ④ ㄱ, ㄴ, ㄷ, ㄹ

해설 --

크롬볼츠의 진로선택 사회학습이론에서는 진로발달과정에 영향을 미치는 요인이 유전적 요인과 특별한 능력, 환경조건과 사건, 학습경험, 과제접근기술이라 하였다.

39 셀리에(Selye)가 제시한 스트레스 반응단계(일반적응증후군)를 순서대로 바르게 나열한 것은?

① 소진 – 저항 – 경고
② 저항 – 경고 – 소진
③ 소진 – 경고 – 저항
④ 경고 – 저항 – 소진

해설 --

Selye가 제시한 스트레스 반응단계(일반적응증후군, Gas Adaptation Syndrome)의 3단계
경계(경고)단계, 저항단계, 탈진(소진)단계

40 조직 구성원에게 다양한 직무를 경험하게 함으로써 여러 분야의 능력을 개발시키는 경력개발 프로그램은?

① 직무확충(Job Enrichment)
② 직무순환(Job Rotation)
③ 직무확대(Job Enlargement)
④ 직무재분류(Job Reclassification)

해설 --

① 직무확충(Job Enrichment) : 단조롭고 낮은 직무를 수행하는 작업자를 동기화시키기 위해 상위직책의 직무내용 일부를 하위직책의 직무로 이관시키는 방법이다.
③ 직무확대(Job Enlargement) : 직무내용의 다양성을 살리기 위하여 기존직무에 다른 과제를 부과함으로써 직무구조의 변화를 꾀하는 방법이다.
④ 직무재분류(Job Reclassification) : 조직진단과 직무분석을 통해 직무내용과 직무수행요건을 구체적으로 조사한 후 이를 토대로 직무의 종류 및 중요도에 따라 단위 직무를 재분류하는 방법이다.

3과목 직업정보론

41 실업급여 중 취업촉진 수당이 아닌 것은?

① 직업능력개발 수당
② 광역 구직활동비
③ 훈련연장급여
④ 이주비

해설 --

취업촉진 수단의 종류
실업급여는 구직급여와 취업촉진 수당으로 구분하는데, 그중 취업촉진 수당의 종류는 다음과 같다.
① 조기(早期)재취업 수당
② 직업능력개발 수당
③ 광역 구직활동비
④ 이주비

42 다음은 워크넷에서 제공하는 성인 대상 심리검사 중 무엇에 관한 설명인가?

> • 검사대상 : 만 18세 이상
> • 주요내용 : 개인의 흥미유형 및 적합직업 탐색
> • 측정요인 : 현실형, 탐구형, 예술형, 사회형, 진취형, 관습형

① 구직준비도 검사
② 직업가치관 검사
③ 직업선호도 검사 S형
④ 성인용 직업적성검사

해설

직업선호도 검사 S형
좋아하는 활동, 관심 있는 직업, 선호하는 분야를 탐색하여 직업흥미유형에 적합한 직업들을 제공해 주는 검사이다.

43 내용분석법을 통해 직업정보를 수집할 때의 장점이 아닌 것은?

① 정보제공자의 반응성이 높다.
② 장기간의 종단연구가 가능하다.
③ 필요한 경우 재조사가 가능하다.
④ 역사연구 등 소급조사가 가능하다.

해설

내용분석법
① 정의
    문헌연구의 일종이며 여러 가지 문서화된 매체(서적, 신문, 문서 등)들을 중심으로 연구대상에 필요한 자료들을 수집하는 방법으로 양적·질적 분석방법을 사용한다.
② 특징
    • 정보제공자의 반응성이 낮다.
    • 장기간의 종단연구가 가능하다.
    • 필요한 경우 재조사가 가능하다.
    • 연사연구 등 소급조사가 가능하다.

44 한국직업정보시스템(워크넷 직업·진로)의 직업정보 찾기 중 조건별 검색의 검색 항목으로 옳은 것은?

① 평균학력, 근로시간
② 근로시간, 평균연봉
③ 평균연봉, 직업전망
④ 직업전망, 평균학력

해설

워크넷에서 직업정보를 검색할 때 조건별 검색은 평균연봉과 직업전망, 이 두 가지 항목을 선택하여 검색하게 되어 있다.

45 제7차 한국표준직업분류의 포괄적인 업무에 대한 직업분류 원칙에 해당되지 않는 것은?

① 주된 직무 우선 원칙
② 최상급 직능수준 우선 원칙
③ 생산업무 우선 원칙
④ 수입 우선 원칙

해설

④항 다수 직업종사자의 분류원칙이다.

포괄적인 업무에 대한 직업분류 원칙
① 주된 직무 우선 원칙
② 최상급 직능수준 우선 원칙
③ 생산업무 우선 원칙

46 직업안정법령상 직업안정기관의 장이 수집·제공하여야 할 고용정보에 해당하지 않는 것은?

① 직무분석의 방법과 절차
② 경제 및 산업동향
③ 구인·구직에 관한 정보
④ 직업에 관한 정보

해설

직업안정기관의 장이 수집·제공하여야 하는 고용정보
① 경제 및 산업동향
② 노동시장, 고용·실업동향
③ 임금, 근로시간 등 근로조건
④ 직업에 관한 정보
⑤ 채용·승진 등 고용관리에 관한 정보
⑥ 직업능력개발훈련에 관한 정보
⑦ 고용 관련 각종 지원 및 보조제도
⑧ 구인·구직에 관한 정보

47 직업정보의 가공에 대한 설명으로 가장 적합하지 않은 것은?

① 효율적인 정보제공을 위해 시각적 효과를 부가한다.
② 정보를 공유하는 방법과도 연관되어 있다.
③ 긍정적인 정보를 제공하는 입장에서 출발해야 한다.
④ 정보의 생명력을 측정하여 활용방법을 선정하고 이용자에게 동기를 부여할 수 있도록 구상한다.

해설

직업정보 가공 시에는 중립적인 입장에서 직업에 대한 장단점을 편견 없이 제공해야 한다.

48 다음은 제10차 한국표준산업분류 중 어떤 산업분류에 관한 설명인가?

> 작물재배활동과 축산활동을 복합적으로 수행하면서 그중 한 편의 전문화율이 66% 미만인 경우

① 작물재배업
② 축산업
③ 작물재배 및 축산 복합농업
④ 작물재배 및 축산 관련 서비스업

해설

제10차 한국표준산업분류 중 대분류 A. 농업, 임업 및 어업에 관한 분류로, 작물재배 및 축산 복합농업에 대한 설명이다.

49 한국직업사전의 직무기능 자료(Data)항목 중 무엇에 관한 설명인가?

> • 데이터의 분석에 기초하여 시간, 장소, 직업순서, 활동 등을 결정한다.
> • 결정을 실행하거나 상황을 보고한다.

① 종합
② 조정
③ 계산
④ 수집

해설

"자료"와 관련된 기능은 만질 수 없으며 숫자, 단어, 기호, 생각, 개념 그리고 구두상 표현을 포함한다.
• 0. 종합(Synthesizing) : 사실을 발견하고 지식 개념 또는 해석을 개발하기 위해 자료를 종합적으로 분석한다.
• 1. 조정(Coordinating) : 데이터의 분석에 기초하여 시간, 장소, 작업순서, 활동 등을 결정한다. 결정을 실행하거나 상황을 보고한다.
• 2. 분석(Analyzing) : 조사하고 평가한다. 평가와 관련된 대안적 행위의 제시가 빈번하게 포함된다.
• 3. 수집(Compiling) : 자료, 사람, 사물에 관한 정보를 수집·대조·분류한다. 정보와 관련한 규정된 활동의 수행 및 보고가 자주 포함된다.
• 4. 계산(Computing) : 사칙연산을 실시하고 사칙연산과 관련하여 규정된 활동을 수행하거나 보고한다. 수를 세는 것은 포함되지 않는다.
• 5. 기록(Copying) : 데이터를 옮겨 적기나 입력하거나 표시한다.
• 6. 비교(Comparing) : 자료, 사람, 사물의 쉽게 관찰되는 기능적·구조적·조합적 특성(유사성 또는 표준과의 차이)을 판단한다.

50 국가기술자격 중 실기시험만 시행할 수 있는 종목이 아닌 것은?

① 금속재창호기능사　② 항공사진기능사
③ 로더운전기능사　　④ 미장기능사

🔧 해설

실기시험만 실시할 수 있는 종목

직무분야	중직무분야	자격종목
02. 경영 · 회계 · 사무	023. 사무	한글속기 1급, 2급, 3급
14. 건설	141. 건축	거푸집기능사, 건축도장기능사, 건축목공기능사, 도배기능사, 미장기능사, 방수기능사, 비계기능사, 온수온돌기능사, 유리시공기능사, 조적기능사, 철근기능사, 타일기능사
	142. 토목	도화기능사, 석공기능사, 지도제작기능사, 항공사진기능사
16. 재료	162. 판금 · 제관 · 새시	금속재창호기능사

51 제7차 한국표준직업분류상 다음 개념에 해당하는 대분류는?

- 일반적으로 단순하고 반복저이며 때로는 육체적인 힘을 요하는 과업을 수행한다.
- 간단한 수작업 공구나 진공청소기, 전기 장비들을 이용한다.
- 제1직능 수준의 일부 직업에서는 초등교육이나 기초적인 교육(ISCED 수준 1)을 필요로 한다.

① 단순노무 종사자
② 장치 · 기계 조작 및 조립 종사자
③ 기능원 및 관련 기능 종사자
④ 판매 종사자

🔧 해설

대분류 9. 단순노무자에 해당하는 분류이다.

52 제7차 한국표준직업분류의 직무능력수준 중 제2직능수준이 요구되는 대분류는?

① 관리자
② 전문가 및 관련 종사자
③ 단순노무 종사자
④ 농림어업 숙련 종사자

🔧 해설

- 대분류 1. 관리자 : 제4직능 수준 혹은 제3직능 수준 필요
- 대분류 2. 전문가 및 관련 종사자 : 제4직능 수준 혹은 제3직능 수준 필요
- 대분류 3. 사무 종사자 : 제2직능 수준 필요
- 대분류 4. 서비스 종사자 : 제2직능 수준 필요
- 대분류 5. 판매 종사자 : 제2직능 수준 필요
- 대분류 6. 농림어업 숙련 종사자 : 제2직능 수준 필요
- 대분류 7. 기능원 및 관련 기능 종사자 : 제2직능 수준 필요
- 대분류 8. 장치 · 기계조작 및 조립 종사자 : 제2직능 수준 필요
- 대분류 9. 단순노무 종사자 : 제1직능 수준 필요
- 대분류 A. 군인 : 제2직능 수준 이상 필요

53 국민내일배움카드에 관한 설명으로 틀린 것은?

① 특수형태근로종사자도 신청이 가능하다.
② 실업, 재직, 자영업 여부에 관계없이 카드 발급이 가능하다.
③ 국가기간 · 전략산업직종 등 특화과정은 훈련비 전액을 지원한다.
④ 직업능력개발 훈련이력을 종합적으로 관리하는 제도이다.

🔧 해설

국민내일배움카드
훈련을 희망하는 국민들은 누구나 신청 가능(일정 소득 이상인 자는 제외)하며, 실업자, 재직자, 특수형태근로종사자(월 평균 임금 300만 원 미만), 자영업자(연매출액 1억 5천만 원 미만) 등 여부에 관계없이 직업훈련이 필요하면 적극 지원한다.

54 제10차 한국표준산업분류의 산업분류 적용원칙에 관한 설명으로 틀린 것은?

① 생산단위는 산출물뿐만 아니라 투입물과 생산공정 등을 고려하여 그들의 활동을 가장 정확하게 설명한 항목에 분류
② 생산단위 소유 형태, 법적 조직 유형 또는 운영방식도 산업분류에 영향을 미침
③ 산업활동이 결합되어 있는 경우에는 그 활동단위의 주된 활동에 따라 분류
④ 공식적 · 비공식적 생산물, 합법적 · 불법적인 생산은 달리 분류하지 않음

해설

생산단위 소유 형태, 법적 조직 유형 또는 운영방식은 산업분류에 영향을 미치지 않는다.

55 국가기술자격 산업기사의 응시요건으로 틀린 것은?

① 응시하려는 종목이 속하는 동일 및 유사 직무분야에서 1년 이상 실무에 종사한 사람
② 관련 학과의 2년제 또는 3년제 전문대학 졸업자 등 또는 그 졸업예정자
③ 고용노동부령이 정하는 기능경기대회 입상자
④ 응시하려는 종목이 속하는 동일 및 유사 직무분야의 다른 종목의 산업기사 등급 이상의 자격을 취득한 사람

해설

산업기사 응시요건
① 응시하려는 종목이 속하는 동일 및 유사 직무분야에서 2년 이상 실무에 종사한 사람
② 관련 학과의 2년제 또는 3년제 전문대학졸업자 등 또는 그 졸업예정자
③ 고용노동부령이 정하는 기능경기대회 입상자
④ 응시하려는 종목이 속하는 동일 및 유사 직무분야의 다른 종목의 산업기사 등급 이상의 자격을 취득한 사람
⑤ 기능사 등급 이상의 자격을 취득한 후 응시하려는 종목이 속하는 동일 및 유사 직무분야에 1년 이상 실무에 종사한 사람
⑥ 관련 학과의 대학졸업자 또는 그 졸업예정자
⑦ 동일 및 유사 직무분야의 산업기사 수준 기술훈련과정 이수자 또는 그 이수예정자
⑧ 외국에서 동일한 종목에 해당하는 자격을 취득한 사람

56 직업정보 분석에 관한 설명으로 틀린 것은?

① 직업정보는 직업전문가에 의해 분석되어야 한다.
② 수집된 정보에 대하여는 목적에 맞도록 몇 번이고 분석하여 가장 최신의 객관적이며 정확한 자료를 선정한다.
③ 동일한 정보라 할지라도 다각적인 분석을 시도하여 해석을 풍부히 한다.
④ 직업정보원과 제공원에 관한 정보는 알 필요가 없다.

해설

직업정보원과 제공원에 관한 정보도 제시한다.

57 국민 평생 직업능력 개발법령상 직업능력개발훈련시설을 설치할 수 있는 공공단체가 아닌 것은?

① 한국산업인력공단(한국산업인력공단이 출연하여 설립한 학교법인을 포함)
② 안전보건공단
③ 한국장애인고용공단
④ 근로복지공단

해설

직업능력개발훈련시설을 설치할 수 있는 공공단체의 범위
① 한국산업인력공단(한국산업인력공단이 출연하여 설립한 학교법인을 포함한다)
② 한국장애인고용공단
③ 근로복지공단

정답 54 ② 55 ① 56 ④ 57 ②

58 제10차 한국표준산업분류의 산업분류 적용원칙에 관한 설명으로 틀린 것은?

① 산업은 유사한 성질을 갖는 산업활동에 주로 종사하는 생산단위의 집합이다.
② 각 생산단위가 노동, 자본, 원료 등 자원을 투입하여 재화 또는 서비스를 생산 · 제공하는 일련의 활동과정이 산업활동이다.
③ 산업활동 범위에는 가정 내 가사활동도 포함된다.
④ 산업분류는 생산단위가 주로 수행하는 산업활동을 분류 기준과 원칙에 맞춰 그 유사성에 따라 체계적으로 유형화한 것이다.

해설

산업활동의 범위에는 영리적 · 비영리적 활동이 모두 포함되나, 가정 내의 가사활동은 제외된다.

59 워크넷에서 제공하는 학과정보 중 자연계열에 해당하지 않는 것은?

① 안경광학과　② 생명과학과
③ 수학과　④ 지구과학과

해설

자연계열
과학(물리학, 화학, 생명과학, 지구과학), 수학 등의 자연 질서와 논리학에 대하여 탐구 및 연구하는 교육과정을 의미한다. 생명과학과, 생명공학과, 수의학과, 환경(공)학과, 농공학과, 임산공학과, 아동가족학과, 소비자주거학과, 천문우주학과, 화학과, 가정관리학과, 식품공학과, 식품생명학과 등이 해당한다.

※ 안경광학과는 공학계열이다.

60 한국직업전망에서 제공하는 정보에 대한 설명으로 틀린 것은?

① '하는 일'은 해당 직업 종사자가 일반적으로 수행하는 업무내용과 과정에 대해 서술하였다.
② '관련 학과'는 일반적 입직조건을 고려하여 대학에 개설된 대표 학과명만을 수록하였다.
③ '적성과 흥미'는 해당 직업에 취업하거나 업무를 수행하는 데 유리한 적성, 성격, 흥미, 지식 및 기술 등을 수록하였다.
④ '학력'은 '고졸 이하', '전문대졸', '대졸', '대학원졸 이상'으로 구분하여 제시하였다.

해설

'관련 학과'는 일반적 입직조건을 고려하여 대학에 개설된 대표 학과명을 수록하거나 특성화고등학교, 직업훈련, 기관, 직업전문학교의 학과명을 수록하였다.

4과목　노동시장론

61 성과급제도를 채택하기 어려운 경우는?

① 근로자의 노력과 생산량과의 관계가 명확한 경우
② 생산원가 중에서 노동비용에 대한 통제가 필요하지 않은 경우
③ 생산물의 질(Quality)이 일정한 경우
④ 생산량이 객관적으로 측정 가능한 경우

해설

성과급제도
생산단위당 임률을 결정하여 생산량에 따라 임금을 결정하는 제도로서 도입요건은 근로자의 노력과 생산량과의 관계가 명확한 경우, 생산물의 질이 생산량보다 덜 중요하거나 생산물의 질(Quality)이 일정한 경우, 생산량이 객관적으로 측정 가능한 경우, 사전에 단위 생산비 중 노무비가 결정되어 있는 경우이다.

62 노동시장에서의 차별로 인해 발생하는 임금격차에 대한 설명으로 틀린 것은?

① 직장 경력의 차이에 따른 인적자본 축적의 차이로는 임금격차를 설명할 수 없다.
② 경쟁적인 시장경제에서는 고용주에 의한 차별이 장기간 지속될 수 없다.
③ 소비자의 차별적인 선호가 있다면 차별적인 임금격차가 지속될 수 있다.
④ 정부가 차별적 임금을 지급하도록 강제하는 경우에는 경쟁시장에서도 임금격차가 지속될 수 있다.

해설

임금격차 요인 중 경쟁적 요인
인적자본량, 근로자의 생산성 격차, 보상적 임금격차, 기업의 효율성 임금정책, 시장의 단기 불균형 등이 있다. 즉, 인적자본 축적의 차이로 임금격차를 설명할 수 있다.

63 임금의 법적 성격에 관한 학설의 하나인 노동대가설로 설명할 수 있는 임금은?

① 직무수당　② 휴업수당
③ 휴직수당　④ 가족수당

해설

휴업수당, 휴직수당, 가족수당 등은 노동의 대가로 지급되는 임금이 아니며 직무수당은 노동의 대가로 지급되는 임금이다.

64 다음 중 분단노동시장가설이 암시하는 정책적 시사점과 가장 거리가 먼 것은?

① 노동시장의 공급측면에 대한 정부개입 또는 지원을 지나치게 강조하는 것에 대해 부정적이다.
② 공공적인 고용기회의 확대나 임금보조, 차별대우 철폐를 주장한다.

③ 외부노동시장의 중요성을 강조한다.
④ 노동의 인간화를 도모하기 위한 의식적인 정책노력이 필요하다.

해설

분단노동시장가설
노동시장의 공급측면보다 수요측면에 초점을 두는 이론이다. 이는 곧 외부노동시장보다 내부노동시장의 중요성을 강조한다는 점을 알 수 있다.

65 시간당 임금이 5,000원에서 6,000원으로 인상될 때, 노동수요량이 10,000에서 9,000으로 감소한다면 노동수요의 임금탄력성은? (단, 노동수요의 임금탄력성은 절댓값이다.)

① 0.2　② 0.5
③ 1　④ 2

해설

$$노동수요의\ 탄력성 = \frac{노동수요량의\ 변화율(\%)}{임금의\ 변화율(\%)}$$

$$노동수요량의\ 변화율 = \frac{10,000-9,000}{10,000} \times 100 = 10\%$$

$$임금의\ 변화율 = \frac{6,000-5,000}{5,000} \times 100 = 20\%$$

$$\therefore \frac{10\%}{20\%} = 0.5$$

66 실업대책에 관한 설명으로 틀린 것은?

① 일반적으로 실업대책은 고용안정정책, 고용창출정책, 사회안전망 형성정책으로 구분된다.
② 직업훈련의 효율성 제고는 고용안정정책에 해당한다.
③ 고용창출정책은 실업률로부터 탈출을 촉진하는 정책이다.
④ 공공부문 유연성 확립은 사회안전망 형성정책에 해당한다.

해설

공공부문 유연성 확립은 고용창출정책에 해당한다.

67 구조적 실업에 대한 설명으로 틀린 것은?

① 노동시장에 대한 정보 부족에 기인한다.
② 구인처에서 요구하는 자격을 갖춘 근로자가 없는 경우에 발생한다.
③ 산업구조 변화에 노동력 공급이 적절히 대응하지 못해서 발생한다.
④ 적절한 직업훈련 기회를 제공하는 것이 구조적 실업을 완화하는 데 중요하다.

해설

노동시장에 대한 정보 부족에 기인하는 것은 마찰적 실업이다.

68 노동조합의 형태 중 노동시장의 지배력과 조직으로서의 역량이 극히 약하다고 볼 수 있는 것은?

① 기업별 노동조합　　② 산업별 노동조합
③ 일반 노동조합　　　④ 직업별 노동조합

해설

기업별 노동조합은 개별 기업의 근로자들로 조직된 형태로서 하나의 기업이 조직상의 단위가 되므로 노동시장의 지배력은 약하다고 볼 수 있다.

69 신고전학파가 주장하는 노동조합의 사회적 비용의 증가 요인이 아닌 것은?

① 비노조와의 임금격차와 고용저하에 따른 비효율 배분
② 경직된 인사제도에 의한 기술적 비효율
③ 파업으로 인한 생산중단에 따른 생산적 비효율
④ 작업방해에 의한 구조적 비효율

해설

신고전학파가 주장하는 노조의 사회적 비용
① 비노조와의 임금격차 및 고용저하에 따른 배분적 비효율
② 경직된 인사제도에 의한 기술적 비효율
③ 파업으로 인한 생산중단에 따른 생산적 비효율

70 노동조합이 노동공급을 제한함으로써 발생할 수 있는 효과로 옳은 것은?

① 노동조합이 조직화된 노동시장의 임금이 하락할 것이다.
② 노동조합이 조직화되지 않은 노동시장의 공급곡선이 좌상향으로 이동할 것이다.
③ 노동조합이 조직화된 노동시장의 노동수요곡선이 우상향으로 이동할 것이다.
④ 노동조합이 조직화되지 않은 노동시장의 임금이 하락할 것이다.

해설

노동조합이 노동공급을 제한하면 조직부문에서는 노동수요가 감소하고 그 결과 실업노동자들이 비조직부문으로 내몰려 비조직부문의 노동공급량이 늘어나고 임금이 하락하게 될 것이다.

71 생산물시장과 노동시장이 완전경쟁일 때 노동의 한계생산량이 10개이고, 생산물가격이 500원이며 시간당 임금이 4,000원이라면 이윤을 극대화하기 위한 기업의 반응으로 옳은 것은?

① 임금을 올린다.
② 노동을 자본으로 대체한다.
③ 노동의 고용량을 증대시킨다.
④ 고용량을 줄이고 생산을 감축한다.

해설

기업의 이윤극대화는 임금＝한계생산물의 가치(한계생산량×시장가격)에서 이루어진다.
• 임금＝4,000원
• 한계생산물의 가치＝10개×500원＝5,000원
임금보다 한계생산물의 가치보다 높으므로 1,000원만큼의 근로자 고용을 증가시킨다.

72 노동력의 10%가 매년 구직활동을 하고 구직에 평균 3개월이 소요되는 경우 연간 몇 %의 실업률이 나타나게 되는가?

① 2.5%   ② 2.7%

③ 3.0%   ④ 3.3%

> **해설**
>
> 노동력의 10%가 구직활동을 하고 있고(=실업자가 10%), 이 중 3개월, 즉 $\frac{3}{12}$개월=$\frac{1}{4}$이 지나면 구직하므로 연간 실업률은 $\frac{10\%}{4}$=2.5%이다.

73 만일 여가가 열등재라면 개인의 노동공급곡선의 형태는?

① 후방굴절한다.   ② 완전비탄력적이다.

③ 완전탄력적이다.   ④ 우상향한다.

> **해설**
>
> **후방굴절 노동공급곡선**
> 임금이 상승하면 일정수준까지는 노동의 공급이 늘어나다가 임금이 그 이상 올라가면 노동공급이 줄어들면서 공급곡선이 활처럼 뒤로 굽어지게 되는 것을 말한다.
>
> ※ 열등재 : 소득이 증가할수록 수요가 감소하는 재화를 말하는데, 즉 여가가 열등재라는 것은 소득이 증가할수록 여가를 줄이고 노동공급을 늘리는 우상향하는 공급곡선을 나타낸다.

74 다음은 후방굴절형의 노동공급곡선을 나타낸 것이다. 이 때 노동공급곡선상의 a, b 구간에 대한 설명으로 옳은 것은?

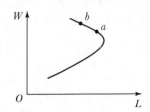

① 소득효과=0

② 대체효과=0

③ 소득효과<대체효과

④ 소득효과>대체효과

> **해설**
>
>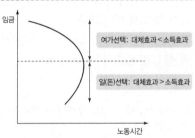
>
> ① 대체효과 : 임금이 상승함에 따라 노동시간을 증가시킨다.
> ② 소득효과 : 임금이 상승함에 따라 노동시간을 감소시킨다.

75 연봉제 성공을 위한 조건과 가장 거리가 먼 것은?

① 직무분석   ② 인사고과

③ 목표관리제도   ④ 품질관리제도

> **해설**
>
> 연봉제 : 종업원이 노력한 만큼 대가가 따르는 동기부여형 임금체계이다. 연봉제 성공을 위해서는 철저한 직무관리, 공정한 인사고과, 효과적인 목표관리제도 등이 요구된다.

76 마찰적 실업을 해소하기 위한 가장 효과적 정책은?

① 성과급제를 도입한다.

② 근로자 파견업을 활성화한다.

③ 협력적 노사관계를 구축한다.

④ 구인 · 구직 정보제공시스템의 효율성을 제고한다.

정답 72 ① 73 ④ 74 ④ 75 ④ 76 ④

해설

마찰적 실업을 해소하기 위한 대책
① 취업정보제공(구인·구직 정보제공)
② 전국적인 구인·구직 정보제공시스템의 효율성 제고
③ 취업지원센터의 효율적 운영
④ 직업소개소의 활성화
⑤ 기업의 퇴직·해고 예고제
⑥ 구직자 세일즈
⑦ 고용실태 및 전망에 관한 자료 제공

77 다음은 무엇에 관한 설명인가?

> 경제학자 Spencer는 고학력자의 임금이 높은 것은 교육이 생산성을 높이는 역할을 하는 것이 아니라 처음부터 생산성이 높다는 것을 교육을 통해 보여주는 것이라는 견해를 제시했다.

① 인적자본 이론
② 혼잡가설
③ 고학력자의 맹목적 우대
④ 교육의 신호모형

해설

교육의 신호모형
교육은 유능한 사람을 걸러내기 위한 선별장치이고 학력(대학졸업장)이 능력의 대리변수 신호가 된다는 가설이다.

78 노동력의 동질성을 가정하고 있는 이론은?

① 신고전학파이론　　② 직무경쟁론
③ 내부노동시장론　　④ 이중노동시장론

해설

신고전학파의 경쟁노동시장가설
노동시장을 하나의 연속적이고 경쟁적인 시장으로 파악하며 근로자 간의 커다란 질적 차이는 없다고 가정하고 있다.

79 노동조합을 다음과 같이 설명한 학자는?

> 노동조합이란 임금노동자들이 그들의 근로조건을 유지하고 개선할 목적으로 조직한 영속적 단체이며, 그와 같은 목적을 실현하기 위한 수단으로는 노동시장의 조절, 표준근로조건의 설정 및 유지와 공제제도 등이 있다.

① S. Perlman
② L. Brentano
③ F. Tannenbaum
④ Sidney and Beatrice Webb

해설

웹 부부(Sidney and Beatrice Webb)에 따르면 임금근로자들은 그들의 근로조건을 유지하고 개선할 목적으로 노동조합을 설립한다.

80 미국에서 1935년에 제정된 전국노사관계법(NLRA : National Labor Relation Act, 일명 '와그너법') 이후에 확립된 노사관계는?

① 뉴딜적 노사관계
② 온건주의적 노사관계
③ 바이마르적 노사관계
④ 태프트－하틀리적 노사관계

해설

미국정부는 뉴딜 시기의 전국노사관계법 제정을 통해 노조자유설립주의를 토대로 노동조합결성권, 노동조합참가권, 단체교섭권, 단결권 행사에 대한 간섭배제, 해고 등의 차별금지, 부당노동행위의 금지 등을 규정하였다.

5과목 노동관계법규

81 국민 평생 직업능력 개발법령상 직업능력개발훈련이 중요시되어야 하는 대상에 해당하는 것을 모두 고른 것은?

> ㄱ. 「국민기초생활 보장법」에 따른 수급권자
> ㄴ. 고령자
> ㄷ. 단시간근로자
> ㄹ. 제조업에 종사하는 근로자

① ㄱ, ㄴ, ㄹ   ② ㄱ, ㄴ, ㄷ
③ ㄱ, ㄷ, ㄹ   ④ ㄴ, ㄷ, ㄹ

해설

국민 평생 직업능력 개발법령상 다음에 해당하는 자에 대한 직업능력개발훈련은 중요시되어야 한다.
① 고령자 · 장애인
② 「국민기초생활 보장법」에 의한 수급권자
③ 「국가유공자 등 예우 및 지원에 관한 법률」에 따른 국가유공자와 그 유족 또는 가족이나 「보훈보상대상자 지원에 관한 법률」에 따른 보훈보상대상자와 그 유족 또는 가족
④ 「5 · 18민주유공자예우 및 단체설립에 관한 법률」에 따른 5 · 18민주유공자와 그 유족 또는 가족
⑤ 「제대군인지원에 관한 법률」에 따른 제대군인 및 전역예정자
⑥ 여성근로자
⑦ 「중소기업기본법」에 따른 중소기업의 근로자
⑧ 일용근로자, 단시간근로자, 기간을 정하여 근로계약을 체결한 근로자, 일시적 사업에 고용된 근로자
⑨ 「파견근로자보호 등에 관한 법률」에 따른 파견근로자

82 남녀고용평등과 일 · 가정 양립 지원에 관한 법률에 관한 설명으로 틀린 것은?

① 고용노동부장관은 남녀고용평등 실현과 일 · 가정의 양립에 관한 기본계획을 5년마다 수립하여야 한다.
② 사업주는 동일한 사업 내의 동일 가치 노동에 대하여는 동일한 임금을 지급하여야 한다.
③ 사업주가 임금차별을 목적으로 설립한 별개의 사업은 동일한 사업으로 본다.
④ 사업주는 직장 내 성희롱 예방을 위한 교육을 분기별 1회 이상 하여야 한다.

해설

사업주는 직장 내 성희롱 예방교육을 연 1회 이상 실시하여야 한다.

83 근로기준법령상 근로계약에 관한 설명으로 틀린 것은?

① 이 법에서 정하는 기준에 미치지 못하는 근로조건을 정한 근로계약은 그 부분에 한하여 무효로 한다.
② 근로계약은 기간을 정하지 아니한 것과 일정한 사업의 완료에 필요한 기간을 정한 것 외에는 그 기간은 1년을 초과하지 못한다.
③ 단시간근로자의 근로조건은 그 사업장의 같은 종류의 업무에 종사하는 통상 근로자의 근로시간을 기준으로 산정한 비율에 따라 결정되어야 한다.
④ 사용자는 근로계약 불이행에 대한 위약금을 예정하는 계약을 체결한 경우 300만 원 이하의 과태료에 처한다.

해설

사용자는 근로계약 불이행에 대한 위약금 또는 손해배상액을 예정하는 계약을 체결하지 못한다. 근로계약 불이행에 대한 위약금을 예정하는 계약을 체결한 경우 500만 원 이하의 벌금에 처한다.

정답 81 ②   82 ④   83 ④

84 헌법상 노동 3권에 해당되지 않는 것은?

① 단체교섭권　　② 평등권
③ 단결권　　　　④ 단체행동권

해설

노동 3권 : 단결권, 단체교섭권, 단체행동권

85 고용정책 기본법령상 고용정책심의회의 전문위원회에 해당하는 것을 모두 고른 것은?

> ㄱ. 지역고용전문위원회
> ㄴ. 고용서비스전문위원회
> ㄷ. 장애인고용촉진전문위원회

① ㄱ, ㄴ　　　　② ㄱ, ㄷ
③ ㄴ, ㄷ　　　　④ ㄱ, ㄴ, ㄷ

해설

고용정책심의위원회에 다음의 분야별 전문위원회를 둘 수 있다.
① 지역고용전문위원회
② 고용서비스전문위원회
③ 사회적기업육성전문위원회
④ 적극적고용개선전문위원회
⑤ 장애인고용촉진전문위원회
⑥ 건설근로자고용개선전문위원회

86 남녀고용평등과 일 · 가정 양립지원에 관한 법률상 사업주가 동일한 사업 내의 동일 가치의 노동에 대하여 동일한 임금을 지급하지 아니한 경우 벌칙규정은?

① 5년 이하의 징역 또는 3천만 원 이하의 벌금
② 3년 이하의 징역 또는 3천만 원 이하의 벌금
③ 1천만 원 이하의 벌금
④ 500만 원 이하의 벌금

해설

남녀고용평등과 일 · 가정 양립지원에 관한 법률 제37조 제2항 제1호에서 사업주가 동일한 사업 내의 동일 가치의 노동에 대하여 동일한 임금을 지급하지 아니한 경우 3년 이하의 징역 또는 3천만 원 이하의 벌금에 처한다.

87 근로자퇴직급여 보장법령상 ( ) 안에 들어갈 숫자로 옳은 것은?

> 이 법에 따른 퇴직금을 받을 권리는 ( )년간 행사하지 아니하면 시효로 인하여 소멸한다.

① 1　　　　② 3
③ 5　　　　④ 10

해설

퇴직금을 받을 권리는 3년간 행사하지 아니하면 시효로 인하여 소멸한다.

88 근로기준법령상 휴게 · 휴일에 관한 설명으로 틀린 것은?

① 사용자는 근로시간이 8시간인 경우에는 1시간 이상의 휴게시간을 근로시간 도중에 주어야 한다.
② 사용자는 근로자에게 1주에 평균 1회 이상의 유급휴일을 보장하여야 한다.
③ 사용자는 연장근로에 대하여는 통상임금의 100분의 50 이상을 가산하여 근로자에게 지급하여야 한다.
④ 사용자는 8시간 이내의 휴일근로에 대하여는 통상임금의 100분의 100 이상을 가산하여 근로자에게 지급하여야 한다.

해설

사용자는 휴일근로에 대하여는 다음의 기준에 따른 금액 이상을 가산하여 근로자에게 지급하여야 한다.
① 8시간 이내의 휴일근로 : 통상임금의 100분의 50
② 8시간을 초과한 휴일근로 : 통상임금의 100분의 100

89 근로기준법령상 근로자 명부의 기재사항에 해당하지 않는 것은?

① 성명　　　　② 주소
③ 이력　　　　④ 재산

해설

근로기준법령상 근로자 명부에 기재되어야 하는 사항(근로기준법 시행령 제20조)
① 성명
② 성별
③ 생년월일
④ 주소
⑤ 이력
⑥ 종사하는 업무의 종류
⑦ 고용 또는 고용 갱신 연월일, 계약기간을 정한 경우에는 그 기간, 그 밖의 고용에 관한 사항
⑧ 해고, 퇴직 또는 사망한 경우에는 그 연월일과 사유
⑨ 그 밖에 필요한 사항

90 고용정책 기본법상 고용정책심의회의 위원으로 명시되지 않은 자는?

① 문화체육관광부 제1차관
② 기획재정부 제1차관
③ 교육부차관
④ 과학기술정보통신부 제1차관

해설

고용정책 기본법상 고용정책심의회의 위원은 대통령령으로 정하는 관계 중앙행정기관의 차관 또는 차관급 공무원이다. 기획재정부 제1차관, 교육부차관, 과학기술정보통신부 제1차관, 행정안전부차관, 산업통상자원부차관, 보건복지부, 여성가족부, 국토교통부 제1차관 및 중소벤처기업부 차관이다.

91 고용보험법령상 용어정의에 관한 설명으로 틀린 것은?

① "이직"이란 피보험자와 사업주 사이의 고용관계가 끝나게 되는 것을 말한다.
② "실업"이란 근로의 의사와 능력이 있음에도 불구하고 취업하지 못한 상태에 있는 것을 말한다.
③ "실업의 인정"이란 직업안정기관의 장이 수급자격자가 실업한 상태에서 적극적으로 직업을 구하기 위하여 노력하고 있다고 인정하는 것을 말한다.
④ "일용근로자"란 1일 단위로 근로계약을 체결하여 고용되는 자를 말한다.

해설

일용근로자란 1개월 미만 동안 고용되는 자를 말한다.

92 채용절차의 공정화에 관한 법령에 대한 설명으로 틀린 것은?

① 기초심사자료란 구직자의 응시원서, 이력서 및 자기소개서를 말한다.
② 이 법은 국가 및 지방자치단체가 공무원을 채용하는 경우에도 적용한다.

③ 직종의 특수성으로 인하여 불가피한 사정이 있는 경우 고용노동부장관의 승인을 받아 구직자에게 채용심사비용의 일부를 부담하게 할 수 있다.

④ 구인자는 구직자 본인의 재산 정보를 기초심사 자료에 기재하도록 요구하여서는 아니 된다.

해설

채용절차의 공정화에 관한 법령은 상시 30명 이상의 근로자를 사용하는 사업 또는 사업장의 채용절차에 적용한다. 다만, 국가 및 지방자치단체가 공무원을 채용하는 경우에는 적용하지 아니한다.

93 고용보험법령상 구직급여의 수급요건으로 틀린 것은?(단, 기타 사항은 고려하지 않음)

① 근로의 의사와 능력이 있음에도 불구하고 취업하지 못한 상태에 있을 것

② 이직사유가 수급자격의 제한사유에 해당하지 아니할 것

③ 재취업을 위한 노력을 적극적으로 할 것

④ 건설일용근로자로서 수급자격 인정신청일 이전 7일간 연속하여 근로내역이 없을 것

해설

건설일용근로자로서 수급자격 인정신청일 이전 14일간 연속하여 근로내역이 없을 것

94 고용상 연령차별금지 및 고령자고용촉진에 관한 법률상 제조업의 기준고용률은?

① 그 사업장의 상시근로자수의 100분의 2

② 그 사업장의 상시근로자수의 100분의 3

③ 그 사업장의 상시근로자수의 100분의 6

④ 그 사업장의 상시근로자수의 100분의 7

해설

고령자 기준고용률

① 제조업 : 그 사업장의 상시근로자수의 100분의 2

② 운수업, 부동산 및 임대업 : 그 사업장의 상시근로자수의 100분의 6

③ 1항 및 2항 외의 산업 : 그 사업장의 상시근로자수의 100분의 3

95 국민 평생 직업능력 개발법령상 훈련의 목적에 따라 구분한 직업능력개발훈련에 해당하지 않는 것은?

① 양성훈련　　② 집체훈련

③ 향상훈련　　④ 전직훈련

해설

직업능력개발훈련의 구분

① 훈련목적에 따른 구분 : 양성훈련. 향상훈련, 전직훈련

② 훈련방법에 따른 구분 : 집체훈련. 현장훈련, 원격훈련

96 직업안정법령상 직업소개사업에 관한 설명으로 틀린 것은?

① 국내 무료직업소개사업을 하려는 자는 주된 사업소의 소재지를 관할하는 특별자치도지사 · 시장 · 군수 및 구청장에게 신고하여야 한다.

② 국외 무료직업소개사업을 하려는 자는 고용노동부장관에게 신고하여야 한다.

③ 국내 유료직업소개사업을 하려는 자는 주된 사업소의 소재지를 관할하는 특별자치도지사 · 시장 · 군수 및 구청장에게 등록하여야 한다.

④ 국외 유료직업소개사업을 하려는 자는 고용노동부장관에게 신고하여야 한다.

해설

국외 유료직업소개사업을 하려는 자는 고용노동부장관에게 등록하여야 한다.

97 남녀고용평등과 일·가정 양립지원에 관한 법령상 ( )에 들어갈 숫자가 순서대로 나열된 것은?

> • 사업주는 근로자가 배우자 출산휴가를 청구하는 경우에 ( )일의 휴가를 주어야 한다.
> • 배우자 출산휴가는 근로자의 배우자가 출산한 날부터 ( )일이 지나면 청구할 수 없다.

① 10, 60 ② 10, 90
③ 15, 60 ④ 15, 90

해설

2019년 8월 27일 법 개정에 따라 배우자 출산휴가 기간의 기준이 '5일의 범위에서 3일 이상의 휴가(최초 3일은 유급)'에서 '유급 10일'로 확대되었으며, 청구기한도 배우자가 출산한 날부터 '30일 이내'에서 '90일 이내'로 연장되었다.

98 파견근로자 보호 등에 관한 법령상 근로자파견사업에 관한 설명으로 틀린 것은?

① 건설공사현장에서 이루어지는 업무에 대하여는 근로자파견사업을 하여서는 아니 된다.
② 파견사업주, 사용사업주, 파견근로자 간의 합의가 있는 경우에는 파견기간을 연장할 수 있다.
③「고용상 연령차별금지 및 고령자고용촉진에 관한 법률」의 고령자인 파견근로자에 대하여는 2년을 초과하여 근로자파견기간을 연장할 수 있다.
④ 근로자파견사업 허가의 유효기간은 2년으로 한다.

해설

근로자파견사업 허가의 유효기간은 3년으로 한다.

99 고용보험법령상 육아휴직 급여 신청기간의 연장 사유가 아닌 것은?

① 범죄혐의로 인한 형의 집행
② 배우자의 질병
③ 천재지변
④ 자매의 부상

해설

고용보험법령상 육아휴직 급여 신청기간의 연장 사유
① 천재지변
② 본인이나 배우자의 질병, 부상
③ 본인이나 배우자의 직계존속 및 직계비속의 질병, 부상
④「병역법」에 따른 의무복무
⑤ 범죄혐의로 인한 구속이나 형의 집행

100 직업안정법령상 ( ) 안에 들어갈 공통적인 숫자는?

> 근로자공급사업 허가의 유효기간은 ( )년으로 하되, 유효기간이 끝난 후 계속하여 근로자공급사업을 하려는 자는 연장허가를 받아야 하며, 이 경우 연장허가의 유효기간은 연장 전 허가의 유효기간이 끝나는 날부터 ( )년으로 한다.

① 1 ② 2
③ 3 ④ 5

해설

근로자공급사업 허가의 유효기간은 3년으로 하되, 유효기간이 끝난 후 계속하여 근로자공급사업을 하려는 자는 연장허가를 받아야 하며, 이 경우 연장허가의 유효기간은 연장 전 허가의 유효기간이 끝나는 날부터 3년으로 한다.

VOCATIONAL COUNSELOR

과년도 기출문제 2020년 3회

2020년 3회

1과목 직업상담학

01 융(Jung)이 제안한 4단계 치료과정을 순서대로 나열한 것은?

① 고백 → 교육 → 명료화 → 변형
② 고백 → 명료화 → 교육 → 변형
③ 고백 → 변형 → 명료화 → 교육
④ 명료화 → 고백 → 교육 → 변형

해설

융(Jung)은 상담의 목표를 자기를 찾는 개성화과정이라고 하였다. 개성화를 위한 상담과정(치료과정)은 다음과 같다.
① 고백단계 : 내담자는 자신의 개인사를 고백함으로써 정화를 경험하며, 의식적 및 무의식적 비밀을 치료자와 공유한다.
② 명료화단계 : 전이에 대한 탐색이 이루어지는 것으로, 내담자는 치료자가 명료화하는 무의식적인 내용을 표면으로 이끌어낼 수 있게 된다.
③ 교육단계 : 신경증과 성격장애와 같이 오랜 기간에 걸쳐서 만들어진 완고한 습관은 무의식의 통찰만으로 변화되지 않으며 지속적인 연습을 통해 변화될 수 있다.
④ 변형단계 : 내담자와 치료자 간의 역동적인 상호작용을 통해 단순히 사회에 대한 적응을 넘어서 자기실현의 변화를 도모하게 된다.

02 직업상담의 과정 중 역할사정에서 상호역할관계를 사정하는 방법이 아닌 것은?

① 질문을 통해 사정하기
② 동그라미로 역할관계 그리기
③ 역할의 위계적 구조 작성하기
④ 생애 – 계획연습으로 전환시키기

해설

상호역할관계의 사정방법
① 질문을 통해 역할관계 사정하기
② 동그라미로 역할관계 그리기
③ 생애 – 계획연습으로 전환시키기

03 직업상담자와 내담자 사이에 직업상담관계를 협의하는 내용에 대한 설명으로 틀린 것은?

① 내담자와의 라포형성을 위해서 내담자가 존중받는 분위기를 만들어 주어야 한다.
② 내담자가 직업상담을 받는 것에 대해서 저항을 보일 때는 다른 상담자에게 의뢰해야 한다.
③ 상담자와 내담자가 직업상담에 대한 기대가 서로 다를 수 있기 때문에 서로의 역할을 명확히 해야 한다.
④ 상담자는 내담자가 직업상담을 통해서 얻고자 하는 것이 무엇인지 분명하게 확인해야 한다.

해설

내담자가 저항하는 이유는 자신의 억압된 충동이나 감정을 알아차렸을 때 느끼게 되는 불안으로부터 자아를 보호하기 위해서이다. 무의식적인 시도일 수 있으므로 상담가는 이를 직면 및 해석해 줄 필요성이 있다.

정답 01 ② 02 ③ 03 ②

04 Super의 발달적 직업상담에서 의사결정에 이르는 단계를 바르게 나열한 것은?

> ㄱ. 문제 탐색
> ㄴ. 태도와 감정의 탐색과 처리
> ㄷ. 심층적 탐색
> ㄹ. 현실 검증
> ㅁ. 자아 수용
> ㅂ. 의사결정

① ㄱ → ㄴ → ㄷ → ㄹ → ㅂ → ㅁ
② ㄱ → ㄷ → ㄴ → ㄹ → ㅂ → ㅁ
③ ㄱ → ㄷ → ㅁ → ㄹ → ㄴ → ㅂ
④ ㄱ → ㄷ → ㄹ → ㅁ → ㄴ → ㅂ

해설

Super의 발달적 직업상담 단계
문제 탐색-심층적 탐색-자아 수용-현실 검증-태도와 감정의 탐색과 처리-의사결정

05 직업상담사의 역할이 아닌 것은?

① 내담자에게 적합한 직업 결정
② 내담자의 능력, 흥미 및 적성의 평가
③ 직무스트레스, 직무 상실 등으로 인한 내담자 지지
④ 내담자의 삶과 직업목표 명료화

해설

직업을 결정하는 것은 내담자의 역할이다.

06 특성-요인 직업상담에서 일련의 관련 있는 또는 관련 없는 사실들로부터 일관된 의미를 논리적으로 파악하여 문제를 하나씩 해결하는 과정은?

① 다중진단　　　② 선택진단
③ 변별진단　　　④ 범주진단

해설

특성-요인 직업상담에서 변별진단은 일련의 관련이 있거나 관련 없는 사실들로부터 일관된 형식의 의미를 논리적으로 사고하는 과정 또는 하나씩 해결하는 과정이다.

07 직업상담을 위해 면담을 하는 중 즉시성(Immediacy)을 사용하기에 적합하지 않은 경우는?

① 방향감이 없는 경우
② 신뢰성에 의문이 제기되는 경우
③ 내담자가 독립성이 있는 경우
④ 상담자와 내담자 간에 사회적 거리감이 있는 경우

해설

즉시성의 상담기법이 유용한 경우
① 방향성이 없는 관계일 경우
② 긴장감이 감돌고 있을 경우
③ 신뢰성에 의문이 제기될 경우
④ 상담자와 내담자 간에 사회적 거리감이 있을 경우
⑤ 내담자가 의존성이 있을 경우
⑥ 역의존성이 있을 경우
⑦ 상담자와 내담자 간에 친화력이 있을 경우

08 게슈탈트 이론에 관한 설명으로 옳은 것을 모두 고른 것은?

> ㄱ. 지금 여기서 무엇을 어떻게 경험하느냐와 각성을 중요시한다.
> ㄴ. 성격은 생물학적 요구 및 충동에 의해 결정된다.
> ㄷ. 인간은 신체, 정서, 사고, 감각, 지각 등 모든 부분이 서로 관련을 갖고 있는 전체로서 완성되려는 경향이 있다.
> ㄹ. 인간의 행동은 외부의 환경조건에 의해 좌우된다.

① ㄱ, ㄴ   ② ㄱ, ㄷ
③ ㄱ, ㄴ, ㄷ   ④ ㄴ, ㄷ, ㄹ

🔖 해설

게슈탈트 이론(형태주의 상담이론)
① Here and Now : 지금 여기서 무엇을 어떻게 경험하고 각성하느냐가 중요
② 자아실현 경향성 : 인간은 자기의 잠재력을 실현하려는 방향으로 나아감, 인간은 끊임없이 되어가는(Becoming) 존재
③ 전체로서 완성되려는 경향 : 인간은 신체, 정서, 사고, 감각, 지각 등 모든 부분이 서로 관련을 갖고 있는 전체로서 완성되려는 경향 – 형태(Gestalt)를 형성하는 방향
④ 인간은 환경에 대한 주도자 : 환경에 대한 단순한 반응자가 아니라 주도자. 따라서 외부환경에 의해 좌우되지 않고 자기의 반응을 스스로 결정할 수 있음

09 직업카드 분류로 살펴보기에 가장 적합한 개인의 특성은?

① 가치   ② 성격
③ 흥미   ④ 적성

🔖 해설

홀랜드의 6각형 이론과 관련된 일련의 직업카드를 주고 직업을 선호군, 혐오군, 미결정군으로 분류하도록 한 뒤 선호의 이유와 비선호의 이유를 질문하여 내담자의 직업적 흥미를 사정할 수 있다.

10 6개의 생각하는 모자(Six thinking Hats) 기법에서 사용하는 모자 색깔이 아닌 것은?

① 갈색   ② 녹색
③ 청색   ④ 흑색

🔖 해설

6개의 생각하는 모자(Six Thinking Hats)
① 백색 : 본인과 직업들에 대한 사실들만을 고려한다.

② 청색 : 문제를 정의하고 사고를 조직화한다.
③ 흑색 : 부정적 · 비판적 측면에 대한 사고와 연관된다.
④ 황색 : 긍정적인 사고, 즉 낙관적이며 모든 일이 잘될 것이라고 생각한다.
⑤ 빨강 : 감정적 견해, 즉 직관에 의존하고 직감에 따라 행동한다.
⑥ 녹색 : 창의성, 아이디어, 즉 새로운 대안을 찾으려 노력하고 문제를 다른 각도에서 바라본다.

11 상담사의 윤리적 태도와 행동으로 옳은 것은?

① 내담자와 상담관계 외에도 사적으로 친밀한 관계를 형성한다.
② 과거 상담사와 성적 관계가 있었던 내담자라도 상담관계를 맺을 수 있다.
③ 내담자와 사생활과 비밀보호를 위해 상담 종결 즉시 상담기록을 폐기한다.
④ 비밀보호의 예외 및 한계에 관한 갈등상황에서는 동료 전문가의 자문을 구한다.

🔖 해설
----
①항 상담자는 내담자와 상담관계 이외의 사적 관계를 맺지 말아야 하며, 내담자와 상담료 이외의 어떠한 경제적 거래 관계를 가져서도 안 된다.
②항 상담자는 내담자와 어떤 형태의 성적 관계를 갖지 않는다. 상담자는 내담자와 성적 관계를 맺었거나 유지하는 경우 상담관계를 형성하지 않는다.
③항 상담기록은 비밀유지를 한 채로 보관해 두어야 한다. 이후에 동일한 내담자를 상담하게 될 경우에 활용할 수 있기 때문이다.

12 실존주의 상담에 관한 설명으로 틀린 것은?

① 실존주의 상담의 궁극적 목적은 치료이다.
② 실존주의 상담은 대면적 관계를 중시한다.
③ 인간에게 자기지각의 능력이 있다고 가정한다.
④ 자유와 책임의 양면성에 대한 지각을 중시한다.

해설

실존주의 상담은 치료가 상담목표가 아니라 내담자로 하여금 자신의 현재 상태에 대해 인식하고 피해자적 역할로부터 벗어날 수 있도록 돕는 것이다. 대면적 관계(인간과의 만남)를 중시하고 인간에게 자기지각의 능력이 있다고 보며 자유와 책임을 강조한다.

13 개방적 질문의 형태에 가장 거리가 먼 것은?

① 시험이 끝나고서 기분이 어떠했습니까?
② 지난주에 무슨 일이 있었습니까?
③ 당신은 학교를 좋아하지요?
④ 당신은 누이동생을 어떻게 생각하는지요?

해설

개방적 질문은 질문의 범위가 포괄적이며 내담자가 자유롭게 대답할 수 있는 질문인 반면, 폐쇄적 질문은 범위가 좁고 한정되어 있으며 예, 아니오와 같은 단답형으로 대답할 수 있는 질문이다.

14 일반적으로 상담자가 갖추어야 할 기법 중 내담자가 전달하려는 내용에서 한걸음 더 나아가 그 내면적 감정에 대해 반영하는 것은?

① 해석   ② 공감
③ 명료화   ④ 직면

해설

공감
상담자가 자신이 직접 경험하지 않고도 내담자의 감정과 경험을 정확하게 이해하는 능력이다.

15 현실치료적 집단상담의 절차와 가장 거리가 먼 것은?

① 숙련된 질문의 사용
② 유머의 사용

③ 개인적인 성장계획을 위한 자기조력
④ 조작기법의 사용

해설

Glasser의 현실치료적 집단상담
① 절차 : W(Want, 바람) → D(Doing, 행동) → E(Evaluation, 평가) → P(Planning, 계획)
② 기법 : • 숙련된 질문의 사용
　　　　 • 유머의 사용
　　　　 • 개인적인 성장계획을 위한 자기조력
　　　　 • 역설기법

16 체계적 둔감화를 주로 사용하는 상담기법은?

① 정신역동적 직업상담
② 특성-요인 직업상담
③ 발달적 직업상담
④ 행동주의 직업상담

해설

불안을 감소하기 위한 체계적 둔감화는 행동주의 직업상담모형에서 사용하는 대표 기법이다.

17 사이버 직업상담에서 답변을 작성할 때 고려해야 할 사항으로 가장 거리가 먼 것은?

① 추수상담의 가능성과 전문기관에 대한 안내를 한다.
② 친숙한 표현으로 답변을 작성하여 내담자가 친근감을 느끼게 한다.
③ 답변은 장시간이 소요되더라도 정확하게 하도록 노력한다.
④ 청소년이라 할지라도 반드시 존칭을 사용하여 호칭한다.

해설

사이버 직업상담의 특징상 실시간 반응이 중요하다.

정답　13 ③　14 ②　15 ④　16 ④　17 ③

18 콜브(Kolb)의 학습형태검사(LSI)에서 사람에 대한 관심은 적은 반면 추상적 개념에 많은 관심을 두는 사고형은?

① 집중적   ② 확산적
③ 동화적   ④ 적응적

🔖 해설

Kolb의 학습형태검사(LSI : Learning Style Inventory)의 4가지 사고형
① 집중적 사고형 : 비정서적이고 사람보다 사물을 다루기를 선호하며, 학습능력은 추상적 개념화와 활동적 실험에 유용하다.
② 확산적 사고형 : 사람에게 관심이 많고 정서적인 경향이 있으며 문화적 흥미와 예술에 대한 전문적 식견을 갖고 있다.
③ 동화적 사고형 : 사람에 대한 관심은 적으나 추상적 개념에 많은 관심을 두며, 연구나 기획 등의 일을 하는 사람에게서 많이 발견된다.
④ 적응적 사고형 : 사물과 일하는 것, 즉 새로운 경험을 가지고 실험과 계획을 이끌어낸다.

19 상담이론과 상담목표가 잘못 짝지어진 것은?

① 행동주의 상담이론 – 내담자의 문제행동을 증가시켜 왔던 강화요인을 탐색하고 제거한다.
② 인지행동주의 상담이론 – 내담자가 가지고 있는 비합리적 신념을 확인하고 이를 수정한다.
③ 현실치료이론 – 내담자가 원하는 것이 무엇인지 확인하고 이를 달성할 수 있는 적절한 방법을 탐색한다.
④ 게슈탈트 상담이론 – 내담자의 생활양식을 확인하고 바람직한 방향으로 생활양식을 바꾸도록 한다.

🔖 해설

내담자의 생활양식을 확인하고 바람직한 방향으로 생활양식을 바꾸도록 하는 것은 개인주의 상담의 목표에 해당한다.

20 직업상담의 목적에 해당하지 않는 것은?

① 개인의 직업적 목표를 명확히 해주는 과정이다.
② 진로 관련 의사결정 능력을 길러주는 과정이다.
③ 직업선택과 직업생활에서 수동적인 태도를 함양하는 과정이다.
④ 이미 결정한 직업계획과 직업선택을 확신, 확인하는 과정이다.

🔖 해설

직업상담의 목적
내담자의 직업적 목표를 명백히 해주고, 직업세계에 대한 이해를 돕고 진로의사 결정능력을 길러 주며 직업선택과 직업생활에서의 능동적인 태도를 함양하는 과정이다.

21 직업상담에 사용되는 질적 측정도구가 아닌 것은?

① 역할놀이
② 제노그램
③ 카드분류
④ 욕구 및 근로가치 설문

🔖 해설
----
④ 욕구 및 근로가치 척도는 양적 측정도구이다.

22 직무스트레스를 조절하는 변인과 가장 거리가 먼 것은?

① 성격 유형   ② 역할모호성
③ 통제 소재   ④ 사회적 지원

해설

스트레스 매개변인(조절요인)
스트레스강도를 변하게 하는 요소로서 개인속성과 상황속성이 있다.
① 개인속성 : 성격유형, 자존감, 통제의 위치 등
② 상황속성 : 상사의 사회적 지원, 동료의 사회적 지원 등

※ 역할모호성은 스트레스를 일으키는 요인이다.

23 검사 점수의 오차를 발생시키는 수검자 요인과 가장 거리가 먼 것은?

① 수행 능력
② 수행 경험
③ 평가 불안
④ 수검 당일의 생리적 조건

해설

검사점수의 오차를 발생시키는 수검자 요인
수검 당일의 심신상태, 검사에 대한 불안, 검사 경험, 위장반응, 수검 동기 등이 있다.

24 어떤 직업적성검사의 신뢰도계수가 1.0이면 그 검사의 타당도계수는?

① 1.0　　　　　② 0
③ 0.5　　　　　④ 알 수 없다.

해설

타당도계수와 신뢰도계수는 상관없다.

25 직업발달에 관한 특성 – 요인의 종합적인 결과를 토대로 Klein과 Weiner 등이 내린 결론과 가장 거리가 먼 것은?

① 개개인은 신뢰할 만하고 타당하게 측정될 수 있는 고유한 특성의 집합이다.

② 직업의 선택은 직선적인 과정이며 연결이 가능하다.
③ 개인의 직업선호는 부모의 양육환경 특성에 의해 좌우된다.
④ 개인의 특성과 직업의 요구사항 간에 상관이 높을수록 직업적 성공의 가능성이 커진다.

해설

크리츠 및 클라인과 바이너가 내린 결론
① 개개인은 신뢰할 만하고 타당하게 측정될 수 있는 고유한 특성을 가지고 있다.
② 직업세계는 특정한 특성을 소유하고 있는 근로자를 필요로 한다.
③ 직업선택은 직선적인 과정이며 특성과의 연결이 가능하다.
④ 개인의 특성과 직업의 요구 간에 연결이 잘될수록 성공 또는 만족의 가능성은 커진다.

26 직업흥미검사에 대한 설명으로 틀린 것은?

① 직업흥미검사 결과는 변화하므로 일정기간이 지나면 다시 실시하는 것이 좋다.
② 정서적 문제를 가지고 있는 내담자에게 직업흥미검사를 사용하는 것은 부적절하다.
③ 직업흥미검사는 진로분야에서 내담자가 만족할 수 있는 분야뿐만 아니라 성공가능성에 대한 정보도 제공해준다.
④ 직업흥미검사 결과는 내담자의 능력, 가치, 고용가능성 등 내담자의 상황에 대한 다른 정보들을 고려하여 의사결정에 활용되어야 한다.

해설

진로분야에서 내담자가 만족할 수 있는 분야뿐만 아니라 성공가능성에 대한 정보도 제공해주는 심리검사는 일반적성검사이다.

정답　23 ①　24 ④　25 ③　26 ③

27 심리검사 해석 시 주의사항으로 틀린 것은?

① 검사결과를 내담자에게 이야기해 줄 때 가능한 한 이해하기 쉽게 해주어야 한다.

② 내담자에게 검사의 점수보다는 진점수의 범위를 말해주는 것이 좋다.

③ 검사결과를 내담자와 함께 해석하는 것은 검사전문가로서는 해서는 안 되는 일이다.

④ 내담자의 방어를 최소화하기 위해 상담자는 중립적이고 무비판적이어야 한다.

해설

내담자와 함께 해석함으로써 내담자 스스로 자신의 진로를 결정할 수 있도록 돕는 것은 바람직한 것이다.

28 작업자 중심의 직무분석에 관한 설명으로 옳지 않은 것은?

① 직무를 수행하기 위한 구체적인 인적 요건들을 밝히는 직무기술서로 나타난다.

② 직무에서 수행하는 과제나 활동이 어떤 것들인지를 파악하는 데 초점을 둔다.

③ 어떠한 직무에서나 사용할 수 있는 표준화된 직무분석 질문지를 제작해서 사용할 수 있다.

④ 지식, 기술, 능력, 경험 등 작업자 개인 요건들로 직무를 표현한다.

해설

①항 직무를 수행하기 위한 구체적인 인적 요건들을 밝히는 것은 직무명세서이다.

②항 직무에서 수행하는 과제나 활동이 어떤 것들인지를 파악하는 데 초점을 두기보다는 직무수행 시 요구되는 지식, 기술, 능력, 경험 등 작업자의 재능에 초점을 둔다.

29 직업적응이론의 적응유형 변인 중 적응행동 과정에서 나타나는 적응의 시작과 종료의 지속기간을 나타내는 것은?

① 유연성 ② 능동성
③ 수동성 ④ 인내

해설

직업적응이론에서는 유연성과 인내력이라는 두 가지 적응유형 변인이 개인의 만족, 조직의 만족, 적응을 매개한다고 가정하고 있다.

① 유연성 : 개인의 욕구와 조직의 보상 간의 불일치에 적응을 위하여 그 상태를 견뎌내는 것이다. 그러다 불일치가 어느 정도 맞추어졌을 때 적응단계로 넘어가게 된다.

② 인내력 : 개인의 욕구와 조직의 보상 간의 불일치를 확인하였지만 조직에 머물며 계속 일을 하는 상태로 불일치의 조직에 적응하기 위하여 인내력을 발휘하게 된다. 그러다 인내력이 떨어지면 조직을 떠나게 된다.

30 사회학습이론에 기반한 진로발달 과정의 요인으로 다음 사례와 밀접하게 관련 있는 것은?

> 신입사원 A는 직무 매뉴얼을 참고하여 업무수행을 한다. 그러나 이런 방법을 통해 신입사원 때는 좋은 결과를 얻더라도, 승진하여 새로운 업무를 수행할 때는 기존의 업무수행 방법을 수정해야 할지도 모른다.

① 유전적 요인과 특별한 능력
② 직무 적성
③ 학습 경험
④ 과제접근기술

해설

과제접근기술
사회학습이론에 기반한 진로발달 과정의 요인으로, 개인이 환경을 이해하고 그에 대처하며 미래를 예견하는 능력이나 경향을 말한다.

31 직무스트레스에 관한 설명으로 틀린 것은?

① 지루하게 반복되는 과업의 단조로움은 매우 위험한 스트레스 요인이 될 수 있다.
② 복잡한 과제는 정보 과부하를 일으켜 스트레스를 높인다.
③ 공식적이고 구조적인 조직에서 주로 인간관계 변수 때문에 역할갈등이 발생한다.
④ 역할모호성은 개인의 역할이 명확하지 않을 때 발생한다.

해설

공식적이고 구조적인 조직에서는 주로 구조적 변수(의사결정의 참여, 동료와의 관계 등) 때문에 역할갈등이 발생한다.

32 성격의 5요인(Big Five)에 해당하지 않는 것은?

① 정서적 불안정성   ② 정확성
③ 성실성   ④ 호감성

해설

고용노동부에서 사용하고 있는 직업선호도 검사의 성격 5요인(Big 5)
외향성, 호감성(친화성), 성실성, 정서적 불안정성, 경험에 대한 개방성

33 다음 사례에서 A에게 해당하는 홀랜드(Holland)의 직업성격 유형은?

> A는 분명하고 질서정연한 것을 좋아하며, 체계적으로 기계를 조작하는 활동을 좋아한다. 성격은 솔직하고, 말이 적으며, 고집이 있는 편이고, 단순하다는 얘기를 많이 듣는다.

① 탐구적(I)   ② 사회적(S)
③ 실제적(R)   ④ 관습적(C)

해설

실제적 유형(현실형)에 대한 설명이다.

34 데이비스와 롭퀴스트(Davis & Lofquist)의 직업적응이론에서 적응양식의 차원에 해당하지 않는 것은?

① 의존성(Dependence)
② 적극성(Activeness)
③ 반응성(Reactiveness)
④ 인내(Perseverance)

해설

데이비스와 롭퀴스트(Davis & Lofquist)의 직업적응이론에서 적응양식의 차원
① 융통성(유연성, Flexibility) : 개인이 작업환경과 개인적 환경 간의 부조화를 참아내는 정도
② 반응성(Reactiveness) : 개인이 작업성격의 변화로 인해 작업환경에 반응하는 정도
③ 끈기(인내, Perseverance) : 환경이 자신에게 맞지 않아도 개인이 얼마나 오랫동안 견뎌낼 수 있는지의 정도
④ 적극성(Activeness) : 개인이 작업환경을 개인적 방식과 좀 더 조화롭게 만들어 가려고 노력하는 정도

35 Super의 진로발단단계 중 결정화, 구체화, 실행 등과 같은 과업이 수행되는 단계는?

① 성장기   ② 탐색기
③ 확립기   ④ 유지기

해설

Super의 진로발달단계 중 결정화, 구체화, 실행 등과 같은 과업이 수행되는 단계는 14~24세로 탐색기에 해당된다.

정답 31 ③ 32 ② 33 ③ 34 ① 35 ②

Super의 5단계 직업발달 과업(과제)

직업발달 과업	연령(세)	일반적인 특성
구체화	14~17	이 과업은 선호하는 진로에 대하여 계획하고 그 계획을 어떻게 실행할 것인가를 고려하는 것이다.
특수화 (명료화)	18~21	이 과업은 선택된 직업에 대하여 더욱 구체적으로 이해하여 진로계획을 특수화하는 것이다.
실행화 (성취기)	22~24	선호하는 직업을 위한 교육훈련을 끝마치고 취업하는 단계의 과업이다.
안정화	25~35	직업에서 실제 일을 수행하고 재능을 활용함으로써 자신의 위치를 확립하는 단계의 과업이다.
공고화 (확립기)	36~	승진, 지위획득, 경력개발 등을 통하여 자신의 진로를 안정되게 하는 단계의 과업이다.

36 Roe의 욕구이론에 관한 설명으로 옳지 않은 것은?

① 아동기에 형성된 욕구에 대한 반응으로 직업선택이 이루어진다고 본다.
② 가정 분위기의 유형을 회피형, 정서집중형, 통제형으로 구분하였다.
③ 직업군을 8가지로 분류하였다.
④ 매슬로가 제시한 욕구의 단계를 기초로 해서 초기의 인생경험과 직업선택의 관계에 관한 가정을 발전시켰다.

🔖 해설
─────────────────────────────
가정 분위기의 유형을 회피형, 정서집중형, 수용형으로 구분하였다.

37 자신의 직무나 직무경험에 대한 평가로부터 비롯되는 유쾌하거나 정적인 감정 상태는?

① 직무만족   ② 직업적응
③ 작업동기   ④ 직무몰입

🔖 해설
─────────────────────────────
직무만족
직무에 대한 감정에 관한 것, 즉 좋아함과 싫어함의 쾌락적인 반응이다.

38 다음 설명에 해당하는 행동특성을 바르게 나타낸 것은?

ㄱ	• 점심을 먹으면서도 서류를 본다. • 아무것도 하지 않고 쉬면 견딜 수 없다. • 주말이나 휴일에는 쉴 수 없다.
ㄴ	• 열심히 일을 했지만 성취감보다는 허탈감을 느낀다. • 인생에 환멸을 느낀다. • 불면증이 생긴다.

① ㄱ : 일 중독증, ㄴ : 소진
② ㄱ : A형 성격, ㄴ : B형 성격
③ ㄱ : 내적 통제소재, ㄴ : 외적 통제소재
④ ㄱ : 과다과업 지향성, ㄴ : 인간관계 지향성

🔖 해설
─────────────────────────────
일 중독증과 소진 상태의 행동특성을 말하고 있다.

39 가치중심적 진로접근모형의 명제에 관한 설명으로 틀린 것은?

① 개인이 우선권을 부여하는 가치들은 얼마 되지 않는다.
② 가치는 환경 속에서 가치를 담은 정보를 획득함으로써 학습된다.
③ 생애만족은 중요한 모든 가치들을 만족시키는 생애역할들에 의존한다.
④ 생애역할에서의 성공은 개인적 요인보다는 외적 요인들에 의해 주로 결정된다.

해설

생애역할에서의 성공은 학습된 기술과 인지적·정의적·신체적 적성에 의해 결정된다.

40 다음 중 조직에서 직원의 경력개발을 위해 사용하는 프로그램과 가장 거리가 먼 것은?

① 사내 공모제
② 후견인(Mentoring)프로그램
③ 직무평가
④ 직무순환

해설

직무평가는 직무의 복잡성, 곤란도, 책임의 정도 등 조직 내에서 직무들의 상대적 가치를 결정하는 과정을 말하는 것으로 경력개발을 위해 사용하는 프로그램과 거리가 멀다.

3과목 직업정보론

41 다음은 워크넷에서 제공하는 성인을 위한 직업적응검사 중 무엇에 관한 설명인가?

- 개발연도 : 2013년
- 실시시간 : 20분
- 측정내용 : 문제해결능력 등 12개 요인
- 실시방법 : 인터넷/지필

① 구직준비도검사
② 직업전환검사
③ 중장년 직업역량검사
④ 창업적성검사

해설

창업적성검사

사업지향성, 문제해결, 효율적 처리, 주도성, 자신감, 목표설정, 설득력, 대인관계, 자기개발노력, 책임감수, 업무완결성, 성실성 등 12개 요인을 측정하여 창업을 희망하는 개인에게 창업소질이 있는지를 진단해주고, 가장 적합한 업종이 무엇인지 추천해 준다.

42 직업상담 시 제공하는 직업정보의 기능과 역할에 대한 설명으로 틀린 것은?

① 여러 가지 직업적 대안들의 정보를 제공한다.
② 내담자의 흥미, 적성, 가치 등을 파악하는 것이 직업정보의 주기능이다.
③ 경험이 부족한 내담자에게 다양한 직업들을 간접적으로 접할 기회를 제공한다.
④ 내담자가 자신의 선택이 현실에 비추어 부적당한 선택이었는지를 점검하고 재조정해 볼 수 있는 기초를 제공한다.

해설

직업정보의 3가지 주기능은 정보제공의 기능, 재조정기능, 동기화 기능이다. 내담자의 흥미, 적성, 가치 등은 심리검사를 통해 파악할 수 있다.

43 워크넷에서 제공하는 채용정보 중 기업형태별 검색에 해당하지 않는 것은?

① 대기업   ② 가족친화인증기업
③ 외국계기업   ④ 금융권기업

해설

기업형태별 검색

강소기업, 대기업, 공무원/공공기관/공공기관, 외국계기업, 벤처기업, 일학습병행기업, 가족친화인증기업, 코스피/코스닥으로 검색할 수 있다.

정답 40 ③ 41 ④ 42 ② 43 ④

44 제10차 한국표준산업분류의 산업결정방법에 관한 설명으로 틀린 것은?

① 생산단위의 산업활동은 그 생산단위가 수행하는 주된 산업활동의 종류에 따라 결정된다.

② 계절에 따라 정기적으로 산업을 달리하는 사업체의 경우에는 조사시점에서 경영하는 산업에 의해 결정된다.

③ 휴업 중 또는 청산 중인 사업체의 산업은 영업 중 또는 청산을 시작하기 이전의 산업활동에 의해 결정된다.

④ 단일사업체 보조단위는 그 사업체의 일개 부서로 포함한다.

해설

계절에 따라 정기적으로 산업을 달리하는 사업체의 경우에는 조사시점에 경영하는 사업과는 관계없이 조사대상 기간 중 산출액이 많았던 활동에 의해 분류된다.

45 고용안정장려금(워라밸일자리 장려금)에 관한 설명으로 틀린 것은?

① 근로자의 계속유형을 위해 근로시간 단축, 근로시간 유연화 제도 등을 시행하면 지급한다.

② 사업주의 배우자, 4촌 이내의 혈족·인척은 지원대상자에서 제외한다.

③ 근로시간 단축 개시일이 속하는 다음 달부터 1년의 범위 내에서 1개월 단위로 지급한다.

④ 임신 근로자의 임금감소 보전금은 월 최대 24만 원이다.

해설

워라밸일자리 장려금은 전일제 근로자가 필요한 때(가족돌봄, 본인건강, 은퇴준비, 학업 등)에 소정근로시간 단축을 활용할 수 있도록 지원하는 제도로 임신 근로자의 임금감소 보전금은 월 최대 40만 원이다.

46 한국표준직업분류(2017)에서 포괄적인 업무에 대해 적용하는 직업분류 원칙을 순서대로 나열한 것은?

① 주된 직무 → 최상급 직능수준 → 생산업무

② 최상급 직능수준 → 주된 직무 → 생산업무

③ 최상급 직능수준 → 생산업무 → 주된 직무

④ 생산업무 → 최상급 직능수준 → 주된 직무

해설

포괄적인 업무에 대한 직업분류 원칙

① 주된 직무 우선 원칙 : 2개 이상의 직무를 수행하는 경우는 수행되는 직무내용과 관련 분류항목에 명시된 직무내용을 비교·평가하여 관련 직무 내용상의 상관성이 가장 많은 항목에 분류한다.

　예 교육과 진료를 겸하는 의과대학 교수는 강의, 평가, 연구 등과 진료, 처치, 환자상담 등의 직무내용을 파악하여 관련 항목이 많은 분야로 분류한다.

② 최상급 직능수준 우선 원칙 : 수행된 직무가 상이한 수준의 훈련과 경험을 통해서 얻는 직무능력을 필요로 한다면, 가장 높은 수준의 직무능력을 필요로 하는 일에 분류하여야 한다.

　예 조리와 배달의 직무비중이 같을 경우에는 조리의 직능수준이 높으므로 조리사로 분류한다.

③ 생산업무 우선 원칙 : 재화의 생산과 공급이 같이 이루어지는 경우는 생산단계에 관련된 업무를 우선적으로 분류한다.

　예 한 사람이 빵을 생산하여 판매도 하는 경우에는 판매원으로 분류하지 않고 제빵사 및 제과원으로 분류한다.

47 사업주 직업능력개발훈련 수행기관 중 '전국 고용센터'의 업무에 해당하지 않는 것은?

① HRD-Net 사용인증

② 지정 훈련 시설 인·지정

③ 훈련과정 지도·점검

④ 위탁훈련(상시검사 제외) 과정 심사

해설

추진체계 개편에 따라 2011.1.1.부터 사업주 직업능력개발훈련 수행기관이 한국산업인력공단으로 변경되었다.

48 공공직업정보의 일반적인 특성에 대한 설명으로 틀린 것은?

① 전 산업 및 직종을 대상으로 지속적으로 조사 · 분석한다.
② 보편적 항목으로 이루어진 기초정보가 많다.
③ 관련 직업 간 비교가 용이하다.
④ 단시간에 조사하고 특정 목적에 맞게 직종을 제한적으로 선택한다.

해설

공공직업정보는 특정 시기에 국한되지 않고 지속적으로 조사, 분석하여 제공한다.

※ 특정 목적에 맞게 직종을 제한적으로 선택하는 것은 민간정보의 특성이다.

49 다음은 한국직업사전의 부가직업정보(작업강도) 중 무엇에 관한 설명인가?

> 최고 20kg의 물건을 들어 올리고 10kg 정도의 물건을 빈번히 들어 올리거나 운반한다.

① 아주 가벼운 작업　② 가벼운 작업
③ 보통 작업　　　　④ 힘든 작업

해설

① 아주 가벼운 작업 : 최고 4kg의 물건을 들어 올리고 때때로 장부, 대장, 소도구 등을 들어 올리거나 운반한다.
② 가벼운 작업 : 최고 8kg의 물건을 들어 올리고 4kg 정도의 물건을 빈번히 들어 올리거나 운반한다.
③ 보통 작업 : 최고 20kg의 물건을 들어 올리고 10kg 정도의 물건을 빈번히 들어 올리거나 운반한다.
④ 힘든 작업 : 최고 40kg의 물건을 들어 올리고 20kg 정도의 물건을 빈번히 들어 올리거나 운반한다.
⑤ 아주 힘든 작업 : 40kg 이상의 물건을 들어 올리고 20kg 이상의 물건을 빈번히 들어 올리거나 운반한다.

50 국민내일배움카드제의 직업능력개발계좌의 발급 대상에 해당하는 자는?

① 「사립학교교직원 연금법」을 적용받고 현재 재직 중인 사람
② 만 65세인 사람
③ 중앙행정기관으로부터 훈련비를 지원받는 훈련에 참여하는 사람
④ HRD-Net을 통하여 직업능력개발훈연 동영상 교육을 이수하지 아니하는 사람

해설

국민내일배움카드제는 훈련을 희망하는 국민들은 누구나 신청 가능(일정 소득 이상인 자는 제외)하나, 공무원, 사립학교교직원, 75세 이상자 등은 지원에서 제외된다.

51 직업정보를 가공할 때 유의해야 할 사항으로 틀린 것은?

① 시청각적 효과를 첨가한다.
② 직업에 대한 장단점을 편견 없이 제공한다.
③ 가장 최선의 자료를 활용하되, 표준화된 정보를 활용한다.
④ 직업은 전문적인 것이므로 가능하면 전문적인 용어를 사용하여 가공한다.

해설

직업정보 가공 시에는 전문적인 지식이 없어도 이해할 수 있는 단어로 가공하되 이용자의 수준에 맞추어야 한다.

52 한국직업전망(2019)의 향후 10년간 직업별 일자리 전망 결과 '증가'가 예상되는 직업에 해당하지 않는 것은?

① 어업 종사자 ② 사회복지사
③ 간병인 ④ 간호사

해설

간병인, 사회복지사, 간호사는 증가, 어업종사자는 감소가 예상된다.

53 건설기계설비기사, 공조냉동기계기사, 승강기기사 자격이 공통으로 해당되는 직무분야는?

① 건설분야 ② 재료분야
③ 기계분야 ④ 안전관리분야

해설

건설기계기사, 공조냉동기계기사, 승강기기사 자격이 공통으로 해당되는 직무분야는 기계분야이다.

54 워크넷에서 제공하는 학과정보 중 공학계열에 해당하는 것은?

① 생명과학과 ② 조경학과
③ 통계학과 ④ 응용물리학과

해설

생명과학과, 통계학과, 응용물리학과는 자연계열에 해당된다.

55 직업정보의 일반적인 정보관리순서로 가장 적합한 것은?

① 수집 → 분석 → 가공 → 체계화 → 제공 → 평가
② 수집 → 제공 → 분석 → 가공 → 평가 → 체계화
③ 수집 → 분석 → 평가 → 가공 → 제공 → 체계화
④ 수집 → 분석 → 체계화 → 제공 → 가공 → 평가

해설

일반적인 정보관리순서는 수집 → 분석 → 가공(체계화) → 제공 → 평가 순으로 이루어진다.

56 제10차 한국표준산업분류의 대분류 중 제조업 정의에 관한 설명으로 틀린 것은?

① 원재료(물질 또는 구성요소)에 물리적, 화학적 작용을 가하여 투입된 원재료를 성질이 다른 새로운 제품으로 전환시키는 산업활동이다.
② 단순히 상품을 선별·정리·분할·포장·재포장하는 경우 등과 같이 그 상품의 본질적 성질을 변화시키지 않는 처리활동은 제조활동으로 보지 않는다.
③ 제조활동은 공장이나 가내에서 동력기계 및 수공으로 이루어질 수 있으며, 생산된 제품은 도매나 소매형태로 판매될 수도 있다.
④ 자본재(고정자본 형성)로 사용되는 산업용 기계와 장비를 전문적으로 수리하는 경우는 수리업으로 분류한다.

해설

산업용 기계 및 장비 수리업은 ISIC 분류에 맞춰 수리업에서 제조업 중 중분류를 신설(34)하여 이동하였다.

57 직업정보 제공에 관한 설명으로 옳은 것은?

① 모든 내담자에게 직업정보를 우선적으로 제공한다.

② 직업상담사는 다양한 직업정보를 제공하기 위해 지속적으로 노력한다.

③ 진로정보 제공은 직업상담의 초기단계에서 이루어지며, 이 경우 내담자의 피드백은 고려하지 않는다.

④ 내담자가 속한 가족, 문화보다는 표준화된 정보를 우선적으로 고려하여 정보를 제공한다.

해설

상담사는 지속적으로 다양한 정보를 수집하기 위해 노력한다.

58 국가기술자격 중 응시자격의 제한이 없는 서비스 분야는?

① 스포츠경영관리사

② 임상심리사 2급

③ 컨벤션기획사 1급

④ 국제의료관광코디네이터

해설

응시자격에 제한이 없는 국가기술자격 종목
직업상담사 2급, 소비자전문상담사 2급, 사회조사분석사 2급, 컨벤션기획사 2급, 텔레마케팅관리사, 멀티미디어콘텐츠제작전문가, 스포츠경영관리사

59 한국표준직업분류(2017)의 대분류 9에 해당하는 것은?

① 사무 종사자

② 단순노무 종사자

③ 서비스 종사자

④ 기능원 및 관련 기능 종사자

해설

한국표준직업분류 대분류
- 대분류 1. 관리자
- 대분류 2. 전문가 및 관련종사자
- 대분류 3. 사무종사자
- 대분류 4. 서비스 종사자
- 대분류 5. 판매종사자
- 대분류 6. 농림어업숙련종사자
- 대분류 7. 기능원 및 관련기능종사자
- 대분류 8. 장치·기계조작 및 조립종사자
- 대분류 9. 단순 노무종사자
- 대분류 A. 군인

60 제10차 한국표준산업분류의 적용원칙에 관한 설명으로 틀린 것은?

① 생산단위는 산출물뿐만 아니라 투입물과 생산공정 등을 함께 고려하여 그들의 활동을 가장 정확하게 설명된 항목에 분류한다.

② 복합적인 활동 단위는 우선적으로 최상급 분류단계(대분류)를 정확히 결정하고, 순차적으로 중, 소, 세, 세세분류 단계항목을 결정한다.

③ 산업활동이 결합되어 있는 경우에는 그 활동단위의 주된 활동에 따라 분류한다.

④ 계약에 의하여 활동을 수행하는 단위는 자기계정과 자기책임하에서 생산하는 단위와 별도 항목으로 분류되어야 한다.

해설

수수료 또는 계약에 의하여 활동을 수행하는 단위는 자기계정과 자기책임하에서 생산하는 단위와 동일 항목에 분류되어야 한다.

정답 57 ② 58 ① 59 ② 60 ④

4과목 노동시장론

61 우리나라 기업의 노사협의회에서 다루고 있지 않은 사항은?

① 생산성 향상과 성과 배분
② 근로자의 채용·배치 및 교육훈련
③ 임금 및 근로조건의 교섭
④ 안전, 보건, 그 밖의 작업환경 개선과 근로자의 건강증진

> **해설**
> 임금 및 근로조건의 교섭은 단체교섭에서 다룬다.

62 실업률을 낮추기 위한 대책과 가장 거리가 먼 것은?

① 직업훈련 기회의 제공
② 재정지출의 축소
③ 금리 인하
④ 법인세 인하

> **해설**
> 실업률을 낮추기 위해서는 재정지출의 확대정책이 필요하다.

63 우리나라에 10개의 야구공 생산업체가 있다. 야구공은 개당 1,000원에 거래되고 있다. 각 기업의 야구공 생산함수와 노동의 한계생산은 다음과 같다. 우리나라에 야구공을 만드는 기술을 가진 근로자가 500명 있으며, 이들의 노동공급이 완전비탄력적이고 야구공의 가격은 일정하다고 할 때, 균형임금수준은 얼마인가?

> $Q = 600L - 3L^2$, $MP_L = 600 - 6L$
> (단, Q는 야구공 생산량, L은 근로자의 수, MP_L은 노동의 한계생산이다.)

① 100,000원   ② 200,000원
③ 300,000원   ④ 400,000원

> **해설**
> 균형임금은 수요와 공급이 일치하는 고용량에서의 임금수준을 의미하고 문제에서는 노동공급이 완전비탄력적이기 때문에 수요와 공급이 일치한다고 보며 노동의 공급량은 500명이고 10개의 생산업체가 있으므로 1기업당 고용량(＝수요량)은 50명이라 가정할 수 있다.
> ∴ 가격이 1,000원이고 $L = 50$명일 때, 개별기업의 임금수준 $W = VMPL$
> $$= 1,000 \times (600 - 6L)$$
> $$= 600,000 - 6,000L$$
> $$= 600,000 - 300,000$$
> $$= 300,000$$

64 최종생산물이 수요자에 의하여 수요되기 때문에 그 최종생산물을 생산하는 데 투입되는 노동이 수요된다고 할 때 이러한 수요를 무엇이라고 하는가?

① 유효수요   ② 잠재수요
③ 파생수요   ④ 실질수요

> **해설**
> **파생수요**
> 최종재에 대한 직접적인 수요의 결과로 생겨나는 (파생되는) 간접적인 수요이다.
> 📙 최종재인 자동차에 대한 시장의 수요가 커지면 생산요소인 철강재의 수요가 커진다.

65 합리적인 임금체계가 갖추어야 할 기능과 가장 거리가 먼 것은?

① 종업원에 대한 동기유발 기능
② 유능한 인재확보 기능
③ 보상의 공정성 기능
④ 생존권보장 기능

정답 61 ③   62 ②   63 ③   64 ③   65 ④

해설

합리적인 임금체계는 공평성이 있어야 한다. 공평성은 근로자의 공헌도에 비례하여 임금을 지급한다는 것이다. 그렇게 되었을 때 유능한 인재가 확보되고, 종업원에 대한 동기유발과 보상의 공정성이 이루어진다.

66 던롭(Dunlop)이 노사관계를 규제하는 여건 혹은 환경으로 지적한 사항이 아닌 것은?

① 시민의식
② 기술적 특성
③ 시장 또는 예산제약
④ 각 주체의 세력관계

해설

① 노사관계의 3주체(Tripartite) : 노동자－사용자－정부
② 노사관계를 규제하는 여건 혹은 환경 : 기술적 특성, 시장 또는 예산제약, 각 주체의 세력관계

67 다음 표에서 실업률은?

총인구	생산 가능 인구	취업자	실업자
100만 명	60만 명	36만 명	4만 명

① 4.0%
② 6.7%
③ 10.0%
④ 12.5%

해설

경제활동인구＝취업자＋실업자
＝36만 명＋4만 명＝40만 명

$$실업률 = \left(\frac{실업자}{경제활동인구}\right) \times 100$$
$$= \left(\frac{4}{40}\right) \times 100 = 10\%$$

68 필립스곡선은 어떤 변수 간의 관계를 설명하는 것인가?

① 임금상승률과 노동참여율
② 경제성장률과 실업률
③ 환율과 실업률
④ 임금상승률과 실업률

해설

필립스곡선
임금상승률과 실업률 간에 역의 상관관계가 있음을 나타내는 곡선으로, 그래프의 Y축은 임금상승률, X축은 실업률을 나타낸다.

69 다음 중 최저임금제 도입의 직접적인 목적과 가장 거리가 먼 것은?

① 고용 확대
② 구매력 증대
③ 생계비 보장
④ 경영합리화 유도

해설

최저임금제도의 시행 시 시장임금보다 높게 지급하므로 노동공급이 과잉되어 실업을 증가시킬 수 있다.

70 다음 중 기업들이 기업 내의 승진정체에 대응하여 도입하고 있는 제도와 가장 거리가 먼 것은?

① 정년단축
② 자회사에서의 파견
③ 조기퇴직 유도
④ 연봉제의 강화

해설

승진정체 해소책
정년단축, 자회사파견, 조기퇴직 유도 등

※ 연봉제의 강화는 임금의 유연성을 확보하기 위한 것이다.

정답 66 ① 67 ③ 68 ④ 69 ① 70 ④

71 다음 중 내부노동시장의 특징과 가장 거리가 먼 것은?

① 제1차 노동자로 구성된다.
② 장기근로자로 구성된다.
③ 승진제도가 중요한 역할을 한다.
④ 고용계약 형태가 다양하다.

> **해설**
> 내부노동시장
> 노동의 가격결정, 직무배치, 전환, 현장훈련 및 승진 등과 같은 고용의 여러 측면이 기업내부의 관리규칙, 절차에 의해 지배되는 구조화된 고용관계를 말한다.
>
> ※ 고용계약 형태가 다양한 것은 외부노동시장의 특징이다.

72 A산업의 평균임금이 B산업보다 높을 경우 그 이유와 가장 거리가 먼 것은?

① A산업의 노동조합이 B산업보다 약하다.
② A산업 근로자의 생산성이 B산업 근로자보다 높다.
③ A산업 근로자의 숙련도 수준이 B산업 근로자의 숙련도 수준보다 높다.
④ A산업은 최근 급속히 성장하고 있어 노동수요에 노동공급이 충분히 대응하지 못하고 있다.

> **해설**
> 평균임금이 높은 쪽은 강성 노동조합이 있거나 생산성이 높거나 숙련도가 높거나 노동공급보다 수요가 많은 쪽이다.

73 노동공급에 관한 설명으로 틀린 것은?

① 노동공급의 임금탄력성은 $\dfrac{\text{노동공급량의 변화율}}{\text{임금의 변화율}}$ 이다.
② 노동공급을 결정하는 요인으로서 인구는 양적인 규모뿐만 아니라 연령별, 지역별, 질적구조도 중요한 의미를 갖는다.

③ 효용극대화에 기초한 노동공급모형에서 대체효과가 소득효과보다 클 경우 임금의 상승은 노동공급을 감소시키고 노동공급곡선은 후방으로 굴절된다.
④ 사회보장급여의 수준이 지나치게 높을 경우 노동공급에 대한 동기유발이 저해되어 총노동공급이 감소된다.

> **해설**
> 대체효과는 임금의 상승 시 노동의 공급을 증가시키고 소득효과는 임금 상승 시 노동의 공급을 감소시키는 효과다. 따라서 대체효과가 소득효과보다 크면 노동의 공급을 증가시킨다.

74 다음의 현상을 설명하는 개념은?

> 경제성장과 더불어 시간 외 근무수당이 증가함에도 불구하고 근로자들이 휴일근무나 잔업처리 등을 기피하는 현상이 늘고 있다.

① 임금의 하방경직성
② 후방굴절형 노동공급곡선
③ 노동의 이력현상(Hysteresis)
④ 임금의 화폐적 현상

> **해설**
> 후방굴절형 노동공급곡선
> 임금이 상승하면 일정수준까지는 노동의 공급이 늘어나다가 임금이 그 이상 올라가면 노동공급이 줄어들면서 공급곡선이 활처럼 뒤로 굽어지게 되는 것을 말한다.

75 임금체계의 공평성(Equity)에 관한 설명으로 옳은 것은?

① 승자일체 취득의 원칙을 말한다.
② 최저생활을 보장해 주는 임금원칙을 말한다.
③ 근로자의 공헌도에 비례하여 임금을 지급한다.

④ 연령, 근속연수가 같으면 동일한 임금을 지급한다.

🔖 **해설**

임금체계의 공평성
근로자의 공헌도에 비례하여 임금을 지급한다는 것이다.

---

76 다음 중 마찰적 실업에 관한 설명으로 옳은 것은?

① 경기침체로부터 오는 실업이다.
② 구인자와 구직자 간의 정보의 불일치로 인해 발생한다.
③ 기업이 요구하는 기술수준과 노동자가 공급하는 기술수준의 불합치에 의해 발생한다.
④ 노동절약적 기술 도입으로 해고가 이루어짐으로써 발생한다.

🔖 **해설**

마찰적 실업
실업과 미충원 상태의 공석이 공존하는 경우이다. 신규입직자와 전직자가 노동시장에 진입하는 과정에서 정보의 불일치로 인하여 일시적으로 발생하는 실업유형이다.

---

77 다음 중 노동조합의 조직률을 하락시키는 요인과 가장 거리가 먼 것은?

① 외국인 근로자 비율의 증가
② 국내 산업 보호를 위한 수입관세 인상
③ 서비스업으로의 산업구조 변화
④ 노동자의 기호와 가치관의 변화

🔖 **해설**

국내 산업 보호를 위한 수입관세 인상은 기업의 경쟁력을 높여 노동조합의 조직률을 상승시키게 된다.

---

78 파업을 설명하는 힉스(J. R. Hicks)의 단체교섭모형에 관한 설명으로 틀린 것은?

① 노사 양측의 대칭적 정보 때문에 파업이 일어나지 않고 적정수준에서 임금타결이 이루어진다.
② 노동조합의 요구임금과 사용자 측의 제의임금은 파업기간의 함수이다.
③ 사용자의 양보곡선(Concession Curve)은 우상향한다.
④ 노동조합의 저항곡선(Resistance Curve)은 우하향한다.

🔖 **해설**

노사 양측의 대칭적 정보 때문에 파업이 일어나고 사용자의 양보곡선과 노동조합의 저항곡선이 만나는 점에서 임금이 타결된다.

---

79 노동수요의 탄력성 결정요인이 아닌 것은?

① 다른 요소와의 대체 가능성
② 총생산비에 대한 노동비용의 비중
③ 다른 생산요소의 수요의 가격탄력성
④ 상품에 대한 수요의 탄력성

🔖 **해설**

다른 생산요소의 수요의 가격탄력성이 아니라 대체생산요소의 공급탄력이 노동수요 탄력성에 영향을 미친다.

---

80 다음 중 노동조합이 조합원의 확대와 사용자와의 교섭에서 가장 불리하다고 볼 수 있는 숍(Shop)제도는?

① Closed Shop
② Open Shop
③ Union Shop
④ Agency Shop

---

⑭ 그 밖에 해당 사업 또는 사업장의 근로자 전체에 적용될 사항

해설

오픈 숍(Open Shop) : 조합원 신분과는 무관하게 종업원이 될 수 있는 제도이다. 그러므로 노동조합은 노동력의 공급을 독점할 수 없다. 따라서 이 제도에서는 노동조합은 자본가와의 교섭에서 상대적으로 불리한 위치에 서게 된다.

5과목 노동관계법규

81 근로기준법령상 상시 10명 이상의 근로자를 사용하는 사용자가 취업규칙을 작성하여 고용노동부장관에게 신고해야 하는 사항이 아닌 것은?

① 업무의 시작시각　② 임금의 산정기간
③ 근로자의 식비 부담　④ 근로계약기간

해설

상시 10명 이상의 근로자를 사용하는 사용자는 다음의 사항에 관한 취업규칙을 작성하여 고용노동부장관에게 신고하여야 한다. 이를 변경하는 경우에도 또한 같다.
① 업무의 시작과 종료 시각, 휴게시간, 휴일, 휴가 및 교대 근로에 관한 사항
② 임금의 결정·계산·지급 방법, 임금의 산정기간·지급시기 및 승급(昇給)에 관한 사항
③ 가족수당의 계산·지급 방법에 관한 사항
④ 퇴직에 관한 사항
⑤ 「근로자퇴직급여 보장법」 제4조에 따라 설정된 퇴직급여, 상여 및 최저임금에 관한 사항
⑥ 근로자의 식비, 작업 용품 등의 부담에 관한 사항
⑦ 근로자를 위한 교육시설에 관한 사항
⑧ 출산전후휴가·육아휴직 등 근로자의 모성 보호 및 일·가정 양립 지원에 관한 사항
⑨ 안전과 보건에 관한 사항
⑩ 근로자의 성별·연령 또는 신체적 조건 등의 특성에 따른 사업장 환경의 개선에 관한 사항
⑪ 업무상과 업무 외의 재해부조(災害扶助)에 관한 사항
⑫ 직장 내 괴롭힘의 예방 및 발생 시 조치 등에 관한 사항
⑬ 표창과 제재에 관한 사항

82 헌법 제32조에 관한 설명으로 옳지 않은 것은?

① 근로조건의 기준은 인간의 존엄성을 보장하도록 법률로 정한다.
② 국가는 법률이 정하는 바에 의하여 최저임금제를 시행하여야 한다.
③ 고령자의 근로는 특별한 보호를 받는다.
④ 여자의 근로는 특별한 보호를 받는다.

해설

헌법 제32조
① 모든 국민은 근로의 권리를 가진다. 국가는 사회적·경제적 방법으로 근로자의 고용증진과 적정임금 보장에 노력하여야 하며, 법률이 정하는 바에 의하여 최저임금제를 시행하여야 한다.
② 모든 국민은 근로의 의무를 진다. 국가는 근로의 의무의 내용과 조건을 민주주의 원칙에 따라 법률로 정한다.
③ 근로조건의 기준은 인간의 존엄성을 보장하도록 법률로 정한다.
④ 여자의 근로는 특별한 보호를 받으며, 고용·임금 및 근로조건에 있어서 부당한 차별을 받지 아니한다.
⑤ 연소자의 근로는 특별한 보호를 받는다.
⑥ 국가 유공자·상이군경 및 전몰군경의 유가족은 법률이 정하는 바에 의하여 우선적으로 근로의 기회를 부여받는다.

83 고용상 연령차별금지 및 고령자고용촉진에 관한 법령상 용어정의에 관한 설명으로 틀린 것은?

① "고령자"란 인구와 취업자의 구성 등을 고려하여 55세 이상인 자를 말한다.
② "준고령자"란 50세 이상 55세 미만인 사람으로 고령자가 아닌 자를 말한다.

정답 81 ④　82 ③　83 ③

③ "근로자"란 「노동조합 및 노동관계 조정법」에 따른 근로자를 말한다.

④ "사업주"란 근로자를 사용하여 사업을 하는 자를 말한다.

해설

근로자는 근로기준법상의 근로자를 말한다(직업의 종류와 관계없이 임금을 목적으로 사업이나 사업장에 근로를 제공하는 자).

84 남녀고용평등과 일·가정 양립 지원에 관한 법률상 남녀고용평등 실현과 일·가정의 양립에 관한 기본계획에 포함되어야 할 사항을 모두 고른 것은?

```
ㄱ. 여성취업의 촉진에 관한 사항
ㄴ. 여성의 직업능력 개발에 관한 사항
ㄷ. 여성 근로자의 모성 보호에 관한 사항
ㄹ. 직전 기본계획에 대한 평가
```

① ㄱ, ㄴ   ② ㄷ, ㄹ
③ ㄱ, ㄴ, ㄷ   ④ ㄱ, ㄴ, ㄷ, ㄹ

해설

고용노동부장관은 남녀고용평등 실현과 일·가정의 양립에 관한 기본계획(이하 "기본계획"이라 한다)을 5년마다 수립하여야 하는데 기본계획에는 다음의 사항이 포함되어야 한다.
① 여성취업의 촉진에 관한 사항
② 남녀의 평등한 기회보장 및 대우에 관한 사항
③ 동일 가치 노동에 대한 동일 임금 지급의 정착에 관한 사항
④ 여성의 직업능력 개발에 관한 사항
⑤ 여성 근로자의 모성 보호에 관한 사항
⑥ 일·가정의 양립 지원에 관한 사항
⑦ 여성 근로자를 위한 복지시설의 설치 및 운영에 관한 사항
⑧ 직전 기본계획에 대한 평가
⑨ 그 밖에 남녀고용평등의 실현과 일·가정의 양립 지원을 위하여 고용노동부장관이 필요하다고 인정하는 사항

85 근로기준법령상 용어정의에 관한 설명으로 틀린 것은?

① "근로자"란 직업의 종류와 관계없이 임금을 목적으로 사업이나 사업장에 근로를 제공하는 자를 말한다.

② "근로"란 정신노동과 육체노동을 말한다.

③ "통상임금"이란 이를 산정하여야 할 사유가 발생한 날 이전 3개월 동안 그 근로자에게 지급된 임금의 총액을 그 기간의 총일수로 나눈 금액을 말한다.

④ "사용자"란 사업주 또는 사업 경영 담당자, 그 밖에 근로자에 관한 사항에 대하여 사업주를 위하여 행위하는 자를 말한다.

해설

③항 평균임금에 대한 설명이다.

통상임금
근로자에게 정기적이고 일률적으로 지급하기로 정한 시간급 금액, 일급 금액, 주급 금액, 월급 금액 또는 도급 금액을 말한다.

86 국민 평생 직업능력 개발법령상 직업능력개발훈련이 중요시되어야 할 대상으로 명시되지 않은 것은?

① 고령자·장애인

② 여성근로자

③ 일용근로자

④ 제조업의 생산직에 종사하는 근로자

해설

국민 평생 직업능력 개발법령상 다음에 해당하는 자에 대한 직업능력개발훈련은 중요시되어야 한다.
① 고령자·장애인
② 「국민기초생활 보장법」에 의한 수급권자
③ 「국가유공자 등 예우 및 지원에 관한 법률」에 따른 국가유공자와 그 유족 또는 가족이니 「보훈보상대상자 지원에 관한 법률」에 따른 보훈보상대상자와 그 유족 또는 가족

④ 「5・18민주유공자예우 및 단체설립에 관한 법률」에 따른 5・18민주유공자와 그 유족 또는 가족
⑤ 「제대군인지원에 관한 법률」에 따른 제대군인 및 전역예정자
⑥ 여성근로자
⑦ 「중소기업기본법」에 따른 중소기업의 근로자
⑧ 일용근로자, 단시간근로자, 기간을 정하여 근로계약을 체결한 근로자, 일시적 사업에 고용된 근로자
⑨ 「파견근로자보호 등에 관한 법률」에 따른 파견근로자

② 직업능력개발훈련은 다음 각 호의 방법으로 실시한다.
- 집체(集體)훈련 : 직업능력개발훈련을 실시하기 위하여 설치한 훈련전용시설이나 그 밖에 훈련을 실시하기에 적합한 시설(산업체의 생산시설 및 근무 장소는 제외한다)에서 실시하는 방법
- 현장훈련 : 산업체의 생산시설 또는 근무 장소에서 실시하는 방법
- 원격훈련 : 먼 곳에 있는 사람에게 정보통신매체 등을 이용하여 실시하는 방법
- 혼합훈련 : 위 세 가지의 훈련방법을 2개 이상 병행하여 실시하는 방법

87 국민 평생 직업능력 개발법령상 다음은 어떤 훈련방법에 관한 설명인가?

> 직업능력개발훈련을 실시하기 위하여 설치한 훈련전용시설이나 그 밖에 훈련을 실시하기에 적합한 시설(산업체의 생산시설 및 근무장소는 제외한다)에서 실시하는 방법

① 현장훈련　　　② 집체훈련
③ 원격훈련　　　④ 혼합훈련

해설

직업능력개발훈련의 구분 및 실시방법
① 직업능력개발훈련은 훈련의 목적에 따라 다음 각 호와 같이 구분한다.
- 양성(養成)훈련 : 근로자에게 작업에 필요한 기초적 직무수행능력을 습득시키기 위하여 실시하는 직업능력개발훈련
- 향상훈련 : 양성훈련을 받은 사람이나 직업에 필요한 기초적 직무수행능력을 가지고 있는 사람에게 더 높은 직무수행능력을 습득시키거나 기술발전에 맞추어 지식・기능을 보충하게 하기 위하여 실시하는 직업능력개발훈련
- 전직(轉職)훈련 : 근로자에게 종전의 직업과 유사하거나 새로운 직업에 필요한 직무수행능력을 습득시키기 위하여 실시하는 직업능력개발훈련

88 고용보험법령상 (　)에 들어갈 숫자로 옳은 것은?

> 배우자의 질병으로 육아휴직 급여를 신청할 수 없었던 사람은 그 사유가 끝난 후 (　)일 이내에 신청하여야 한다.

① 10　　　　　② 30
③ 60　　　　　④ 90

해설

육아휴직 급여를 지급받으려는 사람은 육아휴직을 시작한 날 이후 1개월부터 육아휴직이 끝난 날 이후 12개월 이내에 신청하여야 한다. 다만, 해당 기간에 대통령령으로 정하는 사유로 육아휴직 급여를 신청할 수 없었던 사람은 그 사유가 끝난 후 30일 이내에 신청하여야 한다.

※ **육아휴직 급여 신청기간의 연장 사유(시행령 제94조)**
① 천재지변
② 본인이나 배우자의 질병・부상
③ 본인이나 배우자의 직계존속 및 직계비속의 질병・부상
④ 병역법에 따른 의무복무
⑤ 범죄혐의로 인한 구속이나 형의 집행

89 근로기준법상 임금에 대한 설명으로 틀린 것은?

① 임금은 원칙적으로 통화로 직접 근로자에게 그 전액을 지급하여야 한다.

② 사용자의 귀책사유로 휴업하는 경우 휴업기간 동안 근로자에게 통상임금의 100분의 60 이상의 수당을 지급하여야 한다.

③ 임금채권은 3년간 행사하지 아니하면 시효로 소멸한다.

④ 임금은 원칙적으로 매월 1회 이상 일정한 날짜를 정하여 지급하는 것이 원칙이다.

🔖 **해설**

사용자의 귀책사유로 휴업하는 경우에 사용자는 휴업기간 동안 그 근로자에게 평균임금의 100분의 70 이상의 수당을 지급하여야 한다. 다만, 평균임금의 100분의 70에 해당하는 금액이 통상임금을 초과하는 경우에는 통상임금을 휴업수당으로 지급할 수 있다.

90 고용정책 기본법에 대한 설명으로 틀린 것은?

① 고용서비스를 제공하는 자는 그 업무를 수행할 때에 합리적인 이유 없이 성별 등을 이유로 구직자를 차별하여서는 아니 된다.

② 고용노동부장관은 5년마다 국가의 고용정책에 관한 기본계획을 수립하여야 한다.

③ 상시 100명 이상의 근로자를 사용하는 사업주는 매년 근로자의 고용형태 현황을 공시하여야 한다.

④ "근로자"란 사업주에게 고용된 사람과 취업할 의사를 가진 사람을 말한다.

🔖 **해설**

고용정책 기본법상 300명 이상의 근로자를 사용하는 사업주는 매년 3월 31일을 기준으로 근로자의 고용형태 현황을 작성하여 해당 연도 4월 30일까지 공시하여야 한다.

91 기간제 및 단시간근로자 보호 등에 관한 법령상 적용범위에 관한 설명으로 틀린 것은?

① 상시 5인 이상의 근로자를 사용하는 모든 사업 또는 사업장에 적용한다.

② 동거의 친족만을 사용하는 사업장에는 적용하지 아니한다.

③ 상시 4인 이하의 근로자를 사용하는 사업 또는 사업장에 대하여는 이 법의 일부 규정을 적용할 수 있다.

④ 국가 및 지방자치단체의 기관에 대하여는 이 법을 적용하지 않는다.

🔖 **해설**

국가 및 지방자치단체의 기관에 대하여는 상시 사용하는 근로자의 수와 관계없이 이 법을 적용한다.

92 남녀고용평등과 일·가정 양립 지원에 관한 법령에 규정된 내용으로 틀린 것은?

① 사업주는 근로자를 모집할 때 남녀를 차별하여서는 아니 된다.

② 사업주는 동일한 사업 내의 동일 가치 노동에 대하여는 동일한 임금을 지급하여야 한다.

③ 사업주는 직장 내 성희롱 예방을 위한 교육을 연 2회 이상 하여야 한다.

④ 고용노동부장관은 남녀고용평등 실현과 일·가정의 양립에 관한 기본계획을 5년마다 수립하여야 한다.

🔖 **해설**

사업주는 직장 내 성희롱 예방교육을 연 1회 이상 실시하여야 한다.

93 개인정보 보호법령상 개인정보 보호위원회(이하 "보호위원회"라 한다)에 관한 설명으로 틀린 것은?

① 보호위원회는 위원장 1명, 상임위원 1명을 포함한 15명 이내의 위원으로 구성한다.

② 위원장과 위원의 임기는 2년으로 하되, 1차에 한하여 연임할 수 있다.

③ 보호위원회의 회의는 위원장이 필요하다고 인정하거나 재적위원 4분의 1 이상의 요구가 있는 경우에 위원장이 소집한다.

④ 보호위원회는 재적위원 과반수의 출석과 출석위원 과반수의 찬성으로 의결한다.

🔖 해설
①항 보호위원회는 상임위원 2명(위원장 1명, 부위원장 1명)을 포함한 9명 이내의 위원으로 구성한다.
②항 위원의 임기는 3년으로 하되, 1차에 한하여 연임할 수 있다.

94 고용상 연령차별금지 및 고령자고용촉진에 관한 법령상 정년에 대한 설명으로 틀린 것은?

① 사업주는 정년에 도달한 자가 그 사업장에 다시 취업하기를 희망할 때 그 직무수행 능력에 맞는 직종에 재고용하도록 노력하여야 한다.

② 사업주는 근로자의 정년을 60세 이상으로 정하여야 한다.

③ 사업주는 고령자인 정년퇴직자를 재고용함에 있어 임금의 결정을 종전과 달리할 수 없다.

④ 상시 300명 이상의 근로자를 사용하는 사업주는 매년 정년제도의 운영현황을 고용노동부장관에게 제출하여야 한다.

🔖 해설
사업주는 고령자인 정년퇴직자를 재고용함에 있어 임금의 결정을 종전과 달리할 수 있다.

95 고용보험법령상 피보험자격의 상실일에 해당하지 않는 것은?

① 피보험자가 적용 제외 근로자에 해당하게 된 경우에는 그 적용 제외 대상자가 된 날

② 피보험자가 이직한 경우에는 이직한 날의 다음 날

③ 피보험자가 사망한 경우에는 사망한 날의 다음 날

④ 보험관계가 소멸한 경우에는 그 보험관계가 소멸한 날의 다음 날

🔖 해설
보험관계가 소멸한 경우에는 그 보험관계가 소멸한 날 피보험자격을 상실한다.

96 고용정책 기본법령상 고용정책심의회에 관한 설명으로 틀린 것은?

① 정책심의회는 위원장 1명을 포함한 20명 이내의 위원으로 구성한다.

② 근로자와 사업주를 대표하는 자는 심의 위원으로 참여할 수 있다.

③ 특별시·광역시·특별자치시·도 및 특별자치도에 지역고용심의회를 둔다.

④ 고용정책심의회를 효율적으로 운영하기 위하여 분야별 전문위원회를 둘 수 있다.

🔖 해설
정책심의회는 위원장 1명을 포함한 30명 이내의 위원으로 구성한다.

97 남녀고용평등과 일·가정 양립 지원에 관한 법령상 육아휴직 기간에 대한 설명으로 틀린 것은?

① 육아휴직의 기간은 2년 이내로 한다.
② 사업주는 육아휴직 기간에는 근로자를 해고하지 못한다.
③ 육아휴직 기간은 근속기간에 포함한다.
④ 기간제근로자의 육아휴직 기간은 「기간제 및 단시간근로자 보호 등에 관한 법률」에 따른 사용기간에 산입하지 아니한다.

> **해설**
> 육아휴직의 기간은 1년 이내로 한다.

98 직업안전법령상 직업소개업과 겸업이 금지되는 사업이 아닌 것은?

① 「결혼중개업의 관리에 관한 법률」상 결혼중개업
② 「파견근로자보호 등에 관한 법률」상 근로자파견사업
③ 「식품위생법」상 식품접객업 중 단란주점영업
④ 「공중위생관리법」상 숙박업

> **해설**
> 결혼중개업, 숙박업, 다류를 배달·판매하면서 소요시간에 따라 대가를 받는 형태, 단란주점영업, 유흥주점영업 등 식품접객업을 경영하는 자는 직업소개사업을 겸업할 수 없다.

99 고용보험법령상 용어정의에 관한 설명으로 틀린 것은?

① "실업의 인정"이란 직업안정기관의 장이 수급자격자가 실업한 상태에서 적극적으로 직업을 구하기 위하여 노력하고 있다고 인정하는 것을 말한다.
② 3개월 동안 고용된 자는 "일용근로자"에 해당한다.

③ "이직"은 피보험자와 사업주 사이의 고용관계가 끝나게 되는 것을 말한다.
④ "실업"은 근로의 의사와 능력이 있음에도 불구하고 취업하지 못한 상태에 있는 것을 말한다.

> **해설**
> 일용근로자란 1개월 미만 동안 고용되는 자를 말한다.

100 직업안정법에 관한 설명으로 틀린 것은?

① 누구든지 어떠한 명목으로든 구인자로부터 그 모집과 관련하여 금품을 받거나 그 밖의 이익을 취하여서는 아니 된다.
② 누구든지 국외에 취업할 근로자를 모집한 경우에는 고용노동부장관에게 신고하여야 한다.
③ 누구든지 고용노동부장관의 허가를 받지 아니하고는 근로자공급사업을 하지 못한다.
④ 누구든지 성별, 연령 등을 이유로 직업소개를 할 때 차별대우를 받지 아니한다.

> **해설**
> 누구든지 어떠한 명목으로든 응모자로부터 그 모집과 관련하여 금품을 받거나 그 밖의 이익을 취하여서는 아니 된다.

VOCATIONAL COUNSELOR

과년도 기출문제 2020년 4회

1과목 **직업상담학**

01 행동적 상담기법 중 불안을 감소시키는 방법으로 이완법과 함께 쓰이는 것은?

① 강화
② 변별학습
③ 사회적 모델링
④ 체계적 둔감화

 해설

체계적 둔감화법
근육이완훈련, 불안위계목록작성, 둔감화의 순서로 진행되는데 불안위계목록에 따라 상상과 이완을 반복하여 불안을 체계적으로 둔감화시킨다.

02 내담자의 인지적 명확성을 사정할 때 고려할 사항이 아닌 것은?

① 직장을 처음 구하는 사람과 직업전환을 하는 사람의 직업상담에 관한 접근은 동일하게 해야 한다.
② 직장인으로서의 역할이 다른 생애 역할과 복잡하게 얽혀 있는 경우 생애 역할을 함께 고려한다.
③ 직업상담에서는 내담자의 동기를 고려하여 상담이 이루어져야 한다.
④ 우울증과 같은 심리적 문제로 인지적 명확성이 부족한 경우 진로문제에 대한 결정은 당분간 보류하는 것이 좋다.

해설

직장을 처음 구하는 사람과 직업전환을 하는 사람의 직업상담에 관한 접근은 다르게 하여야 한다.

03 6개의 생각하는 모자(Six Thinking Hats)는 직업상담의 중재와 관련된 단계들 중 무엇을 위한 것인가?

① 직업정보의 수집
② 의사결정의 촉진
③ 보유기술의 파악
④ 시간관의 개선

해설

6개의 생각하는 모자(Six Thinking Hats)기법은 의사결정을 촉진하기 위한 기법이다.

04 정신역동적 진로상담에서 보딘(Bordin)이 제시한 진단범주에 포함되지 않는 것은?

① 독립성
② 자아갈등
③ 정보의 부족
④ 진로선택에 따르는 불안

해설

보딘이 제시한 직업문제의 심리적 원인
의존성, 정보의 부족, 자아갈등(내적 갈등), 선택의 불안, 확신의 결여(문제 없음)

05 레빈슨(Levenson)이 제시한 직업상담사의 반윤리적 행동에 해당하는 것은?

① 상담사의 능력 내에서 내담자의 문제를 다룬다.
② 내담자에게 부당한 광고를 하지 않는다.
③ 적절한 상담비용을 청구한다.
④ 직업상담사에 대한 내담자의 의존성을 최대화한다.

해설
내담자의 의존성을 키우는 것은 반윤리적 행동이다.

06 내담자의 정보를 수집하고 행동을 이해하여 해석할 때 내담자가 다음과 같은 반응을 보일 경우 사용하는 상담기법은?

- 이야기 삭제하기
- 불확실한 인물 인용하기
- 불분명한 동사 사용하기
- 제한적 어투 사용하기

① 전이된 오류 정정하기
② 분류 및 재구성하기
③ 왜곡된 사고 확인하기
④ 저항감 재인식하기

해설
직업상담 시 전이된 오류의 종류

종류	특징
정보의 오류	• 중요한 부분의 삭제(경험을 이야기할 때 중요한 부분이 빠진 경우) • 불확실한 명사 또는 대명사의 사용 • 불확실한 동사 사용 • 구체적인 진술자료의 불충분 • 제한적인 어투의 사용(만약 한다면?, 만일 하지 않는다면? 등)
한계의 오류	• 예외를 인정하지 않는 것(항상, 절대로, 모두, 아무도 등의 언어 사용) • 불가능을 가정하는 것(할 수 없다, 안 된다, 해서는 안 된다 등의 언어 사용) • 어쩔 수 없음을 가정하는 것

종류	특징
논리의 오류	• 잘못된 인간관계의 오류(자신은 전혀 책임감이 없다는 식으로 생각) • 마음에 대한 해석(독심술 : 다른 사람의 마음을 읽을 수 있다고 자신) • 제한된 일반화(한 사람의 견해가 모든 이에게 공유된다는 생각)

위 문제는 전이된 오류의 종류 중 정보의 오류에 해당한다.

07 Super의 여성 진로유형 중 학교졸업 후에도 직업을 갖지 않는 진로유형은?

① 안정적인 가사 진로유형
② 전통적인 진로유형
③ 단절 진로유형
④ 불안정 진로유형

해설
여성의 진로유형

구분	특징
안정된 가정주부의 진로형	학교를 졸업하고, 직업을 가져 보지 못한 채 결혼해서 가정생활을 한다.
전통적인 진로형	학교를 졸업한 후에 비교적 짧은 기간 동안 직장생활을 하고 결혼한다.
안정된 직업진로형	학교를 졸업한 후, 계속 안정된 직업생활을 유지한다.
이중 진로형	학교를 졸업한 후, 일을 하다가 결혼을 하고, 그 뒤에는 가정생활과 직장생활을 병행한다.
단절 진로형	학교 졸업 후, 일을 하다가 결혼을 하고, 자녀를 어느 정도 키운 후에 다시 직장생활로 돌아간다.
불안정한 진로형	학교 졸업 → 일 → 결혼 → 일 → 출산 → 일의 순서로 진행해 가는 형으로서, 대부분 경제적 이유로 결혼 후에도 필요에 따라 일을 하게 되는데, 이 유형의 여성은 안정된 직장도 없이 가정생활에도 충실하기 힘들다.
다면적 시행 진로형	순수한 직업의식 없이, 서로 관련이 없는 잠정적 직업을 이것저것 가져 본다.

정답 05 ④ 06 ① 07 ①

08 패터슨(Patterson) 등의 진로정보처리 이론에서 제시된 진로상담 과정에 포함되지 않는 것은?

① 준비 ② 분석
③ 종합 ④ 실행

🔊 해설

인지적 정보처리 이론의 인지적 과정 : CASVE
① C(Communication, 의사소통) : 욕구를 밝혀 냄
② A(Analysis, 분석) : 문제요소들을 상호 작용시킴
③ S(Synthesis, 종합) : 대안들을 만들어 냄
④ V(Valuing, 가치판단) : 대안들에 대한 우선순위 매김
⑤ E(Execution, 집행) : 계획 수행

09 다음 중 Butcher가 제안한 집단직업상담을 위한 3단계 모형에 해당하지 않는 것은?

① 탐색단계 ② 계획단계
③ 전환단계 ④ 행동단계

🔊 해설

부처(Butcher) 집단직업상담의 3단계 모델
① 탐색단계 : 자기를 개방하고 흥미와 적성에 대한 측정, 측정결과에 대한 피드백, 불일치의 해결한다.
② 전환단계 : 자기 지식을 직업세계와 연결하고, 자신의 가치와 피드백 간의 불일치를 해결한다.
③ 행동단계 : 목표설정, 행동계획 수립, 목표달성 촉진을 위한 자원을 탐색한다.

10 포괄적 직업상담에서 내담자가 지닌 직업상의 문제를 가려내기 위해 실시하는 변별적 진단검사와 가장 거리가 먼 것은?

① 직업성숙도검사 ② 직업적성검사
③ 직업흥미검사 ④ 경력개발검사

🔊 해설

포괄적 직업상담에서 변별적 진단검사로 사용하는 것은 진로성숙검사, 직업적성검사, 직업흥미검사이다.

11 다음 중 윌리엄슨(Williamson)이 분류한 진로선택의 문제에 해당하지 않는 것은?

① 직업선택의 확신 부족
② 현명하지 못한 직업선택
③ 가치와 흥미의 불일치
④ 직업 무선택

🔊 해설

Williamson의 직업문제 분류범주
① 무선택(선택하지 않음)
② 불확실한 선택 : 직업선택의 확신 부족
③ 흥미와 적성의 불일치 : 흥미와 적성의 모순 또는 차이
④ 현명하지 못한 선택 : 어리석은 선택

12 직업카드분류(OCS)는 내담자의 어떤 특성을 사정하기 위한 도구인가?

① 흥미사정 ② 가치사정
③ 동기사정 ④ 성격사정

🔊 해설

직업카드분류법
홀랜드의 6각형 이론과 관련된 일련의 직업카드를 주고 직업을 선호군, 혐오군, 미결정군으로 분류하도록 한 뒤 선호의 이유와 비선호의 이유를 질문하여 내담자의 직업적 흥미를 사정할 수 있다.

13 게슈탈트 상담이론에서 주장하는 접촉 – 경계의 혼란을 일으키는 현상에 대한 설명으로 옳지 않은 것은?

① 투사(Projection)는 자신의 생각이나 요구, 감정 등을 타인의 것으로 지각하는 것을 말한다.
② 반전(Retroflection)은 다른 사람이나 환경에 대하여 하고 싶은 행동을 자기 자신에게 하는 것을 말한다.

③ 융합(Confluence)은 밀접한 관계에 있는 사람들이 어떤 갈등이나 불일치도 용납하지 않는 의존적 관계를 말한다.

④ 편향(Deflection)은 외고집으로 다른 사람의 의견을 전혀 받아들이지 않고 자기 틀에서만 사고하고 행동하는 것을 말한다.

해설

편향

자신의 감각을 둔화시키거나 환경과의 접촉을 약화시킴으로써 심리적인 안정감을 찾고자 하는 것이다.

예 부모의 강한 기대가 아이에게 내사되면 아이는 부모의 기대에 부응하는 행동을 하게 되고 그 기대를 충족시키지 못할 때 자신이 부모를 힘들게 했다는 죄책감을 가지게 된다. 이때 아이는 편향을 사용함으로써 자신에게 생길 수 있는 두려움과 좌절을 미리 예방하고 심리적 갈등과 고통에서 벗어날 수 있다.

이처럼 편향은 자신의 마음이 환경과의 접촉에서 다치지 않고 그 상황을 극복하기 위해 접촉을 단절하여 자기를 보호하려는 긍정적인 의도를 가지고 있는 것이다.

14 내담자 중심상담 이론에 관한 설명으로 틀린 것은?

① Rogers의 상담경험에서 비롯된 이론이다.

② 상담의 기본목표는 개인이 일관된 자아개념을 가지고 자신의 기능을 최대로 발휘하는 사람이 되도록 도울 수 있는 환경을 제공하는 것이다.

③ 특정 기법을 사용하기보다는 내담자와 상담자 간의 안전하고 허용적인 나와 너의 관계를 중시한다.

④ 상담기법으로 적극적 경청, 감정의 반영, 명료화, 공감적 이해, 내담자 정보탐색, 조언, 설득, 가르치기 등이 이용된다.

해설

조언, 설득, 가르치기는 특성 – 요인상담이론의 주요기법에 해당한다.

15 내담자의 정보와 행동을 이해하고 해석할 때 기본이 되는 상담기법 중 '가정 사용하기'에 해당하는 질문이 아닌 것은?

① 당신은 자신의 일이 마음에 듭니까?

② 당신의 직업에서 마음에 드는 것은 어떤 것들입니까?

③ 당신의 직업에서 좋아하지 않는 것은 무엇입니까?

④ 어떤 사람이 상사가 되었으면 좋겠습니까?

해설

내담자의 정보와 행동을 이해하고 해석할 때 기본이 되는 상담기법 중 '가정 사용하기'는 어떤 행동이 이미 존재했다고 가정하고 질문을 하여 방어를 최소화시키는 방법이다.

예 당신은 자신의 일이 마음에 듭니까? → 당신의 직업에서 마음에 드는 것은 어떤 것들입니까?(이처럼 이미 계획을 가진 상태임을 가정하며 질문하는 것이다)

16 상담 및 심리치료적 관계 형성에 방해되는 상담자의 행동은?

① 수용   ② 감정의 반영

③ 도덕적 판단   ④ 일관성

해설

내담자와 관계 형성 시 도덕적 판단은 방해요소이다.

17 진로시간전망 검사 중 코틀(Cottle)이 제시한 원형검사에서 원의 크기가 나타내는 것은?

① 과거, 현재, 미래
② 방향성, 변별성, 통합성
③ 시간차원에 대한 상대적 친밀감
④ 시간차원의 연결 구조

🔖 해설 --------------------------------------

Cottle이 제시한 원형검사
① 원의 의미 : 과거, 현재, 미래를 의미
② 원의 크기 : 시간차원에 대한 상대적 친밀감
③ 원의 배치 : 시간차원들의 연관성

18 아들러(Adler)의 개인주의 상담에 관한 설명으로 옳은 것은?

① 내담자의 잘못된 가치보다는 잘못된 행동을 수정하는 데 초점을 둔다.
② 상담자는 조력자의 역할을 하며 내담자가 상담을 주도적으로 이끈다.
③ 상담과정은 사건의 객관성보다는 주관적 지각과 해석을 중시한다.
④ 내담자의 사회적 관심보다는 개인적 열등감의 극복을 궁극적 목표로 삼는다.

🔖 해설 --------------------------------------

①항 내담자의 잘못된 행동보다는 동기를 바꾸도록 돕는다.
②항 내담자 중심 상담이론에 대한 설명이다.
④항 내담자로 하여금 사회적 관심을 갖고 패배감을 극복하도록 돕는다.

19 정신분석에서 제시하는 불안의 유형을 모두 고른 것은?

ㄱ. 사회적 불안   ㄴ. 현실적 불안
ㄷ. 신경증적 불안   ㄹ. 도덕적 불안
ㅁ. 행동적 불안

① ㄱ, ㄴ, ㄷ   ② ㄱ, ㄴ, ㅁ
③ ㄱ, ㄹ, ㅁ   ④ ㄴ, ㄷ, ㄹ

🔖 해설 --------------------------------------

정신분석상담에서 Freud가 제시한 불안의 유형은 현실적 불안, 신경증적 불안, 도덕적 불안이다.

20 다음 설명에 해당하는 집단상담 기법은?

• 말하고 있는 집단원이 자신이 무엇을 말하는가를 잘 알 수 있게 돕는 것
• 말하고 있는 집단원의 말의 내용과 감정을 이해하고 있음을 알리며 의사소통하는 것

① 해석하기   ② 연결 짓기
③ 반영하기   ④ 명료화하기

🔖 해설 --------------------------------------

반영하기
상담면접의 기본방법으로서 내담자에 의해서 표현된 주요내용과 태도를 상담자가 다른 참신한 말로 부연해주는 것이다. 내담자의 말 밑바탕에 흐르는 감정을 파악하고, 내담자의 자기 이해를 도와줄 뿐만 아니라 내담자에게 자기가 이해받고 있다는 인식을 주게 된다.

2과목 직업심리학

21 다음의 내용이 포함된 직무분석의 방법은?

> • 직무를 잘 수행하기 위하여 과업이 필수적
> 인 정도
> • 과업 학습의 난이도
> • 과업의 중요도

① 직무요소 질문지　② 기능적 직무분석
③ 직책분석 질문지　④ 과업 질문지

해설

과업 질문지
분석 대상 직무에서 수행될 수도 있는 특정한 과업들의 목록을 담고 있는 질문지다. 가장 편하여 초보 산업심리학자들에게 쉽게 사용되고 있다.

※ 평정의 구성 : 과업에 걸리는 시간, 직무를 잘하기 위하여 과업이 중요한 정도, 과업 학습의 난이도, 과업의 중요도로 이루어진다.

22 Ginzberg가 제시한 진로발달 단계가 아닌 것은?

① 환상기　② 잠정기
③ 현실기　④ 적응기

해설

긴즈버그는 진로발달 단계를 환상기, 잠정기, 현실기로 구분하였다.

23 적성검사의 결과에서 중앙값이 의미하는 것은?

① 100점 만점에서 50점을 획득하였다.
② 자신이 얻을 수 있는 최고 점수를 얻었다.
③ 적성검사에서 도달해야 할 준거점수를 얻었다.
④ 같은 또래 집단의 점수분포에서 평균 점수를 얻었다.

해설

중앙값 : 모든 점수를 크기순으로 배열했을 때 서열상 가장 중앙에 해당하는 점수를 말하는 것으로 점수분포에서 평균을 의미한다.

24 Holland의 진로발달이론이 기초하고 있는 가정에 관한 설명 중 틀린 것은?

① 사람들의 성격은 6가지 유형 중의 하나로 분류될 수 있다.
② 직업 환경은 6가지 유형의 하나로 분류될 수 있다.
③ 개인의 행동은 성격에 의해 결정된다.
④ 사람들은 자신의 능력을 발휘하고 태도와 가치를 표현할 수 있는 환경을 찾는다.

해설

홀랜드 인성이론의 4가지 가정
① 대부분의 사람들은 여섯 가지 유형의 하나로 분류될 수 있다.
② 환경도 여섯 가지 종류로 나누어 볼 수 있다.
③ 사람들은 자신의 흥미에 맞는 역할을 수행할 수 있는 환경을 찾는다.
④ 개인의 행동은 성격과 환경의 상호작용에 의해서 결정된다.

25 Selye가 제시한 스트레스 반응단계를 순서대로 바르게 나열한 것은?

① 소진 → 저항 → 경고
② 저항 → 경고 → 소진
③ 소진 → 경고 → 저항
④ 경고 → 저항 → 소진

해설

Selye가 제시한 스트레스 반응단계(일반적응증후군, Gas Adaptation Syndrome)의 3단계
경계(경고)단계, 저항단계, 탈진(소진)단계

정답 21 ④　22 ④　23 ④　24 ③　25 ④

26 사회인지적 관점의 진로이론(SCCT)의 세 가지 중심적인 변인이 아닌 것은?

① 자기효능감　② 자기 보호
③ 결과 기대　　④ 개인적 목표

해설

진로발달의 기본이 되는 핵심 개념으로 자아효능감과 성과(결과)기대, 개인적 목표를 들고 있다.

27 직업적응이론에서 개인의 만족, 조직의 만족, 적응을 매개하는 적응유형 변인은?

① 우연(Happenstance)　② 타협(Compromise)
③ 적응도(Adaptability)　④ 인내력(Perseverance)

해설

직업적응이론에서는 유연성과 인내력이라는 두 가지 적응유형 변인이 개인의 만족, 조직의 만족, 적응을 매개한다고 가정하고 있다.
① 유연성 : 개인의 욕구와 조직의 보상 간의 불일치에 적응을 위하여 그 상태를 견디어내는 것이다. 그러다 불일치가 어느 정도 맞추어졌을 때 적응단계로 넘어가게 된다.
② 인내력 : 개인의 욕구와 조직의 보상 간의 불일치를 확인하였지만 조직에 머물며 계속 일을 하는 상태로 불일치의 조직에 적응하기 위하여 인내력을 발휘하게 된다. 그러다 인내력이 떨어지면 조직을 떠나게 된다.

28 직업에 관련된 흥미를 측정하는 직업흥미검사가 아닌 것은?

① Strong Interest Inventory
② Vocational Preference Inventory
③ Kuder Interest Inventory
④ California Psychological Inventory

해설

CPI는 성격검사이다.

29 스트레스의 예방 및 대처 방안으로 틀린 것은?

① 가치관을 전환해야 한다.
② 과정중심적 사고방식에서 목표지향적 초고속 심리로 전환해야 한다.
③ 균형 있는 생활을 해야 한다.
④ 취미 · 오락을 통해 생활 장면을 전환하는 활동을 규칙적으로 해야 한다.

해설

목표지향적 초고속 사고방식에서 과정중심적 사고로 전환해야 한다.

30 개인의 욕구와 능력을 환경의 요구사항과 관련시켜 진로행동을 설명하고, 개인과 환경 간의 상호작용을 통한 욕구충족을 강조하는 이론은?

① 가치중심 이론　② 특성요인 이론
③ 사회학습 이론　④ 직업적응 이론

해설

직업적응 이론 : 개인의 욕구와 능력을 환경의 요구사항과 관련시켜 진로행동을 설명하는 이론으로, 개인과 환경 간의 상호작용을 통한 욕구충족을 강조하는 이론이다.

31 미네소타 직업가치 질문지에서 측정하는 6개의 가치요인이 아닌 것은?

① 성취　　② 지위
③ 권력　　④ 이타주의

해설

미네소타 직업가치 질문지에서 측정하는 6개의 가치요인
① 안정성(Safety) : 예측 가능하고 안정된 환경
② 성취(Achievement) : 자신의 능력을 발휘하여 성취감을 가짐
③ 이타심(Altruism) : 타인과 조화를 이루며 봉사하는 환경

④ 자율성(Autonomy) : 창조성, 독립성, 자기통제력 유지

⑤ 편안함(Comfort) : 편안한 느낌과 보상적인 환경

⑥ 지위(Status) : 타인으로부터의 인정, 중요한 지위에 있는 것

32 다음과 같은 정의를 가진 직업선택 문제는?

> • 자신의 적성 수준보다 높은 적성을 요구하는 직업을 선택한다.
> • 자신이 선택한 직업이 흥미와 일치할 수도 있고, 일치하지 않을 수도 있다.

① 부적응된(Maladjusted)

② 우유부단한(Undecided)

③ 비현실적인(Unrealistic)

④ 강요된(Forced)

🔖 해설 --

크리츠의 직업선택 문제 유형

① 적응성
  • 적응형 : 흥미와 적성이 일치하는 분야를 발견한 사람
  • 부적응형 : 흥미와 적성이 일치하는 분야를 찾지 못한 사람

② 결정성
  • 우유부단형 : 흥미와 적성에 관계없이 성격적으로 선택과 결정을 못 내리는 사람
  • 다재다능형 : 가능성이 많아서 흥미를 느끼는 직업들과 적성에 맞는 직업들 사이에서 결정을 내리지 못하는 사람

③ 현실성
  • 비현실형 : 흥미를 느끼는 분야는 있지만 그 분야에 대해 적성을 가지고 있지 못한 사람
  • 불충족형 : 흥미와는 일치하지만 자신의 적성수준보다 낮은 직업을 선택하는 사람
  • 강압형 : 적성 때문에 선택했지만 그 직업에 흥미가 없는 사람

33 다음 중 질문지법의 장점이 아닌 것은?

① 부가적인 정보를 얻을 수 있다.

② 시간과 비용이 적게 든다.

③ 다수의 응답자가 참여할 수 있다.

④ 자료 수집이 용이하다.

🔖 해설 --

설문법(질문지법)

현장의 작업자 또는 감독자에게 설문지를 배부하여 직무내용을 기술하게 하는 방법으로 관찰법이나 면접법과는 달리 양적인 정보를 얻는 데 적합하며 많은 사람으로부터 짧은 시간 내에 정보를 얻을 수 있다. 그러나 응답자의 주관이 반영되어 객관적으로 기술하는 데 어려움이 따르며, 성의 있게 응답하지 않을 확률이 높고 부가적인 정보를 얻을 수 없다.

34 조직 감축에서 살아남은 구성원들이 조직에 대해 보이는 전형적인 반응은?

① 살아남은 구성원들은 조직에 대해 높은 신뢰감을 가지고 있다.

② 더 많은 일을 해야 하고, 종종 불이익도 감수한다.

③ 살아남은 구성원들은 다른 직무나 낮은 수준의 직무로 이동하는 것을 거부한다.

④ 조직 감축에서 살아남은 데 만족하며 조직 몰입을 더 많이 한다.

🔖 해설 --

①항 직무 혹은 고용에 대한 신뢰감을 상실한다.

③항 살아남은 구성원들은 다른 직무나 낮은 수준의 직무로 이동하는 것을 감수한다.

④항 자신도 언제 감축될지도 모른다는 불안감으로 인해 조직 몰입에 어려움을 겪는다.

정답 32 ③ 33 ① 34 ②

35 다음 설명에 해당하는 타당도의 종류는?

> 검사의 문항들이 그 검사가 측정하고자 하는 내용 영역을 얼마나 잘 반영하고 있는가를 의미하며, 흔히 성취도검사의 타당도를 평가하는 방법으로 많이 사용된다.

① 준거 타당도　　② 내용 타당도
③ 예언 타당도　　④ 공인 타당도

> **해설**
> 내용 타당도
> 검사가 측정하고자 하는 내용 영역을 얼마나 잘 반영하고 있는지를 나타내는 것으로, 해당 분야 전문가들의 주관적 판단을 토대로 결정하기 때문에 타당도의 계수를 산출하기 어렵다.

36 톨버트(Tolbert)가 제시한 개인의 진로발달에 영향을 주는 요인이 아닌 것은?

① 교육 정도(Educational Degree)
② 직업 흥미(Occupational Interest)
③ 직업 전망(Occupational Prospective)
④ 가정 · 성별 · 인종(Family · Sex · Race)

> **해설**
> 톨버트가 제시한 개인의 진로발달에 영향을 주는 요인
> 직업적성, 직업 흥미, 인성, 직업성숙도와 발달, 성취도, 가정/성별/인종, 장애물, 교육 정도, 경제적 조건 등

37 일반적성검사(GATB)에서 측정하는 직업적성이 아닌 것은?

① 손가락 정교성　　② 언어적성
③ 사무지각　　　　④ 과학적성

> **해설**
> GATB 직업적성검사(General Aptitude Test Battery)에서 검출되는 적성
> 지능, 언어능력, 수리능력, 사무지각, 공간적성, 형태지각, 운동반응, 손가락 재치, 손의 재치 등 9가지이다.

38 경력개발프로그램 중 종업원 개발프로그램에 해당하지 않는 것은?

① 훈련프로그램　　② 평가프로그램
③ 후견인프로그램　④ 직무순환

> **해설**
> 종업원 개발프로그램
> ① 훈련프로그램 : 조직 내에서 실시하는 다양한 내용의 훈련프로그램
> ② 후견인프로그램 : 상사나 동료가 후견인이 되어 도와주는 프로그램
> ③ 직무순환 : 다양한 직무를 경험하게 함으로써 여러 분야의 능력을 개발시키는 것

39 신뢰도 계수에 관한 설명으로 틀린 것은?

① 신뢰도 계수는 개인차가 클수록 커진다.
② 신뢰도 계수는 문항 수가 증가함에 따라 정비례하여 커진다.
③ 신뢰도 계수는 신뢰도 추정방법에 따라서 달라질 수 있다.
④ 신뢰도 계수는 검사의 일관성을 보여주는 값이다.

> **해설**
> 검사의 문항 수가 많으면 적은 것에 비해 신뢰도가 어느 정도 더 높아지지만 정비례한다고는 할 수 없다.

정답 35 ② 36 ③ 37 ④ 38 ② 39 ②

40 직업발달이론 중 매슬로(Maslow)의 욕구위계 이론에 기초하여 유아기의 경험과 직업선택에 관한 5가지 가설을 수립한 학자는?

① 로(Roe)
② 고트프레드슨(Gottfredson)
③ 홀랜드(Holland)
④ 터크만(Tuckman)

🔖 해설

Roe는 욕구이론에서 직업발달이론을 이해하려면 매슬로의 욕구위계론을 이해하는 것이 효율적이라고 하였다.

3과목 직업정보론

41 한국표준산업분류(제10차)에서 통계단위의 산업 결정방법에 관한 설명으로 틀린 것은?

① 생산단위의 산업활동은 그 생산단위가 수행하는 주된 산업활동의 종류에 따라 결정된다.
② 단일사업체의 보조단위는 그 사업체의 일개 부서로 포함한다.
③ 계절에 따라 정기적으로 산업을 달리하는 사업체의 경우에는 조사시점에 경영하는 사업으로 분류된다.
④ 설립 중인 사업체는 개시하는 산업활동에 따라 결정한다.

🔖 해설

계절에 따라 정기적으로 산업을 달리하는 사업체의 경우에는 조사시점에서 경영하는 사업과는 관계없이 조사대상 기간 중 산출액이 많았던 활동에 의하여 분류된다.

42 다음의 주요 업무를 수행하는 사업주 직업능력개발훈련기관은?

> • 훈련과정인정
> • 실시신고 접수 및 수료자 확정
> • 비용신청서 접수 및 지원
> • 훈련과정 모니터링

① 전국 고용센터
② 한국고용정보원
③ 근로복지공단
④ 한국산업인력공단

🔖 해설

한국산업인력공단에서 사업주 훈련과정의 업무를 담당하고 있다.

43 직업선택 결정모형을 기술적 직업결정 모형과 처방적 직업결정 모형으로 분류할 때 기술적 직업결정 모형에 해당하지 않는 것은?

① 브룸(Vroom)의 모형
② 플레처(Fletcher)의 모형
③ 겔라트(Gelatt)의 모형
④ 타이드만과 오하라(Tideman & O'Hara)의 모형

🔖 해설

직업선택 결정모형
① 기술적 직업결정 모형 : 타이드만과 오하라의 모형, 힐튼의 모형, 브룸의 모형, 수(Hsu)의 모형, 플레처의 모형
② 처방적 직업결정 모형 : 카츠의 모형, 겔라트의 모형, 칼도와 쥐토우스키의 모형

44 한국표준산업분류(제10차)에서 산업분류의 적용원칙에 관한 설명으로 틀린 것은?

① 생산단위는 산출물뿐만 아니라 투입물과 생산공정 등을 함께 고려하여 그들의 활동을 가장 정확하게 설명된 항목으로 분류해야 한다.

---

② 복합적인 활동단위는 우선적으로 최상급 분류단계(대분류)를 정확히 결정하고, 순차적으로 중, 소, 세, 세세분류 단계 항목을 결정해야 한다.

③ 공식적 생산물과 비공식적 생산물, 합법적 생산물과 불법적인 생산물을 달리 분류해야 한다.

④ 산업활동이 결합되어 있는 경우에는 그 활동단위의 주된 활동에 따라서 분류해야 한다.

🔖 해설

공식적 생산물과 비공식적 생산물, 합법적 생산물과 불법적인 생산물을 달리 분류하지 않는다.

45 다음은 직업정보 수집을 위한 자료 수집방법을 비교한 표이다. ( )에 알맞은 것은?

기준	(ㄱ)	(ㄴ)	(ㄷ)
비용	높음	보통	보통
응답자료의 정확성	높음	보통	낮음
응답률	높음	보통	낮음
대규모 표본 관리	곤란	보통	용이

① ㄱ : 전화조사, ㄴ : 우편조사, ㄷ : 면접조사
② ㄱ : 면접조사, ㄴ : 우편조사, ㄷ : 전화조사
③ ㄱ : 면접조사, ㄴ : 전화조사, ㄷ : 우편조사
④ ㄱ : 전화조사, ㄴ : 면접조사, ㄷ : 우편조사

🔖 해설

직업정보 수집을 위한 자료 수집방법
① 면접조사 : 직접 작업자의 면담을 통한 자료 수집방법으로 비용은 높으나, 응답자료의 정확성이나 응답률은 높은 반면 대규모 표본 조사는 곤란하다.
② 우편조사 : 응답 자료의 정확성이나 응답률은 낮으나 대규모 표본 조사는 용이하다.

46 한국표준산업분류(제10차)의 분류기준이 아닌 것은?

① 산출물의 특성
② 투입물의 특성
③ 생산단위의 활동형태
④ 생산활동의 일반적인 결합형태

🔖 해설

한국표준산업분류의 분류기준
산출물의 특성, 투입물의 특성, 생산활동의 일반적인 결합형태

47 한국표준직업분류(7차) 직업분류 원칙 중 다수직업 종사자의 분류 원칙에 해당하지 않는 것은?

① 수입 우선 원칙
② 취업시간 우선 원칙
③ 조사 시 최근의 직업 원칙
④ 생산업무 우선 원칙

🔖 해설
----
④항 생산업무 우선 원칙은 포괄적인 업무 원칙이다.

다수 직업 종사자의 분류 원칙
한 사람이 전혀 상관성이 없는 두 가지 이상의 직업에 종사할 경우에 그 직업을 결정하는 일반적 원칙은 다음과 같다.
① 취업시간 우선 원칙 : 가장 먼저 분야별로 취업시간을 고려하여 보다 긴 시간을 투자하는 직업으로 결정한다.
② 수입 우선 원칙 : 위의 경우로 분별하기 어려운 경우는 수입(소득이나 임금)이 많은 직업으로 결정한다.
③ 조사 시 최근의 직업 원칙 : 위의 두 가지 경우로 판단할 수 없는 경우에는 조사시점을 기준으로 최근에 종사한 직업으로 결정한다.

48 통계청 경제활동인구조사의 주요 용어에 관한 설명으로 틀린 것은?

① 경제활동인구 : 만 15세 이상 인구 중 취업자와 실업자를 말한다.
② 육아 : 조사대상주간에 주로 미취학자녀(초등학교 입학 전)를 돌보기 위하여 집에 있는 경우가 해당한다.
③ 취업준비 : 학교나 학원에 가지 않고 혼자 집이나 도서실에서 취업을 준비하는 경우가 해당된다.
④ 자영업자 : 고용원이 없는 자영업자를 제외한 고용원이 있는 자영업자를 말한다.

🔖 해설
자영업자는 고용원이 있는 자영업자 및 고용원이 없는 자영업자를 합친 개념이다.

49 국가기술자격 국제의료관광코디네이터의 응시자격으로 틀린 것은?(단, 공인어학성적 기준요건을 충족한 것으로 가정한다.)

① 보건의료 또는 관광분야의 관련 학과로서 대학졸업자 또는 졸업예정자
② 2년제 전문대학 관련 학과 졸업자 등으로서 졸업 후 보건의료 또는 관광분야에서 2년 이상 실무에 종사한 사람
③ 관련 자격증(의사, 간호사, 보건교육사, 관광통역안내사, 컨벤션기획사 1 · 2급)을 취득한 사람
④ 보건의료 또는 관광분야에서 3년 이상 실무에 종사한 사람

🔖 해설
국제의료관광코디네이터는 응시자격[국가기술자격법 시행규칙 별표 11의4(제10조의2 제3항 관련)] 공인어학성적 기준요건을 충족하고, 다음 각 호의 어느 하나에 해당하는 사람

구분	내용	비고
관련 학과	보건의료 또는 관광분야의 학과로서 고용노동부장관이 정하는 학과(이하 "관련 학과")의 대학졸업자 또는 졸업예정자	
	2년제 전문대학 관련 학과 졸업자 등으로서 졸업 후 보건의료 또는 관광분야에서 2년 이상 실무에 종사한 사람	2년제+2년 실무
	3년제 전문대학 관련 학과 졸업자 등으로서 졸업 후 보건의료 또는 관광분야에서 1년 이상 실무에 종사한 사람	3년제+1년 실무
실무 관련	보건의료 또는 관광분야에서 4년 이상 실무에 종사한 사람	4년 실무
관련 자격	의사, 간호사, 보건교육사, 관광통역안내사, 컨벤션기획사 1 · 2급을 취득한 사람	

50 한국표준직업분류(7차)에서 직업의 성립조건에 대한 설명으로 옳은 것은?

① 사회복지시설 수용자의 시설 내 경제활동은 직업으로 보지 않는다.
② 이자나 주식배당으로 자산 수입이 있는 경우는 직업으로 본다.
③ 자기 집의 가사활동도 직업으로 본다.
④ 속박된 상태에서의 제반활동이 경제성이나 계속성이 있으면 직업으로 본다.

🔖 해설
직업으로 보지 않는 활동
① 이자, 주식배당, 임대료(전세금, 월세) 등과 같은 자산 수입이 있는 경우
② 연금법, 국민기초생활 보장법, 국민연금법 및 고용보험법 등의 사회보장이나 민간보험에 의한 수입이 있는 경우
③ 경마, 경륜, 경정, 복권 등에 의한 배당금이나 주식투자에 의한 시세차익이 있는 경우
④ 예 · 적금 인출, 보험금 수취, 차용 또는 토지나 금융자산을 매각하여 수입이 있는 경우
⑤ 자기 집의 가사활동에 전념하는 경우

정답 48 ④ 49 ④ 50 ①

⑥ 교육기관에 재학하며 학습에만 전념하는 경우
⑦ 시민봉사활동 등에 의한 무급 봉사적인 일에 종사하는 경우
⑧ 사회복지시설 수용자의 시설 내 경제활동
⑨ 수형자의 활동과 같이 법률에 의한 강제노동을 하는 경우
⑩ 도박, 강도, 절도, 사기, 매춘, 밀수와 같은 불법적인 활동

51 한국직업사전에서 사람과 관련된 직무기능 중 "정책을 수립하거나 의사결정을 하기 위해 생각이나 정보, 의견 등을 교환한다"와 관련 있는 것은?

① 자문　　　　　② 협의
③ 설득　　　　　④ 감독

🔖 해설

한국직업사전에서 사람과 관련된 직무기능
"사람"과 관련된 기능은 인간과 인간처럼 취급되는 동물을 다루는 것을 포함한다.
• 0. 자문(Mentoring) : 법률적으로나 과학적 · 임상적 · 종교적 · 기타 전문적인 방식에 따라 사람들의 전인격적인 문제를 상담하고 조언하며 해결책을 제시한다.
• 1. 협의(Negotiating) : 정책을 수립하거나 의사결정을 하기 위해 생각이나 정보, 의견 등을 교환한다.
• 2. 교육(Instructing) : 설명이나 실습 등을 통해 어떤 주제에 대해 교육하거나 훈련(동물 포함)시킨다. 또한 기술적인 문제를 조언한다.
• 3. 감독(Supervising) : 작업절차를 결정하거나 작업자들에게 개별 업무를 적절하게 부여하여 작업의 효율성을 높인다.
• 4. 오락 제공(Diverting) : 무대공연이나 영화, TV, 라디오 등을 통해 사람들을 즐겁게 한다.
• 5. 설득(Persuading) : 상품이나 서비스 등을 구매하도록 권유하고 설득한다.
• 6. 말하기−신호(Speaking−Signaling) : 언어나 신호를 사용해서 정보를 전달하고 교환한다. 보조원에게 지시하거나 과제를 할당하는 일을 포함한다.
• 7. 서비스 제공(Serving) : 사람들의 요구 또는 필요를 파악하여 서비스를 제공한다. 즉각적인 반응이 수반된다.

52 다음에 해당하는 고용 관련 지원제도는?

> • 비정규직 근로자를 정규직으로 전환
> • 전일제 근로자를 시간선택제 근로자로 전환
> • 시차출퇴근제, 재택근무제 등 유연근무제를 도입하여 활용

① 고용창출장려금　　② 고용안정장려금
③ 고용유지지원금　　④ 고용환경개선지원

🔖 해설

고용안정장려금
재직 근로자의 일자리 질을 높인 사업주를 지원하는 제도로 기존 근로자의 고용을 안정시킨 경우 지급된다.
① 정규직 전환 지원
② 시간선택제 전환 지원
③ 일 · 가정 양립 환경개선 지원
④ 출산육아기 고용안정장려금 지원

53 구직자에게 일정한 금액을 지원하여 그 범위 이내에서 직업능력개발훈련에 참여할 수 있도록 하고, 훈련이력 등을 개인별로 통합관리 하는 제도는?

① 사업주훈련　　　　② 일학습병행제
③ 국민내일배움카드　④ 청년취업아카데미

🔖 해설

직업능력개발계좌제(국민내일배움카드)
고용노동부장관이 실업자 등의 직업능력개발을 지원하기 위하여 직업능력개발훈련 비용을 지원하는 계좌를 발급하고 이들의 직업능력개발에 관한 이력을 종합적으로 관리하는 제도를 말한다.

PART 6 과년도 기출문제

54 공공직업정보의 일반적인 특성에 해당되는 것은?

① 필요한 시기에 최대한 활용되도록 한시적으로 신속하게 생산 · 제공된다.

② 특정 분야 및 대상에 국한되지 않고 전체 산업의 직종을 대상으로 한다.

③ 정보 생산자의 임의적 기준에 따라 관심이나 흥미를 유도할 수 있도록 해당 직업을 분류한다.

④ 유료로 제공된다.

해설

공공직업정보의 특성

① 지속적으로 조사 · 분석하여 제공되며 장기적인 계획 및 목표에 따라 정보체계의 개선작업 수행이 가능하다.

② 특정 분야 및 대상에 국한되지 않고 전체 산업 및 업종에 걸친 직종을 대상으로 한다.

③ 직업별로 특정한 정보만을 강조하지 않고 보편적인 항목으로 이루어진 기초적인 직업정보체계로 구성된다.

④ 광범위한 이용 가능성에 따라 공공직업정보체계에 대한 직접적이며 객관적인 평가가 가능하다.

⑤ 국내 또는 국제적으로 인정된 객관적인 기준에 근거하여 직업을 분류한다.

⑥ 관련 직업 간 비교가 용이하다.

⑦ 무료로 제공된다.

55 직업정보를 사용하는 목적과 가장 거리가 먼 것은?

① 직업정보를 통해 근로생애를 설계할 수 있다.

② 직업정보를 통해 전에 알지 못했던 직업세계와 직업비전에 대해 인식할 수 있다.

③ 직업정보를 통해 과거의 직업탐색, 은퇴 후 취미활동 등에 필요한 정보를 얻을 수 있다.

④ 직업정보를 통해 일을 하려는 동기를 부여받을 수 있다.

해설

직업정보의 사용목적은 직업에 대한 동기부여, 흥미유발 등이다. 은퇴 후 취미활동 등에 필요한 정보와는 관련이 없다.

56 국가직업훈련에 관한 정보를 검색할 수 있는 정보망은?

① JT-Net   ② HRD-Net

③ T-Net   ④ Training-Net

해설

직업훈련포털은 HRD-Net이다.
HRD-Net에서 구직자훈련과정, 근로자훈련과정, 기업훈련과정 등의 직업훈련에 관한 정보를 검색할 수 있다.

57 워크넷의 청소년 대상 심리검사의 종류 지필방법으로 실시할 수 없는 것은?

① 청소년 직업흥미검사

② 고교계열 흥미검사

③ 고등학생 적성검사

④ 청소년 진로발달검사

해설

고교계열 흥미검사, 대학 전공(학과) 흥미검사는 인터넷 검사로만 실시할 수 있다.

58 2019 한국직업전망의 직업별 일자리 전망 결과에서 '다소 증가'로 전망되지 않은 것은?

① 항공기조종사   ② 경찰관

③ 기자   ④ 손해사정사

해설

경찰관, 기자, 손해사정사는 다소 증가이며, 항공기조종사는 증가이다.

정답   54 ②   55 ③   56 ②   57 ②   58 ①

59 워크넷에서 제공하는 학과정보 중 자연계열에 해당하는 학과는?

① 도시공학과   ② 지능로봇과
③ 바이오산업공학과   ④ 바이오섬유소재학과

해설 --------------------------------

자연계열
과학(물리학, 화학, 생명과학, 지구과학), 수학 등의 자연 질서와 논리학에 대하여 탐구 및 연구하는 교육 과정을 의미하며 바이오산업공학과가 이에 해당한다.

※ 도시공학과, 지능로봇과, 바이오섬유소재학과는 공학계열이다.

60 국가기술자격 종목과 해당 직무분야 연결이 옳지 않은 것은?

① 임상심리사 1급 – 보건 · 의료
② 텔레마케팅관리사 – 경영 · 회계 · 사무
③ 직업상담사 1급 – 사회복지 · 종교
④ 어로산업기사 – 농림어업

해설 --------------------------------

텔레마케팅관리사는 영업, 판매의 직무분야에 해당된다.

---

61 완전경쟁시장의 치킨매장에서 치킨 1마리를 14,000원에 팔고 있다. 그리고 종업원을 시간당 7,000원에 고용하고 있다. 이 매장이 이윤을 극대화하기 위해서는 노동의 한계생산이 무엇과 같아질 때까지 고용을 늘려야 하는가?

① 시간당 치킨 1/2마리   ② 시간당 치킨 1마리
③ 시간당 치킨 2마리   ④ 시간당 치킨 4마리

해설 --------------------------------

기업의 이윤극대화는 임금＝한계생산물의 가치(한계생산량×시장가격)에서 이루어진다.
• 임금＝7,000원
• 한계생산물의 가치＝한계생산량×14,000원
              ＝7,000원
∴ 한계생산은 0.5마리이다.

62 다음 중 생산성을 향상시키는 요인과 가장 거리가 먼 것은?

① 노동조합 조합원 수의 증가
② 자본 절약적 기술혁신
③ 자본의 질적 증가
④ 노동의 질적 향상

해설 --------------------------------

노동조합원의 수가 증가한다고 생산성이 향상된다고 보기는 어렵다.

63 기업은 조합원이 아닌 노동자를 채용할 수 있고 채용된 근로자가 노동조합 가입 여부에 상관없이 기업의 종업원으로 근무하는 데 아무 제약이 없는 숍 제도는?

① 클로즈드 숍   ② 유니언 숍
③ 에이전시 숍   ④ 오픈 숍

정답   59 ③   60 ②   61 ①   62 ①   63 ④

숍 제도

① 클로즈드 숍(Closed Shop) : 조합에 가입하고 있는 노동자만을 채용하고 일단 고용된 노동자라도 조합원자격을 상실하면 종업원이 될 수 없는 숍 제도로서 우리나라 항운노동조합이 이에 해당한다.

② 유니언 숍(Union Shop) : 기업이 노동자를 채용할 때는 노동조합에 가입하지 않은 노동자를 채용할 수 있지만 일단 채용된 노동자는 일정기간 내에 노동조합에 가입하여야 하며 또한 조합에서 탈퇴하거나 제명되는 경우 종업원자격을 상실하도록 되어 있는 제도이다.

④ 오픈 숍(Open Shop) : 사용자가 노동조합에 가입한 조합원이나 가입하지 않은 비조합원이나 모두 고용할 수 있는 제도이다. 노동조합은 상대적으로 노동력의 공급을 독점하기 어렵다.

64 준고정적 노동비용에 해당하지 않는 것은?

① 퇴직금 ② 건강보험
③ 유급휴가 ④ 초과근무수당

노동의 준고정비용

비임금노동비용으로서 직접적인 임금 및 급여근로소득 이외의 건강보험, 퇴직연금, 유급휴가, 학자금지원 등의 부가급여와 근로자의 채용 및 훈련에 따른 투자비 등을 말한다. 노동의 준고정비용이 증가하면 사용자는 비용을 절감하기 위해 고용을 감소하며 그로 인해 소속근로자의 근로시간은 증가할 수 있다.

65 성과급제도의 장점으로 가장 적합한 것은?

① 직원 간 화합이 용이하다.
② 근로의 능률을 자극할 수 있다.
③ 임금의 계산이 간편하다.
④ 확정적 임금이 보장된다.

성과급제도의 장점

근로자에게 공평성을 느끼게 하고 작업능률을 자극하여 생산성 향상, 원가절감 등의 효과가 있다.

66 파업의 경제적 손실에 대한 설명으로 틀린 것은?

① 노동조합 측 노동소득의 순상실분은 해당 기업에서의 임금소득의 상실보다 훨씬 적을 수 있다.
② 사용자 이윤의 순감소분은 직접적인 생산중단에서 오는 것보다 항상 더 크다.
③ 파업에 따르는 사회적 비용은 제조업보다 서비스업에서 더 큰 것이 보통이다.
④ 파업에 따르는 생산량 감소는 타 산업의 생산량 증가로 보충하기도 한다.

사용자의 사적 비용은 직접적인 생산중단에서 오는 이윤의 순감소분보다 적을 수 있다. 이유는 파업에 대비하여 재고량을 비축한다든가 무노동 무임금 원칙에 따라 임금비용을 줄일 수 있기 때문이다.

67 근로기준법에 경영상 이유에 의한 해고, 탄력적 근로시간제 등의 조항이 등장하고 파견근로자 보호 등에 관한 법률이 제정된 이유로 가장 타당한 것은?

① 획일화되는 사회에 적응하기 위함이다.
② 노동조합의 전투성을 진정시키기 위함이다.
③ 외부자보다는 내부자를 보호하기 위함이다.
④ 불확실한 시장상황에 기업이 신속하게 대응할 수 있도록 하기 위함이다.

정답 64 ④ 65 ② 66 ② 67 ④

파견근로자 보호 등에 관한 법률
시장의 변동 상황에 기업이 유연하게 대응할 수 있
도록 하기 위해서 제정된 법이다.

①항 다양화되는 사회에 적응하기 위함이다.
②항 노동조합의 전투성을 약화하기 위함이다.
③항 내부자보다는 외부자를 보호하기 위함이다.

68 기업의 종업원 주식소유제 또는 종업원 지주제
도입의 목적이 아닌 것은?

① 새로운 일자리 창출
② 기업재무구조의 건전화
③ 종업원에 의한 기업인수로 고용안정 도모
④ 공격적 기업인수 및 합병에 대한 효과적 방어
수단으로 활용

해설

종업원 지주제의 목적
종업원 지주제도는 종업원에게 자사 주식을 취득 소
유하게 함으로써 애사심 증진, 장기안정주주 확보,
기업인수합병에 대한 방어수단으로 활용할 수 있으
나 새로운 일자리 창출과는 아무런 관계가 없다.

69 효율임금가설에 대한 설명으로 틀린 것은?

① 효율임금은 생산의 임금탄력성이 1이 되는 점
에서 결정된다.
② 효율임금은 전문직과 같이 노동자들의 생산
성을 관측하기 어려운 경우 채택될 가능성이
높다.
③ 효율임금은 경쟁임금수준보다 높으므로 개별
기업의 이윤극대화를 가져다주는 임금이라
할 수 없다.
④ 효율임금은 임금인상에 따른 한계생산이 임
금의 평균생산과 일치하는 점에서 결정된다.

해설

효율임금정책
시장임금보다 높은 임금을 지불함으로써 노동생산
성의 향상을 꾀하는 것이다. 이에 따라 상대적으로
우수한 인재의 확보로 근로자의 질적 향상을 도모
하여 기업의 이윤극대화의 목표에 기여하기 위한
것이다. 즉, 이윤극대화 목표와 무관하지 않다.

70 마르크스(K. Marx)에 의하면 기술진보로 인하여
상대적 과잉인구가 발생하게 되는데 이를 무슨
실업이라 하는가?

① 마찰적 실업   ② 구조적 실업
③ 기술적 실업   ④ 경기적 실업

해설

기술적 실업
마르크스의 실업이론으로 자본(기술)이 노동을 대
체하여 노동인구의 상대적 과잉으로 인하여 실업
이 발생된다는 이론이다.

71 노동의 공급곡선에 대한 설명 중 틀린 것은?

① 일정 임금수준 이상이 될 때 노동의 공급곡선
은 후방굴절 부분을 가진다.
② 임금과 노동시간 사이에 음(-)의 관계가 존
재할 경우 임금률의 변화 시 소득효과가 대체
효과보다 작다.
③ 임금과 노동시간과의 관계이다.
④ 노동공급의 증가율이 임금상승률보다 높다면
노동공급은 탄력적이다.

해설

임금과 노동시간 사이에 음(-)의 관계가 존재할
경우 임금률의 변화 시 소득효과가 대체효과보다
크다.

72 노동시장과 실업에 관한 설명으로 틀린 것은?

① 최저임금제는 비숙련 노동자에게 해당된다.

② 해고자, 취업대기자, 구직포기자는 실업자에 포함된다.

③ 효율성임금은 노동자의 이직을 막기 위해 시장균형 임금보다 높다.

④ 최저임금, 노동조합 또는 직업탐색 등이 실업의 원인에 포함된다.

해설

실업자

15세 이상 인구 중 조사대상 주간을 포함한 지난 4주 동안에 수입이 있는 일이 없었고, 일할 의사와 능력을 가지고 있으며, 적극적으로 구직활동을 하는 사람을 말한다.

즉, 구직포기자는 실업자에 포함되지 않는다.

73 내부노동시장의 형성요인이 아닌 것은?

① 기술변화에 따른 산업구조 변화

② 장기근속 가능성

③ 위계적 직무서열

④ 기능의 특수성

해설

내부노동시장의 형성요인

숙련의 특수성, 현장훈련, 관습, 장기근속 가능성, 위계적 직무서열, 기능의 특수성 등이다.

※ 기술변화에 따른 산업구조 변화는 내부노동시장 형성요인이라 할 수 없다.

74 임금의 경제적 기능에 대한 설명으로 틀린 것은?

① 임금결정에서 기업주는 동일 노동 동일 임금을 선호하고 노동자는 동일 노동 차등임금을 선호한다.

② 기업주에게는 실질임금이 중요성을 가지나 노동자에게는 명목임금이 중요하다.

③ 기업주 입장에서 본 임금과 노동자 입장에서 본 임금의 성격상 상호배반적인 관계를 갖는다.

④ 임금은 인적자본에 대한 투자수요결정의 변수로서 중요한 역할을 한다.

해설

임금결정에서 기업주는 동일 노동 차등임금을 선호하고 노동자는 동일 노동 임금을 선호한다.

75 분단노동시장(Segmented Labor Market) 가설의 출현배경과 가장 거리가 먼 것은?

① 능력분포와 소득분포의 상이

② 교육개선에 의한 빈곤퇴치 실패

③ 소수인종에 대한 현실적 차별

④ 동질의 노동에 동일한 임금

해설

동일 가치 노동에 대한 동일 임금이 지급되는 시장은 완전경쟁시장에 해당된다. 즉, 분단노동시장은 출현하지 않는다.

76 경제활동인구조사에서 취업자로 분류되는 사람은?

① 명예퇴직을 하여 연금을 받고 있는 전직 공무원

② 하루 3시간씩 구직활동을 하고 있는 전직 은행원

③ 하루 1시간씩 학교 부근 식당에서 아르바이트를 하고 있는 대학생

④ 하루 2시간씩 남편의 상점에서 무급으로 일하는 기혼여성

정답 72 ② 73 ① 74 ① 75 ④ 76 ③

해설

취업자의 정의
① 조사대상 주간에 수입을 목적으로 1시간 이상 일한 자
② 동일 가구 내 가구원이 운영하는 농장이나 사업체의 수입을 위하여 주당 18시간 이상 일한 무급가족종사자
③ 직업 또는 사업체를 가지고 있으나 일시적인 병 또는 사고, 연가, 교육, 노사분규 등으로 일하지 못한 일시휴직자

77 다음 중 구조적 실업에 대한 대책과 가장 거리가 먼 것은?

① 경기활성화
② 직업전환교육
③ 이주에 대한 보조금
④ 산업구조변화 예측에 따른 인력수급정책

해설

경기활성화는 경기적 실업에 대한 대책이다.

78 임금상승의 소득효과가 대체효과보다 클 경우, 노동공급곡선의 형태는?

① 우상승한다.　　② 수평이다.
③ 좌상승한다.　　④ 변함없다.

해설

후방굴절형 노동공급곡선
임금이 상승하면 일정수준까지는 노동의 공급이 늘어나다가 임금이 그 이상 올라가면 노동공급이 줄어들면서 공급곡선이 활처럼 뒤로 굽어지게 되는 것을 말한다. 소득효과가 대체효과보다 크면 임금이 상승할 때 노동공급량이 감소하며 좌상승하는 공급곡선이 나타난다.

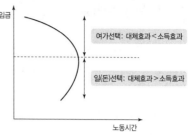

① 대체효과 : 임금이 상승함에 따라 노동시간을 증가시킨다.
② 소득효과 : 임금이 상승함에 따라 노동시간을 감소시킨다.

79 외국인 노동자들의 모든 근로가 합법화되었을 때 외국인 노동수요의 임금탄력성이 0.6이고 임금이 15% 상승하면, 외국인 노동자들에 대한 수요는 몇 % 감소하는가?

① 6%　　　　　　② 9%
③ 12%　　　　　 ④ 15%

해설

$$노동수요의\ 임금탄력성 = \frac{노동수요량의\ 변화율}{임금의\ 변화율}$$

$$0.6 = \frac{노동수요량의\ 변화율}{15\%}$$

$$\therefore 수요량의\ 변화율 = 0.6 \times 15\% = 9\%$$

80 다음 중 시장균형임금보다 임금수준이 높게 유지되는 경우에 해당되지 않는 것은?

① 인력의 부족　　② 노동조합의 존재
③ 최저임금제의 시행　④ 효율성 임금정책 도입

해설

시장임금보다 임금수준이 높게 유지되는 경우는 노동조합의 존재, 최저임금제의 시행, 효율성 임금정책 도입이며, 인력이 부족한 경우에는 단기적으로 공급감소로 인하여 임금이 상승한다.

5과목 노동관계법규

81 고용상 연령차별금지 및 고령자고용촉진에 관한 법령상 고령자와 준고령자의 정의에 관한 설명으로 옳은 것은?

① 고령자는 55세 이상인 사람이며, 준고령자는 50세 이상 55세 미만인 사람으로 한다.
② 고령자는 60세 이상인 사람이며, 준고령자는 55세 이상 60세 미만인 사람으로 한다.
③ 고령자는 58세 이상인 사람이며, 준고령자는 55세 이상 58세 미만인 사람으로 한다.
④ 고령자는 65세 이상인 사람이며, 준고령자는 60세 이상 65세 미만인 사람으로 한다.

해설

① 고령자 : 55세 이상인 사람을 말한다.
② 준고령자 : 50세 이상 55세 미만인 사람을 말한다.

82 직업안정법령상 일용근로자 이외의 직업소개를 하는 유료직업소개사업자의 장부 및 서류의 비치기간으로 옳은 것은?

① 종사자명부 : 3년
② 구인신청서 : 2년
③ 구직신청서 : 1년
④ 금전출납부 및 금전출납 명세서 : 1년

해설

유료직업소개사업자의 장부 및 서류의 비치기간
① 종사자명부 : 2년
② 구인신청서 : 2년
③ 구인접수대장 : 2년
④ 구직신청서 : 2년
⑤ 구직접수 및 직업소개대장 : 2년
⑥ 근로계약서 : 2년
⑦ 일용근로자 회원명부(일용근로자를 회원제로 소개·운영하는 경우만 해당한다) : 2년
⑧ 금전출납부 및 금전출납 명세서 : 2년

83 고용보험법령상 취업촉진 수당에 해당하지 않는 것은?

① 여성고용촉진장려금
② 광역 구직활동비
③ 이주비
④ 직업능력개발 수당

해설

취업촉진 수당의 종류
실업급여는 구직급여와 취업촉진 수당으로 구분하는데, 그중 취업촉진 수당의 종류는 다음과 같다.
① 조기(무期)재취업 수당
② 직업능력개발 수당
③ 광역 구직활동비
④ 이주비

84 남녀고용평등과 일·가정 양립 지원에 관한 법률상 직장 내 성희롱에 관한 설명으로 틀린 것은?

① 사업주, 상급자 또는 근로자는 직장 내 성희롱을 하여서는 아니 된다.
② 사업주는 직장 내 성희롱 예방 교육을 매년 실시하여야 한다.
③ 고용노동부장관은 성희롱 예방 교육기관이 1년 동안 교육 실적이 없는 경우 그 지정을 취소할 수 있다.
④ 사업주는 직장 내 성희롱 발생 사실을 알게 된 경우에는 지체 없이 그 사실 확인을 위한 조사를 하여야 한다.

해설

고용노동부장관은 성희롱 예방 교육기관이 2년 동안 교육 실적이 없는 경우 그 지정을 취소할 수 있다.

정답 81 ① 82 ② 83 ① 84 ③

85 근로기준법령상 정의규정에 관한 설명으로 옳게 명시되지 않은 것은?

① 근로자라 함은 직업의 종류를 불문하고 임금·급료 기타 이에 준하는 수입에 의하여 생활하는 자를 말한다.

② 근로계약이란 근로자가 사용자에게 근로를 제공하고 사용자는 이에 대하여 임금을 지급하는 것을 목적으로 체결된 계약을 말한다.

③ 임금이란 사용자가 근로의 대가로 근로자에게 임금, 봉급, 그 밖에 어떠한 명칭으로든지 지급하는 일체의 금품을 말한다.

④ 사용자란 사업주 또는 사업 경영 담당자, 그 밖에 근로자에 관한 사항에 대하여 사업주를 위하여 행위하는 자를 말한다.

🐾 **해설**

근로기준법령상의 근로자란 직업의 종류와 관계없이 임금을 목적으로 사업이나 사업장에 근로를 제공하는 사람을 말한다.

86 고용보험법의 적용 제외 대상이 아닌 자는?(단, 기타 사항은 고려하지 않음)

① 3개월 이상 계속하여 근로를 제공하는 자

② 「지방공무원법」에 따른 공무원

③ 「사립학교교직원 연금법」의 적용을 받는 자

④ 「별정우체국법」에 따른 별정우체국 직원

🐾 **해설**

고용보험법의 적용 제외 근로자

① 65세 이후에 고용되거나 자영업을 개시한 자

② 소정(所定)근로시간이 대통령령으로 정하는 시간 미만인 자

※ 1개월간 소정근로시간이 60시간 미만인 자(1주간의 소정근로시간이 15시간 미만인 자를 포함한다)를 말한다. 다만, 생업을 목적으로 근로를 제공하는 자 중 3개월 이상 계속하여 근로를 제공하는 자와 일용근로자는 제외한다.

③ 공무원. 다만, 대통령령으로 정하는 바에 따라 별정직공무원, 임기제공무원의 경우는 본인의 의사에 따라 고용보험에 가입할 수 있다.

④ 「사립학교교직원 연금법」의 적용을 받는 자

⑤ 그 밖에 대통령령으로 정하는 자

• 외국인 근로자. 다만, 「출입국관리법 시행령」에 해당하는 자는 제외한다.

• 「별정우체국법」에 따른 별정우체국 직원

87 남녀고용평등과 일·가정 양립 지원에 관한 법령상 남녀의 평등한 기회보장 및 대우에 관한 설명으로 틀린 것은?

① 사업주는 동일한 사업 내의 동일 가치 노동에 대하여는 동일한 임금을 지급하여야 한다.

② 사업주가 임금차별을 목적으로 설립한 별개의 사업은 별개의 사업으로 본다.

③ 사업주는 근로자를 모집하거나 채용할 때 남녀를 차별하여서는 아니 된다.

④ 사업주는 여성 근로자의 출산을 퇴직 사유로 예정하는 근로계약을 체결하여서는 아니 된다.

🐾 **해설**

사업주가 임금차별을 목적으로 설립한 별개의 사업은 동일한 사업으로 본다.

88 고용정책 기본법령상 대량 고용변동의 신고기준 중 ( )에 들어갈 숫자의 연결이 옳은 것은?

• 상시 근로자 300명 미만을 사용하는 사업 또는 사업장 : ( )명 이상

• 상시 근로자 300명 이상을 사용하는 사업 또는 사업장 : 상시 근로자 총수의 100분의 ( )명 이상

① 10, 20   ② 10, 30

③ 30, 10   ④ 30, 20

📌 **해설**

대량 고용변동의 신고(제33조)
사업주는 생산설비의 자동화, 신설 또는 증설이나 사업규모의 축소, 조정 등으로 인한 고용량(雇傭量)의 변동이 다음에 해당하는 경우 그 고용량의 변동에 관한 사항을 직업안정기관의 장에게 신고하여야 한다.
1개월 이내에 이직하는 근로자의 수가
① 상시 근로자 300명 미만을 사용하는 사업 또는 사업장 : 30명 이상
② 상시 근로자 300명 이상을 사용하는 사업 또는 사업장 : 상시 근로자 총수의 100분의 10 이상

89 국민 평생 직업능력 개발법령상 다음 ( )에 알맞은 숫자를 옳게 연결한 것은?

> 사업주는 훈련계약을 체결할 때에는 해당 직업능력개발훈련을 받는 사람이 직업능력개발훈련을 이수한 후에 사업주가 지정하는 업무에 일정 기간 종사하도록 할 수 있다. 이 경우 그 기간은 ( )년 이내로 하되, 직업능력개발훈련 기간의 ( )배를 초과할 수 없다.

① 3, 2　　　　② 3, 3
③ 5, 2　　　　④ 5, 3

📌 **해설**

국민 평생 직업능력 개발법상 사업주는 훈련계약을 체결할 때에는 해당 직업능력개발훈련을 받는 사람이 직업능력개발훈련을 이수한 후에 사업주가 지정하는 업무에 일정 기간 종사하도록 할 수 있다. 이 경우 그 기간은 5년 이내로 하되, 직업능력개발훈련기간의 3배를 초과할 수 없다.

90 다음 중 근로기준법상 1순위로 변제되어야 하는 채권은?

① 우선권이 없는 조세·공과금
② 최종 3개월분의 임금
③ 질권·저당권에 의해 담보된 채권
④ 최종 3개월분의 임금을 제외한 임금채권 전액

📌 **해설**

임금채권의 우선변제
① 최종 3월분의 임금, 최종 3년간의 퇴직금 및 재해보상금(최우선 변제)
② 질권, 저당권에 우선하는 조세 및 공과금
③ 질권, 저당권에 의하여 담보된 채권
④ 임금 기타 근로관계 채권(우선 변제)
⑤ 일반 조세 및 공과금
⑥ 기타 채권(일반채권)

91 헌법이 보장하는 근로 3권의 설명으로 틀린 것은?

① 단결권은 근로조건의 향상을 도모하기 위하여 근로자와 그 단체에 부여된 단결체 조직 및 활동, 가입, 존립보호 등을 위한 포괄적 개념이다.
② 단결권이 근로자 집단의 근로조건의 향상을 추구하는 주체라면, 단체교섭권은 그 목적활동이고, 단체협약은 그 결실이라고 본다.
③ 단체교섭의 범위는 근로자들의 경제적·사회적 지위향상에 관한 것으로 단체교섭의 주체는 원칙적으로 근로자 개인이 된다.
④ 단체행동권의 보장은 개개 근로자와 노동조합의 민·형사상 책임을 면제시키는 것이므로 시민법에 대한 중대한 수정을 의미한다.

📌 **해설**

단체교섭의 범위는 근로자들의 경제적·사회적 지위향상에 관한 것으로 단체교섭의 주체는 원칙적으로 근로자 단결체가 행사할 수 있는 권리이다.

92 남녀고용평등과 일·가정 양립 지원에 관한 법령상 상시 300명 미만의 근로자를 사용하는 사업 또는 사업장에서의 배우자 출산휴가에 관한 설명으로 틀린 것은?

① 사업주는 근로자가 배우자 출산휴가를 청구하는 경우에 10일의 휴가를 주어야 한다.

② 사용한 배우자 출산휴가기간은 무급으로 한다.

③ 배우자 출산휴가는 근로자의 배우자가 출산한 날부터 90일이 지나면 청구할 수 없다.

④ 배우자 출산휴가는 1회에 한정하여 나누어 사용할 수 있다.

해설

사업주는 근로자가 배우자의 출산을 이유로 휴가를 청구하는 경우에 10일의 휴가를 주어야 한다. 이 경우 사용한 휴가기간은 유급으로 한다.

93 파견근로자 보호 등에 관한 법령상 근로자파견사업을 하여서는 아니 되는 업무에 해당하는 것을 모두 고른 것은?

> ㄱ. 건설공사현장에서 이루어지는 업무
> ㄴ. 「산업안전보건법」상 유해하거나 위험한 업무
> ㄷ. 「의료기사 등에 관한 법률」상 의료기사의 업무
> ㄹ. 「여객자동차 운수사업법」상 여객자동차 운송사업에서의 운전업무

① ㄱ, ㄹ   ② ㄱ, ㄴ, ㄷ
③ ㄴ, ㄷ, ㄹ   ④ ㄱ, ㄴ, ㄷ, ㄹ

해설

다음의 업무에 대하여는 근로자파견사업을 행하여서는 아니 된다.
① 건설공사현장에서 이루어지는 업무
② 「항만운송사업법」, 「한국철도공사법」, 「농수산물유통 및 가격안정에 관한 법률」, 「물류정책기본법」의 하역업무로서 「직업안정법」에 따라 근로자공급사업 허가를 받은 지역의 업무

③ 「선원법」에 따른 선원의 업무
④ 「산업안전보건법」에 따른 유해하거나 위험한 업무
⑤ 그 밖에 근로자 보호 등의 이유로 근로자파견사업의 대상으로는 적절하지 못하다고 인정하여 대통령령이 정하는 업무
• 분진작업을 하는 업무
• 건강관리수첩의 교부대상 업무
• 간호조무사의 업무
• 의료기사의 업무
• 여객자동차운송사업의 운전업무
• 화물자동차운송사업의 운전업무

94 고용정책 기본법상 고용노동부장관이 실시하는 실업대책사업에 해당하지 않는 것은?

① 실업자 가족의 의료비 지원
② 고용촉진과 관련된 사업을 하는 자에 대한 대부(貸付)
③ 고용재난지역의 선포
④ 실업자에 대한 공공근로사업

해설

고용정책 기본법상 고용노동부장관이 실시하는 실업대책사업
① 실업자의 취업촉진을 위한 훈련의 실시와 훈련에 대한 지원
② 실업자에 대한 생계비, 생업자금, 「국민건강보험법」에 따른 보험료 등 사회보험료, 의료비(가족의 의료비 포함), 학자금(자녀의 학자금 포함), 주택전세자금 및 창업점포임대 등의 지원
③ 실업의 예방, 실업자의 재취업촉진, 그 밖에 고용안정을 위한 사업을 하는 자에 대한 지원
④ 고용촉진과 관련된 사업을 하는 자에 대한 대부(貸付)
⑤ 실업자에 대한 공공근로사업
⑥ 그 밖에 실업의 해소에 필요한 사업

※ 고용재난지역의 선포를 건의받은 대통령은 국무회의의 심의를 거쳐 해당 지역을 고용재난지역으로 선포할 수 있다.

95 직업안정법령상 용어정의로 틀린 것은?

① "고용서비스"란 구인자 또는 구직자에 대한 고용정보의 제공, 직업소개, 직업지도 또는 직업능력개발 등 고용을 지원하는 서비스를 말한다.

② "직업안정기관"이란 직업소개, 직업지도 등 직업안정업무를 수행하는 지방고용노동행정기관을 말한다.

③ "모집"이란 근로자를 고용하려는 자가 취업하려는 사람에게 피고용인이 되도록 권유하거나 다른 사람으로 하여금 권유하게 하는 것을 말한다.

④ "근로자공급사업"이란 공급계약에 따라 근로자를 타인에게 사용하게 하는 사업을 말하는 것으로서, 파견근로자 보호 등에 관한 법률에 의한 근로자파견사업도 포함한다.

해설

근로자공급사업

공급계약에 따라 근로자를 타인에게 사용하게 하는 사업을 말한다. 다만, 「파견근로자 보호 등에 관한 법률」에 따른 근로자파견사업은 제외한다.

96 국민 평생 직업능력 개발법령상 훈련방법에 따른 구분에 해당하지 않는 것은?

① 집체훈련
② 현장훈련
③ 양성훈련
④ 원격훈련

해설

① 훈련목적에 따른 구분 : 양성훈련, 향상훈련, 전직훈련
② 훈련방법에 따른 구분 : 집체훈련, 현장훈련, 원격훈련

97 근로자퇴직급여 보장법령의 내용으로 옳지 않은 것은?

① 상시 4명 이하의 근로자를 사용하는 사업 또는 사업장에는 퇴직급여제도를 설정하지 않아도 된다.

② 퇴직연금제도란 확정급여형 퇴직연금제도, 확정기여형 퇴직연금제도 및 개인형 퇴직연금제도를 말한다.

③ 4주간을 평균하여 1주간의 소정근로시간이 15시간 미만인 근로자는 퇴직급여제도를 설정하지 않아도 된다.

④ 퇴직급여제도를 설정하는 경우에 하나의 사업에서 급여 및 부담금 산정방법의 적용 등에 관하여 차등을 두어서는 아니 된다.

해설

근로자퇴직급여 보장법은 근로자를 사용하는 모든 사업 또는 사업장에 적용한다.

98 고용보험법상 고용보험심사위원회의 재심사청구에서 재심사청구인의 대리인이 될 수 없는 자는?

① 청구인인 법인의 직원
② 청구인의 배우자
③ 청구인이 가입한 노동조합의 위원장
④ 변호사

해설

고용보험법상 고용보험심사위원회의 심사청구인 또는 재심사청구인은 법정대리인 외에 다음의 어느 하나에 해당하는 자를 대리인으로 선임할 수 있다.

① 청구인의 배우자, 직계존속 · 비속 또는 형제자매
② 청구인인 법인의 임원 또는 직원
③ 변호사나 공인노무사
④ 심사위원회의 허가를 받은 자

정답 95 ④ 96 ③ 97 ① 98 ③

99 근로기준법령상 임금에 관한 설명으로 틀린 것은?

① 사용자의 귀책사유로 휴업하는 경우에 사용자는 휴업기간 동안 그 근로자에게 평균임금의 100분의 80 이상의 수당을 지급하여야 한다.

② 단체협약에 특별한 규정이 있는 경우에는 임금의 일부를 공제할 수 있다.

③ 임금은 매월 1회 이상 일정한 날짜를 정하여 지급하는 것이 원칙이다.

④ 임금채권은 3년간 행사하지 아니하면 시효로 소멸한다.

해설

사용자의 귀책사유로 휴업하는 경우에 사용자는 휴업기간 동안 그 근로자에게 평균임금의 100분의 70 이상의 수당을 지급하여야 한다. 다만, 평균임금의 100분의 70에 해당하는 금액이 통상임금을 초과하는 경우에는 통상임금을 휴업수당으로 지급할 수 있다.

100 채용절차의 공정화에 관한 법령상 500만 원 이하의 과태료 부과사항에 해당하지 않는 것은?

① 채용광고의 내용 또는 근로조건을 변경한 구인자

② 지식재산권을 자신에게 귀속하도록 강요한 구인자

③ 채용서류 보관의무를 이행하지 아니한 구인자

④ 그 직무의 수행에 필요하지 아니한 개인정보를 기초심사자료에 기재하도록 요구하거나 입증자료로 수집한 구인자

해설

위반 시 벌칙 규정

구분	목차	벌칙 규정
거짓 채용광고 등의 금지	거짓의 채용광고 금지	5년 이하 징역, 2천만 원 이하 벌금
	채용광고 내용을 불리하게 변경 금지	즉시 500만 원 이하 과태료
	채용 후 근로조건을 불리하게 변경 금지	
	구직자의 지식재산권 귀속 강요 금지	
채용 절차상의 고지	채용서류의 접수사실 고지	벌칙 규정 없음
	채용일정 및 채용과정 고지	
	채용 여부 고지	
	채용서류의 반환 고지	즉시 300만 원 이하 과태료
채용심사비용의 부담 금지		시정명령 미이행 시 300만 원 이하 과태료
채용서류의 반환	채용서류 반환의무 및 구인자 부담의무	
	채용서류 파기의무	
	채용서류 보관의무	즉시 300만 원 이하 과태료

VOCATIONAL COUNSELOR

과년도 기출문제 2021년 1회

01 Williamson이 분류한 직업선택의 주요 문제영역이 아닌 것은?

① 직업 무선택
② 직업선택의 확신 부족
③ 정보의 부족
④ 현명하지 못한 직업선택

> 해설
>
> Williamson의 직업문제 분류범주
> ① 무선택(선택하지 않음)
> ② 불확실한 선택 : 직업선택의 확신 부족
> ③ 흥미와 적성의 불일치 : 흥미와 적성의 모순 또는 차이
> ④ 현명하지 못한 선택 : 어리석은 선택

02 실존주의 상담에 관한 설명으로 옳은 것은?

① 인간은 과거와 환경에 의해 결정되는 것이 아니라 현재의 사고, 감정, 느낌, 행동의 전체성과 통합을 추구하는 존재이다.
② 인간은 자신의 삶 속에서 스스로를 불행하게 만드는 요인이 무엇인가를 이해할 수 있을 뿐만 아니라 자신의 나아갈 방향을 찾고 건설적인 변화를 이끌 수 있다.
③ 치료가 상담목표가 아니라 내담자로 하여금 자신의 현재 상태에 대해 인식하고 피해자적 역할로부터 벗어날 수 있도록 돕는 것이다.

④ 과거 사건에 대한 개인의 지각과 해석이 현재의 행동에 어떠한 영향을 미치는가에 중점을 두고 개인의 선택과 책임, 삶의 의미, 성공추구 등을 강조한다.

> 해설
>
> ①항 형태주의 상담
> ②항 내담자 중심 상담
> ④항 개인주의 상담
>
> 실존주의 상담은 상담을 치료적 수단으로서가 아니라 진정한 인간이해의 과정으로 보고, 삶의 진정한 의미 이해에 초점을 두고 있다.

03 상담 과정에서 상담자가 내담자에게 질문하는 형식에 관한 설명으로 옳지 않은 것은?

① 간접적 질문보다는 직접적 질문이 더 효과적이다.
② 폐쇄적 질문보다는 개방적 질문이 더 효과적이다.
③ 이중질문은 상담에서 도움이 되지 않는다.
④ "왜"라는 질문은 가능하면 피해야 한다.

> 해설
>
> 직접적 질문보다는 간접적 질문이 더 효과적이다.

04 자기인식이 부족한 내담자를 사정할 때 인지에 대한 통찰을 재구조화하거나 발달시키는 데 적합한 방법은?

① 직면이나 논리적 분석을 해준다.
② 불안에 대처하도록 심호흡을 시킨다.
③ 은유나 비유를 사용한다.
④ 사고를 재구조화한다.

해설

인지적 명확성이 부족한 내담자(18가지 유형)와의 면담에서 인지적 명확성을 사정할 때 상담자가 개입하는 방법
① 비난하기형 내담자 : 직면이나 논리적 분석을 해준다.
② 잘못된 의사결정 방식형 내담자 : 불안에 대처하도록 심호흡시킨다.
③ 자기 인식이 부족한 내담자 : 은유나 비유를 사용한다.
④ 걸러내며 듣는 내담자(좋다, 나쁘다만 듣는 형) : 사고를 재구조화한다.

05 직업상담의 기초 기법에 관한 설명으로 틀린 것은?

① 적극적 경청 : 내담자의 내면적 감정을 반영하는 것으로 이를 통해 내담자의 감정을 충분히 이해하고 수용할 수 있다.
② 명료화 : 내담자의 말 속에 포함되어 있는 불분명한 측면을 상담자가 분명하게 밝히는 반응이다.
③ 수용 : 상담자가 내담자의 이야기에 주의를 집중하고 있고, 내담자를 인격적으로 존중하고 있음을 보여주는 기법이다.
④ 해석 : 내담자가 새로운 방식으로 자신의 문제들을 볼 수 있도록 사건들의 의미를 설정해주는 것이다.

해설

①항은 반영에 대한 설명이다.

※ 경청 중에서도 특히 로저스(Rogers) 등이 제창한 적극적 경청(Active Listening)은 중요한데, 이는 단순히 수동적으로 듣는 역할만이 아니라, 스스로 적극적인 관여를 해가면서 마음을 가지고 "네", "예", "응", "으흠" 등 맞장구를 치거나, 응답내용의 중요 어구나 감정용어를 반복하면서 듣는 방법이다.

06 정신역동적 직업상담에서 Bordin이 제시한 상담자의 반응범주에 해당하지 않는 것은?

① 소망–방어체계   ② 비교
③ 명료화   ④ 진단

해설

정신역동적 직업상담의 상담자의 반응범주
① 명료화 : 진로문제와 관련된 내담자의 문제를 명료화한다.
② 비교 : 두 가지 이상 주제들 사이의 유사성, 차이점들을 분명하게 부각하기 위해 비교하는 방법을 사용한다.
③ 소망–방어체계에 대한 해석 : 내담자의 내적 동기와 직업결정 과정간의 관계를 인식하게 한다.

07 생애진로사정의 구조 중 전형적인 하루에서 검토되어야 할 성격차원은?

① 의존적–독립적 성격차원
② 판단적–인식적 성격차원
③ 외향적–내성적 성격차원
④ 감각적–직관적 성격차원

해설

생애진로사정의 구조 중 전형적인 하루
개인이 자신의 생활을 어떻게 조직하는지를 발견하는 것이다. 검토되어야 할 성격차원은 의존적–독립적 차원과 체계적–자발적 차원이다.

08 직업상담의 기본 원리에 대한 설명으로 틀린 것은?

① 직업상담은 개인의 특성을 객관적으로 파악한 후, 직업상담자와 내담자 간의 신뢰관계(Rapport)를 형성한 뒤에 실시하여야 한다.
② 직업상담에 있어서 가장 핵심적인 요소는 개인의 심리적·정서적 문제의 해결이다.
③ 직업상담은 진로발달 이론에 근거하여야 한다.
④ 직업상담은 각종 심리검사를 활용하여 그 결과를 기초로 합리적인 결과를 끌어낼 수 있어야 한다.

🔍 **해설**

직업상담에 있어서 가장 핵심적인 요소는 개인의 심리적·정서적 문제의 해결이 아니라 직업지도이다. 이것이 심리상담과 직업상담의 결정적 차이이다.

09 다음은 무엇에 관한 설명인가?

> 행동주의 직업상담에서 내담자가 직업선택에 대해서 무력감을 느끼게 되고, 그로 인해 발생된 불안 때문에 직업결정을 못하게 되는 것

① 무결단성
② 우유부단
③ 미결정성
④ 부적응성

🔍 **해설**

행동주의 직업상담모형에서 Goodstein은 내담자가 의사결정을 내리지 못하는 원인으로서 불안을 강조하였으며, 의사결정을 내리지 못하는 유형을 우유부단함과 무결단성으로 구분하여 불안을 설명하였다. 우유부단형에게는 불안이 우유부단의 선행요인이 아닌 결과에 해당하는 것이고, 무결단형에게는 불안이 무결정의 선행요인이자 결과로서 작용한다고 하였다. 즉, 무결단성은 불안이 오

래 지속되었을 때 일어나는데 이로 인해 내담자들은 직업선택문제에서 무력하게 되고 직업선택결정을 못하게 된다고 하였다.

10 발달적 직업상담에 관한 설명으로 틀린 것은?

① 내담자의 직업 의사결정문제와 직업 성숙도 사이의 일치성에 초점을 둔다.
② 내담자의 진로발달과 함께 일반적 발달 모두를 향상시키는 것을 목표로 하고 있다.
③ 정밀검사는 특성-요인 직업상담처럼 직업상담의 초기에 내담자에게 종합진단을 실시하는 것이다.
④ 직업상담사가 사용할 수 있는 기법에는 진로자서전과 의사결정 일기가 있다.

🔍 **해설**

특성-요인 직업상담처럼 직업상담의 초기에 내담자에게 종합진단을 실시하는 것은 집중검사이다. 정밀검사는 진로상담의 전 과정에 걸쳐 개별검사를 실시하도록 고안된 것이다.

11 다음은 어떤 직업상담 접근방법에 관한 설명인가?

> 모든 내담자는 공통적으로 자기와 경험의 불일치로 인해서 고통을 받고 있기 때문에 직업상담 과정에서 내담자가 지니고 있는 직업문제를 진단하는 것 자체가 불필요하다고 본다.

① 내담자 중심 직업상담
② 특성-요인 직업상담
③ 정신역동적 직업상담
④ 행동주의 직업상담

12 성공적인 상담결과를 위한 상담목표의 특징으로 옳지 않은 것은?

① 변화될 수 없으며 구체적이어야 한다.
② 실현 가능해야 한다.
③ 내담자가 원하고 바라는 것이어야 한다.
④ 상담자의 기술과 양립 가능해야만 한다.

🔖 해설

상담목표를 설정할 때 고려하여야 할 특성(내담자가 가져야 할 목표의 특성)
① 목표는 구체적이어야 한다(내담자가 바라는 구체적이고 긍정적인 변화를 상담목표로 삼는다).
② 목표는 실현 가능해야 한다.
③ 목표는 내담자가 원하고 바라는 것이어야 한다.
④ 내담자의 목표는 상담자의 기술과 양립 가능해야 한다.

※ 상담을 진행하면서 새로운 문제가 발생될 수도 있으므로 목표는 변화될 수 있다.

13 자기보고식 가치사정법이 아닌 것은?

① 과거의 선택 회상하기
② 존경하는 사람 기술하기
③ 난관을 극복한 경험 기술하기
④ 백일몽 말하기

🔖 해설

내담자의 자기보고식 가치사정방법
체크목록 가치에 순위 매기기, 과거선택 회상하기, 절정경험 조사하기, 자유시간과 금전의 사용, 백일몽 말하기, 존경하는 사람 기술하기가 있다.

14 Herr가 제시한 직업상담사의 직무내용에 해당되지 않는 것은?

① 상담자는 특수한 상담기법을 통해서 내담자의 문제를 확인하도록 한다.
② 상담자는 좋은 결정을 가져오기 위한 예비행동을 설명한다.

③ 직업선택이 근본적인 관심사인 내담자에 대해서는 직업상담 실시를 보류하도록 한다.
④ 내담자에 관한 부가적 정보를 종합한다.

🔖 해설

직업선택이 근본적인 관심사인 내담자에 대해서는 바로 직업상담 실시를 확정해야지 보류하지 않는다.

15 포괄적 직업상담에 관한 설명으로 틀린 것은?

① 논리적인 것과 경험적인 것을 의미 있게 절충시킨 모형이다.
② 진단은 변별적이고 역동적인 성격을 가지고 있다.
③ 상담의 진단단계에서는 주로 특성–요인 이론과 행동주의 이론으로 접근한다.
④ 문제해결단계에서는 도구적(조작적) 학습에 초점을 맞춘다.

🔖 해설

상담의 진단단계에서는 인간 중심 상담, 발달적 직업상담을, 전반적인 진행에서는 정신역동적 직업상담을, 상담 말기에는 특성–요인 이론과 행동주의 이론으로 접근한다.

16 대안개발과 의사결정 시 사용하는 인지적 기법으로 다음 설명에 해당하는 인지치료 과정의 단계는?

> 상담자는 두 부분의 개입을 하게 된다. 첫 번째는 낡은 사고에 대한 평가이며, 두 번째는 낡은 사고나 새로운 사고의 적절성을 검증하는 실험을 해보는 것이다. 의문문 형태의 개입은 상담자가 정답을 제시하기보다는 내담자 스스로 해결방법에 다가가도록 유도한다.

① 2단계   ② 3단계
③ 4단계   ④ 5단계

해설

인지치료 과정

내담자의 부정 자동적 사고를 찾아내어 보다 적절한 적응적인 사고로 대치하고 부정 자동적 사고의 기저를 이루는 근원적인 역기능적 인지도식을 찾아내어 보다 현실적인 것으로 바꾸는 과정이다.

① 1단계 : 내담자가 느끼는 감정의 속성이 무엇인지 확인한다.
② 2단계 : 감정과 연합된 사고, 신념, 태도들을 확인한다.
③ 3단계 : 내담자의 사고들을 1~2개의 문장으로 요약·정리한다.
④ 4단계 : 내담자를 도와 현실과 이성적 사고를 조사해 보도록 개입한다(의문문 형태로 개입).
⑤ 5단계 : 과제를 부여하여 새로운 사고나 신념들의 적절성을 검증하게 한다.

17 직업상담사의 윤리에 관한 설명으로 옳은 것은?

① 내담자 개인 및 사회에 임박한 위험이 있다고 판단되더라도 개인정보와 상담내용에 대한 비밀을 유지해야 한다.
② 자기와 능력 및 기법의 한계를 넘어서는 문제에 대해서는 다른 전문가에게 의뢰해야 한다.
③ 심층적인 심리상담이 아니므로 직업상담은 비밀유지 의무가 없다.
④ 상담을 통해 내담자가 도움을 받지 못하더라도 내담자보다 먼저 종결을 제안해서는 안 된다.

해설

①항 내담자가 자신이나 다른 사람을 위험에 빠뜨릴 가능성이 큰 경우에는 비밀보장의 예외의 원칙에 따른다.
③항 직업상담은 기본적으로 비밀유지의 의무가 있다
④항 상담을 통해 도움을 받지 못하는 상황이라면 상담종결을 제안해야 한다.

18 다음 상담장면에서 나타난 진로상담에 대한 내담자의 잘못된 인식은?

> • 내담자 : 진로선택에 대해서 도움을 받고자 합니다.
> • 상담자 : 당신이 현재 생각하고 있는 것부터 이야기를 하시지요.
> • 내담자 : 저는 올바르게 선택하고 싶습니다. 아시겠지만, 저는 실수를 저지르고 싶지 않습니다. 선생님은 제가 틀림없이 올바르게 선택할 수 있도록 도와주실 것으로 생각합니다.

① 진로상담의 정확성에 대한 오해
② 일회성 결정에 대한 편견
③ 적성·심리검사에 대한 과잉신뢰
④ 흥미와 능력개념의 혼동

해설

상담이 절대로 틀리지 않는다는 정확성에 대한 오해에 대한 사례이다.

19 엘리스(Ellis)가 개발한 인지적–정서적 상담에서 정서적이고 행동적인 결과를 야기하는 것은?

① 선행사건
② 논박
③ 신념
④ 효과

해설

엘리스의 인지–정서 상담에서는 인지(신념, 사고, 정서)가 중요하다고 보며 신념이 합리적이냐 비합리적이냐에 따라 정서적 행동적 결과를 야기한다고 본다. 그래서 내담자의 비합리적인 신념을 논박에 의하여 합리적 신념으로 대체해 나가는 과정이 상담(치료)의 핵심이 된다.

20 특성-요인 상담의 특징으로 옳지 않은 것은?

① 상담자 중심의 상담방법이다.
② 문제의 객관적 이해보다는 내담자에 대한 정서적 이해에 중점을 둔다.
③ 내담자에게 정보를 제공하고 학습기술과 사회적 적응기술을 알려주는 것을 중요시한다.
④ 사례연구를 상담의 중요한 자료로 삼는다.

🔖 해설

특성-요인 상담은 내담자 문제의 객관적 이해에 중점을 두며 정서적 이해에 대하여는 간과하고 있다. 내담자에 대한 정서적 이해에 중점을 두는 것은 내담자 중심 상담이다.

2과목 **직업심리학**

21 검사의 구성타당도 분석방법으로 적합하지 않은 것은?

① 기대표 작성
② 확인적 요인 분석
③ 관련 없는 개념을 측정하는 검사와의 상관계수 분석
④ 유사한 특성을 측정하는 기존 검사와의 상관계수 분석

🔖 해설

구성타당도 분석방법
변별타당도 분석방법, 수렴타당도 분석방법, 요인분석법이 있다.
※ 기대표 작성(이원분류표)은 준거타당도에서 활용되는 방법이다.

22 직무수행 관련 성격 5요인(Big 5) 모델의 요인이 아닌 것은?

① 외향성   ② 친화성
③ 성실성   ④ 지배성

🔖 해설

노동부에서 사용하고 있는 직업선호도 검사의 성격 5요인(Big 5)은 외향성, 호감성(친화성), 성실성, 정서적 불안정성, 경험에 대한 개방성을 측정하고 있다.

23 탈진(Burnout)에 관한 설명으로 옳지 않은 것은?

① 종업원들이 일정 기간 동안 직무를 수행한 후 경험하는 지친 심리적 상태를 의미한다.
② 탈진검사는 정서적 고갈, 인격 상실, 개인적 성취감 감소 등의 세 가지 구성요소로 측정한다.
③ 탈진에 대한 연구는 대부분 면접과 관찰을 통해 이루어졌다.
④ 탈진 경험은 다양한 직무 스트레스 요인과 직무 스트레스 반응 변인과 상관이 있다.

🔖 해설

탈진에 대한 연구는 대부분 설문에 의한 양적 연구로 되어 있다.

24 미네소타 직업분류체계 Ⅲ와 관련하여 발전한 직업발달 이론은?

① Krumboltz의 사회학습이론
② Super의 평생발달이론
③ Ginzberg의 발달이론
④ Lofquist와 Dawis의 직업적응이론

🔖 해설

Lofquist와 Dawis의 직업적응이론은 미네소타 대학의 직업적응 프로젝트의 연구성과를 바탕으로 정립된 이론이다.

정답 20 ② 21 ① 22 ④ 23 ③ 24 ④

25 홀랜드(Holland) 이론의 직업환경 유형과 대표 직업 간 연결이 틀린 것은?

① 현실형(R) – 목수, 트럭운전사
② 탐구형(I) – 심리학자, 분자공학자
③ 사회형(S) – 정치가, 사업가
④ 관습형 (C) – 사무원, 도서관 사서

해설

정치가, 사업가는 리더십이 있으며 야심적이고 외향적이므로 진취형 환경이다. 사회형은 상담사, 교사, 성직자 등이 대표직업이다.

26 경력개발 프로그램 중 종업원 역량개발 프로그램과 가장 거리가 먼 것은?

① 훈련 프로그램   ② 사내공모제
③ 후견인 프로그램   ④ 직무순환

해설

종업원의 경력개발 프로그램
훈련 프로그램, 후견인 제도, 직무순환 프로그램 등이 있다.

※ 사내공모제는 역량개발이 아니라 사내인사 배치에 사용하는 방법이다.

27 직무분석을 통해 작성되는 결과물로서, 해당 직무를 수행하는 작업자가 갖추어야 할 자격요건을 기록한 것은?

① 직무기술서(Job Description)
② 직무명세서(Job Specification)
③ 직무 프로파일(Job Profile)
④ 직책기술서(Position Description)

해설

직무를 수행하기 위한 구체적인 인적 요건들을 밝히는 것은 직무명세서이다. 직무에서 수행하는 과제나 활동이 어떤 것들인지를 파악하는 데 초점을 두기보다는 직무 수행 시 요구되는 지식, 기술, 능력, 경험 등 작업자의 재능에 초점을 둔다.

28 파슨스(Parsons)가 강조하는 현명한 직업선택을 위한 필수 요인이 아닌 것은?

① 자신의 흥미, 적성, 능력, 가치관 등 내면적인 자신에 대한 명확한 이해
② 현대사회가 필요로 하는 전망이 밝은 분야에서의 취업을 위한 구체적인 준비
③ 직업에서의 성공, 이점, 보상, 자격요건, 기회 등 직업세계에 대한 지식
④ 개인적인 요인과 직업 관련 자격요건, 보수 등의 정보를 기초로 한 현명한 선택

해설

파슨스는 직업모델을 주창한 학자로서 개인분석과 직업분석을 한 후에 개인적 요소와 직업 관련 요소를 합리적으로 매칭(과학적 조언)하여 직업선택을 하는 데 도움을 주고자 하였다.

29 다운사이징(Downsizing)과 조직구조의 수평화로 대변되는 최근의 조직변화에 적합한 종업원 경력개발 프로그램에 관한 설명으로 가장 거리가 먼 것은?

① 직무를 통해서 다양한 능력을 본인 스스로 학습할 수 있도록 많은 프로젝트에 참여시킨다.
② 표준화된 작업규칙, 고정된 작업시간, 엄격한 직무기술을 강화한 학습 프로그램에 참여시킨다.
③ 불가피하게 퇴직한 사람들을 위한 퇴직자 관리 프로그램을 운영한다.
④ 새로운 직무를 수행하는 데 요구되는 능력 및 지식과 관련된 재교육을 실시한다.

해설

표준화된 작업규칙, 고정된 작업시간, 엄격한 직무기술보나는 융통성 있는 규칙과 직업시간, 기술이 요구된다.

정답 25 ③ 26 ② 27 ② 28 ② 29 ②

30 과업지향적 직무분석방법 중 기능적 직무분석의 세 가지 차원이 아닌 것은?

① 기술(Skill) ② 자료(Data)
③ 사람(People) ④ 사물(Things)

> **해설**
>
> 과업지향적 직무분석방법에서는 직무에 대한 판단이 자료, 사람, 사물의 관점에서 이루어진다.
> ※ 지식, 기술, 능력은 작업자 지향적 직무분석방법이다.

31 신뢰도의 종류 중 검사 내 문항들 간의 동질성을 나타내는 것은?

① 동등형 신뢰도
② 내적일치 신뢰도
③ 검사–재검사 신뢰도
④ 평가자 간 신뢰도

> **해설**
>
> 반분신뢰도(내적 일관성, 내적 일치 신뢰도)
> 전체 문항수를 반으로 나누어 실시하여 두 점수 간의 상관계수를 구하는 방법으로 검사 내 문항들이 내적으로 얼마나 일관성이 있는가가 중요하다.

32 조직에서 자신이 생각하는 역할과 상급자가 생각하는 역할 간 차이에 기인한 스트레스원은?

① 역할과다 ② 역할모호성
③ 역할갈등 ④ 과제곤란도

> **해설**
>
> ① 역할과다 : 역할이 능력에 비해 과다할 때 발생한다.
> ② 역할모호성 : 역할담당자가 역할전달자(상급자)의 역할기대에 대해 명확히 알지 못하거나 필요한 정보를 전달받지 못할 때 발생하는 심리적 상태이다.

④ 과제곤란도 : 과제가 복잡하거나 반복되는 단조로운 과제일 때 스트레스에 쉽게 노출될 수 있다.

33 직업상담장면에서 활용 가능한 성격검사에 관한 설명으로 옳은 것은?

① 특정 분야에 대한 흥미를 측정한다.
② 어떤 특정 분야나 영역의 숙달에 필요한 적응능력을 측정한다.
③ 대개 자기보고식 검사이며, 널리 이용되는 검사는 다면적 인성검사, 성격유형 검사 등이 있다.
④ 비구조적 과제를 제시하고 자유롭게 응답하도록 하여 분석하는 방식으로 웩슬러 검사가 있다.

> **해설**
>
> ①항 흥미검사에 대한 설명이다.
> ②항 적성검사에 대한 설명이다.
> ④항 비구조적 검사는 투사적 검사이고, 웩슬러 지능검사는 구조적 검사이다.

34 로(Roe)의 욕구이론에 관한 설명으로 옳은 것은?

① 부모–자녀 간의 상호작용을 자녀에 대한 정서집중형, 회피형, 수용형의 유형으로 구분한다.
② 청소년기 부모–자녀 간의 관계에서 생긴 욕구가 직업선택에 영향을 미친다는 이론이다.
③ 부모의 사랑을 제대로 받지 못하고 거부적인 분위기에서 성장한 사람은 다른 사람들과 함께 일하고 접촉하는 서비스 직종의 직업을 선호한다.
④ 직업군을 10가지로 분류한다.

해설

②항 청소년기 자녀-부모 간의 관계에서 생긴 욕구가 직업선택에 영향을 미친다는 이론이다.
③항 부모의 사랑을 제대로 받지 못하고 거부적인 분위기에서 성장한 사람은 다른 사람들과 함께 일하고 접촉하는 서비스 직종의 직업을 회피한다.
④항 직업군을 8가지로 분류한다.

35 홀랜드(Holland)의 성격이론에서 제시한 유형 중 일관성이 가장 낮은 것은?

① 현실적(R)-탐구적(I)
② 예술적(A)-관습적(C)
③ 설득적(E)-사회적(S)
④ 사회적(S)-예술적(A)

해설

가장 근접한 관습형-현실형이 일관성이 가장 높고, 관습형-탐구형이 중간이며, 대각선에 있는 관습형-예술형이 일관성이 가장 낮다.

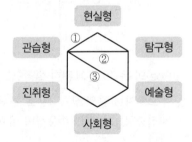

36 인지적 정보처리 이론에서 제시하는 의사결정 과정의 절차를 바르게 나열한 것은?

ㄱ. 분석단계   ㄴ. 종합단계
ㄷ. 실행단계   ㄹ. 가치평가단계
ㅁ. 의사소통단계

① ㄱ → ㄴ → ㄷ → ㄹ → ㅁ
② ㄴ → ㄹ → ㄱ → ㄷ → ㅁ
③ ㄷ → ㄱ → ㄴ → ㅁ → ㄹ
④ ㅁ → ㄱ → ㄴ → ㄹ → ㄷ

해설

인지적 정보처리 이론의 인지적 과정 : CASVE
① C(Communication, 의사소통) : 욕구를 밝혀 냄
② A(Analysis, 분석) : 문제요소들을 상호 작용시킴
③ S(Synthesis, 종합) : 대안들을 만들어 냄
④ V(Valuing, 가치판단) : 대안들에 대한 우선순위 매김
⑤ E(Execution, 집행) : 계획 수행

37 슈퍼(Super)의 발달이론에 관한 설명으로 옳은 것은?

① 대부분의 사람들을 여섯 가지 유형 중 하나로 분류한다.
② 개인분석, 직업분석, 과학적 조언의 조화를 주장한다.
③ 생애역할의 중요성과 직업적 자아개념을 강조한다.
④ 부모의 자녀 양육방식을 발달적으로 전개한다.

해설

①항 Holland 인성이론이다.
②항 특성-요인이론이다.
④항 Roe의 욕구이론이다.

38 다음 중 규준의 범주에 포함될 수 없는 점수는?

① 표준점수   ② Stanine 점수
③ 백분위 점수   ④ 표집점수

해설

집단 내 규준의 종류
표준점수, 표준등급(Stanine), 백분위 점수 등이 있다.

39 직무 및 일반 스트레스에 관한 설명으로 옳지 않은 것은?

① 17－OHCS라는 당류부신피질 호르몬은 스트레스의 생리적 기표로서 매우 중요하게 사용된다.

② A성격 유형이 B성격 유형보다 더 높은 스트레스 수준을 유지한다.

③ Yerkes와 Dodson의 역U자형 가설은 스트레스 수준이 적당하면 작업능률도 최대가 된다고 한다.

④ 일반적응증후군(GAS)에 따르면 저항단계, 경고단계, 탈진단계를 거치면서 사람에게 나쁜 결과를 가져다준다.

🔖 해설

일반적응증후군(GAS)은 경고단계, 저항단계, 탈진단계를 거친다.

40 심리검사의 유형 중 객관적 검사의 장점이 아닌 것은?

① 검사실시의 간편성
② 객관성의 증대
③ 반응의 풍부함
④ 높은 신뢰도

🔖 해설

반응의 풍부함은 투사적 검사의 장점이다.

3과목 직업정보론

41 워크넷에서 제공하는 청소년 직업흥미검사의 하위척도가 아닌 것은?

① 활동척도   ② 자신감척도
③ 직업척도   ④ 가치관척도

🔖 해설

워크넷 직업·진로에서 제공하는 청소년 직업흥미검사의 하위척도는 활동척도, 자신감척도, 직업척도 3가지이다.

42 한국표준직업분류(제7차)에서 표준직업 분류와 직능수준과의 관계가 옳지 않은 것은?

① 관리자 : 제4직능 수준 혹은 제3직능 수준 필요

② 전문가 및 관련 종사자 : 제4직능 수준 혹은 제3직능 수준 필요

③ 군인 : 제1직능 수준 이상 필요

④ 단순노무 종사자 : 제1직능 수준 필요

🔖 해설

- 대분류 1. 관리자 : 제4직능 수준 혹은 제3직능 수준 필요
- 대분류 2. 전문가 및 관련 종사자 : 제4직능 수준 혹은 제3직능 수준 필요
- 대분류 3. 사무 종사자 : 제2직능 수준 필요
- 대분류 4. 서비스 종사자 : 제2직능 수준 필요
- 대분류 5. 판매 종사자 : 제2직능 수준 필요
- 대분류 6. 농림어업 숙련 종사자 : 제2직능 수준 필요
- 대분류 7. 기능원 및 관련 기능 종사자 : 제2직능 수준 필요
- 대분류 8. 장치·기계조작 및 조립 종사자 : 제2직능 수준 필요
- 대분류 9. 단순노무 종사자 : 제1직능 수준 필요
- 대분류 A. 군인 : 제2직능 수준 이상 필요

43 직업정보를 제공하는 유형별 방식의 설명이다. ( )에 알맞은 것은?

종류	비용	학습자 참여도	접근성
인쇄물	(ㄱ)	수동	용이
면접	저	(ㄴ)	제한적
직업경험	고	적극	(ㄷ)

① ㄱ : 고, ㄴ : 적극, ㄷ : 용이
② ㄱ : 고, ㄴ : 수동, ㄷ : 제한적
③ ㄱ : 저, ㄴ : 적극, ㄷ : 제한적
④ ㄱ : 저, ㄴ : 수동, ㄷ : 용이

해설

제공유형	비용	학습자 참여도	접근성
인쇄물	저	수동	용이
프로그램화된 자료	저	적극	제한적
시청각자료	고	수동	제한적
진로상담프로그램	중-고	적극	제한적
온라인시스템	저	수동	제한적
시뮬레이션자료	저	적극	제한적
게임	저	적극	제한적
작업실험실	고	적극	극도로 제한적
면접	저	적극	제한적
관찰	고	수동	제한적
직업경험	고	적극	제한적
직업체험	고	적극	제한적

44 국민내일배움카드의 지원대상에 해당하지 않는 것은?

① 「한부모가족지원법」에 따른 지원대상자
② 「고용보험법 시행령」에 따른 기간제근로자인 피보험자
③ 「수산업·어촌 발전 기본법」에 따른 어업인으로서 어업 이외의 직업에 취업하려는 사람
④ 만 75세 이상인 사람

해설

국민내일배움카드제는 훈련을 희망하는 국민들은 누구나 신청 가능(일정 소득 이상인 자는 제외)하나 공무원, 사립학교 교직원, 75세 이상자 등은 지원에서 제외된다.

45 한국표준산업분류(제10차)의 적용원칙에 관한 설명으로 틀린 것은?

① 산업활동이 결합되어 있는 경우에는 그 활동단위의 주된 활동에 따라서 분류
② 생산단위는 산출물만을 토대로 가장 정확하게 설명된 항목에 분류
③ 복합적인 활동단위는 우선적으로 최상급 분류단계(대분류)를 정확히 결정하고, 순차적으로 중, 소, 세, 세세분류 단계 항목을 결정
④ 수수료 또는 계약에 의하여 활동을 수행하는 단위는 자기계정과 자기책임하에서 생산하는 단위와 동일항목으로 분류

해설

생산단위는 산출물뿐만 아니라 투입물과 생산공정 등을 함께 고려하여 그들의 활동을 가장 정확하게 설명된 항목에 분류해야 한다.

46 직업정보 수집방법으로서 면접법에 관한 설명으로 가장 적합하지 않은 것은?

① 표준화 면접은 비표준화 면접보다 타당도가 높다.
② 면접법은 질문지법보다 응답범주의 표준화가 어렵다.
③ 면접법은 질문지법보다 제3자의 영향을 배제할 수 있다.
④ 표준화 면접에는 개방형 및 폐쇄형 질문을 모두 사용할 수 있다.

해설

표준화 면접은 비표준화 면접보다 신뢰도는 높지만 타당도가 낮다.

47 한국표준산업분류(제10차)의 산업결정방법에 관한 설명으로 틀린 것은?

① 생산단위의 산업활동은 그 생산단위가 수행하는 주된 산업활동의 종류에 따라 결정된다.

② 계절에 따라 정기적으로 산업을 달리하는 사업체의 경우에는 조사시점에 경영하는 사업과는 관계없이 조사대상 기간 중 산출액이 많았던 활동에 의하여 분류된다.

③ 단일사업체의 보조단위는 그 사업체의 일개부서로 포함하지 않고 별도의 사업체로 처리한다.

④ 휴업 중 또는 자산을 청산 중인 사업체의 산업은 영업 중 또는 청산을 시작하기 이전의 산업활동에 의하여 결정한다.

> **해설**
>
> 단일사업체의 보조단위는 그 사업체의 일개 부서로 포함되며 여러 사업체를 관리하는 중앙보조단위는 별도의 사업체로 처리한다.

48 공공직업정보와 비교한 민간직업정보의 일반적 특성에 관한 설명으로 틀린 것은?

① 필요한 시기에 최대한 활용되도록 한시적으로 신속하게 생산되어 운영된다.

② 국제적으로 인정되는 객관적인 기준에 근거하여 직업을 분류한다.

③ 특정한 목적에 맞게 해당 분야 및 직종을 제한적으로 선택한다.

④ 시사적인 관심이나 흥미를 유도할 수 있도록 해당 직업을 분류한다.

> **해설**
>
> ②항은 공공직업정보의 특성이다.
>
> **민간직업정보의 특성**
> ① 필요한 시기에 최대한 활용되도록 한시적으로 신속하게 생산되어 운영된다.
> ② 단시간에 조사하고 특정한 목적에 맞게 해당분야 및 직종을 제한적으로 선택한다.

③ 정보 생산자의 임의적 기준에 따라 관심이나 흥미를 유도할 수 있도록 해당 직업을 분류한다.

④ 시사적인 관심이나 흥미를 유도할 수 있도록 해당 직업을 분류한다.

⑤ 특정 직업에 대해 구체적이고 상세한 정보를 제공하기 위해서는 조사 분석 및 제공에 상당한 시간 및 비용이 소요되므로 해당 직업정보는 유료로 제공한다.

49 국가기술자격 직업상담사 1급 응시자격으로 옳은 것은?

① 해당 실무에 2년 이상 종사한 사람

② 해당 실무에 3년 이상 종사한 사람

③ 관련 학과 대학졸업자 및 졸업예정자

④ 해당 종목의 2급 자격을 취득한 후 해당 실무에 1년 이상 종사한 사람

> **해설**
>
> **직업상담사 1급 응시자격**
> ① 해당 종목의 2급 자격을 취득한 후 해당 실무에 2년 이상 종사한 사람
> ② 해당 실무에 3년 이상 종사한 사람

50 한국표준산업분류(제10차) 주요 개정내용으로 틀린 것은?

① 어업에서 해수면은 해면으로, 수산 종자는 수산 종묘로 명칭을 변경

② 수도업은 국내 산업 연관성을 고려하고 국제표준산업분류(ISIC)에 맞춰 대분류 E로 이동

③ 산업 성장세를 고려하여 태양력 발전업을 신설

④ 세분류에서 종이 원지·판지·종이상자 도매업, 면세점, 의복 소매업을 신설

> **해설**
>
> 어업에서 해면은 해수면으로, 수산 종묘는 수산 종자로 명칭을 변경하였다.

51 다음은 어떤 국가기술자격 등급의 검정기준에 해당하는가?

> 해당 국가기술자격의 종목에 관한 공학적 기술이론 지식을 가지고 설계 · 시공 · 분석 등의 업무를 수행할 수 있는 능력의 유무

① 기능장
② 기사
③ 산업기사
④ 기능사

📌 **해설**

자격정보 및 자격제도
① 기술사 : 해당 국가기술자격의 종목에 관한 고도의 전문지식과 실무경험에 입각한 계획 · 연구 · 설계 · 분석 · 조사 · 시험 · 시공 · 감리 · 평가 · 진단 · 사업관리 · 기술관리 등의 업무를 수행할 수 있는 능력 보유
② 기능장 : 해당 국가기술자격의 종목에 관한 최상급 숙련기능을 가지고 산업현장에서 작업관리, 소속기능인력의 지도 및 감독, 현장훈련, 경영자와 기능인력을 유기적으로 연계시켜 주는 현장관리 등의 업무를 수행할 수 있는 능력 보유
③ 기사 : 해당 국가기술자격의 종목에 관한 공학적 기술이론 지식을 가지고 설계 · 시공 · 분석 등의 업무를 수행할 수 있는 능력 보유
④ 산업기사 : 해당 국가기술자격의 종목에 관한 기술기초이론 지식 또는 숙련기능을 바탕으로 복합적인 기초기술 및 기능업무를 수행할 수 있는 능력 보유
⑤ 기능사 : 해당 국가기술자격의 종목에 관한 숙련 기능을 가지고 제작 · 제조 · 조작 · 운전 · 보수 · 정비 · 채취 · 검사 또는 작업관리 및 이에 관련되는 업무를 수행할 수 있는 능력 보유

52 직업정보 수집 · 제공 시 고려해야 할 사항과 가장 거리가 먼 것은?

① 명확한 목표를 가지고 계획적으로 수집한다.
② 최신의 자료를 수집한다.
③ 자료를 수집할 때 자료출처와 일자를 기록한다.
④ 직업정보는 전문성이 있으므로 전문용어를 사용하여 제공한다.

📌 **해설**

직업정보의 이용자는 일반인이므로 이용자의 수준에 맞는 언어로 제공한다.

53 직업훈련의 강화에 따른 효과로 가장 거리가 먼 것은?

① 인력부족 직종의 구인난을 완화시킬 수 있다.
② 재직근로자의 직무능력을 높일 수 있다.
③ 산업구조의 변화에 대응할 수 있다.
④ 마찰적인 실업을 줄일 수 있다.

📌 **해설**

구조적 실업의 대책이 직업훈련이므로, 직업훈련을 강화한다면 구조적 실업을 줄일 수 있다.

54 국가기술자격종목과 그 직무분야의 연결이 틀린 것은?

① 직업상담사 2급 – 사회복지 · 종교
② 소비자전문상담사 2급 – 경영 · 회계 · 사무
③ 임상심리사 2급 – 보건 · 의료
④ 컨벤션기획사 2급 – 이용 · 숙박 · 여행 · 오락 · 스포츠

📌 **해설**

컨벤션기획사 2급의 직무분야는 경영 · 회계 · 사무이다.

정답 51 ② 52 ④ 53 ④ 54 ④

55 한국직업사전(2020)의 부가정보 중 "자료"에 관한 설명으로 틀린 것은?

① 종합 : 사실을 발견하고 지식개념 또는 해석을 개발하기 위해 자료를 종합적으로 분석한다.
② 분석 : 조사하고 평가한다. 평가와 관련된 대안적 행위의 제시가 빈번하게 포함된다.
③ 계산 : 사칙연산을 실시하고 사칙연산과 관련하여 규정된 활동을 수행하거나 보고한다. 수를 세는 것도 포함된다.
④ 기록 : 데이터를 옮겨 적거나 입력하거나 표시한다.

> 해설
>
> 계산(Computing)
> 사칙연산을 실시하고 사칙연산과 관련하여 규정된 활동을 수행하거나 보고한다. 수를 세는 것은 포함되지 않는다.

56 다음은 무엇에 대한 설명인가?

> 근로자를 감원하지 않고 고용을 유지하거나 실직자를 채용하여 고용을 늘리는 사업주를 지원하여 근로자의 고용안정 및 취업취약 계층의 고용촉진을 지원한다.

① 실업급여사업
② 고용안정사업
③ 취업알선사업
④ 직업상담사업

57 직업정보 조사를 위한 설문지 작성법과 거리가 가장 먼 것은?

① 이중질문은 피한다.
② 조사주제와 직접 관련이 없는 문항은 줄인다.
③ 응답률을 높이기 위해 민감한 질문은 앞에 배치한다.
④ 응답의 고정반응을 피하도록 질문형식을 다양화한다.

> 해설
>
> 개인 사생활에 관한 질문과 같이 민감한 질문은 가급적 뒤로 배치하는 것이 좋다.

58 한국표준직업분류(제7차)에서 포괄적인 업무에 대한 직업분류원칙에 해당하는 것은?

① 최상급 직능수준 우선 원칙
② 포괄성의 원칙
③ 취업시간 우선의 원칙
④ 조사 시 최근의 직업 원칙

> 해설
>
> 포괄적인 업무에 대한 직업분류 원칙
> ① 주된 직무 우선 원칙
> ② 최상급 직능수준 우선 원칙
> ③ 생산업무 우선 원칙

59 워크넷(직업 · 진로)에서 제공하는 정보가 아닌 것은?

① 학과정보
② 직업동영상
③ 직업심리검사
④ 국가직무능력표준(NCS)

> 해설
>
> 국가직무능력표준(NCS)은 www.ncs.go.kr에서 제공된다.

60 직업정보의 처리단계를 옳게 나열한 것은?

① 분석 → 가공 → 수집 → 체계화 → 제공 → 축적 → 평가
② 수집 → 분석 → 체계화 → 가공 → 축적 → 제공 → 평가
③ 분석 → 수집 → 가공 → 체계화 → 축적 → 제공 → 평가
④ 수집 → 분석 → 가공 → 체계화 → 제공 → 축적 → 평가

해설

직업정보의 처리단계
수집 → 분석 → 가공 → 체계화 → 제공 → 축적 → 평가

4과목 노동시장론

61 다음은 어떤 숍 제도에 관한 설명인가?

기업이 노동자를 채용할 때는 노동조합에 가입하지 않은 노동자를 채용할 수 있지만 일단 채용된 노동자는 일정 기간 내에 노동조합에 가입하여야 하며 또한 조합에서 탈퇴하거나 제명되는 경우 종업원자격을 상실하도록 되어 있는 제도

① 클로즈드 숍(Closed Shop)
② 오픈 숍(Open Shop)
③ 에이전시 숍(Agency Shop)
④ 유니언 숍(Union Shop)

해설

① 클로즈드 숍(Closed Shop) : 조합에 가입하고 있는 노동자만을 채용하고 일단 고용된 노동자라도 조합원자격을 상실하면 종업원이 될 수 없는 숍 제도로서 우리나라 항운노동조합이 이에 해당한다.

② 오픈 숍(Open Shop) : 사용자가 노동조합에 가입한 조합원이나 가입하지 않은 비조합원이나 모두 고용할 수 있는 제도이다. 노동조합은 상대적으로 노동력의 공급을 독점하기 어렵다.
③ 에이전시 숍(Agency Shop) : 노조의 단체교섭 결과가 비조합원에게도 혜택이 돌아가는 현실에서 노동조합의 조합원이 아닌 비조합원에게도 단체교섭의 당사자인 노동조합이 회비를 징수하는 숍(Shop)제도이다.

62 노동 수요측면에서 비정규직 증가의 원인과 가장 거리가 먼 것은?

① 세계화에 따른 기업 간 경쟁환경의 변화
② 정규직 근로자 해고의 어려움
③ 고학력 취업자의 증가
④ 정규노동자, 고용비용의 증가

해설

고학력은 정규직 증가의 원인이 된다.

63 시장경제를 채택하고 있는 국가의 노동시장에서 직종별 임금격차가 존재하는 이유와 가장 거리가 먼 것은?

① 직종 간 정보의 흐름이 원활하기 때문이다.
② 직종에 따라 근로환경의 차이가 존재하기 때문이다.
③ 직종에 따라 노동조합 조직률의 차이가 존재하기 때문이다.
④ 노동자들의 특정 직종에 대한 회피와 선호가 다르기 때문이다.

해설

직종 간 정보의 흐름이 원활하지 않기 때문에 임금 격차가 발생한다.

정답 60 ④ 61 ④ 62 ③ 63 ①

64 다음 중 산업민주화 정도가 가장 높은 형태의 기업은?

① 노동자 자주관리 기업
② 노동자 경영참여 기업
③ 전문경영인 경영 기업
④ 중앙집권적 기업

> **해설**
>
> 산업민주화 정도가 높은 순서는 ①>②>③>④이다.

65 내국인들이 취업하기를 기피하는 3D 직종에 대해 외국인력의 수입 또는 불법 이민이 국내 내국인 노동시장에 미치는 영향으로 옳은 것은?

① 임금과 고용이 높아진다.
② 임금과 고용이 낮아진다.
③ 임금은 높아지고 고용은 낮아진다.
④ 임금과 고용의 변화가 없다.

> **해설**
>
> 3D 직종에 대해 외국인력의 수입 또는 불법 이민이 국내 내국인 노동시장에 유입된다면 국내 내국인의 임금과 고용이 낮아진다.

66 다음 중 수요부족 실업에 해당되는 것은?

① 마찰적 실업
② 구조적 실업
③ 계절적 실업
④ 경기적 실업

> **해설**
>
> 경기적 실업
> 경기가 침체함에 따라 총수요의 부족으로 인해 노동력에 대한 수요가 감소하여 발생하는 실업으로서 전형적인 수요부족 실업에 해당된다.

67 케인즈(Keynes)의 실업이론에 관한 설명으로 틀린 것은?

① 노동의 공급은 실질임금의 함수이며, 노동에 대한 수요는 명목임금의 함수이다.
② 노동자들은 화폐환상을 갖고 있어 명목임금의 하락에 저항하므로 명목임금은 하방경직성을 갖는다.
③ 비자발적 실업의 원인을 유효수요의 부족으로 설명하였다.
④ 실업의 해소방안으로 재정투융자의 확대, 통화량의 증대 등을 주장하였다.

> **해설**
>
> 노동의 공급은 명목임금의 함수이며, 노동에 대한 수요는 실질임금의 함수이다. 노동자들은 화폐환상을 갖고 있어 명목임금의 변화에 민감하게 반응하고, 기업의 경우에는 원재료 구입 등 물가에 민감하므로 실질임금에 따라 노동수요를 조절한다.

68 파업의 경제적 비용과 기능에 관한 설명으로 옳은 것은?

① 사적 비용과 사회적 비용은 동일하다.
② 사용자의 사적 비용은 직접적인 생산중단에서 오는 이윤의 순감소분과 같다.
③ 사적 비용이란 경제의 한 부문에서 발생한 파업으로 인한 타 부문에서의 생산 및 소비의 감소를 의미한다.
④ 서비스 산업 부문은 파업에 따른 사회적 비용이 상대적으로 큰 분야이다.

> **해설**
>
> ①항 사적 비용과 사회적 비용은 동일하지 않다.
> ②항 사용자의 사적 비용은 직접적인 생산중단에서 오는 이윤의 순감소분보다 적을 수 있다.
> ③항 사회적 비용이란 경제의 한 부문에서 발생한 파업으로 인한 타 부문에서의 생산 및 소비의 감소를 의미한다. 사적 비용은 노동자 측의 비용과 기업 측의 비용의 합이 된다.

정답 64 ① 65 ② 66 ④ 67 ① 68 ④

69 임금-물가 악순환설, 지불능력설, 한계생산력설 등에 영향을 미친 임금결정이론은?

① 임금생존비설 ② 임금철칙설
③ 노동가치설 ④ 임금기금설

해설

임금기금설
임금인상은 이윤을 올려 기금의 크기를 증가시키는 방법으로만 가능하다고 보는 이론이다. 즉, 임금수준은 노동력의 수요측면에서 결정된다고 보는 것이다.

70 임금체계에 대한 설명으로 틀린 것은?

① 직무급은 조직의 안정화에 따른 위계질서 확립이 용이하다는 장점이 있다.
② 연공급의 단점 중 하나는 직무성과와 관련 없는 비합리적인 인건비 지출이 생긴다는 점이다.
③ 직능급은 직무수행능력을 기준으로 하여 각 근로자의 임금을 결정하는 임금체계이다.
④ 연공급의 기본적인 구조는 연령, 근속, 학력, 남녀별 요소에 따라 임금을 결정하는 것으로 정기승급의 축적에 따라 연령별로 필요생계비를 보장해 주는 원리에 기초하고 있다.

해설

①항 연공급의 장점이다.
직무급은 직무의 상대적 가치를 평가하고 그 결과에 의하여 임금을 결정하는 체계로서 능력위주의 인사풍토 조성에 유리하다.

71 노동조합의 기능에 대한 설명으로 틀린 것은?

① 임금을 인상시키는 기능을 수행한다.
② 근로조건을 개선하는 기능을 한다.
③ 각종 공제활동 및 복지활동을 할 수 있다.
④ 특정 정당과 연계하여 정치적 영향력을 발휘할 수 없다.

해설

특정 정당과 연계하여 정치적 영향력을 발휘할 수 있다.

72 다음 중 분단노동시장 이론과 가장 거리가 먼 것은?

① 빈곤퇴치를 위한 정책적인 노력이 쉽게 성공하지 못하고 있다.
② 내부노동시장과 외부노동시장은 현격하게 다른 특성을 갖는다.
③ 근로자는 임금을 중심으로 경쟁하는 것이 아니라 직무를 중심으로 경쟁하기도 한다.
④ 고학력 실업자가 증가하면 단순노무직의 임금도 하락한다.

해설

분단노동시장가설은 노동시장을 하나의 연속적이고 경쟁적인 시장으로 보지 않고 근로자나 종사하는 직종의 속성 등의 차이로 인하여 노동시장의 형태가 다양하게 분리된다고 보는 이론이다. 노동시장이 1차(정규직, 고학력), 2차(단순노무직)로 나뉘므로 고학력 실업자가 증가한다고 단순노무직의 임금은 하락하지 않는다.

73 다음 중 성과급 제도의 장점에 해당하는 것은?

① 직원 간 화합이 용이하다.
② 근로의 능률을 자극할 수 있다.
③ 임금의 계산이 간편하다.
④ 확정적 임금이 보장된다.

해설

성과급 제도의 장점
근로자에게 공평성을 느끼게 하고 작업능률을 자극하여 생산성 향상, 원가절감 등의 효과가 있다.

74 이윤극대화를 추구하는 어떤 커피숍 종업원의 임금은 시간당 6,000원이고, 커피 1잔의 가격은 3,000원일 때 이 종업원의 한계생산은?

① 커피 1잔 ② 커피 2잔
③ 커피 3잔 ④ 커피 4잔

해설

기업의 이윤극대화는 '임금＝한계생산물의 가치(한계생산량×시장가격)'에서 이루어진다.
• 임금＝6,000원
• 한계생산물의 가치
  ＝한계생산량×3,000원＝6,000원
∴ 한계생산은 2잔이다.

75 기혼여성의 경제활동참가율은 60%이고 실업률은 20%일 때, 기혼여성의 고용률은?

① 12% ② 48%
③ 56% ④ 86%

해설

$$고용률(\%) = \frac{취업자}{생산가능인구} \times 100$$

15세 이상 인구를 100명이라고 가정하면
• 경제활동인구＝100명×60%＝60명
• 실업자 수＝60명×20%＝12명
• 취업자 수＝60명－12명＝48명

$$\therefore 고용률(\%) = \frac{취업자 수}{경제활동인구} \times 100$$
$$= \frac{48}{100} \times 100 = 48\%$$

76 숙련 노동시장과 비숙련 노동시장이 완전히 단절되어 있다고 할 때 비숙련 외국근로자의 유입에 따라 가장 큰 피해를 입는 집단은?

① 국내 소비자
② 국내 비숙련공
③ 노동집약적 기업주
④ 기술집약적 기업주

해설

숙련 노동시장과 비숙련 노동시장이 완전히 단절되어 있다고 전제를 두고 있으므로 비숙련 외국근로자의 유입으로 국내 비숙련공이 가장 큰 피해를 입을 것이다.

77 임금이 하방경직적인 이유와 가장 거리가 먼 것은?

① 장기노동계약
② 물가의 지속적 상승
③ 강력한 노동조합의 존재
④ 노동자의 역선택 발생 가능성

해설

임금의 하방경직성
① 정의 : 한번 오른 임금은 경제여건이 변하더라도 떨어지지 않고 일정수준 이상을 지속적으로 유지하려는 속성을 가진다는 것이다.
② 하방경직성의 이유 : 명목임금의 하락에 저항하는 노동자들의 화폐환상, 장기근로계약, 강력한 노동조합의 존재, 노동자들의 역선택 발생가능성(복지나 부가급여 수준의 상향 등 더 좋아진 근로조건을 선택하지 않는 것) 등이다.

78 만일 여가(Leisure)가 열등재라면, 임금이 증가할 때 노동공급은 어떻게 변하는가?

① 임금수준에 상관없이 임금이 증가할 때 노동공급은 감소한다.
② 임금수준에 상관없이 임금이 증가할 때 노동공급은 증가한다.
③ 낮은 임금수준에서 임금이 증가할 때는 노동공급이 증가하다가 임금수준이 높아지면 임금증가는 노동공급을 감소시킨다.
④ 낮은 임금수준에서 임금이 증가할 때는 노동공급이 감소하다가 임금수준이 높아지면 임금증가는 노동공급을 증가시킨다.

해설

열등재

소득이 증가할수록 수요가 감소하는 재화를 말하는데, 즉 여가가 열등재라는 것은 소득이 증가할수록 여가를 줄이고 노동공급을 늘리는 우상향하는 공급곡선을 나타낸다.

79 기업특수적 인적자본형성의 원인이 아닌 것은?

① 기업 간 차별화된 제품생산
② 생산공정의 특유성
③ 생산장비의 특유성
④ 일반적 직업훈련의 차이

해설

기업특수적 인적자본형성은 일반적 직업훈련이 아니라 기업특유의 직업훈련 차이이다.

80 마찰적 실업을 해소하기 위한 정책이 아닌 것은?

① 구인 및 구직에 대한 전국적 전산망 연결
② 직업안내와 직업상담 등 직업알선기관에 의한 효과적인 알선
③ 고용실태 및 전망에 관한 자료 제공
④ 노동자의 전직과 관련된 재훈련 실시

해설

④항은 구조적 실업에 대한 대책이다.

5과목   노동관계법규

81 다음 ( )에 알맞은 것은?

> 헌법상 국가는 ( )으로 근로자의 고용의 증진과 적정임금의 보장에 노력하여야 한다.

① 법률적 방법   ② 사회적 방법
③ 경제적 방법   ④ 사회적 · 경제적 방법

해설

헌법상 국가는 사회적 · 경제적 방법으로 근로자의 고용의 증진과 적정임금의 보장에 노력하여야 한다.

82 국민 평생 직업능력 개발법상 직업능력개발훈련의 기본원칙으로 명시되지 않은 것은?

① 직업능력개발훈련은 근로자 개인의 희망 · 적성 · 능력에 맞게 근로자의 생애에 걸쳐 체계적으로 실시되어야 한다.
② 직업능력개발훈련은 민간의 자율과 창의성이 존중되도록 하여야 하며 노사와 참여와 협력을 바탕으로 실시되어야 한다.
③ 제조업의 생산직에 종사하는 근로자의 직업능력개발훈련은 중요시되어야 한다.
④ 직업능력개발훈련은 근로자의 직무능력과 고용가능성을 높일 수 있도록 지역 · 산업현장의 수요가 반영되어야 한다.

해설

국민 평생 직업능력 개발법령상 다음에 해당하는 자에 대한 직업능력개발훈련은 중요시되어야 한다.
① 고령자 · 장애인
② 국민기초생활 보장법에 의한 수급권자
③ 「국가유공자 등 예우 및 지원에 관한 법률」에 따른 국가유공자와 그 유족 또는 가족이나 「보훈보상대상자 지원에 관한 법률」에 따른 보훈보상대상자와 그 유족 또는 가족
④ 「5 · 18민주유공자 예우 및 단체설립에 관한 법률」에 따른 5 · 18민주유공자와 그 유족 또는 가족
⑤ 「제대군인지원에 관한 법률」에 따른 제대군인 및 전역예정자
⑥ 여성근로지
⑦ 「중소기업기본법」에 따른 중소기업(이하 "중소기업"이라 한다)의 근로자

⑧ 일용근로자, 단시간근로자, 기간을 정하여 근로계약을 체결한 근로자, 일시적 사업에 고용된 근로자

⑨ 「파견근로자 보호 등에 관한 법률」에 의한 파견근로자

제조업의 생산직에 종사하는 근로자는 2016년에 직업능력개발훈련이 중요시되는 자에서 제외되었다.

83 근로기준법령상 고용노동부장관에게 경영상의 이유에 의한 해고계획의 신고를 할 때 포함해야 하는 사항이 아닌 것은?

① 퇴직금
② 해고사유
③ 해고일정
④ 근로자대표와 협의한 내용

해설

고용노동부장관에게 경영상의 이유에 의한 해고계획의 신고를 할 때 포함해야 하는 사항은 해고사유, 해고예정인원, 근로자대표와 협의한 내용, 해고일정이다.

84 고용상 연령차별금지 및 고령자고용촉진에 관한 법령상 제조업의 고령자 기준고용률은?

① 그 사업장의 상시근로자 수의 100분의 2
② 그 사업장의 상시근로자 수의 100분의 3
③ 그 사업장의 상시근로자 수의 100분의 4
④ 그 사업장의 상시근로자 수의 100분의 6

해설

고령자 기준고용률(시행령 제3조)
① 제조업 : 상시근로자 수의 100분의 2
② 운수업, 부동산 및 임대업 : 그 사업장의 상시근로자 수의 100분의 6
③ 그 외의 산업 : 상시근로자 수의 100분의 3

85 남녀고용평등과 일·가정 양립 지원에 관한 법령상 육아휴직에 관한 설명으로 틀린 것은?

① 육아휴직의 기간은 1년 이내로 한다.
② 육아휴직 기간은 근속기간에 포함한다.
③ 기간제근로자의 육아휴직 기간은 사용기간에 포함된다.
④ 육아휴직 기간에는 그 근로자를 해고하지 못한다.

해설

기간제근로자의 육아휴직 기간은 「기간제 및 단시간근로자 보호 등에 관한 법률」에 따른 사용기간에 산입하지 아니한다.

86 근로자퇴직급여 보장법령상 퇴직금의 중간정산 사유에 해당하지 않는 것은?

① 무주택자인 근로자가 본인 명의로 주택을 구입하는 경우
② 사용자가 기존의 정년을 보장하는 조건으로 단체협약을 통하여 일정 나이를 기준으로 임금을 줄이는 제도를 시행하는 경우
③ 3개월 이상 요양을 필요로 하는 근로자 배우자의 질병에 대한 의료비를 해당 근로자가 본인 연간 임금총액의 1천분의 115를 초과하여 부담하는 경우
④ 퇴직금 중간정산을 신청하는 날부터 거꾸로 계산하여 5년 이내에 근로자가 「채무자 회생 및 파산에 관한 법률」에 따라 파산선고를 받은 경우

해설

6개월 이상 요양을 필요로 하는 근로자 본인, 근로자의 배우자, 근로자 또는 그 배우자의 부양가족에 해당하는 사람의 질병이나 부상에 대한 의료비를 해당 근로자가 본인 연간 임금총액의 1천 분의 125를 초과하여 부담하는 경우

87 고용보험법령상 육아휴직 급여에 관한 설명이다. ( ) 안에 들어갈 내용이 옳게 연결된 것은?

> • 육아휴직 시작일부터 3개월까지 : 육아휴직 시작일을 기준으로 한 월 통상임금의 100분의 (ㄱ)에 해당하는 금액
> • 육아휴직 4개월째부터 육아휴직 종료일까지 : 육아휴직 시작일을 기준으로 한 월 통상임금의 100분의 (ㄴ)에 해당하는 금액

① ㄱ : 60, ㄴ : 30   ② ㄱ : 70, ㄴ : 50
③ ㄱ : 80, ㄴ : 30   ④ ㄱ : 80, ㄴ : 50

🔖 해설

육아휴직 급여는 다음의 구분에 따라 산정한 금액을 월별 지급액으로 한다.
① 육아휴직 시작일부터 3개월까지 : 육아휴직 시작일을 기준으로 한 월 통상임금의 100분의 80에 해당하는 금액
② 육아휴직 4개월째부터 육아휴직 종료일까지 : 육아휴직 시작일을 기준으로 한 월 통상임금의 100분의 50에 해당하는 금액

88 직업안정법령상 근로자공급사업에 관한 설명으로 틀린 것은?

① 누구든지 고용노동부장관의 허가를 받지 아니하고는 근로자공급사업을 하지 못한다.
② 국내 근로자공급사업은 「노동조합 및 노동관계조정법」에 따른 노동조합만이 허가를 받을 수 있다.
③ 국외 근로자공급사업을 하려는 자는 1천만 원 이상의 자본금만 갖추면 된다.
④ 근로자공급사업 허가의 유효기간은 3년으로 한다.

🔖 해설

국외 근로자공급사업을 하려는 자는 대통령령으로 정하는 자산과 시설을 갖추어야 한다.

① 1억 원 이상의 자본금
② 국내에 소재하고, 2명 이상이 상담할 수 있는 독립된 공간을 갖춘 사무실

89 남녀고용평등과 일 · 가정 양립 지원에 관한 법령상 배우자 출산휴가에 관한 설명으로 틀린 것은?

① 사업주는 근로자가 배우자 출산휴가를 청구하는 경우에 10일의 휴가를 주어야 한다.
② 사용한 배우자 출산휴가기간은 유급으로 한다.
③ 배우자 출산휴가는 근로자의 배우자가 출산한 날부터 30일이 지나면 청구할 수 없다.
④ 배우자 출산휴가는 1회에 한정하여 나누어 사용할 수 있다.

🔖 해설

배우자 출산휴가는 근로자의 배우자가 출산한 날부터 90일이 지나면 청구할 수 없다.

90 고용보험법령상 심사 및 재심사청구에 관한 설명으로 옳지 않은 것은?

① 실업급여에 관한 처분에 이의가 있는 자는 고용보험심사관에게 심사를 청구할 수 있다.
② 심사 및 재심사의 청구는 시효중단에 관하여 재판상의 청구로 본다.
③ 재심사청구인은 법정대리인 외에 자신의 형제자매를 대리인으로 선임할 수 없다.
④ 고용보험심사관은 원칙적으로 심사청구를 받으면 30일 이내에 그 심사청구에 대한 결정을 하여야 한다.

🔖 해설

고용보험법상 고용보험심사위원회의 심사청구인 또는 재심사청구인은 법정대리인 외에 다음의 어느 하나에 해당하는 자를 대리인으로 선임할 수 있다.
① 청구인의 배우자, 직계존속 · 비속 또는 형제자매

② 청구인인 법인의 임원 또는 직원
③ 변호사나 공인노무사
④ 심사위원회의 허가를 받은 자

91 고용보험법령상 취업촉진 수당의 종류가 아닌 것은?

① 특별연장급여
② 조기재취업 수당
③ 광역 구직활동비
④ 이주비

해설

실업급여는 구직급여와 취업촉진 수당으로 구분하며, 취업촉진수당에는 조기재취업 수당, 직업능력개발 수당, 광역 구직활동비, 이주비가 있다.

92 직업안정법령상 유료직업소개사업의 등록을 할 수 있는 자에 해당되지 않는 것은?

① 지방공무원으로 2년 이상 근무한 경력이 있는 자
② 조합원이 100인 이상인 단위노동조합에서 노동조합업무전담자로 2년 이상 근무한 경력이 있는 자
③ 상시사용근로자 300인 이상인 사업장에서 노무관리업무전담자로 1년 이상 근무한 경력이 있는 자
④ 「공인노무사법」에 의한 공인노무사 자격을 가진 자

해설

상시사용근로자 300인 이상인 사업 또는 사업장에서 노무관리업무전담자로 2년 이상 근무한 경력이 있는 자이다.

93 근로기준법령상 임금채권의 소멸시효기간은?

① 1년 　　　　② 2년
③ 3년 　　　　④ 5년

해설

모든 임금채권의 소멸시효는 3년이다.

94 파견근로자보호 등에 관한 법률상 근로자파견 대상업무가 아닌 것은?

① 주유원의 업무
② 행정, 경영 및 재정 전문가의 업무
③ 음식 조리 종사자의 업무
④ 선원법에 따른 선원의 업무

해설

근로자 파견사업을 행하여서는 아니 되는 업무
건설공사현장 업무, 항만하역사업, 선원법에 따른 선원의 업무, 간호조무사 업무, 의료기사의 업무, 여객 · 화물자동차 운송사업의 운전업무 등

95 고용정책 기본법령상 근로자의 정의로 옳은 것은?

① 직업의 종류를 불문하고 임금, 급료 기타 이에 준하는 수입에 의하여 생활하는 사람
② 직업의 종류와 관계없이 임금을 목적으로 사업이나 사업장에 근로를 제공하는 사람
③ 사업주에게 고용된 사람과 취업할 의사를 가진 사람
④ 기간의 정함이 있는 근로계약을 체결한 사람

해설

고용정책 기본법, 남녀고용평등과 일 · 가정 양립 지원에 관한 법률, 국민 평생 직업능력 개발법에서 "근로자"란 사업주에게 고용된 사람과 취업할 의사를 가진 사람을 말한다.

96 채용절차의 공정화에 관한 법률에 관한 설명으로 틀린 것은?

① "기초심사자료"란 구직자의 응시원서, 이력서 및 자기소개서를 말한다.
② 고용노동부장관은 기초심사자료의 표준양식을 정하여 구인자에게 그 사용을 권장할 수 있다.
③ 구직자는 구인자에게 제출하는 채용서류를 거짓으로 작성하여서는 아니 된다.
④ 이 법은 지방자치단체가 공무원을 채용하는 경우에도 적용한다.

해설
채용절차의 공정화에 관한 법령은 상시 30명 이상의 근로자를 사용하는 사업 또는 사업장의 채용절차에 적용한다. 다만, 국가 및 지방자치단체가 공무원을 채용하는 경우에는 적용하지 아니한다.

97 근로기준법령상 취업규칙에 관한 설명으로 틀린 것은?

① 상시 10명 이상의 근로자를 사용하는 사용자는 취업규칙을 작성하여 고용노동부장관에게 신고하여야 한다.
② 사용자는 취업규칙의 작성 시 해당 사업장에 근로자의 과반수로 조직된 노동조합이 있는 경우에는 그 노동조합의 동의를 받아야 한다.
③ 고용노동부장관은 법령이나 단체협약에 어긋나는 취업규칙의 변경을 명할 수 있다.
④ 취업규칙에서 정한 기준에 미달하는 근로조건을 정한 근로계약은 그 부분에 관하여는 무효로 한다.

해설
사용자는 취업규칙의 작성 또는 변경에 관하여 해당 사업 또는 사업장에 근로자의 과반수로 조직된 노동조합이 있는 경우에는 그 노동조합, 근로자의 과반수로 조직된 노동조합이 없는 경우에는 근로자의 과반수의 의견을 들어야 한다. 다만, 취업규

칙을 근로자에게 불리하게 변경하는 경우에는 그 동의를 받아야 한다.

98 고용정책 기본법령상 고용정보시스템 구축·운영을 위해 수집해야 할 정보로 명시되지 않은 것은?

① 사업자등록증
② 주민등록등본·초본
③ 장애 정도
④ 부동산등기부등본

해설
고용노동부장관은 고용정보시스템을 구축·운영하기 위해 다음 정보를 수집·보유·이용할 수 있다.
① 사업자등록증
② 국민건강보험·국민연금·고용보험·산업재해보상보험·보훈급여·공무원연금·공무원재해보상급여·군인연금·사립학교교직원연금·별정우체국연금의 가입 여부, 가입종별, 소득정보, 부과액 및 수급액
③ 건물·토지·자동차·건설기계·선박의 공시가격 또는 과세표준액
④ 주민등록등본·초본
⑤ 가족관계등록부(가족관계증명서, 혼인관계증명서, 기본증명서)
⑥ 북한이탈주민확인증명서
⑦ 범죄사실에 관한 정보
⑧ 출입국 정보
⑨ 장애 정도
⑩ 사회보장급여 수급 이력
⑪ 「국가기술자격법」이나 그 밖의 법령에 따른 자격취득 정보
⑫ 학교교육에 관한 정보
⑬ 지방자치단체 등이 수집한 고용·직업 정보

99 남녀고용평등과 일·가정 양립 지원에 관한 법령상 적용 범위에 관한 설명으로 틀린 것은?

① 근로자를 사용하는 모든 사업 또는 사업장에 적용하는 것이 원칙이다.

② 동거하는 친족만으로 이루어지는 사업장에 대하여는 법의 전부를 적용하지 아니한다.

③ 가사사용인에 대하여는 법의 전부를 적용하지 아니한다.

④ 선원법이 적용되는 사업 또는 사업장에는 모든 규정이 적용되지 아니한다.

📎 **해설**

남녀고용평등과 일·가정 양립 지원에 관한 법은 동거하는 친족만으로 이루어지는 사업 또는 사업장과 가사사용인에 대하여는 이 법의 전부를 적용하지 아니한다는 적용범위가 있으며, 선원법이 적용되는 사업 또는 사업장에 대하여는 규정사항이 없다.

100 국민 평생 직업능력 개발법령상 훈련의 목적에 따라 구분한 직업능력개발훈련에 해당하지 않는 것은?

① 집체훈련　　② 양성훈련
③ 향상훈련　　④ 전직훈련

📎 **해설**

직업능력개발훈련의 구분
① 훈련목적에 따른 구분 : 양성훈련. 향상훈련, 전직훈련
② 훈련방법에 따른 구분 : 집체훈련. 현장훈련, 원격훈련, 혼합훈련

VOCATIONAL COUNSELOR

과년도 기출문제 2021년 2회

1과목 직업상담학

01 심리상담과 비교하여 진로상담 과정의 특징으로 옳지 않은 것은?

① 진로검사결과에만 의지하는 태도에서 벗어나 보다 유연한 관점에서 진로선택에 임하려는 융통성이 요구된다.
② 내담자가 놓인 경제 현실 및 진로상황에 따라 개인의 진로선택 및 의사결정이 상당히 변화될 수 있다.
③ 진로상담은 인지적 통찰이나 결정 이외에 행동 차원에서의 실행능력 배양 및 기술함양을 더욱 중시한다.
④ 실제 진로상담에서는 내담자의 심리적인 특성과 진로문제가 얽혀 있는 경우는 많지 않다.

> **해설**
> 실제 진로상담에서는 내담자의 심리적인 특성과 진로문제가 얽혀 있는 경우가 많다.

02 생애진로사정에 관한 설명으로 틀린 것은?

① 상담사와 내담자가 처음 만났을 때 이용할 수 있는 비구조화된 면접기법이며 표준화된 진로사정 도구의 사용이 필수적이다.
② Adler의 심리학 이론에 기초하여 내담자와 환경과의 관계를 이해하는 데 도움을 주는 면접기법이다.

③ 비판단적이고 비위협적인 대화 분위기로써 내담자와 긍정적인 관계를 형성하는 데 도움이 된다.
④ 생애진로사정에서는 작업자, 학습자, 개인의 역할 등을 포함한 다양한 생애역할에 대한 정보를 탐색해간다.

> **해설**
> 생애진로사정
> 상담사와 내담자가 처음 만났을 때 이용할 수 있는 구조화된 면접기법으로 내담자가 학교에서나 훈련기관에서의 평가과정을 통해 부정적인 선입견을 가지고 있을 가능성이 있는 인쇄물이나 소책자, 지필도구 등의 표준화된 진로사정 도구는 가급적 사용하지 않는다.

03 직업상담에서 의사결정 상태에 따라 내담자를 분류할 때 의사결정자의 유형에 해당하지 않는 것은?

① 확정적 결정형 ② 종속적 결정형
③ 수행적 결정형 ④ 회피적 결정형

> **해설**
> 진로정보이론에서 내담자를 직업상담 의사결정 상태에 따라 진로결정자, 진로미결정자, 진로무결정자로 분류하고 있다.
> 이중 의사결정자(진로결정자)의 유형
> ① 확정적 결정형 : 스스로 명확한 선택을 할 수 있고, 자신의 선택의 적절성을 점검하려는 사람
> ② 수행적 결정형 : 선택은 할 수 있지만, 실행에 도움이 필요한 사람
> ③ 회피적 결정형 : 주변 사람들과 대립을 피하기 위해 선택을 했지만, 실제 진로를 결정하지 않은 사람

정답 01 ④ 02 ① 03 ②

04 실업 충격을 완화시키기 위한 프로그램이 아닌 것은?

① 실업 스트레스 대처 프로그램
② 취업동기 증진 프로그램
③ 진로개발 프로그램
④ 구직활동 증진 프로그램

🔲 해설
실업자의 취업활동 효율성 증진 프로그램
① 1단계 : 실업 충격 완화 프로그램(실업 스트레스 대처 프로그램, 자기관리 프로그램, 무력감 극복 프로그램)
② 2단계 : 취업동기 고양 프로그램(취업효능감 증진 프로그램, 경쟁력강화 프로그램)
③ 3단계 : 구직활동 증진 프로그램

05 진로상담에서 내담자의 목표가 현실적으로 가능한지를 묻는 '목표 실현 가능성'에 관한 상담자의 질문으로 적절하지 않은 것은?

① 목표를 성취하기 위해 현재 처한 상황을 당신은 얼마나 통제할 수 있나요?
② 당신이 이 목표를 성취하지 못하도록 방해하는 것은 무엇인가요?
③ 언제까지 목표를 성취해야 한다고 느끼며, 마음속에 어떤 시간계획을 가지고 있나요?
④ 당신이 목표하는 직업에서 의사결정은 어디서 누가 내리나요?

🔲 해설
목표의 실현 가능성은 내담자의 시간, 에너지, 능력, 자원 그리고 내담자가 상황을 통제할 수 있는 정도라는 관점에서 목표의 현실성과 관련된다.
④항 내담자가 통제할 수 있는 관점에서의 질문이라 할 수 없다.

06 내담자의 세계를 상담자 자신의 세계인 것처럼 경험하지만 객관적인 위치에서 벗어나지 않는 상담대화의 기법은?

① 수용   ② 전이
③ 공감   ④ 동정

🔲 해설
① 수용 : 내담자에게 주의를 기울이고 있으며 내담자의 말을 받아들이고 있다는 상담자의 태도와 반응
② 전이 : 내담자가 과거에 경험한 타인과의 관계에서 느꼈던 감정을 상담자에게 옮기는 것
④ 동정 : 남의 어려운 처지를 자기 일처럼 딱하고 가엾게 여기며 도움을 베푸는 것

07 다음 면담에서 인지적 명확성이 부족한 내담자의 유형과 상담자의 개입방법이 바르게 짝지어진 것은?

> • 내담자 : 사업을 할까 생각 중이에요. 그런데 그 분야에서 일하는 여성들은 대부분 이혼을 한대요.
> • 상담자 : 선생님은 사업을 하면 이혼을 할까 봐 두려워하시는군요. 직장여성들의 이혼율과 다른 분야에 종사하는 여성들에 대한 통계를 알아보도록 하죠.

① 구체성의 결여 - 구체화시키기
② 파행적 의사소통 - 저항에 다시 초점 맞추기
③ 강박적 사고 - RET 기법
④ 원인과 결과 착오 - 논리적 분석

🔲 해설
여자가 사업을 하면 이혼을 하게 된다고 믿는 '원인과 결과 착오'에 해당하는 인지적 명확성을 한 유형으로, 내담자의 논리적인 근거 없는 믿음을 논리적으로 분석해야 한다.

08 다음은 내담자의 무엇을 사정하기 위한 것인가?

> 내담자에게 과거에 했던 선택의 회상, 절정 경험, 자유시간 그리고 금전사용 계획 등을 조사하고, 존경하는 사람을 쓰게 하는 등의 상담행위

① 내담자의 동기
② 내담자의 생애역할
③ 내담자의 가치
④ 내담자의 흥미

🔖 해설
- -
내담자의 가치사정방법
체크목록 가치에 순위 매기기, 과거선택 회상하기, 절정경험 조사하기, 자유시간과 금전의 사용, 백일몽 말하기, 존경하는 사람 기술하기 등

09 특성–요인 직업상담에서 상담사가 지켜야 할 상담원칙으로 틀린 것은?

① 내담자에게 강의하려 하거나 거만한 자세로 말하지 않는다.
② 전문적인 어휘를 사용하고, 상담 초기에는 내담자에게 제공하는 정보를 비교적 큰 범위로 확대한다.
③ 어떤 정보나 해답을 제공하기 전에 내담자가 정말로 그것을 알고 싶어 하는지 확인한다.
④ 상담사는 자신이 내담자가 지니고 있는 여러 가지 태도를 제대로 파악하고 있는지 확인한다.

🔖 해설
- -
내담자에게 제공하는 정보는 상담 초기에는 작은 범위의 정보를, 상담 중결과정에서 비교적 큰 범위의 정보로 확대한다.

10 상담과정의 본질과 제한조건 및 목적에 대하여 상담자가 정의를 내려주는 것은?

① 촉진화
② 관계형성
③ 문제해결
④ 구조화

🔖 해설
- -
구조화는 모든 단계에서 제시되어야 하지만 특히 초기 단계에서 중요하다. 직업상담과정의 틀은 상담의 목표, 시간제한, 행동제한(파괴적 행동의 방지), 역할과 책임(상담자와 내담자), 절차상의 한계 등을 부여한다. 즉, 이러한 것들을 상담자와 내담자가 공통으로 이해하고 있는 관계가 직업상담과정의 구조화이다.

11 직업선택을 위한 마지막 과정인 선택할 직업에 대한 평가과정 중 요스트(Yost)가 제시한 방법이 아닌 것은?

① 원하는 성과연습
② 확률추정연습
③ 대차대조표연습
④ 동기추정연습

🔖 해설
- -
Yost의 직업평가기법
① 원하는 성과연습 : 각 직업들이 원하는 성과(직책, 금전, 자율성, 창의성, 권한 등)를 얼마나 제공할 수 있는가?
② 찬반연습 : 각 직업들의 장·단기적 장단점을 생각하도록 계획한 것이다.
③ 대차대조표연습 : 내담자로 하여금 직업들의 선택에 가장 영향을 받게 될 영역이나 사람들에게 초점을 맞추는 것이다.
④ 확률추정 연습 : 내담자가 예상한 결과들이 실제로 얼마나 일어날 것인지를 추정해 보도록 하는 것이다.
⑤ 미래를 내다보는 연습 : 앞으로 다른 위치에 있을 어느 한 직업의 결과를 짐작해 보는 방법이다.

12 슈퍼(Super)의 전 생애 발달과업의 순환 및 재순환에서 '새로운 과업 찾기'가 중요한 시기는 언제인가?

① 청소년기(14~24세)
② 성인 초기(25~45세)
③ 성인 중기(46~65세)
④ 성인 후기(65세 이상)

🔊 **해설**

슈퍼(Super)의 전 생애 발달과업
① 청소년기(14~24세) : 결정화, 구체화, 실행화
② 성인 초기(25~45세) : 안정화, 공고화, 발전
③ 성인 중기(46~65세) : 자신이 선택한 직업의 수행수준을 유지하거나 새로운 기술이나 지식을 획득하여 자신의 능력을 갱신 또는 혁신적인 방법을 도입하여 진로쇄신을 이루어야 하는 것
④ 성인 후기(65세 이상) : 은퇴준비, 은퇴 이후 생활준비 등

13 인간 중심 진로상담의 개념에 관한 설명으로 옳지 않은 것은?

① 일의 세계 및 자아와 관련된 정보의 부족에 관심을 둔다.
② 자아 및 직업과 관련된 정보를 거부하거나 왜곡하는 문제를 찾고자 한다.
③ 진로선택과 관련된 내담자의 불안을 줄이고 자기의 책임을 수용하도록 한다.
④ 상담자의 객관적 이해를 내담자에 대한 자아 명료화의 근거로 삼는다.

🔊 **해설**

인간 중심 진로상담은 정보가 부족하여 왜곡이 생기고, 현실과 자아 간 불일치가 생겼을 뿐이기 때문에 상담자가 공감으로 도와주고, 격려하고, 촉진해주면 현실과 자아의 불일치를 포함한 모든 문제를 내담자 스스로 해결할 수 있다고 보고 있다. 따라서 상담자의 이해를 근거로 삼지는 않는다.

14 보딘(Bordin)의 정신역동적 직업상담에서 사용하는 기법이 아닌 것은?

① 명료화
② 비교
③ 소망 – 방어 체계
④ 준지시적 반응 범주화

🔊 **해설**

정신역동 직업상담의 상담기법
① 명료화 : 진로문제와 관련된 내담자의 문제를 명료화한다.
② 비교 : 두 가지 이상 주제들 사이의 유사성, 차이점들을 분명하게 부각하기 위해 비교하는 방법을 사용한다.
③ 소망–방어체계에 대한 해석 : 내담자의 내적 동기와 직업결정과정 간의 관계를 인식하게 한다.

15 포괄적 직업상담에서 초기, 중간, 마지막 단계 중 중간 단계에서 주로 사용하는 접근법은?

① 발달적 접근법
② 정신역동적 접근법
③ 내담자 중심 접근법
④ 행동주의적 접근법

🔊 **해설**

포괄적 직업상담의 기법
① 초기 : 발달적 접근법, 내담자 중심 접근법
② 중기 : 정신역동적 접근법
③ 마지막 : 특성요인 접근법, 행동주의적 접근법

16 직업상담에서 직업카드분류법은 무엇을 알아보기 위한 것인가?

① 직업선택 시 사용 가능한 기술
② 가족 내 서열 및 직업가계도
③ 직업세계와 고용시장의 변화
④ 직업흥미의 탐색

해설

직업카드분류법은 직업흥미 탐색 및 직업선택 동기와 가치 등을 알아보기 위한 것이다.

17 상담이론과 그와 관련된 상담기법을 바르게 짝지은 것은?

① 정신분석적 상담 – 인지적 재구성
② 행동치료 – 저항의 해석
③ 인지적 상담 – 이완기법
④ 형태치료 – 역할연기, 감정에 머무르기

해설

①항 정신분석적 상담 – 저항의 해석
②항 행동치료 – 이완기법
③항 인지적 상담 – 인지적 재구성

18 아들러(Adler) 이론의 주요 개념인 초기 기억에 관한 설명을 모두 고른 것은?

> ㄱ. 중요한 기억은 내담자가 '마치 지금 일어나고 있는 것처럼' 기술할 수 있다.
> ㄴ. 초기 기억에 대한 내담자의 지각보다는 경험을 객관적으로 파악하는 것이 중요하다.
> ㄷ. 초기 기억은 삶, 자기, 타인에 대한 내담자의 현재 세계관과 일치하는 경향이 있다.
> ㄹ. 초기 기억을 통해 상담자는 내담자의 삶의 목표를 파악하는 데 도움을 받을 수 있다.

① ㄱ, ㄴ   ② ㄴ, ㄷ
③ ㄱ, ㄷ, ㄹ   ④ ㄴ, ㄷ, ㄹ

해설

아들러는 인간을 주관적으로 선택할 수 있는 현상학적 존재로 보고 있다. 즉, 상담과정은 객관성보다는 주관적 지각을 중시한다.

19 행동수정에서 상담자의 역할은?

① 내담자가 사랑하고, 일하고, 노는 자유를 획득하도록 돕는다.
② 내담자의 가족 구성에 대한 정보를 수집한다.
③ 내담자의 주관적 세계를 이해하여 새로운 이해나 선택을 할 수 있도록 돕는다.
④ 내담자의 상황적 단서와 문제행동, 그 결과에 대한 정보를 얻기 위하여 노력한다.

해설

행동수정 프로그램의 절차
목표행동의 설정 → 현재행동의 측정 → 적응행동의 강화와 부적응행동의 약화 → 행동이 수정되었는지 결과 검증 → 수정된 행동의 일반화
이 중 2단계인 행동의 기초선 측정에서 상담자는 목표행동을 정의하기 위해 문제행동을 파악해야 한다.

20 직업상담사의 윤리강령으로 옳지 않은 것은?

① 직업상담사는 개인이나 사회에 임박한 위험이 있더라도 개인정보의 보호를 위하여 내담자의 정보를 누설하지 말아야 한다.
② 직업상담사는 내담자에 대한 정보를 교육장면이나 연구에 사용할 경우에는 내담자와 합의 후 사용하되 정보가 노출되지 않도록 해야 한다.
③ 직업상담사는 소속 기관과의 갈등이 있을 경우 내담자의 복지를 우선적으로 고려해야 한다.

정답 17 ④ 18 ③ 19 ④ 20 ①

④ 직업상담사는 상담관계의 형식, 방법, 목적을 설정하고 그 결과에 대하여 내담자와 협의해야 한다.

해설

상담자는 내담자 개인이나 사회에 위험이 있다고 판단될 때에는 개인정보를 적정한 전문인 혹은 사회당국에 공개한다.

2과목 직업심리학

21 다음의 내용을 주장한 학자는?

> 특정한 직업을 갖게 되는 것은 단순한 선호나 선택의 기능이 아니고 개인이 통제할 수 없는 복잡한 환경적 요인의 결과이다.

① Krumboltz   ② Dawis
③ Gelatt   ④ Peterson

해설

Krumboltz는 《행운은 우연이 아니다》를 집필하며 삶의 다양한 우연한 사건들에 주목하면서 이 예기치 않은 사건들이 개인의 진로에 영향을 미친다고 보았다.

22 다음 중 전직을 예방하기 위해 퇴직의사 보유자에게 실시하는 직업상담 프로그램으로 가장 적합한 것은?

① 직업복귀 프로그램
② 실업충격완화 프로그램
③ 조기퇴직계획 프로그램
④ 직업적응 프로그램

해설

전직 · 실직에 대비한 직업상담 영역

구분	전직		실직	
	전직 예방	전직 대비	실업 전	실업 후
대상	결근, 지각, 불평불만자, 퇴직욕구나 퇴직의사 보유자	퇴직의사 보유자	명예퇴직자 조기퇴직자	휴 · 폐업의 근로자
처치 방법	직업문제 처치	의사결정 기법	스트레스 해소법	충격완화법
프로그램명	• 직장스트레스 대처 프로그램 • 직업적응 프로그램	• 생애계획 프로그램 • 직업전환 프로그램	• 조기퇴직계획 프로그램 • 은퇴 후 경력계획 프로그램	• 실업충격완화 프로그램 • 직업복귀 프로그램 • 취업알선 프로그램 • 사후상담 프로그램

23 Super의 직업발달이론에 대한 중심 개념으로 볼 수 없는 것은?

① 개인은 각기 적합한 직업군의 적격성이 있다.
② 직업발달과정은 본질적으로 자아개념의 발달 보완과정이다.
③ 개인의 직업기호와 생애는 자아실현의 과정으로 현실과 타협하지 않는 활동과정이다.
④ 직업과 인생의 만족은 자기의 능력, 흥미, 성격특성 및 가치가 충분히 실현되는 정도이다.

해설

개인의 직업기호와 생애는 자아실현의 과정으로 현실과 타협하는 활동과정이며 타협은 직업발달과정이다.

정답   21 ①   22 ④   23 ③

24 다음은 어떤 타당도에 관한 설명인가?

> 측정도구가 실제로 무엇을 측정했는가 또는 조사자가 측정하고자 하는 추상적인 개념이 실제로 측정도구에 의해서 적절하게 측정되었는가에 관한 문제로서, 이론적 연구를 하는 데 가장 중요한 타당도

① 내용타당도(Content Validity)
② 개념타당도(Construct Validity)
③ 공인타당도(Concurrent Validity)
④ 예언타당도(Predictive Validity)

25 신뢰도 추정에 관한 설명으로 옳지 않은 것은?

① 속도검사의 경우 기우양분법으로 반분신뢰도를 추정하면 신뢰도계수가 과대 추정되는 경향이 있다.
② 신뢰도 추정에 영향을 미치는 요인은 상관계수에 영향을 미치는 요인과 유사하다.
③ 신뢰도 추정에 영향을 미치는 요인 중 가장 중요한 요인은 표본의 동질성이다.
④ 정서반응과 같은 불안정한 심리적 특성의 신뢰도를 정확히 추정하기 위해서는 검사-재검사의 기간을 충분히 두어야 한다.

> **해설**
> 검사-재검사의 경우 두 검사 사이의 시간간격이 너무 길면 성숙효과가 발생하여 정서반응과 같은 불안정한 심리적 특성(측정대상의 속성이나 특성)이 변화할 수 있어 신뢰도가 낮아질 수 있다.

26 신입사원이 조직에 쉽게 적응하도록 상사가 후견인이 되어 도와주는 경력개발 프로그램은?

① 종업원지원 시스템 ② 멘토십 시스템
③ 경력지원 시스템   ④ 조기발탁 시스템

> **해설**
> 멘토십 시스템
> 경험과 지식이 많은 사람이 스승 역할을 하여 지도와 조언으로 그 대상자의 실력과 잠재력을 향상시키는 것을 돕는 프로그램이다.

27 성인용 웩슬러 지능검사(K-WAIS-Ⅳ)의 처리속도지수에 포함되지 않는 소검사는?

① 동형 찾기   ② 퍼즐
③ 기호 쓰기   ④ 지우기

> **해설**
> 성인용 웩슬러 지능검사(K-WAIS-Ⅳ)
> 언어이해, 지각추론, 작업기억, 처리속도의 4요인 구조로 되어있는데 처리속도지수에는 동형 찾기, 기호 쓰기, 지우기가 있다.

28 직무분석 자료의 특성과 가장 거리가 먼 것은?

① 최신의 정보를 반영해야 한다.
② 논리적으로 체계화되어야 한다.
③ 진로상담 목적으로만 사용되어야 한다.
④ 가공하지 않은 원상태의 정보이어야 한다.

> **해설**
> 직무분석 자료는 다양한 목적으로 사용된다.

29 특정 집단의 점수분포에서 한 개인의 상대적 위치를 나타내는 점수는?

① 표준점수   ② 표준등급
③ 백분위점수   ④ 규준점수

해설

백분위점수

특정집단의 점수분포에서 한 개인의 상대적 위치를 말한다. 예를 들어 백분위 "95"는 내담자의 점수보다 낮은 사람들이 전체의 95%가 된다는 의미이다.

30 Holland의 성격유형 중 구조화된 환경을 선호하고, 질서정연하고 체계적인 자료정리를 좋아하는 것은?

① 실제형 ② 탐구형
③ 사회형 ④ 관습형

해설

홀랜드의 직업성격이론 6가지 유형

① 현실형 : 기계, 동물, 도구에 관한 체계적인 조작활동을 좋아하나 사회적 기술이 부족하다.
  • 대표 직업 : 농부, 기술자, 정비사, 엔지니어, 운동선수 등
② 탐구형 : 분석적이고 호기심이 많고 조직적이며 정확한 반면, 흔히 리더십 기술이 부족하다.
  • 대표 직업 : 의사, 과학자, 사회과학자, 인류학자, 수학자 등
③ 예술형 : 변화와 다양성을 좋아하고 틀에 박힌 것을 싫어하며 모호하고, 자유롭고, 상징적인 활동들에 흥미를 보인다.
  • 대표 직업 : 예술가, 작가, 배우, 무용가, 디자이너, 연주가, 문인, 미술가 등
④ 사회형 : 친절하고 정이 많으며 다른 사람과 함께 일하는 것을 즐기나 기계적인 활동이 부족하다.
  • 대표 직업 : 교육자, 종교지도자, 간호사, 상담가 등
⑤ 진취형 : 위신, 인정, 권위에 흥미가 있으며 타인을 선도, 계획, 통제, 관리하는 일을 선호하나 체계적인 활동에는 약하다.
  • 대표 직업 : 정치가, 연출가, 관리자, 보험사원, 판사 등
⑥ 관습형 : 정해진 원칙과 계획에 따라 자료들을 기록, 정리, 조직하는 일을 좋아하나 변화에 약하고 융통성이 부족하다.

  • 대표 직업 : 세무사, 회계사, 법무사, 비서, 사서, 은행원, 행정관료 등

31 개인의 진로발달과정에서 초기의 가정환경이 그 후의 직업선택에 중요한 영향을 미친다고 보는 이론은?

① 파슨스(Parsons)의 특성이론
② 겔라트(Gelatt)의 의사결정이론
③ 로(Roe)의 욕구이론
④ 슈퍼(Super)의 발달이론

해설

Roe의 욕구이론에 따른 5가지 명제(가설)

① 개인이 가지고 있는 잠재적 특성의 발달에는 한계가 있다.
② 개인의 유전적 특성의 발달은 개인의 유일하고 특수한 경험에 영향을 받는다. 또한 가정의 사회적ㆍ경제적 배경 및 일반사회의 문화배경에 의해서도 영향을 받는다.
③ 흥미나 태도는 유전의 제약을 비교적 덜 받으므로 개인의 경험에 따라 발달유형이 결정된다.
④ 심리적 에너지는 흥미를 결정하는 중요한 요소이다.
⑤ 욕구와 만족과 그 강도는 성취동기의 유발 정도에 따라 결정된다.

32 셀리에(Selye)의 스트레스에서의 일반적응증후군에 관한 설명으로 옳지 않은 것은?

① 스트레스의 결과가 신체부위에 영향을 준다는 뜻에서 일반적이라 명명했다.
② 스트레스의 원인으로부터 신체가 대처하도록 한다는 의미에서 적응이라 명명했다.
③ 경계단계는 정신적 혹은 육체적 위험에 노출되었을 때 즉각적인 반응을 보이는 단계이다.
④ 탈진단계에서 심장병을 잘 유발하는 성격의 B유형은 흥분을 가라앉히지 않는다.

해설

A형 성격은 짧은 시간 내에 더 많은 일을 하려고 하다 보니 관상동맥성 심장병과 밀접한 관련이 있다.

33 심리검사를 선택하고 해석하는 과정에 관한 설명으로 틀린 것은?

① 검사는 진행 중인 상담과정의 한 구성요소로만 보아야 한다.
② 검사는 내담자의 의사결정을 돕기 위한 정보를 얻는 하나의 도구이다.
③ 검사는 내담자와 함께 협조해서 선택하는 것이 좋다.
④ 검사의 결과는 가능한 한 내담자에게 제공해서는 안 된다.

해설

심리검사는 내담자의 의사결정을 돕기 위한 정보를 얻는 하나의 도구로서, 선택 시에는 내담자와 함께 협조하는 것이 좋으며, 해석 또한 상담자가 일방적으로 해석하기보다는 내담자와 함께 하는 것이 바람직하다.

34 윌리엄슨(Williamson)이 제시한 상담의 과정을 바르게 나열한 것은?

ㄱ. 분석	ㄴ. 종합	ㄷ. 상담
ㄹ. 진단	ㅁ. 추수지도	ㅂ. 처방

① ㄱ → ㄴ → ㄹ → ㅂ → ㄷ → ㅁ
② ㄱ → ㄴ → ㄹ → ㄷ → ㅁ → ㅂ
③ ㄱ → ㄹ → ㅂ → ㄷ → ㅁ → ㄴ
④ ㄹ → ㅂ → ㄴ → ㄱ → ㄷ → ㅁ

해설

Williamson이 제시한 상담과정
분석－종합－진단－예측 또는 처방－상담 또는 치료－추후지도

35 다음의 특성을 가진 직무분석기법은?

- 미국 퍼듀대학교의 맥코믹(McCormick)이 개발했다.
- 행동중심적 직무분석기법(Behavior-oriented Job Analysis Method)이다.
- 6가지의 범주 및 187개 항목으로 구성되었다.
- 개별직무에 대해 풍부한 정보를 획득할 수 있는 장점이 있으나, 성과표준을 직접 산출하는 데는 무리가 따른다는 단점을 지니고 있다.

① CD 직무과제분석(JTA)
② 기능적 직무분석(FJA)
③ 직위분석질문지(PAQ)
④ 관리직기술질문지(MPDQ)

36 직업적성검사(GATB)에서 사무지각적성(Clerical Perception)을 측정하기 위한 검사는?

① 표식검사
② 계수검사
③ 명칭비교검사
④ 평면도 판단검사

37 스트레스와 직무수행 간의 관계에 관한 설명으로 옳은 것은?

① 스트레스가 많을수록 직무수행이 떨어지는 일차함수 관계이다.

② 어느 수준까지만 스트레스가 많을수록 직무수행이 떨어진다.

③ 일정시점 이후에 스트레스 수준이 증가하면 수행실적은 오히려 감소하는 역U형 관계이다.

④ 스트레스와 직무수행은 관계가 없다.

> **해설**
>
> 여키스와 다슨의 역U자형 가설에 의하면 일정시점 이후에 스트레스 수준이 증가하면 수행실적은 오히려 감소하는 것으로 최적의 스트레스 수준을 유지할 때 수행실적이 최고가 된다는 가설이다.

38 스트레스에 대한 방어적 대처 중 직장 상사에게 야단맞은 사람이 부하직원이나 식구들에게 트집을 잡아 화풀이를 하는 것은?

① 합리화(Rationalization)

② 동일시(Identification)

③ 보상(Compensation)

④ 전위(Displacement)

> **해설**
>
> 전위
> 정신분석상담이론에서 방어기제의 한 종류로 전혀 다른 대상에게 자신의 감정을 발산하는 것을 말한다. "종로에서 뺨 맞고 남대문에서 눈 흘긴다."라는 속담과도 일치한다.

39 다음 ( ) 안에 알맞은 것은?

> Levinson의 발달이론에서 성인은 연령에 따라 ( )의 계속적인 과정을 거쳐 발달하게 되며, 이러한 과정단계는 남녀나 문화에 상관없이 적용 가능하다.

① 안정과 변화

② 주요 사건

③ 과제와 도전

④ 위기

> **해설**
>
> Levinson의 발달이론에서 성인은 연령에 따라 안정과 변화의 계속적인 과정을 거쳐 발달된다.

40 Lofquist와 Dawis의 직업적응 이론에 나오는 4가지 성격양식 차원에 해당하지 않는 것은?

① 민첩성   ② 역량

③ 친화성   ④ 지구력

> **해설**
>
> Lofquist와 Dawis의 직업적응 이론에 나오는 4가지 성격양식 차원
> 민첩성, 역량, 리듬, 지구력
>
> ※ 친화성은 노동부에서 사용하고 있는 직업선호도 검사는 성격 5요인에 해당한다.

3과목 직업정보론

41 다음 중 국가기술자격 종목에 해당하지 않는 것은?

① 임상심리사 2급

② 컨벤션기획사 2급

③ 그린전동자동차기사

④ 자동차관리사 2급

> **해설**
>
> 자동차관리사는 국가기술자격 종목에 없으며 국가기술자격에서 자동차와 관련된 종목은 자동차정비(기능장, 기사, 산업기사, 기능사)와 자동차보수도장기능사, 자동차차체수리기능사 등이 있다.

정답 37 ③ 38 ④ 39 ① 40 ③ 41 ④

42 한국표준산업분류(제10차)의 분류목적에 해당하지 않는 것은?

① 기본적으로 산업활동 관련 통계자료 수집, 제표, 분석 등을 위해서 활동 분류 및 범위를 제공하기 위한 것
② 산업 관련 통계자료 정확성, 비교성을 확보하기 위하여 모든 통계작성기관은 한국표준산업분류를 의무적으로 사용하도록 규정
③ 일반 행정 및 산업정책 관련 다수 법령에서 적용대상 산업영역을 규정하는 기준으로 준용
④ 취업알선을 위한 구인·구직안내 기준

해설

취업알선을 위한 구인·구직안내 기준으로 사용하는 것은 한국표준직업분류이다.

43 다음은 한국직업사전(2020) 직무기능 "사물" 항목 중 무엇에 관한 설명인가?

> 다양한 목적을 수행하고자 사물 또는 사람의 움직임을 통제하고 있어 일정한 경로를 따라 조작되고 안내되어야 하는 기계 또는 설비를 시동, 정지하고 그 움직임을 제어한다.

① 조작운전   ② 정밀작업
③ 제어조작   ④ 수동조작

44 직업정보 분석 시 유의점으로 틀린 것은?

① 전문적인 시각에서 분석한다.
② 직업정보원과 제공원에 대해 제시한다.
③ 동일한 정보에 대해서는 한 가지 측면으로만 분석한다.
④ 원자료의 생산일, 자료표집방법, 대상 등을 검토해야 한다.

해설

동일한 정보도 다각적·종합적인 분석을 시도하여 해석을 풍부하게 한다.

45 인간이 복잡한 정보에 접근하게 되는 구조에 근거를 둔 이론으로 직업선택결정 단계를 전제단계, 계획단계, 인지부조화단계로 구분한 직업 결정모형은?

① 타이드만과 오하라(Tiedeman & O'Hara)의 모형
② 힐튼(Hilton)의 모형
③ 브룸(Vroom)의 모형
④ 수(Hsu)의 모형

해설

기술적 직업선택 모형 중 힐튼(Hilton)의 모형은 인간이 복잡한 정보에 접근하게 되는 구조에 근거를 둔 이론이다.

46 한국표준직업분류(제7차)의 개정 특징으로 틀린 것은?

① 전문 기술직의 직무영역 확장 등 지식 정보화 사회 변화상 반영
② 사회 서비스 일자리 직종 세분 및 신설
③ 고용규모 대비 분류항목이 적은 사무 및 판매·서비스직 세분
④ 자동화·기계화 진전에 따른 기능직 및 기계조작직 직종 세분 및 신설

해설

제조 관련 기능 종사원, 과실 및 채소 가공 관련 기계 조작원, 섬유 제조 기계 조작원 등은 복합·다기능 기계의 발전에 따라 세분화된 직종을 통합하였다.

47 다음은 국가기술자격 중 어떤 등급의 검정기준에 해당하는가?

> 해당 국가기술자격의 종목에 관한 숙련기능을 가지고 제작 · 제조 · 조작 · 운전 · 보수 · 정비 · 채취 · 검사 또는 작업관리 및 이에 관련되는 업무를 수행할 수 있는 능력 보유

① 기능사　　② 산업기사
③ 기사　　　④ 기능장

해설

자격정보 및 자격제도
① 기술사 : 해당 국가기술자격의 종목에 관한 고도의 전문지식과 실무경험에 입각한 계획 · 연구 · 설계 · 분석 · 조사 · 시험 · 시공 · 감리 · 평가 · 진단 · 사업관리 · 기술관리 등의 업무를 수행할 수 있는 능력 보유
② 기능장 : 해당 국가기술자격의 종목에 관한 최상급 숙련기능을 가지고 산업현장에서 작업관리, 소속기능인력의 지도 및 감독, 현장훈련, 경영자와 기능인력을 유기적으로 연계시켜 주는 현장관리 등의 업무를 수행할 수 있는 능력 보유
③ 기사 : 해당 국가기술자격의 종목에 관한 공학적 기술이론 지식을 가지고 설계 · 시공 · 분석 등의 업무를 수행할 수 있는 능력 보유
④ 산업기사 : 해당 국가기술자격의 종목에 관한 기술기초이론 지식 또는 숙련기능을 바탕으로 복합적인 기초기술 및 기능업무를 수행할 수 있는 능력 보유
⑤ 기능사 : 해당 국가기술자격의 종목에 관한 숙련 기능을 가지고 제작 · 제조 · 조작 · 운전 · 보수 · 정비 · 채취 · 검사 또는 작업관리 및 이에 관련되는 업무를 수행할 수 있는 능력 보유

48 한국표준산업분류(제10차) 분류정의가 틀린 것은?

① 산업은 유사한 성질을 갖는 산업활동에 주로 종사하는 생산단위의 집합이다.
② 각 생산단위가 노동, 자본, 원료 등 자원을 투입하여, 재화 또는 서비스를 생산 또는 제공하는 일련의 활동과정은 산업활동이다.
③ 산업활동 범위에는 영리적, 비영리적 활동이 모두 포함되며, 가정 내 가사활동도 포함 된다.
④ 산업분류는 생산단위가 주로 수행하는 산업활동을 분류기준과 원칙에 맞춰 그 유사성에 따라 체계적으로 유형화한 것이다.

해설

산업활동의 범위에는 영리적 · 비영리적 활동이 모두 포함되나, 가정 내의 가사활동은 제외된다.

49 고용노동통계조사의 각 항목별 조사주기의 연결이 틀린 것은?

① 사업체 노동력 조사 – 연 1회
② 시도별 임금 및 근로시간 조사 – 연 1회
③ 지역별 사업체 노동력 조사 – 연 2회
④ 기업체 노동비용 조사 – 연 1회

해설

사업체 노동력 조사는 월별로 조사하여 사업체 노동력의 변동추이를 파악한다.

50 다음은 어떤 직업훈련지원제도에 관한 설명인가?

> 급격한 기술발전에 적응하고 노동시장 변화에 대응하는 사회안전망 차원에서 생애에 걸친 역량개발 향상 등을 위해 국민 스스로 직업능력개발훈련을 실시할 수 있도록 훈련비 등을 지원

① 국가기간 · 전략산업직종 훈련
② 사업주 직업능력개발훈련
③ 국민내일배움카드
④ 일학습병행

해설

직업능력개발계좌제(국민내일배움카드)
고용노동부장관이 실업자 등의 직업능력개발을 지원하기 위하여 직업능력개발훈련 비용을 지원하는 계좌를 발급하고 이들의 직업능력개발에 관한 이력을 종합적으로 관리하는 제도를 말한다.

51 한국표준산업분류(제10차)의 산업분류 결정방법에 관한 설명으로 틀린 것은?

① 생산단위 산업활동은 그 생산단위가 수행하는 주된 산업활동 종류에 따라 결정
② 계절에 따라 정기적으로 산업활동을 달리하는 사업체의 경우 조사대상 기간 중 산출액이 많았던 활동에 의하여 분류
③ 설립 중인 사업체는 개시하는 산업활동에 따라 결정
④ 단일사업체 보조단위는 별도의 사업체로 처리

해설

단일사업체의 보조단위는 그 사업체의 일개 부서로 포함한다.

52 평생학습계좌제(www.all.go.kr)에 관한 설명으로 틀린 것은?

① 개인의 다양한 학습경험을 온라인 학습이력 관리시스템에 누적·관리하여 체계적인 학습설계를 지원한다.
② 개인의 학습결과를 학력이나 자격인정과 연계하거나 고용정보로 활용할 수 있게 한다.
③ 전 국민을 대상으로 실시하는 제도로서, 원하는 누구나 이용이 가능하다.
④ 온라인으로 계좌개설이 가능하며 방문신청은 전국 고용센터에 방문하여 개설한다.

해설

온라인으로 계좌개설이 가능하며 방문신청은 평생교육진흥원에 방문하여 개설한다.

53 워크넷에서 제공하는 채용정보 중 기업형태별 검색에 해당하지 않는 것은?

① 벤처기업　　② 외국계기업
③ 환경친화기업　　④ 일학습병행기업

해설

기업형태별 검색은 대기업, 공무원/공기업/공공기관, 강소기업, 코스피/코스닥, 외국계기업, 일학습병행기업, 벤처기업, 청년친화강소기업, 가족친화인증기업으로 검색할 수 있다.

54 직업정보의 가공에 대한 설명으로 틀린 것은?

① 정보를 공유하는 방법을 강구하는 단계이다.
② 정보의 생명력을 측정하여 활용방법을 선정하고 이용자에게 동기를 부여할 수 있도록 구상한다.
③ 정보를 제공하는 것은 긍정적인 입장에서 출발하여야 한다.
④ 시각적 효과를 부가한다.

해설

직업정보 가공 시에는 중립적인 입장에서 직업에 대한 장단점을 편견 없이 제공해야 한다.

55 워크넷(직업·진로)에서 '직업정보 찾기'의 하위 메뉴가 아닌 것은?

① 신직업·창직 찾기
② 업무수행능력별 찾기
③ 통합 찾기(지식, 능력, 흥미)
④ 지역별 찾기

정답　51 ④　52 ④　53 ③　54 ③　55 ④

워크넷(직업·진로)에서 '직업정보 찾기'의 하위 메뉴

키워드 검색, 조건별 검색, 분류별 찾기, 지식별 찾기, 업무수행능력별 찾기, 통합 찾기(지식, 능력, 흥미), 신직업·창직 찾기, 대상별 찾기, 이색 직업별 찾기, 테마별 찾기

56 워크넷에서 제공하는 학과정보 중 자연계열의 "생명과학과"와 관련이 없는 학과는?

① 의생명과학과   ② 해양생명과학과
③ 분자생물학과   ④ 바이오산업공학과

해양생명과학과는 수산양식산업 관련 수산학과에 해당된다.

57 민간직업정보와 비교한 공공직업정보의 특성에 관한 설명과 가장 거리가 먼 것은?

① 필요한 시기에 최대한 활용되도록 한시적으로 신속하게 생산 및 운영된다.
② 광범위한 이용 가능성에 따라 공공직업정보체계에 대한 직접적이며 객관적인 평가가 가능하다.
③ 특정 분야 및 대상에 국한되지 않고 전체 산업 및 업종에 걸친 직종 등을 대상으로 한다.
④ 직업별로 특정한 정보만을 강조하지 않고 보편적인 항목으로 이루어진 기초적인 직업정보체계로 구성되어 있다.

①항은 민간직업정보의 특성이다.

공공직업정보의 특성
① 지속적으로 조사·분석하여 제공되며 장기적인 계획 및 목표에 따라 정보체계의 개선작업 수행이 가능하다.

② 특정 분야 및 대상에 국한되지 않고 전체 산업 및 업종에 걸친 직종을 대상으로 한다.
③ 직업별로 특정한 정보만을 강조하지 않고 보편적인 항목으로 이루어진 기초적인 직업정보체계로 구성된다.
④ 광범위한 이용가능성에 따라 공공직업정보체계에 대한 직접적이며 객관적인 평가가 가능하다.
⑤ 국내 또는 국제적으로 인정된 객관적인 기준에 근거하여 직업을 분류한다.
⑥ 관련 직업 간 비교가 용이하다.
⑦ 무료로 제공된다.

58 한국표준직업분류(제7차) 개정 시 대분류 3 "사무 종사자"에 신설된 것은?

① 행정사
② 신용카드 모집인
③ 로봇공학 기술자 및 연구원
④ 문화 관광 및 숲·자연환경 해설사

포괄적 직무로 분류되어 온 사무직의 대학행정 조교, 증권 사무원, 기타 금융 사무원, 행정사, 중개 사무원을 신설하였다.

59 Q-net(www.q-net.or.kr)에서 제공하는 국가기술자격 종목별 정보를 모두 고른 것은?

> ㄱ. 자격취득자에 대한 법령상 우대 현황
> ㄴ. 수험자 동향(응시목적별, 연령별 등)
> ㄷ. 연도별 검정 현황(응시자 수, 합격률 등)
> ㄹ. 시험정보(수수료, 취득방법 등)

① ㄱ, ㄴ
② ㄷ, ㄹ
③ ㄱ, ㄴ, ㄹ
④ ㄱ, ㄴ, ㄷ, ㄹ

해설

Q-net(www.q-net.or.kr)에서 제공하는 국가
기술자격 종목별 정보
① 자격취득자에 대한 법령상 우대현황
② 수험자 동향(응시목적별, 연령별 등)
③ 연도별 검정현황(응시자 수, 합격률 등)
④ 시험정보(수수료, 취득방법 등)
⑤ 국가기술자격 통계연보

60 직업정보의 일반적인 평가기준과 가장 거리가 먼
것은?

① 어떤 목적으로 만든 것인가?
② 얼마나 비싼 정보인가?
③ 누가 만든 것인가?
④ 언제 만들어진 것인가?

해설

직업정보를 평가할 때 중요한 것은 정보의 정확성
과 신뢰성이다. 어떤 목적으로, 누가, 언제 만들어
졌는지가 중요하지, 얼마나 비싼 정보인가는 중요
하지 않다.

4과목 **노동시장론**

61 노동조합에 관한 설명으로 옳은 것은?

① 노조 부문과 비노조 부문 간의 임금격차를 해
소시킨다.
② 집단적 소리로서의 기능을 하여 비효율을 제
거하고 생산성을 증진시킬 수 있다.
③ 시장기능에 의해 결정된 임금수준을 반드시
수용한다.
④ 노동조합의 임금수준은 일반적으로 비노조 부
문의 임금수준에 비해 낮게 책정되어 있다.

해설

①항 노조 부문과 비노조 부문 간의 임금격차를 발
생시킨다.
③항 시장기능에 의해 결정된 임금수준을 수용하
는 것이 아니라 노사 간 교섭력에 의해서 결
정된다.
④항 노동조합의 임금수준은 일반적으로 비노조 부
문의 임금수준에 비해 높게 책정되어 있다.

62 1960년대 선진국에서 실업률과 물가상승률 간
의 상충관계를 개선하고자 실시했던 정책은?

① 재정정책　　② 금융정책
③ 인력정책　　④ 소득정책

해설

소득정책
완전고용과 물가안정의 양립을 추구하기 위하여
임금상승률을 조정하는 정책이다. 임금인상이 물
가등귀를 초래한다는 코스트 인플레이션론의 입
장에서 국가권력에 의한 유도 또는 강제에 의하여
임금상승률을 국민경제의 생산성 상승률의 범위
내에 억제함을 주목적으로 한다.

63 경기침체로 실업자가 직장을 구하는 것이 더욱
어렵게 되어 구직활동을 단념함으로써 비경제활
동인구가 늘어나고 경제활동인구가 감소하는
것은?

① 실망노동자효과
② 부가노동자효과
③ 대기실업효과
④ 추가실업효과

해설

실망노동자효과
불황으로 인한 장기실업자들이 실망하여 구직활
동을 포기함으로써 비경제활동으로 전락하는 것
을 말한다(통계상 실업자 감소).

64 한국 노동시장에서 인력난과 유휴인력이 공존하는 이유로 가장 적합한 것은?

① 근로자의 학력격차의 확대
② 외국인고용허가제 도입
③ 기업규모별 임금격차의 확대
④ 미숙련노동력의 무제한적 공급

해설

기업규모별 임금격차의 확대로 노동시장에서 소규모 기업에서는 인력난, 대기업에서는 유휴인력이 공존하게 된다.

65 노사관계의 주체를 사용자 및 단체, 노동자 및 단체, 정부로 규정하고 이들 간의 관계는 기술, 시장 또는 예산상의 제약, 권력구조에 의해 결정된다는 노사관계이론은?

① 시스템이론
② 수렴이론
③ 분산이론
④ 단체교섭이론

해설

던롭(J. T. Dunlop)의 노사관계 시스템이론에 대한 설명이다.

66 다음 중 내부노동시장의 특징에 관한 설명으로 옳은 것은?

① 신규채용이나 복직 그리고 능력 있는 자의 초빙 시에만 외부노동시장과 연결된다.
② 승진이나 직무배치 그리고 임금 등은 외부노동시장과 연계하여 결정된다.
③ 임금은 근로자의 단기적 생산성과 관련된다.
④ 내부와 외부노동시장 간에 임금격차가 없다.

해설

②항 내부노동시장에서는 승진이나 직무배치 그리고 임금 등은 기업내부에서 정해진 규칙과 절차에 의해 결정된다.
③항 임금은 단기적 생산성보다 장기근속에 따라 증가한다.
④항 내부와 외부노동시장과의 임금격차는 존재한다.

67 개인이 노동시장에서의 노동공급을 포기하는 경우에 관한 설명으로 틀린 것은?

① 개인의 여가-소득 간의 무차별곡선이 수평에 가까운 경우이다.
② 개인의 여가-소득 갑의 무차별곡선과 예산제약선 간의 접점이 존재하지 않거나, X축 코너(Corner)점에서만 접점이 이루어질 경우이다.
③ 일정수준의 효용을 유지하기 위해 1시간 추가적으로 더 일하는 것을 보상하는 데 요구되는 소득이 시장임금률보다 더 큰 경우이다.
④ 소득에 비해 여가의 효용이 매우 큰 경우이다.

해설

개인의 여가-소득 간의 무차별곡선이 수평이라는 것은 여가시간 없이 노동을 계속한다는 의미이다. 즉, 여가시간은 0이 되고 주어진 모든 시간을 노동에 투입하게 된다.

68 노사 간에 공동결정(Co-Determination)이라는 광범위한 합의관행이 존재하고 있는 국가는?

① 영국
② 프랑스
③ 미국
④ 독일

해설

독일에서 공동결정이라는 합의관행이 1916년에 최초로 도입되어 1920년에 법적으로 의무화되었다.

69 다음 중 최저임금제도의 기대효과가 아닌 것은?

① 소득분배 개선
② 기업 간 공정경쟁 유도
③ 고용 확대
④ 산업구조의 고도화

> **해설**
>
> 최저임금의 목적
> 소득분배의 개선, 노동력의 질적 향상, 기업의 경영합리화 촉진, 공정경쟁의 확보, 산업평화의 유지, 경기활성화, 산업구조 고도화 촉진 등이다.
>
> ※ 최저임금제의 부정적 효과로 고용의 감소가 있다.

70 다음 중 노동공급의 감소로 발생되는 현상은?

① 사용자의 경쟁심화로 임금수준의 하락을 초래한다.
② 고용수준의 증가를 가져온다.
③ 임금수준의 상승을 초래한다.
④ 일시적인 초과 노동공급현상을 유발한다.

> **해설**
>
> 노동공급의 감소는 수요가 공급보다 많다는 것으로 임금상승을 가져온다.

71 노동조합 조직의 유지 및 확대에 유리한 순서대로 숍제도를 나열한 것은?

① 클로즈드 숍>유니언 숍>오픈 숍
② 유니언 숍>클로즈드 숍>오픈 숍
③ 오픈 숍>유니언 숍>클로즈드 숍
④ 오픈 숍>클로즈드 숍>유니언 숍

> **해설**
>
> ① 오픈 숍(Open Shop) : 사용자가 노동조합에 가입한 조합원이나 가입하지 않은 비조합원이나 모두 고용할 수 있는 제도이다. 노동조합은 상대적으로 노동력의 공급을 독점하기 어렵다.

② 클로즈드 숍(Closed Shop) : 조합에 가입하고 있는 노동자만을 채용하고 일단 고용된 노동자라도 조합원자격을 상실하면 종업원이 될 수 없는 숍 제도로서 우리나라 항운노동조합이 이에 해당한다.
③ 유니언 숍(Union Shop) : 기업이 노동자를 채용할 때는 노동조합에 가입하지 않은 노동자를 채용할 수 있지만 일단 채용된 노동자는 일정 기간 내에 노동조합에 가입하여야 하며 또한 조합에서 탈퇴하거나 제명되는 경우 종업원자격을 상실하도록 되어 있는 제도이다.

72 통상임금과 평균임금에 관한 설명으로 틀린 것은?

① 통상임금에는 기본급, 직무 관련 직책, 직급, 직무수당을 포함한다.
② 초과급여, 특별급여 등은 통상임금 산정에서 제외된다.
③ 평균임금은 고용기간 중에서 근로자가 지급받고 있던 평균적인 임금수준을 말한다.
④ 평균임금은 연장근로, 야간근로, 휴일근로 등의 산출기준임금이다.

> **해설**
>
> ① 통상임금 : 연장근로, 야간근로, 휴일근로 등의 산출기준임금
> ② 평균임금 : 퇴직금, 휴업수당, 산재보상 등의 산출기준임금

73 정보의 유통장애와 가장 관련이 높은 실업은?

① 마찰적 실업
② 경기적 실업
③ 구조적 실업
④ 잠재적 실업

> **해설**
>
> 마찰적 실업
> 신규·전직자가 노동시장에 진입하는 과정에서 직업정보의 부족에 의하여 일시적으로 발생하는 실업의 유형으로 직업정보의 효율적 제공을 통하여 해결할 수 있다.

정답 69 ③ 70 ③ 71 ① 72 ④ 73 ①

74 1998~1999년의 경제위기 기간에 나타난 우리 노동시장의 특징과 가장 거리가 먼 것은?

① 해고분쟁의 증가
② 외국인노동자 대량 유입
③ 근로자의 평균근속기간 감소
④ 임시직 · 일용직 고용비중의 증가

> **해설**
>
> 경제위기 기간에는 외국인노동자가 감소하였다가, 2005년 외국인에 대한 고용허가제가 시행된 이후 대량 유입이 이루어졌다.

75 임금상승이 한 개인의 여가와 노동시간에 미치는 효과 중 소득효과가 대체효과보다 클 경우 나타나는 것은?

① 여가시간은 감소하지만 노동시간이 증가한다.
② 여가시간과 노동시간이 함께 증가한다.
③ 여가시간과 노동시간이 함께 감소한다.
④ 여가시간은 증가하지만 노동시간은 감소한다.

> **해설**

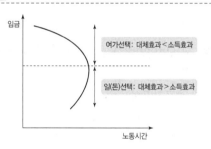

> ① 대체효과 : 임금이 상승함에 따라 노동시간을 증가시킨다.
> ② 소득효과 : 임금이 상승함에 따라 노동시간을 감소시킨다.
>
> 소득효과가 대체효과보다 크기 때문에 여가시간은 증가하지만 노동시간은 감소한다.

76 근로자의 근속연수에 따라 임금을 결정하는 임금체계는?

① 연공급
② 직무급
③ 직능급
④ 성과급

> **해설**
>
> **연공급**
> 속인급으로서 개개인의 학력 · 자격 · 연령 등을 감안하여 근속연수에 따라 임금수준을 결정하는 임금체계이다. 조직안정화로 인한 위계질서 확립이 용이하나 비합리적인 인건비 지출이 발생하는 단점이 있다.

77 노동조합으로 인해 비노조 부문의 임금이 하락하고 있다면 이는 어떤 경우인가?

① 이전효과(Spillover Effect)만 나타나는 경우
② 위협효과(Threat Effect)만 나타나는 경우
③ 대기실업효과만 나타나는 경우
④ 비노동조합 부문에서 노동수요곡선을 좌측으로 이동하는 효과가 나타나는 경우

> **해설**
>
> **이전효과(Spillover Effect)**
> 노동조합이 조직됨으로써 노동조합 조직 부문에서의 상대적 노동수요가 감소하고 그 결과 일자리를 잃은 노동자들이 비조직 부문의 임금을 하락시키는 효과이다.

78 임금이 10,000원에서 12,000원으로 증가할 때 고용량이 120명에서 108명으로 감소한 경우 노동수요의 탄력성은?

① 0.06
② 0.5
③ 1.0
④ 2.0

> **해설**
>
> • 노동수요의 (임금)탄력성
> $$= \frac{\text{노동수요량의 변화율(\%)}}{\text{임금의 변화율(\%)}}$$

• 노동동수요량의 변화율(%)
$$=\frac{120-108}{120}\times100=10\%$$

• 임금의 변화율(%) $=\frac{12,000-10,000}{10,000}=20\%$

∴ 노동수요의 임금탄력성 $=\frac{10\%}{20\%}=0.5$

79 K회사는 4번째 직원을 채용할 때 모든 근로자의 시간당 임금을 8천 원에서 9천 원으로 인상할 것이다. 만약 4번째 직원의 시간당 한계수입생산이 1만 원이라면 K기업이 4번째 직원을 새로 고용함에 따라 얻을 수 있는 시간당 이윤은?

① 1천 원 증가   ② 2천 원 증가
③ 1천 원 감소   ④ 2천 원 감소

🔧 해설

노동투입량	근로자임금	총노동비용	노동의 한계비용
3번째 기존직원	8,000	24,000	
4번째 직원채용 시	9,000	36,000	12,000

즉, 노동의 한계비용이 12,000원이고 한계수입생산이 10,000원이므로 이윤은 2,000원 감소한다.

80 다음 중 임금수준의 결정원칙이 아닌 것은?

① 사회적 균형의 원칙
② 생계비 보장의 원칙
③ 소비욕구 반영의 원칙
④ 기업 지불 능력의 원칙

🔧 해설

임금수준의 결정원칙
① 사회적 균형의 원칙
② 생계비 보장의 원칙
③ 기업 지불 능력의 원칙

5과목 노동관계법규

81 직업안정법령상 근로자의 모집에 관한 설명으로 틀린 것은?

① 누구든지 국외에 취업할 근로자를 모집한 경우에는 고용노동부장관에게 신고하여야 한다.
② 고용노동부장관은 건전한 모집질서를 확립하기 위하여 필요하다고 인정하는 경우에는 근로자 모집방법 등의 개선을 권고할 수 있다.
③ 고용노동부장관은 근로자의 모집을 원활하게 하기 위하여 필요하다고 인정할 때에는 국외 취업을 희망하는 근로자를 미리 등록하게 할 수 있다.
④ 근로자를 모집하려는 자가 응모자로부터 그 모집과 관련하여 금품을 받은 경우 7년 이하의 징역 또는 7천만 원 이하의 벌금에 처한다.

🔧 해설

근로자를 모집하려는 자가 응모자로부터 그 모집과 관련하여 금품을 받은 경우 5년 이하의 징역 또는 5천만 원 이하의 벌금에 처한다.

82 고용보험법령상 취업촉진 수당에 해당하지 않는 것은?

① 구직급여
② 조기재취업 수당
③ 광역 구직활동비
④ 직업능력개발 수당

🔧 해설

취업촉진 수당의 종류
실업급여는 구직급여와 취업촉진 수당으로 구분되는데, 취업촉진 수당의 종류는 다음과 같다.
① 조기(부期)재취업 수당
② 직업능력개발 수당
③ 광역 구직활동비
④ 이주비

정답 79 ④ 80 ③ 81 ④ 82 ①

83 헌법상 근로의 권리로서 명시되어 있지 않은 것은?

① 최저임금제 시행
② 여성근로자의 특별보호
③ 연소근로자의 특별보호
④ 장애인근로자의 특별보호

해설

헌법상 근로의 특별한 보호 또는 우선적인 근로기회 보장의 대상자로는 여자, 연소자, 국가 유공자·상이군경 및 전몰군경의 유가족이다. 실업자, 장애인 등은 해당되지 않는다.

84 남녀고용평등 및 일·가정 양립 지원에 관한 법령상 육아기 근로시간 단축에 관한 설명이다. ( )에 들어갈 내용으로 옳은 것은?

사업주가 근로자에게 육아기 근로시간 단축을 허용하는 경우 단축 후 근로시간은 주당 (ㄱ)시간 이상이어야 하고 (ㄴ)시간을 넘어서는 아니 된다.

① ㄱ : 10, ㄴ : 15
② ㄱ : 10, ㄴ : 20
③ ㄱ : 15, ㄴ : 30
④ ㄱ : 15, ㄴ : 35

해설

육아기 근로시간 단축 후 근로시간은 주당 15시간 이상이어야 하고 35시간을 넘어서는 아니 된다.

85 개인정보 보호법령에 관한 설명으로 틀린 것은?

① "정보주체"란 처리되는 정보에 의하여 알아볼 수 있는 사람으로서 그 정보의 주체가 되는 사람을 말한다.

② 개인정보처리자는 개인정보의 처리 목적에 필요한 범위에서 개인정보의 정확성, 완전성 및 최신성이 보장되도록 하여야 한다.
③ 개인정보 보호에 관한 사무를 독립적으로 수행하기 위하여 국무총리 소속으로 개인정보 보호위원회를 둔다.
④ 위원의 임기는 2년으로 하되, 연임할 수 없다.

해설

개인정보 보호위원회의 위원장과 위원의 임기는 3년으로 하되, 1차에 한하여 연임할 수 있다.

86 근로기준법령상 이행강제금에 관한 설명으로 틀린 것은?

① 노동위원회는 구제명령을 받은 후 이행기한까지 구제명령을 이행하지 아니한 사용자에게 2천만 원 이하의 이행강제금을 부과한다.
② 노동위원회는 이행강제금을 부과하기 30일 전까지 이행강제금을 부과·징수한다는 뜻을 사용자에게 미리 문서로써 알려주어야 한다.
③ 근로자는 구제명령을 받은 사용자가 이행기한까지 구제명령을 이행하지 아니하면 이행기한이 지난 때부터 30일 이내에 그 사실을 노동위원회에 알려줄 수 있다.
④ 노동위원회는 이행강제금 납부의무자가 납부기한까지 이행강제금을 내지 아니하면 기간을 정하여 독촉을 하고 지정된 기간에 이행강제금을 내지 아니하면 국세체납처분의 예에 따라 징수할 수 있다.

해설

근로자는 구제명령을 받은 사용자가 이행기한까지 구제명령을 이행하지 아니하면 이행기한이 지난 때부터 15일 이내에 그 사실을 노동위원회에 알려줄 수 있다.

87 고용정책 기본법령상 고용정책기본계획에 포함되는 내용으로 명시되지 않은 것은?

① 고용동향과 인력의 수급전망에 관한 사항
② 고용에 관한 중장기 정책목표 및 방향
③ 인력의 수급동향 및 전망을 반영한 직업능력 개발훈련의 수급에 관한 사항
④ 인력의 수요와 공급에 영향을 미치는 산업정책 등의 동향에 관한 사항

> **해설**
> 고용정책 기본법령상 고용정책기본계획에는 다음의 사항이 포함되어야 한다.
> ① 고용에 관한 중장기 정책목표 및 방향
> ② 인력의 수요와 공급에 영향을 미치는 경제, 산업, 교육, 복지 또는 인구정책 등의 동향(動向)에 관한 사항
> ③ 고용동향과 인력의 수급전망에 관한 사항
> ④ 국가시책의 기본방향에 관한 사항
> ⑤ 그 밖의 고용 관련 주요시책에 관한 사항

88 국민 평생 직업능력 개발법령상 실시방법에 따라 구분한 직업능력개발훈련에 해당하지 않는 것은?

① 집체훈련　② 향상훈련
③ 현장훈련　④ 원격훈련

> **해설**
> ① 훈련목적에 따른 구분 : 양성훈련. 향상훈련, 전직훈련
> ② 훈련방법에 따른 구분 : 집체훈련. 현장훈련, 원격훈련, 혼합훈련

89 고용보험법령상 구직급여의 수급자격이 인정되기 위해서는 이직일 이전 18개월의 기준기간 중에 피보험 단위기간이 통산하여 며칠 이상 되어야 하는가?

① 60일　② 90일
③ 120일　④ 180일

> **해설**
> 구직급여는 이직한 피보험자가 18개월의 기준기간 동안의 피보험 단위기간이 통산(通算)하여 180일 이상일 것

90 고용정책 기본법령상 고용재난지역에 관한 설명으로 틀린 것은?

① 고용재난지역으로 선포할 것을 대통령에게 건의할 수 있는 자는 기획재정부장관이다.
② 고용재난지역의 선포를 건의받은 대통령은 국무회의 심의를 거쳐 해당 지역을 고용재난지역으로 선포할 수 있다.
③ 고용재난지역으로 선포하는 경우 정부는 행정상·재정상·금융상의 특별지원이 포함된 종합대책을 수립·시행할 수 있다.
④ 고용재난조사단은 단장 1명을 포함하여 15명 이하의 단원으로 구성한다.

> **해설**
> 고용노동부장관은 대규모로 기업이 도산하거나 구조조정 등으로 지역의 고용안정에 중대한 문제가 발생하여 특별한 조치가 필요하다고 인정되는 지역에 대하여 고용재난지역으로 선포할 것을 대통령에게 건의할 수 있다.

91 국민 평생 직업능력 개발법령상 직업능력개발훈련에 관한 설명으로 옳은 것은?

① 직업능력개발훈련은 18세 미만인 자에게는 실시할 수 없다.
② 직업능력개발훈련의 대상에는 취업할 의사가 있는 사람뿐만 아니라 사업주에게 고용된 사람도 포함된다.
③ 직업능력개발훈련 시설의 장은 직업능력개발훈련과 관련된 기술 등에 관한 표준을 정할 수 있다.

④ 산업재해보상보험법을 적용받는 사람도 재해위로금을 받을 수 있다.

🔧 해설

①항 직업능력개발훈련은 15세 이상인 사람에게 실시하되, 직업능력개발훈련시설의 장은 훈련의 직종 및 내용에 따라 15세 이상으로서 훈련대상자의 연령 범위를 따로 정하거나 필요한 학력, 경력 또는 자격을 정할 수 있다.

③항 고용노동부장관은 직업능력개발훈련의 상호호환·인정·교류가 가능하도록 직업능력개발훈련과 관련된 기술·자원·운영 등에 관한 표준을 정할 수 있다.

④항 직업능력개발훈련을 실시하는 자는 해당 훈련시설에서 직업능력개발훈련을 받는 근로자(「산업재해보상보험법」을 적용받는 사람은 제외한다)가 직업능력개발훈련 중에 그 직업능력개발훈련으로 인하여 재해를 입은 경우에는 재해위로금을 지급하여야 한다.

92 고용보험법령상 고용안정·직업능력개발사업의 내용에 해당하지 않는 것은?

① 조기재취업 수당 지원
② 고용창출의 지원
③ 지역고용의 촉진
④ 임금피크제 지원금의 지급

🔧 해설

조기재취업 수당 지원은 실업급여사업에 해당된다.

93 근로기준법령상 용어의 정의에 관한 설명으로 틀린 것은?

① "근로"란 정신노동과 육체노동을 말한다.
② "사용자"란 사업주 또는 사업 경영 담당자, 그 밖에 근로자에 관한 사항에 대하여 사업주를 위하여 행위하는 자를 말한다.

③ "통상임금"이란 이를 산정하여야 할 사유가 발생한 날 이전 3개월 동안에 그 근로자에게 지급된 임금의 총액을 그 기간의 총일수로 나눈 금액을 말한다.
④ "단시간근로자"란 1주 동안의 소정근로시간이 그 사업장에서 같은 종류의 업무에 종사하는 통상근로자의 1주 동안의 소정근로시간에 비하여 짧은 근로자를 말한다.

🔧 해설

③항 평균임금에 대한 설명이다.

통상임금
근로자에게 정기적이고 일률적으로 지급하기로 정한 시간급 금액, 일급 금액, 주급 금액, 월급 금액 또는 도급 금액을 말한다.

94 남녀고용평등과 일·가정 양립 지원에 관한 법령상 과태료를 부과하는 위반행위는?

① 근로자의 교육·배치 및 승진에서 남녀를 차별한 경우
② 성희롱 예방교육을 하지 아니한 경우
③ 동일한 사업 내의 동일 가치의 노동에 대하여 동일한 임금을 지급하지 아니한 경우
④ 육아기 근로시간 단축을 이유로 해당 근로자에 대하여 해고나 그 밖의 불리한 처우를 한 경우

🔧 해설

성희롱 예방교육을 하지 아니한 경우에는 500만원 이하의 과태료가 부과된다.

95 근로기준법령상 근로계약에 관한 설명으로 틀린 것은?

① 근로기준법에서 정하는 기준에 미치지 못하는 근로조건을 정한 근로계약은 그 부분에 한하여 무효로 한다.
② 사용자는 근로계약 불이행에 대한 위약금 또는 손해배상액을 예정하는 계약을 체결할 수 있다.
③ 사용자는 근로계약을 체결할 때에 근로자에게 임금, 소정근로시간, 휴일, 연차 유급휴가 등의 사항을 명시하여야 한다.
④ 명시된 근로조건이 사실과 다를 경우에 근로자는 근로조건 위반을 이유로 손해의 배상을 청구할 수 있으며 즉시 근로계약을 해제할 수 있다.

해설
사용자는 근로계약 불이행에 대한 위약금 또는 손해배상액을 예정하는 계약을 체결하지 못한다. 근로계약 불이행에 대한 위약금을 예정하는 계약을 체결한 경우 500만 원 이하의 벌금에 처한다.

96 남녀고용평등과 일·가정 양립 지원에 관한 법령상 직장 내 성희롱의 금지 및 예방에 관한 설명으로 틀린 것은?

① 사업주, 상급자 또는 근로자는 직장 내 성희롱을 하여서는 아니 된다.
② 사업주는 성희롱 예방교육을 고용노동부장관이 지정하는 기관에 위탁하여 실시할 수 있다.
③ 누구든지 직장 내 성희롱 발생 사실을 알게 된 경우 그 사실을 해당 사업주에게 신고할 수 있다.
④ 사업주는 직장 내 성희롱 예방교육을 연 2회 이상 하여야 한다.

해설
사업주는 연 1회 이상 직장 내 성희롱 예방을 위한 교육을 하여야 한다.

97 근로자퇴직급여 보장법에 관한 설명으로 틀린 것은?

① 이 법은 상시 5명 미만의 근로자를 사용하는 사업장에는 적용하지 아니한다.
② 퇴직금제도를 설정하려는 사용자는 계속근로기간 1년에 대하여 30일분 이상의 평균임금을 퇴직금으로 퇴직근로자에게 지급할 수 있는 제도를 설정하여야 한다.
③ 퇴직금을 받을 권리는 3년간 행사하지 아니하면 시효로 인하여 소멸한다.
④ 확정급여형 퇴직연금제도란 근로자가 받을 급여의 수준이 사전에 결정되어 있는 퇴직연금제도를 말한다.

해설
근로자퇴직급여 보장법은 근로자를 사용하는 모든 사업 또는 사업장에 적용한다.

98 직업안정법령상 근로자공급사업에 관한 설명으로 틀린 것은?

① 근로자공급사업 연장허가의 유효기간은 연장 전 허가의 유효기간이 끝나는 날부터 5년으로 한다.
② 누구든지 고용노동부장관의 허가를 받지 아니하고는 근로자공급사업을 하지 못한다.
③ 연예인을 대상으로 하는 국외 근로자공급사업의 허가를 받을 수 있는 자는 민법상 비영리법인으로 한다.
④ 국내 근로자공급사업 허가를 받을 수 있는 자는 「노동조합 및 노동관계조정법」에 따른 노동조합이다.

해설

근로자공급사업 허가의 유효기간은 3년으로 하되, 유효기간이 끝난 후 계속하여 근로자공급사업을 하려는 자는 연장허가를 받아야 하며, 이 경우 연장허가의 유효기간은 연장 전 허가의 유효기간이 끝나는 날부터 3년으로 한다.

99 파견근로자보호 등에 관한 법령에 대한 설명으로 틀린 것은?

① 근로자파견사업 허가의 유효기간은 3년으로 한다.

② 파견사업주는 그가 고용한 근로자 중 파견근로자로 고용하지 아니한 자를 근로자파견의 대상으로 하려는 경우에는 고용노동부장관의 승인을 받아야 한다.

③ 파견사업주는 쟁의행위 중인 사업장에 그 쟁의행위로 중단된 업무의 수행을 위하여 근로자를 파견하여서는 아니 된다.

④ 파견사업주는 근로자파견을 할 경우에는 파견근로자의 성명·성별·연령·학력, 자격 기타 직업능력에 관한 사항을 사용사업주에게 통지하여야 한다.

해설

파견사업주는 그가 고용한 근로자 중 파견근로자로 고용하지 아니한 자를 근로자파견의 대상으로 하려는 경우에는 미리 그 취지를 알려주고 당해 근로자의 동의를 받아야 한다.

100 고용상 연령차별금지 및 고령자고용촉진에 관한 법령상 운수업에서의 고령자 기준고용률은?

① 그 사업장의 상시근로자 수의 100분의 2

② 그 사업장의 상시근로자 수의 100분의 3

③ 그 사업장의 상시근로자 수의 100분의 6

④ 그 사업장의 상시근로자 수의 100분의 10

해설

고령자 기준고용률(시행령 제3조)
① 제조업 : 상시근로자 수의 100분의 2
② 운수업, 부동산 및 임대업 : 그 사업장의 상시근로자 수의 100분의 6
③ 그 외의 산업 : 상시근로자 수의 100분의 3

VOCATIONAL COUNSELOR

과년도 기출문제 2021년 3회

1과목 직업상담학

01 진로선택과 관련된 이론으로 인생 초기의 발달과 정을 중시하는 이론은?

① 인지적 정보처리이론
② 정신분석이론
③ 사회학습이론
④ 진로발달이론

> **해설**
>
> 인생 초기의 발달과정을 중시하는 이론은 프로이드의 정신분석이론, 아들러의 개인심리학, 번의 교류분석이론이다.

02 상담이론과 직업상담사의 역할의 연결이 바르지 않은 것은?

① 인지상담 – 수동적이고 수용적인 태도
② 정신분석적 상담 – 텅 빈 스크린
③ 내담자 중심의 상담 – 촉진적인 관계형성 분위기 조성
④ 행동주의상담 – 능동적이고 지시적인 역할

> **해설**
>
> 인지상담에서 상담자의 역할은 능동적이고 수용적인 태도로 논리적 분석가, 교육자 역할을 하는 것이다.

03 Williamson의 특성 – 요인 직업상담의 단계를 바르게 나열한 것은?

| ㄱ. 분석 | ㄴ. 종합 진단 | ㄷ. 예측 |
| ㄹ. 상담 | ㅁ. 추수지도 | |

① ㄱ → ㄴ → ㄷ → ㄹ → ㅁ → ㅂ
② ㄷ → ㄱ → ㄴ → ㅁ → ㄹ → ㅂ
③ ㄴ → ㄱ → ㄹ → ㄷ → ㅁ → ㅂ
④ ㄱ → ㄷ → ㅁ → ㄴ → ㄹ → ㅂ

> **해설**
>
> **특성 – 요인 상담과정**
> 분석 → 종합 → 진단 → 예후 → 상담 → 추수지도

04 6개의 생각하는 모자(Six Thinking Hats)기법에서 모자의 색상별 역할에 관한 설명으로 옳은 것은?

① 청색 : 낙관적이며, 모든 일이 잘될 것이라고 생각한다.
② 적색 : 직관에 의존하고, 직감에 따라 행동한다.
③ 흑색 : 본인과 직업들에 대한 사실들만을 고려한다.
④ 황색 : 새로운 대안들을 찾으려 노력하고, 문제들을 다른 각도에서 바라본다.

정답 01 ② 02 ① 03 ① 04 ②

해설

① 청색 : 문제를 정의하고 사고를 조직화한다.
③ 흑색 : 부정적·비판적 측면에 대한 사고와 연관된다.
④ 황색 : 긍정적 사고, 즉 낙관적이며 모든 일이 잘될 것이라고 생각한다.

05 Super가 제시한 흥미사정기법에 해당하지 않는 것은?

① 표현된 흥미   ② 선호된 흥미
③ 조작된 흥미   ④ 조사된 흥미

해설

슈퍼가 제시한 흥미사정방법
① 표현된 흥미 : 어떤 활동이나 직업에 대해서 좋고 싫음을 말하도록 요청한다.
② 조작된 흥미 : 해당 활동에 참여하는 사람들이 어떻게 시간을 보내는지를 관찰한다.
③ 조사된 흥미 : 표준화된 검사지를 이용하여 조사한다.

06 교류분석상담의 상담과정에서 내담자 자신의 부모자아, 성인자아, 어린이자아의 내용이나 기능을 이해하는 방법은?

① 구조분석   ② 의사교류분석
③ 게임분석   ④ 생활각본분석

해설

① 구조분석 : 세 가지 자아상태가 어떻게 구성되어 있는지 분석
② 의사교류분석 : 일상생활에서 주고받는 말, 태도, 행동 등을 분석
③ 게임분석 : 암시적 의사교류를 구체적인 게임의 종류 및 만성 부정적 감정의 유형과 관련지어 분석하는 것
④ 생활각본분석 : 자신의 자아상태에 대하여 통찰함으로써 자기각본을 이해하고 거기서 벗어나도록 하는 것

07 인지·정서·행동치료(REBT)의 상담기법 중 정서기법에 해당하지 않는 것은?

① 역할연기   ② 수치공격연습
③ 자기관리   ④ 무조건적 수용

해설

자기관리는 행동주의 상담기법이다.

수치공격연습
다른 사람들이 자신을 인정하지 않을 때조차 수치감을 느끼지 않도록 하여, 자기패배적 사고를 떠올려 필요한 정서문제를 야기하지 않도록 예방치료하기 위하여 사용된다.

08 상담사가 비밀유지를 파기할 수 있는 경우와 거리가 가장 먼 것은?

① 내담자가 자살을 시도할 계획이 있는 경우
② 비밀을 유지하지 않는 것이 효과적이라고 슈퍼바이저가 말하는 경우
③ 내담자가 타인을 해칠 가능성이 있는 경우
④ 아동학대와 관련된 경우

해설

아무리 슈퍼바이저라 할지라도 직업윤리원칙(비밀보장의 원리)으로 결정되어야 할 것이다.

09 직업상담을 위한 면담에 대한 설명으로 옳은 것은?

① 내담자의 모든 행동은 이유와 목적이 있음을 분명하게 인지한다.
② 상담과정의 원만한 전개를 위해 내담자에게 태도변화를 요구한다.
③ 침묵에 빠지지 않도록 상담자는 항상 먼저 이야기를 해야 한다.
④ 초기면담에서 내담자에 대한 기준을 부여한다.

해설

내담자의 모든 행동은 이유와 목적이 있음을 분명하게 인지하는 것이 내담자와 관계형성에 도움이 되는 행동이다.

정답   05 ②   06 ①   07 ③   08 ②   09 ①

10 사이버 직업상담기법으로 적합하지 않은 것은?

① 질문내용 구상하기
② 핵심 진로논점 분석하기
③ 진로논점 유형 정하기
④ 직업정보 가공하기

해설

사이버 직업상담에서 질문내용 구상은 내담자가 해야 하는 것이고, 상담자는 답넌내용 구상을 하여야 한다.

11 내담자가 자기지시적인 삶을 영위하고 상담사에게 의존하지 않게 하기 위해 상담사가 내담자와 지식을 공유하며 자기강화기법을 적극적으로 활용하는 행동주의 상담기법은?

① 모델링
② 과잉교정
③ 내현적 가감법
④ 자기관리 프로그램

해설

① 모델링 기법 : 타인의 행동을 관찰함으로써 행동을 학습하는 방법이다.
② 과잉교정기법 : 부적절한 행동이 과도하게 일어날 경우 별다른 강화방법이 없을 때 사용하는 방법이다.
③ 내현적 가감법 : 불쾌한 기분을 생각나게 하여 바람직하지 못한 행동을 소거하는 방법이다.

12 상담사의 기본기술 중 내담자가 전달하려는 내용에서 한걸음 더 나아가 그 내면적 감정에 대해 반영하는 것은?

① 해석
② 공감
③ 명료화
④ 적극적 경청

해설

공감
상담자가 자신이 직접 경험하지 않고도 내담자의 감정과 경험을 정확하게 이해하는 능력이다.

13 아들러(A. Adler)의 개인주의 상담에 관한 설명으로 맞는 것을 모두 고른 것은?

ㄱ. 범인류적 유대감을 중시한다.
ㄴ. 인간을 전체적 존재로 본다.
ㄷ. 사회 및 교육문제에 관심을 갖는다.

① ㄱ, ㄴ
② ㄱ, ㄷ
③ ㄴ, ㄷ
④ ㄱ, ㄴ, ㄷ

해설

개인주의 상담
인간을 전체주의로 보며 유대감을 중시하고, 사회 및 교육문제에도 관심을 갖는다.

14 다음은 어떤 상담이론에 관한 설명인가?

부모의 가치조건을 강요하여 긍정적 존중의 욕구가 좌절되고, 부정적 자아개념이 형성되면서 심리적 어려움이 발생된다고 본다.

① 행동주의 상담
② 게슈탈트 상담
③ 실존주의 상담
④ 인간 중심 상담

해설

인간 중심 상담
부모의 가치조건을 강요하여 긍정적 존중의 욕구가 좌절되고, 부정적 자아개념이 형성되면서 심리적 어려움이 발생된다고 본다. 부모가 제공했던 조건적이고 가치 평가적인 관계와는 다른 새로운 관계를 제공하도록 한다. 자기의 진정한 모습을 수용하여 실현경향성을 발현하도록 한다.

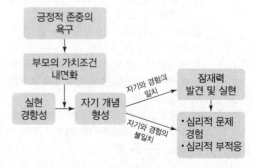

15 직업상담과정에서 내담자 목표나 문제의 확인 · 명료 · 상세단계의 내용으로 적절하지 않은 것은?

① 내담자와 상담자 간의 상호 간 관계 수립
② 내담자의 현재 상태와 환경적 정보 수집
③ 진단에 근거한 개입의 선정
④ 내담자 자신의 정보 수집

해설

내담자의 목표 또는 문제해결단계에서 개입이 이루어진다.

16 Super의 생애진로발달 이론에서 상담목표로 옳은 것을 모두 고른 것은?

ㄱ. 자기개념 분석하기
ㄴ. 진로성숙 수준 확인하기
ㄷ. 수행결과에 대한 비현실적 기대 확인하기
ㄹ. 진로발달과제를 수행하는 데 필요한 지식, 태도, 기술 익히기

① ㄱ, ㄷ
② ㄱ, ㄴ, ㄹ
③ ㄴ, ㄷ, ㄹ
④ ㄱ, ㄴ, ㄷ, ㄹ

해설

슈퍼의 진로발달이론(C-DAC 모형)의 구체적인 상담목표
① 자아개념(Self Concept)의 분석과 평가 : 내담자의 자아개념을 분석하고 평가한다. 자아개념이 내담자의 상황에 부적절하게 형성되어 있다면 상담을 통해 자아개념을 재형성한다.
② 진로성숙도의 확인과 발달과업 성취 여부 확인 : 내담자의 진로성숙도를 확인하고 내담자에게 요구되는 지식, 태도, 능력, 발달과업의 성취 여부를 확인한다.
③ 생애역할의 적절한 분배 : 내담자의 생애역할에 맞는 자신의 흥미, 능력, 가치를 확인하고 적절히 분배한다.

④ 생애역할과 진로 균형 잡기 : 내담자는 생애역할과 진로는 상호작용의 조합이라는 것을 이해하고 인생의 균형을 이루기 위하여 각 역할을 적절히 선택하고 그 중요도를 결정해야 한다는 사실을 수용한다.

17 생애진로사정의 구조에 포함되지 않는 것은?

① 진로사정
② 강점과 장애
③ 훈련 및 평가
④ 전형적인 하루

해설

생애진로사정의 구조는 진로사정, 전형적인 하루, 강점과 장애, 요약으로 이루어진다.

18 다음 사례에서 면담사정 시 사정단계에서 확인해야 하는 내용으로 가장 적합한 것은?

중2 남학생인 내담자는 소극적인 성격으로 대인관계에 어려움을 겪고 있고 진로에 대한 고민을 한 적이 없고 학업도 게을리하고 있다.

① 내담자의 잠재력, 내담자의 자기진단
② 인지적 명확성, 정신건강 문제, 내담자의 동기
③ 내담자의 자기진단, 상담자의 정보 제공
④ 동기문제 해결, 상담자의 견해 수용

해설

소극적인 성격으로 대인관계에 어려움을 겪고 있고 진로에 대한 고민을 한 적이 없고 학업도 게을리하고 있으므로 이 학생의 경우 인지적 명확성, 동기를 먼저 사정해야 한다.

19 비구조화 집단에 관한 설명으로 틀린 것은?

① 감수성 훈련, T집단이 해당된다.
② 폭넓고 깊은 상호작용이 이루어질 수 있다.
③ 구조화 집단보다 지도자의 전문성이 더욱 요구된다.
④ 비구조화가 중요하기에 지도자가 어떤 계획을 세울 필요는 없다.

🔖 해설
비구조화 집단은 사전에 프로그램, 과제, 화제, 활동 내용 등의 구조가 제공되지 않지만 지도자는 어떻게 집단을 이끌어 나갈 것인지 계획해야 한다.

20 직업상담의 문제유형 중 Bordin의 분류에 해당하지 않는 것은?

① 의존성   ② 확신의 결여
③ 선택에 대한 불안   ④ 흥미와 적성의 모순

🔖 해설
보딘이 제시한 직업문제의 심리적 원인
의존성, 정보의 부족, 자아갈등(내적 갈등), 선택의 불안, 확신의 결여(문제 없음)이다.

2과목 **직업심리학**

21 다음 중 진로의사결정 모델(이론)에 해당하는 것은?

① Holland의 진로선택이론
② Vroom의 기대이론
③ Super의 발달이론
④ Krumboltz의 사회학습이론

🔖 해설
Vroom의 기대이론은 기술적 진로의사결정 모델이다. ①, ③, ④항은 진로발달에 초점을 둔 진로발달이론이다.

22 진로발달이론 중 인지적 정보처리 이론의 핵심적인 가정으로 옳지 않은 것은?

① 직업문제해결 능력은 지식과 마찬가지로 인지적인 기능에 따라 달라진다.
② 직업발달은 지식구조의 지속적인 성장과 변화를 내포한다.
③ 직업문제해결과 의사결정은 인지적인 과정을 내포하고 있고 정서적인 과정은 포함되지 않는다.
④ 직업문제해결과 의사결정 기술의 발전은 정보처리 능력을 강화함으로써 이루어진다.

🔖 해설
인지적 정보처리이론에서 직업문제해결과 의사결정은 인지적·정의적 과정들의 상호작용의 결과라는 전제를 두고 있다.

23 다음에 해당하는 직무 및 조직 관련 스트레스 요인은?

> 직장 내 요구들 간의 모순 혹은 직장의 요구와 직장 밖 요구 사이의 모순이 있을 때 발생한다.

① 역할갈등
② 역할과다
③ 과제특성
④ 역할모호성

🔖 해설
② 역할과다 : 역할이 능력에 비해 과다할 때 발생한다.
③ 과제특성 : 과제가 복잡하거나 반복되는 단조로운 과제일 때 스트레스에 쉽게 노출될 수 있다.
④ 역할모호성 : 역할담당자가 역할전달자(상급자)의 역할기대에 대해 명확히 알지 못하거나 필요한 정보를 전달받지 못할 때 발생하는 심리적 상태이다.

24 진로성숙도검사(CMI)의 태도척도 영역과 이를 측정하는 문항의 예가 바르게 짝지어진 것은?

① 결정성 – 나는 선호하는 진로를 자주 바꾸고 있다.

② 독립성 – 나는 졸업할 때까지는 진로선택문제에 별로 신경을 쓰지 않겠다.

③ 타협성 – 일하는 것이 무엇인지에 대해 생각한 바가 거의 없다.

④ 성향 – 나는 하고 싶기는 하나 할 수 없는 일을 생각하느라 시간을 보내곤 한다.

해설

②항 참여도, ③항 성향, ④항 타협성에 대한 예이다.

25 호손(Hawthorn) 연구에 관한 설명으로 틀린 것은?

① 인간이 조직에서 중요한 요소의 하나라는 사실을 강조하였다.

② 개인과 집단의 사회적·심리적 요소가 조직성과에 영향을 미친다는 사실을 인식하였다.

③ 비공식조직이 조직성과에 영향을 미치는 것을 확인하였다.

④ 작업의 과학화, 객관화, 분업화의 중요성을 강조하였다.

해설

호손연구에서는 작업장면의 사회적 환경과 조직성원의 사회적(심리적) 욕구, 비공식집단을 강조하였다.

26 직무 스트레스에 관한 설명으로 옳은 것은?

① 17-OHCS라는 당류부신피질 호르몬은 스트레스의 생리적 지표로서 매우 중요하게 사용된다.

② B형 행동유형이 A형 행동유형보다 높은 스트레스 수준을 유지한다.

③ Yerkes와 Dodson의 U자형 가설은 스트레스 수준이 낮으면 작업능률이 높아진다는 가설이다.

④ 일반적응증후군(GAS)은 저항단계, 경계단계, 소진단계 순으로 진행되면서 사람에게 나쁜 결과를 가져다준다.

해설

②항 A형 행동유형이 B형 행동유형보다 높은 스트레스 수준을 유지한다.

③항 역U자형 가설은 스트레스 수준이 낮거나 높은 경우 작업능률이 떨어진다는 가설이다.

④항 일반적응증후군(GAS)은 경계단계(경고단계), 저항단계, 탈진단계(소진단계)를 거친다.

27 다음 중 일반적으로 가장 높은 신뢰도계수를 기대할 수 있는 검사는?

① 표준화된 성취검사

② 표준화된 지능검사

③ 자기보고식 검사

④ 투사식 성격검사

해설

검사의 신뢰도

동일한 사람에게 검사를 실시했을 때 검사점수가 얼마나 일관성 있게 나오는지 측정하는 것이다. 높은 신뢰도계수를 기대하려면 검사도구가 일단 표준화되어 있어야 한다.

① 표준화된 성취검사(학력검사) : 훈련이나 학습을 받은 후 개인의 지식이나 수행능력의 정도를 측정하는 검사이다.

② 표준화된 지능검사 : 훈련이나 학습 등의 영향을 받지 않고 성숙에 따라 일반적 경험의 소산으로 형성되는 소질적인 지적 능력을 측정하는 검사이므로 가장 높은 신뢰도계수를 기대할 수 있다.

28 신입사원을 대상으로 부서배치 후 6개월 이내에 자신이 도달하고 싶은 미래의 모습을 경력목표로 정하고 목표에 도달하기 위한 계획을 작성·제출하도록 하여 자율적으로 경력목표를 달성할 수 있도록 지원하는 것은?

① 경력워크숍
② 직무순환
③ 사내공모제
④ 조기발탁제

29 개인의 변화를 목표로 하는 이차적 스트레스 관리전략에 해당하지 않는 것은?

① 이완훈련
② 바이오피드백
③ 직무재설계
④ 스트레스 관리훈련

📑 **해설**

스트레스 관리전략
① 1차적 관리 : 직무스트레스의 직접적인 원인을 수정하는 것으로 직무재설계, 직무 확대, 참여적 관리가 있다.
② 2차적 관리 : 직무스트레스로 인한 다양한 증상을 완화하는 것으로 이완훈련, 바이오피드백, 대처기술, 스트레스 관리훈련이 있다.
③ 3차적 관리 : 직무스트레스로 인해 발생한 각종 장애를 치료하는 것으로 약물치료나 심리치료가 있다.

30 심리검사를 실시할 때 지켜야 할 사항과 가장 거리가 먼 것은?

① 검사의 구두 지시사항을 미리 충분히 숙지한다.
② 지나친 소음과 방해자극이 없는 곳에서 검사를 실시한다.

③ 수검자에 대한 관심과 협조, 격려를 통해 수검자로 하여금 검사를 성실히 하도록 한다.
④ 수검자에게 검사결과를 통보할 때는 일상적인 용어보다 통계적인 숫자나 용어를 중심으로 전달해야 한다.

📑 **해설**

검사결과를 전달할 때에는 통계적인 숫자나 용어를 사용하는 것보다 쉽고 일상적인 용어로 전반적인 수행을 설명하고 질적인 해석을 덧붙이면 좋다.

31 홀랜드(Holland)의 육각형 모델에서 창의성을 지향하는 아이디어와 자료를 사용해서 자신을 새로운 방식으로 표현하는 유형은?

① 현실형(R)
② 탐구형(I)
③ 예술형(A)
④ 사회형(S)

📑 **해설**

홀랜드의 직업성격이론 6가지 유형
① 현실형 : 기계, 동물, 도구에 관한 체계적인 조작활동을 좋아하나 사회적 기술이 부족하다.
  • 대표 직업 : 농부, 기술자, 정비사, 엔지니어, 운동선수 등
② 탐구형 : 분석적이고 호기심이 많고 조직적이며 정확한 반면, 흔히 리더십 기술이 부족하다.
  • 대표 직업 : 의사, 과학자, 사회과학자, 인류학자, 수학자 등
③ 예술형 : 변화와 다양성을 좋아하고 틀에 박힌 것을 싫어하며 모호하고, 자유롭고, 상징적인 활동들에 흥미를 보인다.
  • 대표 직업 : 예술가, 작가, 배우, 무용가, 디자이너, 연주가, 문인, 미술가 등
④ 사회형 : 친절하고 정이 많으며 다른 사람과 함께 일하는 것을 즐기나 기계적인 활동이 부족하다.
  • 대표 직업 : 교육자, 종교지도자, 간호사, 상담가 등

정답 28 ① 29 ③ 30 ④ 31 ③

⑤ 진취형 : 위신, 인정, 권위에 흥미가 있으며 타인을 선도, 계획, 통제, 관리하는 일을 선호하나 체계적인 활동에은 약하다.
　• 대표 직업 : 정치가, 연출가, 관리자, 보험사원, 판사 등
⑥ 관습형 : 정해진 원칙과 계획에 따라 자료들을 기록, 정리, 조직하는 일을 좋아하나 변화에 약하고 융통성이 부족하다.
　• 대표 직업 : 세무사, 회계사, 법무사, 비서, 사서, 은행원, 행정관료 등

32 직업상담사 자격시험 문항 중 대학수학능력을 측정하는 문항이 섞여 있을 경우 가장 문제가 되는 것은?

① 타당도
② 신뢰도
③ 객관도
④ 오답지 매력도

해설

타당도
검사가 측정하려는 것을 정확하게 측정하는가에 관한 것이다. 대학수학능력을 측정하는 문항이 직업상담사 자격시험에 섞여 있다면 제대로 측정한 것이 아니므로 정확도(타당도)가 떨어진다고 할 수 있다.

33 직무분석에 필요한 직무정보를 얻는 출처와 가장 거리가 먼 것은?

① 직무 현직자
② 현직자의 상사
③ 직무 분석가
④ 과거 직무 수행자

해설

직무정보 출처로 현재 그 직무와 관련 있는 사람이 적절하며 과거 직무 수행자의 정보는 최신성의 원칙에 맞지 않으므로 사용하지 않는다.

34 특성 – 요인 이론에 관한 설명으로 맞는 것을 모두 고른 것은?

> ㄱ. 대표적인 학자로 파슨스, 윌리엄슨 등이 있다.
> ㄴ. 직업선택은 인지적인 과정으로 개인의 특성과 직업의 특성을 짝짓는 것이 가능하다고 본다.
> ㄷ. 개인차에 관한 연구에서 시작하였고, 심리측정을 중요하게 다루지 않는다.

① ㄱ, ㄴ
② ㄱ, ㄷ
③ ㄴ, ㄷ
④ ㄱ, ㄴ, ㄷ

해설

특성 – 요인 이론은 개인차에 대한 연구에서 시작하였고, 심리측정(내담자의 능력, 흥미 및 개인적 특성들)에 초점을 두고 있다.

35 2차 세계대전 중에 미국 공군이 개발한 것으로 모든 원점수를 1∼9까지의 한 자리 숫자체계로 전환한 것은?

① 스태나인 척도
② 서스톤 척도
③ 서열척도
④ T점수

해설

표준등급
Standard Nine 또는 스태나인이라고도 한다. 원점수를 정상분포로 가정하여 가장 낮은 점수부터 높은 점수로 체계적으로 배열한 후 일정한 구간(1∼9까지)에 대해 점수를 부여하는 방식이다.

36 직업지도 시 '직업적응' 단계에서 이루어지는 것이 아닌 것은?

① 직업생활에 적응하기 위하여 노력한다.
② 여러 가지 직업 중에서 장단점을 비교한다.
③ 직업전환 및 실업위기에 대응하기 위한 자기만의 계획을 갖는다.
④ 은퇴 후의 생애설계를 한다.

> **해설**
>
> 여러 가지 직업 중에서 장단점을 비교하는 것은 직업선택 단계에서 이루어진다.

37 스트롱 – 캠벨 흥미검사(SVIB – SCII)에 관한 설명으로 옳지 않은 것은?

① 직업전환에 관심이 있는 사람들에게 활용될 수 있다.
② 207개 직업별 흥미척도가 제시된다.
③ 반응 관련 자료 및 특수척도 점수 등과 같은 자료가 제공된다.
④ 사회 경제구조와 직업형태에 적합한 18개 영역의 직업흥미를 분류하여 구성하였다.

> **해설**
>
> 스트롱–캠벨 흥미검사(SVIB–SCII)의 기본흥미 척도(BIS)는 홀랜드의 6가지 유형을 제공한다.

38 직업발달이란 직업 자아정체감을 형성해나가는 계속적 과정이라고 간주하는 진로발달이론은?

① Ginzberg의 발달이론
② Super의 발달이론
③ Tiedeman과 O'Hara의 발달이론
④ Tuckman의 발달이론

> **해설**
>
> 타이드만과 오하라의 진로발달이론
> 분화와 통합의 과정을 거치면서 개인은 자아정체감을 형성해가며, 이러한 자아정체감은 직업정체감의 형성에 중요한 기초요인이 된다고 하였다.

39 종업원 평가방법 중 다양한 직무과업을 모방하여 설계한 여러 가지 모의과제로 구성된 것은?

① 평가센터(Assessment Center)
② 경력자원센터(Career Resource Center)
③ 경력워크숍(Career Workshop)
④ 경력연습책자(Career Workbook)

> **해설**
>
> 평가센터(평가기관)
> 일반적으로 2~3일간에 걸쳐 지필검사, 면접, 리더 없는 집단토의, 경영게임 등 다양한 모의과제로 종합적인 평가를 받는 프로그램이다.

40 직무분석정보를 수집하는 기법 중 다음과 같은 장점을 지닌 것은?

> • 효율적이고 비용이 적게 든다.
> • 동일한 직무의 재직자 간의 차이를 보여준다.
> • 공통적인 직무차원상에서 상이한 직무들을 비교하기가 쉽다.

① 관찰법
② 면접법
③ 설문지법
④ 작업일지법

해설

설문지(질문지법)

현장의 작업자 또는 감독자에게 설문지를 배부하여 직무내용을 기술하게 하는 방법으로, 관찰법이나 면접법과는 달리 양적인 정보를 얻는 데 적합하며 많은 사람으로부터 짧은 시간 내에 정보를 얻을 수 있다. 그러나 응답자의 주관이 반영되어 객관적으로 기술하는 데 어려움이 따라 동일한 직무의 재직자 간의 차이를 보여준다.

3과목 직업정보론

41 2020년 적용 최저임금은 얼마인가?

① 8,350원　　　② 8,530원
③ 8,590원　　　④ 8,950원

해설

최저임금은 2020년 8,590원으로 2019년 8,350원에서 2.9% 인상되었다. 참고로 2021년에는 8,720원으로 1.5% 인상되었으며, 2022년에는 9,160원으로 5% 인상되었다.

42 한국표준산업분류(제10차)의 대분류별 개정내용으로 틀린 것은?

① 채소작물 재배업에 마늘, 딸기 작물 재배업을 포함하였다.
② 전기자동차 판매 증가 등 관련 산업전망을 감안하여 전기 판매업 세분류를 신설하였다.
③ 항공운송업을 항공 여객과 화물 운송업으로 변경하였다.
④ 행정 부문은 정부 직제 및 기능 등을 고려하여 전면 재분류하였다.

해설

행정 부문은 정부 직제 및 기능 등을 고려하여 기존분류를 유지하였다.

43 공공직업정보의 일반적인 특성을 모두 고른 것은?

ㄱ. 필요한 시기에 최대한 활용되도록 한시적으로 신속하게 생산되어 운영한다.
ㄴ. 특정 분야 및 대상에 국한하지 않고 전체 산업 및 업종에 걸친 직종을 대상으로 한다.
ㄷ. 특정 시기에 국한하지 않고 지속적으로 조사·분석하여 제공된다.
ㄹ. 관련 직업정보 간의 비교·활용이 용이하다.

① ㄱ, ㄴ, ㄷ　　　② ㄱ, ㄴ, ㄹ
③ ㄱ, ㄷ, ㄹ　　　④ ㄴ, ㄷ, ㄹ

해설

ㄱ : 민간직업정보의 특성이다.

공공직업정보의 특성
① 지속적으로 조사·분석하여 제공되며 장기적인 계획 및 목표에 따라 정보체계의 개선작업 수행이 가능하다.
② 특정 분야 및 대상에 국한되지 않고 전체 산업 및 업종에 걸친 직종을 대상으로 한다.
③ 직업별로 특정한 정보만을 강조하지 않고 보편적인 항목으로 이루어진 기초적인 직업정보체계로 구성된다.
④ 광범위한 이용 가능성에 따라 공공직업정보체계에 대한 직접적이며 객관적인 평가가 가능하다.
⑤ 국내 또는 국제적으로 인정된 객관적인 기준에 근거하여 직업을 분류한다.
⑥ 관련 직업 간 비교가 용이하다.
⑦ 무료로 제공된다.

44 한국표준산업분류(제10차)의 "A 농업, 임업 및 어업" 분야 분류 시 유의사항으로 틀린 것은?

① 구입한 농·임·수산물을 가공하여 특정 제품을 제조하는 경우에는 제조업으로 분류
② 농·임·수산업 관련 조합은 각각의 사업 부문별로 그 주된 활동에 따라 분류
③ 농업생산성을 높이기 위한 지도·조언 등을 수행하는 정부기관은 "경영컨설팅업"에 분류
④ 수상오락 목적의 낚시장 및 관련 시설 운영활동은 "낚시장 운영업"에 분류

> 해설
>
> 농업생산성을 높이기 위한 지도·조언 등을 수행하는 정부기관은 "공공행정, 국방 및 사회보장"에 분류하였고, 수수료 및 계약에 의하여 기타 기관에서 농업 경영상담 및 관련 서비스를 제공하는 경우는 "경영컨설팅업"에 분류하였다.

45 취업성공패키지 I 에 해당하지 않는 것은?

① 니트족
② 북한이탈주민
③ 생계급여 수급자
④ 실업급여 수급자

> 해설
>
> 실업급여 수급기간 중에는 취업성공패키지 I 사업에 제외된다.

46 한국직업사전(2020)의 부가직업정보 중 작업환경에 대한 설명으로 틀린 것은?

① 작업환경은 해당 직업의 직무를 수행하는 작업원에게 직접적으로 물리적·신체적 영향을 미치는 작업장의 환경요인을 나타낸 것이다.
② 작업환경의 측정은 작업자의 반응을 배제하고 조사자가 느끼는 신체적 반응으로 판단한다.
③ 작업환경은 저온·고온, 다습, 소음·진동, 위험내재, 대기환경 미흡으로 구분한다.
④ 작업환경은 산업체 및 작업장에 따라 달라질 수 있으므로 절대적인 기준이 될 수 없다.

> 해설
>
> 작업환경의 측정은 조사자가 느끼는 신체적 반응 및 작업자의 반응을 듣고 판단한다.

47 한국표준산업분류(제10차)의 통계단위는 생산활동과 장소의 동질성의 차이에 따라 다음과 같이 구분된다. ( )에 알맞은 것은?

구분	하나 이상의 장소	단일 장소
하나 이상의 산업활동	×××	×××
	×××	
단일 산업활동	( )	×××

① 기업집단단위
② 지역단위
③ 기업체단위
④ 활동유형단위

> 해설
>
> | 구분 | 하나 이상의 장소 | 단일 장소 |
> |---|---|---|
> | 하나 이상의 산업활동 | 기업집단 | 지역단위 |
> | | 기업체단위 | |
> | 단일 산업활동 | 활동유형단위 | 사업체단위 |

48 워크넷(직업·진로)에서 학과정보를 계열별로 검색하고자 할 때 선택할 수 있는 계열이 아닌 것은?

① 문화관광계열
② 교육계열
③ 자연계열
④ 예체능계열

> 해설
>
> 워크넷(직업진로)에서 제공하는 계열별 학과정보 인문계열, 사회계열, 교육계열, 자연계열, 공학계열, 의약계열, 예체능계열이 있다.

정답 44 ③ 45 ④ 46 ② 47 ④ 48 ①

49 다음 설명에 해당하는 직업훈련지원제도는?

> 훈련 인프라 부족 등으로 인해 자체적으로 직업훈련을 실시하기 어려운 중소기업들을 위해, 대기업 등이 자체 보유한 우수 훈련 인프라를 활용하여 중소기업이 필요로 하는 기술인력을 양성·공급하고 중소기업 재직자의 직무능력 향상을 지원하는 제도이다.

① 국가인적자원개발컨소시엄
② 사업주지원훈련
③ 국가기간전략산업직종훈련
④ 청년취업아카데미

🐾 해설
----

②항 사업주가 근로자, 채용예정자, 구직자 등을 대상으로 직업능력개발훈련을 실시할 경우 훈련비 등 소요비용의 일부를 지원함으로써 사업주 직업능력개발훈련 실시를 촉진하고 근로자의 능력개발 향상을 도모하는 제도이다.
③항 기계, 동력, 자동차, 전자 등 우리나라의 중요 산업분야에서 인력이 부족한 직종에 대한 직업능력개발훈련을 실시하여 기업에서 요구하는 수준의 기술·기능인력 양성·공급 및 실업문제를 해소하기 위한 제도이다.
④항 기업, 사업주 단체, 대학 또는 민간 우수훈련기관이 직접 산업현장에서 필요한 직업능력 및 인력 등을 반영하고 청년 미취업자에게 대학 등과 협력하여 연수과정 또는 창조적 역량 인재과정을 실시한 후 취업 또는 창직, 창업활동과 연계되는 사업이다.

50 한국표준직업분류(제7차)에서 직업분류의 목적이 아닌 것은?

① 각종 사회·경제통계조사의 직업단위 기준으로 활용
② 취업알선을 위한 구인·구직안내 기준으로 활용

③ 직종별 급여 및 수당지급 결정기준으로 활용
④ 산업활동유형을 분류하는 기준으로 활용

🐾 해설

산업활동유형을 분류하는 기준으로 활용하는 것은 한국표준산업분류이다.

51 국가기술자격종목과 그 직무분야의 연결이 틀린 것은?

① 가스산업기사 – 환경·에너지
② 건설안전산업기사 – 안전관리
③ 광학기기산업기사 – 전기·전자
④ 방수산업기사 – 건설

🐾 해설

가스산업기사, 가스기사 – 안전관리

52 다음 중 비경제활동인구에 해당하는 것은?

① 수입목적으로 1시간 일한 자
② 일시휴직자
③ 신규실업자
④ 전업학생

🐾 해설
----

① 취업자 : 수입목적으로 1시간 이상 일한 자, 18시간 일한 무급가족종사자, 일시휴직자
② 실업자 : 조사대상주간에 수입 있는 일을 하지 않았고 지난 4주간 적극적인 구직활동을 하지 않은 자

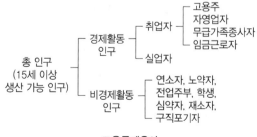

고용통계용어

53 실기능력이 중요하여 고용노동부령이 정하는 필기시험이 면제되는 기능사 종목이 아닌 것은?

① 측량기능사
② 도화기능사
③ 도배기능사
④ 방수기능사

🔖 **해설**

필기시험이 면제되는 기능사 종목
① 건설 관련 : 금속재창호기능사, 미장기능사, 조적기능사, 건축도장기능사, 도배기능사, 방수기능사, 유리시공기능사
② 항공사진 관련 : 항공사진기능사, 도화기능사

54 워크넷에 대한 설명으로 틀린 것은?

① 직업심리검사, 취업가이드, 취업지원프로그램 등 각종 취업지원서비스를 제공한다.
② 기업회원은 허위구인 방지를 위해 고용센터에 방문하여 구인신청서를 작성해야 한다.
③ 청년친화 강소기업, 공공기관, 시간선택제 일자리, 기업공채 등의 채용정보를 제공한다.
④ 직종별, 근무지역별, 기업형태별 채용정보를 제공한다.

🔖 **해설**

기업회원은 워크넷에서 인재정보를 검색할 수 있고, 인재채용을 위해 온라인상으로 구인신청서를 등록할 수 있다.

55 직업정보 수집 시 2차 자료의 원천에 해당하지 않는 것은?

① 대중매체
② 공문서와 공식기록
③ 직접 수행한 심층면접자료
④ 민간 부문 문서

🔖 **해설**

① 1차 자료 : 연구자가 자신의 연구목적에 따라 원하는 자료를 직접 수집한 자료를 말한다.
⑩ 직접 수행한 심층면접자료, 설문자료, 직업안정기관 이용자로부터 직접 수집
② 2차 자료 : 기존 자료로부터 직업정보를 수집한 자료를 말한다.
⑩ 대중매체, 공문서와 공식기록, 민간 부문 문서, 각종 통계조사, 업무통계, 신문 등

56 한국표준직업분류(제7차)에서 직업분류의 개념과 기준에 관한 설명이다. ( ) 안에 알맞은 직업분류단위는?

직무 범주화 기준에는 직무별 고용의 크기 또한 현실적인 기준이 된다.
한국표준직업분류에서는 ( ) 단위에서 최소 1,000명의 고용을 기준으로 설정하였다.

① 대분류
② 중분류
③ 소분류
④ 세분류

🔖 **해설**

한국표준직업분류(제7차)에서는 세분류 단위에서 최소 1,000명의 고용을 기준으로 삼았다.

57 직업성립의 일반요건과 가장 거리가 먼 것은?

① 윤리성
② 경제성
③ 계속성
④ 사회보장성

🔖 **해설**

직업의 성립조건
계속성, 경제성, 윤리성, 사회성, 자율성이다.

58 국가기술자격 서비스분야 종목 중 응시자격에 제한이 없는 것으로만 짝지어진 것은?

① 직업상담사 2급 – 임상심리사 2급 – 스포츠경영관리사
② 사회조사분석사 2급 – 소비자전문상담사 2급 – 텔레마케팅관리사
③ 직업상담사 2급 – 컨벤션기획사 2급 – 국제의료관광코디네이터
④ 컨벤션기획사 2급 – 스포츠경영관리사 – 국제의료관광코디네이터

> **해설**
> 응시자격에 제한이 없는 국가기술자격 종목
> 직업상담사 2급, 소비자전문상담사 2급, 사회조사분석사 2급, 컨벤션기획사 2급, 텔레마케팅관리사, 멀티미디어콘텐츠제작전문가, 스포츠경영관리사

59 직업정보 수집을 위한 서베이 조사에 관한 설명으로 틀린 것은?

① 면접조사는 우편조사에 비해 비언어적 행위의 관찰이 가능하다.
② 일반적으로 전화조사는 면접조사에 비해 면접시간이 길다.
③ 질문의 순서는 응답률에 영향을 줄 수 있다.
④ 폐쇄형 질문의 응답범주는 상호 배타적이어야 한다.

> **해설**
> 일반적으로 전화조사는 면접조사에 비해 면접시간이 짧다.

60 워크넷의 채용정보 검색조건에 해당하지 않는 것은?

① 희망임금　　② 학력
③ 경력　　　　④ 연령

> **해설**
> 고용상 연령차별금지 및 고령자고용촉진에 관한 법률이 시행됨에 따라 채용정보에서 연령이 삭제되었다.

4과목 노동시장론

61 생산성 임금제를 따를 때 실질 생산성 증가율이 5%이고 물가상승률이 2%라고 하면 명목임금의 인상분은?

① 3%
② 5%
③ 7%
④ 10%

> **해설**
> 명목임금 상승률＝물가상승률＋노동생산성 증가율
> ＝2%＋5%＝7%

62 다음 중 통상임금에 포함되지 않는 것은?

① 기본급
② 직급수당
③ 직무수당
④ 특별급여

> **해설**
> 통상임금에는 기본급, 직무관련 직책 · 직급 · 직무수당을 포함하나 초과급여, 특별급여 등은 통상임금 산정에서 제외된다.

63 효율임금정책이 높은 생산성을 가져오는 원인에 관한 설명으로 틀린 것은?

① 고임금은 노동자의 직장상실비용을 증대시켜서 작업 중에 태만하지 않게 한다.
② 고임금 지불기업은 그렇지 않은 기업에 비해 신규노동자의 훈련에 많은 비용을 지출한다.
③ 고임금은 노동자의 기업에 대한 충성심과 귀속감을 증대시킨다.
④ 고임금 지불기업은 신규채용 시 지원노동자의 평균자질이 높아져 보다 양질의 노동자를 고용할 수 있다.

> **해설**
>
> 효율임금정책
> 시장임금보다 높은 임금을 지불함으로써 노동생산성의 향상을 꾀하는 것이다. 이에 따라 상대적으로 우수한 근로자를 채용할 수 있으므로 신규노동자의 훈련비용을 줄일 수 있다.

64 임금격차의 원인으로서 통계적 차별(Statistical Discrimination)이 일어나는 경우는?

① 비숙련 외국인노동자에게 낮은 임금을 설정할 때
② 임금이 개별 노동자의 한계생산성에 근거하여 설정될 때
③ 사용자가 자신의 경험을 기준으로 근로자의 임금을 결정할 때
④ 사용자가 근로자의 생산성에 대해 불완전한 정보를 갖고 있어 평균적인 인식을 근거로 임금을 결정할 때

> **해설**
>
> 임금격차의 원인으로서 통계적 차별이란 사용자의 근로자에 대한 이해 부족과 잘못된 정보로 근로자 간의 임금격차를 발생시키는 것이다. 통계적 차별 때문에 동일한 기능과 기술을 갖고 있어도 임금의 차이가 생기게 된다.

65 실업조사 등에 관한 설명으로 옳은 것은?

① 경제가 완전고용상태일 때 실업률은 0이다.
② 실업률은 실업자 수를 생산가능인구로 나눈 것이다.
③ 일기불순 등의 이유로 일하지 않고 있는 일시적 휴직자는 실업자로 본다.
④ 실업률 조사대상주간에 수입을 목적으로 1시간 이상 일한 경우 취업자로 분류된다.

> **해설**
>
> ①항 경제가 완전고용상태일 때라도 마찰적 실업이 존재하므로 실업률은 0이 될 수는 없다.
> ②항 실업률은 실업자 수를 경제활동인구로 나눈 것이다.
> ③항 일기불순 등의 이유로 일하지 않고 있는 일시적 휴직자는 취업자로 본다.

66 임금관리의 주요 구성요소와 가장 거리가 먼 것은?

① 기본급과 수당 등의 임금체계
② 임금지급 시기
③ 노동생산성 수준에 따른 임금수준
④ 고정급제와 성과급제 등의 임금형태

> **해설**
>
> 임금관리의 주요 구성요소
> ① 임금수준 : 기업의 지불능력, 노동자의 생계비, 사회적 균형(노동시장 임금수준)
> ② 임금체계 : 연공급, 직무급, 직능급
> ③ 임금형태 : 고정급제(시간급제, 월급제, 연봉제), 성과급제(개별성과급제, 집단성과급제)

67 노동자가 자신에게 가장 유리한 직장을 찾기 위해서 정보수집활동에 종사하고 있을 동안의 실업상태로 정보의 불완전성에 기인하는 실업은?

① 계절적 실업　　② 마찰적 실업
③ 경기적 실업　　④ 구조적 실업

🔖 **해설**

마찰적 실업
신규·전직자가 노동시장에 진입하는 과정에서 직업정보의 부족에 의하여 일시적으로 발생하는 실업의 유형으로 직업정보의 효율적 제공을 통하여 해결할 수 있다.

68 직업이나 직종의 여하를 불문하고 동일 산업에 종사하는 노동자가 조직하는 노동조합의 형태는?

① 직업별 노동조합　　② 산업별 노동조합
③ 기업별 노동조합　　④ 일반 노동조합

🔖 **해설**

산업별 노동조합
직업이나 직종의 여하를 불문하고 동일 산업에 종사하는 노동자가 조직하는 노동조합의 형태이다.

69 사용자의 부당해고로부터 근로자 보호를 강화하는 정책을 실시할 때 발생되는 효과로 옳은 것은?

① 고용수준 감소, 근로시간 증가
② 고용수준 증가, 근로시간 감소
③ 고용수준 증가, 근로시간 증가
④ 고용수준 감소, 근로시간 감소

🔖 **해설**

사용자가 근로자 보호를 강화하는 정책을 실시한다면 부당해고가 감소하므로 신규고용수준은 감소하게 될 것이다. 그렇지만 신규고용수준이 감소하게 됨으로써 기존 근로자들의 근로시간은 증가하게 될 것이다.

70 노동수요탄력성의 크기에 영향을 미치는 요인과 거리가 가장 먼 것은?

① 생산물 수요의 가격탄력성
② 총생산비에 대한 노동비용의 비중
③ 노동의 대체곤란성
④ 대체생산요소의 수요탄력성

🔖 **해설**

노동수요의 탄력성을 크게 하는 경우(힉스-마셜의 법칙)
① 생산물에 대한 수요의 탄력성이 클수록 탄력적이다.
② 총생산비에 대한 노동비용의 비중이 높을수록 탄력적이다.
③ 상품생산에 사용되는 다른 요소와의 대체가능성이 높을수록 탄력적이다.
④ 노동과 함께 공급되는 다른 생산요소의 공급탄력성이 클수록 탄력적이다.

※ 대체생산요소의 수요탄력성이 아니라 공급탄력성이다.

71 실업에 관한 설명으로 틀린 것은?

① 실업급여의 확대는 탐색적 실업을 증가시킬 수 있다.
② 경기변동 때문에 발생하는 실업은 경기적 실업이다.
③ 구직단념자는 비경제활동인구로 분류된다.
④ 비수요부족실업은 경기적 실업을 의미한다.

🔖 **해설**

경기적 실업
불경기(경기침체)에 기업의 고용감소로 인한 유효수요 부족으로 발생하는 대표적인 수요부족실업이므로 총수요의 확대, 경기활성화를 통해 해결할 수 있다.

72 노사관계의 3주체(Tripartite)를 바르게 짝지은 것은?

① 노동자 – 사용자 – 정부
② 노동자 – 사용자 – 국회
③ 노동자 – 사용자 – 정당
④ 노동자 – 사용자 – 사회단체

해설

노사관계의 주체
사용자 및 단체, 노동자 및 단체, 정부로 구성된다.

73 노동자 7명의 평균생산량이 20단위일 때, 노동자를 추가로 1명 더 고용하여 평균생산량이 18단위로 감소하였다면, 이때 추가로 고용된 노동자의 한계생산량은?

① 4단위   ② 5단위
③ 6단위   ④ 7단위

해설

한계생산량
어떤 생산요소(노동) 1단위를 추가로 투입했을 때 추가적으로 얻을 수 있는 산출물의 변화량이다.
7명일 때 총 생산량은 7명×20단위=140단위이며, 8명일 때 총 생산량은 8명×18단위=144단위이다. 따라서 노동의 한계생산량은 4단위이다.

74 노동조합의 단체교섭 결과가 비조합원에게도 혜택이 돌아가는 현실에서 노동조합의 조합원이 아닌 비조합원에게도 단체교섭의 당사자인 노동조합이 회비를 징수하는 숍(Shop) 제도는?

① 유니언 숍(Union Shop)
② 에이전시 숍(Agency Shop)
③ 클로즈드 숍(Closed Shop)
④ 오픈 숍(Open Shop)

해설

① 유니언 숍(Union Shop) : 사용자가 노동조합

에 가입한 조합원이나 가입하지 않은 비조합원이나 모두 고용할 수 있는 제도이다. 노동조합은 상대적으로 노동력의 공급을 독점하기 어렵다.
③ 클로즈드 숍(Closed Shop) : 조합에 가입하고 있는 노동자만을 채용하고 일단 고용된 노동자라도 조합원자격을 상실하면 종업원이 될 수 없는 숍 제도로서 우리나라 항운노동조합이 이에 해당한다.
④ 오픈 숍(Open Shop) : 사용자가 노동조합에 가입한 조합원이나 가입하지 않은 비조합원이나 모두 고용할 수 있는 제도이다. 노동조합은 상대적으로 노동력의 공급을 독점하기 어렵다.

75 정부가 임금을 인상시킬 때 오히려 고용이 증대되는 경우는?

① 공급독점의 노동시장
② 수요독점의 노동시장
③ 완전경쟁의 노동시장
④ 복점의 노동시장

해설

수요독점의 노동시장은 정부가 임금을 인상시킬 때 오히려 고용이 증대된다. 한국담배인삼공사와 같은 전매체제에서는 다른 기업이 법적으로 배제되고 있으며, 이로 인해 담배인삼공사는 농가가 재배하는 잎담배에 대해 전형적인 수요독점을 형성하고 있다.

76 노동공급탄력성이 무한대인 경우 노동공급곡선 형태는?

① 수평이다.   ② 수직이다.
③ 우상향이다.   ④ 우하향이다.

해설

노동공급탄력성이 무한대인 경우 노동공급곡선은 수평이며, 탄력성이 '0'인 경우 노동공급곡선은 수직이다.

77 소득정책의 효과에 대한 설명으로 틀린 것은?

① 성장산업의 위축을 초래할 수 있다.
② 행정적 관리비용을 절감할 수 있다.
③ 임금억제에 이용될 가능성이 크다.
④ 급격한 물가상승기에 일시적으로 사용하면 효과를 거둘 수 있다.

🔧 해설

소득정책의 정착을 위하여 민간기업들의 임금인상을 규제하고 감시하기 위한 행정적 관리비용이 증가할 수 있다.

78 노동공급곡선이 그림과 같을 때 임금이 W_0 이상으로 상승한 경우의 설명으로 옳은 것은?

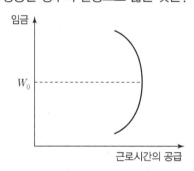

① 대체효과가 소득효과를 압도한다.
② 소득효과가 대체효과를 압도한다.
③ 대체효과가 규모효과를 압도한다.
④ 규모효과가 대체효과를 압도한다.

🔧 해설

후방굴절 노동공급곡선
임금이 상승하면 일정수준까지는 노동의 공급이 늘어나다가 임금이 그 이상 올라가면 노동공급이 줄어들면서 공급곡선이 활처럼 뒤로 굽는 것을 말한다. 이것은 소득효과가 대체효과보다 커서 나타나는 현상이다.

79 기업별 노동조합의 장점이 아닌 것은?

① 조합구성이 용이하다.
② 단체교섭 타결이 용이하다.
③ 노동시장 분단을 완화시킬 수 있다.
④ 조합원 간의 친밀감이 높고 강한 연대감을 가질 수 있다.

🔧 해설

기업별 노동조합의 장점은 조합구성이나 단체교섭 타결이 용이하며, 조합원 간 강한 연대감을 가질 수 있다는 것이다. 반면에 외부시장과 내부시장의 분단을 더 강하게 할 수 있다.

80 파업이론에 대한 설명이 옳은 것을 모두 고른 것은?

> ㄱ. 힉스의 파업이론에 의하면, 사용자의 양보곡선과 노조의 저항곡선이 만나는 곳에서 파업기간이 결정된다.
> ㄴ. 카터–챔벌린 모형에 따르면, 노조의 요구를 거부할 때 발생하는 사용자의 비용이 노조의 요구를 수락했을 때 발생하는 사용자의 비용보다 클 때 노조의 교섭력이 커진다.
> ㄷ. 매브리 이론에 따르면, 노조의 최종수락조건이 사용자의 최종수락조건보다 작을 때 파업이 발생한다.

① ㄱ, ㄴ
② ㄴ, ㄷ
③ ㄱ, ㄷ
④ ㄱ, ㄴ, ㄷ

🔧 해설

노조의 최종수락조건이 사용자의 최종수락조건보다 클 때 파업이 발생한다.

5과목 노동관계법규

81 직업안정법령상 직업정보제공사업자의 준수사항으로 틀린 것은?

① 구인자의 업체명이 표시되어 있지 아니한 구인광고를 게재하지 아니할 것

② 직업정보제공매체의 구인·구직의 광고에는 구인·구직자의 주소 또는 전화번호를 기재하지 아니할 것

③ 구직자의 이력서 발송을 대행하거나 구직자에게 취업추천서를 발부하지 아니할 것

④ 직업정보제공사업의 광고문에 "취업추천"·"취업지원" 등의 표현을 사용하지 아니할 것

> **해설**
> 직업정보제공매체의 구인·구직의 광고에는 구인·구직자의 주소 또는 전화번호를 기재하고 직업정보제공사업자의 주소 또는 전화번호는 기재하지 아니할 것

82 남녀고용평등과 일·가정 양립 지원에 관한 법령상 1천만 원 이하의 과태료 부과행위에 해당하는 것은?

① 난임치료휴가를 주지 아니한 경우

② 성희롱 예방교육을 하지 아니한 경우

③ 직장 내 성희롱 발생 사실 조사과정에서 알게 된 비밀을 다른 사람에게 누설한 경우

④ 사업주가 직장 내 성희롱을 한 경우

> **해설**
> ①, ②, ③항 500만 원 이하의 과태료

83 기간제 및 단시간근로자 보호 등에 관한 법률상 사용자가 기간제근로자와 근로계약을 체결하는 때에 서면으로 명시하여야 하는 사항을 모두 고른 것은?

> ㄱ. 근로계약기간에 관한 사항
> ㄴ. 근로시간·휴게에 관한 사항
> ㄷ. 휴일·휴가에 관한 사항
> ㄹ. 취업의 장소와 종사하여야 할 업무에 관한 사항

① ㄱ, ㄴ   ② ㄴ, ㄷ, ㄹ
③ ㄱ, ㄷ, ㄹ   ④ ㄱ, ㄴ, ㄷ, ㄹ

> **해설**
> 사용자는 기간제근로자 또는 단시간근로자와 근로계약을 체결하는 때에는 다음의 모든 사항을 서면으로 명시하여야 한다.
> ① 근로계약기간에 관한 사항
> ② 근로시간·휴게에 관한 사항
> ③ 임금의 구성항목·계산방법 및 지불방법에 관한 사항
> ④ 휴일·휴가에 관한 사항
> ⑤ 취업의 장소와 종사하여야 할 업무에 관한 사항
> ⑥ 근로일 및 근로일별 근로시간(단시간근로자에 한함)

84 고용정책 기본법상 명시된 목적이 아닌 것은?

① 근로자의 고용안정 지원

② 실업의 예방 및 고용의 촉진

③ 노동시장의 효율성과 인력수급의 균형 도모

④ 기업의 일자리 창출과 원활한 인력확보 지원

> **해설**
> **고용정책 기본법**
> 국가가 고용에 관한 정책을 수립·시행하여 국민 개개인이 평생에 걸쳐 직업능력을 개발하고 더 많은 취업기회를 가질 수 있도록 하는 한편, 근로자의 고용안정, 기업의 일자리 창출과 원활한 인력확보를 지원하고 노동시장의 효율성과 인력수급의 균형을 도모함으로써 국민의 삶의 질 향상과 지속가능한 경제성장 및 고용을 통한 사회통합에 이바지함을 목적으로 한다.
> ※ 실업의 예방 및 고용의 촉진은 고용보험법의 목적에 해당한다.

정답   81 ②   82 ④   83 ④   84 ②

85 고용보험법령상 피보험자격의 신고에 관한 설명으로 틀린 것은?

① 사업주가 피보험자격에 관한 사항을 신고하지 아니하면 근로자가 신고할 수 있다.

② 사업주는 그 사업에 고용된 근로자의 피보험자격의 취득 및 상실 등에 관한 사항을 고용노동부장관에게 신고하여야 한다.

③ 자영업자인 피보험자는 피보험자격의 취득 및 상실에 관한 신고를 하지 아니한다.

④ 피보험자격의 취득 및 상실 등에 관한 신고는 그 사유가 발생한 날로부터 14일 이내에 하여야 한다.

해설

피보험자격의 취득 및 상실 등에 관한 신고는 그 사유가 발생한 날이 속하는 달의 다음 달 15일까지 신고하거나 제출하여야 한다.

86 고용보험법상 구직급여의 수급요건에 해당하지 않는 것은?

① 이직일 이전 18개월간 피보험 단위기간이 합산하여 180일 이상일 것

② 근로의 의사와 능력이 있음에도 불구하고 취업하지 못한 상태에 있을 것

③ 전직 또는 자영업을 하기 위하여 이직한 경우

④ 재취업을 위한 노력을 적극적으로 할 것

해설

이직사유에 따른 수급자격의 제한

① 전직 또는 자영업을 하기 위하여 이직한 경우

② 중대한 귀책사유가 있는 자가 해고되지 아니하고 사업주의 권고로 이직한 경우

③ 그 밖에 고용노동부령으로 정하는 정당한 사유에 해당하지 아니하는 사유로 이직한 경우

87 남녀고용평등과 일·가정 양립 지원에 관한 법률에 대한 설명으로 틀린 것은?

① 근로자란 사업주에게 고용된 자와 취업할 의사를 가진 자를 말한다.

② 사업주가 임금차별을 목적으로 설립한 별개의 사업은 동일한 사업으로 본다.

③ 사업주는 육아기 근로시간 단축을 하고 있는 근로자의 명시적 청구가 있으면 단축된 근로시간 외에 주 12시간 이내에서 연장근로를 시킬 수 있다.

④ 사업주는 사업을 계속할 수 없는 경우에도 육아휴직 중인 근로자를 육아휴직기간에 해고하지 못한다.

해설

사업주는 육아휴직기간에는 그 근로자를 해고하지 못한다. 다만, 사업을 계속할 수 없는 경우에는 그러하지 아니하다.

88 고용상 연령차별금지 및 고령자고용촉진에 관한 법령상 준고령자의 정의로 옳은 것은?

① 40세 이상 45세 미만인 사람

② 45세 이상 50세 미만인 사람

③ 50세 이상 55세 미만인 사람

④ 55세 이상 60세 미만인 사람

해설

① 준고령자 : 50세 이상 55세 미만

② 고령자 : 55세 이상

89 고용정책 기본법령상 실업대책사업에 관한 설명으로 틀린 것은?

① 실업자에 대한 공공근로사업은 실업대책사업에 해당한다.
② 6개월 이상 기간을 정하여 무급으로 휴직하는 사람은 실업자로 본다.
③ 실업대책사업의 일부를 한국산업인력공단에 위탁할 수 있다.
④ 실업대책사업에는 많은 인력을 사용하는 사업이 포함되어야 한다.

해설

고용노동부장관은 대통령령으로 정하는 바에 따라 실업대책사업의 일부를 「산업재해보상보험법」에 따른 근로복지공단(이하 "공단"이라 한다)에 위탁할 수 있다.

90 남녀고용평등과 일·가정 양립 지원에 관한 법령상 ( ) 안에 들어갈 숫자의 연결이 옳은 것은?

> 제19조의4(육아휴직과 육아기 근로시간 단축의 사용형태)
> ① 근로자는 육아휴직을 (ㄱ)회에 한정하여 나누어 사용할 수 있다.
> ② 근로자는 육아기 근로시간 단축을 나누어 사용할 수 있다. 이 경우 나누어 사용하는 (ㄴ)회의 기간은 (ㄷ)개월 이상이 되어야 한다.

① ㄱ:1, ㄴ:2, ㄷ:2
② ㄱ:2, ㄴ:1, ㄷ:2
③ ㄱ:1, ㄴ:2, ㄷ:3
④ ㄱ:2, ㄴ:1, ㄷ:3

해설

육아휴직과 육아기 근로시간 단축의 사용형태(법 제19조의4)
① 근로자는 육아휴직을 2회에 한정하여 나누어 사용할 수 있다. 이 경우 임신 중인 여성 근로자가 모성보호를 위하여 육아휴직을 사용한 횟수는 육아휴직을 나누어 사용한 횟수에 포함하지 아니한다. 〈개정 2020. 12. 8., 2021. 5. 18.〉
② 근로자는 육아기 근로시간 단축을 나누어 사용할 수 있다. 이 경우 나누어 사용하는 1회의 기간은 3개월(근로계약기간의 만료로 3개월 이상 근로시간 단축을 사용할 수 없는 기간제근로자에 대해서는 남은 근로계약기간을 말한다) 이상이 되어야 한다.

91 근로기준법령상 근로시간 및 휴게시간의 특례사업에 해당하지 않는 것은?

① 수상운송업
② 항공운송업
③ 육상운송 및 파이프라인 운송업
④ 노선(路線) 여객자동차운송사업

해설

다음과 같은 사업에 대하여 사용자가 근로자대표와 서면으로 합의한 경우에는 주(週) 12시간을 초과하여 연장근로를 하게 하거나 휴게시간을 변경할 수 있다.
① 육상운송 및 파이프라인 운송업. 다만, 「여객자동차 운수사업법」에 따른 노선(路線) 여객자동차운송사업은 제외한다.
② 수상운송업
③ 항공운송업
④ 기타 운송 관련 서비스업
⑤ 보건

92 국민 평생 직업능력 개발법상 직업능력개발훈련이 중요시 되어야 할 대상으로 명시되지 않은 것은?

① 「국민기초생활 보장법」에 따른 수급권자
② 「국가유공자 등 예우 및 지원에 관한 법률」에 따른 국가유공자

③「제대군인지원에 관한 법률」에 따른 제대군인
④「한부모가족지원법」에 따른 지원대상자

🔖 **해설**

근로자 직업능력개발훈련이 중요시되어야 할 대상
① 고령자·장애인
② 국민기초생활 보장법에 의한 수급권자
③「국가유공자 등 예우 및 지원에 관한 법률」에 따른 국가유공자와 그 유족 또는 가족이나「보훈보상대상자 지원에 관한 법률」에 따른 보훈보상대상자와 그 유족 또는 가족
④「5·18민주유공자 예우 및 단체설립에 관한 법률」에 따른 5·18민주유공자와 그 유족 또는 가족
⑤「제대군인지원에 관한 법률」에 따른 제대군인 및 전역예정자
⑥ 여성근로자
⑦「중소기업기본법」에 따른 중소기업(이하 "중소기업"이라 한다)의 근로자
⑧ 일용근로자, 단시간근로자, 기간을 정하여 근로계약을 체결한 근로자, 일시적 사업에 고용된 근로자
⑨「파견근로자 보호 등에 관한 법률」에 의한 파견근로자

93 직업안정법상 직업소개사업을 겸업할 수 있는 것은?
①「결혼중개업의 관리에 관한 법률」상 결혼중개업
②「공중위생관리법」상 숙박업
③「식품위생법」상 식품접객업 중 유흥주점영업
④「식품위생법」상 식품접객업 중 일반음식점영업

🔖 **해설**

결혼중개업, 숙박업, 다류를 배달·판매하면서 소요시간에 따라 대가를 받는 형태, 식품접객업 중 단란주점영업, 유흥주점영업을 경영하는 자는 직업소개사업을 겸업할 수 없다.

94 고용보험법상 ( )에 알맞은 것은?

> 육아휴직 급여를 지급받으려는 사람은 육아휴직을 시작한 날 이후 1개월부터 육아휴직이 끝난 날 이후 ( )개월 이내에 신청하여야 한다.

① 1 ② 3
③ 6 ④ 12

🔖 **해설**

육아휴직 급여를 지급받으려는 사람은 육아휴직을 시작한 날 이후 1개월부터 육아휴직이 끝난 날 이후 12개월 이내에 신청하여야 한다. 다만, 해당 기간에 대통령령으로 정하는 사유로 육아휴직 급여를 신청할 수 없었던 사람은 그 사유가 끝난 후 30일 이내에 신청하여야 한다.

95 근로자퇴직급여 보장법령상 용어의 정의에 관한 설명으로 틀린 것은?
① 퇴직급여제도란 확정급여형 퇴직연금제도, 확정기여형 퇴직연금제도 및 개인형 퇴직연금제도를 말한다.
② 사용자란 사업주 또는 사업의 경영담당자 또는 그 밖에 근로자에 관한 사항에 대하여 사업주를 위하여 행위하는 자를 말한다.
③ 임금이란 사용자가 근로의 대가로 근로자에게 임금, 봉급, 그 밖에 어떠한 명칭으로든지 지급하는 일체의 금품을 말한다.
④ 확정급여형 퇴직연금제도란 근로자가 받을 급여의 수준이 사전에 결정되어 있는 퇴직연금제도를 말한다.

퇴직급여제도

확정급여형 퇴직연금제도, 확정기여형 퇴직연금제도, 중소기업퇴직연금기금제도 및 퇴직금제도를 말한다.

퇴직연금제도

확정급여형 퇴직연금제도, 확정기여형 퇴직연금제도 및 개인형 퇴직연금제도를 말한다.

96 국민 평생 직업능력 개발법령상 고용노동부장관이 직업능력개발사업을 하는 사업주에게 지원할 수 있는 비용이 아닌 것은?

① 근로자를 대상으로 하는 자격검정사업 비용
② 직업능력개발훈련을 위해 필요한 시설의 설치 사업 비용
③ 근로자의 경력개발관리를 위하여 실시하는 사업 비용
④ 고용노동부장관의 인정을 받은 직업능력개발 훈련과정의 수강 비용

④항은 근로자에게 지원되는 것이다.

사업주 등의 직업능력개발사업 지원
① 근로자 직업능력개발훈련
② 근로자를 대상으로 하는 자격검정사업
③ 우선지원대상기업 또는 중소기업과 공동으로 우선지원대상기업 또는 중소기업에서 근무하는 근로자 등을 위하여 실시하는 직업능력개발 사업
④ 직업능력개발훈련을 위하여 필요한 시설 및 장비·기자재를 설치·보수하는 등의 사업
⑤ 직업능력개발에 대한 조사·연구, 직업능력개발훈련 과정 및 매체의 개발·보급 등의 사업

97 근로기준법령상 경영상의 이유에 의한 해고에 관한 설명으로 옳은 것은?

① 사용자는 근로자대표에게 해고를 하려는 날의 60일 전까지 해고의 기준을 통보하여야 한다.
② 경영 악화를 방지하기 위한 사업의 합병은 긴박한 경영상의 필요가 있는 것으로 볼 수 없다.
③ 사용자는 근로자를 해고하려면 해고사유와 해고시기를 서면으로 통지하여야 한다.
④ 사용자는 경영상 이유에 의하여 해고된 근로자에 대하여 재취업 등 필요한 조치를 우선적으로 취하여야 한다.

①항 사용자는 근로자대표에게 해고를 하려는 날의 50일 전까지 통보하고 성실하게 협의하여야 한다.
②항 경영 악화를 방지하기 위한 사업의 양도·인수·합병은 긴박한 경영상의 필요가 있는 것으로 본다.
④항 사용자는 근로자를 해고한 날부터 3년 이내에 해고된 근로자가 해고 당시 담당하였던 업무와 같은 업무를 할 근로자를 채용하려고 할 경우 해고된 근로자가 원하면 그 근로자를 우선적으로 고용하여야 한다.

98 근로기준법령상 임금에 관한 설명으로 틀린 것은?

① 고용노동부장관은 체불사업주의 명단을 공개할 경우 체불사업주에게 3개월 이상의 기간을 정하여 소명기회를 주어야 한다.
② 단체협약에 특별한 규정이 있는 경우에는 임금의 일부를 공제하거나 통화 이외의 것으로 지급할 수 있다.
③ 사용자는 도급으로 사용하는 근로자에게 근로시간에 따라 일정액의 임금을 보장하여야 한다.
④ 사용자는 고용노동부장관의 승인을 받은 경우 통상임금의 100분의 70에 못 미치는 휴업수당을 지급할 수 있다.

해설

사용자의 귀책사유로 휴업하는 경우에 사용자는 휴업기간 동안 그 근로자에게 평균임금의 100분의 70 이상의 수당을 지급하여야 한다.

99 채용절차의 공정화에 관한 법률에 관한 설명으로 틀린 것은?

① 고용노동부장관은 입증자료의 표준양식을 정하여 구인자에게 그 사용을 권장할 수 있다.
② 원칙적으로 상시 30명 이상의 근로자를 사용하는 사업장의 채용절차에 적용한다.
③ 채용서류란 기초심사자료, 입증자료, 심층심사자료를 말한다.
④ 심층심사자료란 작품집, 연구실적물 등 구직자의 실력을 알아볼 수 있는 모든 물건 및 자료를 말한다.

해설

고용노동부장관은 기초심사자료의 표준양식을 정하여 구인자에게 그 사용을 권장할 수 있다.
① 기초심사자료 : 구직자의 응시원서, 이력서 및 자기소개서
② 입증자료 : 학위증명서, 경력증명서 등 기초심사자료에 기재한 사항을 증명하는 모든 자료
③ 심층심사자료 : 작품집, 연구실적물 등 구직자의 실력을 알아볼 수 있는 모든 물건 및 자료

100 헌법상 노동 3권과 관련이 있는 것은?

① 법률에 의해 최저임금제 보장
② 자주적인 단체교섭권의 보장
③ 연소근로자 특별 보호
④ 국가유공자의 우선근로기회 부여

해설

노동 3권
단결권, 단체교섭권, 단체행동권

VOCATIONAL COUNSELOR

과년도 기출문제 2022년 1회

1과목 직업상담학

01 실존주의 상담에 관한 설명으로 틀린 것은?

① 정형화된 상담 모형과 상담자 훈련프로그램이 마련되어 있지 않은 것이 한계점이다.
② 인간을 자기인식 능력을 지닌 존재로 본다.
③ 상담자는 내담자가 스스로 삶의 의미와 목적을 발견하고, 삶을 주체적으로 선택하고 책임지도록 돕는 것을 목표로 한다.
④ 실존주의 상담에서 가정하는 인간의 궁극적 관심사는 무의식의 자각이다.

🦅 해설 ----------------------------------

Yalom이 제시한 실존주의 상담에서의 4가지 궁극적 관심사
죽음, 자유, 고독과 소외, 무의미이다.
※ 무의식의 자각은 정신분석상담에서 다루고 있다.

02 상담의 초기 면접단계에서 일반적으로 고려할 사항이 아닌 것은?

① 통찰의 확대
② 목표의 설정
③ 상담의 구조화
④ 문제의 평가

🦅 해설 ----------------------------------

통찰의 확대는 상담이 진행되면서 이루어진다.

03 Gysbers가 제시한 직업상담의 목적에 관한 설명으로 옳은 것은?

① 생애진로발달에 관심을 두고, 효과적인 사람이 되는 데 필요한 지식과 기능을 습득하게 한다.
② 직업선택, 의사결정 기술의 습득 등이 주요한 목적이고, 직업상담 과정에는 진단, 문제분류, 문제 구체화 등이 들어가야 한다.
③ 자기관리 상담모드가 주요한 목적이고, 직업정보 탐색과 직업결정, 상담만족 등에 효과가 있다.
④ 직업정보를 스스로 탐색하게 하고 자신을 사정하게 하는 능력을 갖추도록 돕는다.

🦅 해설 ----------------------------------

Gysbers의 직업상담의 목적
① 예언과 발달 : 내담자의 미래행동을 예측하고 내담자의 적성과 흥미를 탐색 · 확대하여 진로를 발달시킨다.
② 처치와 자극 : 내담자의 진로발달이나 직업문제를 처치하고 진로발달이나 직업문제를 해결하는 데 필요한 지식과 기능을 습득하게 한다.
③ 결함과 유능 : 개인의 위기, 직업정보의 결여, 인간관계의 부조화 등의 결함에 대해 대처하기 위해 내담자가 가진 재능과 유능을 개발하고 사용한다. 즉, 내담자의 결함보다는 유능(능력)을 개발한다.

정답 01 ④ 02 ① 03 ①

04 인간 중심 상담이론에 관한 설명으로 틀린 것은?

① 실현화 경향성은 자기를 보전·유지하고 향상시키고자 하는 선천적 성향이다.
② 자아는 성격의 조화와 통합을 위해 노력하는 원형이다.
③ 가치의 조건화는 주요 타자로부터 긍정적 존중을 받기 위해 그들이 원하는 가치와 기준을 내면화하는 것이다.
④ 현상학적 장은 경험적 세계 또는 주관적 경험으로 특정 순간에 개인이 지각하고 경험하는 모든 것을 뜻한다.

🔖 해설
----
②항 칼 융(C. C. Jung)의 분석심리학 내용이다.

05 자기인식이 부족한 내담자를 사정할 때 인지에 대한 통찰을 재구조화하거나 발달시키는 데 적합한 방법은?

① 직면이나 논리적 분석을 해준다.
② 불안에 대처하도록 심호흡을 시킨다.
③ 은유나 비유를 사용한다.
④ 사고를 재구조화한다.

🔖 해설

인지적 명확성이 부족한 내담자(18가지 유형)와의 면담에서 인지적 명확성을 사정할 때 상담자가 개입하는 방법
① 비난하기형 내담자 : 직면이나 논리적 분석을 해준다.
② 잘못된 의사결정 방식형 내담자 : 불안에 대처하도록 심호흡시킨다.
③ 자기인식이 부족한 내담자 : 은유나 비유를 사용한다.
④ 걸러내며 듣는 내담자(좋다, 나쁘다만 듣는 형) : 사고를 재구조화한다.

06 직업상담의 문제유형에 대한 Crites의 분류 중 '부적응형'에 관한 설명으로 옳은 것은?

① 적성에 따라 직업을 선택했지만 그 직업에 흥미를 느끼지 못하는 사람
② 흥미를 느끼는 분야는 있지만 그 분야에 필요한 적성을 가지고 있지 못하는 사람
③ 흥미나 적성의 유형이나 수준과는 상관없이 어떤 분야를 선택할지 결정하지 못하는 사람
④ 흥미를 느끼는 분야도 없고 적성에 맞는 분야도 없는 사람

🔖 해설

크리츠(Crites)의 직업선택 문제 유형
① 적응성
  • 적응형 : 흥미와 적성이 일치하는 분야를 발견한 사람
  • 부적응형 : 흥미와 적성이 일치하는 분야를 찾지 못한 사람
② 결정성
  • 우유부단형 : 흥미와 적성에 관계없이 성격적으로 선택과 결정을 못 내리는 사람
  • 다재다능형 : 가능성이 많아서 흥미를 느끼는 직업들과 적성에 맞는 직업들 사이에서 결정을 내리지 못하는 사람
③ 현실성
  • 비현실형 : 흥미를 느끼는 분야는 있지만 그 분야에 대해 적성을 가지고 있지 못한 사람
  • 불충족형 : 흥미와는 일치하지만 자신의 적성수준보다 낮은 직업을 선택하는 사람
  • 강압형 : 적성 때문에 선택했지만 그 직업에 흥미가 없는 사람

07 직업상담 시 한계의 오류를 가진 내담자들이 자신의 견해를 제한하는 방법에 해당하지 않는 것은?

① 예외를 인정하지 않는 것
② 불가능을 가정하는 것
③ 왜곡되게 판단하는 것
④ 어쩔 수 없음을 가정하는 것

🔧 해설

직업상담 시 전이된 오류의 종류

종류	특징
정보의 오류	• 중요한 부분의 삭제(경험을 이야기할 때 중요한 부분이 빠진 경우) • 불확실한 명사 또는 대명사의 사용 • 불확실한 동사 사용 • 구체적인 진술자료의 불충분 • 제한적인 어투의 사용(만약 한다면?, 만일 하지 않는다면? 등)
한계의 오류	• 예외를 인정하지 않는 것(항상, 절대로, 모두, 아무도 등의 언어 사용) • 불가능을 가정하는 것(할 수 없다, 안 된다, 해서는 안 된다 등의 언어 사용) • 어쩔 수 없음을 가정하는 것
논리의 오류	• 잘못된 인간관계의 오류(자신은 전혀 책임감이 없다는 식으로 생각) • 마음에 대한 해석(독심술 : 다른 사람의 마음을 읽을 수 있다고 자신) • 제한된 일반화(한 사람의 견해가 모든 이에게 공유된다는 생각)

위 문제는 전이된 오류의 종류 중 정보의 오류에 해당한다.

08 직업상담 시 흥미사정의 목적과 가장 거리가 먼 것은?

① 여가선호와 직업선호 구별하기
② 직업탐색 조장하기
③ 직업·교육상 불만족 원인 규명하기
④ 기술과 능력범위 탐색하기

🔧 해설

흥미사정의 5가지 목적
① 여가선호와 직업선호 구별하기
② 자기인식 발전시키기
③ 직업·교육상 불만족 원인 규명하기
④ 직업대안 규명하기
⑤ 직업탐색을 조장하기

09 특성 – 요인 직업상담의 과정을 순서대로 바르게 나열한 것은?

> ㄱ. 분석 ㄴ. 종합 ㄷ. 진단
> ㄹ. 예측 ㅁ. 상담

① ㄱ → ㄴ → ㄷ → ㄹ → ㅁ
② ㄱ → ㄴ → ㄷ → ㅁ → ㄹ
③ ㄱ → ㅁ → ㄷ → ㄹ → ㄴ
④ ㄷ → ㄱ → ㄴ → ㄹ → ㅁ

🔧 해설

특성 – 요인 상담과정
분석 → 종합 → 진단 → 예후 → 상담 → 추수지도

10 행동주의적 접근의 상담기법 중 공포와 불안이 원인이 되는 부적응행동이나 회피행동을 치료하는 데 가장 효과적인 기법은?

① 타임아웃 기법
② 모델링 기법
③ 체계적 둔감법
④ 행동조성법

🔧 해설

불안이 원인이 되는 부적응행동이나 회피행동을 치료하는 데 가장 효과적인 기법은 체계적 둔감법이다.
① 타임아웃 기법 : 부적절한 잘못된 행동을 할 경우에 모든 활동을 중지하고 다른 장소로 격리시켜 행동과 생각을 되돌아보게 하는 방법이다.
② 모델링 기법 : 타인의 행동을 관찰함으로써 행동을 학습하는 것이다.
④ 행동조성법 : 조작적 조건형성의 원리를 이용하여 부적절한 행동을 제거하고 바람직한 행동을 형성할 때 사용하는 방법이다.

정답 08 ④ 09 ① 10 ③

11 레빈슨의 성인발달이론에 관한 설명으로 틀린 것은?

① 인생주기를 네 개의 계절로 구분한다.

② 성인 초기의 주요 과업은 꿈의 형성과 멘토관계의 형성이다.

③ 안정기는 삶을 침체시키거나 새롭게 만드는 시기이다.

④ 인생구조에는 직업, 가족, 결혼, 종교와 같은 요소들이 포함된다.

해설

안정기는 새로운 삶의 구조를 형성하는 시기이며 삶을 침체시키거나 새롭게 만드는 시기는 전환기이다.

12 직업상담에서 내담자의 생애진로주제를 확인하는 가장 중요한 이유는?

① 내담자의 사고과정을 이해하고 행동을 통찰하도록 도와주기 때문이다.

② 상담을 상담자 입장에서 원만하게 이끌 수 있도록 해주기 때문이다.

③ 작업자, 지도자, 개인역할이 고려되어야 하기 때문이다.

④ 내담자의 생각을 읽을 수 있게 해주기 때문이다.

해설

생애진로사정(진로주제 확인)은 상담자가 내담자를 이해하는 데 도움이 될 뿐만 아니라 내담자가 생애의 독특한 의미를 드러내는 자신의 생애주제를 보다 잘 이해하도록 돕는 협동적인 노력이다.

13 내담자에 대한 상담목표의 특성이 아닌 것은?

① 구체적이어야 한다.

② 내담자가 원하고 바라는 것이어야 한다.

③ 실현 가능해야 한다.

④ 인격성장을 도와야 한다.

해설

상담목표를 설정할 때 고려하여야 할 특성

① 목표는 구체적이어야 한다.

② 목표는 실현 가능해야 한다.

③ 목표는 내담자가 원하고 바라는 것이어야 한다.

④ 내담자의 목표는 상담자의 기술과 양립 가능해야 한다.

14 크롬볼츠의 사회학습진로이론에 관한 설명으로 틀린 것은?

① 진로의사결정과정에서 자기효능감과 결과기대를 중요시한다.

② 개인이 환경과의 상호작용을 통해 무엇을 학습했는가를 중요시한다.

③ 개인은 학습경험을 통해 세계를 바라보는 관점이나 신념을 형성한다고 본다.

④ 우연한 사건을 다루는 데 도움이 되는 기술은 호기심, 낙관성, 위험감수 등이다.

해설

진로의사결정과정에서 자기효능감과 결과기대를 중요시한 이론은 반두라의 사회인지진로이론이다.

15 타이드만(Tiedeman)은 어떤 발달단계를 기초로 진로발달이론을 설명하였는가?

① 피아제의 인지발달단계

② 에릭슨의 심리사회발달단계

③ 콜버그의 도덕발달단계

④ 반두라의 인지사회발달단계

정답　11 ③　12 ①　13 ④　14 ①　15 ②

16 상담 윤리강령의 역할과 기능을 모두 고른 것은?

> ㄱ. 내담자의 복리 증진
> ㄴ. 지역사회의 도덕적 기대 존중
> ㄷ. 전문직으로서의 상담기능 보장
> ㄹ. 상담자 자신의 사생활과 인격 보호
> ㅁ. 직무수행 중의 갈등해결 지침 제공

① ㄱ, ㄴ, ㄷ
② ㄴ, ㄷ, ㄹ
③ ㄱ, ㄴ, ㄹ, ㅁ
④ ㄱ, ㄴ, ㄷ, ㄹ, ㅁ

🔲 해설

상담 윤리강령의 기능
① 내담자의 복리를 증진시키고 내담자의 인격을 존중하는 의무기준을 제시한다.
② 상담자의 활동이 사회윤리와 지역사회의 도덕적 기대를 존중할 것을 보장한다.
③ 각 상담자의 활동이 전문직으로서의 상담의 기능 및 목적에 저촉되지 않도록 보장한다.
④ 상담자로 하여금 자신의 사생활과 인격을 보호하는 근거를 제공한다.
⑤ 상담자가 직무수행 중의 갈등을 어떻게 처리해야 할지에 관한 기본입장을 제공한다.

17 인지적－정서적 상담에 관한 설명으로 틀린 것은?

① Ellis에 의해 개발되었다.
② 모든 내담자의 행동적－정서적 문제는 비논리적이고 비합리적인 사고에서 발생한 것이다.
③ 성격 자아상태 분석을 실시한다.
④ A－B－C 이론을 적용한다.

🔲 해설

성격 자아상태를 분석한 이론은 교류 분석적 상담의 내용이다.

18 Harren이 제시한 진로의사결정 유형 중 의사결정에 대한 개인적 책임을 부정하고 외부로 책임을 돌리는 경향이 높은 유형은?

① 유동적 유형
② 투사적 유형
③ 직관적 유형
④ 의존적 유형

🔲 해설

Harren이 제시한 진로의사결정 유형
① 합리적 유형 : 의사결정과정에 논리적이고 체계적으로 접근하는 유형으로 의사결정에 대한 책임을 진다.
② 직관적 유형 : 의사결정 시 상상을 사용하고 감정에 주의를 기울이며 정서적 자각을 사용한다.
③ 의존적 유형 : 의사결정에 대한 개인적인 책임을 부정하고 그 책임을 자신 이외의 가족이나 친구, 동료 등 외부로 책임을 돌리는 유형이다.

19 다음 중 효과적인 적극적 경청을 위한 지침과 가장 거리가 먼 것은?

① 내담자의 음조를 경청한다.
② 사실 중심적으로 경청한다.
③ 내담자의 표현의 불일치를 인식한다.
④ 내담자가 보이는 일반화, 빠뜨린 내용, 왜곡을 경청한다.

🔲 해설

효과적인 적극적 경청을 위한 지침(Brems)
경청의 장애물인 부적한 경청, 평가적 경청, 선별적 경청, 사실 중심적 경청, 동정적 경청을 피해야 한다는 것으로 사실 중심보다는 감정 중심으로 들어야 한다.

20 진로시간전망 검사지를 사용하는 주요 목적과 가장 거리가 먼 것은?

① 목표설정 촉구
② 계획기술 연습
③ 진로계획 수정
④ 진로의식 고취

정답 16 ④ 17 ③ 18 ④ 19 ② 20 ③

해설

진로시간전망 검사의 목적
① 미래의 방향설정을 가능하게 한다.
② 미래에 대한 희망을 갖도록 한다.
③ 진로계획에 대한 긍정적 태도를 강화한다.
④ 목표설정을 촉구한다.
⑤ 진로계획의 기술을 연습시킨다.
⑥ 진로의식을 높여준다.
⑦ 현재의 행동을 미래의 결과와 연계시키기 위해서이다.

2과목 직업심리학

21 다음은 로(Roe)가 제안한 8가지 직업군집 중 어디에 해당하는가?

- 상품과 재화의 생산·유지·운송과 관련된 직업을 포함하는 군집이다.
- 운송과 정보통신에 관련된 직업뿐만 아니라 공학, 기능, 기계무역에 관련된 직업들도 이 영역에 속한다.
- 대인관계는 상대적으로 덜 중요하며 사물을 다루는 데 관심을 둔다.

① 기술직(Technology)
② 서비스직(Service)
③ 비즈니스직(Business Contact)
④ 옥외활동직(Outdoor)

22 직업적성검사인 GATB에서 측정하는 적성요인에 해당하지 않는 것은?

① 기계적성 ② 공간적성
③ 사무지각 ④ 손의 기교도

해설

GATB(General Aptitude Test Battery) 직업적성검사에서 검출되는 적성
지능, 언어능력, 수리능력, 사무지각, 공간적성, 형태지각, 운동반응, 손가락 재치, 손의 재치 등 9가지이다.

23 직무특성 양식 중 개인이 환경과의 상호 작용에 있어 반응을 계속하는 시간의 길이는?

① 신속성
② 속도
③ 인내심
④ 리듬

해설

Lofquist & Dawis의 직업적응이론의 직업적응방식적 측면 중 끈기에 대한 것으로 이를 다른 말로 '인내심'이라고도 한다.

24 직무 스트레스에 관한 설명으로 틀린 것은?

① 직장 내 소음, 온도와 같은 물리적 요인이 직무 스트레스를 유발할 수 있다.
② 직무 스트레스를 일으키는 심리사회적 요인으로 역할 갈등, 역할 과부하, 역할 모호성 등이 있다.
③ 사회적 지지가 제공되면 우울이나 불안 같은 직무 스트레스 반응이 감소한다.
④ 직무 스트레스는 직무만족과 부정적 관계에 있으며, 모든 스트레스는 항상 직무수행 성과를 떨어뜨린다.

해설

여키스와 다슨의 역U자형 가설에 의하여 적절한 스트레스는 오히려 직무수행 성과를 향상시킨다.

정답 21 ① 22 ① 23 ③ 24 ④

25 진로 심리검사 결과해석에 관한 설명으로 틀린 것은?

① 검사결과는 가능성보다 확실성의 관점에서 제시되어야 한다.

② 내담자가 검사결과를 잘 이해할 수 있도록 안내하고 격려해야 한다.

③ 검사결과로 나타난 강점과 약점 모두를 객관적으로 검토해야 한다.

④ 검사결과는 내담자가 이용 가능한 다른 정보와 관련하여 제시되어야 한다.

> **해설**
>
> 검사결과는 확실성(구체적 예언)보다 가능성의 관점에서 제시되어야 한다.

26 작업자 중심 직무분석의 특징과 가장 거리가 먼 것은?

① 표준화된 분석도구의 개발이 어렵다.

② 직무들에서 요구되는 인간특성의 유사 정도를 양적으로 비교할 수 있다.

③ 대표적인 예로서 직위분석질문지(PAQ)가 있다.

④ 과제 중심 직무분석에 비해 보다 폭넓게 활용될 수 있다.

> **해설**
>
> 작업자 중심 직무분석(대표적인 예 : PAQ)은 표준화된 도구라는 것이 강점이다.

27 슈퍼(Super)의 진로발달이론의 설명으로 틀린 것은?

① 이론의 핵심기저는 직업적 자아개념이다.

② 직업선택은 타협과 선택이 상호 작용하는 일련의 적응과정이다.

③ 진로발달은 유아기에 시작하여 성인 초기에 완성된다.

④ 직업발달과정은 본질적으로 자아개념을 발달시키고 실천해 나가는 과정이다.

> **해설**
>
> 슈퍼(Super)는 진로발달과정이 전 생애에 걸쳐 계속된다고 하였다.

28 조직에 영향을 미치는 직무 스트레스의 결과와 가장 거리가 먼 것은?

① 직무수행 감소

② 직무 불만족

③ 상사의 부당한 지시

④ 결근 및 이직

> **해설**
>
> 상사의 부당한 지시는 직무 스트레스의 원인이다.

29 스트레스의 원인 중 역할갈등과 가장 관련이 높은 것은?

① 직무 관련 스트레스원

② 개인 관련 스트레스원

③ 조직 관련 스트레스원

④ 물리적 환경 관련 스트레스원

> **해설**
>
> 스트레스의 원인
> ① 직무 관련 스트레스원 : 역할갈등, 역할과도, 역할모호성, 산업의 조직문화와 풍토 등
> ② 개인 관련 스트레스원 : A형 행동유형, 통제소재, 인구통계적 변인 등
> ③ 조직 관련 스트레스원 : 조직구조, 조직풍토 등
> ④ 물리적 환경 관련 스트레스원 : 소음, 소밍, 온도 등

정답 25 ① 26 ① 27 ③ 28 ③ 29 ①

30 파슨스의 특성 – 요인이론에 관한 설명으로 옳은 것은?

① 개인의 특성과 직업의 요구가 일치할수록 직업적 성공 가능성이 크다.
② 특성은 특정 직무의 수행에서 요구하는 조건을 의미한다.
③ 개인의 진로발달과정을 설명하고 있다.
④ 심리검사를 통해 가변적인 특성을 측정한다.

해설

Parsons가 제안한 특성 – 요인이론의 핵심가정
각 개인들은 객관적으로 측정될 수 있는 독특한 능력을 지니고 있으며, 이를 직업에서 요구하는 요인과 합리적인 추론을 통하여 매칭하면 가장 좋은 선택이 된다.

31 다음에 해당하는 규준은?

학교에서 실시하는 성취도검사나 적성검사의 점수를 정해진 범주에 집어넣어 학생들 간의 점수 차가 작을 때 생길 수 있는 지나친 확대해석을 미연에 방지할 수 있다.

① 백분위 점수
② 표준점수
③ 표준등급
④ 학년규준

해설

표준등급
Standard Nine 또는 스태나인이라고도 한다. 원점수를 정상분포로 가정하여 가장 낮은 점수부터 높은 점수로 체계적으로 배열한 후 일정한 구간(1~9까지)에 대해 점수를 부여하는 방식이다.

32 "어떤 흥미검사(A)의 신뢰도가 높다"고 하는 말의 의미는?

① 어떤 사람이 흥미검사(A)를 처음 치렀을 때 받은 점수가 얼마 후 다시 치렀을 때의 점수와 비슷하다.
② 흥미검사(A)가 원래 재고자 했던 흥미영역을 재고 있다.
③ 그 흥미검사(A)와 그와 유사한 목적을 가진 다른 종류의 흥미검사(A)의 점수가 유사하다.
④ 흥미검사(A)가 흥미에 대해 가장 포괄적으로 측정하고 있다.

해설

검사의 신뢰도
동일한 사람에게 검사를 실시했을 때 검사점수가 얼마나 일관성 있게 나오는지 측정하는 것이다.

33 직업선택 문제들 중 '비현실성의 문제'와 가장 거리가 먼 것은?

① 흥미나 적성의 유형이나 수준과 관계없이 어떤 직업을 선택해야 할지 결정하지 못한다.
② 자신의 적성수준보다 높은 적성을 요구하는 직업을 선택한다.
③ 자신의 흥미와는 일치하지만, 자신의 적성수준보다는 낮은 적성을 요구하는 직업을 선택한다.
④ 자신의 적성수준에서 선택을 하지만, 자신의 흥미와는 일치하지 않는 직업을 선택한다.

해설

①항 결정성의 문제 중 다재다능형이다.
②항 현실성의 문제 중 비현실형이다.
③항 현실성의 문제 중 불충족형이다.
④항 현실성의 문제 중 강압형이다.

34 소외양상의 개념에 관한 설명 중 틀린 것은?

① 무기력감(Powerlessness) : 자유와 통제의 결핍상태
② 무의미감(Meaninglessness) : 경영정책이나 생산목적 등의 목적으로부터의 단절
③ 자기소원감(Self−estrangement) : 직무에 자신이 몰두할 수 없는 상태
④ 고립감(Isolation) : 지루함이나 단조로움을 느끼는 심리적 상태

> **해설**
> 고립감(Isolation)은 자신의 속한 조직의 사회적 협동의 결핍상태를 말한다.

35 다음은 어떤 학자와 가장 관련이 있는가?

> • 학습경험을 강조하는 동시에 개인의 타고난 재능의 영향을 강조하였다.
> • 이 이론에 따라 개발된 진로신념검사는 개인의 진로를 방해하는 사고를 평가하는 데 목적이 있다.

① 오하라(R. O'Hara)
② 스키너(B. Skinner)
③ 반두라(A. Bandura)
④ 크롬볼츠(J. Krumboltz)

> **해설**
> 크롬볼츠(J. Krumboltz)의 이론에 대한 설명이다.

36 홀랜드(Holland)가 제시한 육각형 모델과 대표적인 직업유형을 바르게 짝지은 것은?

① 현실적(R) 유형−비행기조종사
② 탐구적(I) 유형−종교지도자
③ 관습적(C) 유형−정치가
④ 사회적(S) 유형−배우

> **해설**
> **홀랜드의 직업성격이론 6가지 유형**
> ① 현실형 : 기계, 동물, 도구에 관한 체계적인 조작활동을 좋아하나 사회적 기술이 부족하다.
> • 대표 직업 : 농부, 기술자, 정비사, 비행기조종사, 엔지니어, 운동선수 등
> ② 탐구형 : 분석적이고 호기심이 많고 조직적이며 정확한 반면, 흔히 리더십 기술이 부족하다.
> • 대표 직업 : 의사, 과학자, 사회과학자, 인류학자, 수학자 등
> ③ 예술형 : 변화와 다양성을 좋아하고 틀에 박힌 것을 싫어하며 모호하고, 자유롭고, 상징적인 활동들에 흥미를 보인다.
> • 대표 직업 : 예술가, 작가, 배우, 무용가, 디자이너, 연주가, 문인, 미술가 등
> ④ 사회형 : 친절하고 정이 많으며 다른 사람과 함께 일하는 것을 즐기나 기계적인 활동이 부족하다.
> • 대표 직업 : 교육자, 종교지도자, 간호사, 상담가 등
> ⑤ 진취형 : 위신, 인정, 권위에 흥미가 있으며 타인을 선도, 계획, 통제, 관리하는 일을 선호하나 체계적인 활동에는 약하다.
> • 대표 직업 : 정치가, 연출가, 관리자, 보험사원, 판사 등
> ⑥ 관습형 : 정해진 원칙과 계획에 따라 자료들을 기록, 정리, 조직하는 일을 좋아하나 변화에 약하고 융통성이 부족하다.
> • 대표 직업 : 세무사, 회계사, 법무사, 비서, 사서, 은행원, 행정관료 등

37 다음은 무엇에 관한 설명인가?

> 한 검사가 그 준거로 사용된 현재의 어떤 행동이나 특성과 관련된 정도를 나타내는 타당도

① 공인타당도   ② 구성타당도
③ 내용타당도   ④ 예언타당도

> **해설**
> 공인(＝동시타당도)타당도에 대한 설명이다.

정답 34 ④ 35 ④ 36 ① 37 ①

38 진로나 적성을 측정하는 검사로 적합하지 않은 것은?

① 진로사고검사　　② 자기탐색검사
③ 안전운전검사　　④ 주제통각검사

해설

주제통각검사(TAT)는 투사적 검사 중 하나로서 피험자의 갈등, 욕구, 경험, 감정 등을 확인하는 검사이다.

39 직무분석자료의 분석 시 고려해야 할 사항으로 가장 거리가 먼 것은?

① 논리적으로 체계화되어야 한다.
② 여러 가지 목적으로 활용될 수 있어야 한다.
③ 필요에 따라 가공된 정보로 구성해야 한다.
④ 가장 최신의 정보를 반영하고 있어야 한다.

해설

직무분석자료의 특성
① 가장 최신의 정보를 반영하고 있어야 한다.
② 사실 그대로를 나타내야 한다.
③ 가공하지 않은 원상태의 정보여야 한다.
④ 논리적으로 체계화되어야 한다.
⑤ 여러 가지 목적으로 활용될 수 있어야 한다.

40 경력개발을 위한 교육훈련을 실시할 때 가장 먼저 고려해야 하는 사항은?

① 사용 가능한 훈련방법에는 어떤 것들이 있는지에 대한 고찰
② 현시점에서 어떤 훈련이 필요한지에 대한 요구분석
③ 훈련프로그램의 효과를 평가하고 개선할 수 있는 방안을 계획하고 수립
④ 훈련방법에 따른 구체적인 프로그램 개발

해설

경력개발을 위한 교육훈련을 실시할 때에는 현시점에서 어떤 훈련이 필요한지에 대한 요구분석을 가장 우선시해야 한다.

3과목 **직업정보론**

41 고용노동통계조사의 각 항목별 조사대상의 연결이 틀린 것은?

① 시도별 임금 및 근로시간 조사－상용 5인 이상 사업체
② 임금체계, 정년제, 임금피크 조사－상용 1인 이상 사업체
③ 직종별 사업체 노동력 조사－근로자 1인 이상 33천 개 사업체
④ 지역별 사업체 노동력 조사－종사자 1인 이상 200천 개 사업체

해설

직종별 사업체 노동력 조사는 상용 근로자 5인 이상 32천 개 사업체를 조사대상으로 한다.

42 한국표준직업분류(제7차)의 특정 직종의 분류요령에 관한 설명으로 틀린 것은?

① 행정관리 및 입법기능을 수행하는 자는 '대분류 1. 관리자'에 분류된다.
② 자영업주 및 고용주는 수행되는 일의 형태나 직무내용에 따라 정의된 개념이다.
③ 연구 및 개발업무 종사자는 '대분류 2. 전문가 및 관련 종사자'에서 그 전문분야에 따라 분류된다.
④ 군인은 별도로 '대분류 A. 군인'에 분류된다.

해설

자영업주 및 고용주는 주된 직무 우위 원칙에 따라 수행하는 직무 중 투자하는 시간이 가장 많은 직무로 분류된다.

---

43 직업정보에 대한 설명으로 틀린 것은?

① 직업정보는 경험이 부족한 내담자들에게 다양한 직업을 접할 기회를 제공한다.

② 직업정보는 수집 → 체계화 → 분석 → 가공 → 제공 → 축적 → 평가 등의 단계를 거쳐 처리된다.

③ 직업정보를 수집할 때는 항상 최신의 자료인지 확인한다.

④ 동일한 정보라 할지라도 다각적인 분석을 시도하여 해석을 풍부하게 한다.

▶ 해설

직업정보 처리과정

수집 → 분석 → 가공(체계화) → 제공 → 축적 → 평가

---

44 민간직업정보의 일반적인 특징과 가장 거리가 먼 것은?

① 한시적으로 정보가 수집 및 가공되어 제공된다.

② 객관적인 기준을 가지고 전체 직업에 관한 일반적인 정보를 제공한다.

③ 직업정보제공자의 특정한 목적에 따라 직업을 분류한다.

④ 통상적으로 직업정보를 유료로 제공한다.

▶ 해설

②항은 공공직업정보의 특징이다.

민간직업정보의 특성

① 필요한 시기에 최대한 활용되도록 한시적으로 신속하게 생산되어 운영된다.

② 단시간에 조사하고 특정한 목적에 맞게 해당 분야 및 직종을 제한적으로 선택한다.

③ 정보생산자의 임의적 기준에 따라 관심이나 흥미를 유도할 수 있도록 해당 직업을 분류한다.

④ 시사적인 관심이나 흥미를 유도할 수 있도록 해당 직업을 분류한다.

⑤ 특정 직업에 대해 구체적이고 상세한 정보를 제공하기 위해서는 조사 분석 및 제공에 상당한 시간 및 비용이 소요되므로 해당 직업정보는 유료로 제공한다.

---

45 다음은 한국표준산업분류(제10차)의 분류정의 중 무엇에 관한 설명인가?

> 각 생산단위가 노동, 자본, 원료 등 자원을 투입하여, 재화 또는 서비스를 생산 또는 제공하는 일련의 활동과정

① 산업　　　　　② 산업활동
③ 생산활동　　　④ 산업분류

▶ 해설

산업이란 "유사한 성질을 갖는 산업활동에 주로 종사하는 생산단위의 집합"이라 정의되며, 산업활동이란 "각 생산단위가 노동, 자본, 원료 등 자원을 투입하여, 재화 또는 서비스를 생산 또는 제공하는 일련의 활동과정"이라 정의된다. 산업활동의 범위에는 영리적, 비영리적 활동이 모두 포함되나, 가정 내의 가사활동은 제외된다.

---

46 국가직무능력표준(NCS)에 관한 설명으로 틀린 것은?

① 산업현장에서 직무를 수행하기 위해 요구되는 지식 · 기술 · 태도 등의 내용을 국가가 표준화한 것이다.

② 한국고용직업분류 등을 참고하여 분류하였으며, 대분류 → 중분류 → 소분류 → 세분류 순으로 구성되어 있다.

③ 능력단위는 NCS 분류의 하위 단위로서 능력단위요소, 직업기초능력 등으로 구성되어 있다.

④ 직무는 NCS 분류의 중분류를 의미하고, 원칙상 중분류 단위에서 표준이 개발된다.

▶ 해설

직무는 NCS 분류의 세분류를 의미하고, 원칙상 세분류 단위에서 표준이 개발되었다.

정답　43 ②　44 ②　45 ②　46 ④

47 한국표준산업분류(제10차)의 적용원칙으로 틀린 것은?

① 생산단위는 산출물뿐만 아니라 투입물과 생산공정 등을 함께 고려하여 그들의 활동을 가장 정확하게 설명된 항목에 분류해야 한다.
② 산업활동이 결합되어 있는 경우에는 그 활동단위의 주된 활동에 따라서 분류해야 한다.
③ 수수료 또는 계약에 의하여 활동을 수행하는 단위는 동일한 산업활동을 자기계정과 자기책임하에서 생산하는 단위와 같은 항목에 분류해야 한다.
④ 공식적 생산물과 비공식적 생산물, 합법적 생산물과 불법적인 생산물을 달리 분류해야 한다.

> **해설**
> 공식적 생산물과 비공식적 생산물, 합법적 생산물과 불법적인 생산물을 달리 분류하지 않는다.

48 국가기술자격 중 한국산업인력공단에서 시행하지 않는 것은?

① 3D프린터개발산업기사
② 빅데이터분석기사
③ 로봇기구개발기사
④ 반도체설계산업기사

> **해설**
> 빅데이터분석기사는 한국데이터산업진흥원에서 시행한다.

49 직업정보를 제공하는 유형별 방식의 설명이다. ( )에 가장 알맞은 것은?

종류	비용	학습자 참여도	접근성
인쇄물	(A)	수동	용이
면접	저	(B)	제한적
직업경험	고	적극	(C)

① A : 고, B : 적극, C : 용이
② A : 고, B : 수동, C : 제한적
③ A : 저, B : 적극, C : 제한적
④ A : 저, B : 수동, C : 용이

> **해설**
>
> | 제공유형 | 비용 | 학습자 참여도 | 접근성 |
> |---|---|---|---|
> | 인쇄물 | 저 | 수동 | 용이 |
> | 프로그램화된 자료 | 저 | 적극 | 제한적 |
> | 시청각자료 | 고 | 수동 | 제한적 |
> | 진로상담프로그램 | 중-고 | 적극 | 제한적 |
> | 온라인시스템 | 저 | 수동 | 제한적 |
> | 시뮬레이션자료 | 저 | 적극 | 제한적 |
> | 게임 | 저 | 적극 | 제한적 |
> | 작업실험실 | 고 | 적극 | 극도로 제한적 |
> | 면접 | 저 | 적극 | 제한적 |
> | 관찰 | 고 | 수동 | 제한적 |
> | 직업경험 | 고 | 적극 | 제한적 |
> | 직업체험 | 고 | 적극 | 제한적 |

50 경제활동인구조사의 주요산식으로 틀린 것은?

① 잠재경제활동인구=잠재취업가능자+잠재구직자
② 경제활동참가율=(경제활동인구+15세 이상 인구)×100
③ 고용률=(취업자+15세 이상 인구)×100
④ 실업률=(실업자+15세 이상 인구)×100

> **해설**
> $$실업률=\left(\frac{실업자}{경제활동인구}\right)\times100$$

51 워크넷에서 제공하는 직업선호도검사 L형의 하위검사가 아닌 것은?

① 흥미검사
② 성격검사
③ 생활사검사
④ 문제해결능력검사

🔖 **해설**
워크넷(직업·진로)에서 제공하는 직업선호도검사 L형의 하위검사는 흥미검사, 성격검사, 생활사검사 3개로 구성되어 있고, S형은 흥미검사로만 구성되어 있다.

52 질문지를 사용한 조사를 통해 직업정보를 수집하고자 한다. 질문지문항 작성방법에 대한 설명으로 틀린 것은?

① 객관식 문항의 응답항목은 상호 배타적이어야 한다.
② 응답하기 쉬운 문항일수록 설문지의 앞에 배치하는 것이 좋다.
③ 신뢰도 측정을 위해 짝(Pair)으로 된 문항들은 함께 배치하는 것이 좋다.
④ 이중(Double-barreled)질문과 유도질문은 피하는 것이 좋다.

🔖 **해설**
신뢰도 측정을 위해 짝(Pair)으로 된 문항들은 분리 배치하는 것이 좋다.

53 한국표준산업분류(제10차)의 분류구조 및 부호체계에 대한 설명으로 틀린 것은?

① 분류구조는 대분류(알파벳문자 시용), 중분류(2자리 숫자 사용), 소분류(3자리 숫자 사용), 세분류(4자리 숫자 사용)의 4단계로 구성된다.

② 부호처리를 할 경우에는 아라비아숫자만을 사용토록 했다.
③ 권고된 국제분류 ISIC Rev.4를 기본체계로 하였으나, 국내 실정을 고려하여 국제분류의 각 단계항목을 분할, 통합 또는 재그룹화하여 독자적으로 분류항목과 분류부호를 설정하였다.
④ 중분류의 번호는 01부터 99까지 부여하였으며, 대분류별 중분류 추가 여지를 남겨 놓기 위하여 대분류 사이에 번호 여백을 두었다.

🔖 **해설**
분류구조는 대분류(알파벳문자 사용/Sections), 중분류(2자리 숫자 사용/Divisions), 소분류(3자리 숫자 사용/Groups), 세분류(4자리 숫자 사용/Classes), 세세분류(5자리 숫자 사용/Sub-Classes)의 5단계로 구성된다.

54 국민내일배움카드의 적용을 받는 자에 해당하는 것은?

① 「공무원연금법」을 적용받고 현재 재직 중인 사람
② 만 75세인 사람
③ HRD-Net을 통하여 직업능력개발훈련 동영상교육을 이수하지 아니하는 사람
④ 대학교 4학년에 재학 중인 졸업예정자

🔖 **해설**
국민내일배움카드제는 훈련을 희망하는 국민들은 누구나 신청 가능(일정 소득 이상인 자는 제외)하나 공무원, 사립학교 교직원, 75세 이상자, HRD-Net을 통하여 직업능력개발훈련 동영상교육을 이수하지 아니하는 사람 등은 지원에서 제외된다.

정답 51 ④ 52 ③ 53 ① 54 ④

55 국가기술자격 산업기사 등급의 응시자격기준으로 틀린 것은?

① 고용노동부령으로 정하는 기능경기대회 입상자
② 동일 및 유사 직무분야의 산업기사 수준 기술훈련과정 이수자 또는 그 이수예정자
③ 응시하려는 종목이 속하는 동일 및 유사 직무분야의 다른 종목의 산업기사 등급 이상의 자격을 취득한 사람
④ 응시하려는 종목이 속하는 동일 및 유사 직무분야에서 1년 이상 실무에 종사한 사람

해설

국가기술자격 산업기사 등급의 응시자격은 응시하려는 종목이 속하는 동일 및 유사 직무분야에서 2년 이상 실무에 종사한 사람이다.

56 2022년도에 신설되어 시행되는 국가기술자격 종목은?

① 방재기사　　　② 신발산업기사
③ 보석감정산업기사　④ 정밀화학기사

해설

2022년 및 2023년에 신설 · 폐지 · 통합되는 국가기술자격 종목

등급	구분	종목명	비고
기사 (3종목)	신설	정밀화학기사	2022년부터 시행
	폐지	반도체설계기사	2022년부터 폐지
		메카트로닉스기사	
산업기사 (3종목)	통합	치공구설계산업기사	2022년부터 기계설계산업기사로 통합
	폐지	철도토목산업기사	2022년부터 폐지
		농림토양평가관리산업기사	2023년부터 폐지
		한복산업기사	
기능사 (1종목)	폐지	연삭기능사	2022년부터 폐지

57 한국표준직업분류(제7차)의 대분류별 주요 개정내용으로 틀린 것은?

① 대분류 1 : '방송 · 출판 및 영상 관련 관리자'를 '영상 관련 관리자'로 항목명을 변경
② 대분류 2 : '한의사'를 '전문 한의사'와 '일반 한의사'로 세분
③ 대분류 4 : '문화 관광 및 숲 · 자연환경 해설사'를 신설
④ 대분류 5 : '자동차 영업원'을 신차와 중고차 영업원으로 세분

해설

대분류 1 : '영상 관련 관리자'를 '방송 · 출판 및 영상 관련 관리자'로 항목명을 변경

58 한국직업사전(2020)의 부가직업정보 중 정규교육에 관한 설명으로 틀린 것은?

① 우리나라 정규교육과정의 연한을 고려하여 6단계로 분류하였다.
② 4수준은 12년 초과~14년 이하(전문대졸 정도)이다.
③ 독학, 검정고시 등을 통해 정규교육과정을 이수하였다고 판단되는 기간도 포함된다.
④ 해당 직업종사자의 평균학력을 나타내는 것이다.

해설

해당 직업의 직무를 수행하는 데 필요한 일반적인 정규교육수준을 의미하는 것으로 해당 직업종사자의 평균학력을 나타내는 것은 아니다.

59 워크넷에서 제공하는 학과정보 중 공학계열에 해당하는 학과가 아닌 것은?

① 생명공학과　　　② 건축학과
③ 안경광학과　　　④ 해양공학과

정답　55 ④　56 ④　57 ①　58 ④　59 ①

해설

생명공학과는 자연계열이다.

60 워크넷에서 채용정보 상세검색 시 선택할 수 있는 기업형태가 아닌 것은?

① 대기업
② 일학습병행기업
③ 가족친화인증기업
④ 다문화가정지원기업

해설

기업형태별 검색은 대기업, 공무원/공기업/공공기관, 강소기업, 코스피/코스닥, 외국계기업, 일학습병행기업, 벤처기업, 청년친화강소기업, 가족친화인증기업으로 검색할 수 있다.

4과목 노동시장론

61 경기적 실업에 대한 대책으로 가장 적합한 것은?

① 지역 간 이동 촉진
② 총수요의 증대
③ 퇴직자 취업 알선
④ 구인·구직에 대한 전산망 확대

해설

경기적 실업은 불경기(경기침체)에 기업의 고용감소로 인한 유효수요 부족으로 발생하는 대표적인 수요부족실업이므로 총수요의 확대, 경기활성화를 통해 해결할 수 있다.

62 마찰적 실업의 원인에 해당하는 것을 모두 고른 것은?

ㄱ. 노동자들이 자신에게 가장 잘 맞는 직장을 찾는 데 시간이 걸리기 때문이다.
ㄴ. 기업이 생산성을 제고하기 위해 시장균형임금보다 높은 수준의 임금을 지불하는 경향이 있기 때문이다.
ㄷ. 노동조합의 존재로 인해 조합원의 임금이 생산성보다 높게 설정되기 때문이다.

① ㄱ   ② ㄴ
③ ㄱ, ㄴ   ④ ㄴ, ㄷ

해설

• ㄴ : 고임금정책에 대한 설명이다.
• ㄷ : 노동조합으로 인한 임금격차에 대한 설명이다.

마찰적 실업
신규, 전직자가 노동시장에 진입하는 과정에서 정보의 불일치로 인하여 일시적으로 발생하는 실업 유형으로, 노동자들이 자신에게 가장 잘 맞는 직장을 찾는 데 시간이 걸리기 때문에 발생한다.

63 노동시장에 관한 설명으로 틀린 것은?

① 재화시장은 불완전경쟁이더라도 노동시장이 완전경쟁이면 개별기업의 한계요소비용은 일정하다.
② 재화시장과 노동시장이 모두 완전경쟁일 때 재화가격이 상승하면 노동수요곡선이 오른쪽으로 이동한다.
③ 재화시장과 노동시장이 모두 완전경쟁일 때 임금이 하락하면 노동수요량은 장기에 더 크게 증가한다.
④ 재화시장이 불완전경쟁이고 노동시장이 완전경쟁일 때 임금은 한계수입생산보다 낮은 수준으로 결정된다.

해설

완전경쟁시장이라는 것은 자유롭게 시장을 진입하고 퇴출하는 것이다. 그렇지만 현실에서 이러한 조건이 충족되지 않기 때문에 독점시장, 과점시장과 같은 형태의 불완전경쟁시장이 생기게 되는 것이다. 즉, 노동시장이 완전경쟁일 때보다는 불완전경쟁일 때 임금은 한계수입생산보다 낮은 수준으로 결정된다.

64 실업에 관한 설명으로 옳은 것은?

① 정부는 경기적 실업을 줄이기 위하여 기업의 설비투자를 억제시켜야 한다.
② 취업자가 존재하는 상황에서 구직포기자의 증가는 실업률을 감소시킨다.
③ 전업주부가 직장을 가지면 실업률과 경제활동참가율은 모두 낮아진다.
④ 실업급여의 확대는 탐색적 실업을 감소시킨다.

해설

실망노동자효과에 대한 설명으로 취업자가 존재하는 상황에서 구직포기자의 증가는 실업률을 감소시킨다.

①항 정부는 경기적 실업을 줄이기 위하여 기업의 설비투자를 증가시켜야 한다.
③항 전업주부가 직장을 가지면 실업률과 경제활동참가율은 높아진다.
④항 실업급여의 확대는 탐색적 실업을 증가시킨다.

65 A 국가의 경제활동참가율은 50%이고, 생산가능인구와 취업자가 각각 100만 명, 40만 명이라고 할 때, 이 국가의 실업률은?

① 5%
② 10%
③ 15%
④ 20%

해설

- 경제활동참가율 $= \dfrac{경제활동인구}{생산가능인구}$

$= \dfrac{x만 \ 명}{100만 \ 명} \times 100 = 50\%$

- 경제활동인구 $= 50$만 명
- 실업자 $= 50$만 명 $- 40$만 명 $= 10$만 명

$\therefore$ 실업률 $= \dfrac{실업자}{경제활동인구}$

$= \dfrac{10만 \ 명}{50만 \ 명} \times 100 = 20\%$

66 임금의 보상격차에 관한 설명으로 틀린 것은?

① 근무조건이 열악한 곳으로 전출되면 임금이 상승한다.
② 성별격차도 일종의 보상격차이다.
③ 물가가 높은 곳에서 근무하면 임금이 상승한다.
④ 더 높은 비용이 소요되는 훈련을 요구하는 직종의 임금이 상대적으로 높다.

해설

보상적 임금격차를 발생시키는 요인으로는 고용의 안정성 여부, 직업의 쾌적함 정도, 교육훈련비용, 책임의 정도, 성공 또는 실패의 가능성 등이며, 성별 간의 소득차이는 보상적 임금격차가 아니다.

67 단체교섭에 관한 설명으로 틀린 것은?

① 단체협약은 노동조합과 사용자단체가 단체교섭 후 협의된 사항을 문서로 남긴 것으로 강제적 효력이 있다.
② 경영자가 정당한 사유 없이 단체교섭을 거부하는 행위는 불법행위에 해당한다.
③ 이익분쟁은 임금 및 근로조건 등에 합의하지 못해 발생하는 분쟁이다.
④ 노동자들이 하는 쟁의행위에는 파업, 태업, 직장폐쇄 등의 방법이 있다.

해설

직장폐쇄(Lockout)는 사용자 교섭력의 원천이다.

68 유니언 숍(Union Shop)에 대한 설명으로 옳은 것은?

① 조합원이 아닌 근로자는 채용 후 일정기간 내에 조합에 가입해야 한다.
② 조합원이 아닌 자는 채용이 안 된다.
③ 노동조합의 노동공급원이 독점되며, 관련 노동시장에 강력한 영향을 미친다.
④ 채용 전후 근로자의 조합가입이 완전히 자유롭다.

해설

②항, ③항은 클로즈드 숍, ④항은 오픈 숍에 대한 설명이다.

69 다음 중 직무급 임금체계의 장점이 아닌 것은?

① 개인별 임금격차에 대한 불만 해소
② 연공급에 비해 실시 용이
③ 인건비의 효율적 관리
④ 능력위주의 인사풍토 조성

해설

직무급은 직무평가에 의하여 각 직무의 상대적 가치에 따라 개별임금이 결정되는 임금제도이다. 직무분석 및 직무평가에 많은 시간과 노력이 소요되며, 근속에 따라 자동적으로 승급하는 연공급에 비해 실시가 용이하지 않다.

70 노동수요곡선이 이동하는 이유가 아닌 것은?

① 임금수준의 변화
② 생산방법의 변화
③ 자본의 가격변화
④ 생산물에 대한 수요의 변화

해설

노동수요곡선이 이동하는 요인은 생산기술 방식의 변화, 다른 생산요소(자본 등)의 가격변화, 생산물(상품)에 대한 수요변화이다.
임금수준의 변화는 노동수요곡선 자체를 이동시키는 것이 아니라 노동의 수요곡선 위에서 노동의 수요량만 변화시킨다.

71 이원적 노사관계론의 구조를 바르게 나타낸 것은?

① 제1차 관계 : 경영 대 노동조합관계
   제2차 관계 : 경영 대 정부기관관계
② 제1차 관계 : 경영 대 노동조합관계
   제2차 관계 : 경영 대 종업원관계
③ 제1차 관계 : 경영 대 종업원관계
   제2차 관계 : 경영 대 노동조합관계
④ 제1차 관계 : 경영 대 종업원관계
   제2차 관계 : 정부기관 대 노동조합관계

해설

① 1차적 관계 : 경영 대 종업원관계(협력관계)
② 2차적 관계 : 경영 대 노동조합관계(대립관계)

72 산업별 노동조합의 특성과 가장 거리가 먼 것은?

① 기업별 특수성을 고려하기 어려워진다.
② 임시직, 일용직 근로자를 조직하기 용이해진다.
③ 해당 산업분야의 정보자료 수집·분석이 용이해진다.
④ 숙련공만의 이익옹호단체가 되기 쉽다.

해설

산업별 노동조합은 산업혁명이 진행됨에 따라 대량의 미숙련근로자들이 노동시장에 진출하면서 이들의 권익을 보호하기 위하여 발달한 조직이다.

73 노동의 수요탄력성이 0.5이고 다른 조건이 일정할 때 임금이 5% 상승한다면 고용량의 변화는?

① 0.5% 감소한다.   ② 2.5% 감소한다.

③ 5% 감소한다.   ④ 5.5% 감소한다.

> **해설**
>
> $$\text{노동수요의 탄력성} = \frac{\text{노동수요량의 변화율(\%)}}{\text{임금의 변화율(\%)}}$$
>
> $0.5 = \dfrac{x\%}{5\%}$, $x = 2.5$

74 구인처에서 요구하는 기술을 갖춘 근로자가 없어서 발생하는 실업은?

① 구조적 실업   ② 잠재적 실업

③ 마찰적 실업   ④ 자발적 실업

> **해설**
>
> **구조적 실업**
> 경제성장에 따른 산업구조의 변화, 기술력의 변화 등에 노동력의 구조가 적절하게 대응하지 못하여 생기는 실업, 즉 노동력 수급구조상의 불균형으로 발생하는 실업현상이다. 대책으로는 노동자의 재교육, 훈련프로그램 제공 등을 통하여 노동력의 수급 불균형을 해소할 수 있는 인력정책이 필요하다.

75 다음 중 최저임금제가 고용에 미치는 부정적 효과가 가장 큰 상황은?

① 노동수요곡선과 노동공급곡선이 모두 탄력적일 때

② 노동수요곡선과 노동공급곡선이 모두 비탄력적일 때

③ 노동수요곡선이 탄력적이고 노동공급곡선이 비탄력적일 때

④ 노동수요곡선이 비탄력적이고 노동공급곡선이 탄력적일 때

> **해설**
>
> 노동수요곡선과 노동공급곡선이 모두 탄력적일 때 노동의 초과공급량이 더욱 커져서 부정적 효과가 더욱 커진다.

76 유보임금(Reservation Wage)에 관한 설명으로 옳은 것을 모두 고른 것은?

> ㄱ. 유보임금의 상승은 실업기간을 연장한다.
> ㄴ. 유보임금의 상승은 기대임금을 하락시킨다.
> ㄷ. 유보임금은 기업이 근로자에게 제시한 최고의 임금이다.
> ㄹ. 유보임금은 근로자가 받고자 하는 최저의 임금이다.

① ㄱ, ㄷ   ② ㄱ, ㄹ

③ ㄴ, ㄷ   ④ ㄴ, ㄹ

> **해설**
>
> • ㄴ : 유보임금의 상승은 기대임금을 상승시킨다.
> • ㄷ : 기업이 구직자에게 제시하는 임금은 제시임금이다.

77 완전경쟁적인 노동시장에서 노동의 한계생산을 증가시키는 기술진보와 함께 보다 많은 노동자들이 노동시장에 참여하는 변화가 발생할 때 노동시장에서 발생하는 변화로 옳은 것은?(단, 다른 조건들은 일정하다고 가정한다)

① 균형노동고용량은 반드시 증가하지만 균형임금의 변화는 불명확하다.

② 균형임금은 반드시 상승하지만 균형노동고용량의 변화는 불명확하다.

③ 임금과 균형노동고용량 모두 반드시 증가한다.

④ 임금과 균형노동고용량의 변화는 모두 불명확하다.

정답   73 ②   74 ①   75 ①   76 ②   77 ①

노동의 한계생산을 증가시키는 기술진보에 따라 제품가격이 하락하고 제품수요량은 증가하므로 균형노동고용량은 반드시 증가할 것이다. 그러나 완전경쟁적인 노동시장에서는 노동수요도 증가하였지만 노동공급 또한 증가하였기 때문에 많은 노동자가 노동시장에 참여하므로 균형임금의 변화는 불명확하다.

78 연봉제의 장점과 가장 거리가 먼 것은?

① 전문성의 촉진
② 개인의 능력에 기초한 생산성 향상
③ 구성원 상호 간의 친밀감 증진
④ 임금관리 용이

연봉제는 개인 및 부서 이기주의, 초기 인건비 증가, 평가를 둘러싼 불신, 조직의 안정성 저해, 도입 후의 효과분석의 어려움 등의 문제점이 있다.

79 경제적 조합주의(Economic Unionism)에 대한 설명으로 틀린 것은?

① 노동조합운동과 정치와의 연합을 특징으로 한다.
② 경영전권을 인정하며 경영참여를 회피해온 노선이다.
③ 노동조합운동의 목적은 노동자들의 근로조건을 포함한 생활조건의 개선과 유지에 있다.
④ 노사관계를 기본적으로 이해대립의 관계로 보고 있으나 이해조정이 가능한 비적대적 관계로 이해한다.

경제적 조합주의(경제주의)는 민주주의의 실현이 주요하며 정치적으로 독립되어야 한다고 강조하고 있다.

80 개인의 후방굴절형(상단부분에서 좌상향으로 굽음) 노동공급곡선에 대한 설명으로 옳은 것은?

① 임금이 상승함에 따라 노동시간을 증가시키려고 한다.
② 소득−여가 간의 선호체계분석에서 소득효과가 대체효과를 압도한 결과이다.
③ 소득−여가 간의 선호체계분석에서 대체효과가 소득효과를 압도한 결과이다.
④ 임금이 하락함에 따라 노동시간을 줄이려는 의지를 강력하게 표현하고 있다.

후방굴절 노동공급곡선
임금이 상승하면 일정수준까지는 노동의 공급이 늘어나다가 임금이 그 이상 올라가면 노동공급이 줄어들면서 공급곡선이 활처럼 뒤로 굽는 것을 말한다. 이것은 소득효과가 대체효과보다 커서 나타나는 현상이다.

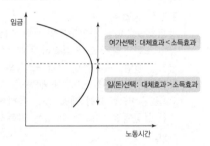

① 대체효과 : 임금이 상승함에 따라 노동시간을 증가시킨다.
② 소득효과 : 임금이 상승함에 따라 노동시간을 감소시킨다.

5과목 노동관계법규

81 고용보험법령상 ( ) 안에 들어갈 숫자의 연결이 옳은 것은?

> 육아휴직 급여는 육아휴직 시작일을 기준으로 한 월 통상임금의 100분의 (ㄱ)에 해당하는 금액을 월별 지급액으로 한다. 다만, 해당 금액이 (ㄴ)만 원을 넘는 경우에는 (ㄴ)만 원으로 하고, (ㄷ)만 원보다 적은 경우에는 (ㄷ)만 원으로 한다.

① ㄱ : 80, ㄴ : 150, ㄷ : 70
② ㄱ : 80, ㄴ : 120, ㄷ : 50
③ ㄱ : 50, ㄴ : 150, ㄷ : 50
④ ㄱ : 50, ㄴ : 120, ㄷ : 70

해설 --
육아휴직 급여(시행령 제95조)
육아휴직 급여는 육아휴직 시작일을 시준으로 한 월 통상임금의 100분의 80에 해당하는 금액을 월별 지급액으로 한다. 다만, 해당 금액이 150만 원을 넘는 경우에는 150만 원으로 하고, 70만 원보다 적은 경우에는 70만 원으로 한다. 〈개정 2021. 12. 31.〉

82 국민 평생 직업능력 개발법령에 관한 설명으로 틀린 것은?

① 「제대군인지원에 관한 법률」에 따른 제대군인 및 전역예정자의 직업능력개발훈련은 중요시되어야 한다.
② 「산업재해보상보험법」에 따른 근로복지공단은 직업능력개발훈련시설을 설치할 수 없다.
③ 이 법에서 "근로자"란 사업주에게 고용된 사람과 취업할 의사가 있는 사람을 말한다.
④ 직업능력개발훈련은 훈련의 목적에 따라 양성훈련, 향상훈련, 전직훈련으로 구분한다.

해설 --
직업능력개발훈련시설을 설치할 수 있는 공공단체의 범위
① 한국산업인력공단(한국산업인력공단이 출연하여 설립한 학교법인을 포함한다)
② 한국장애인고용공단
③ 근로복지공단

83 근로기준법령상 용어의 정의로 틀린 것은?

① "근로"란 정신노동과 육체노동을 말한다.
② "근로계약"이란 근로자가 사용자에게 근로를 제공하고 사용자는 이에 대하여 임금을 지급하는 것을 목적으로 체결된 계약을 말한다.
③ "단시간근로자"란 1일의 소정근로시간이 통상 근로자의 1일의 소정근로시간에 비하여 짧은 근로자를 말한다.
④ "사용자"란 사업주 또는 사업 경영 담당자, 그 밖에 근로자에 관한 사항에 대하여 사업주를 위하여 행위하는 자를 말한다.

해설 --
단시간근로자
「근로기준법」 제2조의 단시간근로자를 말한다. 즉, 1주 동안의 소정근로시간이 그 사업장에서 같은 종류의 업무에 종사하는 통상 근로자의 1주 동안의 소정근로시간에 비하여 짧은 근로자를 말한다.

84 근로기준법령상 여성의 보호에 관한 설명으로 옳은 것은?

① 사용자는 임신 중의 여성이 명시적으로 청구하는 경우 고용노동부장관의 인가를 받으면 휴일에 근로를 시킬 수 있다.
② 여성은 보건·의료, 보도·취재 등의 일시적 사유가 있더라도 갱내(坑內)에서 근로를 할 수 없다.

정답 81 ① 82 ② 83 ③ 84 ①

③ 사용자는 여성근로자가 청구하면 월 3일의 유급생리휴가를 주어야 한다.

④ 사용자는 여성을 휴일에 근로시키려면 근로자대표의 서면 동의를 받아야 한다.

해설

②항 사용자는 여성과 18세 미만인 사람을 갱내에서 근로시키지 못한다. 다만, 보건·의료, 보도·취재 등의 일시적 사유가 있는 경우 갱내(坑內)에서 근로를 할 수 있다.

③항 사용자는 여성근로자가 청구하면 월 1일의 유급생리휴가를 주어야 한다.

④항 사용자는 여성을 휴일에 근로시키려면 그 근로자의 동의를 받아야 한다.

85 국민 평생 직업능력 개발법령상 원칙적으로 직업능력개발훈련의 대상 연령은?

① 13세 이상
② 15세 이상
③ 18세 이상
④ 20세 이상

해설

직업능력개발훈련은 15세 이상인 사람에게 실시하되, 직업능력개발훈련시설의 장은 훈련의 직종 및 내용에 따라 15세 이상으로서 훈련대상자의 연령 범위를 따로 정하거나 필요한 학력, 경력 또는 자격을 정할 수 있다.

86 근로자퇴직급여 보장법령상 퇴직금의 중간정산 사유에 해당하지 않는 것은?

① 무주택자인 근로자가 본인 명의로 주택을 구입하는 경우
② 중간정산 신청일부터 거꾸로 계산하여 10년 이내에 근로자가 「민법」에 따라 파산선고를 받은 경우

③ 사용자가 기존의 정년을 보장하는 조건으로 단체협약 등을 통하여 근속시점을 기준으로 임금을 줄이는 제도를 시행하는 경우
④ 재난으로 피해를 입은 경우로서 고용노동부장관이 정하여 고시하는 사유에 해당하는 경우

해설

중간정산 신청일부터 거꾸로 계산하여 5년 이내에 근로자가 「채무자 회생 및 파산에 관한 법률」에 따라 파산선고를 받은 경우

87 남녀고용평등과 일·가정 양립 지원에 관한 법령상 육아기 근로시간 단축에 관한 설명으로 틀린 것은?

① 사업주는 육아기 근로시간 단축을 하고 있는 근로자의 명시적 청구가 있으면 단축된 근로시간 외에 주 15시간 이내에서 연장근로를 시킬 수 있다.
② 원칙적으로 사업주는 근로자가 초등학교 2학년 이하의 자녀를 양육하기 위하여 근로시간의 단축을 신청하는 경우에 이를 허용하여야 한다.
③ 사업주가 근로자에게 육아기 근로시간 단축을 허용하는 경우 단축 후 근로시간은 주당 15시간 이상이어야 하고 35시간을 넘어서는 아니 된다.
④ 육아기 근로시간 단축을 한 근로자에 대하여 평균임금을 산정하는 경우에는 그 근로자의 육아기 근로시간 단축 기간을 평균임금 산정 기간에서 제외한다.

해설

사업주는 육아기 근로시간 단축을 하고 있는 근로자의 명시적 청구가 있으면 단축된 근로시간 외에 주 12시간 이내에서 연장근로를 시킬 수 있다.

88 채용절차의 공정화에 관한 법령상 500만 원 이하의 과태료 부과행위에 해당하는 것은?

① 채용서류 보관의무를 이행하지 아니한 구인자
② 구직자에 대한 고지의무를 이행하지 아니한 구인자
③ 시정명령을 이행하지 아니한 구인자
④ 지식재산권을 자신에게 귀속하도록 강요한 구인자

🔹 **해설**

위반 시 벌칙규정

구분	목차	벌칙 규정
거짓채용광고 등의 금지	거짓의 채용광고 금지	5년 이하 징역, 2천만 원 이하 벌금
	채용광고의 내용 또는 채용 후 근로조건을 불리하게 변경 금지	즉시 500만 원 이하 과태료
	구직자의 지식재산권 귀속 강요 금지	
채용절차상의 고지	채용서류의 접수사실 고지	벌칙 규정 없음
	채용일정 및 채용과정 고지	
	채용 여부 고지	
	채용서류의 반환 고지	즉시 300만 원 이하 과태료
채용심사비용의 부담 금지		시정명령 미이행 시 300만 원 이하 과태료
채용서류의 반환	채용서류 반환의무 및 구인자 부담의무	
	채용서류 파기의무	
	채용서류 보관의무	즉시 300만 원 이하 과태료

89 근로기준법의 기본원리와 가장 거리가 먼 것은?

① 강제 근로의 금지
② 근로자단결의 보장
③ 균등한 처우
④ 공민권 행사의 보장

🔹 **해설**

근로기준법의 기본원리
① 최저근로조건 보장의 원칙
② 근로조건 노사대등 결정의 원칙
③ 근로조건의 준수원칙
④ 균등한 처우의 원칙
⑤ 강제 근로 금지의 원칙
⑥ 폭행 금지의 원칙
⑦ 중간착취의 배제원칙
⑧ 공민권 행사 보장의 원칙

90 기간제 및 단시간근로자 보호 등에 관한 법령상 2년을 초과하여 기간제근로자로 사용할 수 있는 경우가 아닌 것은?

① 휴직 등으로 결원이 발생하여 해당 근로자가 복귀할 때까지 그 업무를 대신할 필요가 있는 경우
② 근로자가 학업 등을 이수함에 따라 그 이수에 필요한 기간을 정한 경우
③ 특정한 업무의 완성에 필요한 기간을 정한 경우
④ 「의료법」에 따른 간호사 자격을 소지하고 해당 분야에 종사한 경우

🔹 **해설**

사용자는 2년을 초과하지 아니하는 범위 안에서 (기간제근로계약의 반복갱신 등의 경우에는 그 계속 근로한 총기간이 2년을 초과하지 아니하는 범위 안에서) 기간제근로자를 사용할 수 있다. 다만, 다음에 해당하는 경우에는 2년을 초과하여 기간제근로자로 사용할 수 있다.

① 사업의 완료 또는 특정한 업무의 완성에 필요한 기간을 정한 경우
② 휴직·파견 등으로 결원이 발생하여 해당 근로자가 복귀할 때까지 그 업무를 대신할 필요가 있는 경우
③ 근로자가 학업, 직업훈련 등을 이수함에 따라 그 이수에 필요한 기간을 정한 경우
④ 「고령자고용촉진법」의 고령자와 근로계약을 체결하는 경우

⑤ 전문적 지식 · 기술의 활용이 필요한 경우와 정부의 복지정책 · 실업대책 등에 따라 일자리를 제공하는 경우로서 대통령령으로 정하는 경우

⑥ 그 밖에 위에 준하는 합리적인 사유가 있는 경우로서 대통령령으로 정하는 경우

해설

국외 무료직업소개사업을 하려는 자는 고용노동부장관에게 신고하여야 한다.
※ 유료직업소개사업 → 등록

91 남녀고용평등과 일 · 가정 양립 지원에 관한 법령상 근로자의 가족돌봄 등을 위한 지원에 관한 설명으로 틀린 것은?

① 사업주는 대체인력 채용이 불가능한 경우 근로자가 신청한 가족돌봄휴직을 허용하지 않을 수 있다.

② 원칙적으로 가족돌봄휴가 기간은 연간 최장 10일로 하며, 일 단위로 사용할 수 있다.

③ 가족돌봄휴직 기간은 연간 최장 90일로 하며, 이를 나누어 사용할 수 있다.

④ 가족돌봄휴직 및 가족돌봄휴가 기간은 근속기간에서 제외한다.

해설

가족돌봄휴직 및 가족돌봄휴가 기간은 근속기간에 포함한다.

92 직업안정법에 관한 설명으로 틀린 것은?

① 국외 무료직업소개사업을 하려는 자는 고용노동부장관의 허가를 받아야 한다.

② 국외 유료직업소개사업을 하려는 자는 고용노동부장관에게 등록하여야 한다.

③ 구인자가 직업안정기관에서 구직자를 소개받은 때에는 그 채용 여부를 직업안정기관의 장에게 통보하여야 한다.

④ 누구든지 국외에 취업할 근로자를 모집한 경우에는 고용노동부장관에게 신고하여야 한다.

93 고용보험법령상 고용보험기금의 용도에 해당하지 않는 것은?

① 일시 차입금의 상환금과 이자

② 실업급여의 지급

③ 보험료의 반환

④ 국민건강보험료의 지원

해설

고용보험기금의 용도

① 고용안정 · 직업능력개발사업에 필요한 경비

② 실업급여의 지급

②의2. 국민연금 보험료의 지원

③ 육아휴직 급여 및 출산전후휴가 급여 등의 지급

④ 보험료의 반환

⑤ 일시 차입금의 상환금과 이자

⑥ 이 법과 고용산재보험료징수법에 따른 업무를 대행하거나 위탁받은 자에 대한 출연금

⑦ 그 밖에 이 법의 시행을 위하여 필요한 경비로서 대통령령으로 정하는 경비와 ① 및 ②에 따른 사업의 수행에 딸린 경비

94 고용보험법령상 자영업자인 피보험자의 실업급여의 종류에 해당하지 않는 것은?

① 이주비

② 광역 구직활동비

③ 직업능력개발 수당

④ 조기재취업 수당

해설

자영업자인 피보험자의 취업촉진 수당에서 조기재취업 수당은 제외한다.

정답 91 ④ 92 ① 93 ④ 94 ④

95 헌법 제32조에 명시된 내용이 아닌 것은?

① 연소자의 근로는 특별한 보호를 받는다.

② 근로조건의 기준은 인간의 존엄성을 보장하도록 법률로 정한다.

③ 여자의 근로는 특별한 보호를 받으며, 고용·임금 및 근로조건에 있어서 부당한 차별을 받지 아니한다.

④ 국가는 사회적·경제적 방법으로 근로자의 고용의 증진과 최저임금의 보장에 노력하여야 한다.

해설

헌법상 국가는 사회적·경제적 방법으로 근로자의 고용의 증진과 적정임금의 보장에 노력하여야 한다.

96 직업안정법령상 근로자공급사업의 허가를 받을 수 있는 자는?

① 파산선고를 받고 복권되지 아니한 자

② 미성년자, 피성년후견인 및 피한정후견인

③ 이 법을 위반한 자로서, 벌금형이 확정된 후 2년이 지나지 아니한 자

④ 근로자공급사업의 허가가 취소된 후 7년이 지난 자

해설

근로자공급사업의 등록이나 허가가 취소된 후 5년이 지나지 아니한 자는 허가를 받을 수 없다.

97 고용상 연령차별금지 및 고령자고용촉진에 관한 법령상 ( ) 안에 알맞은 것은?

상시 ( )명 이상의 근로자를 사용하는 사업장의 사업주는 기준고용률 이상의 고령자를 고용하도록 노력하여야 한다.

① 50　　② 100　　③ 200　　④ 300

해설

고용상 연령차별금지 및 고령자고용촉진에 관한 법령상 상시 300명 이상의 근로자를 사용하는 사업장의 사업주는 기준고용률 이상의 고령자를 고용하도록 노력하여야 한다.

98 고용정책 기본법령상 지역고용심의회에 관한 설명으로 틀린 것은?

① 지역고용심의회는 위원장 1명을 포함한 30명 이내의 위원으로 구성한다.

② 위원장은 시·도지사가 된다.

③ 시·도의 고용촉진, 직업능력개발 및 실업대책에 관한 중요사항을 심의한다.

④ 지역고용심의회 전문위원회의 위원은 시·도지사가 임명하거나 위촉한다.

해설

지역고용심의회는 위원장 1명을 포함한 20명 이내의 위원으로 구성한다.

99 남녀고용평등과 일·가정 양립 지원에 관한 법령상 모성보호에 관한 설명으로 틀린 것은?

① 국가는 출산전후휴가를 사용한 근로자에게 그 휴가기간에 대하여 평균임금에 상당하는 금액을 지급할 수 있다.

② 근로자가 사용한 배우자 출산휴가는 유급으로 한다.

③ 배우자 출산휴가는 근로자의 배우자가 출산한 날부터 90일이 지나면 청구할 수 없다.

④ 원칙적으로 사업주는 근로자가 난임치료휴가를 청구하는 경우에 연간 3일 이내의 휴가를 주어야 한다.

해설

국가는 출산전후휴가를 사용한 근로자 중 일정한 요건에 해당하는 자에게 그 휴가기간에 대하여 통상임금에 상당하는 출산전후휴가 급여를 지급하여야 한다.

100 고용정책 기본법령상 고용정책심의회의 전문위원회에 명시되지 않은 것은?

① 지역고용전문위원회
② 고용보험전문위원회
③ 장애인고용촉진전문위원회
④ 건설근로자고용개선전문위원회

해설

고용정책심의위원회에 다음의 분야별 전문위원회를 둘 수 있다.
① 지역고용전문위원회
② 고용서비스전문위원회
③ 사회적기업육성전문위원회
④ 적극적고용개선전문위원회
⑤ 장애인고용촉진전문위원회
⑥ 가사근로자고용개선전문위원회
⑦ 건설근로자고용개선전문위원회
⑧ 직업능력개발전문위원회

VOCATIONAL COUNSELOR
과년도 기출문제 2022년 2회

1과목 **직업상담학**

01 하렌(V. Harren)의 진로의사결정 유형에 해당하는 것은?

① 운명론적 – 계획적 – 지연적
② 합리적 – 의존적 – 직관적
③ 주장적 – 소극적 – 공격적
④ 계획적 – 직관적 – 순응적

> 해설
>
> Harren이 제시한 진로의사결정 유형
> ① 합리적 유형 : 의사결정과정에 논리적이고 체계적으로 접근하는 유형으로 의사결정에 대한 책임을 진다.
> ② 직관적 유형 : 의사결정 시 상상을 사용하고 감정에 주의를 기울이며 정서적 자각을 사용한다.
> ③ 의존적 유형 : 의사결정에 대한 개인적인 책임을 부정하고 그 책임을 자신 이외의 가족이나 친구, 동료 등 외부로 책임을 돌리는 유형이다.

02 행동주의적 상담기법 중 학습촉진기법이 아닌 것은?

① 강화
② 변별학습
③ 대리학습
④ 체계적 둔감화

> 해설
>
> 체계적 둔감화법은 불안감소기법이다.

03 진로수첩이 내담자에게 미치는 유용성이 아닌 것은?

① 자기평가를 통해 자신감과 자기인식을 증진시킨다.
② 일 관련 태도 및 흥미에 대한 지식을 증진시킨다.
③ 다양한 경험들이 어떻게 직무 관련 태도나 기술로 전환될 수 있는지에 대해 이해를 발전시킨다.
④ 진로, 교육, 훈련계획을 개발하기 위한 상담도구를 제공한다.

> 해설
>
> 진로수첩은 진로와 관련된 정보와 자료를 이해하기 쉽게 정리하도록 돕는 소책자이며 상담도구로 제공되지 않는다.

04 다음 상황에 가장 적합한 상담기법은?

> 상담사 : 다른 회사들이 사용해 본 결과 많은 효과가 입증된 그런 투쟁해결방법을 써보도록 하지요.
> 내담자 : 매우 흥미로운 일이군요. 그러나 그 방법은 K 주식회사에서는 효과가 있었는지 몰라도 우리 회사에서는 안 될 것입니다.

① 가정 사용하기
② 전이된 오류 정정하기
③ 분류 및 재구성 기법 활용하기
④ 저항감 재인식 및 다루기

01 ② 02 ④ 03 ④ 04 ④

해설

방어적이고 도피적인 내담자에 대한 상담기법 중 저항감의 재인식 및 다루기에 해당한다. 저항감의 재인식에는 책임에 대한 두려움, 방어기제, 고의로 방해하는 의사소통 등이 있는데 문제의 상황은 고의로 방해하는 의사소통 중 불신(다른 사람의 말을 받아들일 때 자신의 지식과 도덕적 판단에 근거해서 들음)에 해당한다.

05 생애진로사정의 구조에서 중요주제에 해당하지 않는 것은?

① 요약　　　　② 평가
③ 강점과 장애　④ 전형적인 하루

해설

생애진로사정의 구조
진로사정, 전형적인 하루, 강점과 장애, 요약으로 이루어진다.

06 집단상담의 특징에 관한 설명으로 틀린 것은?

① 집단상담은 상담사들이 제한된 시간 내에 적은 비용으로 보다 많은 내담자들에게 접근하는 것을 가능하게 한다.
② 효과적인 집단에는 언제나 직접적인 대인적 교류가 있으며 이것이 개인적 탐색을 도와 개인의 성장과 발달을 촉진시킨다.
③ 집단은 집단과정의 다양한 문제에 많은 시간을 사용하게 되어 내담자의 개인적인 문제를 등한시할 수 있다.
④ 집단에서는 구성원 각자의 사적인 경험을 구성원 모두가 공유하지 않기 때문에 비밀유지가 쉽다.

해설

집단상담은 비밀유지가 어렵다.

07 Williamson의 직업문제 분류범주에 포함되지 않는 것은?

① 진로 무선택
② 흥미와 적성의 차이
③ 진로선택에 대한 불안
④ 진로선택 불확실

해설

Williamson의 직업문제 분류범주
① 무선택(선택하지 않음)
② 불확실한 선택 : 직업선택의 확신 부족
③ 흥미와 적성의 불일치 : 흥미와 적성의 모순 또는 차이
④ 현명하지 못한 선택 : 어리석은 선택

08 다음에 사용된 상담기법은?

> A는 저조한 성적으로 인해 학교생활에 어려움을 겪고 있다. 상담사는 A가 평소 PC게임하는 것을 매우 좋아한다는 사실을 알고 A가 계획한 일일 학습량을 달성하는 경우, PC게임을 1시간 동안 하도록 개입하였다.

① 프리맥의 원리, 정적 강화
② 정적 강화, 자기교수훈련
③ 체계적 둔감법, 자기교수훈련
④ 부적 강화, 자극통제

해설

① 프리맥의 원리
빈도가 높은 행동은 낮은 행동에 대하여 강화력을 갖는다는 원리이다. 예를 들면, 아이들에게 만화를 볼 기회와 공부할 기회를 동시에 주었을 때, 아이들은 만화를 더 많이 볼 것이다. 따라서 아이들이 공부를 더 하도록(저확률 행동) 하기 위해 공부를 한 후에 만화를 보게 해주면(고확률 행동), 공부하는 행동이 증가한다.

② 긍정적 강화(정적 강화)
적응행동(바람직한 행동)을 할 때마다 긍정적

강화물을 제공하여 적응행동의 빈도를 높이는 것이다.

09 직업상담사가 지켜야 할 윤리사항으로 옳은 것은?

① 습득된 직업정보를 가지고 다니면서 직업을 찾아준다.
② 습득된 직업정보를 먼저 가까운 사람들에게 알려준다.
③ 상담에 대한 이론적 지식보다는 경험적 훈련과 직관을 앞세워 구직활동을 도와준다.
④ 내담자가 자기로부터 도움을 받지 못하고 있음이 분명한 경우에는 상담을 종결하려고 노력한다.

> **해설**
> 직업상담사는 내담자가 상담을 통해 도움을 받지 못한다는 사실이 확인되면 먼저 종결하려고 노력한다.

10 직업상담사의 직무내용과 가장 거리가 먼 것은?

① 직업문제에 대한 심리치료
② 직업 관련 임금평가
③ 직업상담 프로그램의 개발과 운영
④ 구인·구직상담, 직업적응, 직업전환, 은퇴 후 등의 직업상담

> **해설**
> 직업 관련 임금평가는 직업상담사의 직무내용이 아니다.

11 발달적 직업상담에서 직업정보가 갖추어야 할 조건이 아닌 것은?

① 부모와 개인의 직업적 수준과 그 차이 그리고 그들의 적성, 흥미, 가치들 간의 관계

② 사회경제적 측면에서 수준별 직업의 유형 및 그러한 직업들의 특성
③ 근로자의 이직 시 직업의 이동방향과 비율을 결정하는 요인에 대한 정보
④ 특정 직업분야의 접근가능성과 개인의 적성, 가치관, 성격특성 등의 요인들 간의 관계

> **해설**
> 근로자의 이직에 관련된 요인은 발달적 직업상담에서 다루고 있지 않다.
> 개인은 능력, 흥미, 성격에서 각기 차이점을 갖고 있다. 이러한 특성의 차이로 인해 각 개인은 각각에 적합한 직업적 능력을 갖고 있다. 각 직업군에는 그 직업에 요구되는 능력이나 흥미, 성격 특성이 있다.

12 인지적 명확성 문제의 원인 중 경미한 정신건강 문제의 특성으로 옳은 것은?

① 심각한 약물남용 장애
② 잘못된 결정방식이 진지한 결정 방해
③ 경험부족에서 오는 고정관념
④ 심한 가치관 고착에 따른 고정성

> **해설**
> ①항 심각한 정신건강문제
> ③, ④항 고정관념

13 상담 시 상담사의 질문으로 바람직하지 않은 것은?

① "당신이 선호하는 직업이 있다면 무엇인가요? 그런 이유를 말씀해 주시겠어요?"
② "당신이 특별히 좋아하는 것이 있다면 말씀해 주시겠어요?"
③ "직업상담을 해야겠다고 결정했나요?"
④ "어떻게 생각해야 할지 이해가 잘 가지 않는군요. 잘 모르겠어요. 제가 좀 더 확실하게 이해할 수 있도록 도와주시겠어요?"

정답 09 ④ 10 ② 11 ③ 12 ② 13 ③

해설

상담 시 상담사의 질문은 과정에 초점을 맞추어 개방형 질문을 사용하는 것이 바람직하다. "직업상담을 해야겠다고 결정했나요?"라는 질문보다는 "직업상담을 해야겠다고 결정을 내린 과정을 말씀해 주시겠어요?"라고 묻는 것이 바람직하다.

14 왜곡된 사고체계나 신념체계를 가진 내담자에게 실시하면 효과적인 상담기법은?

① 내담자 중심 상담 ② 인지치료
③ 정신분석 ④ 행동요법

해설

왜곡된 사고체계나 신념체계를 가진 내담자에게 실시하면 효과적인 상담기법은 인지치료이다.

15 상담을 효과적으로 진행하는 데 장애가 되는 면담태도는?

① 내담자와 유사한 언어를 사용하는 태도
② 분석하고 충고하는 태도
③ 비방어적 태도로 내담자를 편안하게 만드는 태도
④ 경청하는 태도

해설

상담에서 분석하고 충고하는 태도는 도움이 되는 면담태도가 아니다.

16 직업상담에서 특성-요인이론에 관한 설명으로 옳은 것은?

① 대부분의 사람들은 여섯 가지 유형으로 성격 특성을 분류할 수 있다.
② 각각의 개인은 신뢰할 만하고 타당하게 측정될 수 있는 고유한 특성의 집합이다.

③ 개인은 일을 통해 개인적 욕구를 성취하도록 동기화되어 있다.
④ 직업적 선택은 개인의 발달적 특성이다.

해설

①항 홀랜드의 인성이론이다.
③항 데이비스와 롭퀴스트의 직업적응이론이다.
④항 슈퍼의 직업발달이론이다.

17 아들러(Adler)의 개인심리학적 상담의 목표로 옳지 않은 것은?

① 사회적 관심을 갖도록 돕는다.
② 내담자의 잘못된 목표를 수정하도록 돕는다.
③ 패배감을 극복하고 열등감을 감소시킬 수 있도록 돕는다.
④ 전이해석을 통해 중요한 타인과의 관계 패턴을 알아차리도록 돕는다.

해설

전이의 해석은 정신분석학의 상담기법에 해당된다.

18 직업카드 분류법에 관한 설명으로 틀린 것은?

① 내담자의 흥미, 가치, 능력 등을 탐색하는 방법으로 활용된다.
② 내담자의 흥미나 능력수준이 다른 사람에 비하여 얼마나 높은지 알 수 없다.
③ 다른 심리검사에 비하여 내담자가 자신을 탐색하는 과정에 보다 능동적으로 참여하게 하는 방법이다.
④ 표준화되어 있는 객관적 검사방법의 일종이다.

해설

직업카드 분류법은 질적 측정기법 중 하나로서 개인의 대표적인 특성 중 하나인 흥미를 알아보는 평가도구로 표준화되어 있는 객관적 검사방법과는 대비되는 개념이다.

19 정신분석적 상담에서 훈습의 단계에 해당하지 않는 것은?

① 환자의 저항
② 분석의 시작
③ 분석자의 저항에 대한 해석
④ 환자의 해석에 대한 반응

🔖 해설
정신분석상담과정
초기단계, 전이단계, 통찰단계, 훈습단계로 구분할 수 있다. 전이를 분석하는 것은 전이단계에 해당하며, 훈습(Working-through)단계의 절차는 환자의 저항 → 분석자의 저항에 대한 해석 → 환자의 해석에 대한 반응이다.

20 내담자 중심 상담에서 사용되는 상담기법이 아닌 것은?

① 적극적 경청
② 역할연기
③ 감정의 반영
④ 공감적 이해

🔖 해설
내담자 중심 상담에서 사용되는 상담기법
적극적 경청, 감정의 반영, 명료화, 공감적 이해
※ 역할연기는 행동주의 상담의 상담기법이다.

2과목 **직업심리학**

21 직무분석에 관한 설명으로 옳은 것은?

① 직무 관련 정보를 수집하는 절차이다.
② 직무의 내용과 성질을 고려하여 직무들 간의 상대적 가치를 결정하는 절차이다.
③ 작업자의 직무수행 수준을 평가하는 절차이다.
④ 작업자의 직무기술과 지식을 개선하는 공식적 절차이다.

🔖 해설
②항 직무평가
③항 직무수행평가
④항 직무재설계

22 Maslow의 욕구단계 이론 중 자아실현과 존중의 욕구 수준에 상응하는 내용으로 적합한 것은?

① Alderfer의 ERG 이론 중 존재욕구
② Herzberg의 2요인 이론 중 위생요인
③ McClelland의 성취동기 이론 중 성취동기
④ Adams의 공정성 이론 중 인정동기

🔖 해설
Maslow의 욕구단계 이론과 McClelland의 성취동기(욕구) 이론 관계

Maslow의 욕구단계 이론	McClelland의 성취동기(욕구) 이론
제3단계 (애정과 소속에 대한 욕구)	친교욕구
제4단계 (자기존중의 욕구)	권력욕구
제5단계 (자아실현의 욕구)	성취욕구

23 직업적성검사의 측정에 관한 설명으로 옳은 것은?

① 개인이 맡은 특정 직무를 성공적으로 수행할 수 있는지를 측정한다.
② 일반적인 지적 능력을 알아내어 광범위한 분야에서 그 사람이 성공적으로 수행할 수 있는지를 측정한다.
③ 직업과 관련된 흥미를 알아내어 직업에 관한 의사결정에 도움을 주기 위한 것이다.
④ 개인이 가지고 있는 기질이라든지 성향 등을 측정하는 것으로 개인에게 습관적으로 나타날 수 있는 어떤 특징을 측정한다.

해설

②항 지능검사, ③항 흥미검사, ④항 성격검사

---

24 솔직하고, 성실하며, 말이 적고, 고집이 세면서 직선적인 사람들은 홀랜드(Holland)의 어떤 작업 환경에 잘 어울리는가?

① 탐구적(I)   ② 예술적(A)
③ 현실적(R)   ④ 관습적(C)

---

25 슈퍼(D. Super)의 진로발달이론에 관한 설명으로 틀린 것은?

① 개인은 능력이나 흥미, 성격에 있어서 각각 차이점을 갖고 있다.
② 진로발달이란 진로에 관한 자아개념의 발달이다.
③ 진로발달단계의 과정에서 재순환은 일어날 수 없다
④ 진로성숙도는 가설적인 구인이며 단일한 특질이 아니다.

해설

진로선택과 발달은 전 생애에 걸쳐 계속되어야 한다는 것이 슈퍼의 의견이다.
직업발달은 성장기 → 탐색기 → 확립기 → 유지기 → 쇠퇴기의 순환과 재순환 단계를 거친다.

---

26 파슨스(Parsons)의 특성 – 요인이론에 관한 설명으로 틀린 것은?

① 개인의 특성과 직업의 요구가 일치할수록 직업적 성공 가능성이 크다.
② 사람들은 신뢰할 수 있고 타당하게 측정될 수 있는 특성을 지니고 있다.
③ 특성은 특정 직무의 수행에서 요구하는 조건을 의미한다.

④ 직업선택은 직접적인 인지과정이기 때문에 개인은 자신의 특성과 직업이 요구하는 특성을 연결할 수 있다.

해설

특성이란 개인의 특징을 말하는 것으로 성격, 적성, 흥미, 가치관 등 검사에 의해 측정 가능하다. 특정 직무의 수행에서 요구하는 조건을 의미하는 것은 요인에 대한 것이다.

---

27 데이비스(R. Dawis)와 롭퀴스트(L. Lofquist)의 직업적응이론에 관한 설명으로 틀린 것은?

① 개인과 직업환경의 조화를 6가지 유형으로 제안한다.
② 성격은 성격양식과 성격구조로 설명된다.
③ 개인이 직업환경과의 조화를 이루기 위해 역동적 적응과정을 경험한다.
④ 지속성은 환경과의 상호작용을 얼마나 오랫동안 유지하는지를 의미한다.

해설

데이비스와 롭퀴스트(Davis & Lofquist)의 직업적응이론은 개인과 직업환경의 조화를 성격적 측면(민첩성, 역량, 리듬, 지구력)과 직업적응방식적 측면[융통성, 끈기(인내심), 적극성, 반응성]에서 4가지 측면으로 보았다.

---

28 스트레스에 관한 설명으로 옳은 것은?

① 스트레스에 대한 일반적응증후는 경계, 저항, 탈진단계로 진행된다.
② 1년간 생활변동단위(Life Change Unit)의 합이 90인 사람은 대단히 심한 스트레스를 겪는 사람이다.
③ A유형의 사람은 B유형의 사람보다 스트레스에 더 인내력이 있다.
④ 사회적 지지가 스트레스의 대처와 극복에 미치는 영향력은 거의 없다.

정답 24 ③ 25 ③ 26 ③ 27 ① 28 ①

해설

②항 1년간 생활변동단위 합이 150~199점 : 경미한 위기, 200~299점 : 견딜 만한 위기, 300점 이상 : 심각한 위기
③항 A유형의 사람이 스트레스에 더 취약하다.
④항 사회적 지지는 긍정적으로 작용한다.

29 신뢰도계수에 관한 설명으로 틀린 것은?

① 신뢰도계수는 점수분포의 분산에 의해 영향을 받는다.
② 측정오차가 크면 신뢰도계수는 작아진다.
③ 수검자들 간의 개인차가 크면 신뢰도계수는 작아진다.
④ 추측해서 우연히 맞을 수 있는 문항이 많으면 신뢰도계수가 작아진다.

해설

신뢰도 계수는 측정오차가 클수록 커진다.

30 규준점수에 관한 설명으로 틀린 것은?

① Z점수 0에 해당하는 웩슬러(Wechsler) 지능검사 편차 IQ는 100이다.
② 백분위 50과 59인 두 사람의 원점수 차이는 백분위 90과 99인 두 사람의 원점수 차이와 같다.
③ 평균과 표준편차가 60, 15인 규준집단에서 원점수 90의 T점수는 70이다.
④ 백분위 50에 해당하는 스태나인(Stanine)의 점수는 5이다.

해설

백분위 점수는 한 집단 내에서 개인의 상대적인 위치일 뿐 원점수를 알 수는 없다.
①항 Z점수 : 평균이 0, 표준편차 1이 되도록 만든 표준점수로 Z점수 0의 원점수는 평균값과 같으므로 Z점수 0의 지능검사 편차 IQ는 100이다.

③항 평균과 표준편차가 60, 15인 규준집단에서 원점수 90의 T점수는 70이다.

$$Z점수 = \frac{원점수 - 평균}{표준편차} = \frac{90 - 60}{15} = 2$$

$$T점수 = 10 \times Z점수 + 50 = 10 \times 2 + 50 = 70$$

④항 백분위 50에 해당하는 스태나인(Stanine)의 점수는 5이다. 스태나인은 모든 원점수를 1~9까지의 한 자리 숫자체계로 변환한 것으로 백분위 50은 50%를 의미하므로 스태나인의 점수는 5이다.

31 크롬볼츠(J. Krumboltz)의 사회학습진로이론에 관한 설명으로 틀린 것은?

① 도구적 학습경험이란 행동과 결과의 관계를 학습하게 되는 것을 의미한다.
② 과제접근기술이란 개인이 어떤 과제를 성취하기 위해 동원하는 기술이다.
③ 우연히 일어난 일들을 개인의 진로에 긍정적으로 활용하는 것이 중요하다.
④ 개인의 진로선택에 영향을 미치는 요인에서 유전적 재능이나 체력 등의 요소를 간과했다.

해설

진로선택의 사회학습이론에서 진로발달과정에 영향을 미치는 요인
① 유전적 요인과 특별한 능력 : 물려받거나 생득적인 개인의 특성들이다.
② 환경조건과 사건 : 보통 개인의 통제를 벗어나는 사회적 · 문화적 · 정치적 · 경제적 사항들이다.
③ 학습경험 : 과거에 학습한 경험은 현재 또는 미래의 교육적 · 직업적 의사결정에 영향을 준다.
④ 과제접근기술 : 목표 설정, 가치 명료화, 대안 형성, 직업적 정보 획득 등을 포함하는 기술이다.

32 스트레스에 대처하기 위한 포괄적인 노력과 가장 거리가 먼 것은?

① 과정 중심적 사고방식에서 목표 지향적 초고속 사고로 전환해야 한다.
② 가치관을 전환해야 한다.
③ 스트레스에 정면으로 도전하는 마음가짐이 있어야 한다.
④ 균형 있는 생활을 해야 한다.

📖 해설
목표 지향적 초고속 사고방식에서 과정 중심적 사고로 전환해야 한다.

33 고트프레드슨(L. Gottfredson)의 진로발달이론에서 제시한 진로포부 발달단계가 아닌 것은?

① 내적 자아 확립단계
② 서열 획득단계
③ 안정성 확립단계
④ 사회적 가치 획득단계

📖 해설
Goffredson이 제시한 직업포부의 발달단계
① 힘과 크기의 지향성(3~5세) : 사고과정이 구체화되며 어른이 된다는 것의 의미를 알게 된다.
② 성역할 지향성(6~8세) : 자아개념이 성의 발달에 의해서 영향을 받게 된다.
③ 사회적 가치 지향성(9~13세) : 사회계층에 대한 개념이 생기면서 상황 속에서 자아를 인식하게 된다.
④ 내적 고유한 자아 지향성(14세 이후) : 자아인식이 발달되며 타인에 대한 개념이 생겨난다.

34 적성검사에서 높은 점수를 받은 사람이 입사 후 업무수행이 우수한 것으로 나타났다면, 이 검사는 어떠한 타당도가 높은 것인가?

① 구성타당도(Construct Validity)
② 내용타당도(Content Validity)
③ 예언타당도(Predictive Validity)
④ 공인타당도(Concurrent Validity)

📖 해설
예언타당도
검사가 목적으로 하는 준거를 얼마나 정확하게 예측해 낼 수 있는가 하는 정도를 말한다. 적성검사 점수가 높은 사람들이 입사 후 업무수행이 우수한 것으로 나타났다면 그 적성검사는 예언타당도가 높은 것이다.

35 심리검사에 관한 설명으로 틀린 것은?

① 행동표본을 측정할 수 있다.
② 개인 간 비교가 가능하다.
③ 심리적 속성을 직접적으로 측정한다.
④ 심리평가의 근거자료 중 하나이다.

📖 해설
개인의 심리적 속성은 추상적인 개념으로 직접적으로 측정하기 어렵다. 이를 관찰 가능한 형태로 정의한 것을 구성개념이라고 한다.

36 작업자 중심 직무분석에 관한 설명으로 틀린 것은?

① 직무를 수행하는 데 요구되는 인간의 재능들에 초점을 두어서 지식, 기술, 능력, 경험과 같은 작업자의 개인적 요건들에 의해 직무가 표현된다.
② 직책분석 설문지(PAQ)를 통해 직무분석을 실시할 수 있다.
③ 각 직무에서 이루어지는 과제나 활동들이 서로 다르기 때문에 분석하고자 하는 직무 각각에 대해 표준화된 분석도구를 만들 수 없다.
④ 직무분석으로부터 얻어진 결과는 작업자명세서를 작성할 때 중요한 정보를 제공한다.

📖 해설
직위(직책)분석 질문지는 분석하려는 직무 각각에 대하여 표준화된 분석도구를 만들 수 있다.

정답 32 ① 33 ③ 34 ③ 35 ③ 36 ③

37 경력개발단계를 성장, 탐색, 확립, 유지, 쇠퇴의 5단계로 구분한 학자는?

① Bordin ② Colby
③ Super ④ Parsons

🔖 해설

Super는 평생발달이론에서 직업적 선호와 적성, 생활환경, 자아개념은 시간과 경험에 따라 변한다고 하고, 그 변화의 과정은 성장, 탐색, 확립, 유지, 쇠퇴의 연속으로 특징지어지는 일련의 삶의 단계로 요약한다.

38 조직에서의 스트레스를 매개하거나 조절하는 요인들 중 개인속성이 아닌 것은?

① Type A형과 같은 성격 유형
② 친구나 부모와 같은 주변인의 사회적 지지 정도
③ 상황을 개인이 통제할 수 있느냐에 대한 신념
④ 부정적인 사건들에서 빨리 벗어나는 능력

🔖 해설

스트레스 매개변인(조절요인)
스트레스 강도를 변하게 하는 요소로서 개인속성과 상황속성이 있다. 개인속성으로는 성격유형, 자존감, 통제의 위치 등이 있고, 상황속성으로는 상사의 사회적 지원, 동료의 사회적 지원 등이 있다.

39 직업지도 프로그램 선정 시 고려해야 할 사항과 가장 거리가 먼 것은?

① 활용하고자 하는 목적에 부합하여야 한다.
② 실시가 어렵더라도 효과가 뚜렷한 프로그램이어야 한다.
③ 프로그램의 효과를 평가할 수 있어야 한다.
④ 활용할 프로그램은 비용이 적게 드는 경제성을 지녀야 한다.

🔖 해설

실시가 어렵다면 직업지도 프로그램으로 선정하기 어렵다.

40 Strong 검사에 관한 설명으로 옳은 것은?

① 기본흥미척도(BIS)는 Holland의 6가지 유형을 제공한다.
② Strong 진로탐색검사는 진로성숙도검사와 직업흥미검사로 구성되어 있다.
③ 업무, 학습, 리더십, 모험심을 알아보는 기본흥미척도(BIS)가 포함되어 있다.
④ 개인특성척도(BSS)는 일반직업분류(GOT)의 하위척도로서 특정 흥미분야를 파악하는 데 도움이 된다.

🔖 해설
------

①항 일반직업분류(GOT)는 Holland의 6가지 유형을 제공한다.
③항 업무, 학습, 리더십, 모험심을 알아보는 개인특성척도(PSS)가 포함되어 있다.
④항 기본흥미척도(BIS)는 일반직업분류(GOT)의 하위척도로서 특정 흥미분야를 파악하는 데 도움이 된다.

3과목 직업정보론

41 워크넷에서 제공하는 성인용 직업적성검사의 적성요인과 하위검사의 연결로 틀린 것은?

① 언어력 – 어휘력 검사, 문장독해력 검사
② 수리력 – 계산능력 검사, 자료해석력 검사
③ 추리력 – 수열추리력 1, 2검사, 도형추리력 검사
④ 사물지각력 – 조각 맞추기 검사, 그림 맞추기 검사

🔖 해설

적성요인 사물지각력의 하위검사는 지각속도검사이다.
※ 조각 맞추기 검사, 그림 맞추기 검사는 공간지각력의 하위검사이다.

42 한국직업사전(2020)의 작업강도 중 무엇에 관한 설명인가?

> 최고 20kg의 물건을 들어올리고 10kg 정도의 물건을 빈번히 들어올리거나 운반한다.

① 아주 가벼운 작업
② 보통 작업
③ 힘든 작업
④ 아주 힘든 작업

해설

한국직업사전의 작업강도
① 아주 가벼운 작업 : 최고 4kg의 물건을 들어올리고 때때로 장부, 대장, 소도구 등을 들어올리거나 운반한다.
② 가벼운 작업 : 최고 8kg의 물건을 들어올리고 4kg 정도의 물건을 빈번히 들어올리거나 운반한다.
③ 보통 작업 : 최고 20kg의 물건을 들어올리고 10kg 정도의 물건을 빈번히 들어올리거나 운반한다.
④ 힘든 작업 : 최고 40kg의 물건을 들어올리고 20kg 정도의 물건을 빈번히 들어올리거나 운반한다.
⑤ 아주 힘든 작업 : 40kg 이상의 물건을 들어올리고 20kg 이상의 물건을 빈번히 들어올리거나 운반한다.

43 워크넷에서 채용정보 상세검색에 관한 설명으로 틀린 것은?

① 최대 10개의 직종선택이 가능하다.
② 연령별 채용정보를 검색할 수 있다.
③ 재택근무 가능 여부를 검색할 수 있다.
④ 희망임금은 연봉, 월급, 일급, 시급별로 입력할 수 있다.

해설

고용상 연령차별금지 및 고령자고용촉진에 관한 법률이 시행됨에 따라 채용정보에서 연령이 삭제되었다.

44 다음은 한국직업사전(2020)에 수록된 어떤 직업에 관한 설명인가?

> • 직무개요 : 기업을 구성하는 여러 요소(재무, 회계, 인사, 미래비전, 유통 등)에 대한 분석을 통하여 기업이 당면한 문제점과 해결방안을 제시한다.
> • 직무기능 : 자료(분석) / 사람(자문) / 사물(관련 없음)

① 직무분석가
② 시장조사분석가
③ 환경영향평가원
④ 경영컨설턴트

45 2022년 적용 최저임금은 얼마인가?

① 8,350원　　② 8,590원
③ 8,720원　　④ 9,160원

46 국민내일배움카드 제도를 지원받을 수 있는 자는?

① 만 65세인 사람
② 「사립학교교직원 연금법」을 적용받고 현재 재직 중인 사람
③ 「군인연금법」을 적용받고 현재 재직 중인 사람
④ 지방자치단체로부터 훈련비를 지원받는 훈련에 참여하는 사람

정답　42 ②　43 ②　44 ④　45 ④　46 ①

해설

국민내일배움카드제는 훈련을 희망하는 국민들은 누구나 신청 가능(일정 소득 이상인 자는 제외)하나 공무원, 사립학교 교직원, 75세 이상자, 지방자치단체로부터 훈련비를 지원받는 훈련에 참여하는 사람 등은 지원 제외된다.

47 직업정보관리에 관한 설명으로 틀린 것은?

① 직업정보의 범위는 개인, 직업, 미래에 대한 정보 등으로 구성되어 있다.
② 직업정보원은 정부부처, 정부투자출연기관, 단체 및 협회, 연구소, 기업과 개인 등이 있다.
③ 직업정보 가공 시 전문적인 지식이 없어도 이해할 수 있도록 가급적 평이한 언어로 제공하여야 한다.
④ 개인의 정보는 보호되어야 하기 때문에 구직 시 연령, 학력 및 경력 등의 취업과 관련된 정보는 제한적으로 제공되어야 한다.

해설

구직과 관련된 연령, 학력 및 경력 등의 취업과 관련된 정보는 제공되어야 한다.

48 질문지를 활용한 면접조사를 통해 직업정보를 수집할 때, 면접자가 지켜야 할 일반적 원칙으로 틀린 것은?

① 질문지를 숙지하고 있어야 한다.
② 응답자와 친숙한 분위기를 형성해야 한다.
③ 개방형 질문인 경우에는 응답내용을 해석·요약하여 기록해야 한다.
④ 면접자는 응답자가 이질감을 느끼지 않도록 복장이나 언어사용에 유의해야 한다.

해설

개방형 질문인 경우에는 응답내용을 사실 그대로 기록해야 한다.

49 워크넷에서 제공하는 학과정보 중 사회계열에 해당하지 않는 학과는?

① 경찰행정학과
② 국제학부
③ 문헌정보학과
④ 지리학과

해설

문헌정보학과는 인문계열이다.

50 2022년 신규 정기검정으로 시행되는 국가기술자격 종목은?

① 방재기사
② 떡제조기능사
③ 가구제작산업기사
④ 정밀화학기사

해설

2022년 및 2023년에 신설·폐지·통합되는 국가기술자격 종목
총 7개 종목 : 기사(3), 산업기사(3), 기능사(1)

등급	구분	종목명	비고
기사 (3종목)	신설	정밀화학기사	2022년부터 시행
	폐지	반도체설계기사	2022년부터 폐지
		메카트로닉스기사	
산업 기사 (3종목)	통합	치공구설계산업기사	2022년부터 기계설계 산업기사로 통합
	폐지	철도토목산업기사	2022년부터 폐지
		농림토양평가관리 산업기사	2023년부터 폐지
		한복산업기사	
기능사 (1종목)	폐지	연삭기능사	2022년부터 폐지

정답 47 ④ 48 ③ 49 ③ 50 ④

51 다음은 국가기술자격 검정의 기준 중 어떤 등급에 관한 설명인가?

> 해당 국가기술자격의 종목에 관한 고도의 전문지식과 실무경험에 입각한 계획, 연구, 설계, 분석, 조사, 시험, 시공, 감리, 평가, 진단, 사업관리, 기술관리 등의 업무를 수행할 수 있는 능력 보유

① 기술사　　　　② 기사
③ 산업기사　　　④ 기능장

해설

① 기술사 : 해당 국가기술자격의 종목에 관한 고도의 전문지식과 실무경험에 입각한 계획·연구·설계·분석·조사·시험·시공·감리·평가·진단·사업관리·기술관리 등의 업무를 수행할 수 있는 능력 보유
② 기능장 : 해당 국가기술자격의 종목에 관한 최상급 숙련기능을 가지고 산업현장에서 작업관리, 소속기능인력의 지도 및 감독, 현장훈련, 경영자와 기능인력을 유기적으로 연계시켜 주는 현장관리 등의 업무를 수행할 수 있는 능력 보유
③ 기사 : 해당 국가기술자격의 종목에 관한 공학적 기술이론 지식을 가지고 설계·시공·분석 등의 업무를 수행할 수 있는 능력 보유
④ 산업기사 : 해당 국가기술자격의 종목에 관한 기술기초이론 지식 또는 숙련기능을 바탕으로 복합적인 기초기술 및 기능업무를 수행할 수 있는 능력 보유
⑤ 기능사 : 해당 국가기술자격의 종목에 관한 숙련 기능을 가지고 제작·제조·조작·운전·보수·정비·채취·검사 또는 작업관리 및 이에 관련되는 업무를 수행할 수 있는 능력 보유

52 직업정보로서 갖추어야 할 요건에 대한 설명으로 틀린 것은?

① 직업정보는 객관성이 담보되어야 한다.
② 직업정보의 활용의 효율성 측면에서 이용 대상자의 진로발달단계나 수준, 이용 목적에 적합한 직업정보를 개발하여 제공되는 것이 바람직하다.
③ 우연히 획득되거나 출처가 불명확한 직업정보라도 내용이 풍부하다면 직업정보로서 가치가 있다고 판단한다.
④ 직업정보는 개발연도를 명시하여 부적절한 과거의 직업세계나 노동시장정보가 구직자나 청소년에게 제공되지 않도록 하는 것이 바람직하다.

해설

직업정보는 목적에 맞게 수집되어야 하고 출처를 분명히 하여야 직업정보로서의 가치가 있다고 판단한다. 아무리 내용이 풍부해도 출처가 불명확한 것은 직업정보로서 가치가 없다.

53 다음은 한국표준산업분류(제10차)에서 산업분류 결정방법이다. (   )에 알맞은 것은?

> 계절에 따라 정기적으로 산업을 달리하는 사업체의 경우에는 조사시점에서 경영하는 사업과는 관계없이 조사대상기간 중 (   )이 많았던 활동에 의하여 분류

① 급여액　　　　② 근로소득세액
③ 산출액　　　　④ 부가가치액

해설

계절에 따라 정기적으로 산업을 달리하는 사업체의 경우에는 조사시점에서 경영하는 사업과는 관계없이 조사대상 기간 중 산출액이 많았던 활동에 의하여 분류된다.

54 분야별 고용정책 중 일자리 창출 정책과 가장 거리가 먼 것은?

① 고용유지지원금
② 실업크레딧 지원
③ 일자리 함께하기 지원
④ 사회적 기업 육성

해설

실업크레딧 지원제도는 실업자가 구직급여를 받는 실업기간 동안 국가가 보험료 일부를 지원함으로써 실업기간에도 국민연금 가입자가 최소 가입기간을 채워나갈 수 있도록 지원하는 제도로 실업자 안전망이다.

55 다음은 한국표준직업분류(제7차)에서 직업분류의 일반 원칙이다. ( )에 알맞은 것은?

> 동일하거나 유사한 직무는 어느 경우에든 같은 단위직업으로 분류되어야 한다는 점이다. 하나의 직무가 동일한 직업단위 수준에서 2개 혹은 그 이상의 직업으로 분류될 수 있다면 ( )의 원칙을 위반한 것이라 할 수 있다.

① 단일성
② 배타성
③ 포괄성
④ 경제성

해설

배타성의 원칙
동일하거나 유사한 직무는 어느 경우에든 같은 단위직업으로 분류되어야 한다. 하나의 직무가 동일한 직업단위 수준에서 2개 혹은 그 이상의 직업으로 분류될 수 있다면 배타성의 원칙을 위반한 것이라 할 수 있다.

56 한국표준산업분류(제10차)의 주요 개정내용으로 틀린 것은?

① 채소작물 재배업에 마늘, 딸기 작물 재배업을 포함
② 안경 및 안경렌즈 제조업을 의료용 기기 제조업에서 사진장비 및 기타 광학기기 제조업으로 이동
③ 산업용 기계 및 장비 수리업은 국제표준산업분류(ISIC)에 맞춰 수리업에서 제조업 중 중분류를 신설하여 이동
④ 어업에서 해면은 해수면으로, 수산종묘는 수산종자로 명칭을 변경

해설

안경 및 안경렌즈 제조업을 사진장비 및 기타 광학기기 제조업에서 의료용 기기 제조업으로 이동하였다.

57 한국표준산업분류(제10차)의 산업분류 적용원칙으로 틀린 것은?

① 자본재로 주로 사용되는 산업용 기계 및 장비의 전문적인 수리활동은 경상적인 유지·수리를 포함하여 "95. 개인 및 소비용품 수리업"으로 분류
② 생산단위는 산출물뿐만 아니라 투입물과 생산공정 등을 함께 고려하여 그들의 활동을 가장 정확하게 설명한 항목에 분류
③ 산업활동이 결합되어 있는 경우에는 그 활동단위의 주된 활동에 따라 분류
④ 공식적인 생산물과 비공식적 생산물, 합법적 생산물과 불법적인 생산물을 달리 분류하지 않음

해설

자본재로 주로 사용되는 산업용 기계 및 장비의 전문적인 수리활동은 경상적인 유지·수리를 포함하여 "34. 산업용 기계 및 장비 수리업"으로 분류한다.

58 한국표준직업분류(제7차)의 대분류 항목과 직능수준과의 관계가 올바르게 연결된 것은?

① 전문가 및 관련 종사자 – 제4직능 수준 혹은 제3직능 수준 필요
② 사무 종사자 – 제3직능 수준 필요
③ 단순노무 종사자 – 제2직능 수준 필요
④ 군인 – 제1직능 수준 필요

🔖 **해설**

- 대분류 1. 관리자 : 제4직능 수준 혹은 제3직능 수준 필요
- 대분류 2. 전문가 및 관련 종사자 : 제4직능 수준 혹은 제3직능 수준 필요
- 대분류 3. 사무 종사자 : 제2직능 수준 필요
- 대분류 4. 서비스 종사자 : 제2직능 수준 필요
- 대분류 5. 판매 종사자 : 제2직능 수준 필요
- 대분류 6. 농림어업 숙련 종사자 : 제2직능 수준 필요
- 대분류 7. 기능원 및 관련 기능 종사자 : 제2직능 수준 필요
- 대분류 8. 장치 · 기계조작 및 조립 종사자 : 제2직능 수준 필요
- 대분류 9. 단순노무 종사자 : 제1직능 수준 필요
- 대분류 A. 군인 – 제2직능 수준 이상 필요

59 직업정보의 처리에 대한 설명으로 틀린 것은?

① 직업정보는 전문가가 분석해야 한다.
② 직업정보 제공 시에는 이용자의 수준에 맞게 한다.
③ 직업정보 수집 시에는 명확한 목표를 세운다.
④ 직업정보 제공 시에는 직업의 장점만을 최대한 부각해서 제공한다.

🔖 **해설**

직업정보 제공 시에는 직업이 가지고 있는 장단점을 편견 없이 제공한다.

60 Q-net(www.q-net.or.kr)에서 제공하는 국가별 자격제도정보가 아닌 것은?

① 영국의 자격제도
② 프랑스의 자격제도
③ 호주의 자격제도
④ 스위스의 자격제도

🔖 **해설**

Q-net의 외국자격 메뉴 운영현황은 미국, 영국, 독일, 일본, 호주, 프랑스가 있다.

4과목 노동시장론

61 다음 중 사회적 비용이 상대적으로 가장 적게 유발되는 실업은?

① 경기적 실업   ② 계절적 실업
③ 마찰적 실업   ④ 구조적 실업

🔖 **해설**

마찰적 실업
구인구직 탐색활동과정에서 일시적이고 단발적인 원인에 의하여 발생하는 자발적 실업으로서 다른 실업의 유형에 비하여 사회적 비용이 가장 적게 유발된다.

62 불경기에서 발생하는 부가노동자효과(Added Worker Effect)와 실망실업자효과(Discouraged Worker Effect)에 따라 실업률이 변화한다. 실업률에 미치는 효과의 방향성이 옳은 것은?(단, + : 상승효과, – : 감소효과)

① 부가노동자효과 : +, 실망실업자효과 : –
② 부가노동자효과 : –, 실망실업자효과 : –
③ 부가노동자효과 : +, 실망실업자효과 : +
④ 부가노동자효과 : –, 실망실업자효과 : +

③ 노동수용의 임금탄력성이 2일 때

④ 노동수용의 임금탄력성이 5일 때

해설

노동수요의 임금탄력성이 작을수록 임금변화에 대한 고용량 변화가 적게 나타난다.

해설

① 부가노동자 효과 : 가구주가 불황으로 실직하게 되면 비경제활동인구로 있던 타 가구원(학생, 주부 등)이 구직활동을 함으로써 경제활동인구화 되는 것을 말한다(통계상 실업자 증가 효과).

② 실망노동자효과 : 불황으로 인한 장기실업자들이 실망하여 구직활동을 포기함으로써 비경제활동으로 전락하는 것을 말한다(통계상 실업자 감소).

65 일부 사람들이 실업급여를 계속 받기 위해 채용될 가능성이 매우 낮은 곳에서만 일자리를 탐색하며 실업상태를 유지하고 있다. 다음 중 이러한 사람들이 실업자가 아니라 일할 의사가 없다는 이유로 비경제활동인구로 분류될 때 나타나는 현상으로 옳은 것은?

① 실업률과 경제활동참가율 모두 높아진다.

② 실업률과 경제활동참가율 모두 낮아진다.

③ 실업률은 낮아지는 반면, 경제활동참가율은 높아진다.

④ 실업률은 높아지는 반면, 경제활동참가율은 낮아진다.

해설

실망노동자효과
불황으로 인한 장기실업자들이 실망하여 구직활동을 포기함으로써 비경제활동으로 전락하는 것을 말한다. 통계상 실업률과 경제활동참가율 모두 낮아진다.

63 개별기업수준에서 노동에 대한 수요곡선을 이동시키는 요인을 모두 고른 것은?

ㄱ. 기술의 변화
ㄴ. 임금의 변화
ㄷ. 최종생산물가격의 변화
ㄹ. 자본의 가격 변화

① ㄱ, ㄴ, ㄷ　　② ㄱ, ㄴ, ㄹ
③ ㄱ, ㄷ, ㄹ　　④ ㄴ, ㄷ, ㄹ

해설

노동수요곡선
임금 이외의 모든 요인을 불변이라고 가정하고 임금에 대한 노동수요의 변화를 나타내는 곡선이다. 일정불변이라 고정했던 요인들(기술, 최종생산물의 가격, 다른 생산요소의 가격 등)이 변화하면 노동수요곡선 자체가 좌(노동수요의 감소)또는 우(노동수요의 증가)로 이동하게 된다. 임금은 수요곡선 위에서 변화하기 때문에 수요곡선 자체를 이동시키지는 않는다.

66 노동조합 측 쟁의수단에 해당하지 않는 것은?

① 태업
② 보이콧
③ 피케팅
④ 직장폐쇄

해설

직장폐쇄(Lockout)는 사용자 교섭력의 원천이다.

64 노조가 임금인상 투쟁을 벌일 때, 고용량 감소효과가 가장 적게 나타나는 경우는?

① 노동수요의 임금탄력성이 0.1일 때

② 노동수요의 임금탄력성이 1일 때

67 임금에 대한 설명으로 틀린 것은?

① 산업사회에서 사회적 신분의 기준이 되기도 한다.
② 임금수준은 인적 자원의 효율적 배분과는 무관하다.
③ 가장 중요한 소득원천 중의 하나이다.
④ 유효수요에 영향을 미쳐 경제의 안정과 성장에 밀접한 관련이 있다.

해설

효율임금정책
시장임금보다 높은 임금을 지불함으로써 노동생산성의 향상을 꾀하는 것이다. 이에 따라 상대적으로 우수한 근로자를 채용하여 신규노동자의 훈련비용을 줄일 수 있으므로 효율적 배분이라 할 수 있다.

68 2차 노동시장의 특징에 해당되는 것은?

① 높은 임금   ② 높은 안정성
③ 높은 이직률   ④ 높은 승진율

해설

① 1차 노동시장의 특징 : 고임금, 양호한 근로조건, 안정된 고용과 합리적인 노무관리, 승진기회의 제공, 안정적 교육훈련기회 제공, 근무태도의 복종성이 높으며 내부노동시장 중심으로 형성된다.
② 2차 노동시장의 특징 : 저임금, 열악한 근로조건, 고용의 불안정, 높은 이직률, 승진기회의 결여, 교육훈련기회 희소, 불안정한 근무태도 등이다.

69 연공급의 특징과 가장 거리가 먼 것은?

① 기업에 대한 귀속의식 제고
② 전문기술인력 확보 곤란
③ 근로자에 대한 교육훈련의 효과 제고
④ 인건비 부담의 감소

해설

연공급은 근속연수에 따라 매년 임금이 상승하므로 인건비 부담이 증가한다.

70 A국의 취업자가 200만 명, 실업자가 10만 명, 비경제활동인구가 100만 명이라고 할 때, A국의 경제활동참가율은?

① 약 66.7%   ② 약 67.7%
③ 약 69.2%   ④ 약 70.4%

해설

- 경제활동인구＝취업자＋실업자
  ＝200만 명＋10만 명＝210만 명
- 생산가능인구(15세 이상 인구)
  ＝경제활동인구＋비경제활동인구
  ＝210만 명＋100만 명＝310만 명

$\therefore$ 경제활동참가율＝$\frac{경제활동인구}{생산가능인구}$

＝$\frac{210만 명}{310만 명} \times 100 = 67.74\%$

71 조합원 자격이 있는 노동자만을 채용하고 일단 고용된 노동자라도 조합원 자격을 상실하면 종업원이 될 수 없는 숍 제도는?

① 오픈 숍   ② 유니언 숍
③ 에이전시 숍   ④ 클로즈드 숍

해설

① 오픈 숍(Open Shop) : 사용자가 노동조합에 가입한 조합원이나 가입하지 않은 비조합원이나 모두 고용할 수 있는 제도이다. 노동조합은 상대적으로 노동력의 공급을 독점하기 어렵다.
② 유니언 숍(Union Shop) : 기업이 노동자를 채용할 때는 노동조합에 가입하지 않은 노동자를 채용할 수 있지만 일단 채용된 노동자는 일정기간 내에 노동조합에 가입하여야 하며 또한 조합에서 탈퇴하거나 제명되는 경우 종업원자격을 상실하도록 되어 있는 제도이다.

정답 67 ② 68 ③ 69 ④ 70 ② 71 ④

③ 에이전시 숍(Agency Shop) : 노조의 단체교섭 결과가 비조합원에게도 혜택이 돌아가는 현실에서 노동조합의 조합원이 아닌 비조합원에게도 단체교섭의 당사자인 노동조합이 회비를 징수하는 숍(Shop) 제도이다.

72 기업별 노동조합에 관한 설명으로 틀린 것은?

① 노동자들의 횡단적 연대가 뚜렷하지 않고, 동종·동일 산업이라도 기업 간의 시설규모, 지불능력의 차이가 큰 곳에서 조직된다.
② 노동조합이 회사의 사정에 정통하여 무리한 요구로 인한 노사분규의 가능성이 낮다.
③ 사용자와의 밀접한 관계를 유지할 수 있어 어용화의 가능성이 낮다.
④ 각 직종 간의 구체적 요구조건을 공평하게 처리하기 곤란하여 직종 간에 반목과 대립이 발생할 수 있다.

🔖 해설
기업별 노동조합은 사용자와의 밀접한 관계로 공동체 의식을 통한 노사협력관계를 유지할 수 있어 어용화의 가능성이 높다.

73 최저임금제도의 기대효과로 가장 거리가 먼 것은?

① 소득분배의 개선
② 기업 간 공정경쟁의 확보
③ 산업평화의 유지
④ 실업의 해소

🔖 해설
최저임금 도입으로 타 생산요소에 비해 노동력의 상대가격이 상승함에 따라 노동에 대한 수요가 줄고 노동공급량이 증가하여 노동의 초과공급, 즉 실업이 증가한다.

74 임금격차의 원인을 모두 고른 것은?

> ㄱ. 인적자본 투자의 차이로 인한 생산성 격차
> ㄴ. 보상적 격차
> ㄷ. 차별

① ㄱ, ㄴ
② ㄱ, ㄷ
③ ㄴ, ㄷ
④ ㄱ, ㄴ, ㄷ

75 다음 중 가장 적극적인 근로자의 경영참가형태는?

① 단체교섭에 의한 참가
② 단체행동에 의한 참가
③ 노사협의회에 의한 참가
④ 근로자중역, 감사역제에 의한 참가

🔖 해설
근로자 중역·감사역제에 의한 참가는 근로자 측의 중역 및 감사역을 맡아 기업경영의 의사결정에 직접 참가한다는 의미에서 가장 적극적인 경영참가형태라고 할 수 있다.

76 선별가설(Screening Hypothesis)에 대한 설명과 가장 거리가 먼 것은?

① 교육훈련이 생산성을 직접 높이는 것은 아니고 유망한 근로자를 식별해주는 역할을 한다.
② 빈곤문제 해결을 위해서는 교육훈련 기회를 확대하는 것이 중요하다.
③ 학력이 높은 사람이 소득이 높은 것은 교육 때문이 아니고 원래 능력이 우수하기 때문이다.
④ 근로자들은 자신의 능력과 재능을 보여주기 위해 교육에 투자한다.

스펜서(Spencer)의 선별가설(신호가설)
① 교육은 노동자의 생산성을 높이는 데는 효과를 주지 못하고 유망한 근로자를 식별해주는 역할 (신호)을 할 뿐이다.
② 교육이 개인의 능력을 신호해주는 역할을 하므로 노동자는 교육이라는 신호를 구입하려고 한다.
③ 고용주는 선별비용을 줄이기 위해 능력의 대리 변수인 교육에 높은 임금을 지불하려고 한다.

77 직무급 임금체계에 관한 설명으로 가장 적합한 것은?

① 정기승급에 의한 생활안정으로 근로자의 기업에 대한 귀속의식을 고양시킨다.
② 기업풍토, 업무내용 등에서 보수성이 강한 기업에 적합하다.
③ 근로자의 능력을 직능고과의 평가결과에 따라 임금을 결정한다.
④ 노동의 양뿐만 아니라 노동의 질을 동시에 평가하는 임금결정방식이다.

①, ②항 연공급
③항 직능급

78 단체교섭에서 사용자의 교섭력에 관한 설명으로 가장 거리가 먼 것은?

① 기업의 재정능력이 좋으면 사용자의 교섭력이 높아진다.
② 사용자 교섭력의 원천 중 하나는 직장폐쇄 (Lockout)를 할 수 있는 권리이다.
③ 사용자는 쟁의행위기간 중 그 쟁의행위로 중단된 업무를 원칙적으로 도급 또는 하도급을 줄 수 있다.

④ 비조합원이 조합원의 일을 대신할 수 있는 여지가 크다면, 그만큼 사용자의 교섭력이 높아진다.

노동조합 및 노동관계조정법 제43조제2항에 의해 사용자는 쟁의행위 기간 중 그 쟁의행위로 중단된 업무를 도급 또는 하도급 줄 수 없다.

79 실업에 관한 설명으로 옳은 것은?

① 마찰적 실업은 자연실업률 측정에 포함되지 않는다.
② 더 좋은 직장을 구하기 위해 잠시 직장을 그만둔 경우는 경기적 실업에 해당한다.
③ 경기적 실업은 자연실업률 측정에 포함된다.
④ 현재의 실업률에서 실망실업자가 많아지면 실업률은 하락한다.

①항 마찰적 실업은 자연실업률 측정에 포함된다.
②항 더 좋은 직장을 구하기 위해 잠시 직장을 그만둔 경우는 마찰적 실업에 해당한다.
③항 경기적 실업은 자연실업률 측정에 포함되지 않는다.

80 내부노동시장의 형성요인과 가장 거리가 먼 것은?

① 관습
② 현장훈련
③ 임금수준
④ 숙련의 특수성

내부노동시장의 형성요인
숙련의 특수성, 현장훈련, 관습이다.

정답 77 ④ 78 ③ 79 ④ 80 ③

5과목 노동관계법규

81 파견근로자 보호 등에 관한 법률상 사용사업주가 파견근로자를 직접 고용할 의무가 발생하는 경우가 아닌 것은?

① 고용노동부장관의 허가를 받지 않고 근로자 파견 사업을 하는 자로부터 근로자파견의 역무를 제공받은 경우
② 제조업의 직접생산공정업무에서 일시적·간헐적으로 사용기간 내에 파견근로자를 사용한 경우
③ 건설공사현장에서 이루어지는 업무에서 부상으로 결원이 생겨 파견근로자를 사용한 경우
④ 건설공사현장에서 이루어지는 업무에서 연차유급휴가로 결원이 생겨 파견근로자를 사용한 경우

🔖 **해설**
근로자파견사업은 제조업의 직접생산공정업무를 제외하고 전문지식·기술·경험 또는 업무의 성질 등을 고려하여 적합하다고 판단되는 업무로서 대통령령으로 정하는 업무를 대상으로 한다.

82 국민 평생 직업능력 개발법령상 근로자의 정의로서 가장 적합한 것은?

① 1주 동안의 소정근로시간이 그 사업장에서 같은 종류의 업무에 종사하는 통상근로자의 1주 동안의 소정근로시간에 비하여 짧은 자
② 직업의 종류와 관계없이 임금을 목적으로 사업이나 사업장에 근로를 제공하는 사람
③ 직업의 종류를 불문하고 임금·급료 기타 이에 준하는 수입에 의하여 생활하는 자
④ 사업주에게 고용된 사람과 취업할 의사가 있는 사람

83 고용보험법령상 다음 사례에서 구직급여의 소정급여일수는?

> 장애인 근로자 A씨(40세)가 4년간 근무하던 회사를 퇴사하여 직업안정기관으로부터 구직급여 수급자격을 인정받았다.

① 120일
② 150일
③ 180일
④ 210일

🔖 **해설**

구직급여 소정급여일수

구분		피보험기간				
		1년 미만	1년 이상 3년 미만	3년 이상 5년 미만	5년 이상 10년 미만	10년 이상
이직일 현재 연령	50세 미만	120일	150일	180일	210일	240일
	50세 이상 및 장애인	120일	180일	210일	240일	270일

84 고용보험법령상 용어의 정의로 옳은 것은?

① "피보험자"란 근로기준법령상 근로자와 사업주를 말한다.
② "실업"이란 근로의 의사와 능력이 있음에도 불구하고 취업하지 못한 상태에 있는 것을 말한다.
③ "보수"란 사용자로부터 받는 일체의 금품을 말한다.
④ "일용근로자"란 3개월 미만 동안 고용된 자를 말한다.

해설

①항 "피보험자"

　가. 「고용보험 및 산업재해보상보험의 보험료징수 등에 관한 법률」(이하 "고용산재보험료징수법"이라 한다)에 따라 보험에 가입되거나 가입된 것으로 보는 근로자

　나. 고용산재보험료징수법에 따라 고용보험에 가입하거나 가입된 것으로 보는 자영업자(이하 "자영업자인 피보험자"라 한다)

③항 "보수"란 「소득세법」에 따른 근로소득에서 대통령령으로 정하는 금품을 뺀 금액을 말한다. 다만, 휴직이나 그 밖에 이와 비슷한 상태에 있는 기간 중에 사업주 외의 자로부터 지급받는 금품 중 고용노동부장관이 정하여 고시하는 금품은 보수로 본다.

④항 "일용근로자"란 1개월 미만 동안 고용되는 자를 말한다.

85 국민 평생 직업능력 개발법령상 고용노동부장관이 반드시 지정직업훈련시설의 지정을 취소해야 하는 경우에 해당하는 것은?

① 시정명령에 따르지 아니한 경우
② 변경지정을 받지 아니하고 지정내용을 변경하는 등 부정한 방법으로 지정직업훈련시설을 운영한 경우
③ 훈련생을 모집할 때 거짓광고를 한 경우
④ 거짓으로 지정을 받은 경우

해설

지정직업훈련시설이 다음에 해당하면 지정을 취소하여야 한다.

① 거짓이나 그 밖의 부정한 방법으로 지정을 받은 경우
② 지정 요건을 갖추지 못한 경우(「건축법」 등 법령 위반에 따른 행정처분으로 해당 시설을 직업훈련 용도에 사용할 수 없게 된 경우를 포함한다)
③ 지정직업훈련시설을 지정받으려는 자가 다음에 해당하면 지정을 받을 수 없다.
　1. 피성년후견인·피한정후견인·미성년자

2. 파산선고를 받고 복권되지 아니한 자
3. 금고 이상의 형을 선고받고 그 집행이 끝나거나(집행이 끝난 것으로 보는 경우를 포함한다) 집행이 면제된 날부터 2년이 지나지 아니한 자
4. 금고 이상의 형의 집행유예를 선고받고 그 유예기간 중에 있는 자
5. 법원의 판결에 따라 자격이 정지되거나 상실된 자
6. 지정직업훈련시설의 지정이 취소된 날부터 1년이 지나지 아니한 자 또는 직업능력개발훈련의 정지처분을 받고 그 정지기간 중에 있는 자
7. 「평생교육법」에 따라 평생교육시설의 설치인가취소 또는 등록취소를 처분 받고 1년이 지나지 아니한 자 또는 평생교육과정의 운영정지처분을 받고 그 정지기간 중에 있는 자
8. 「학원의 설립·운영 및 과외교습에 관한 법률」에 따라 학원의 등록말소 또는 교습소의 폐지처분을 받고 1년이 지나지 아니한 자 또는 학원·교습소의 교습정지처분을 받고 그 정지기간 중에 있는 자

86 근로기준법상 미성년자의 근로계약에 관한 설명으로 틀린 것은?

① 원칙적으로 15세 이상 18세 미만인 사람의 근로시간은 1일에 7시간, 1주에 35시간을 초과하지 못한다.
② 미성년자는 독자적으로 임금을 청구할 수 없다.
③ 고용노동부장관은 근로계약이 미성년자에게 불리하다고 인정하는 경우에는 이를 해지할 수 있다.
④ 친권자나 후견인은 미성년자의 근로계약을 대리할 수 없다.

해설

미성년자는 독자적으로 임금을 청구할 수 있다.

87 헌법상 노동기본권 등에 관한 설명으로 틀린 것은?

① 국가는 근로자의 고용의 증진과 적정임금의 보장에 노력하여야 한다.

② 여자의 근로는 특별한 보호를 받으며 고용·임금 및 근로조건에 있어서 부당한 차별을 받지 아니한다.

③ 국가는 법률이 정하는 바에 의하여 최저임금제를 시행하여야 한다.

④ 공무원인 근로자는 자주적인 단결권·단체교섭권 및 단체행동권을 가진다.

🔖 **해설**

공무원인 근로자는 법률이 정하는 자에 한하여 단결권, 단체교섭권, 단체행동권을 가진다.

88 개인정보 보호법령상 개인정보 보호위원회(이하 "보호위원회"라 한다)에 관한 설명으로 틀린 것은?

① 대통령 소속으로 보호위원회를 둔다.

② 보호위원회는 상임위원 2명을 포함한 9명의 위원으로 구성한다.

③ 보호위원회의 회의는 재적위원 과반수의 출석으로 개의하고, 출석위원 과반수의 찬성으로 의결한다.

④ 「정당법」에 따른 당원은 보호위원회 위원이 될 수 없다.

🔖 **해설**

개인정보 보호에 관한 사무를 독립적으로 수행하기 위하여 국무총리 소속으로 개인정보 보호위원회(이하 "보호위원회"라 한다)를 둔다.

89 고용상 연령차별금지 및 고령자고용촉진에 관한 법령상 고령자 고용정보센터의 업무로 명시되지 않은 것은?

① 고령자에 대한 구인·구직 등록

② 고령자 고용촉진을 위한 홍보

③ 고령자에 대한 직장적응훈련 및 교육

④ 고령자의 실업급여 지급

🔖 **해설**

실업급여의 지급은 고용노동부 고용센터에서 담당한다.

90 직업안정법령상 신고를 하지 아니하고 할 수 있는 무료직업소개사업이 아닌 것은?

① 한국산업인력공단이 하는 직업소개

② 한국장애인고용공단이 장애인을 대상으로 하는 직업소개

③ 국민체육진흥공단이 체육인을 대상으로 하는 직업소개

④ 근로복지공단이 업무상 재해를 입은 근로자를 대상으로 하는 직업소개

🔖 **해설**

신고를 하지 아니하고 할 수 있는 무료직업소개사업
① 한국산업인력공단이 하는 직업소개
② 한국장애인고용공단이 장애인을 대상으로 하는 직업소개
③ 근로복지공단이 업무상 재해를 입은 근로자를 대상으로 하는 직업소개
④ 학교 및 공공직업훈련시설이 재학생, 졸업생 또는 훈련생, 수료생을 대상으로 하는 직업소개

정답 87 ④ 88 ① 89 ④ 90 ③

91 고용보험법령상 실업급여에 관한 설명으로 틀린 것은?

① 실업급여로서 지급된 금품에 대하여는 국가나 지방자치단체의 공과금을 부과하지 아니한다.
② 실업급여를 받은 권리는 양도하거나 담보로 제공할 수 없다.
③ 실업급여수급계좌의 해당 금융기관은 이 법에 따른 실업급여만이 실업급여수급 계좌에 입금되도록 관리하여야 한다.
④ 구직급여에는 조기재취업 수당, 직업능력개발 수당, 광역 구직활동비, 이주비가 있다.

> **해설**
> 실업급여는 구직급여와 취업촉진 수당으로 구분하며 취업촉진 수당에는 조기재취업 수당, 직업능력개발 수당, 광역 구직활동비, 이주비가 있다.

92 근로기준법령상 사용자가 3년간 보존하여야 하는 근로계약에 관한 중요한 서류로 명시되지 않은 것은?

① 임금대장
② 휴가에 관한 서류
③ 고용 · 해고 · 퇴직에 관한 서류
④ 퇴직금 중간정산에 관한 증명서류

> **해설**
> 사용자는 퇴직금을 미리 정산하여 지급한 경우 근로자가 퇴직한 후 5년이 되는 날까지 관련 증명서류를 보존하여야 한다.

93 직업안정법령상 직업소개사업을 겸업할 수 있는 자는?

① 식품접객업 중 유흥주점영업자
② 숙박업자
③ 경비용역업자
④ 결혼중개업자

> **해설**
> 결혼중개업, 숙박업, 다류를 배달 · 판매하면서 소요시간에 따라 대가를 받는 형태, 식품접객업 중 단란주점영업, 유흥주점영업을 경영하는 자는 직업소개사업을 겸업할 수 없다.

94 근로기준법령상 이행강제금에 관한 설명으로 옳은 것은?

① 노동위원회는 구제명령을 받은 후 이행기한까지 구제명령을 이행하지 아니한 사용자에게 3천만 원 이하의 이행강제금을 부과한다.
② 노동위원회는 이행강제금 납부의무자가 납부기한까지 이행강제금을 내지 아니하면 즉시 국세체납처분의 예에 따라 징수할 수 있다.
③ 노동위원회는 최초의 구제명령을 한 날을 기준으로 매년 4회의 범위에서 구제명령이 이행될 때까지 반복하여 이행강제금을 부과 · 징수할 수 있다.
④ 근로자는 구제명령을 받은 사용자가 이행기한까지 구제명령을 이행하지 아니하면 이행기한이 지난 때부터 30일 이내에 그 사실을 노동위원회에 알려줄 수 있다.

> **해설**
> 구제명령을 받은 후 이행기한까지 구제명령을 이행하지 아니한 사용자에게 2천만 원 이하의 이행강제금을 부과한다.

95 남녀고용평등과 일·가정 양립 지원에 관한 법령상 고용에 있어서 남녀의 평등한 기회와 대우를 보장하여야 할 사항으로 명시되지 않은 것은?

① 모집과 채용
② 임금
③ 근로시간
④ 교육·배치 및 승진

🔖 **해설**

남녀의 평등한 기회와 대우
모집과 채용, 임금, 임금 외의 금품 등, 교육·배치 및 승진, 정년·퇴직 및 해고에서 남녀를 차별하여서는 아니 된다.

96 기간제 및 단시간근로자 보호 등에 관한 법률상 차별시정제도에 대한 설명으로 틀린 것은?

① 기간제근로자는 차별적 처우를 받은 경우 노동위원회에 차별적 처우가 있은 날로부터 6개월이 경과하기 전에 그 시정을 신청할 수 있다.
② 기간제근로자가 차별적 처우의 시정신청을 하는 때에는 차별적 처우의 내용을 구체적으로 명시하여야 한다.
③ 노동위원회는 차별적 처우의 시정신청에 따른 심문의 과정에서 관계당사자 쌍방 또는 일방의 신청 또는 직원에 의하여 조정(調停)절차를 개시할 수 있다.
④ 시정신청을 한 근로자는 사용자가 확정된 시정명령을 이행하지 아니하는 경우 이를 중앙노동위원회에 신고하여야 한다.

🔖 **해설**

시정신청을 한 근로자는 사용자가 확정된 시정명령을 이행하지 아니하는 경우 이를 고용노동부장관에게 신고할 수 있다.

97 다음 ( )에 알맞은 것은?

> 고용정책 기본법령상 상시 ( )명 이상의 근로자를 사용하는 사업주는 매년 근로자의 고용형태 현황을 공시하여야 한다.

① 50   ② 100
③ 200   ④ 300

🔖 **해설**

고용정책 기본법령상 상시 300명 이상의 근로자를 사용하는 사업주는 매년 근로자의 고용형태 현황을 공시하여야 한다.

98 남녀고용평등과 일·가정 양립 지원에 관한 법령상 다음 ( ) 안에 알맞은 것은?

> 제18조의2(배우자 출산휴가)
> ① 사업주는 근로자가 배우자의 출산을 이유로 휴가(이하 "배우자 출산휴가"라 한다)를 청구하는 경우에 (ㄱ)일의 휴가를 주어야 한다. (이하 생략)
> ③ 배우자 출산휴가는 근로자의 배우자가 출산한 날로부터 (ㄴ)일이 지나면 청구할 수 없다.

① ㄱ : 5, ㄴ : 30
② ㄱ : 5, ㄴ : 90
③ ㄱ : 10, ㄴ : 30
④ ㄱ : 10, ㄴ : 90

🔖 **해설**

배우자 출산휴가(법 제18조의2)
① 사업주는 근로자가 배우자의 출산을 이유로 휴가(이하 "배우자 출산휴가"라 한다)를 청구하는 경우에 10일의 휴가를 주어야 한다.
③ 배우자 출산휴가는 근로자의 배우자가 출산한 날로부터 90일이 지나면 청구할 수 없다.

99 남녀고용평등과 일 · 가정 양립 지원에 관한 법률에 명시되어 있는 내용이 아닌 것은?

① 직장 내 성희롱의 금지
② 배우자 출산휴가
③ 육아휴직
④ 생리휴가

 해설

여성의 생리휴가는 근로기준법상에 규정되어 있다.

100 고용정책 기본법상 근로자의 고용촉진 및 사업주의 인력확보 지원시책에 아닌 것은?

① 구직자와 구인자에 대한 지원
② 학생 등에 대한 직업지도
③ 취업취약계층의 고용촉진 지원
④ 업종별 · 지역별 고용조정의 지원

해설

업종별 · 지역별 고용조정의 지원 등은 정부의 고용조정지원 및 고용안정대책이다.

참고문헌 및 자료출처

- 직업상담사 2급 필기, 정헌석 외, 예문사, 2019
- 상식으로 보는 세상의 법칙 : 경제편, 이한영, 21세기 북스, 2016
- 한국카운슬러협회(www.hanka.or.kr)
- 한국상담심리학회(www.krcpa.or.kr)
- 워크넷(www.work.go.kr)
- 고용노동부(www.moel.go.kr)
- 국가직무능력표준(www.ncs.go.kr)
- 직업훈련포털(www.hrd.go.kr)
- 큐넷(www.q-net.or.kr)
- Silly rabbit at en.wikipedia.org

직업상담사 2급 필기

발행일 | 2020. 5. 20   초판 발행
2022. 8. 30   개정 1판1쇄

저 자 | 김미영
발행인 | 정용수
발행처 | 예문사

주 소 | 경기도 파주시 직지길 460(출판도시) 도서출판 예문사
T E L | 031) 955 – 0550
F A X | 031) 955 – 0660
등록번호 | 11 – 76호

정가 : 32,000원

ISBN 978–89–274–4780–1 14320